明文 中國 正史 大系

原文譯註

正史 三國志(三)
정사 삼국지

(魏書 3)

西晉 陳壽 著
(南朝)宋 裴松之 註
陳起煥 譯註

明文堂

繡像 三國志演義(수상 삼국지연의) – 上海 鴻文書局 印行
국립중앙도서관 소장

繡像 三國志演義(수상 삼국지연의) – 上海 鴻文書局 印行
국립중앙도서관 소장

繡像 三國志演義(수상 삼국지연의) – 上海 鴻文書局 印行
국립중앙도서관 소장

明文 中國 正史 大系

原文譯註

正史 三國志(三)

정사 삼국지

(魏書 3)

西晉 陳 壽 著
(南朝)宋 裴松之 註
陳起煥 譯註

明文堂

[차례]

● 《三國志 魏書》(三)

《三國志 魏書》
삼 국 지 위 서

(三)

20권 〈武文世王公傳〉(魏書 20)
(무,문세왕공전)

❶ 魏武帝諸子

| 原文 |

武皇帝二十五男. 卞皇后生文皇帝,任城威王彰,陳思王植, 蕭懷王熊, 劉夫人生豐愍王昂,相殤王鑠, 環夫人生鄧哀王沖, 彭城王據,燕王宇, 杜夫人生沛穆王林,中山恭王袞, 秦夫人生濟陽懷王玹,陳留恭王峻, 尹夫人生范陽閔王矩, 王昭儀生趙王幹, 孫姬生臨邑殤公子上,楚王彪,剛殤公子勤, 李姬生穀城殤公子乘,郿戴公子整,靈殤公子京, 周姬生樊安公均, 劉姬生廣宗殤公子棘, 宋姬生東平靈王徽, 趙姬生樂陵王茂.

| 국역 |

武皇帝(曹操)는 아들 25명을 두었다. 卞皇后[1]는 文皇帝(文帝, 丕), 任城國 威王(위왕) 彰(창), 陳國 思王 植(식), 蕭國 懷王(회왕) 熊(웅)을 출산했고, 劉夫人(유부인)은 豐國 愍王(민왕) 昂(앙), 相國 殤王(상왕) 鑠(삭)을 낳았으며, 環夫人(환부인)은 鄧國 哀王(애왕) 沖(충), 彭城王(팽성왕) 據(거), 燕王(연왕) 宇(우)를 낳았고, 杜夫人(두부인)은 沛國 穆王(패국 목왕) 林(림), 中山國 恭王(공왕) 袞(곤)을 낳았으며, 秦夫人(진부인)은 濟陽 懷王(제양 회왕) 玹(현), 陳留國 恭王(공왕) 峻(준)을 낳았고, 尹夫人(윤부인)은 范陽國 閔王(범양국 민왕) 矩(거)를 낳았으며, 王昭儀(왕소의)는 趙王(조왕) 幹(간)을, 孫姬(손희)는 臨邑 殤公子(임읍 상공자) 上(상), 楚王 彪(표), 剛 殤公子(강 상공자) 勤(근)을, 李姬(이희)는 穀城(곡성) 殤公子(상공자) 乘(승)과 郿 戴公子(미 대공자) 整(정), 靈 殤公子(영 상공자) 京(경)을, 周姬(주희)는 樊 安公(번 안공) 均(균)을 劉姬(유희)는 廣宗 殤公(광종 상공) 子棘(자극)을, 宋姬(송희)는 東平 靈王(영왕) 徽(휘)를, 趙姬(조희)는 樂陵王(낙릉왕) 茂(무)를 낳았다.[2]

| 原文 |

豐愍王昂字子脩. 弱冠擧孝廉. 隨太祖南征, 爲張繡所害.

1 魏武宣皇后(161－230, 卞氏, 名字 미상) － 曹操의 첩실에서 정실로 승격, 曹丕, 曹彰, 曹植, 曹熊의 생모. 《魏書》 5권, 〈后妃傳〉에 입전.

2 정식 황후 卞皇后(변황후) 등 13명의 부인에게서 25男을 두었으니, 남녀 비슷한 출생을 감안하면 50명 가까운 자녀를 두었다고 볼 수 있다. 卞皇后 소생의 文帝는 2권 〈文帝紀〉에, 曹彰과 曹植, 曹熊(조웅)은 19권, 〈任城陳蕭王傳〉에 입전했다.

無子. 黃初二年追封, 諡曰豐悼公. 三年, 以樊安公均子琬奉昂後, 封中都公. 其年徙封長子公. 五年, 追加昂號曰豐悼王. 太和三年改昂諡曰愍王. 嘉平六年, 以琬襲昂爵爲豐王. 正元,景元中, 累增邑, 並前二千七百戶. 琬薨, 諡曰恭王. 子廉嗣.

相殤王鑠, 早薨, 太和三年追封諡. 靑龍元年, 子愍王潛嗣, 其年薨. 二年, 子懷王偃嗣, 邑二千五百戶, 四年薨. 無子, 國除. 正元二年, 以樂陵王茂子陽都鄕公竦繼鑠後.

| 국역 |

豐國 愍王(민왕) 曹昂(조앙)의 字는 子脩(자수)이다. 弱冠에 孝廉으로 천거되었다. 조조를 따라 南征할 때, 張繡(장수)와 싸움에서 전사했다. 無子했다. (文帝) 黃初 2년에(서기 221) 追封하여, 시호를 豐悼公(풍 도공)이라 했다. 3년, 樊 安公(번 안공)인 均(균)의 아들 曹琬(조완)으로 조앙의 후대를 잇게 하면서 中都公으로 봉했다. 그 해에 다시 長子公으로 옮겨 봉했다. 5년, 조앙의 시호를 豐 悼王(풍 도왕)으로 올렸다.

(明帝) 太和 3년(서기 229), 조앙의 시호를 愍王(민왕)으로 고쳤다. (齊王 曹芳의) 嘉平(가평) 6년(서기 254), 조완으로 조앙의 작위를 잇게 하여 豐王(풍왕)이라 했다. (高貴鄕公) 正元 연간에, 또 (曹奐의) 景元 연간에, 여러 번 식읍을 늘려주어 모두 2,700호가 되었다. 조완이 죽자, 시호는 恭王(공왕)이라 했다. 아들 廉(렴)이 계승했다.

相 殤王(상 상왕) 鑠(삭, 녹일 삭)은 일찍 죽었는데, (明帝) 太和 3년에 시호를 추가로 올렸다. (明帝) 靑龍 원년(서기 233), 아들 愍王(민왕) 潛(잠)이 계승했지만 그 해에 죽었다. (靑龍) 2년, 아들 懷王 偃(언, 쓰러질 언)이 계승했고, 식읍은 2,500호였는데 4년에 죽었다. 無子하여 나라를 없앴다. (高貴鄕公 曹髦의) 正元 2년(서기 255), 樂陵王 茂(무)의 아들 陽都鄕公 竦(송)으로 曹鑠(조삭)의 뒤를 잇게 했다.

|原文|

鄧哀王沖字倉舒. 少聰察岐嶷, 生五六歲, 智意所及, 有若成人之智. 時孫權曾致巨象, 太祖欲知其斤重, 訪之群下, 咸莫能出其理. 沖曰, "置象大船之上, 而刻其水痕所至, 稱物以載之, 則校可知矣."

太祖大悅, 卽施行焉. 時軍國多事, 用刑嚴重. 太祖馬鞍在庫, 而爲鼠所齧, 庫吏懼必死, 議欲面縛首罪, 猶懼不免. 沖謂曰, "待三日中, 然後自歸." 沖於是以刀穿單衣, 如鼠齧者, 謬爲失意, 貌有愁色.

太祖問之, 沖對曰, "世俗以爲鼠齧衣者, 其主不吉. 今單衣見齧, 是以憂戚." 太祖曰, "此妄言耳, 無所苦也." 俄而庫吏以齧鞍聞, 太祖笑曰, "兒衣在側, 尙齧, 況鞍縣柱乎?" 一無所問. 沖仁愛識達, 皆此類也.

凡應罪戮, 而爲沖微所辨理, 賴以濟宥者, 前後數十. 太祖數對群臣稱述, 有欲傳後意. 年十三, 建安十三年疾病, 太祖親爲請命. 及亡, 哀甚. 文帝寬喩太祖, 太祖曰, "此我之不幸, 而汝曹之幸也."

言則流涕, 爲聘甄氏亡女與合葬, 贈騎都尉印綬, 命宛侯據子琮奉沖後. 二十二年, 封琮爲鄧侯. 黃初二年, 追贈諡沖曰鄧哀侯, 又追加號爲公. 三年, 進琮爵, 徙封冠軍公. 四年, 徙封己氏公.

太和五年, 加沖號曰鄧哀王. 景初元年, 琮坐於中尙方作禁物, 削戶三百, 貶爵爲都鄕侯. 三年, 復爲己氏公. 正始七年, 轉封平陽公. 景初,正元,景元中, 累增邑, 並前千九百戶.

| 국역 |

鄧 哀王(등 애왕) 曹沖(조충)[3]의 字는 倉舒(창서)이다. 어려서부터 총명하고 숙성하여[4] 5, 6세에 성인만큼 지혜로웠다. 그때 孫權이 큰 코끼리를 보내왔는데, 조조는 그 무게를 알고 싶어 여러 부하에게 물었지만 누구도 좋은 방법을 말하지 못했다. 그러자 조충이 말했다.

"코끼리를 큰 배에 실어 물이 닿은 곳을 표시해 두었다가 그만한 물건을 실어 비교하면 알 수 있습니다."

3 曹沖(조충, 196 – 208, 字 倉舒) – 曹操의 庶子, 環夫人 소생, 神童의 名聲, 因病 早卒. 조충의 코끼리 몸무게 달기는 유명한 故事, 吳의 영역에 코끼리 존재 여부에 관한 논쟁이 있으나 대체적으로 존재를 인정하고 있다. 그리고 어느 시대에도 曹沖, 莫札特(Mozart) 같은 神童은 존재했다.

4 원문 '少聰察岐嶷' – 岐는 갈림길 기. 嶷은 숙성할 억.

조조는 크게 기뻐하며 즉시 시행하였다. 그때는 軍國에 관한 일이 많아 형벌을 엄격하게 적용하였다. 창고에 있던 조조의 말안장을 쥐가 갉았는데, 창고지기는 틀림없이 처형될 것이라 두려워 떨며 목에 밧줄을 매 걸고 자수하면서도 두려워 떨었다. 이에 조충이 말했다.

"3일을 기다리면 돌아갈 수 있을 것이다."

조충은 칼로 제 옷을 쥐가 갉아먹은 것처럼 뚫어놓고 일부러 실의한 듯 얼굴에 수심이 가득했다. 조조가 묻자, 조충이 말했다.

"사람들이 말하기를, 쥐가 옷을 갉아먹으면 그 사람에게 나쁜 일이 닥친다고 하였습니다. 지금 제 옷을 쥐가 갉아먹어서 걱정이 됩니다."

그러자 조조는 "그것은 쓸데없는 말이니 걱정하지 말라."라고 말했다. 조금 있다가 창고지기가 들어와서 말안장을 쥐가 갉았다고 보고하였다. 그러자 조조가 웃으며 말했다.

"옆에 놓아 둔 아이 옷도 갉아먹는데, 하물며 기둥 선반에 둔 말안장을 안 갉아먹겠느냐?"

그리고는 더 묻지 않았다. 조충의 仁愛와 식견은 거의 이런 식이었다.

처형당할 죄를 짓고도 조충이 해결하여 용서받은 자가 전후 수십 명이나 되었다. 조조는 여러 부하들에게 조충을 자주 칭찬하였고 후계자로 정할 뜻을 갖고 있었다. 그러나 조충이 13세이 된 건안 13년(서기 208) 병에 걸리자, 조조는 직접 기도를 드렸다. 조충이 죽자, 조조는 매우 슬퍼했다. 曹丕(조비)가 부친을 위로하자, 조조가 말했다.

"이는 나에게 불행이지만 너희들에게는 다행이리라."

조조는 그 말을 하면서도 눈물을 흘렸는데, 甄氏(견씨) 집안의 죽은 여자 아이를 찾아 합장하였고, 騎都尉의 印綬(인수)를 추증하였으며, 宛侯(완후)인 曹據(조거)의 아들 曹琮(조종)을 조충의 후사로 정했다.

건안 22년(서기 217), 조종을 鄧侯(등후)로 봉했다. (文帝) 黃初 2년(서기 221), 조충에게 鄧 哀侯(등 애후)의 시호를 추가했다가 다시 哀公으로 올렸다. 3년 조종의 작위를 올렸고, 冠軍公으로 옮겨 봉했다. 4년 己氏公(기씨공)으로 봉했다.

(明帝) 太和 5년, 조충을 鄧 哀王으로 추봉했다. (명제) 景初 원년(서기 237), 조종이 中尙方에서 禁物을 제작케 했다 하여 식읍 3백호를 삭감하고 都鄕侯로 작위를 폄하했다. 3년에, 다시 己氏公이 되었다. (齊王 曹芳의) 正始 7년(서기 246), 조충을 平陽公으로 옮겨 봉했다. 景初, 正元, 景元 연간에, 여러 번 식읍을 늘려 받아 총 1,900호가 되었다.

| 原文 |

彭城王據, 建安十六年封范陽侯. 二十二年, 徙封宛侯. 黃初二年, 進爵爲公. 三年, 爲章陵王, 其年徙封義陽. 文帝以南方下濕, 又以環太妃彭城人, 徙封彭城. 又徙封濟陰.

五年, 詔曰, 「先王建國, 隨時而制. 漢祖增秦所置郡, 至光武以天下損耗, 並省郡縣. 以今比之, 益不及焉. 其改封諸王,皆爲縣王.」

據改封定陶縣.

太和六年, 改封諸王, 皆以郡爲國, 據復封彭城. 景初元年, 據坐私遣人詣中尙方作禁物, 削縣二千戶. 三年, 復所削戶邑. 正元,景元中累增邑, 並前四千六百戶.

| 국역 |

彭城王(팽성왕) 曹據(조거)는 建安 16년(서기 211) 范陽侯(범양후)에 봉해졌다. 22년, 宛侯(완후)가 되었다. (文帝) 黃初 2년(서기 221), 작위가 올라 公이 되었다. 3년, 章陵王이 되었다가 그 해에 義陽王이 되었다. 文帝는 南方의 지대가 낮아 습하고, 環太妃(환태비, 曹操의 環夫人)가 彭城郡(팽성군) 출신이라 하여 팽성왕으로 옮겨 봉했다. 다시 또 濟陰王(제음왕)으로 옮겼다. 5년에, 문제가 조서를 내렸다.

「옛날 王의 建國은 시대 상황에 따라 정해졌다. 漢 高祖는 秦에 설치한 郡보다 넓은 지역에 봉했지만, 光武帝는 천하에 인구가 감소했다 하여 군현을 병합하였다. 그래서 지금까지 이어오지만 봉지를 늘리지는 않았다. 여러 왕을 봉할 때 縣 단위를 封地로 지급토록 하라.」

이에 조거는 定陶縣을 식읍으로 받았다.

(明帝) 太和 6년, 여러 왕을 바꿔 봉하면서 모두 郡을 國으로 정했다. 조거는 다시 팽성왕이 되었다. (明帝) 景初 원년(서기 237), 조거는 사적으로 사람을 시켜 中尙方에 가서 금지된 물건을 만들었

다 하여 2천 호를 삭감 당했다. 3년에, 다시 식읍이 삭감되었다. 正元, 景元 연간에, 여러 번 식읍을 늘려 받아 모두 4,600호가 되었다.

| 原文 |

燕王宇字彭祖. 建安十六年, 封都鄕侯. 二十二年, 改封魯陽侯. 黃初二年, 進爵爲公. 三年, 爲下邳王. 五年, 改封單父縣. 太和六年, 改封燕王.

明帝少與宇同止, 常愛異之. 及卽位, 寵賜與諸王殊. 靑龍三年, 徵入朝. 景初元年, 還鄴. 二年夏, 復徵詣京都. 冬十二月, 明帝疾篤, 拜宇爲大將軍, 屬以後事. 受署四日, 宇深固讓, 帝意亦變, 遂免宇官. 三年夏, 還鄴.

景初,正元,景元中, 累增邑, 並前五千五百戶. 常道鄕公奐, 宇之子, 入繼大宗.

沛穆王林, 建安十六年封饒陽侯. 二十二年, 徙封譙. 黃初二年, 進爵爲公. 三年, 爲譙王. 五年, 改封譙縣. 七年, 徙封鄄城. 太和六年, 改封沛. 景初,正元,景元中, 累增邑, 並前四千七百戶. 林薨, 子緯嗣.

| 국역 |

燕王(연왕) 曹宇(조우)의 字는 彭祖(팽조)이다. 建安 16년(서기 211), 都鄕侯로 봉해졌다. 22년, 魯陽侯가 되었다. (文帝) 黃初 2년,

작위가 올라 公이 되었다. 3년, 下邳王(하비왕)이 되었다. 5년, 單父縣(선보현)에 봉해졌다.

(明帝) 太和 6년(서기 232), 燕王에 봉해졌다. 明帝는 어려서부터 曹于(조우)와 함께 기거하였기에 특별히 가까이하였다. 명제가 즉위하면서 총애와 하사가 다른 왕들과 달랐다. (明帝) 靑龍 3년, 부름을 받아 入朝했다. (明帝) 景初 원년(서기 237)에, 鄴縣으로 돌아갔다. 2년 여름, 다시 부름을 받아 낙양에 입조했다. 겨울인 12월, 明帝의 병이 위독하자, 조우에게 大將軍을 제수하고 뒷일을 당부했다. 그러나 대장군 제수 4일 만에 조우는 굳이 사양했고 명제의 마음도 바뀌어 대장군 직을 면직시켰다. 3년 여름, 鄴縣으로 돌아왔다.

景初, 正元, 景元 연간에, 여러 번 식읍을 늘려 받아 모두 5,500호가 되었다. 常道鄕公 曹奐(조환)[5]은 조우의 아들인데 양자로 들어가 大宗을 계승했다.

沛 穆王(패 목왕) 曹林(조림)은 建安 16년(서기 211) 饒陽侯(요양후)가 되었다. 22년, 譙縣(초현)으로 옮겨 봉해졌다. 黃初 2년, 작위가 올라 公이 되었다. 3년, 譙王이 되었다. 7년, 鄄城(견성)에 옮겨 봉해졌다. (明帝) 태화 6년, 沛王이 되었다. 景初, 正元, 景元 연간에, 여러 번 식읍이 늘어 모두 4,700호가 되었다. 조림이 죽고, 아들 曹緯(조위)가 작위를 이었다.

5 常道鄕公 曹奐(조환) – 曹魏 마지막 황제. 재위 서기 260 – 265년.

| 原文 |

中山恭王袞, 建安二十一年封平鄕侯. 少好學, 年十餘歲能屬文. 每讀書, 文學左右常恐以精力爲病, 數諫止之, 然性所樂, 不能廢也. 二十二年, 徙封東鄕侯, 其年又改封贊侯.

黃初二年, 進爵爲公, 官屬皆賀, 袞曰, "夫生深宮之中, 不知稼穡之艱難, 多驕逸之失. 諸賢旣慶其休, 宜輔其闕."

每兄弟游娛, 袞獨覃思經典. 文學防輔相與言曰, "受詔察公擧錯, 有過當奏, 及有善, 亦宜以聞, 不可匿其美也."

遂共表稱陳袞美. 袞聞之, 大驚懼, 責讓文學曰, "脩身自守, 常人之行耳, 而諸君乃以上聞, 是適所以增其負累也. 且如有善, 何患不聞, 而遽共如是, 是非益我者."

其戒愼如此.

三年, 爲北海王. 其年, 黃龍見鄴西漳水, 袞上書讚頌. 詔賜黃金十斤, 詔曰,

「昔唐叔歸禾, 東平獻頌, 斯皆骨肉讚美, 以彰懿親. 王研精墳典, 耽味道眞, 文雅煥炳, 朕甚嘉之. 王其克愼明德, 以終令聞.」

四年, 改封贊王. 七年, 徙封濮陽. 太和二年就國, 尙約儉, 敎敕妃妾紡績織紝, 習爲家人之事. 五年冬, 入朝. 六年, 改封中山.

| 국역 |

中山 恭王(중산 공왕) 曹袞(조곤)[6]은 建安 21년(서기 216)에 平鄕侯가 되었다. 젊어 好學하여 나이 10여 세에 글을 지을 줄 알았다. 독서할 때마다 (封國의) 文學 담당 측근은 지나친 관심이 정력을 소모하여 병이 날 수 있다며, 자주 중지하도록 간언을 올렸지만 천성적으로 좋아하여 그만둘 수가 없었다. 22년에, 東鄕侯(동향후)로 옮겨 봉해졌는데 그 해에 다시 贊侯(찬후)에 봉해졌다.

(明帝) 黃初 2년에, 公으로 작위가 오르자 관속들이 모두 하례하자 조곤이 말했다.

"깊은 궁궐에서 농사의 어려움도 모르기에 교만 방종에 빠지는 경우가 많다. 여러분은 이제 축하는 그만두고 나의 단점을 잡아주기 바란다."

조곤은 형제들과 놀 때에도 혼자 경전의 뜻을 깊게 생각했다.[7] 文學 담당이나 측근들이 함께 말했다.

"조서에 의거 公의 행실을 관찰하여 과실이 있으면 응당 상주해야 하는데 선행이나 미덕도 숨기지 않고 보고해야 합니다."

그래서 속관들은 조곤의 미덕을 상주하였다. 조곤이 이를 알고 크게 놀라며 文學 담당 관리를 질책하며 말했다.

"수신하며 본분을 다하는 일은 모두의 일상이거늘, 여러분이 이를 보고했으니 나에게 부담만 늘려주었을 뿐이다. 그리고 정말 선행을 실천한다면 알려지지 않는 것을 왜 걱정하겠으며 갑자기 이런

---

6 曹袞(조곤, ?-235년) - 曹操와 杜夫人의 아들.

7 원문의 覃思 - 深思. 覃은 深也. 靜也. 어떤 곳에 이르다.

일은 나를 도와주는 일이 아니다."

조곤의 근신이 이와 같았다.

(黃初) 3년, 北海王이 되었다. 그 해에 黃龍이 鄴縣 서쪽 漳水(장수)에 나타났는데, 조곤은 이를 찬송하는 글을 지어 올렸다. 文帝는 조서로 황금 10근을 하사하며 말했다.

「옛날 周의 唐叔(당숙)이 嘉禾(가화)를 헌상하였고, 東平王이 頌文을 지어 올렸는데, 이는 모두 가까운 친인이 至親의 화목을 칭송한 글이었다. 北海王은 많은 경적을 깊이 연찬하여 도덕과 의리의 요체를 깊이 깨우치고 文雅가 크게 빛나니 짐이 매우 기뻐하노라. 왕은 더욱 근신하고 힘써 좋은 명성을 지켜가기 바란다.」

(黃初) 4년, 贊王(찬왕)이 되었다. 7년, 濮陽王(복양왕)이 되었다.

(明帝) 太和 2년, 封國에 부임하였는데 검약을 숭상하였으며, 비빈이나 첩실은 모두 방적하고 직조하게 하였으며, 주부의 일을 익히게 하였다. 5년, 겨울에 입조했다. 6년에, 中山王이 되었다.

| 原文 |

初, 袞來朝, 犯京都禁. 青龍元年, 有司奏袞. 詔曰,

「王素敬慎, 邂逅至此, 其以議親之典議之.」有司固執. 詔削縣二, 戶七百五十.

袞憂懼, 戒敕官屬愈謹. 帝嘉其意, 二年, 復所削縣. 三年秋, 袞得疾病, 詔遣太醫視疾, 殿中,虎賁齎手詔,賜珍膳相屬, 又遣太妃,沛王林並就省疾. 袞疾困, 敕令官屬曰, "吾寡德忝

寵, 大命將盡. 吾旣好儉, 而聖朝著終誥之制, 爲天下法. 吾氣絶之日, 自殯及葬, 務奉詔書. 昔衛大夫蘧瑗葬濮陽, 吾望其墓, 常想其遺風, 原託賢靈以弊發齒, 營吾兆域, 必往從之. 《禮》男子不卒婦人之手. 亟以時成東堂."

堂成, 名之曰遂志之堂, 輿疾往居之. 又令世子曰, "汝幼少, 未聞義方, 早爲人君, 但知樂, 不知苦, 不知苦, 必將以驕奢爲失也. 接大臣, 務以禮. 雖非大臣, 老者猶宜答拜. 事兄以敬, 恤弟以慈, 兄弟有不良之行, 當造膝諫之. 諫之不從, 流涕喩之, 喩之不改, 乃白其母. 若猶不改, 當以奏聞, 並辭國土. 與其守寵罹禍, 不若貧賤全身也. 此亦謂大罪惡耳, 其微過細故, 當掩覆之. 嗟爾小子, 愼脩乃身, 奉聖朝以忠貞, 事太妃以孝敬. 閨闈之內, 奉令於太妃, 閫閾之外, 受敎於沛王. 無怠乃心, 以慰予靈."

其年薨. 詔沛王林留訖葬, 使大鴻臚持節典護喪事, 宗正弔祭, 贈賵甚厚. 凡所著文章二萬餘言, 才不及陳思王而好與之侔. 子孚嗣. 景初,正元,景元中, 累增邑, 並前三千四百戶.

| 국역 |

그전에 曹袞(조곤)이 입조하면서 京都의 法禁을 어긴 일이 있었다. (明帝) 靑龍 원년(서기 233), 有司가 조곤의 위반을 상주했다. 이에 조서로 「王은 평소에 공경하고 근신하였는데도 이런 일을 겪게 되었으니, 황제 친족의 전례를 바탕으로 논의하기 바란다.」고 지시하였다. 그런데도 담당 관원은 고집을 부렸다. 조서로 2개 현의 民戶 750호를 삭감케 하였다.

이에 조곤은 걱정과 두려움으로 아래 官屬을 단속하며 더욱 근신하였다. 명제는 조곤의 성의를 가상케 여겨 青龍 2년에 삭감했던 현을 복구시켜 주었다.

(青龍) 3년 가을, 조곤이 병을 앓자, 조서로 太醫를 보내 진찰케 했으며 殿中命이나 虎賁 衛士가 손에 조서를 받들거나 하사품을 가지고 줄을 이었으며, 또 太妃나 沛王 曹林(조림)을 보내 문병케 하였다. 조곤은 병이 점점 깊어지자, 관속들에게 명령하였다.

"나는 寡德(과덕)한데도 신임을 받았지만 이제 命이 다하려 한다. 나는 평소에 검소하였고 聖朝의 終諸(종고, 喪葬)의 법제가 분명하니, 이는 천하가 법으로 삼아야 한다. 내가 죽는 날에 염을 하고 장례를 치룰 때 조서를 따라주기 바란다. 옛날에 衛大夫 蘧瑗(거원, 蘧伯玉)[8]을 濮陽(복양)에 장례했는데, 나는 그 묘를 바라볼 때마다 그분의 유풍을 생각하면서 성현이신 그분의 혼령이 나의 해골을 보호해주리라 생각하였으니 꼭 그대로 따라주기 바란다. 《禮》에 男子는 婦人의 손에 의지하여 죽지 않는다고 하였다. 빨리 東堂(동당) 공사를 완공해주기 바란다."

8 蘧伯玉(거백옥) – 名은 瑗(원), 春秋 말기 衛國의 大夫. 거백옥은 寬厚하며 자신의 과오를 고치는데 열심이었다. 吳의 公子 季札(계찰)도 衛에 들려 거백옥을 君子라고 칭찬했다. 《史記 孔子世家》에 의하면, 공자도 衛를 여행하며 거백옥의 집에 머물렀다. 《史記 孔子世家》에 의하면, 공자는 衛(위) 蘧伯玉(거백옥)의 집에 머물렀다. 《論語 衛靈公》 子曰, "直哉 史魚! 邦有道, 如矢, 邦無道, 如矢. 君子哉 蘧伯玉! 邦有道, 則仕, 邦無道, 則可卷而懷之."

東堂이 완공되자, 조곤은 '遂志堂(수지당)'이라 명명하고, 병든 육신의 거처로 삼았다. 또 조곤은 세자에게 말했다.

"네가 어리기에 大義의 실천방법도 잘 모르면서, 어린 나이에 왕이 되면 다만 안락만을 알고 고생을 모를 것이니, 고생을 모르면 교만하고 사치하게 되어 결국 실패하게 된다. 大臣을 대하면서 예를 꼭 지켜야 한다. 大臣이 아닐지라도 노인한테는 꼭 答拜를 해야 한다. 나이 많은 사람을 공경으로 섬기고 아랫사람을 보살펴야 하나니, 형제간에도 나쁜 행실이 있다면 무릎을 꿇고 바른 말을 해야 한다. 바른 말로 타일러도 따르지 않는다면 눈물로 깨우쳐야 하며, 깨우쳐도 듣지 않는다면 그때서야 모친께 말씀드려야 한다. 그런데도 듣지 않는다면 상주하고 나라(왕위)를 사양해야 한다. 총애를 믿고 화를 당하기보다는 차라리 빈천하게 사는 것이 낫다. 이는 大惡이 있을 경우를 말한 것이지만, 만약 사소한 잘못이라면 응당 덮어주어야 한다. 아! 내 아들아. 네 행실을 바로 닦아 충성으로 조정을 받들어야 하고 孝敬으로 太妃를 모셔야 한다. 집안의 일은 太妃의 명을 따라야 하고, 宮外의 모든 일은 沛王(패왕)의 가르침을 받도록 하라. 마음이라도 게으름을 피우지 마라, 나의 혼령을 위로해 다오."

조곤은 그 해에 죽었다. 조서로 沛王 曹林(조림)을 남겨 장례를 마치게 하였고, 大鴻臚(대홍려)에게 부절을 주어 喪事를 주관케 하였으며, 조정의 宗正을 보내 제사를 올리게 했고, 기증과 부조가 매우 많았다. 조곤이 지은 문장 2만여 자가 있었는데, 그 재능은 陳 思王에 미치지는 못했지만 거의 비슷하였다. 아들 曹孚(조부)가 계승하였다. 景初, 正元, 景元 연간에, 여러 번 식읍을 늘려 받아 총 3,400호가 되었다.

| 原文 |

濟陽懷王玹, 建安十六年封西鄕侯. 早薨, 無子. 二十年, 以沛王林子贊襲玹爵邑, 早薨, 無子. 文帝復以贊弟壹紹玹後. 黃初二年, 改封濟陽侯. 四年, 進爵爲公. 太和四年, 追進玹爵, 謚曰懷公. 六年, 又進號曰懷王, 追謚贊曰西鄕哀侯. 壹薨, 謚曰悼公. 子恒嗣. 景初,正元,景元中, 累增邑, 並前千九百戶.

陳留恭王峻字子安, 建安二十一年封郿侯. 二十二年, 徙封襄邑. 黃初二年, 進爵爲公. 三年, 爲陳留王. 五年, 改封襄邑縣. 太和六年, 又封陳留. 甘露四年薨. 子澳嗣. 景初,正元,景元中, 累增邑, 並前四千七百戶.

| 국역 |

濟陽 懷王(제양 회왕) 曹玹(조현)은 建安 16년 西鄕侯에 봉해졌지만 일찍 죽었고 아들도 없었다. 20년 沛王 曹林(조림)의 아들 曹贊(조찬)이 조현의 작위와 식읍을 계승했지만 일찍 죽었고, 無子했다. 文帝는 다시 조찬의 아우 曹壹(조일)로 조현의 작위를 계승케 했다. (文帝) 黃初 2년(서기 221), 濟陽侯로 바꿔 봉했다. 4년 작위가 올라 公이 되었다.

(明帝) 太和 4년(서기 230), 조현의 작위를 추증했고 시호를 懷公(회공)이라 했다. 6년, 또 작위를 올려 懷王(회왕)으로 올렸으며, 조찬의 追謚(추시)를 西鄕哀侯(서향애후)라 정했다. 曹壹(조일)이 죽어 시

호는 悼公(도공)이었다. 아들 曹恒(조항)이 계승했다. 景初, 正元, 景元연간에 거듭 식읍을 늘려 받아 총 1,900戶가 되었다.

陳留 恭王(진류 공왕) 曹峻(조준)의 字는 子安(자안)으로, 建安 21년에 郿侯(미후)가 되었다. 22년, 襄邑侯(양읍후)가 되었다. (文帝) 黃初 2년, 작위가 올라 公이 되었다. 3년, 陳留王이 되었다. 5년, 봉지가 襄邑縣으로 바뀌었다.

(明帝) 太和 6년, 다시 진류왕이 되었다. (曹髦의) 甘露 4년(서기 259)에 죽었다. 아들 曹澳(조오)가 계승했다. 景初, 正元, 景元 연간에, 여러 번 식읍이 늘어 총 4천 7백 호가 되었다.

| 原文 |

范陽閔王矩, 早薨, 無子. 建安二十二年, 以樊安公均子敏奉矩後, 封臨晉侯. 黃初三年追封謚矩爲范陽閔公. 五年, 改封敏范陽王. 七年, 徙封句陽, 太和六年, 追進矩號曰范陽閔王, 改封敏琅邪王. 景初,正元,景元中, 累增邑, 並前三千四百戶. 敏薨, 謚曰原王. 子焜嗣.

| 국역 |

范陽 閔王(범양 민왕)인 曹矩(조구)는 일찍 죽어 無子했다. 建安 22년(서기 217), 樊安公(번안공) 曹均(조균)의 아들 曹敏(조민)을 조구의 뒤를 잇도록 臨晉侯(임진후)에 봉했다. (文帝) 黃初 3년(서기 222), 조구에게 范陽 閔公(범양 민공)의 추가 시호를 올렸다. 5년, 조민은

范陽王(범양왕)이 되었다. 7년, 조민을 句陽王으로 옮겼다.

(明帝) 太和 6년, 조구에게 范陽 閔王으로 시호를 올렸고, 조민을 琅邪王(낭야왕)으로 바꿔 봉했다. 景初, 正元, 景元 연간에, 식읍을 여러 번 늘려 모두 3,400호가 되었다 조민이 죽자, 시호는 原王(원왕)이었다. 아들 焜(혼, 빛날 혼)이 계승했다.

| 原文 |

趙王幹, 建安二十年封高平亭侯. 二十二年, 徙封賴亭侯. 其年改封弘農侯. 黃初二年, 進爵, 徙封燕公. 三年, 爲河間王. 五年, 改封樂城縣. 七年, 徙封鉅鹿. 太和六年, 改封趙王.

幹母有寵於太祖. 及文帝爲嗣, 幹母有力. 文帝臨崩, 有遺詔, 是以明帝常加恩意. 靑龍二年, 私通賓客, 爲有司所奏, 賜幹璽書誡誨之, 曰,

「《易》稱 '開國承家, 小人勿用', 《詩》著 '大車惟塵' 之誡. 自太祖受命創業, 深睹治亂之源, 鑒存亡之機, 初封諸侯, 訓以恭愼之至言, 輔以天下之端士, 常稱馬援之遺誡, 重諸侯賓客交通之禁, 乃使與犯妖惡同. 夫豈以此薄骨肉哉? 徒欲使子弟無過失之愆, 士民無傷害之悔耳. 高祖踐阼, 祗愼萬機, 申著諸侯不朝之令. 朕感詩人〈常棣〉之作, 嘉〈采菽〉之義, 亦緣詔文曰 '若有詔得詣京都', 故命諸王以朝聘之禮. 而楚, 中山並犯交通之禁, 趙宗,戴捷咸伏其辜. 近東平王復使屬官

毆壽張吏, 有司擧奏, 朕裁削縣. 令有司以曹纂,王喬等因九族時節, 集會王家, 或非其時, 皆違禁防. 朕惟王幼少有恭順之素, 加受先帝顧命, 欲崇恩禮, 延乎後嗣, 況近在王之身乎? 且自非聖人, 孰能無過? 已詔有司宥王之失. 古人有言, '戒愼乎其所不睹, 恐懼乎其所弗聞, 莫見乎隱, 莫顯乎微, 故君子愼其獨焉.' 叔父茲率先聖之典, 以纂乃先帝之遺命, 戰戰兢兢, 靖恭厥位, 稱朕意焉.」

景初,正元,景元中, 累增邑, 並前五千戶.

| 국역 |

趙王 曹幹(조간)[9]은 建安 20년(서기 215) 高平亭侯가 되었다. 22년, 賴亭侯(뇌정후)로 옮겨 봉해졌다. 그 해 弘農侯가 되었다. (文帝) 黃初 2년, 작위가 올랐고 燕公(연공)으로 옮겨 봉해졌다. 3년, 河間王이 되었다. 5년, 樂城縣에 봉해졌다. 7년, 鉅鹿郡으로 옮겼다. (明帝) 太和 6년, 趙王에 봉해졌다.

조간의 모친은 조조의 총애를 받았다. 曹丕가 魏王의 후사가 되는데 조간의 모친이 크게 힘써주었다. 그래서 文帝는 붕어하기 전에 유언으로 말했고, 그 때문에 明帝는 늘 은혜를 입었다고 생각하였다. (明帝) 靑龍 2년(서기 234), 조간이 빈객들과 은밀히 교제한다고[10] 담당 관원이 상주하자, 명제는 조간에게 국새가 찍힌 조서를

9 曹幹(조간, 214－261년) － 曹操의 서자, 一名 曹良, 生母 陳氏는 曹丕가 魏王 世子로 책봉되도록 많이 도와주었다.

10 제후 왕은 법에 의거 門客, 또는 賓客과 私的인 왕래나 교류를 할 수 없었다.

내려 훈계했다.

「《易》에서는 '제후를 봉하거나(開國) 卿 大夫를 등용할 때(承家) 小人을 등용하지 말라.'[11]고 했으며, 《詩》에는 '大車의 먼지를 뒤집어쓴다' 고 훈계하였다.

太祖께서 천명을 받아 創業하시면서 治世와 亂世의 원인이 어디에 있는가를 친히 보셨고, 存亡의 關鍵(관건)을 거울삼아서 제후를 처음 봉하며, 공경하고 근신할 바른 말(至言)로 교훈을 내리시고, 천하의 정직한 인재를 모아 보좌케 하셨으며, 또 (後漢) 馬援(마원) 장군의 유언[12]을 거울삼으라고 늘 훈계하셨고, 諸侯와 賓客의 왕래를 금지하는 법을 엄격하게 시행하시어 그런 왕래를 妖言(요언)과 邪術(사술)과 같은 죄를 범한 것으로 간주하였다. 이러한 가르침이 어찌 골육의 정을 없애려고 하였겠는가? 다만 자제로 하여금 잘못을 저지르는 실수가 없고 백성을 상해하는 잘못을 범하지 않기를 원했었다. 高祖(曹丕)께서 제위에 오르신 뒤에도 萬機를 신중하게 처리하셨으며 제후에게 마음대로 입조하지 말라고 명령하시었다.

11 '開國承家, 小人勿用' -《易》師卦(地水師 ☷☵) 上六의 爻辭(효사).

12 後漢의 장군 馬援(마원, 前 14 - 서기 49년)이 조카들을 훈계하며 보낸 서신에서 말했다. 「龍伯高(용백고)란 사람은 성실 근신하여 입으로는 (남에 대한) 합당한 말도 하지 않으며 겸손하고 절약하며 청렴한 공직생활에 위엄을 지켜 내가 애지중지하니 너희들이 본받았으면 좋겠다. 杜季良(두계량)이란 사람은 의협심이 있으며 다른 사람의 걱정을 걱정해주고 남과 같이 즐기며 清濁이나 輕重에 잘못이 없었기에 부모가 죽자 여러 군에서 문상객이 모두 모일 정도라서 나도 애지중지하나 너희가 본받기를 원하지 않는다. 용백고를 본받다가 그렇게 되지 못하면 그래도 점잖은 사람이 될 것이니 이는 고니를 만들다가 잘못되면 오리와 비슷한 것과 같다(刻鵠不成尙類鶩). 그러나 두계량을 본받다가 그렇지 못하면 천하에 경박한 자가 될 것이니, 이는 마치 호랑이를 그리다가 잘못 그리면 개가 되는 것과 같다(畫虎不成反類狗).」

朕(짐)은 詩人이 〈常棣(상체)〉[13]의 시를 지은 뜻이나 〈采菽(채숙)〉[14]의 詩意를 가상히 생각하는 바, 옛날 조서의 뜻에 의거 '조서가 있을 때만 입조할 수 있다.' 고 강조하는 것은 여러 제후왕의 朝聘(조빙)의 예를 강조한 것이다. 楚王과 中山王은 왕래 금지를 함께 위반하였고, 趙宗(조종)과 戴捷(대첩)은 모두 자신의 죄를 자복하였다. 근래에 東平王(동평왕)이 다시 속관을 시켜 壽張(수장)의 관리를 구타했다고 담당 관원이 상주하여 짐은 봉지의 삭감을 결재하였다. 有司는 曹纂(조찬)과 王喬(왕교) 등이 절기에 맞춰 九族이 王家에 모인 것이라고 하였지만, 만약 계절 모임이 아니라면 금령을 어긴 것이다. 짐은 趙王이 어렸을 때부터 평소에 공경 온순하였고, 또 先帝(文帝)의 남기신 말씀과 은택을 베풀어 주신 옛정을 후사에게도 이어져야 한다고 생각하고 있는데, 趙王에게야 더 말할 것이 있겠는가? 그리고 사람이 성인이 아니라면 누군들 잘못이 없겠는가? 이미 담당 관원에게 왕의 실수를 용서한다고 명령했도다. 옛사람의 말씀에 '보이지 않는 곳에서도 조심하고, 들어서는(聞) 안될 말을 두려워해야 하나니, 숨겼다 하여 보이지 않는 것이 없고, 작다 하여 드러나지 없는 것이 없기에, 군자는 홀로 있을 때도 조심해야 한다.'[15]고 하였다. 叔父는 이에 先聖의 가르침을 따르며, 先帝의 遺命을 계승하여 戰戰兢兢(전전긍긍)하며, 왕위의 책무를 恭敬으로 수행하여 朕

13 〈常棣(상체)〉 - 《詩經 小雅》의 편명. 형제들이 잔치를 하며 부르는 노래. 형제 우애를 강조.

14 〈采菽(채숙)〉 - 《詩經 小雅》의 편명. 제후의 입조를 서술한 노래.

15 《中庸》 天命之謂性, 率性之謂道, 修道之謂教. 道也者, 不可須臾離也, 可離非道也. 是故君子戒愼乎其所不睹, 恐懼乎其所不聞. 莫見乎隱, 莫顯乎微. 故君子愼其獨也. 愼其獨. ~.

의 뜻을 따라주기 바라노라.」

景初, 正元, 景元 연간에, 여러 번 식읍을 늘려 받아 모두 5천 호가 되었다.

| 原文 |

臨邑殤公子上, 早薨. 太和五年, 追封謚. 無後.

楚王彪字朱虎. 建安二十一年, 封壽春侯. 黃初二年, 進爵, 徙封汝陽公. 三年, 封弋陽王. 其年徙封吳王. 五年, 改封壽春縣. 七年, 徙封白馬. 太和五年冬, 朝京都. 六年, 改封楚.

初, 彪來朝, 犯禁, 青龍元年, 爲有司所奏, 詔削縣三, 戶千五百. 二年, 大赦, 復所削縣. 景初三年, 增戶五百, 並前三千戶. 嘉平元年, 兗州刺史令狐愚與太尉王淩謀迎彪都許昌. 語在〈淩傳〉. 乃遣傅及侍御史就國案驗, 收治諸相連及者. 廷尉請徵彪治罪. 於是依漢燕王旦故事, 使兼廷尉大鴻臚持節賜彪璽書切責之, 使自圖焉.

彪乃自殺. 妃及諸子皆免爲庶人, 徙平原. 彪之官屬以下及監國謁者, 坐知情無輔導之義, 皆伏誅. 國除爲淮南郡.

正元元年詔曰, 「故楚王彪, 背國附奸, 身死嗣替, 雖自取之, 猶哀矜焉. 夫含垢藏疾, 親親之道也, 其封彪世子嘉爲常山眞定王.」

景元元年, 增邑, 並前二千五百戶.

❙ 국역 ❙

臨邑 殤公子(임읍 상공자) 曹上(조상)은 일찍 죽었다. (明帝) 太和 5년에, 시호를 추봉했다. 후사가 없었다.

楚王(초왕) 曹彪(조표)[16]의 字는 朱虎(주호)이다. 建安 21년(서기 216)에 壽春侯가 되었다. (文帝) 黃初 2년(서기 221), 작위를 올려 汝陽公(여양공)으로 옮겨 봉했다. 3년, 弋陽王(익양왕)이 되었다. 그 해에 吳王으로 옮겨 봉했다. 5년, 壽春縣으로 봉지를 옮겼다. 7년, 白馬縣에 옮겨 봉했다. (明帝) 太和 5년 겨울, 京都에 입조했다. 6년, 楚王이 되었다.

그전에 조표가 입조하면서 법금을 어겼다. (明帝) 靑龍 원년(서기 233), 담당 관원의 상주에 의거 조서로 2개 현, 민호 1,500호를 삭감하였다. 2년, 대사면을 받아 삭감되었던 현을 회복했다. (明帝) 景初 3년(서기 239), 식읍 5백 호를 늘려 받아 총 3천 호가 되었다.

(齊王 曹芳의) 嘉平(가평) 원년(서기 249), 兗州(연주) 刺史인 令狐愚(영호우, 令狐는 복성)와 太尉인 王淩(왕릉)[17]은 조표를 영입하여 許昌(허창)에 도읍하겠다는 역모를 꾸몄다. 이는 〈王淩傳 / 魏書 28권,

16 曹彪(조표, 195–251년, 字 朱虎) – 曹操와 孫姬의 아들. 나중에 어설픈 역모로 자살했다.

17 王淩(왕릉, 172–251년, 字 彥雲) – 曹魏의 장수, 董卓을 죽인 司徒 王允(왕윤)의 조카. 王淩은 본서《魏書》28권, 〈王毌丘諸葛鄧鍾傳〉에 立傳. 嘉平 3년(서기 251) 太尉 王淩(왕릉)이 廢帝(폐제)하고 楚王 曹彪(조표)를 옹립하려고 모의했다 하여 太傅 司馬懿가 동쪽으로 왕릉을 토벌하였다. 5월에, 왕릉은 자살하였다.

王毌丘諸葛鄧鍾傳〉에 수록했다. 이에 小傅(소부)와 侍御史를 楚國에 보내 조사케 하여 이와 관련된 자들을 잡아 심리하였다. 廷尉가 조표를 죄를 처벌해야 한다고 상주했다. 이에 漢 燕王 劉旦(유단)의 전례에 의거, 廷尉와 大鴻臚(대홍려)를 겸하는 사자가 부절을 가지고, 조표에게 璽書(새서)를 내려 심하게 질책케 하여 스스로 해결케 하였다.

조표는 바로 自殺하였다. 왕비와 여러 아들은 모두 평민이 되었고 平原郡으로 이주시켰다. 조표의 속관과 監國謁者(감국알자)는 실상을 알고도 바로 이끌지 못했다 하여 모두 처형하였다. 楚國을 없애고 淮南郡을 설치했다.

(高貴鄕公 曹髦의) 正元 원년(서기 254)에, 조서를 내렸다.

「옛 楚王 彪(표)는 황실을 배반하고 간악한 자와 어울렸기에 목숨과 나라를 잃었으니 모두가 자초한 일이지만, 그래도 불쌍히 여기노라. 잘못과 결점을 덮어주는 것은 친족과 친하게 지내려는 뜻이다. 彪(표)의 世子였던 嘉(가)를 常山 眞定王에 봉한다.」

(曹奐의) 景元 원년(서기 260), (眞定王의) 식읍을 늘려주었는데, 총 2,500호였다.

| 原文 |

<u>剛殤公子勤</u>, 早薨. <u>太和</u>五年追封諡. 無後.

<u>穀城殤公子乘</u>, 早薨. <u>太和</u>五年追封諡. 無後.

<u>郿戴公子整</u>, 奉從叔父郎中<u>紹</u>後. <u>建安</u>二十二年, 封<u>郿</u>侯.

二十三年薨. 無子. 黃初二年追進爵, 謚曰戴公. 以彭城王據子範奉整後. 三年, 封平氏侯. 四年, 徙封成武. 太和三年, 進爵爲公. 青龍三年薨. 謚曰悼公. 無後. 四年, 詔以範弟東安鄉公闡爲郿公, 奉整後. 正元,景元中,累增邑, 並前千八百戶.

靈殤公子京, 早薨. 太和五年追封謚. 無後.

| 국역 |

剛 殤公子(강 상공자)[18] 曹勤(조근)은 일찍 죽었다. (明帝) 太和 5년, 시호를 추가했다. 후손이 없었다.

穀城 殤公子(곡성 상공자) 曹乘(조승)은 일찍 죽었다. (明帝) 太和 5년, 시호를 추가했다. 후손이 없었다.

郿 戴公子(미 대공자) 曹整(조정)은 叔父인 郎中 曹紹(조소)의 후사가 되었다. 建安 22년(서기 217)에, 郿侯(미후)가 되었다. 23년에 죽었는데 無子했다. (文帝) 黃初 2년, 사후의 작위를 올려 시호를 戴公(대공)이라 했다. 彭城王 曹據(조거)의 아들 曹範(조범)으로 曹整(조정)의 후사로 삼았다. 3년, 平氏侯(평씨후)[19]로 봉했다. 4년, 成武에 옮겨 봉했다. (明帝) 太和 3년, 작위를 올려 公이 되었다. (明帝) 青龍 3년에 죽었다. 시호는 悼公(도공)이고 후사가 없었다. 4년, 조서로 曹範(조범)의 동생 東安鄉公 曹闡(조천)을 郿公(미공)으로 봉하여 曹整(조정)의 뒤를 잇게 하였다. 正元, 景元 연간에 식읍을 늘려 받

18 剛 殤公은 剛殤公으로 독해할 수 있지만 剛은 지명으로 後漢 濟北國의 현명이다. 여기서는 國名이다. 殤은 일찍 죽을 상.

19 平氏侯(평씨후) – 平氏는 南陽郡의 현명.

아 총 1,800호가 되었다.

靈 殤公子(영 상공자) 曹京(조경)은 일찍 죽었다. (明帝) 太和 5년에, 사후의 시호를 올렸다. 후사가 없었다.

| 原文 |

樊安公均, 奉叔父薊恭公彬後. 建安二十二年, 封樊侯. 二十四年薨. 子抗嗣. 黃初二年, 追進公爵, 諡曰安公. 三年, 徙封抗薊公. 四年, 徙封屯留公. 景初元年薨, 諡曰定公. 子諶嗣. 景初,正元,景元中, 累增邑, 並前千九百戶.

廣宗殤公子棘, 早薨. 太和五年追封諡. 無後.

東平靈王徽, 奉叔父朗陵哀侯玉後. 建安二十二年, 封歷城侯. 黃初二年, 進爵爲公. 三年, 爲廬江王. 四年, 徙封壽張王. 五年, 改封壽張縣. 太和六年, 改封東平. 青龍二年, 徽使官屬撾壽張縣吏, 爲有司所奏. 詔削縣一, 戶五百. 其年復所削縣. 正始三年薨. 子翕嗣. 景初,正元,景元中, 累增邑, 並前三千四百戶.

| 국역 |

樊 安公(번 안공) 曹均(조균)은 叔父 薊 恭公(계 공공) 曹彬(조빈)의 후사가 되었다. 建安 22년(서기 217), 樊侯(번후)에 봉해졌다. 24년에 죽었다. 아들 曹抗(조항)이 후사가 되었다. 黃初 2년, 사후에 작위

가 올라 公이 되어 시호는 安公(안공)이다. 3년, 조항은 薊公(계공)이 되었다. 4년, 屯留公(둔류공)으로 옮겨 봉해졌다. (明帝) 景初 元年(서기 237)에 죽었고, 시호는 定公(정공)이 되었다. 아들 曹諶(조침)이 계승했다. 景初, 正元, 景元 연간에, 식읍을 늘려 받아 총 1,900호가 되었다.

廣宗 殤公子(광종 상공자) 曹棘(조극)은 일찍 죽었다. 太和 5년(서기 231), 추가 시호를 올렸다. 후손이 없었다.

東平 靈王(동평 영왕) 曹徽(조휘)는 叔父 朗陵 哀侯(낭릉 애후) 曹玉(조옥)의 후사가 되었다. 建安 22년, 歷城侯(역성후)가 되었다. 黃初 2년, 작위가 올라 公이 되었다. 3년, 廬江王(여강왕)이 되었다. 4년, 壽張王(수장왕)이 되었다. 5년, 壽張縣에 봉해졌다. (明帝) 太和 6년, 東平王이 되었다. (明帝) 青龍 2년, 조휘는 속관을 시켜 壽張縣의 관리를 구타케 했는데, 담당 관리가 이를 상주하였다. 1개 현 5백 호를 삭감 당했다. (曹芳) 正始 3년(서기 242)에 죽었다. 아들 曹翕(조흡)이 계승했다. 景初, 正元, 景元 연간에, 식읍을 늘려 받아 모두 3,400호가 되었다.

| 原文 |

樂陵王茂, 建安二十二年封萬歲亭侯. 二十三年, 改封平輿侯. 黃初三年, 進爵, 徙封乘氏公. 七年, 徙封中丘. 茂性傲佷, 少無寵於太祖. 及文帝世, 又獨不王. 太和元年, 徙封聊城公, 其年爲王. 詔曰,

「昔象之爲虐至甚, 而大舜猶侯之有庳. 近漢氏淮南,阜陵, 皆爲亂臣逆子, 而猶或及身而復國, 或至子而錫土. 有虞建之於上古, 漢文,明,章行之乎前代, 斯皆敦敘親親之厚義也. 聊城公茂少不閒禮教, 長不務善道. 先帝以爲古之立諸侯也, 皆命賢者, 故姬姓有未必侯者, 是以獨不王茂. 太皇太后數以爲言. 如聞茂頃來少知悔昔之非, 欲脩善將來. 君子與其進, 不保其往也. 今封茂爲聊城王, 以慰太皇太后下流之念.」

六年, 改封曲陽王. 正始三年, 東平靈王薨, 茂稱嗌痛, 不肯發哀, 居處出入自若. 有司奏除國土, 詔削縣一, 戶五百. 五年, 徙封樂陵, 詔以茂租奉少, 諸子多, 復所削戶, 又增戶七百. 嘉平,正元,景元中, 累增邑, 並前五千戶.

| 국역 |

樂陵王(낙릉왕) 曹茂(조무)는 建安 22년에 萬歲亭侯(만세정후)가 되었다. 23년에, 平輿侯(평여후)가 되었다. (文帝) 黃初 3년, 작위가 올라 乘氏公(승씨공)이 되었다. 7년에, 中丘(중구)로 옮겨 봉했다. 조무는 성격이 오만하고 사나워 조조의 총애가 없었다.

文帝 재위 중에도 혼자만 왕이 되지 못했다. (明帝) 太和 원년(서기 227), 聊城公(요성공)으로 옮겼다가 그 해에 王이 되었다. 明帝가 조서를 내렸다.

「옛날 (舜의 異母弟인) 象(상)은 못된 짓이 아주 심했지만, 그래도 大舜은 象(상)을 有庳(유비)의 땅에 봉하였다. 가깝게는 漢의 淮南王

(회남왕)과 阜陵王(부릉왕)은 모두 亂臣이며 逆子(역자)였지만, 그런데도 태어난 신분대로 봉국을 받았으며, 그 아들에게 봉토를 물려주었다. 舜은 上古 시대 사람이고, 漢의 文帝, 明帝, 章帝는 바로 이전 시대이니, 이 모두가 친족을 가까이 하려는 돈독한 뜻이었다. 聊城公(요성공) 茂(무)는 어려서 禮敎를 따르지 않았고 장성해서도 善道에 힘쓰지 않았다. 先帝(文帝)께서는 고대에는 현인만을 제후에 봉하였으며, 그래서 (周의) 姬姓(희성)으로 제후가 되지 않은 사람이 없었다고 생각하셨기에 요성공을 왕으로 올려 봉하지 않으셨다. 그러나 太皇太后(卞皇后, 明帝의 祖母)께서는 자주 이를 말씀하셨다. 듣자 하니, 근간에 지난날의 잘못을 알고 앞으로 착한 일을 하려고 애 쓴다고 하였다. 君子는 앞으로 향상될 지언즉 뒤로 후퇴하지 않는다 하였다. 이에 茂(무)를 聊城王(요성왕)에 봉하니, 太皇太后의 아래 사람을 아끼시는 마음을 헤아리기 바라노라.」

6년, 曲陽王(곡양왕)으로 바꿔 봉했다. (曹芳의) 正始 3년(서기 242), 東平 靈王이 죽었는데 조무는 목이 아프다면서 哭(곡)을 하지 않았고 거소에서 출입이 평상시 그대로였다. 有司가 國土의 삭감을 상주하여 1縣 민호 5백 호를 삭감하였다. 5年에, 樂陵王(낙릉왕)으로 옮겨 봉했는데 曹茂의 封地 수입은 적고 아들은 많다 하여 조서를 내려 삭감하였던 민호를 복구하였고, 또 7백 호를 늘려주었다. 嘉平, 正元, 景元 연간에, 식읍을 늘려 받아 모두 5천 호가 되었다.

❷ 魏文帝諸子

| 原文 |

文皇帝九男. 甄氏皇后生明帝, 李貴人生贊哀王協, 潘淑媛生北海悼王蕤, 朱淑媛生東武陽懷王鑒, 仇昭儀生東海定王霖, 徐姬生元城哀王禮, 蘇姬生邯鄲懷王邕, 張姬生淸河悼王貢, 宋姬生廣平哀王儼.

| 국역 |

文皇帝는 九男을 두었다. 甄氏 皇后가 明帝를 출산했고, 李貴人(이귀인)[20]이 贊 哀王(찬 애왕) 曹協(조협)을, 潘淑媛(반숙원)이 北海 悼

20 魏書 5권 〈后妃傳〉 – 漢의 制度에 의하면, 황제의 祖母를 太皇太后, 황제의 모친을 皇太后, 황제의 妃를 皇后(황후)라 칭하였고, 그 외의 內官으로 14 등급이 있었다. 曹魏(조위)는 漢의 法制를 그대로 따랐는데, 母后의 호칭은 漢의 舊制와 같았으니, 夫人 이하는 시대에 따라 가감이 있었다. 太祖(曹操, 武帝)가 魏國을 건립한 이후에 처음으로 王后를 책봉하고 이 이후 5등급의 여관을 두었다. 5등급 女官은 夫人(부인), 昭儀(소의), 倢伃(첩여), 容華(용화), 美人(미인)이었다. 文帝(曹丕) 때 여기에 貴嬪(귀빈), 淑媛(숙원), 脩容(수용), 順成(순성), 良人(양인)의 등급이 있었다. 明帝(曹叡) 때에는 淑妃(숙비), 昭華(소화), 脩儀(수의)를 설치하고, 順成(순성)의 관명을 폐지하였다. 太和(明帝의 연호, 서기 227–232년) 연간에, 처음으로 復命夫人(복명부인)을 두었는데, 그 위치는 淑妃(숙비)보다 상위였다. 夫人(부인) 이하 총 12등급이었다. 貴嬪(귀빈)과 夫人(부인)은 皇后의 다음 자리로 작위는 비교할 등급이 없으며, 淑妃(숙비)의 위치는 相國(상국)의 지위에 해당하고 작위는 諸侯王에 같았고, 淑媛(숙원)의 지위는 御史大夫와 동급에 작위는 縣公(현공)과 같았으며, 昭儀(소의)는 縣侯(현후), 昭華(소화)는 鄕侯, 脩容(수용)은 亭侯, 脩儀(수의)는 關內侯와 같았으며, 倢伃(첩여)는 中二千石의 관리, 容華(용화)는 眞二千石, 美人(미인)은 比二千石, 良人(양인)은 1千石의 관리와 대우가 같았다.

王(북해 도왕) 蕤(유)를, 朱淑媛(주숙원)이 東武陽 懷王(동무양 회왕) 鑑(감)을, 仇昭儀(구소의)가 東海 定王(동해 정왕) 霖(림)을, 徐姬(서희)가 元城 哀王(원성 애왕) 禮(례)를, 蘇姬(소희)가 邯鄲 懷王(한단 회왕) 邕(옹)을 張姬(장희)가 淸河 悼王(청하 도왕) 貢(공)을, 宋姬(송희)가 廣平 哀王(광평 애왕) 儼(엄)을 낳았다.

| 原文 |

贊哀王協, 早薨. 太和五年追封諡曰經殤公. 靑龍二年, 更追改號諡. 三年, 子殤王尋嗣. 景初三年, 增戶五百, 並前三千戶. 正始九年薨. 無子. 國除.

北海悼王蕤, 黃初七年, 明帝卽位, 立爲陽平縣王. 太和六年, 改封北海. 靑龍元年薨. 二年, 以琅邪王子贊奉蕤後, 封昌鄕公. 景初二年, 立爲饒安王. 正始七年, 徙封文安. 正元, 景元中, 累增邑, 並前三千五百戶.

東武陽懷王鑑, 黃初六年立. 其年薨. 靑龍三年賜諡. 無子. 國除.

東海定王霖, 黃初三年立爲河東王. 六年, 改封館陶縣. 明帝卽位, 以先帝遺意, 愛寵霖異於諸國. 而霖性粗暴, 閨門之內, 婢妾之間, 多所殘害. 太和六年, 改封東海. 嘉平元年薨. 子啓嗣. 景初,正元,景元中, 累增邑, 並前六千二百戶. 高貴鄕公髦, 霖之子也, 入繼大宗.

| 국역 |

贊 哀王(찬 애왕)[21] 曹協(조협)은 일찍 죽었다. (明帝) 太和 5년(서기 231), 經殤公(경상공)이라는 추가 시호를 올렸다. (明帝) 靑龍 2년(서기 234), 시호를 바꿔 올렸다. 3년, 아들 殤王(상왕) 曹尋(조심)이 계승했다. (明帝) 景初 3년(서기 239), 식읍 5백 호를 늘려주어 모두 3천 호가 되었다. (曹芳의) 正始 九年(서기 248)에 조심이 죽었는데, 無子하여 나라를 없앴다.

北海 悼王(도왕) 曹蕤(조유, 蕤는 드리워질 유)는 (文帝) 黃初 7년, 明帝가 즉위하면서 陽平縣王(양평현왕)에 책립되었다. (明帝) 太和 6년(서기 232), 北海王이 되었다. 靑龍 원년(서기 233)에 죽었다. 2년, 琅邪王(낭야왕)의 아들 曹贊(조찬)으로 조유의 뒤를 잇게 하며, 昌鄕公(창향공)에 봉했다. (명제) 景初 2년(서기 238), 饒安王(효안왕)에 책립되었다. (曹芳의) 正始 7년(서기 246), 文安王에 옮겨 봉했다. 正元, 景元 연간에, 식읍을 늘려 받아 모두 3,500호가 되었다.

東武陽 懷王(동무양 회왕) 曹鑑(조감)은 (文帝) 黃初 6년에 책립되었다. 그 해에 죽었다. (明帝) 靑龍 3년, 시호를 내렸다. 無子하여 國除했다.

東海 定王(정왕) 曹霖(조림)은 黃初 3년 河東王(하동왕)에 책립되었다. 6년, 館陶縣에 옮겨 봉했다. 明帝가 즉위하고 先帝의 遺意에 의거하여 조림에 대한 총애가 다른 나라와는 달랐다. 그러나 조림은 천성이 거칠고 포악하여 閨門(규문) 안에 婢妾(비첩) 사이에서 죽고 다친 자가 많았다. (명제) 太和 6년, 東海王이 되었다. (曹芳의) 嘉

21 贊(찬)은 靑州 北海國의 현명.

平 원년(서기 249)에 죽었다. 아들 曹啓(조계)가 계승했다. 景初, 正元, 景元 연간에, 식읍을 늘려 받아 총 6,200호가 되었다. 高貴鄕公인 曹髦(조모)는 조림의 아들인데 입궁하여 大宗을 계승했다.(재위 254 – 260년).

| 原文 |

元城哀王禮, 黃初二年封秦公, 以京兆郡爲國. 三年, 改爲京兆王. 六年, 改封元城王. 太和三年薨. 五年, 以任城王楷子悌嗣禮後. 六年, 改封梁王. 景初,正元,景元中, 累增邑, 並前四千五百戶.

邯鄲懷王邕, 黃初二年封淮南公, 以九江郡爲國. 三年, 進爲淮南王. 四年, 改封陳. 六年, 改封邯鄲. 太和三年薨. 五年, 以任城王楷子溫嗣邕後. 六年, 改封魯陽. 景初,正元,景元中, 累增邑, 並前四千四百戶.

清河悼王貢, 黃初三年封. 四年薨. 無子. 國除.

廣平哀王儼, 黃初三年封. 四年薨. 無子. 國除.

| 국역 |

元城 哀王(원성 애왕) 曹禮(조례)는 黃初 2년 秦公에 책봉되었는데, 京兆郡을 봉국으로 하였다. 3년, 京兆王(경조왕)으로 개봉하였다. 6년, 元城王으로 改封하였다. (明帝) 太和 3년(서기 229)에 죽었다. 5

년에, 任城王 曹楷(조해)의 아들 曹悌(조제)를 曹禮(조례)의 후사로 정했다. 6년, 梁王(양왕)으로 改封했다. 景初, 正元, 景元 연간에, 식읍을 늘려 받아 모두 4,500호가 되었다.

邯鄲 懷王(한단 회왕) 曹邕(조옹)은 黃初 2년 淮南公에 봉해졌고 九江郡을 封國으로 받았다. 3년, 淮南王으로 작위가 올랐다. 4년, 陳王으로 改封되었다. 6년, 邯鄲王(한단왕)으로 개봉되었다. 太和 3년(서기 229)에 죽었다. 5년, 任城王 曹楷(조해)의 아들 曹溫(조온)을 조옹의 후사로 삼았다. 6년, 魯陽王으로 改封하였다. 景初, 正元, 景元 연간에, 식읍을 늘려 받아 모두 4,400호가 되었다.

清河 悼王(청하 도왕) 曹貢(조공)은 (文帝) 黃初 3년(서기 222)에, 책봉되었다. 4년에, 죽었다. 無子하여 나라를 없앴다.

廣平 哀王(광평 애왕) 曹儼(조엄)은 (文帝) 黃初 3년(서기 222)에, 책봉되었다. 4년에, 죽었다. 無子하여 나라를 없앴다.

| 原文 |

評曰, 魏氏王公, 旣徒有國土之名, 而無社稷之實. 又禁防壅隔, 同於囹圄, 位號靡定, 大小歲易, 骨肉之恩乖, 〈常棣〉之義廢. 爲法之弊, 一至於此乎!

| 국역 |

陳壽의 評論 : 魏氏(위씨)의 王公은 다만 封國 영토만 소유할 뿐, 社稷(사직)을 보유하는 實質이 없었다.[22] 거기다가 여러 법금으로 막히고 분리되어 갇힌 것과 같았으며, 지위에 따른 확정적 호칭도 없었고, 大小가 해마다 바뀌었으며, 骨肉간 恩情도 없었고 형제의 情을 즐기지도(〈常棣〉) 못했다. 법령에 따른 폐단이 이런 지경에 이르렀다.

22 제후 본연의 의무는(황실 보위) 고사하고, 제후 왕은 먹고 놀다가 잠자는 일밖에 없었다.

21권 〈王衛二劉傅傳〉(魏書 21)
(왕,위,이유,부전)

❶ 王粲

| 原文 |

王粲字仲宣, 山陽高平人也. 曾祖父龔, 祖父暢, 皆爲漢三公. 父謙, 爲大將軍何進長史. 進以謙名公之胄, 欲與爲婚, 見其二子, 使擇焉. 謙弗許. 以疾免, 卒於家

| 국역 |

王粲(왕찬)[23]의 字는 仲宣(중선)으로, 山陽郡 高平縣[24] 사람이다.

23 王粲(왕찬, 177－217, 字 仲宣)－후한 末 문인, 建安七子의 한 사람. 建安七子(鄴中七子)는 후한 말 獻帝 建安 연간의 유명한 7인의 文人. 孔融, 陳琳. 王粲, 徐幹, 阮瑀(완우), 應瑒(응창), 劉楨(유정) 등이다. 曹조는《典論 論文》에서 7인

曾祖父인 王龔(왕공)과 祖父인 王暢(왕양)[25]은 모두 後漢의 三公을 역임하였다. 부친인 王謙(왕겸)은 大將軍 何進(하진)의 長史[26]였다. 하진은 왕겸이 名公의 후손이라 하여 혼사를 맺으려고 왕겸의 두 아들을 만나보고 고르려 했다. 그러나 왕겸이 수락치 않았다. 왕겸은 병으로 사직한 뒤 집에서 죽었다.

| 原文 |

獻帝西遷, 粲徙長安, 左中郎將蔡邕見而奇之. 時邕才學顯著, 貴重朝廷, 常車騎填巷, 賓客盈坐. 聞粲在門, 倒屣迎之. 粲至, 年旣幼弱, 容狀短小, 一坐盡驚. 邕曰, "此王公孫也, 有異才, 吾不如也. 吾家書籍文章, 盡當與之."

年十七, 司徒辟, 詔除黃門侍郎, 以西京擾亂, 皆不就. 乃之荊州依劉表. 表以粲貌寢而體弱通侻, 不甚重也. 表卒. 粲勸表子琮, 令歸太祖.

太祖闢爲丞相掾, 賜爵關內侯. 太祖置酒漢濱, 粲奉觴賀曰, "方今袁紹起河北, 仗大衆, 志兼天下, 然好賢而不能用,

의 特長을 설명하였다. 建安七子와 三曹(曹操, 曹丕, 曹植)는 후한 말 문단을 주도했다. 본권에 이들 建安七子의 약력을 소개하고 있다.

24 高平縣은, 今 山東省 남부 濟寧市 관할 微山縣. 微山湖를 끼고 있다.

25 王龔(왕공, 字 伯宗)은 順帝 시 太尉 역임. 王暢(왕양, 字 叔茂)은 靈帝 때 司空을 역임했다.

26 長史는 丞相, 太尉, 公, 將軍, 太守의 속관, 승상의 장사는 승상의 비서실장격. 태수의 속관은 군사에 관한 일 담당. 질록 6백석~1천석.

故奇士去之. 劉表雍容荊楚, 坐觀時變, 自以爲西伯可規. 士之避亂荊州者, 皆海內之俊傑也, 表不知所任, 故國危而無輔. 明公定冀州之日, 下車卽繕其甲卒, 收其豪傑而用之, 以橫行天下. 及平江,漢, 引其賢俊而置之列位, 使海內回心, 望風而原治, 文武並用, 英雄畢力, 此三王之擧也."

後遷軍謀祭酒. 魏國旣建, 拜侍中. 博物多識, 問無不對. 時舊儀廢弛, 興造制度, 粲恒典之.

| 국역 |

(董卓에 의해) 獻帝가 서쪽으로 옮겨갈 때(서기 190년), 王粲(왕찬)은 長安으로 이주했는데, 左中郎將이던 蔡邕(채옹)[27]이 왕찬을 보고 특별하게 여겼다. 그때 채옹의 才學은 널리 알려졌고 조정의 重臣이었기에 손님의 수레가 늘 골목을 메웠고 빈객이 자리를 메웠다. 채옹은 왕찬이 도착했다는 말을 듣자, 서둘러 신발을 끌고 나가 영입하였다. 왕찬이 들어오자, 나이도 어리고 체구도 왜소하여 빈객들이 모두 놀랐다. 이에 채옹이 말했다.

"이 사람은 王公의 손자로 특별한 재주가 있어 내가 따라갈 수 없습니다. 우리 집의 典籍(書籍)과 문장을 모두 왕찬에게 줄 것입니다."

27 蔡邕(채옹, 133-192년, 字 伯喈) - 邕은 화할 옹. 喈는 새소리 개. 음률에 정통, 박학했음. 名筆로 飛白書의 창시자. 後漢의 유명한 才女 蔡琰(채염, 文姬, 177?-249?, 음악가이며 여류 시인)의 父. 뒷날 王允에 의해 옥사. 《後漢書》 60권(下), 〈馬融蔡邕列傳〉에 입전. 蔡琰(채염)은 《後漢書》 84권, 〈列女傳〉에 입전. 그녀의 〈悲憤〉 詩가 전한다.

왕찬은 17세에 司徒府의 부름을 받아 조서로 黃門侍郎을 제수 받았지만, 장안이 소란하기에 부임하지 않았다. 왕찬은, 곧 荊州(형주)로 劉表를 찾아갔다. 유표는 왕찬의 체구가 작고 약하며 외모가 추하다 하여 중시하지 않았다. 유표가 죽자, 왕찬은 유표 아들 劉琮(유종)에게 조조에게 귀부하라고 권유하였다.

조조는 왕찬을 불러 승상부 속관으로 임명하며 關內侯의 작위를 하사하였다. 조조가 漢水의 근처에서 잔치를 벌일 때 왕찬은 술잔을 들어 조조에게 賀禮하면서 말했다.

"방금 袁紹는 河北에서 기병하여 대군을 거느리고 천하를 도모하려 하나, 好賢하지만 등용하지 못하기 때문에 천하의 奇士들은 원소를 떠나고 있습니다. 劉表는 荊州를 차지하고 시대 변화를 관망하며 자신을 중원 서쪽의 覇者(패자)라 생각하고 있습니다. 형주 일대로 피난한 문사들은 모두 海內의 俊傑(준걸)이지만, 유표는 그들을 임용하지 못했기에 나라가 위태로워도 아무런 도움이 되지 않았습니다. 명공께서는 冀州를 차지하면서 수레에서 내려 사졸을 대우하며 훈련시켰고, 호걸을 모아 임용하면서 천하를 누비고 계십니다. 長江과 漢水 일대를 평정하셨고 뛰어난 인재를 모아 관직을 맡기기에, 천하의 민심이 돌아오며 시대 조류에 따라 태평성대를 이룩하기를 기대하며, 또 문무를 아울러 고루 등용하고 영웅은 전심전력하니, 이는 三王(夏, 殷, 周의 개국 군주)과 그 치적이 같을 것입니다."

왕찬은 뒷날 軍謀祭酒로 승진하였다. 魏國이 건국된 뒤에는 侍中이 되었다. 왕찬은 모든 사물의 이치에 통달하고 박식하여 어떤 물음에도 대답하였다. 그때 옛 예의나 제도를 바꾸며 새로운 의례를 시행할 때였는데, 왕찬은 이를 주도하였다.

| 原文 |

初, 粲與人共行, 讀道邊碑, 人問曰, "卿能闇誦乎?" 曰, "能." 因使背而誦之, 不失一字. 觀人圍棋, 局壞, 粲爲覆之. 棋者不信, 以帊蓋局, 使更以他局爲之. 用相比校, 不誤一道. 其强記默識如此.

性善算, 作算術, 略盡其理. 善屬文, 擧筆便成, 無所改定, 時人常以爲宿構. 然正復精意覃思, 亦不能加也. 著詩,賦,論, 議垂六十篇.

建安二十一年, 從征吳. 二十二年春, 道病卒, 時年四十一. 粲二子, 爲魏諷所引, 誅. 後絶.

始文帝爲五官將, 及平原侯植皆好文學. 粲與北海徐幹字偉長,廣陵陳琳字孔璋,陳留阮瑀字元瑜,汝南應瑒字德璉,東平劉楨字公幹並見友善.

| 국역 |

그전에, 王粲(왕찬)이 다른 사람과 길을 가면서 길가의 碑文(비문)을 읽었는데, 그 사람이 "비문을 암송할 수 있습니까?"라고 물었다. 왕찬은 할 수 있다면서 비문을 등지고 외웠는데 한 자도 틀리지 않았다.

사람들이 바둑 구경을 할 때, 바둑판이 흩어지자 왕찬이 그대로 다시 복기해 주었다. 바둑을 둔 사람이 믿지 못하고 판을 두건으로 가린 뒤 다른 판에 다시 놓게 한 뒤에 서로 비교해 보니 하나도 틀리지 않았다. 왕찬의 뛰어난 기억력이 이 정도였다.

왕찬은 계산을 잘했고 산술에서 그 이치를 거의 다 알고 있었다. 왕찬은 글도 잘 지었으니 붓을 들면 바로 문장을 완성하는데, 다시 정정하지도 않아 그때 사람들은 왕찬은 뱃속에 글이 들어있다고 말했다. 그러나 다시 깊이 생각해서 고친다 하여도 더 좋지는 않았다. 詩와 賦, 議論 등 60여 편을 저술하였다.

건안 21년(서기 216), 조조를 따라 吳를 원정하였다. 22년 봄 원안은 원정 도중에 병사하였는데, 나이 41세였다. 왕찬의 두 아들은 魏諷(위풍)[28]의 모반에 관련되어 처형되어 후손이 없었다.

그전에 文帝(曹丕)가 五官將[29]일 때, 平原侯 曹植(조식) 역시 文學을 좋아하였다. 왕찬과 北海郡의 徐幹(서간, 字 偉長), 廣陵郡의 陳琳(진림, 字 孔璋), 陳留郡의 阮瑀(완우, 字 元瑜), 汝南郡의 應瑒(응창, 字

28 魏諷(위풍, ?-219年, 字 子京) - 沛人. 鍾繇(종요)는 위풍을 불러 西曹掾에 임명하였다. 建安 24년(서기 219), 曹操가 漢中을 정벌할 때 魏諷은 비밀리에 무리를 모아 鄴城에서 모반을 계획했다. 이에 가담했던 陳禕(진의)가 曹丕에게 자복하자, 조비는 관련된 수십 명을 체포하여 처형했다.

29 五官將은 五官中郎將의 간칭. 후한 光祿勳(中二千石, 皇帝宿衛, 宮殿門戶 경비 총책)의 속관으로 질록 比二千石의 五官中郎將, 左, 右中郎將, 虎賁中郎將. 羽林中郎將 등을 두었다. 五官中郎將의 속관으로는 五官中郎(比6백석), 五官侍郎(比4백석), 五官郎中(比3백석) 등이 있었는데 정원은 없고, 황제호위와 궁궐경비를 담당하였다. 曹丕는 건안 16년(서기 211) 五官中郎將이 되었다가 건안 21년 魏國이 건국되자(216년), 건안 22년에 태자가 되었다.

德璉), 東平國의 劉楨(유정, 字 公幹) 등은 서로 친하게 지냈다.[30]

| 原文 |

幹爲司空軍謀祭酒掾屬, 五官將文學.

琳前爲何進主簿. 進欲誅諸宦官, 太后不聽, 進乃召四方猛將, 並使引兵向京城, 欲以劫恐太后. 琳諫進曰, "《易》稱 '卽鹿無虞.' 諺有 '掩目捕雀.' 夫微物尙不可欺以得志, 況國之大事, 其可以詐立乎? 今將軍總皇威, 握兵要, 龍驤虎步, 高下在心, 以此行事, 無異於鼓洪爐以燎毛髮. 但當速發雷霆, 行權立斷, 違經合道, 天人順之. 而反釋其利器, 更徵於他. 大兵合聚, 强者爲雄, 所謂倒持干戈, 授人以柄, 功必不成, 祇爲亂階."

進不納其言, 竟以取禍. 琳避難冀州, 袁紹使典文章. 袁氏敗, 琳歸太祖. 太祖謂曰, "卿昔爲本初移書, 但可罪狀孤而已, 惡惡止其身, 何乃上及父祖邪?"

琳謝罪, 太祖愛其才而不咎.

| 국역 |

徐幹(서간)은 司空府의 屬官인 軍謀祭酒로, 五官將文學을 역임하

30 여기에는 建安七子 중 孔融(공융)을 언급하지 않았다.

였다.

陳琳(진림)은 그전에 대장군 何進(하진)의 主簿(주부)였다. 하진이 환관을 모두 제거하려 했지만 (靈帝의) 太后가 수락하지 않자, 하진은 사방의 장수들에게 군사를 거느리고 낙양으로 오게 하여 태후를 위협하려고 했다. 그러자 진림이 하진에게 간언을 올렸다.

"《易》에서는 '사냥꾼의 도움 없이 사슴을 추격한다.(卽鹿無虞)' 하였고,[31] 속언에는 '눈을 가리고 참새를 잡는다〔掩目捕雀(엄목포작)〕.' 고 하였습니다. 미물이라도 속여서 뜻을 이룰 수 없거늘, 하물며 나라의 대사를 거짓으로 처리할 수 있겠습니까? 지금 장군께서는 조정에서 큰 권위를 행사하고 군권을 장악하였으며, 나는 용과 달리는 호랑이의 형세로 生死를 마음대로 처분할 수 있으니, 환관 제거는 뜨거운 숯불을 뒤적여 머리카락을 태우는 것처럼 쉬운 일입니다. 다만 권한을 갖고 번개 치듯 결단하되 도리에 맞으면 하늘과 백성 모두 따라올 것입니다. 그런데 지금 유리한 여건을 다 제쳐놓고 다른 사람을 불러들이고 있습니다. 많은 군사를 불러들이면 그중에 강한 자가 나타날 것이고, 이는 창과 방패를 거꾸로 잡고 자루를 남에게 넘겨주는 꼴이라서 성공도 할 수도 없고 다만 혼란만을 초래할 것입니다."

그러나 하진은 진림의 충고를 받아들이지 않아 결국 화를 자초하

31 卽鹿無虞(즉록무우)는 《易 屯卦》(水雷屯, ☵☳) 六三의 爻辭(효사). 사냥을 하러 산에 갔는데, 사냥을 도울 산지기(虞)가 없어 홀로 산에 들어간다. 군자는 기회를 보아 일을 추진해야 한다. 이런 경우에는 그만두는 것만 못하다. 이런 내용의 爻辭이다. 산지기〔虞人(우인)〕의 도움을 받지 않고 사슴을 추격하여 잡는다(卽鹿無虞). 눈을 가리고 참새를 잡다(掩目捕雀). 모두가 불가능한 일. 그렇게 했다는 것은 거짓말이라는 뜻.

였다. 진림은 冀州(기주)로 피난했고 원소는 진림에게 文章을 담당케 하였다. 袁氏(원씨) 일족이 패망하자, 진림은 조조에게 귀부하였다. 조조가 진림에게 물었다.

"卿이 예전에 원소를 위해 격문을 지을 때 나의 죄를 따져 나를 욕하면 되거늘, 어찌 나의 부친과 조부까지 욕을 했는가?"

진림은 사죄하였고, 조조는 진림의 재주를 아껴 더 이상 문책하지 않았다.

| 原文 |

瑀少受學於蔡邕. 建安中都護曹洪欲使掌書記, 瑀終不爲屈. 太祖並以琳,瑀爲司空軍謀祭酒, 管記室, 軍國書檄, 多琳,瑀所作也. 琳徙門下督, 瑀爲倉曹掾屬.

瑒,楨各被太祖辟, 爲丞相掾屬. 瑒轉爲平原侯庶子, 後爲五官將文學. 楨以不敬被刑, 刑竟署吏. 咸著文賦數十篇.

| 국역 |

阮瑀(완우)[32]는 젊어 蔡邕(채옹)에게 배웠다. 建安 연간에, 都護將軍인 曹洪(조홍)이 완우에게 문서 일을 맡기려 했지만, 완우는 끝까지 굽히지 않았다. 조조는 陳琳(진림)과 완우를 司空府 軍謀祭酒에

32 阮瑀(완우, ?-212년, 字 元瑜) - 陳留郡 尉氏縣(今 河南省 開封市 부근) 출신. 建安七子의 한 사람. 완우의 아들 阮籍(완적)은 竹林七賢의 한 사람. 손자인 阮咸(완함) 역시 당시의 명사였다.

임명하여 문서 기록을 담당케 했는데, 진림과 완우가 지은 軍國 大事의 문서나 격문이 많았다. 진림은 門下督(문하독)이, 완우는 倉曹의 속관이 되었다.

應瑒(응창)[33]과 劉楨(유정)도 조조의 부름을 받아 승상부의 속관이 되었다. 응창은 平原侯庶子[34]가 되었다가 나중에 五官將文學이 되었다. 유정은 불경죄로 형을 받았지만 형을 마친 뒤 署吏(서리)가 되었다. 두 사람 다 문장과 詩賦 수십 편을 지었다.

| 原文 |

瑀以十七年卒. 幹,琳,瑒,楨二十二年卒. 文帝書與元城令吳質曰,

「昔年疾疫, 親故多離其災, 徐,陳,應,劉, 一時俱逝. 觀古今文人, 類不護細行, 鮮能以名節自立. 而偉長獨懷文抱質, 恬淡寡欲, 有箕山之志, 可謂彬彬君子矣. 著《中論》二十餘篇, 辭義典雅, 足傳於後.

德璉常斐然有述作意, 其才學足以著書, 美志不遂, 良可痛惜! 孔璋章表殊健, 微爲繁富. 公幹有逸氣, 但未遒耳. 元瑜書記翩翩, 致足樂也. 仲宣獨自善於辭賦, 惜其體弱, 不起其

33 應瑒(응창, ?-17년, 字 德璉) - 瑒은 옥잔 창. 汝南郡 南頓縣 출신. 형제가 문인으로 유명.

34 平原侯庶子 - 平原侯는 曹植(조식). 庶子는 吏職名. 太子나 皇子, 혹은 藩王 幕府의 일반 업무를 담당, 皇帝의 侍中과 비슷했다.

文, 至於所善, 古人無以遠過也.

昔伯牙絶弦於鍾期, 仲尼覆醢於子路, 痛知音之難遇, 傷門人之莫逮也. 諸子但爲未及古人, 自一時之儁也.」

| 국역 |

阮瑀(완우)는 건안 17년(서기 212)에 죽었다. 徐幹(서간), 陳琳(진림), 應瑒(응창), 劉楨(유정)은 건안 22년(서기 217)에 (전염병으로) 죽었다. 文帝(曹丕)는 (魏郡) 元城 현령인 吳質(오질)에게 보낸 편지에서 말했다.

「지난 해에 전염병이 유행하여 가까운 사람들이 많이 재난을 당했으니 서간, 진림, 응창, 유정 등이 동시에 함께 죽었다. 고금의 문인을 볼 때, 많은 사람들이 小節에 구애받지 않았어도 소수만이 명예와 지조로 이름을 남겼다.

偉長(위장, 徐幹의 字)은 문채와 질박을 갖추었고, 담백한 情趣(정취)에 욕심이 없어 箕山(기산)의 뜻을 지켰으니(許由와 같은 은거) 文質이 빛나는〔彬彬(빈빈)〕 君子였다. 위장은 《中論》 20여 편을 지었는데 그 辭義가 典雅하니 족히 후세에 전할 만하다.

德璉(덕련, 應瑒)은 늘 문채가 빛나고 저서와 立說의 뜻이 있으며, 그의 才華와 학식은 충분히 저서를 남길 수 있지만, 뜻을 성취 못했기에 정말 애석하도다!

孔璋(공장, 陳琳)의 문장과 필력은 특히 강건하나 번잡하다는 약점이 있다. 公幹(공간, 劉楨)은 飄逸(표일)한 기운이 있는 문장이나 강건한 기운이 약하다. 元瑜(원유, 阮瑀)는 그의 서찰이나 奏記(주기)의 문채가 아름다워 특히 강한 감동을 준다. 仲宣(중선, 王粲)은 홀로 辭賦에 가장 뛰어났으나 애석하게도 몸이 약하여 그 문채를 다 표출하지는 못했으니, 그래도 고인 누구도 중선의 가작보다 더 뛰어나지 못할 것이다.

옛날 伯牙(백아)는 鍾子期가 죽자 絶弦(절현)하였고,[35] 仲尼(공자)는 제자 子路(前 542 – 480년)가 죽어 젓갈로 담가졌다(醢刑, 肉醬)는 말에 상심하여 肉醬(육장)을 먹지 않았으니, 백아는 知音을 만날 수 없어 한이었고, 공자는 자로 같은 제자를 다시 만날 수 없기에 마음이 아팠다. 위의 여러 사람은 古人에 미치지는 못했다 하더라도 모두 한때의 俊才(준재)였도다.」

| 原文 |

自潁川邯鄲淳, 繁欽, 陳留路粹, 沛國丁儀,丁廙,弘農楊脩, 河內荀緯等, 亦有文采, 而不在此七人之例.

瑒弟璩, 璩子貞, 咸以文章顯. 璩官至侍中. 貞咸熙中參相國軍事. 瑀子籍, 才藻艶逸, 而倜儻放蕩, 行己寡慾, 以莊周爲模則. 官至步兵校尉.

時又有譙郡嵇康, 文辭壯麗, 好言老,莊, 而尙奇任俠. 至景元中, 坐事誅.

35 伯牙(백아)는 春秋 시대 晉國의 大夫, 伯氏, 伯雅(백아)로도 표기. 七弦琴을 잘 연주했다. 鍾子期(종자기)와 '知音' 의 고사로 잘 알려졌다. 백아의 사적은《列子 湯問》,《荀子 勸學》 등에 수록되었다.

景初中, 下邳桓威出自孤微, 年十八而著《渾輿經》, 依道以見意. 從齊國門下書佐,司徒署吏, 後爲安成令.

吳質, 濟陰人, 以文才爲文帝所善, 官至振威將軍, 假節都督河北諸軍事, 封列侯.

| 국역 |

潁川郡(영천군)의 邯鄲淳(한단순)[36]과 繁欽(번흠, 파흠, 字 休伯), 陳留郡[37]의 路粹(노수, 字 文蔚), 沛國(패국)의 丁儀(정의), 丁廙(정이), 弘農郡의 楊脩(양수),[38] 河內郡의 荀緯(순위) 등도 文采가 뛰어났지만 위 7인의 반열에는 들지 않았다.

應瑒(응창)의 아우 應璩(응거, 字 休璉), 응거의 아들 應貞(응정)도 모두 문장으로 이름이 났었다. 응거의 관직은 侍中이었다. 응정은 (曹奐의) 咸熙(함희, 서기 264 – 265) 연간에 相國軍事를 담당하였다.

阮瑀(완우)의 아들 阮籍(완적)[39]은 문채가 표일하고, 행동거지가

36 邯鄲淳(한단순 ? – 221년, 字 子叔) – 邯鄲은 복성. 博學한 문장가, 명필로도 유명.

37 (兗州 관할) 陳留郡의 治所는 陳留縣, 今 河南省 동부의 開封市. 陳郡의 북쪽이 陳留郡. (豫州 관할) 陳郡(國)의 치소는 治所는 陳縣, 今 河南省 중동부 周口市 관할 淮陽縣.

38 楊脩(양수, 字 德祖) – 太尉 楊彪의 아들. 建安 연간에 효렴으로 천거되어 郎中이 되었다가 계속되는 전투에 군수 창고를 관리하는 主簿가 되었다. 양수는 두뇌가 우수하여 조조의 아들 曹丕(조비) 형제와 두루 친했다. 脩는 포 수. 육포. 닦을 수(治也), 익힐 수(習也)로 修와 같은 뜻으로 쓰일 때도 있지만 같은 字는 아님. 조조는 양수가 袁術(원술)의 생질이기에 후환을 염려하여 구실을 찾아 죽여버렸다. 《後漢書》 54권, 〈楊震列傳〉에 立傳.

39 阮籍(완적, 210 – 263년, 字 嗣宗) – 陳留 尉氏(今 河南 開封市) 출신. 曹魏의 시인, 竹林七賢의 한 사람. 步兵校尉를 역임, '阮步兵' 으로 호칭. 嵇康(혜강)과 함께 嵇阮(혜완)으로 병칭.

소탈하면서도 방탕하며 구애가 없었고, 사려가 담백하고 욕심이 없었으며 莊子(莊周)를 본받으려 했다. 관직은 步兵校尉를 역임했다.

또 그때에 譙郡(초군)의 嵇康(혜강)[40]은 이 文辭가 壯麗(장려)했는데, 담론과 老子와 莊子를 좋아하였으며 기행과 임협을 숭상하였다. (曹奐의) 景元(서기 260 - 264년)에 법을 어겨 처형되었다.

(明帝) 景初 연간에(서기 237 - 239), 下邳(하비)의 桓威(환위)는 미천한 출신이었지만 18세에 《渾輿經(혼여경)》을 저술하였는데, 道家 사상을 바탕으로 자신의 의견을 표출하였다. 齊國의 門下書佐와 司徒府의 署吏를 거쳐 뒷날 安成 현령을 지냈다.

吳質(오질, 字 季重)은 濟陰郡 사람인데 文才가 뛰어나 曹丕와 가까웠으며, 관직은 振威將軍에 이르렀고 부절을 받아 河北의 모든 軍事를 감독하였고 列侯가 되었다.

❷ 衛覬

| 原文 |

衛覬字伯儒, 河東安邑人也. 少夙成, 以才學稱. 太祖闢爲司空掾屬, 除茂陵令,尙書郎. 太祖征袁紹, 而劉表爲紹援, 關中諸將又中立. 益州牧劉璋與表有隙, 覬以治書侍御史使益州, 令璋下兵以綴表軍. 至長安, 道路不通, 覬不得進, 遂留

40 嵇康(혜강, 223년?-263년? 字 叔夜) - 嵇는 산 이름 혜. 曹魏의 中散大夫 역임. 文學家, 思想家. 竹林七賢의 한 사람. 인위적 禮敎를 배격했다.

鎭關中. 時四方大有還民, 關中諸將多引爲部曲, 覬書與荀彧曰,

「關中膏腴之地, 頃遭荒亂, 人民流入荊州者十萬餘家, 聞本土安寧, 皆企望思歸. 而歸者無以自業, 諸將各競招懷, 以爲部曲. 郡縣貧弱, 不能與爭, 兵家遂强. 一旦變動, 必有後憂. 夫鹽, 國之大寶也, 自亂來散放, 宜如舊置使者監賣, 以其直益市犁牛. 若有歸民, 以供給之. 勤耕積粟, 以豐殖關中. 遠民聞之, 必日夜競還. 又使司隸校尉留治關中以爲之主, 則諸將日削, 官民日盛, 此强本弱敵之利也.」

彧以白太祖. 太祖從之, 始遣謁者僕射監鹽官, 司隸校尉治弘農. 關中服從, 乃白召覬還, 稍遷尙書. 魏國旣建, 拜侍中, 與王粲並典制度. 文帝卽位, 徙爲尙書. 頃之, 還漢朝爲侍郎, 勸贊禪代之義, 爲文誥之詔. 文帝踐阼, 復爲尙書, 封陽吉亭侯.

| 국역 |

衛覬(위기)[41]의 字는 伯儒(백유)로, 河東郡 安邑縣 사람이다. 어려서부터 夙成(숙성)했고 才學으로 소문났었다. 조조의 부름을 받아 司空府 掾屬(연속)이 되었고, 茂陵(무릉) 현령과 尙書郎을 역임했다.

41 衛覬(위기, ?-229년, 字 伯覦) - 覬는 바랄 기. 河東 安邑人(今 山西省 서남부 運城市 관할 夏縣). 문학가이며 명필로 유명. 《三國演義》에서는 衛凱(위개). 王粲(왕찬), 杜襲 등과 협의하여 조조를 魏王으로 추대한다.

조조가 원소를 원정할 때, 유표는 원소를 응원하였고, 關中의 여러 장수들은 中立을 지켰다. 益州牧인 劉璋(유장)[42]은 유표와 틈이 벌어졌었는데, 위기는 治書侍御史의 직책으로 益州에 사자로 나가서, 유장으로 하여금 군사를 출동시켜 유표 군사를 견제케 하려고 했다.

위기가 長安에 도착하였으나 도로가 막혀 더 나아가지 못하고 그대로 장안에 머물러 關中(관중) 지역을 다스리게 하였다. 그때 四方에서 본 고향으로 돌아오는 백성이 많았는데, 관중의 여러 장수들은 백성을 모집하여 군사로 편입시키자, 위기는 荀彧(순욱)에게 서신을 보냈다.

「關中은 아주 기름진 땅이나 병란을 만나 형주 지역으로 피난한 백성이 수십만 호나 되었으며, 이들은 관중 지역이 이제 안전하다는 소문을 듣고 모두 돌아오려고 생각하고 있습니다. 그렇지만 귀향하더라도 생업이 없기 때문에 여러 장수들은 경쟁적으로 귀향민을 불러 모아 군사에 편입시키고 있습니다. 따라서 군현은 빈약하여 그들과 경쟁할 수가 없고 私兵 집단은 강대해집니다. 언젠가 변란이 일어나면 틀림없이 걱정거리가 될 것입니다. 소금(鹽)은 국가의 중요 재원이지만 병란 이후에 그 매매를 나라에서 통제하지 못하는데, 응당 이전처럼 사자를 두어 매매를 감독하면서 그 이득으로 농기구나 소(農牛)를 사서 백성에게 공급해야 합니다. 농업을 장려하여 군량을 비축하면 관중 땅은 부유해질 것입니다. 그러면 먼

42 劉璋(유장, 162－220년, 字 季玉)은 荊州 江夏郡 竟陵縣(今 湖北省 潛江市 잠강시) 사람. 부친 劉焉(유언)의 지위를 계승하여 益州牧이 되었으나, 劉備에게 패전하여 투항한 뒤, 익주를 떠났다가 나중에 荊州(형주)에서 죽었다. 劉璋은 《蜀書》 1권, 〈劉二牧傳〉에 立傳. 王으로 추대한다.

데서 소문을 듣고 백성은 서둘러 귀향할 것입니다. 또 司隸校尉를 설치하여 關中 통치의 주체가 되면 여러 장수의 세력은 약화되고 官府와 백성은 날마다 융성할 것이니, 이는 근본을 강화하여 적을 약화시키는 좋은 방안입니다」

순욱은 이를 조조에게 보고했다. 조조는 건의에 따라 비로소 謁者僕射(알자복야)를 보내 (소금 생산하는) 鹽官을 감독케 하였고, 司隸校尉를 弘農郡에 설치하였다. 關中이 안정되자, 위기는 조정으로 돌아갔고, 점차 승진하여 尙書가 되었다.

魏國이 건국된 뒤에 위기는 侍中이 되어 王粲(왕찬)과 함께 여러 제도 개혁을 관장하였다. 曹丕(조비)가 (魏王으로) 즉위하며 다시 尙書가 되었다. 곧 漢 조정의 侍郎(시랑)이 되어 (獻帝에게) 禪讓(선양)의 대의를 설득하였고, 선양하는 조서를 지었다. 文帝가 제위에 오르자 다시 상서가 되었고 陽吉亭侯에 봉해졌다.

| 原文 |

明帝卽位, 進封閿鄕侯, 三百戶. 覬奏曰,

「九章之律, 自古所傳, 斷定刑罪, 其意微妙. 百里長吏, 皆宜知律. 刑法者, 國家之所貴重, 而私議之所輕賤. 獄吏者, 百姓之所縣命, 而選用者之所卑下. 王政之弊, 未必不由此也. 請置律博士, 轉相敎授.」

事遂施行. 時百姓凋匱而役務方殷, 覬上疏曰,

「夫變情厲性, 强所不能, 人臣言之旣不易, 人主受之又艱

難. 且人之所樂者富貴顯榮也, 所惡者貧賤死亡也. 然此四者, 君上之所制也, 君愛之則富貴顯榮, 君惡之則貧賤死亡. 順指者愛所由來, 逆意者惡所從至也. 故人臣皆爭順指而避逆意, 非破家爲國, 殺身成君者, 誰能犯顏色, 觸忌諱, 建一言, 開一說哉? 陛下留意察之, 則臣下之情可見矣. 今議者多好悅耳, 其言政治則比陛下於堯舜, 其言征伐則比二虜於貍鼠. 臣以爲不然.

昔漢文之時, 諸侯强大, 賈誼累息以爲至危. 況今四海之內, 分而爲三, 群士陳力, 各爲其主. 其來降者, 未肯言舍邪就正, 咸稱迫於困急, 是與六國分治, 無以爲異也. 當今千里無煙, 遺民困苦, 陛下不善留意, 將遂凋弊不可復振. 禮, 天子之器必有金玉之飾, 飮食之餚必有八珍之味, 至於凶荒, 則徹膳降服. 然則奢儉之節, 必視世之豐約也.

武皇帝之時, 後宮食不過一肉, 衣不用錦繡, 茵蓐不緣飾, 器物無丹漆, 用能平定天下, 遺福子孫. 此皆陛下之所親覽也. 當今之務, 宜君臣上下, 並用籌策, 計校府庫, 量入爲出. 深思句踐滋民之術, 由恐不及, 而尙方所造金銀之物, 漸更增廣, 工役不輟, 侈靡日崇, 帑藏日竭.

昔漢武信求神仙之道, 謂當得雲表之露以餐玉屑, 故立仙掌以承高露. 陛下通明, 每所非笑. 漢武有求於露, 而由尙見非, 陛下無求於露而空設之, 不益於好而糜費功夫, 誠皆聖慮所宜裁制也.」

覬歷漢,魏, 時獻忠言, 率如此.

| 국역 |

明帝가 즉위한 뒤에, 衛覬(위기)는 작위가 올라 閺鄕侯(문향후, 閺 땅이름 문) 가 되었고, 식읍은 3백 호였다. 위기가 상주하였다.

「九章의 刑律은 예로부터 전해오며 형벌에 해당하는 죄를 단정하는데 그 뜻은 미묘합니다. 둘레 1백 리의 고을을 관리하는 현령은 응당 刑律을 알아야 합니다. 형법은 국가의 뜻을 중시하고 개인의 의논을 경시합니다. 獄吏(옥리)는 백성의 생명을 다루지만, 등용되는 자들은 미천하게 여깁니다. 나라의 잘못된 정사는 거의 여기서부터 기인합니다. 법률에 관한 박사를 두고 법률을 교수해야 합니다.」

건의는 그대로 시행되었다. 그때 백성의 생활은 궁핍하였고 부역은 더욱 늘어나자, 위기가 상소하였다.

「性情을 바꾸고 본성을 다치게 하는 일은 억지로 할 수 없는 일이며, 人臣의 진언도 쉬운 일이 아니며 人主의 수용도 어려운 일입니다. 또한 백성이 부귀와 영달을 좋아하고 빈천과 사망을 싫어합니다. 이 4가지를 人君이 통제할 수 있기에 주군의 인정을 받으면 부귀 영달할 수 있고, 주군이 미워하는 사람은 빈천하거나 사망에 이르게 됩니다. 그래서 주군의 뜻을 따르는 자는 인정을 받고, 뜻을 거역하는 자는 미움을 받게 됩니다. 그러하기에 신하들은 모두 지시에 순응하고 뜻에 거스른 일을 회피하며, 국가를 위해 가문을 버리거나 살신하여 군주를 돕는 경우가 아니라면, 주군의 안색을 살피지 않을 수 없고 주군이 싫어하는 것을 알면서 건의하거나 진언을 올리려는 사람은 없습니다. 폐하께서 이를 염두에 두시고 신하를 관찰하시면 신하의 속뜻을 알 수 있을 것입니다. 지금 국정을 의논하는 사람들은 듣기에 좋은 말만 하니, 정치를 말하면서 폐하를 堯舜과 같다고 말하고, 정벌에 관해서 蜀과 吳를 삵(貍, 삵 리)이나 쥐새끼(鼠, 쥐 서)라고 말합니다. 그러나 臣은 그래서는 안 된다고 생각합니다.

옛날 前漢 文帝 때 제후 세력이 강대하였기에 賈誼(가의)는 여러 번 위기가 올 것이라 탄식하였습니다. 하물며 지금은 四海가 3국으로 분할되었으며, 많은 士人들은 힘을 다하여 각자의 주군을 섬기고 있습니다. 우리에게 투항한 자들은 사악을 버리고 정의를 찾아왔다고 말하지 않고 모두 곤경과 위급에 쫓겼다고 말하는데, 이는 예전 6국의 난립하던 때와 하나도 다르지 않습니다. 지금 천리를 가도 사람을 볼 수 없고 살아남은 백성은 곤궁하지만, 폐하께서는 이를 유념하시지 않으시니 앞으로도 나라는 더욱 피폐하여 다시 국력을 회복하기 어려울 것입니다. 禮制에 천자의 食器는 必히 金玉으로 장식하고, 八珍之味를 식음할 수 있게 되었지만, 흉년이 들면 반찬을 줄이고 화려한 복식을 입지 않는다고 하였습니다. 그러하다면 이는 호사와 검약의 조절이 세간의 풍년과 흉년에 따르는 것입니다.

武皇帝 시기에 後宮에서는 한 가지 고기만을 먹고 수놓은 비단 옷을 입지 않았으며, 자리나 침석을 장식하지 않고 기물은 붉은 칠이나 옻을 칠하지 않았기에 그 결과 천하를 평정할 수 있었고 자손에게 복을 남겨주었습니다. 이 모두는 폐하께서도 친히 보셨습니다. 지금 당장 힘써야 할 일은 君臣 상하가 모두 국가 방책에 집중하고 국가 재정에 따라 수입 지출을 조절해야 합니다. 越王 句踐(구천)이 백성

을 풍요롭게 한 정책을 깊이 생각하여 실천해야 하는데, 尙方(상방)에서 제조하는 금은의 집기들은 점점 많아지고 백성들의 부역동원은 그치지 않고 갈수록 늘어나며 국고는 점점 줄어들고 있습니다.

옛날 漢 武帝가 神仙의 道를 갈구하자, 方士는 상층 구름 속에서 이슬을 받아 玉 가루와 함께 마셔야 한다고 말했고, 무제는 청동으로 仙掌(선장, 신선 손바닥, 玉露盤)을 세워 하늘의 이슬을 받아 모으게 하였습니다. 폐하께서는 이치에 통달하셨기에 그런 일을 늘 비웃으셨습니다. 漢 武帝가 이슬을 모은 것을 잘못이라 알면서, 폐하께서는 이슬을 얻으려 하지는 않지만 대신 쓸데없는 시설을 만들어 비용과 시간을 소모하시니, 이는 참으로 폐하께서 깊이 생각하시어 절제하셔야 합니다.」

위기는 漢과 魏朝에 근무하면서 수시로 忠言을 올렸는데, 대개 이와 같았다.

| 原文 |

受詔典著作, 又爲《魏官儀》, 凡所撰述數十篇. 好古文,鳥篆,隸草, 無所不善.

建安末, 尙書右丞河南潘勖, 黃初時, 散騎常侍河內王象, 亦與覬並以文章顯.

覬薨, 諡曰敬侯. 子瓘嗣. 瓘咸熙中爲鎭西將軍.

| 국역 |

衛覬(위기)는 詔命(조명)에 따라 著作(저작)을 주관하였고, 또 《魏官儀》를 저술하였는데, 위기는 수십 편을 撰述(찬술)하였다. 위기는 古文과 鳥篆(조전),[43] 隸書(예서)와 草書를 좋아하였는데, 여러 방면에 우수하였다.

建安 말기에, 尙書右丞인 河南尹 사람 潘勖(반욱, 字 元茂)과 (文帝) 黃初 연간에 散騎常侍인 河內郡 사람 王象(왕상)[44] 역시 위기와 함께 문장으로 유명하였다.

위기가 죽자, 시호는 敬侯(경후)였다. 아들 衛瓘(위관, 字 伯玉)이 계승하였다. 위관은 (曹奐의) 咸熙 연간에(서기 264 – 265) 鎭西將軍이 되었다.

❸ 劉廙

| 原文 |

劉廙字恭嗣, 南陽安衆人也. 年十歲, 戲於講堂上, 潁川司馬德操拊其頭曰, "孺子, 孺子, '黃中通理', 寧自知不?"

43 鳥篆(조전) – 古文 篆字(전자)의 書體 이름.

44 王象(왕상, 생졸년 미상) – 어려서 고아라서 남의 집 노비가 되었다. 17, 8세쯤에 양을 치면서 글을 읽는 것을 楊俊(양준)이 보고 贖錢(속전)을 내어 양민이 되게 했다. 이후 관리가 되었는데, 王粲, 陳琳, 阮瑀, 路粹 등이 죽은 뒤 新出한 俊才로 王象의 才能이 가장 뛰어났었다. 《魏書》 23권, 〈和常楊杜趙裴傳〉의 〈楊俊傳〉 참고.

廙兄望之, 有名於世, 荊州牧劉表闢爲從事. 而其友二人, 皆以讒毀, 爲表所誅. 望之又以正諫不合, 投傳告歸.

廙謂望之曰, "趙殺鳴,犢, 仲尼回輪. 今兄旣不能法柳下惠和光同塵於內, 則宜模范蠡遷化於外. 坐而自絶於時, 殆不可也!"

望之不從, 尋復見害.

廙懼, 奔揚州, 遂歸太祖. 太祖闢爲丞相掾屬, 轉五官將文學. 文帝器之, 命廙通草書. 廙答書曰,

「初以尊卑有逾, 禮之常分也. 是以貪守區區之節, 不敢脩草. 必如嚴命, 誠知勞謙之素, 不貴殊異若彼之高. 而惇白屋如斯之好, 苟使郭隗不輕於燕, 九九不忽於齊, 樂毅自至, 霸業以隆. 虧匹夫之節, 成巍巍之美, 雖愚不敏, 何敢以辭?」

魏國初建, 爲黃門侍郞.

| 국역 |

劉廙(유이)의 字는 恭嗣(공사)[45]로, 南陽郡 安衆縣 사람이다. 나이 10세에 학당에서 놀이를 하는데 潁川郡의 司馬德操(사마덕조)[46]가 유이의 머리를 어루만지며 말했다.

45 劉廙(유이, 180－221년, 字 恭嗣) － 廙는 공경할 이. 長沙定王 劉發의 먼 후손.

46 司馬德操(사마덕조, ?－208년) － 司馬徽(사마휘) 水鏡先生, 德操는 字. 後漢 末期 名士, 諸葛亮은 臥龍, 龐統(방통)을 鳳雛(봉추), 司馬徽(사마휘)를 水鏡선생이라고 하였다. 이중 사마휘가 가장 잘 알려졌다. 劉備가 司馬徽를 만났을 때, 사마휘는 諸葛亮과 龐統을 천거하였다.

"孺子(유자, 어린아이)여, 유자여, '황색 옷을 입었고 이치에 통달했다.' 는 말을 너는 알고 있느냐?"

유이의 형 劉望之(유망지)는 당시에 이름이 알려졌는데, 荊州牧인 劉表의 부름을 받아 從事가 되었다. 유망지의 벗 두 사람은 다른 사람의 참소를 받아 유표에게 처형되었다. 유망지는 바른 건의를 하였지만 유표가 받아들이지 않자, 유망지는 사직하고 귀가하려고 했다. 이에 유이가 형 유망지에게 말했다.

"전에 晉의 趙簡子(조간자)가 鐸鳴(택명)과 犢犨(독주)를 살해하자, 공자는 황하에서 수레를 돌려 晉에 가지 않았습니다. 지금 형은 柳下惠(유하혜)[47]가 자신의 속뜻을 감추고 세속과 함께 하는(和光同塵)[48] 처세를 본받지 않겠다면, 范蠡(범려)[49]처럼 다른 나라를 찾아가야 합니다. 공연히 앉아서 時俗과 단절하는 것은 위험할 뿐입니다."

유망지는 동생의 말을 따르지 않았고, 얼마 있다가 결국 살해당

---

47 柳下惠(유하혜) – 魯의 대부로 본명은 展獲(전획)이다. 柳下를 식읍으로 받았고 惠는 시호이다. 공자는 유하혜의 탁월한 재능을 칭찬하였다. 유하혜는 典獄官(전옥관)으로 현명하고 유능하였지만 관직에서 3번이나 쫓겨났다. 어떤 사람이 유하혜에게 "당신은 아직도 떠나지 않을 겁니까?"라고 물었다. 이에 유하혜가 말했다. "正道로 주군을 섬긴다면, 어디를 가더라도 3번쯤은 쫓겨나지 않겠습니까? 정도를 굽힌 枉道(왕도)로 섬길 것이라면 하필 부모님이 살던 나라를 떠나겠습니까?"라고 말했다. 이처럼 유하혜는 사리에 맞는 말을 사려깊은 행동으로 정도를 지켰지만 3번이나 면직되는 치욕을 겪었다(降志辱身).

48 원문의 和光同塵(화광동진)은 본래 《老子道德經》 4章의 구절. 「道沖, 而用之或不盈. 淵兮, 似萬物之宗. 挫其銳, 解其紛, 和其光, 同其塵. ~」. 道의 광채를 부드럽게 하여 세속의 먼지와 같이 세속에 존재한다는 뜻. 뜻을 조금 굽혀 時勢에 순응하고 부합한다는 뜻으로 사용될 때도 있다.

49 范蠡(범려, 前 536 – 448년, 字 少伯, 陶朱公) – 越王 勾踐(구천)을 도와 吳를 멸망시킨 뒤에 西施(서시)를 데리고 五湖 일대에 은거했다는 전설이 있다. 본래 楚人, 經商으로 치부하여 중국인의 財神으로 추앙받는다.

했다.

유이는 유표가 두려워 揚州(양주) 지역으로 도망했고, 결국 조조에게 귀부했다. 조조는 유이를 승상부 속리에 임명했고, 유이는 나중에 五官將文學이 되었다. 文帝(曹丕)가 유이의 재능을 인정하였고 草書에 박통해야 한다고 말했다. 이에 유이가 답서로 말했다.

「저는 어려서부터 尊卑(존비)의 구별이 있고 禮道에도 일정한 분별이 있어야 한다고 생각하였습니다. 때문에 일상의 소소한 예절을 꼭 지켜가면서 草書를 감히 배우지 못했습니다. 필히 엄명을 따르겠습니다만, 장군의 뜻이 평소의 겸양 그대로지만 존비의 차이와 고상함을 인정해야 합니다. 그러면서 보통 신분으로 뛰어난 능력을 가진, 예를 들면 燕(연)나라에서는 郭隗(곽외)[50]를 경시하지 않았고, 算術(九九之術)에 뛰어난 인재가 齊(제)에서 홀대받지 않았기에,[51] 樂毅(악의) 같은 인재가 스스로 찾아와 燕의 霸業(패업) 성취를 이룩했습니다. 필부의 지조를 버리면서 巍巍(위위)한 장점을 성취할 수 있으니, 臣이 어리석고 不敏(불민)하지만 어찌 사양할 수 있겠습니까?」

50 郭隗(곽외, 一作 郭隗, 생졸년 미상) – 戰國 시기 燕國人, 燕 昭王(재위 前 312–279년)의 重臣. 연 소왕에게 利國利民의 정책을 많이 건의하여 燕의 강성을 이룩했다. 당시 燕은 齊國에 시달리고 있었는데, 연 소왕이 부국강병을 이룩할 방법을 명하자 곽외는 千金으로 買骨한, 예를 들어 자신을 높이 등용하면 자신보다 뛰어난 인재가 모여든다며 인재 초빙을 건의했다. 그 이후 소문이 나자 樂毅(악의)는 魏國에서, 鄒衍(추연)은 齊國에서, 劇辛(극신)은 趙에서 찾아와 燕國은 점차 강성해졌다.

51 어떤 사람이 九九之術(算術)로 齊 桓公을 만나려 했지만, 齊 桓公(환공)이 등용하지 않자 그 사람이 말했다. "九九의 미천한 재주이지만 만약 공께서 받아들인다면, 九九者보다 더 고상한 재능을 가진 사람이야 더 말할 것 있겠습니까?" 이에 환공은 예를 갖춰 등용했다. 그러자 곧 隰朋(습붕, 管仲이 임종 직전에 자신의 후임으로 천거한 사람)같은 인재들이 모여들었고 齊는 패권을 장악했다.

魏國의 처음 건국되자, 유이는 黃門侍郞이 되었다.

| 原文 |

太祖在長安, 欲親征蜀, 廙上疏曰,

「聖人不以智輕俗, 王者不以人廢言. 故能成功於千載者, 必以近察遠, 智周於獨斷者, 不恥於下問, 亦欲博採必盡於衆也. 且韋弦非能言之物, 而聖賢引以自匡. 臣才智闇淺, 願自比於韋弦.

昔樂毅能以弱燕破大齊, 而不能以輕兵定卽墨者, 夫自爲計者雖弱必固, 欲自潰者雖强必敗也. 自殿下起軍以來, 三十餘年, 敵無不破, 强無不服. 今以海內之兵, 百勝之威, 而孫權負險於吳, 劉備不賓於蜀. 夫夷狄之臣, 不當冀州之卒, 權, 備之籍, 不比袁紹之業, 然本初以亡, 而二寇未捷, 非闇弱於今而智武於昔也. 斯自爲計者, 與欲自潰者異勢耳.

故文王伐崇, 三駕不下, 歸而脩德, 然後服之. 秦爲諸侯, 所征必服, 及兼天下, 東向稱帝, 匹夫大呼而社稷用隳. 是力斃於外, 而不恤民於內也. 臣恐邊寇非六國之敵, 而世不乏才, 土崩之勢, 此不可不察也. 天下有重得, 有重失, 勢可得而我勤之, 此重得也, 勢不可得而我勤之, 此重失也.

於今之計, 莫若料四方之險, 擇要害之處而守之, 選天下之甲卒, 隨方面而歲更焉. 殿下可高枕於廣夏, 潛思於治國, 廣農桑, 事從節約, 脩之旬年, 則國富民安矣.」

太祖遂進前而報廙曰, 「非但君當知臣, 臣亦當知君. 今欲使吾坐行西伯之德, 恐非其人也.」

| 국역 |

조조는 長安에 주둔하고서 친히 蜀을 정벌하려 하자, 劉廙(유이)가 상소하였다.

「聖人은 자신의 지혜로 세속을 바탕으로 時俗을 경시하지 않고, 王者는 사람을 보아 그 사람의 말을 폐기하지 않습니다. 그러하기에 천년을 지속할 성공을 거둔 자는 비근한 것으로 먼 미래를 살피며, 지혜가 많아 혼자 처리할 수 있는 사람일지라도 아랫사람에게 묻기를 부끄럽다고 생각하지 않기에 많은 사람의 의견을 널리 받아들이는 것입니다. 그리고 가죽 띠(韋, 부드러운 가죽 위)와 활(弦, 시위 현)[52]은 말하는 물건이 아니지만, 성현은 이를 가지고 자신의 행실을 바로잡았습니다. 臣의 才智(재지)가 비록 어둡고 미천하지만, 저의 말을 가죽 혁대나 활처럼 생각해 주시기 바랍니다.

옛날 樂毅(악의)[53]가 약한 燕의 군사로 강한 大齊를 격파하였는데,

52 韋弦(위현)은 가죽 혁대와 활시위. 허리띠(韋, 緩)는 너무 느슨해도 안 되고, 활시위(弦, 급)는 너무 팽팽하게 당겨도 안 된다. 곧 일의 緩急(완급) 조절을 의미한다. 西門豹(서문표)란 사람은 자신의 성질이 너무 급하기에 가죽 띠를 갖고 다니며 자신을 경계했고, 董安(동안)이란 사람은 자신이 너무 느리기에 활시위를 곁에 두고 반성하였다고 한다.

53 樂毅(악의, 생졸년 미상) – 燕國의 著名한 장군, 樂毅는 본국 趙를 떠나 燕에 망

이는 이치상으로는 경무장의 군사가 (齊의) 卽墨(즉묵)을 점령할 수 없지만, 이기려는 신념을 가진 군사는 약하지만 견고했고, 스스로 붕괴할 군사는 비록 강하더라도 패망할 수밖에 없습니다. 殿下(전하)께서 거병하신 이후 30여 년에 격파하지 않은 적군이 없고 굴복하지 않은 강자가 없었습니다. 지금 천하에 백전백승하는 위엄이 있지만, 손권은 吳의 험지를 믿고, 유비는 蜀에서 굴복하지 않고 있습니다. 저들 夷狄(이적)의 세력은 冀州 원소의 군사만 못하고, 손권과 유비의 세력 바탕은 원소가 조상으로부터 물려받은 것만 못한데도, 本初(袁紹)는 멸망했지만, 蜀과 吳는 아직도 꺾이지 않고 있는데, 이는 (전하의 군사력이) 지금은 약하고 옛날에는 강했기 때문이 아닙니다. 이는 스스로 좋은 방책을 찾는 경우와 스스로 멸망의 길을 찾는 경우의 형세가 다르기 때문입니다.

옛날 (周) 文王이 崇(숭)을 정벌하면서 3번이나 출동하였지만 평정하지 못하자 귀환하여 德을 닦은 이후에 崇(숭)을 굴복시켰습니다. 秦(진)은 제후국으로 모든 세력을 정벌하여 천하를 아우르고 함곡관 동쪽을 향하여 칭제하였지만, 匹夫(필부, 여기서는 陳勝을 의미)가 큰 소리로 부르짖자 秦의 사직은 그대로 무너졌습니다. 이는 秦의 국력을 밖에서 다 소진시키면서, 안으로 백성을 보살피지 않았기 때문입니다.

臣이 걱정하는 것은, 지금 (蜀, 吳가) 六國만큼 적수가 되지도 않고 천하의 인재가 부족하거나 흙처럼 붕괴(土崩)할 형세도 아니기

명하여 亞卿에 임명되어 燕 昭王을 보좌했고, 齊國과 싸워 그간에 빼앗겼던 70여 城을 수복하여 昌國君에 봉해졌다. 齊에서는 燕에 反間計(반간계)를 폈고, 결국 악의는 다시 趙로 돌아갔고 趙에서 죽었다.

에 지금의 형세를 살펴보지 않을 수 없습니다. 천하에는 重大한 得과 失이 있으니 이길 수 있는 형세에 내가 더욱 노력한다면, 이는 重得(중득)이지만 이길 수 없는 형세에도 내가 이기려한다면, 이는 重失(중실)이라고 말할 수 있습니다.

지금의 방책으로서 만약 사방의 험요한 지형을 헤아려 要害之處를 골라 수비하면서 천하의 甲卒을 선발하고 지방의 상황을 고려하여 일정한 시간이 지나면 지방관을 교체해야 합니다. 그러면 전하께서는 넓고 큰 집에서 편안히 계시면서 치국의 방도를 깊이 생각하시어 農桑(농상)을 널리 장려하고 형편에 따라 절약하며 10년을 비축할 수 있다면 나라는 부유하고 백성은 안정될 것입니다.」[54]

그러나 조조는 진군하면서 유이에게 답신을 보냈다.

「主君만 신하를 알아야 하는 것이 아니고, 신하도 응당 주군을 알아야 한다. 지금 내가 앉아서 西伯(周 文王)과 같은 덕을 닦는다 하여도 文王과 같지는 않을 것이다.」

| 原文 |

魏諷反, 廙弟偉爲諷所引, 當相坐誅. 太祖令曰, "叔向不坐弟虎, 古之制也." 特原不問, 徙署丞相倉曹屬. 廙上疏謝曰,

「臣罪應傾宗, 禍應覆族. 遭乾坤之靈, 値時來之運, 揚湯止沸, 使不燋爛, 起煙於寒灰之上, 生華於已枯之木. 物不答施

54 본 상소는 빈번한 원정보다 10년 정도 국력을 키워야 한다는 뜻을 완곡하게 말했다.

於天地, 子不謝生於父母, 可以死效, 難用筆陳.」

廙著書數十篇, 及與丁儀共論刑禮, 皆傳於世. 文帝卽王位, 爲侍中, 賜爵關內侯. 黃初二年卒. 帝以弟子阜嗣.

| 국역 |

魏諷(위풍)의 반역사건에, 유이의 동생 劉偉(유위)가 연관되었기에 유의도 연좌되어 처형되어야 했다. 그러나 조조가 명했다.

"叔向(숙향)[55]은 동생 羊舌虎(양설호)의 죄에 연루되어 죽지 않았으니, 고대의 법제였다."

그러면서 특별히 용서하며 불문에 붙였고 유이를 丞相府 倉曹(창조)의 속리로 임명했다. 이에 유이가 상소하여 사례하였다.

「臣의 罪는 응당 가문의 廟堂을 허물고 멸족되어야 합니다. 乾坤(건곤, 天地) 神靈의 도움과 좋은 시운을 만났습니다만, 끓는 물을 퍼내어 식히려 한다면[56] 음식이 타거나 문들어질 것이니, (사면은) 꺼진 불에서 다시 연기가 나고 이미 말라죽은 나무에 꽃이 피는 것입니다. 만물은 태어나게 한 천지의 은혜에 보답하지 못하고, 자식은

55 叔向(숙향, 기원전 6세기)은 姬姓에 羊舌氏, 名은 肸(힐), 字는 叔向. 晉의 公族으로 晉 悼公,晉平公, 昭公의 三世를 섬긴 정치가. 숙향과 (齊) 晏嬰(안영), (鄭) 子産은 모두 동시대 인물이며 외교가로 유명했다.

56 揚湯止沸(양탕지비) – 물을 끓지 않게 하려면 솥 아래 땔감을 제거해야 한다. 펄펄 끓는 물을 떠내어 식히고 다시 부어가면서, 물을 못 끓게 하는 것은 근본적 해결책이 아니라는 뜻. '揚湯止沸 不如去薪'(끓는 물을 퍼내어 안 끓게 하는 것은 장작을 꺼내는 것만 못하다.) '抽薪止沸'(불타는 장작을 꺼내어 끓는 것을 멈추게 하다.) '鍋裏添水 不如釜底抽薪'(솥에 물을 더 보태는 것은 솥 밑의 장작을 끄집어내는 것만 못하다.) 등은 모두 같은 뜻의 중국 속담이다.

낳아준 부모님의 은혜를 이루 다 감사드리지 못한다고 합니다. 臣은 죽음으로 보답해야 하나 글로서는 다 보답하지 못할 것입니다.」

유이는 수십 편의 저서를 남겼고, 丁儀(정의)와 함께 형벌과 의례를 논했는데 후세에 전해오고 있다. 조비가 왕위에 오르자 侍中이 되었고 관내후의 작위를 받았다. (文帝) 黃初 2년에 죽었다(42세, 無子). 文帝는 유이의 동생 아들 劉阜(유부)로 작위를 계승케 했다.

❹ 劉卲

| 原文 |

劉劭字孔才, 廣平邯鄲人也. 建安中, 爲計吏, 詣許. 太史上言, "正旦當日蝕."

劭時在尙書令荀彧所, 坐者數十人, 或云當廢朝, 或云宜卻會. 劭曰, "梓愼,裨竈, 古之良史, 猶占水火, 錯失天時. 《禮記》曰 '諸侯旅見天子, 及門不得終禮者四, 日蝕在一.' 然則聖人垂制, 不爲變豫廢朝禮者, 或災消異伏, 或推術謬誤也."

彧善其言. 敕朝會如舊, 日亦不蝕.

| 국역 |

劉劭(유소)[57]의 字는 孔才(공재)이고, 廣平郡 邯鄲縣(한단현) 사람

57 劉劭(유소, ?-240年代, 字 孔才) - 廣平郡 邯鄲縣(今 河北省 중부 邯鄲市) 출생.

이다. 建安 연간에, 郡의 計吏가 되어 許都에 올라왔다. 그때 太史가 "정월 초하루(正旦)에 꼭 日蝕이 일어날 것" 이라고 말했다.

그때 유소는 尙書令인 荀彧(순욱)의 집무처에 있었는데 동석한 수람이 수십 명이었고, 어떤 사람은 당연히 조회를 폐해야 한다고 말했고, 어떤 사람은 정월 초하루의 전례를 거행할 수 없다고 말했다.

이에 유소가 말했다.

"梓愼(재신)과 裨竈(비조)는 고대의 뛰어난 사관이었지만, 水火에 관한 재앙을 점치면서 天時를 놓친 경우가 많았습니다. 《禮記》에서도 '제후가 천자에게 입조하며 궁궐 문에 와서도 전례를 행하지 못하는 경우가 4가지' 인데, 그중에 일식도 하나였습니다. 그러하기에 聖人이 여러 제도를 제정하면서 변이의 발생을 예측하여 미리 조례를 폐지하지는 않았으며, 혹은 재해가 사라지거나 또는 예측의 착오가 있었습니다."

순욱은 유소의 말이 옳다고 생각하였다. 칙명에 의거 조례는 그대로 시행하였고 일식은 발생하지 않았다.

| 原文 |

御史大夫郗辟劭, 會慮免, 拜太子舍人, 遷秘書郞. 黃初中, 爲尙書郞,散騎侍郞. 受詔集《五經》群書, 以類相從, 作《皇覽》.

魏 齊王 정시년간(240 - 249년)에 죽었다. 劉劭의 學問이 詳博하였다. 類書(백과사전)인 《皇覽》 편찬에 참여했다. 저서로 《樂論》이 있고, 〈許都賦〉, 〈洛都賦〉 등을 지었으나 지금은 전하지 않는다.

明帝卽位, 出爲陳留太守, 敦崇敎化, 百姓稱之. 徵拜騎都尉, 與議郞庾嶷,荀詵等定科令, 作《新律》十八篇, 著《律略論》. 遷散騎常侍.

時聞公孫淵受孫權燕王之號, 議者欲留淵計吏, 遣兵討之, 劭以爲 "昔袁尙兄弟歸淵父康, 康斬送其首, 是淵先世之效忠也. 又所聞虛實, 未可審知. 古者要荒未服, 脩德而不征, 重勞民也. 宜加寬貸, 使有以自新."

後淵果斬送權使張彌等首. 劭嘗作〈趙都賦〉, 明帝美之, 詔劭作〈許都〉,〈洛都賦〉. 時外興軍旅, 內營宮室, 劭作二賦, 皆諷諫焉.

| 국역 |

御史大夫인 郗慮(치려)[58]가 劉劭(유소)를 초빙했는데, 마침 치려가 면직되자 유소는 太子舍人이 되었다가 秘書郞으로 승진하였다. (文帝) 黃初 연간에, 尙書郞과 散騎侍郞을 역임했다. 유소는 조서에 의거 《五經》의 많은 서책을 수집하였고, 여러 분류에 의거 《皇覽》[59] 저

58 郗慮(치려, 字 鴻豫) – 郗는 고을 이름 치. 치려는 鄭玄에게 배웠고, 建安 초에 侍中을 역임. 조조가 승상일 때 치려는 어사대부였다. 華歆(화흠)이 伏皇后를 잡아갈 때, 치려는 헌제와 같이 있었다. 복황후가 살려달라고 애원할 때, 헌제는 "郗公, 天下에 이런 일도 있습니까!"라고 탄식했다. 이후 치려에 관한 기록은 없다.

59 《皇覽》– 魏 文帝가 劉劭(유소), 王象(왕상), 桓範(환범), 韋誕(위연) 등에 명하여 편찬한 類書(백과전서). 40여 부에 1천 권이 넘었으며 8백여 만 자라는 기록이 있다. 황제가 열람할 수 있는 책이라 하여《皇覽》이라 명명했다. 中國 類書의 始祖라 할 수 있지만 唐나라 때 이미 失傳되었다. 뒷날《四部要略》,《藝文類聚》,《永樂大典》등 類書의 형성과 발전에 큰 영향을 끼쳤다.

술에 참여하였다. 明帝 즉위 후에 지방관으로 陳留太守가 되었는데, 교화를 중시하여 백성의 칭송을 들었다. 騎都尉를 역임했고, 議郎인 庾嶷(유억), 荀詵(순선) 등과 함께 법령을 정비하여《新律》18편을 편찬하였으며,《律略論》을 저술하였다. 散騎常侍로 승진하였다.

그때 (遼東郡) 公孫淵(공손연)이 손권이 하사하는 燕王(연왕)의 작호를 받았다는 사실이 알려지자 이를 논의하였는데, 공손연의 上計吏(상계리)를 억류하면서 군사를 보내 토벌해야 한다고 주장하자, 유소가 말했다.

"옛날 袁尙(원상) 형제가 공손연의 부친 公孫康(공손강)을 찾아갔을 때, 공손강은 원상을 죽여 그 수급을 보내왔었는데 이는 공손연 선조의 충성이었습니다. 그리고 소문의 진위를 아직은 알 수 없습니다. 옛날에 변경 지역이(要荒) 귀부하지 않으면 덕을 베풀고 원정하지는 않았으니 이는 백성의 고생을 생각한 것입니다. 일단 관용을 베풀면서 공손연이 스스로 고치도록 해야 합니다."

뒷날 공손연은 손권의 사자 張彌(장미) 등의 목을 잘라 보냈다. 유소는 일찍이〈趙都賦〉를 지었는데, 명제는 이를 칭찬하면서 유소에게〈許都賦〉와〈洛都賦〉를 짓게 하였다. 그때 밖으로는 원정군을 내보냈고, 안으로는 궁궐 건축공사가 많았기에 유소가 지은 2賦에는 모두 諷諫(풍간)의 뜻이 있었다.

| 原文 |

青龍中, 吳圍合肥, 時東方吏士皆分休, 征東將軍滿寵表請中軍兵, 並召休將士, 須集擊之. 劭議以爲“賊衆新至, 心專氣銳. 寵以少人自戰其地, 若便進擊, 不必能制. 寵求待兵, 未有所失也. 以爲可先遣步兵五千, 精騎三千, 軍前發, 揚聲進道, 震曜形勢. 騎到合肥, 疏其行隊, 多其旌鼓, 曜兵城下, 引出賊後, 擬其歸路, 要其糧道. 賊聞大軍來, 騎斷其後, 必震怖遁走, 不戰自破賊矣.”

帝從之. 兵比至合肥, 賊果退還.

| 국역 |

(明帝) 青龍 연간에(서기 233-236년), 吳의 군사가 (九江郡) 合肥縣(城)[60]을 포위하였는데, 그때, 東方의 관리나 사졸들은 대부분 나누어 휴가 중이라서 征東將軍인 滿寵(만총)[61]은 표문을 올려 中央軍의 파병을 요청하였고, 휴가 중인 장졸을 소집하면서 군사가 모이는 대로 공격할 예정이었다.

이를 논의할 때, 유소가 말했다.

“적의 군사는 지금 막 들어왔기에 사기가 높을 것입니다. 만총은 소수의 군사를 거느리고 그곳에서 싸워야 하는데, 상황에 따라 공격한다면 나중에 견제할 수가 없을 것입니다. 만총의 중앙군 요청은 잘못이 없습니다. 우선 먼저 보병 5천과 정예기병 3천을 먼저 출

60 合肥는 九江郡의 縣名. 曹魏와 東吳의 수차에 걸친 격전지, 今 安徽省(안휘성) 省會(省都)이며 최대 도시인 合肥市. 安徽省 중앙부에 위치.

61 滿寵(만총, ?-242년, 字 伯寧) - 曹魏 武將, 신장 八尺. 청렴했던 장군. 《魏書》 26권, 〈滿田牽郭傳〉에 立傳.

발시키고, 진군하면서 크게 선전하고 軍의 형세를 발양해야 합니다. 그리하여 기병이 合肥에 도착하면서 행군 대열을 크게 벌리고, 깃발과 북을 많이 늘리며 성 근처에 배치하여 吳의 퇴로를 차단하고 그들의 군량 공급로 차단을 시도해야 합니다. 적군은 우리 중앙 대군이 내려오며 퇴로를 차단하려 한다는 사실을 알며 두려움에 떨며 틀림없이 도주할 것이니, 이는 싸우지 않고 적을 격파하는 것과 같습니다."

명제는 유소의 건의를 받아들였다. 군사가 合肥에 이르렀을 때 적은 예상대로 퇴각하였다.

|原文|

時詔書博求衆賢. 散騎侍郎夏侯惠薦劭曰,

「伏見常侍劉劭, 深忠篤思, 體周於數, 凡所錯綜, 源流弘遠, 是以群才大小, 咸取所同而斟酌焉. 故性實之士服其平和良正, 淸靜之人慕其玄虛退讓, 文學之士嘉其推步詳密, 法理之士明其分數精比, 意思之士知其沈深篤固, 文章之士愛其著論屬辭, 制度之士貴其化略較要, 策謀之士贊其明思通微, 凡此諸論, 皆取適己所長而擧其支流者也.

臣數聽其淸談, 覽其篤論, 漸漬歷年, 服膺彌久, 實爲朝廷奇其器量. 以爲若此人者, 宜輔翼機事, 納謀幃幄, 當與國道俱隆, 非世俗所常有也. 惟陛下垂優遊之聽, 使劭承淸間之歡, 得自盡於前, 則德音上通, 煇燿日新矣.」

| 국역 |

그때 賢才를 널리 구하는 조서를 내렸다. 이에 散騎侍郎인 夏侯惠(하후혜)[62]가 劉劭(유소)를 천거하였다.

「臣이 볼 때 常侍인 劉劭는 충성스런 마음에 사려가 깊으며, 사리를 잘 파악하고 넓게 많이 알며, 학문 연원에도 밝아서 노소를 막론하고 才學이 있는 사람들은 모두 자신과 같은 뿌리라고 짐작하고 있습니다. 그러하기에 性實한 人士는 유소의 공평 온화한 본성과 단정한 품성에 감복하고, 淸靜之人은 유소의 玄虛(현허)와 겸양을 흠모하며, 文學之士는 역법 계산의 정밀함에 감탄하고, 法理之士는 그의 명확한 사리분별에 본받으며, 생각이 깊은 士人은 그의 심원하면서도 견고한 사려를 잘 헤아리고, 文章之士는 그의 논저와 문장을 좋아하며, 백성을 잘 다스리려는 사람은 그의 교화와 治民과 배려를 높이 평가하며, 策謀之士는 현명하고도 機微에도 밝은 지혜에 찬탄하니, 이러한 평가는 모두 그의 대략적 特長과 작은 특징을 망라한 평가라고 할 수 있습니다.

臣은 여러 번 그의 俗되지 않은 인물평이나(淸談)[63] 독실한 논의를 보아왔고 오랫동안 그의 영향을 받아 가슴에 새겨둔 지 오래이

62 夏侯惠(하후혜) - 夏侯淵(?-219년)의 아들, 樂安太守 역임. 夏侯淵의 아내는 조조 아내의 동생(曹操內人之妹, 丁氏, 조조 최초의 본처)이었기에 조조는 하후연을 특별히 대우하였다.

63 淸談(청담, 淸議, 淸評) - 人物이나 時事에 대한 비평을 위한 談論. 魏晉 시대에 노장 사상을 바탕으로 공리공담을 즐기던 풍조. 竹林七賢이 대표 격.

기에, 유소와 같은 인재야말로 조정 모두가 탄복할만한 奇才이며 大器라고 생각합니다. 臣은 이 같은 인재가 군국기무에 관한 일을 담당해야 하고, 帷幄(유악)에서 책모를 마련하면서 나라와 함께 융성할 수 있으며, 세속에 흔히 볼 수 있는 그런 인재는 아니라고 생각합니다. 폐하께서는 한가하신 시간에 그의 의견을 들어보시고 유소로 하여금 청정한 기쁨을 느끼실 수 있으며, 폐하 앞에서 그의 재간을 펴 보인다면 그에 대한 좋은 평판이 높은가를 잘 아실 수 있으며, 폐하의 聖智도 더욱 빛을 발할 것입니다.」

| 原文 |

景初中, 受詔作〈都官考課〉. 劭上疏曰,

「百官考課, 王政之大較, 然而歷代弗務, 是以治典闕而未補, 能否混而相蒙. 陛下以上聖之宏略, 愍王綱之弛頹, 神慮內鑒, 明詔外發. 臣奉恩曠然, 得以啓矇, 輒作〈都官考課〉七十二條, 又作〈說略〉一篇. 臣學寡識淺, 誠不足以宣暢聖旨, 著定典制.」

又以爲宜制禮作樂, 以移風俗, 著《樂論》十四篇, 事成未上. 會明帝崩, 不施行. 正始中, 執經講學, 賜爵關內侯. 凡所選述,《法論》,《人物誌》之類百餘篇. 卒, 追贈光祿勳. 子琳嗣.

| 국역 |

(明帝) 景初 연간에(서기 237 - 239년) 명을 받아 〈都官考課〉[64]를 작성하였다. 이에 劉劭(유소)가 상소하였다.

「百官의 考課는 王政의 큰 근간이지만 歷代를 거치면서 이를 제대로 실행하지 않았기에, 통치 규범이 누락되어도 보완하지 않았고, 유능하거나 무능한 관리가 뒤섞여 서로 구별할 수도 없었습니다. 폐하께서는 뛰어난 지혜와 크신 방략을 갖고서 해이해진 국가 법도를 우려하셨고, 내심으로 深思明察하시며 대외에 조서를 반포하셨습니다. 臣은 조서를 받고 마음속이 확 트이며 어둠이 걷힌 듯하여, 전심전력 〈都官考課〉 72조를 작성하였고, 또 (운영 지침인) 〈說略〉 1편을 지었습니다. 臣은 학문과 식견이 미천하여 聖旨를 선양하기에 능력이 정말 부족했지만 이 규정을 제정하여 올립니다.」

유소는, 또 制禮作樂하여 移風易俗(이풍역속)해야 한다고 생각하여, 《樂論》 14편을 저술하여 집필을 마쳤지만 상신하지는 못하고 있었다. 마침 명제가 붕어하여 이는 시행하지 못했다. (齊王 曹芳의) 正始 연간에(서기 240 - 248년), 경전을 (황제에게) 講學하여 關內侯의 작위를 받았다. 유소는 《法論》, 《人物誌》 등 1백여 편의 저술을 남겼다. 유소가 죽자, 光祿勳을 추증하였다. 아들 劉琳(유림)이 작위를 계승하였다.

---

64 〈都官考課〉 - 관리들의 근무성적 평가에 관한 규정. 都는 시험 보다.

| 原文 |

劭同時東海繆襲亦有才學, 多所述敘, 官至尙書,光祿勳. 襲友人山陽仲長統, 漢末爲尙書郎, 早卒. 著《昌言》, 詞佳可觀省. 散騎常侍陳留蘇林, 光祿大夫京兆韋誕, 樂安太守譙國夏侯惠, 陳郡太守任城孫該, 郎中令河東杜摯等亦著文賦, 頗傳於世.

| 국역 |

劉劭(유소)와 같은 무렵에 東海郡 출신 繆襲(목습)[65] 또한 才學이 뛰어나 많은 저술을 남겼고, 관직은 尙書와 光祿勳을 역임하였다.

목습의 友人인 山陽郡 출신 仲長統(중장통)[66]은 後漢 말에 尙書郎을 역임했다. 일찍 죽었지만 《昌言》을 저술하였는데 문사가 뛰어나

65 繆襲(목습, 186 – 245년, 字 熙伯) – 繆은 성씨 목. 사당 차례 목(穆 通), 잘못할 류, 졸라맬 규.

66 仲長統(중장통, 180 – 220年, 字 公理) – 政論客으로 유명. 仲長은 복성. 《昌言》을 남김. '昌言' 은 '當言' 의 뜻. 幷州刺史인 高幹(고간)은 袁紹(원소)의 생질이었다. 중장통이 고간에게 말했다. "君은 雄志를 가졌지만 雄才가 없고, 好士하지만 사람 고를 줄 모르는데 이를 깊이 명심해야 할 것입니다." 그러나 고간은 평소 자부심이 많아 받아들이지 않았고 중장통은 떠나갔다. 얼마 뒤, 고간은 幷州에서 반기를 들었고 결국 패망하였다. 幷州와 冀州 일대의 士人들은 중장통이 사람을 볼 줄 안다고 생각하였다. 尙書令 荀彧(순욱)은 중장통의 명성을 듣고 기이하게 여겨 천거하여 상서랑이 되었다. 뒤에 丞相 曹操(조조)의 軍事관련 업무에도 참여하였다. 고금과 시속 행사에 관한 담론을 할 때마다 늘 발분하며 탄식하였다. 중장통은 자기주장을 저술하여 《昌言》이라 하였는데, 총 34편에 10여만 자였다. 중장통의 우인인 東海郡 繆襲(목습)은 늘 중장통의 재능이 西京(前漢)의 董仲舒, 賈誼, 劉歆, 揚雄(楊雄)을 이을만 하다고 칭송했다. 《後漢書》 49권, 〈王充王符仲長統列傳〉에 입전.

읽을 만했다. 散騎常侍인 陳留郡의 蘇林(소림),[67] 光祿大夫인 京兆尹 사람 韋誕(위탄), 樂安太守를 역임한 譙國(초국) 사람 夏侯惠(하후혜, 夏侯淵 子), 陳郡太守였던 任城郡의 孫該(손해), 郎中令인 河東郡의 杜摯(두지) 등도 文賦로 이름을 날렸고 많은 작품이 지금 전해온다.

❺ 傅嘏

| 原文 |

傅嘏字蘭石, 北地泥陽人, 傅介子之後也. 伯父巽, 黃初中爲侍中尙書. 嘏弱冠知名, 司空陳群闢爲掾.

時散騎常侍劉劭作考課法, 事下三府. 嘏難劭論曰,

「蓋聞帝制宏深, 聖道奧遠, 苟非其才, 則道不虛行, 神而明之, 存乎其人. 曁乎王略虧頹而曠載罔綴, 微言旣沒, 六籍泯玷. 何則? 道弘致遠而衆才莫晞也. 案劭考課論, 雖欲尋前代黜陟之文, 然其制度略以闕亡. 禮之存者, 惟有周典, 外建侯伯, 藩屛九服, 內立列司, 筦齊六職, 土有恒貢, 官有定則, 百揆均在, 四民殊業, 故考績可理而黜陟易通也.

大魏繼百王之末, 承秦,漢之烈, 制度之流, 靡所脩采. 自建安以來, 至於靑龍, 神武撥亂, 肇基皇祚, 掃除凶逆, 芟夷遺

67 蘇林(소림, 字 孝友) – 文帝의 《典論》에서도 소림의 문재를 칭찬하였다.

寇, 旌旗卷舒, 日不暇給. 及經邦治戎, 權法並用, 百官群司, 軍國通任, 隨時之宜, 以應政機. 以古施今, 事雜義殊, 難得而通也.

所以然者, 制宜經遠, 或不切近, 法應時務, 不足垂後. 夫建官均職, 淸理民物, 所以立本也. 循名考實, 糾勵成規, 所以治末也. 本綱末擧而造制未呈, 國略不崇而考課是先, 懼不足以料賢愚之分, 精幽明之理也.

昔先王之擇才, 必本行於州閭, 講道於庠序, 行具而謂之賢, 道脩則謂之能. 鄉老獻賢能於王, 王拜受之, 擧其賢者, 出使長之, 科其能者, 入使治之, 此先王收才之義也. 方今九州之民, 爰及京城, 未有六鄉之擧, 其選才之職, 專任吏部. 案品狀則實才未必當, 任薄伐則德行未爲敍, 如此則殿最之課, 未盡人才. 述綜王度, 敷贊國式, 體深義廣, 難得而詳也.」

| 국역 |

傅嘏(부하)[68]의 字는 蘭石(난석)으로, 北地郡 泥陽縣(이양현) 사람으로 傅介子(부개자)[69]의 후손이었다. 伯父인 傅巽(부손)은 (文帝) 黃

68 傅嘏(부하, 209 – 255년, 字 蘭石) – 傅는 스승 부. 성씨. 嘏는 클 하. 北地郡 출신. 傅介子(부개자)의 후손, 曹魏의 관리, (文帝) 黃初 年間에 〈皇初頌〉을 지어 바쳤다. 뒷날 司馬師와 司馬昭 형제를 보필했다.

69 傅介子(부개자, ? – 前 65년) – 서역에서 漢 사자를 죽이자, 부개자가 명을 받아 서역에 들어가 樓蘭王(누란왕)을 죽여 복수했다. 《漢書》 70권, 〈傅常鄭甘陳段傳〉에 입전.

初 연간에 侍中尙書를 역임하였다. 부하는 弱冠에 이름을 날렸고 司空인 陳群(진군)[70]의 부름을 받아 그 속관이 되었다.

그 무렵 散騎常侍인 劉劭(유소)가 관리의 치적을 考課하는 규정을 제정하여 이를 三公府에서 토론케 하였다. 이에 부하가 유소의 고과법을 반박하였다.

「대체로 황제의 법제는 宏大(굉대) 深遠(심원)하고, 聖道는 奧妙(오묘) 悠遠(유원)하기에, 만약 이런 도리를 이해할 수 없는 인재라면 治國之道를 실천할 수 없으며, 그런 인재에게 치국지도가 신묘하고 명백하게 통할 수도 없을 것입니다. 왕도의 법도가 무너져 오랫동안 시행되지 않으면 精微(정미)한 언론도 사라지고 六經도 없어질 것입니다. 왜 그렇겠습니까? 대도는 멀어지고 모든 인재가 사라졌기 때문입니다. 유소의 고과법을 따져보면, 前代의 승진과 배척에 관련한 폐지된 법령조문을 다시 찾아내 시행하려고 하는데, 그런 제도는 대부분 이미 사라졌습니다. 지금까지 이어진 禮制는 오직 周代의 典籍에 근거를 두었는데, 밖으로는 제후를 책봉하고 원근에 따라 九服을 구분하여 京畿(경기)의 울타리로 삼으며, 안으로는 각각의 관서를 설치하여 여러 업무를 분장시키고, 각 지방에 따라 지정된 貢物(공물)을 헌상하며, 관원은 순환하여 근무케 하고, 백성은 자신의 직분이 있으며, 四民은 각자 직업이 있기에 관원의 치적을 평가하고 승진과 퇴출도 용이하게 실행되었습니다.

우리 大魏는 帝王의 후대를 이었고, 秦과 漢의 성과를 계승하였으며 여러 제도의 변천을 모두 다 수용하였습니다. 漢末 建安 이후

70 陳群(진군) - 《魏書》 22권, 〈桓二陳徐衛盧傳〉에 立傳.

로 (明帝) 青龍 연간(서기 233 - 236년)에 이르도록 神武를 겸비한 황제께서 여러 禍亂(화란)을 평정하셨고 황실의 기반을 다지고 개창하셨으며, 흉악한 반역자를 제거하였고 잔악한 외적을 없애버리는 동안 旌旗(정기)는 바람에 날리며 하루라도 편안한 날이 없었습니다. 나라를 경영하고 군사를 조련하면서 권위와 법령을 동시에 적용해왔으며, 백관과 모든 관서, 군국기무가 하나로 총괄 운영되었고 상황의 편의에 따라 政務를 적용했습니다.

고대의 규정을 지금 적용하려 한다면 복잡한 업무와 달라진 시대에 따라 시행하기가 어려울 것입니다. 왜 그런가 하면, 제도의 적용은 장기간에 걸쳐 운영해야 하고, 혹은 현실에 맞지 않을 경우에 시무에 맞게 적용할 수 없다면 후세에 통용될 수 없기 때문입니다. 대체로 관직의 설치와 업무의 적절한 분배, 백성과 만물의 공정한 관리는 국가의 확실한 근본입니다. 名義에 따라 실적을 평가하고 규정된 법규에 따라 근무를 감독하는 것은 세부사항에 속하는 업무입니다. 근본 강령을 확실하게 하지 않고서 평가에 관한 미세한 규정을 정하는 것은 국가의 방략을 강화하지 않고 평가를 우선시하는 것으로, 이렇게 되면 賢才와 鈍才(둔재)의 구분이나 사리에 정통하거나 불통하는 우매한 관리를 구분하기가 어려울 것입니다.

옛날 先王이 인재를 선택할 경우, 필히 사는 곳에서 바른 행실을 실천한 뒤, 庠序(상서, 學校)에서 正道를 배운 뒤에 행실과 학문이 갖춘 인재를 賢才로 발탁하였고, 바른 품성을 수양한 인재를 能才로 선발하였습니다. 鄕老들은 이런 賢能한 인재를 왕에게 천거하였고, 왕은 이들을 받아들여 賢才를 등용하거나 지방관으로 보내 백성을 다스리게 했고 그 능력을 평가하여 조정에 불러들였으니, 이것이 곧 先王이 인재를 선발하는 정도였습니다. 지금 천하의 백성들이나 京師에서도, 향리 백성의 천거도 없고 인재를 선발하는 권한도 전적으로 吏部에서 전담하고 있습니다. 인재의 품행 기록 문건도 그 실제에 부합하지 못하고, 대를 이어온 관리 자제를 임용하는 것도 덕행이 부족한 인재도 (부친의) 관등에 따라 임용될 수 있으니, 만약 그렇게 된다면 관리의 선발 근무 성적의 최상과 최하 인재라 하여도 충분히 등용할 수 없을 것입니다. 선왕의 제도를 전면적 서술과 국가의 法式을 부연하고 상세한 내용과 大義의 광범위한 설명을 여기서 다 말씀드릴 수가 없습니다.」

| 原文 |

正始初, 除尙書郞, 遷黃門侍郞. 時曹爽秉政, 何晏爲吏部尙書, 嘏謂爽弟羲曰, “何平叔外靜而內銛巧, 好利, 不念務本. 吾恐必先惑子兄弟, 仁人將遠, 而朝政廢矣.”

晏等遂與嘏不平, 因微事以免嘏官. 起家拜滎陽太守, 不行. 太傅司馬宣王請爲從事中郞. 曹爽誅, 爲河南尹, 遷尙書. 嘏常以爲 “秦始罷侯置守, 設官分職, 不與古同. 漢,魏因循, 以至於今. 然儒生學士, 咸欲錯綜以三代之禮, 禮弘致遠, 不應時務, 事與制違, 名實未附, 故歷代而不至於治者, 蓋由是也. 欲大改定官制, 依古正本, 今遇帝室多難, 未能革易.”

| 국역 |

(齊王 曹芳의) 正始 초에, 傅嘏(부하)는 尙書郞이 되었다가 黃門侍郞으로 승진하였다. 그 무렵 曹爽(조상)[71] 정권을 잡고 있었고 何晏(하안)은 吏部尙書였는데, 傅嘏(부하)가 조상의 동생인 曹羲(조희)에게 말했다.

"何平叔(何晏)의 外表는 침착하나 내심은 간교하고 이득 추구를 좋아하며 근본에 힘쓰지 않습니다. 나는 하안이 틀림없이 그대 형제를 현혹할 것이며 仁人을 멀리할 것이니, 조정의 정사가 무너질 수도 있습니다."

하안은 부하와 사이가 나빠졌고 사소한 일 때문에 부하를 파면하였다. 부하는 집에 있다가 滎陽(형양) 태수에 임명되었지만 부임하지 않았다. 太傅인 司馬懿(사마의)가 부하를 從事中郞에 임용하였다. 曹爽(조상)이 주살된 뒤에(서기 249년), 부하는 河南尹이 되었다가 尙書로 옮겼다. 부하가 늘 말했다.

"秦始皇이 제후를 폐지한 뒤에 군을 설치하면서(郡縣制의 채택) 관직제도를 고대와 다르게 운영하였다. 漢과 魏는 그대로 답습하여 지금까지 이어오고 있다. 그러나 유생과 학사는 모두가 三代(夏, 殷, 周)의 禮制를 종합하여 개혁한다면 그 예제가 심원하여 오래 계승될 것이지만, 다만 현실적 필요에 따라 명분과 실제가 다른 것은 역대를 거치면서 보완이 되지 않았기 때문이라고 생각하는데, 아마 이것

---

71 曹爽(조상, ?-249, 字 昭伯)은 曹眞의 아들, 曹操의 侄孫(질손). 明帝의 유조를 받아 사마의와 함께 曹芳을 輔政하였지만 난폭하게 권력을 휘두르다가 司馬懿의 高平陵之變(서기 249년)으로 권력을 잃고 멸족되었다. 《魏書》 9권, 〈諸夏侯曹傳〉에 立傳.

이 옳은 견해일 것이다. 관제를 크게 고쳐 고대의 正本에 의거해야 하지만, 지금 帝室은 어려움이 많아 제도를 바꾸지 못할 것이다."

|原文|

時論者議欲自伐吳, 三征獻策各不同. 詔以訪嘏, 嘏對曰, "昔夫差陵齊勝晉, 威行中國, 終禍姑蘇. 齊閔兼土拓境, 闢地千里, 身蹈顚覆. 有始不必善終, 古之明效也. 孫權自破關羽並荊州之後, 志盈欲滿, 凶宄以極, 是以宣文侯深建宏圖大擧之策. 今權以死, 託孤於諸葛恪. 若矯權苛暴, 蠲其虐政, 民免酷烈, 偸安新惠, 外內齊慮, 有同舟之懼, 雖不能終自保完, 猶足以延期挺命於深江之外矣.

而議者或欲汎舟徑濟, 橫行江表, 或欲四道並進, 攻其城壘. 或欲大佃疆埸, 觀釁而動, 誠皆取賊之常計也. 然自治兵以來, 出入三載, 非掩襲之軍也. 賊之爲寇, 幾六十年矣.

君臣僞立, 吉凶共患, 又喪其元帥, 上下憂危, 設令列船津要, 堅城據險, 橫行之計, 其殆難捷. 惟進軍大佃, 最差完牢. 兵出民表, 寇鈔不犯, 坐食積穀, 不煩運士, 乘釁討襲, 無遠勞費, 此軍之急務也.

昔樊噲願以十萬之衆, 橫行匈奴, 季布面折其短. 今欲越長江, 涉虜庭, 亦向時之喩也. 未若明法練士, 錯計於全勝之地,振長策以禦敵之餘燼, 斯必然之數也."

| 국역 |

그 무렵 論者들은 吳를 정벌을 논의했는데, 三征(征北, 征西 征東) 장군의 獻策이 제각각 달랐다. 조서로 傅嘏(부하)에게 방책을 묻자, 부하가 답변하였다.

"옛날 (吳의) 夫差(부차)는 齊와 晉과 싸워 이기면서 중국에 위세를 크게 떨쳤지만 결국 姑蘇城(고소성)[72]에서 패망하였습니다. 齊 閔王(민왕, 湣王. 재위 前 300 – 284년)은 타국을 병합하여 영토를 1천 리나 넓혔지만 결국 패망하여 죽었습니다. 예부터 시작이 좋다 하여 반드시 좋게 끝나지 않는 것은 명백합니다. 孫權은 關羽를 격파하고 荊州를 차지한 이후로 득의양양하여 흉악하기 끝이 없자, 宣文侯는(司馬懿) 원대한 방책을 수립하여 원정하였습니다. 지금 손권은 죽었지만(서기 252년) 그 후사를 諸葛恪(제갈각)[73]에게 부탁하였습니다. 제갈각이 손권의 포악을 없애고 백성에 대한 학정을 바로잡아, 백성으로 하여금 그 압제에서 벗어나게 하여 편히 살 수 있게

---

72 姑蘇城(고소성)은 江蘇省 남단 蘇州市. 魚米之鄕, 狀元之鄕, 人間天堂으로 불리는 곳. 春秋 시기吳國의 首都. 吳王 闔閭(합려)는 靈岩山에 姑蘇臺를 지었는데, 이때부터 靈岩山은 姑蘇山이 되었다. 越王 勾踐(구천, 生年 미상, 前 496年 – 464년 재위)은 前 482年에 黃池에서 吳王 夫差(부차)와 싸워 吳 都城 姑蘇城을 함락시켰고, 재위 24년인 前 473년에 부차를 다시 공격하자, 부차는 자살했고 吳國은 멸망했다. 후한 시대에 會稽郡 북부를 吳郡으로 개편했고, 郡治는 吳縣이었다. 남부는 會稽郡으로 남았고, 郡治는 山陰縣이었다. 三國시대에 吳國의 도읍이었다. 秦漢六朝 시대에 '江東一都會'의 美稱으로 불렸다.

73 諸葛恪(제갈각, 203 – 253년, 字 元遜) – 諸葛瑾(제갈근, 174 – 241년, 字 子瑜)의 아들. 東吳의 太傅 및 丞相을 역임했다. 吳書 19권, 〈諸葛滕二孫濮陽傳〉에 입전.

은혜를 베풀어주며 내외의 우환을 없애고 이겨내면서 자기 자신을 끝까지 지킬 수 있다면 長江 남쪽에서 나라의 목숨을 이어갈 수 있을 것입니다.

지금 吳을 원정하자는 논의를 전개하는 사람들은 배를 타고 長江을 바로 건너 장강 남쪽을 횡행하자거나, 四道로 나눠 동시에 진격하여 그들의 성곽을 공격하자고 주장합니다. 또 어떤 자는 변경에 대규모 둔전을 개척한 뒤에 기회를 보아 진격하자고 주장하는데, 이는 모두 적국을 정벌하는 일반적인 방책입니다. 그동안 여러 번의 吳國 원정이 있었지만, 군사를 한번 동원하면 진격과 회군에 3년이 소요되니 엄격하게 말하면 기습공격이 아닙니다. 또 吳의 우리나라 침공도 거의 60년 동안 지속되었습니다.

吳나라 君臣도 개국 이래로 吉凶을 이겨내고, 또 그 元首를 잃으면서도 상하가 위기를 이겨내었으니 설령 우리가 선박으로 장강을 건너 그들 요새를 점거하고 원정한다 하여도 이기기는 쉽지 않을 것입니다. 그렇다면 진군하면서 둔전을 개척하는 것이 그래도 가장 나은 방법일 것입니다. 대군이 우리 백성이 없는 곳에 출동한다면 吳軍의 우리 땅 노략질은 없을 것이고, 둔전으로 비축한 군량으로 해결한다면 번잡한 군량 운반을 안 해도 되고, 적의 틈을 보아 기습한다면 장거리 원정의 수고를 줄일 수 있을 것이니, 우리 軍은 둔전을 힘써 시행해야 합니다.

옛날 前漢 (呂后 통치 기간 중) 樊噲(번쾌)가 10만 군사를 인솔하여 흉노 땅을 橫行하겠다고 큰 소리를 치자, 季布(계포)가 그 무모함을 면전에서 공격하였습니다. 지금 長江을 건너 吳의 영토를 쓸어

버려야 한다는 주장도 역시 번쾌의 말과 같을 것입니다. 만약 사리를 잘 파악하고 군사를 잘 조련하지 않는다면 全勝을 거둘 수 없으며 장기적으로 적의 잔존 세력의 공격을 막고 격파할 수 있는 방책만이 필요할 것입니다."

| 原文 |

後吳大將諸葛恪新破東關, 乘勝揚聲欲向青,徐, 朝廷將爲之備. 嘏議以爲"淮海非賊輕行之路, 又昔孫權遣兵入海, 漂浪沉溺, 略無孑遺, 恪豈敢傾根竭本, 寄命洪流, 以徼乾沒乎?"

恪不過遣偏率小將素習水軍者, 乘海溯淮, 示動青,徐, 恪自並兵來向淮南耳. 後恪果圖新城, 不克而歸.

| 국역 |

뒷날 東吳 대장 諸葛恪(제갈각)은 魏의 東關(동관)[74]을 격파하고 승승장구하며 青州와 徐州로 진격하겠다고 큰소리 치자 조정에서도 이에 대비하였다. 이를 논의할 때 부하가 말했다.

"淮水(회수)나 바닷길은 적이 쉽게 침공할 길이 아니오며, 또 옛

---

74 東關은 관문 이름. 今 安徽省 중동부 巢湖市 巢縣 남쪽. 濡須山에 위치. (嘉平) 4년(서기 252) 겨울, 征南大將軍인 王昶(왕창), 征東將軍인 胡遵(호준), 鎭南將軍 毌丘儉(관구검) 등이 吳를 원정했는데, 12월, 吳의 大將軍인 諸葛恪(제갈각)에게 魏軍은 東關(동관)에서 격파 당해 회군하였다.

날 손권이 바다를 통해 군사를 출동했다가 풍랑에 표류하고 익사하여 거의 살아 돌아간 자가 없었으니, 제갈각인들 어찌 그들 뿌리를 흔들어 위태롭게 강과 바다에 대군을 맡긴 다음 땅에서의 요행수를 바랄 수 있겠습니까?"

제갈각은 水戰에 익숙한 약간의 군사를 하급 장수에 맡겨 바다를 통해서 淮水를 거슬러 靑州와 徐州로 진격하는 척했을 뿐, 제갈각은 군사를 거느리고 淮南郡으로 진격했었다. 뒷날 제각각은 新城(신성)을 공격했지만 이기지 못하자 되돌아갔다.

| 原文 |

嘏常論才性同異, 鍾會集而論之. 嘉平末, 賜爵關內侯. 高貴鄕公卽尊位, 進封武鄕亭侯. 正元二年春, 毌丘儉,文欽作亂. 或以司馬景王不宜自行, 可遣太尉孚往, 惟嘏及王肅勸之. 景王遂行. 以嘏守尙書僕射, 俱東. 儉,欽破敗, 嘏有謀焉.

及景王薨, 嘏與司馬文王徑還洛陽, 文王遂以輔政. 語在〈鍾會傳〉. 會由是有自矜色, 嘏戒之曰, "子志大其量, 而勳業難爲也, 可不愼哉!"

嘏以功進封陽鄕侯, 增邑六百戶, 並前千二百戶. 是歲薨, 時年四十七, 追贈太常, 謚曰元侯.

子祗嗣. 咸熙中開建五等, 以嘏著勳前朝, 改封祗涇原子.

| 국역 |

傅嘏(부하)는 才能과 人性의 同異에 대한 말을 자주했고, 鍾會(종회)[75]는 그런 말을 모아 부하를 비판하였다. (齊王 曹芳의) 嘉平 말년에(서기 254년), 關內侯의 작위를 받았다. 高貴鄕公〔曹髦(조모), 재위 254-160년〕이 제위에 오르자, 부하는 작위가 올라 武卿亭侯가 되었다. 正元 2년(서기 255) 봄, 毌丘儉(관구검)과 文欽(문흠)이 반란을 일으켰다.[76] 어떤 사람이 司馬景王(司馬師)의 직접 출정은 옳지 않다면서, 太尉인 司馬孚(사마부)[77]가 출정해야 한다고 주장했지만, 부하와 王肅(왕숙)[78]은 사마사의 출정을 권유하였다. 결국 사마사가 출정하였다. 부하는 尙書僕射(상서복야)의 대행으로 사마사와 함께 동쪽으로 출정하였다. 관구검과 문음의 격파에 부하는 공을 세웠다.

75 鍾會(종회, 225-264, 字 士季)는 魏 太傅 鍾繇(종요)의 아들, 제갈탄 반란 진압에 참여. 滅蜀漢戰에서 姜維(강유)와 교전. 入蜀 後에 등애를 제거한 뒤 모반을 꾀하다가 피살. 부친을 닮은 명필로 유명, 《易》의 대가. 魏晉玄學의 한 사람. 본서《魏書》 28권, 〈王毌丘諸葛鄧鍾傳〉에 立傳.

76 관구검이 반역한 근거지 壽春에서는 曹魏 후기에 연속 반란이 일어났다. 이를 '壽春三叛(수춘삼반)', 또는 '淮南三叛' 이라 칭한다. 이는 司馬氏의 專政에 따른 반발이지만 본《위서》에는 그런 내용이 모두 생략되었다. 三叛은 王凌의 반란(서기 251年 4월), 毌丘儉(관구검)과 文欽(문흠)의 반란(255年 1월), 諸葛誕의 반란(서기 257年 5月-258년 2월)인데, 모두 司馬氏에게 평정되었다.

77 司馬孚(사마부, 180-272년, 字 叔達) - 河內郡 溫縣(今 河南省 북부 焦作市 관할 溫縣) 출신. 司馬懿의 동생. 西晉의 宗室, 魏朝의 司空, 太尉, 太傅 등 요직을 역임했다.

78 王肅(왕숙, 195-256, 字 子雍)은 三國 시기의 經學大師이며, 曹魏의 重臣인 王朗(왕랑)의 아들. 晉王 司馬昭(사마소)의 岳父. 왕숙의 딸 王元姬가 司馬昭의 처로 晉 武帝 司馬炎의 모친이다. 왕숙의 儒家의 六經에 대한 注釋은 남북조 시대까지 유학의 교재로 쓰일 정도였으며 唐 孔穎達(공영달)에게 영향을 끼쳤다.

사마사가 병사하자, 부하와 司馬文王(司馬昭)은 지름길로 낙양으로 돌아왔고 사마소는 정사를 보필하였다. 이는 〈鍾會傳/王毌丘諸葛鄧鍾傳〉에 수록했다. 이때부터 鍾會는 교만한 기색이 있었고 부하는 이를 훈계하였다.

"그대의 志向은 매우 크지만 功業을 성취하기는 쉽지 않을 것이니 근신해야 합니다!"

부하는 공적이 있어 陽鄕侯에 봉해졌고, 식읍 6백 호를 늘려 받아 모두 1,200호가 되었다. 그 해에 죽었는데 47세였고, 太常을 추증받았으며 시호는 元侯(원후)였다.

아들 傅祗(부지)가 계승했다. (曹奐의) 咸熙 연간에(서기 264-265)에, 五等 작위제를 처음 시행하면서 이전에 부하의 큰 공적으로 부지는 涇原(경원) 자작이 되었다.

| 原文 |

評曰, 昔文帝,陳王以公子之尊, 博好文釆, 同聲相應, 才士並出, 惟粲等六人最見名目. 而粲特處常伯之官, 興一代之制, 然其沖虛德宇, 未若徐幹之粹也. 衛覬亦以多識典故, 相時王之式. 劉劭該覽學籍, 文質周洽. 劉劭以學鑒著, 傅嘏用才達顯云.

| 국역 |

陳壽의 評論 : 그전에 文帝(曹丕)와 陳王 曹植(조식)이 公子의 존

귀한 지위에서 널리 문학을 좋아하고 문사를 우대하자, 많은 사람들이 이에 호응했고 才士가 많이 출현하였는데 王粲(왕찬) 등 6인이(建安七子) 유명하였다. 그중에서도 왕찬은 황제의 측근으로 한 시대의 제도를 건립하였으나 淡白淸虛(담백청허)한 品德과 氣宇(기우)는 徐幹(서간)의 純粹(순수)를 따라가질 못했다. 衛覬(위기)는 옛 문헌과 문물에 박식하여 당대 군왕의 여러 법제 마련을 주도하였다. 劉劭(유소)는 많은 典籍를 널리 배우고 깨우쳐 문재와 품덕을 두루 겸비하였다. 劉廙(유이)는 고명한 식견으로 칭송을 들었고, 傅嘏(부하)는 재능이 특출하여 혁혁한 명성과 지위를 누렸다.

22권 〈桓二陳徐衛盧傳〉(魏書 22)
(환,이진,서,위,노전)

❶ 桓階

| 原文 |

桓階字伯緖, 長沙臨湘人也. 仕郡功曹, 太守孫堅擧階孝廉, 除尙書郞. 父喪還鄕里. 會堅擊劉表戰死, 階冒難詣表乞堅喪, 表義而與之. 後太祖與袁紹相拒於官渡, 表擧州以應紹.

階說其太守張羨曰, "夫擧事而不本於義, 未有不敗者也. 故齊桓率諸侯以尊周, 晉文逐叔帶以納王. 今袁氏反此, 而劉牧應之, 取禍之道也. 明府必欲立功明義, 全福遠禍, 不宜與之同也." 羨曰, "然則何向而可?"

階曰, "曹公雖弱, 仗義而起, 救朝廷之危, 奉王命而討有罪, 孰敢不服? 今若擧四郡保三江以待其來, 而爲之內應, 不亦可乎!"

羨曰, "善." 乃擧長沙及旁三郡以拒表, 遣使詣太祖. 太祖大悅. 會紹與太祖連戰, 軍未得南. 而表急攻羨, 羨病死. 城陷, 階遂自匿. 久之, 劉表闢爲從事祭酒, 欲妻以妻妹蔡氏. 階自陳已結婚, 拒而不受, 因辭疾告退.

| 국역 |

桓階(환계)[79]의 字는 伯緖(백서)로, 長沙郡 臨湘縣 사람이다. 出仕하여 長沙郡의 功曹(공조)로 재직하고 있었는데, 長沙郡 태수인 孫堅(손견)[80]은 환계를 효렴으로 천거하였고, 환계는 尙書郎이 되었다. 부친상을 당해 향리로 돌아왔다. 그 무렵 손견은 유표를 공격하다가 전사했는데,[81] 환계는 어려움을 감당하며 유표를 찾아가 손견의

79 桓階(환계, 생졸년 미상) – 臨湘縣은, 今 湖南省 동북부 끝 岳陽市 관할 臨湘市.

80 孫堅(손견, 155 – 191년?, 字 文臺) – 吳郡 富春縣(今 浙江省 杭州市 富陽區) 출신. 東吳 세력의 기반을 마련한 孫策, 건국자 孫權의 부친. 漢의 破虜將軍, 烏程侯. 領豫州刺史, 長沙太守 역임. 董卓 토벌할 때 맨 먼저 낙양에 들어가 낙양의 황궁, 황릉을 정리하였다. 용모가 비범했고 활달했다. 손권이 칭제한 뒤에 武烈皇帝라고 추존했다. (吳書) 1권, 〈孫破虜討逆傳〉에 입전.

81 劉表는 宿將인 江夏 太守 黃祖(황조, ?–서기 208)를 출정시켜 樊城(번성)과 鄧縣(등현)의 중간에서 손견을 맞아 싸웠다. 손견은 황조를 격파하고 추격하여 漢水(한수)를 건너 襄陽(양양)을 포위했었는데, 손견은 單馬로 今 湖北省 襄樊市(양번시)에 있는 峴山(현산)에서 황조의 군사에게 부상을 당한 뒤 죽었다. 손책과 손권에게는 아버지를 죽인 원수가 黃祖이다. 손책은 전임 吳郡 태수 許貢(허공)을 죽였는데, 허공의 막내아들과 빈객은 도망쳐 長江 주변에 숨어 살았다. 손책은 單騎로 외출했다가 허공의 빈객과 조우했고, 자객은 손책에 큰 상처를 입혔다. 그 부상으로 손책은 결국 죽게 된다(建安 5년, 서기 200). 손견과 손책의 죽음이 혼동되기 쉽다.

장례를 치르게 해달라고 요구했고, 유표는 의롭게 여겨 수락했다. 뒷날 조조와 원소가 官渡에서 대치할 때, 유표는 형주를 보유하고 있으면서 원소에 호응하였다.

환계가 長沙 태수 張羨(장선)을 설득하며 말했다.

"거사하면서 대의에 뿌리를 두지 않고서는 실패하지 않은 사람이 없습니다. 때문에 齊 桓公(환공)은 諸侯를 거느리고 周 왕실을 높였고, 晉 文公은 叔帶(숙대)를 축출하고 周王을 모셨습니다. 지금 袁氏는 이와 반대로, 荊州牧 유표는 원소에 호응하니 화를 자초하는 것입니다. 明府께서 꼭 立功하고 대의를 밝히시며, 복을 누리고 화를 멀리 하시겠다면 유표와 함께 해서는 안 됩니다."

이에 장선이 말했다. "그렇다면 어느 편을 들어야 좋겠는가?"

환계는 "曹公이 군사는 약하지만, 대의를 내세워 기병하고 조정의 위기를 구원하며 王命을 받들고 악인을 토벌하는데, 어느 누가 불복하겠습니까? 四郡과 함께 三江 유역을 지키며 조공의 진출을 기다리며 내응하는 것이 좋을 것입니다!"라고 말했다.

이에 장선은 "좋다"고 하였다. 장선은 장사군 및 인근의 3郡과 함께 유표에 맞서며 조조에게 사자를 보냈다. 조조는 크게 좋아했다.

마침 원소와 조조는 전투를 계속했기에 조조의 군사가 남쪽으로 진출하지는 못했다. 유표는 서둘러 장선을 공격했고, 장선은 병사했다. 성이 함락되자 환계는 숨어버렸다. 한참 뒤에 유표는 환계를 불러 從事祭酒에 임명하며 처제인 蔡氏를 아내로 주겠다고 하였다. 그러나 환계는 이미 결혼했다면서 거절했고 병을 핑계로 관직을 사퇴하였다.

| 原文 |

太祖定荊州, 聞其爲張羨謀也, 異之, 辟爲丞相掾主簿, 遷趙郡太守. 魏國初建, 爲虎賁中郎將侍中. 時太子未定, 而臨菑侯植有寵. 階數陳文帝德優齒長, 宜爲儲副, 公規密諫, 前後懇至.

又毛玠,徐奕以剛蹇少黨, 而爲西曹掾丁儀所不善, 儀屢言其短, 賴階左右以自全保. 其將順匡救, 多此類也. 遷尙書, 典選擧.

曹仁爲關羽所圍, 太祖遣徐晃救之, 不解. 太祖欲自南征, 以問群下. 群下皆謂, "王不亟行, 今敗矣." 階獨曰, "大王以仁等爲足以料事勢不也?" 曰, "能." "大王恐二人遺力邪?" 曰, "不." "然則何爲自往?" 曰, "吾恐虜衆多, 而晃等勢不便耳."

階曰, "今仁等處重圍之中而守死無貳者, 誠以大王遠爲之勢也. 夫居萬死之地, 必有死爭之心, 內懷死爭, 外有强救, 大王案六軍以示餘力, 何憂於敗而欲自往?"

太祖善其言, 駐軍於摩陂. 賊遂退.

| 국역 |

조조는 荊州를 평정한 뒤에, (桓階가) 張羨(장선)을 위한 책모였다는 것을 알고 특별히 여기며 환계를 불러 丞相府 掾吏로 主簿에 임용했는데, 환계는 나중에 趙郡 太守가 되었다. 魏國이 건국된(서기 216년) 뒤에 虎賁中郎將으로 侍中이 되었다. 그때 太子가 정해지지 않았는데, 臨菑侯(임치후) 曹植(조식)이 총애를 받고 있었다. 환계는 여러 번 文帝(曹丕)의 德이 훌륭하고 연장자기에 태자가 되어야 한다는 뜻을 여러 번 말했고, 공개적일 때나 사적인 의견 개진 때에도 언제나 정성을 다했다.

또 毛玠(모개)나 徐奕(서혁)[82] 같은 사람은 강직한 사람이라서 같은 黨人도 없고 西曹掾인 丁儀(정의)와 평소에 사이가 나빠서 정의가 여러 번 모개와 서혁을 헐뜯었지만, 환계의 도움으로 자리를 지킬 수 있었다. 환계가 순리를 따르고 다른 사람을 도와주는 것이 대개 이런 식이었다. 환계는 尙書로 승진하여 選擧(관리 등용) 업무를 주관하였다.

曹仁(조인)이 關羽에게 포위되었을 때, 조조는 徐晃(서황)을 보내 구원케 했으나 포위를 풀지 못하고 있었다. 이에 조조가 직접 南征하고자 아랫사람들에게 물었다. 많은 사람들은 "서둘러 출정하지 않으면 실패할 수도 있습니다."라고 말했다.

그러나 환계는 혼자 반대하며 말했다.

"대왕께서는 曹仁 등이 힘이 부족하여 형세가 불리하다고 생각하십니까?"

그러자 조조는 "괜찮을 것이다."라고 말했다.

82 毛玠(모개)는 강직한 사람으로 選擧를 담당하면서 曹丕의 청탁까지도 거절했지만 朝政을 비방했다는 누명을 쓰고 파직되었다. 徐奕(서혁)은 원칙을 지키는 깐깐한 司直之臣이었다. 두 사람 모두 《魏書》 12권, 〈崔毛徐何邢鮑司馬傳〉에 입전.

"대왕께서는 조인과 서황 두 사람이 전력을 다하지 않는다고 생각하십니까?"

"아니다." "그렇다면 왜 직접 출정하시려고 합니까?"

"나는 적의 군세가 강하여 서황 등의 형세가 불리한 것을 걱정할 뿐이다."

그러자 환계가 말했다.

"지금 曹仁 등이 포위되어 있지만, 죽기로 싸우면서 투항하지 않는 것은 대왕께서 멀리 있지만 곧 도와주러 올 것이라고 생각하기 때문입니다. 죽을 수밖에 없는 곳에 처했다면 반드시 죽을 때까지 싸우겠다는 마음이 생기며, 안에서는 죽을 각오가 되어 있고 밖에서 강력한 구원세력이 있으면 되니, 대왕께서는 六軍을 동원하여 여력을 과시하면 되는데, 어찌 패배를 염려하여 대왕께서 직접 출정하시겠습니까?"

조조는 환계의 말을 옳다 생각했고 摩陂(마피)에 주둔하고 있었다. 적은 저절로 물러났다.

| 原文 |

文帝踐阼, 遷尙書令, 封高鄕亭侯, 加侍中. 階疾病, 帝自臨省, 謂曰, "吾方託六尺之孤, 寄天下之命於卿. 勉之!"

徙封安樂鄕侯, 邑六百戶, 又賜階三子爵關內侯, 祐以嗣子不封, 病卒, 又追贈關內侯. 後階疾篤, 遣使者卽拜太常, 薨, 帝爲之流涕, 謚曰貞侯.

子嘉嗣. 以階弟纂爲散騎侍郎, 賜爵關內侯. 嘉尙升遷亭公主, 會嘉平中, 以樂安太守與吳戰於東關, 軍敗, 沒, 謚曰壯侯. 子翊嗣.

| 국역 |

文帝가 제위에 오른 뒤, 桓階(환계)는 尙書令으로 승진했고 高鄕亭侯에 봉해졌으며, 加官으로 侍中을 겸했다. 환계가 병이 나자, 문제가 친히 문병하며 말했다.

"나는 나의 어린 후사와 천하의 命運을 경에게 부탁하나니, 경은 건강에 더 유념하시오!"

환계는 安樂鄕侯에 옮겨 봉해졌는데 식읍은 6백 호였으며, 환계의 아들 3명에게 관내후의 작위를 하사하였는데, 桓祐(환우)는 嗣子라서 제후에 봉하지는 않았다가 환우가 병으로 죽자, 관내후의 작위를 하사하였다. 뒷날 환계의 병이 위독하자, 사자를 보내 太常을 제수하였다. 환계가 죽자, 눈물을 흘렸으며 시호는 貞侯(정후)였다.

아들 桓嘉(환가)가 후사가 되었다. 환계의 동생 桓纂(환찬)은 散騎侍郎이었는데 관내후의 작위를 하사받았다. 아들 환가는 升遷亭公主와 결혼했는데, (曹芳의) 嘉平 연간에 樂安太守로 吳와 東關에서 싸웠는데 패전하며 전사하였고, 시호는 壯侯였다. 아들 桓翊(환익)이 계승했다.

❷ 陳群

| 原文 |

陳群字長文, 穎川許昌人也. 祖父寔, 父紀, 叔父諶, 皆有盛名. 群爲兒時, 寔常奇異之, 謂宗人父老曰, "此兒必興吾宗." 魯國孔融高才倨傲, 年在紀,群之間, 先與紀友, 後與群交, 更爲紀拜, 由是顯名.

劉備臨豫州, 辟群爲別駕. 時陶謙病死, 徐州迎備, 備欲往, 群說備曰, "袁術尙强, 今東, 必與之爭. 呂布若襲將軍之後, 將軍雖得徐州, 事必無成."

備遂東, 與袁術戰. 布果襲下邳, 遣兵助術, 大破備軍, 備恨不用群言.

擧茂才, 除柘令, 不行, 隨紀避難徐州. 屬呂布破, 太祖辟群爲司空西曹掾屬. 時有薦樂安王模,下邳周逵者, 太祖辟之. 群封還敎, 以爲模,逵穢德, 終必敗, 太祖不聽. 後模,逵皆坐奸宄誅, 太祖以謝群.

群薦廣陵陳矯,丹陽戴乾, 太祖皆用之. 後吳人叛, 乾忠義死難, 矯遂爲名臣, 世以群爲知人. 除蕭,贊,長平令, 父卒去官. 後以司徒掾擧高第, 爲治書侍御史, 轉參丞相軍事. 魏國旣建, 遷爲御史中丞.

| 국역 |

陳群(羣)[83]의 字는 長文인데, 潁川郡(영천군) 許昌縣 사람이다. 할아버지인 陳寔(진식),[84] 부친 陳紀(진기), 叔父인 陳諶(진심)은 모두 이름이 났었다. 진군이 어렸을 때, 진식은 늘 특별하다고 생각하며 문중 어른들에게 "이 아이가 우리 집안을 틀림없이 일으킬 것입니다."라고 말했다.

魯國의 孔融(공융)은 재주가 뛰어난데다 오만했는데, 나이가 (진군의 부친) 陳紀(진기)와 陳群의 중간이라서 먼저 진기와 벗으로 사귀다가 뒤에는 진군과 교제하였는데, 나중에 진기에게 (친우의 부친이기에) 절을 올려 (陳群은) 더욱 유명해졌다.[85] 劉備(유비)가 豫州牧으로 있을 때, 진군을 불러 別駕에 임용했다. 그때 陶謙(도겸)이 병사하자, 徐州에서는 유비를 영입했고, 유비가 서주로 가려 하자, 진군이 유비를 설득하였다.

"袁術 세력이 아직도 강대한데, 지금 동쪽에 진출했다가는 원술과 다퉈야 합니다. 만약 呂布가 장군의 배후를 공격한다면, 비록 서주를 얻는다 하여도 성공하지 못할 것입니다."

결국 유비는 동쪽으로 갔고 원술과 싸웠다. 예상대로 여포는 (徐州) 下邳(하비)를 습격하였고 군사를 보내 원술을 도와 유비의 군사

83 陳群(진군, 陳羣, ?-237년, 字 長文) - 潁川郡 許昌人, 後漢 末 三國 시기 曹魏의 大臣. '九品官人法'(九品中正法, 인재천거제도)을 처음 발의.

84 陳寔(진식, 104-186, 字 仲弓) - 寔은 진실로 식, 靈帝 때 죽었는데, 조문객이 3만 명이었다고 한다. 시호는 文範先生. 밤손님을 '梁上君子(양상군자)' 라고 일컬으며 훈계하였다. '難兄難弟' 成語의 주인공. 진식과 아들 陳紀(字 元方), 陳諶(字 季方)은《後漢書》62권, 〈荀韓鍾陳列傳〉에 입전.

85 陳群을 진정한 친우로 생각했기에 친우의 부친에게 예를 갖춰 拜禮했다는 뜻.

를 대파하자, (근거지를 잃은) 유비는 진군의 건의를 받아들이지 않은 것을 후회했다.

진군은 茂才로 천거되어 (陳國) 柘縣(자현) 현령을 제수 받았지만 부임하지 않고, 숙부 陳諶(진심)을 따라 徐州로 피난했다. 여포를 격파한 조조는 진군을 불러 司空府 西曹의 掾屬으로 임명하였다.

그때 어떤 사람이 樂安 사람 王模(왕모), 下邳(하비) 출신 周逵(주규)를 천거하였고, 조조는 임용하려고 불렀다. 그러나 진군은 조조의 명령을 돌려보내면서 왕모와 주규는 인품이 너절하여 틀림없이 실패할 것이라 말했지만, 조조는 받아들이지 않았다. 뒷날 왕모와 주규는 간악한 역모를 꾀하다가 처형되었고, 조조는 진군에게 사과하였다.

진군은 廣陵(광릉) 사람 陳矯(진교), 丹陽郡 출신 戴乾(대건)을 천거하였는데, 조조는 이들을 불러 등용하였다. 뒷날 吳人의 반란을 일으켰을 때 대건은 충의를 지켜 순국했고, 진교는 뒷날 魏의 名臣이 되었는데, 世人들은 진군이 사람을 볼 줄 안다고 말했다.

진군은 蕭縣(소현), 贊縣(찬현), 長平(장평)의 현령을 역임했고, 부친상을 당하여 사직하였다. 뒷날 司徒府의 掾吏로 근무 성적이 뛰어나 治書侍御史가 되었다가 승상부 參軍이 되었다. 魏國이 건국되자 (감찰을 담당하는) 御史中丞(어사중승)으로 승진했다.

| 原文 |

時太祖議復肉刑, 令曰, "安得通理君子達於古今者, 使平斯事乎! 昔陳鴻臚以爲死刑有可加於仁恩者, 正謂此也. 御史中丞能申其父之論乎?”

群對曰, “臣父紀以爲漢除肉刑而增加笞, 本興仁惻而死者更衆, 所謂名輕而實重者也. 名輕則易犯, 實重則傷民. 《書》曰, 「惟敬五刑, 以成三德.」《易》著劓,刖,滅趾之法, 所以輔政助敎, 懲惡息殺也. 且殺人償死, 合於古制, 至於傷人, 或殘毁其體而裁翦毛髮, 非其理也. 若用古刑, 使淫者下蠶室, 盜者刖其足, 則永無淫放穿窬之奸矣. 夫三千之屬, 雖未可悉復, 若斯數者, 時之所患, 宜先施用. 漢律所殺殊死之罪, 仁所不及也, 其餘逮死者, 可以刑殺. 如此, 則所刑之與所生足以相貿矣. 今以笞死之法易不殺之刑, 是重人支體而輕人軀命也.”

時鍾繇與群議同, 王朗及議者多以爲未可行. 太祖深善繇, 群言, 以軍事未罷, 顧衆議, 故且寢.

| 국역 |

그때, 조조는 肉刑의 부활을 제의하면서 말했다.

“고금의 사리에 통달한 군자를 어디서 찾아 이 일을 공평히 처리할 수 있겠나! 옛날 大鴻臚(대홍려)였던 陳紀(진기)는 사형이 육형보다 오히려 仁愛를 베푸는 것이라 하였는데, 御史中丞(陳群)은 부친의 견해를 설명할 수 있겠는가?”

이에 진군이 답변하였다.

"臣의 父親 紀(기)는 漢에서 肉刑을 폐지하고 笞刑(태형)을 늘린 것은 본래 仁愛와 惻隱之心(측은지심)이었지만, 오히려 처형자가 많아진 것은 형벌의 減輕(감경)을 명분으로 삼았지만 실제는 중형이 되었기 때문이라고 말했습니다. 형벌이 가볍다 하니 쉽게 범법하게 되어 실질 면에서는 중형이 많아져 백성이 더 많이 다치게 된 것입니다. 《尙書》에서는 「五刑을 엄숙하게 시행하여, 三德(剛, 柔, 正直)을 성취하라.」고 하였으며,[86] 《易》에서도 劓刑(의형, 코를 벨 의), 刖刑(월형, 발꿈치를 자름), 滅趾(멸지, 발목을 자름)의 법 조항이 있으니, 이는 형벌로 교화를 돕고 懲惡(징악)하여 살생을 금지시키려는 뜻입니다. 또 살인자를 사형에 처하는 것은 古制에 합당하고, 남에게 상해를 입힌 자는 그 신체를 똑같이 훼손하거나 머리를 깎게 하는데 이는 이치에 맞지 않습니다. 만약 고대의 형벌을 적용하여 음행을 저지른 자는 蠶室(잠실)에 보내 宮刑에 처하고 도적질을 한 자는 그 다리를 자른다면 영원히 음행이나 도적질을 못하게 될 것입니다. 3천 가지의 형벌을 다 적용할 수는 없지만 만약 그중 사람들이 두려워하는 형벌 몇 가지를 골라 우선 적용하는 것이 좋을 것입니다. 漢의 刑律에서 신체를 분리하는 죄에 해당하는 것은 仁義上 적용할 수 없고 그 외의 사형은 적용할 수 있을 것입니다. 이렇게 되면 형벌의 적용과 생명의 보전이 서로 상쇄될 수 있습니다. 지금 때려죽이는 형벌에 해당하는 죄를 처형하지 않는 육형으로 교체하는 것은 사람의 肢體(지체)를 중히 여기고 생명은 가볍다고 본 것입니다."

그때 鍾繇(종요) 등 여러 사람이 동의하였지만, 王朗(왕랑) 및 논의

86 《尙書 周書 呂刑》의 구절. 《禮記》에서는 〈呂刑〉을 〈甫刑〉이라 하여 수록했다.

에 참여한 다수는 아직은 적용할 수 없다고 하였다. 조조는 종요와 진군의 말이 옳다고 동의하였지만 원정이 끝나지 않았고, 衆議를 고려하여 시행을 일단 보류하였다.

| 原文 |

群轉爲侍中, 領丞相東西曹掾. 在朝無適無莫, 雅杖名義, 不以非道假人. 文帝在東宮, 深敬器焉, 待以交友之禮, 常嘆曰, "自吾有回, 門人日以親." 及卽王位, 封群昌武亭侯, 徙爲尙書. 制九品官人之法, 群所建也. 及踐阼, 遷尙書僕射, 加侍中, 徙尙書令, 進爵潁鄕侯. 帝征孫權, 至廣陵, 使群領中領軍. 帝還, 假節, 都督水軍. 還許昌, 以群爲鎭軍大將軍, 領中護軍, 錄尙書事. 帝寢疾, 群與曹眞,司馬宣王等並受遺詔輔政.

明帝卽位, 進封潁陰侯, 增邑五百, 並前千三百戶, 與征東大將軍曹休,中軍大將軍曹眞,撫軍大將軍司馬宣王並開府. 頃之, 爲司空, 故錄尙書事.

| 국역 |

陳群(진군)은 전직하여 侍中이 되었고, 丞相府 東西曹掾을 대행하였다. 조정에서는 어느 쪽에 치우지 않았고 누구를 후대하거나 박대하지도 않았으며, 명분과 절의를 지켜 정도에 어긋난 일을 강요하지도 않았다.

文帝(曹丕)는 東宮 시절에 진군을 깊이 존경하고 인재로 여겼으며, 交友의 禮로 대우하면서 늘 탄식하였다. "나에게 顔回(안회)가 배우러 온 뒤에 門人들은 나날이 가까워졌다."[87]

조비가 魏王으로 즉위한(서기 220년 정월) 뒤에 진군은 昌武亭侯에 봉해졌고 尙書가 되었다. 진군은 九品官人法(九品中正法)[88]을 건의하여 시행케 했다.

文帝가 즉위하자(220년 10월), 진군은 尙書僕射(상서복야)가 되었고 시중의 加官을 받았으며, 尙書令으로 진급하고 작위도 올라 潁鄕侯(영향후)가 되었다. 문제가 손권을 원정하면서 진군을 시켜 中領軍를 지휘케 하였다. 문제가 회군한 뒤에 부절을 받아 수군을 감

....

87 自吾有回, 門人日以親 – 이 말은《論語》가 아니라《史記 仲尼弟子列傳》중 顔回에 관한 기록에 나온다.「回年二十九, 髮盡白, 蚤死. 孔子哭之慟, 曰, "自吾有回, 門人益親."」공자와 안회는 서로 의지하고 뜻이 같은 가까운 師弟 간이었기에 다른 제자도 공자를 가깝게 생각하였다는 뜻. 안회는 공자를 "우러러 볼수록 높아지고, 뚫을수록 견고하시며, 앞에 보이다가도 어느덧 뒤에 있는 것 같도다! 스승께서는 순리대로 우리를 이끌어 주셨으며 나의 학문을 넓혀주셨고, 예로 나의 행실을 바로 잡아주셨다. 이제는 학문을 그만둘 수도 없고 다만 나는 최선을 다하여 우뚝 일어설 수 있어야 한다. 스승의 뒤를 따르고자 하나 따라갈 수가 없도다!(仰之彌高, 鑽之彌堅, 瞻之在前, 忽焉在後! 夫子循循然善誘人, 博我以文, 約我以禮. 欲罷不能. 旣竭吾才, 如有所立卓爾. 雖欲從之, 末由也已!)"라고 탄식하였다.

88 九品官人法(九品中正制)는 魏晉南北朝 시대 中央政府의 官員 선발제도. 漢武帝 시기의 察擧制를 대신하여 隋 文帝 시기 科擧制度가 시행될 때까지 시행되었다. 이는 二品 이상의 중앙관리를 지낸 中正官이 관리가 될 자의 簿世(譜牒家世), 行狀(才幹, 道德), 鄕品(中正 鑑定 등급)을 종합하여 인재를 上上에서 下下까지 9품으로 나누어 천거하고 그런 인재를 중앙에서 다시 심사하여 등용하는 방법이었다. 이는 결국 중정관과 가까운 문벌 귀족자제의 출세를 보장하는 통로가 되어 남북조시대 귀족사회를 강화하는 계기가 되었다.

독하였다. 許昌으로 돌아와서는 진군을 鎭軍大將軍에 임명하여 中護軍을 통솔하고, 錄尙書事가 되었다. 문제의 병이 위독하자 진군은 曹眞(조진),[89] 司馬宣王(司馬懿) 등과 함께 유조를 받고 정사를 보필하였다.

明帝가 즉위하자, 진군은 潁陰侯(영음후)가 되었고 식읍 5백 호를 늘려 받아 모두 1,300호가 되었으며, 征東大將軍 曹休(조휴), 中軍大將軍 曹眞(조진), 撫軍大將軍 司馬宣王(司馬懿)은 모두 幕府를 열었다. 얼마 뒤 진군은 司空이 되었고 전처럼 尙書事를 감독하였다.

| 原文 |

是時, 帝初莅政, 群上疏曰,

「《詩》稱 '儀刑文王, 萬邦作孚.' 又曰 '刑於寡妻, 至於兄弟, 以御於家邦.' 道自近始, 而化洽於天下. 自喪亂已來, 干戈未戢, 百姓不識王教之本, 懼其陵遲已甚. 陛下當盛魏之隆, 荷二祖之業, 天下想望至治, 唯有以崇德布化, 惠恤黎庶, 則兆民幸甚. 夫臣下雷同, 是非相蔽, 國之大患也. 若不和睦

89 曹眞(조진, ?-231년, 字 子丹) - 曹魏名將, 曹操의 族子. 그 부친이 조조를 위해 모병하다가 피살되었다. 조조의 특별한 신임을 받았다. 조진은 원정을 나갈 때마다 장졸과 노고를 같이했고, 軍賞이 부족하면 집의 자산을 갖다가 나눠주었기에 士卒이 모두 조진에게 등용되기를 바랐다. 대장군, 大司馬 역임. 조진은 병사했고 조진의 장남 曹爽(조상)은 멍청하게 司馬懿에게 군권을 빼앗겨 결국 曹氏 몰락이 시작되었다. 《삼국연의》에서 조진은 제갈량의 조롱 편지를 받고 화병으로 죽는 인물로 묘사되었다.

則有讎黨, 有讎黨則毁譽無端, 毁譽無端則眞僞失實, 不可不深防備, 有以絶其源流.」

太和中, 曹眞表欲數道伐蜀, 從斜谷入. 群以爲 "太祖昔到陽平攻張魯, 多收豆麥以益軍糧, 魯未下而食猶乏. 今旣無所因, 且斜谷阻險, 難以進退, 轉運必見鈔截, 多留兵守要, 則損戰士, 不可不熟慮也."

帝從群議. 眞復表從子午道. 群又陳其不便, 並言軍事用度之計. 詔以群議下眞, 眞據之遂行. 會霖雨積日, 群又以爲宜詔眞還, 帝從之.

| 국역 |

이때 명제는 처음 정사에 임했는데. 陳群(진군)이 상소하였다.

「《詩》에서는 '文王을 본받으면 온 세상이 믿고 따르리라.'[90] 하였으며, 또 '나의 아내를 바로잡아 형제에 이르고 나라를 다스린다.'[91] 고 하였습니다. 이처럼 治道는 가까운데서 시작하여 천하를 교화시켜 나가야 합니다. 漢末 喪亂 이래로 전쟁이 그치지 않아 백성은 제왕 교화의 근본을 알지 못하고 어디까지 타락할지 두려워하고 있습니다. 폐하께서는 강대한 魏의 홍륭기를 맞이하여 武帝와 文帝의 유업을 이으셨기에, 천하 백성들은 大治를 기대하며 崇德의 布化와

---

90 '儀刑文王, 萬邦作孚' -《詩經 大雅 文王》의 끝 구절. 儀刑은 본받다. 법식으로 삼다. 孚는 믿을 부.

91 '刑於寡妻, 至於兄弟, 以御於家邦' -《詩經 大雅 思齊》의 구절.

백성에 대한 은혜를 입을 수 있기만을 기대하고 있습니다. 그러나 신하들은 이런 저런 말에 부화뇌동하며 시비를 따지지도 않으니, 이는 나라의 큰 우환입니다. 만약 신료들이 불화하면 서로를 적대하는 黨人들이 형성되고, 당인이 만들어지면 근거 없는 비방과 칭송이 생겨나고, 그렇게 되면 眞僞(진위)에 대한 진실이 가려질 것이니 이를 철저히 제지하지 않을 수 없고 그런 근원을 찾아 막아야만 합니다.」

(明帝) 太和 연간에, 曹眞(조진)은 蜀을 정벌하겠다는 표문을 자주 올렸고 斜谷口(사곡구)를 거쳐 蜀으로 진격하려고 했다. 이에 진군이 말했다.

"太祖께서(曹操) 전에 陽平關[92]에 주둔하시며 張魯(장로)를 원정할 때, 콩과 보리를 수확하여 군량을 보충하였지만 장로를 격파하지 못해 군량이 부족했습니다. 지금은 그럴만한 일도 없고, 또 斜谷의 길은 막히고 험하여 진퇴가 자유롭지도 못하며 군량 운송도 중간에 탈취당할 우려가 있어 경계병을 많이 세워야 하니, 이는 곧 전투원의 감소이기에 이 원정을 우려하지 않을 수 없습니다."

명제는 진군의 건의에 따랐다. 조진은 다시 子午道(자오도)를 따라 정벌하겠다고 표문을 올렸다. 진군은 다시 그에 관한 불편과 함께 군사비용을 언급하였다. 조서로 진군의 건의를 조진에게 전달하였지만, 조진은 진군이 조서에 의거한대로 출발하였다. 그러나 마침 가을장마가 계속되자, 진군은 명제에게 조서로 조진을 회군케 해야 한다고 말했다. 명제는 진군의 건의에 따랐다.[93]

92 당시 漢中郡 沔陽縣(면양현) 定軍山의 陽平關(양평관). 定軍山은, 今 陝西省 남부 漢中市 서쪽 勉縣(면현)에 소재.

93 이는 明帝 太和 4년(서기 230년)의 일이었다.

| 原文 |

後皇女淑薨, 追封謚平原懿公主. 群上疏曰,

「長短有命, 存亡有分. 故聖人制禮, 或抑或致, 以求厥中. 防墓有不脩之儉, 嬴,博有不歸之魂. 夫大人動合天地, 垂之無窮, 又大德不踰閑, 動爲師表故也. 八歲下殤, 禮所不備, 況未期月, 而以成人禮送之, 加爲制服, 擧朝素衣, 朝夕哭臨, 自古已來, 未有此比. 而乃復自往視陵, 親臨祖載.

願陛下抑割無益有損之事, 但悉聽群臣送葬, 乞車駕不行, 此萬國之至望也. 聞車駕欲幸摩陂, 實到許昌, 二宮上下, 皆悉俱東, 擧朝大小, 莫不驚怪. 或言欲以避衰, 或言欲於便處移殿舍, 或不知何故. 臣以爲吉凶有命, 禍福由人, 移徙求安, 則亦無益.

若必當移避, 繕治金墉城西宮, 及孟津別宮, 皆可權時分止. 可無擧宮暴露野次, 廢損盛節蠶農之要. 又賊地聞之, 以爲大衰. 加所煩費, 不可計量. 且吉士賢人, 當盛衰, 處安危, 秉道信命, 非徙其家以寧, 鄕邑從其風化, 無恐懼之心. 況乃帝王萬國之主, 靜則天下安, 動則天下擾, 行止動靜, 豈可輕脫哉?」

帝不聽.

| 국역 |

뒷날 (明帝의) 皇女인 淑(숙)이 죽자,[94] 시호를 平原懿公主(평원 의공주)라고 追封(추봉)하였다. 이에 陳群(진군)이 상소하였다.

「수명의 장단에 命이 있고 생사에 定數가 있습니다. 그래서 성인은 制禮하여, 억제나 개방에 적절한 조화를 이룹니다. (공자는) 防山(방산)의 부모 묘소를 하나도 꾸미지 않았으며, (吳의 延陵季字는) 嬴(영)과 博(박) 땅의 중간에 돌아올 수 없는 아들을 묻었습니다. 大人君子의 행실을 천지와 합일하고 후세에 법식을 남겨주며, 또 큰 덕행은 지켜야 할 한계를 넘지 않기에, 일거일동이 후세의 師表가 되는 것입니다. 8살 이전에 죽는 것을 殤(상, 일찍 죽을 상)이라 하여 喪禮를 갖추지 않는데, 하물며 한 달도 안 된 죽음인데, 성인의 예를 갖춰 장례하며 복제를 제정하고 조정의 신하에게 素服(喪服)을 입게 하며, 조석으로 곡을 하는 일은 자고 이래로 전례가 없었습니다. 또 폐하께서는 직접 무덤에 왕래하시고 친히 路祭에 임하셨습니다.

폐하께서는 아무런 실익도 없이 손실만 있는 이런 일을 그만두시고, 모든 신하의 장례 참석이나 어가가 출행하지 않는 것이 천하 백성의 뜻일 것입니다. 어가가 摩陂(마피)에 출행하신다지만 실제는 許昌(허창)에 출행하는 것이며, 二宮(황태후와 왕후) 上下의 모두가 함께 허창으로 출행하신다 하니, 조정의 대소의 신하들이 모두 놀라고 괴이하게 생각하지 않는 사람이 없습니다. 이를 두고 어떤 사람은 재앙을 피하는 것이라 말하고, 또 어떤 사람은 거처할 궁을 옮긴다 하거나, 또는 무슨 까닭인지 모르겠다고 말합니다. 臣은 길흉

94 이는 明帝 太和 6년(서기 232년)의 일이었다.

에 정해진 命이 있고, 禍福은 사람에 따른다는 말 그대로 궁궐을 옮겨 안정을 얻는다는 것도 사실 무익할 뿐입니다.

만약 꼭 궁을 옮겨 재앙을 피하려 한다면, 金墉城(금용성)의 西宮이나 孟津(맹진)의 別宮을 수리하면 되는데, 이 또한 임시 조치로 끝나야 합니다. 궁내의 모든 사람이 이슬을 맞으며 들에 머물 수 없으며, 지금 한창 농사와 양잠에 바쁜 이 시기에 백성을 동원해서도 안 됩니다. 또 이런 사실을 적국에서 알면 아마 황제가 붕어했다고 생각할 수도 있습니다. 이런 행차에 따른 번잡한 비용 또한 계산할 수도 없습니다. 吉士나 賢人은 융성과 쇠퇴의 시기나 안위에 대처할 경우 正道를 견지하며 天命을 따를 뿐이지, 거처를 옮겨 안정을 구하지도 않으며, 鄕邑도 교화를 따를 뿐 두려워하지 않아야 합니다. 하물며 萬國의 主가 될 帝王이 靜하면 天下도 안정되지만 動할 경우 천하가 소란할 것이니 제왕의 거동이나 動靜이 어찌 경솔할 수 있겠습니까?」

그러나 명제는 받아들이지 않았다.

▎原文▎

青龍中, 營治宮室, 百姓失農時. 群上疏曰,

「禹承唐,虞之盛, 猶卑宮室而惡衣服, 況今喪亂之後, 人民至少, 比漢文,景之時, 不過一大郡. 加邊境有事, 將士勞苦, 若有水旱之患, 國家之深憂也. 且吳,蜀未滅, 社稷不安. 宜及其未動, 講武勸農, 有以待之. 今舍此急而先宮室, 臣懼百姓

遂困, 將何以應敵? 昔劉備自成都至白水, 多作傳舍, 興費人役, 太祖知其疲民也. 今中國勞力, 亦吳,蜀之所願. 此安危之機也, 惟陛下慮之.」

帝答曰,「王者宮室, 亦宜並立. 滅賊之後, 但當罷守耳, 豈可復興役邪? 是故君之職, 蕭何之大略也.」

群又曰,「昔漢祖唯與項羽爭天下, 羽已滅, 宮室燒焚, 是以蕭何建武庫,太倉, 皆是要急, 然猶非其壯麗. 今二虜未平, 誠不宜與古同也. 夫人之所欲, 莫不有辭, 況乃天王, 莫之敢違. 前欲壞武庫, 謂不可不壞也, 後欲置之, 謂不可不置也. 若必作之, 固非臣下辭言所屈. 若少留神, 卓然回意, 亦非臣下之所及也. 漢明帝欲起德陽殿, 鍾離意諫, 卽用其言, 後乃復作之. 殿成, 謂群臣曰, '鍾離尙書在, 不得成此殿也.' 夫王者豈憚一臣, 蓋爲百姓也. 今臣曾不能少凝聖聽, 不及意遠矣.」

帝於是有所減省.

| 국역 |

(明帝) 靑龍 연간에(서기 233 - 236),[95] 궁궐 공사에 백성들은 농사철을 놓쳤다. 이에 진군이 상소하였다.

「(夏의) 禹王은 堯와 舜의 盛世를 계승하였지만 작은 궁궐에 거처하며 거친 옷을 입었는데, 하물며 지금 喪亂을 겪은 뒤라 백성이

95 蜀의 諸葛亮(제갈량)이 靑龍 2년(서기 234)에 죽자, 明帝는 대규모 궁궐 신축을 시작했다는 견해도 있다.

크게 감소하여 漢 文帝, 景帝 때의 큰 郡 하나만 못합니다.[96] 지금 변경에 일이라도 생기면 장졸이 고생하며 수해나 旱害(한해, 가뭄)라도 닥치면 나라에 큰 우환이 됩니다. 게다가 吳와 蜀을 없애지 못했고 사직은 불안합니다. 적의 침입이 없을 때 군사를 훈련하고 농사에 힘써 위기에 대처해야 합니다. 지금 이렇게 다급한 일을 제쳐두고 궁궐 공사를 먼저 벌리니, 臣은 百姓이 곤궁하니 어찌 적을 상대하겠는가 걱정입니다. 옛날 劉備가 成都(성도)부터 白水(백수)까지 많은 傳舍(전사)를 짓느라고 비용과 인력을 소비했는데 太祖(曹操)께서는 '백성을 지치게 한다' 고 하였습니다. 지금 우리가 국력을 허비하는 것을 吳와 蜀은 바라고 있습니다. 이는 나라의 안위와 관련되오니 폐하께서 헤아려 주셔야 합니다.」

명제가 답신을 보냈다.

「王者의 건국과 궁궐 건립은 동시에 이뤄져야 한다. 적을 없앤 뒤에는 지키면 되니, 어찌 役事를 다시 시작하겠는가? 君의 직분은 蕭何(소하)의 업무와 대략 비슷할 것이다.」

이에 진군이 다시 상서하였다.

「옛날 漢 高祖와 項羽(항우)는 천하를 놓고 싸웠는데, 항우는 죽었지만 궁궐이 모두 불탔기에 蕭何(소하)는 武庫와 太倉 등을 새로 지었는데, 이는 시급한 일이었고 또 장대 화려하지도 않았습니다. 지금 蜀과 東吳를 없애지 못한 상태이니 옛 漢과 같지 않습니다. 사

96 班固의《漢書 地理志》에 전한 말, 平帝 元始 2년(서기 2년)에 천하의 호구가 가장 많았으며 汝南郡은 大郡으로 백성이 30여 만호였다고 하였으니, 文帝, 景帝 때는 이보다 적었을 것이다. 여기서는 1州의 호구가 漢의 1大郡만 못하다는 뜻으로 새겨야 할 것이다.

람이 하고 싶은 일에 이유가 없을 수 없으니, 하물며 大王께서 하고 싶다면 뜻을 거스를 자는 아무도 없습니다. 전에 武庫를 헐어버릴 때 헐어서는 안 된다고 말할 수 없었고, 뒷날 다시 지으려 하자, 다시 지을 수밖에 없었습니다. 만약 꼭 궁궐을 새로 지어야 한다면 신하의 말에 따르지 않아도 됩니다. 만약 폐하께서 조금 다시 생각하시여 갑자기 바뀔 수 있으니, 이 또한 신하가 어찌할 수 없는 것입니다. 그전에 後漢 明帝가 德陽殿을 지으려 할 때 鍾離意(종리의)[97]가 간언을 올리자, 명제는 간언을 받아들였지만 결국 덕양전을 다시 지었습니다. 덕양전이 완공될 때 여러 신하에게 말했습니다. '尙書인 鍾離意가 아직도 있었으면 덕양전을 짓지 못했을 것이다.' 王者가 어찌 신하 한 사람을 꺼리겠습니까마는 사실 백성을 위하기 때문입니다. 지금 臣이 폐하께 제 의견을 따르게 할 수 없으니 종리의를 따라가려면 아직 멀은 것 같습니다.」

명제는 이에 궁궐 건축을 조금 늦추었다.

| 原文 |

初, 太祖時, 劉廙坐弟與魏諷謀反, 當誅. 群言之太祖, 太祖曰, "廙, 名臣也, 吾亦欲赦之." 乃復位. 廙深德群, 群曰, "夫議刑爲國, 非爲私也, 且自明主之意, 吾何知焉?" 其弘博不伐, 皆此類也.

97 鍾離意(종리의, 字 子阿) – 鍾離는 복성. 會稽郡 山陰人, 漢 明帝 때 尙書를 역임.

青龍四年薨, 諡曰靖侯. 子泰嗣. 帝追思群功德, 分群戶邑, 封一子列侯.

| 국역 |

그전에, 太祖(曹操) 때, 劉廙(유이)는 동생과 魏諷(위풍)의 모반에 연루되어 처형되어야만 했다. 이에 陳群이 조조에게 건의하자, 조조는 "유이는 名臣이니 나 역시 사면하려고 했다."고 말하면서 복위시켰다. 이에 유이가 진군에게 감사하자, 진군이 말했다.

"형벌에 대한 논의가 나라를 위하고 사익을 위하지 않은 것처럼 모두가 明主의 의지거늘 내가 무얼 알겠습니까?"

진군의 너그러움과 자랑하지 않는 마음이 대개 이와 같았다. 진군은 青龍 4년(서기 236)에 죽었는데, 시호는 靖侯(정후)였다. 아들 陳泰(진태)가 계승했다. 명제는 진군의 공적을 생각하여 진군의 식읍을 나눠 아들 하나를 제후에 봉했다.

❸ (子) 陳泰

| 原文 |

泰字玄伯. 青龍中, 除散騎侍郎. 正始中, 徙游擊將軍, 爲幷州刺史, 加振威將軍, 使持節, 護匈奴中郎將, 懷柔夷民, 甚有威惠. 京邑貴人多寄寶貨, 因泰市奴婢, 泰皆掛之於壁, 不發其封, 及徵爲尙書, 悉以還之.

嘉平初, 代郭淮爲雍州刺史, 加奮威將軍. 蜀大將軍姜維率衆依麴山築二城, 使牙門將句安,李歆等守之, 聚羌胡質任等寇偪諸郡. 征西將軍郭淮與泰謀所以御之, 泰曰, "麴城雖固, 去蜀險遠, 當須運糧. 羌夷患維勞役, 必未肯附. 今圍而取之, 可不血刃而拔其城. 雖其有救, 山道阻險, 非行兵之地也."

淮從泰計, 使泰率討蜀護軍徐質,南安太守鄧艾等進兵圍之, 斷其運道及城外流水. 安等挑戰, 不許, 將士困窘, 分糧聚雪以稽日月. 維果來救, 出自牛頭山, 與泰相對. 泰曰, "兵法貴在不戰而屈人. 今絶牛頭, 維無反道, 則我之禽也."

敕諸軍各堅壘勿與戰, 遣使白淮, 欲自南渡白水, 循水而東, 使淮趣牛頭, 截其還路, 可並取維, 不惟安等而已. 淮善其策, 進率諸軍軍洮水. 維懼, 遁走, 安等孤縣, 遂皆降.

| 국역 |

陳泰(진태)[98]의 字는 玄伯(현백)이다. 靑龍 연간에, 散騎侍郎이 되었다. 正始 연간에, 游擊將軍으로 幷州刺史였다가 振威將軍이 되었으며, 부절을 받아 護匈奴中郎將이 되었는데, 이민족을 회유하며 위엄과 은덕을 베풀었다. 그때 京邑(洛陽)의 貴人들은 돈을 진태에게 보내 노비를 사서 보내달라고 하였는데, 진태는 그 돈을 보내온

98 陳泰(진태, ?-260년, 字 玄伯) - 曹魏 名臣 陳群의 아들. 모친은 荀彧(순욱)의 딸이니, 순욱의 외손자이다. 父親 사후 변경 수비의 장군이 되어 郭淮(곽회)와 함께 蜀 姜維의 침입을 막아냈다.

그대로 벽에 걸어놓았다가 尙書가 되어 조정에 들어가면서 모두 돌려주었다.

(曹芳의) 嘉平(가평) 초에 郭淮(곽회)의 후임으로 雍州(옹주)[99] 자사가 되었고 奮威將軍(분위장군)을 加官으로 받았다. 蜀의 大將軍 姜維(강유)가 군사를 거느리고 麴山(국산)에 의거하여 2개의 성을 축성한 뒤에 牙門將인 句安(구안), 李歆(이흠) 등을 보내 수비케 하면서 羌族(강족)의 인질들을 모아 근처의 여러 군을 노략질하였다. 征西將軍인 郭淮(곽회)와 진태는 함께 적을 방어할 방책을 논의하면서 진태가 말했다.

"麴山(국산)의 성곽이 비록 견고하지만 蜀에서 멀리 떨어져고, 또 길은 험하며 군량을 운반해야 합니다. 강족들은 강유를 위한 노역을 두려워하며 귀부하지 않았습니다. 이번에 포위하여 빼앗으면 칼에 피를 바르지 않고도 그 성을 차지할 수 있습니다. 비록 적의 구원병이 있다 하여도 산길이 험하여 작전을 펴기 어려울 것입니다."

곽외는 진태의 계획대로, 진태에게 蜀을 토벌케 하면서 護軍인 徐質(서질), 南安太守 鄧艾(등애)[100] 등을 거느리고 성을 포위한 뒤에 군량 운반 도로와 성 밖의 냇물을 막아버렸다. (蜀의) 구안 등이 도

---

99 雍州(옹주) – 지금의 陝西省 關中 平原지구와 甘肅省 黃河 동쪽 일부가 그 영역으로 京兆郡, 馮翊郡, 扶風郡, 廣魏郡, 安定郡, 北地郡, 新平郡, 南安郡, 天水郡, 武都郡, 隴西郡 등을 관할하였다.

100 鄧艾(등애, 195 – 264년, 字 士載)는 曹魏 후기의 명장. 오랫동안 曹魏의 서쪽 변경에서 蜀漢 姜維와 경쟁, 뒷날 7백 리 陰平道를 지나 蜀帝 劉禪(유선)의 投降을 받는 奇功을 세워 太尉로 승진하였으나 종회의 모함으로 처형당했다. 가난했고 말을 좀 더듬었지만 사마의의 인정을 받았다. 본서《魏書》28권, 〈王毌丘諸葛鄧鍾傳〉에 立傳.

전하였으나 진태가 응전하지 않자, 촉의 장졸은 곤경에 빠져 식량을 나눠 먹고 눈(雪)을 모아가며 나날을 버티었다. 나중에 강유가 구원병을 거느리고 牛頭山을 나와 진태와 대적하였다. 이에 진태가 말했다.

"兵法에서 싸우지 않고 적을 굴복시키는 것을 으뜸이라고 했다. 지금 우두산을 막아버리면 강유는 돌아갈 길이 없어 나에게 사로잡힐 것이다."

진태는 각 진지에 명령하여 보루를 굳게 지키며 맞싸우지 못하게 하며, 곽회에게 사람을 보내 남쪽으로 白水(백수)를 건너 물을 따라 동쪽으로 진격하여 우두산을 공격하여 강유의 퇴로를 차단하며 같이 병진하여 강유를 공격하면 句安(구안)까지 생포할 수 있다고 말했다. 곽회는 진태의 방책을 따라 모든 군사를 거느리고 洮水(조수) 근처에 주둔하였다. 강유는 두려워 도주했고, 구안 등은 고립되었다가 모두 투항하였다.

| 原文 |

淮薨, 泰代爲征西將軍, 假節都督雍,涼諸軍事. 後年, 雍州刺史王經白泰, 云姜維,夏侯霸欲三道向祁山,石營,金城, 求進兵爲翅, 使涼州軍至枹罕, 討蜀護軍向祁山. 泰量賊勢終不能三道, 且兵勢惡分, 涼州未宜越境, 報經, "審其定問, 知所趣向, 須東西勢合乃進."

時維等將數萬人至枹罕, 趣狄道. 泰敕經進屯狄道, 須軍到, 乃規取之. 泰進軍陳倉. 會經所統諸軍於故關與賊戰不利, 經輒渡洮. 泰以經不堅據狄道, 必有他變. 並遣五營在前, 泰率諸軍繼之. 經已與維戰, 大敗, 以萬餘人還保狄道城, 餘皆奔散. 維乘勝圍狄道. 泰軍上邽, 分兵守要, 晨夜進前. 鄧艾,胡奮,王祕亦到, 卽與艾,祕等分爲三軍, 進到隴西.

艾等以爲 "王經精卒破衄於西, 賊衆大盛, 乘勝之兵旣不可當, 而將軍以烏合之卒, 繼敗軍之後, 將士失氣, 隴右傾盪. 古人有言, '蝮蛇螫手, 壯士解其腕.' 孫子曰, '兵有所不擊, 地有所不守.' 蓋小有所失而大有所全故也. 今隴右之害, 過於蝮蛇, 狄道之地, 非徒不守之謂. 姜維之兵, 是所辟之鋒. 不如割險自保, 觀釁待弊, 然後進救, 此計之得者也."

| 국역 |

郭淮(곽회)가 죽고, 陳泰(진태)는 그 후임으로 征西將軍이 되어, 부절을 받고 雍州와 涼州의 모든 군사를 감독하였다. 그 다음 해 雍州 刺史인 王經(왕경)은 진태에게 (蜀의) 姜維(강유)와 夏侯霸(하후패)가 3개 길로 祁山(기산)과 石營(석영), 金城(금성)으로 진격한다면서, 진태가 군사를 거느리고 爲翅(위시, 地名)로 진격하고 涼州의 군사는 枹罕(포한)에, 討蜀護軍은 祁山(기산)으로 진격케 해달라고 요구했다. 진태는 적의 형세를 볼 때 3개 길로 나눠 진격할 수 없고 병력을 나누는 것이 유리하지도 않으며, 涼州의 군사가 그 지역을 벗어날 수도 없다고 생각하여 왕경에게 "적의 형세와 향하는 곳을 정확하게 살핀 다음에 동서 양편에서 합세하여 진격할 것이라."고 통보하였다.

그때(正元 2년, 서기 255, 8월) 강유 등은 수만 병력을 거느리고 (隴西郡) 枹罕縣(포한현)[101]에 도착하여 (隴西郡) 狄道縣(적도현)[102]으로 서둘러 진격하였다. 진태는 왕경에게 狄道에 주둔하며 후원군이 도착을 기다렸다가 작전을 세워 공격할 것이라고 지시하였다. 진태는 進軍하여 陳倉(진창)에 주둔하였다. 그때 왕경의 군사는 故關(고관)에 주둔하여 적과 싸웠으나 패전하자, 왕경은 곧바로 洮水(조수)를 건넜다. 진태는 왕경이 狄道(적도)에서 확실하게 방어하지 못하여 다른 변고가 있을 것이라 생각하였다. 그러면서 진태는 전면에 5개 군영을 배치한 뒤에 모든 군사를 거느리고 뒤를 따라 진격하였다. 그러는 동안 왕경은 이미 강유와 싸워 대패한 뒤에 1만여 군사를 거느리고 돌아와 狄道(적도)의 城을 지켰지만 나머지 군사는 모두 도주하였다. 강유는 승세를 몰아 적도 성을 포위하였다.

진태는 上邽(상규)에 주둔하면서 군사를 나눠 요지를 방어케 하면서 새벽이나 밤에만 전진하였다. 鄧艾(등애), 胡奮(호분), 王祕(왕비)의 군사도 도착하자, 등애와 왕비 등과 三軍으로 나눠 진격하여 隴西(농서)에 도착하였다.

등애 등이 말했다.

"王經(왕경)의 정예군사가 서쪽에서 격파 당했고, 적군의 형세는 한창 기세가 올랐으니, 승세를 탄 군사는 막을 수가 없으며, 장군은

101 枹罕(포한)은 隴西郡의 현명. 枹는 줄 참나무 포. 북채 부(擊鼓杖).

102 狄道縣(적도현) – 隴西郡의 治所 狄道縣, 今 甘肅省 定西市 관할 臨洮縣.

烏合之卒을 거느리고 패군의 뒤를 감당해야 하니 장졸의 사기가 꺾이면서 隴右(농우) 일대가 불안합니다. 옛사람도 '살무사(蝮蛇, 복사)에게 손을 물리면 장사라도 팔을 잘라야 한다.' 고 말했습니다. 또 孫子(손자)는 '때로는 공격할 수 없는 군사가 있고, 지킬 수 없는 땅도 있다.' 고 하였습니다. 이는 작은 것을 잃고 큰 것을 보전할 수 있다는 뜻입니다. 지금 隴右의 재난은 살무사에게 물린 것보다 더 심하며, 狄道(적도)의 땅은 단지 지킬 수 없는 땅 그 이상일 것입니다. 그리고 강유의 군사는 일단 회피해야 할 세력입니다. 지키기 어려운 곳이라면 버리고서 나머지를 지키다가 적이 지치는 때를 보아 진격하는 것만 못할 것이니, 아마 이 방법이 우리가 이길 수 있는 방책일 것입니다."

| 原文 |

泰曰, "姜維提輕兵深入, 正欲與我爭鋒原野, 求一戰之利. 王經當高壁深壘, 挫其銳氣. 今乃與戰, 使賊得計, 走破王經, 封之狄道. 若維以戰克之威, 進兵東向, 據櫟陽積穀之實, 放兵收降, 招納羌,胡, 東爭關,隴, 傳檄四郡, 此我之所惡也. 而維以乘勝之兵, 挫峻城之下, 銳氣之卒, 屈力致命, 攻守勢殊, 客主不同. 兵書云 '脩櫓轒轀, 三月乃成, 拒堙三月而後已.' 誠非輕軍遠入, 維之詭謀倉卒所辦. 縣軍遠僑, 糧穀不繼, 是我速進破賊之時也, 所謂疾雷不及掩耳, 自然之勢也. 洮水帶其表, 維等在其內, 今乘高據勢, 臨其項領, 不戰必走. 寇不可縱, 圍不可久, 君等何言如此?"

遂進軍度高城嶺, 潛行, 夜至狄道東南高山上, 多擧烽火, 鳴鼓角. 狄道城中將士見救者至, 皆憤踊. 維始謂官救兵當須衆集乃發, 而卒聞已至, 謂有奇變宿謀, 上下震懼. 自軍之發隴西也, 以山道深險, 賊必設伏. 泰詭從南道, 維果三日施伏. 定軍潛行, 卒出其南. 維乃緣山突至, 泰與交戰, 維退還. 涼州軍從金城南至沃干阪. 泰與經共密期, 當共向其還路, 維等聞之, 遂遁, 城中將士得出. 經嘆曰, "糧不至旬, 向不應機, 擧城屠裂, 覆喪一州矣."

泰慰勞將士, 前後遣還, 更差軍守, 並治城壘, 還屯上邽.

| 국역 |

陳泰(진태)가 말했다.

"姜維(강유)는 경무장한 군사로 우리 땅에 깊이 들어와서는 우리 군사와 벌판에서 싸워 일전에 승리하기를 원했다. 王經(왕경)은 응당 보루를 높게 쌓고 지켜 적의 예봉을 꺾었어야 했다. 지금도 우리가 맞대결한다면 적의 책략에 말려 들어가나니, 적은 왕경을 격파하고 狄道(적도)를 봉쇄하고 있다. 만약 강유가 승리한 기세를 몰아 동쪽으로 진격하여 櫟陽(역양)의 비축된 군량을 차지하고 군사를 풀어 투항한 군사를 모으며, 羌族(강족)과 胡人을 끌어 모아 동쪽에서 故關(고관)과 隴右(농우)를 차지하고서, 사방으로 격문을 보내게 될

까 내가 가장 걱정했었다. 지금 기세가 오른 강유의 군사를 우리가 험준한 성에서 기세를 꺾고서 우리 정예 군사가 죽기로 싸운다면 공격과 수비의 형세와 주객이 바뀔 것이다. 兵書에서도 '큰 방패를 만들고 성을 부수는 衝車(충차)를 만드는데 3달이고, 土山을 만들어 공격 준비하는데 3달이라.' 고 하였다. 경무장한 군사로 멀리 진격하는 것이 아니거늘, 강유의 저런 속임수 작전은 갑자기 만들어졌을 것이다. 소수 고립된 군사가 멀리 진격했고 군량 공급이 뒤따르지 못하니, 우리가 급하게 공격하여 적을 격파할 시점이니 소위 천둥번개에 귀를 막을 겨를도 없는 것은 필연이 형세이다. 洮水(조수)가 밖을 감싸고 강유는 그 안에 있으니, 지금 우리는 높은 곳에서 그들 목을 노리는 형세이며, 싸우지 않아도 적은 곧 물러갈 것이다. 그러나 적을 놓아줄 수 없고 포위는 오래갈 수 없거늘, 여러분들은 무슨 말을 그렇게 하는가?"

진태는 진군하여 高城嶺(고성령)을 넘어 은밀히 행군하여 밤에 狄道(적도)의 동남쪽 높은 산에 올라 횃불을 많이 들고 북소리와 호각을 크게 울렸다. 적도 성 안의 장졸은 구원 군이 도착한 것을 알고 모두 분발하며 기세를 올렸다.

처음에 강유는 구원병을 모은 다음에 출발해서 올 것이라 생각하고 있었는데, 갑자기 구원병이 도착한 사실을 알게 되자 기발한 술수와 책략에 능한 강유였지만, 군대의 상하 모두가 두려워 떨었다.

진태는 隴西에서 출발할 때부터 산길이 깊고도 험악하여 틀림없이 적의 매복이 있을 것이라 예상했었다. 진태의 군사가 거짓으로 남쪽 길을 따라 진격하니 강유는 3일 간 군사를 매복시켰었다. 진태는 군사를 정돈하여 은밀히 진격케 하여 갑자기 적의 남쪽을 공격하였다. 강유는 이에 산을 따라 돌격했고 진태의 군사와 교전한 다음에 강유는 군사를 후퇴시켰다.

涼州의 군사는 金城郡 남쪽으로 이동하여 沃干阪(옥간판)에 도착하였다. 진태와 왕경은 함께 비밀리에 기약하여 함께 적의 퇴로를 차단하려 하자, 강유 등은 소식을 듣고 도주하였고 적도 성 안의 군사들은 포위에서 벗어났다. 이에 왕경이 탄식하며 말했다.

"군량이 열흘 치도 남지 않았기에, 만약 그때까지 외부의 호응이 없으면 성 안 모두가 도륙당할 뻔했고 한 개 州의 군사를 다 잃을 뻔했습니다."

진태는 장졸을 위무하였고 전후로 나누어 회군하면서 수비 군사를 차출하여 지키게 했고, 성루를 보수하고 上邽(상규)[103]로 돌아와 주둔하였다.

| 原文 |

初, 泰聞經見圍, 以州軍將士素皆一心, 加得保城, 非維所能卒傾. 表上進軍晨夜速到還. 衆議以經奔北, 城不足自固, 維若斷涼州之道, 兼四郡民夷, 據關,隴之險, 敢能沒經軍而屠隴右. 宜須大兵四集, 乃致攻討.

大將軍司馬文王曰, "昔諸葛亮常有此志, 卒亦不能. 事大謀遠, 非維所任也. 且城非倉卒所拔, 而糧少爲急, 征西速救,

103 (天水郡, 漢陽郡) 上邽縣은, 今 甘肅省 동남부 天水市.

得上策矣."

泰每以一方有事, 輒以虛聲擾動天下, 故希簡白上事, 驛書不過六百里. 司馬文王語荀顗曰, "玄伯沈勇能斷, 荷方伯之重, 救將陷之城, 而不求益兵, 又希簡上事, 必能辦賊故也. 都督大將, 不當爾邪!"

| 국역 |

그전에, 陳泰(진태)는 王經(왕경)[104]이 포위당한 사실을 알고서는, 雍州(옹주)의 군사가 평소 모두 한마음이기에 성을 지킬 것이며, 강유가 갑자기 점령할 수 없을 것이라 생각하였다. 그래서 조정에 表文을 올리며 신속하게 진군하여 도착했었다.

조정의 의논은 왕경이 패전하면 狄道(적도) 성을 지키기 어려울 것이며, 만약 강유가 涼州로 통하는 길을 차단하고 涼州 4郡의 백성과 夷人을 아우른 뒤에 故關과 隴山(농산)의 험지를 차지하고 왕경의 군사를 전멸하고 隴右(농우) 지역을 도륙할 것이라 예상했었다. 그러면 대군을 징발해야 강유를 토벌할 수 있다고 생각하였다.

대장군 司馬昭(사마소)가 말했다.

104 王經(왕경, ?-260년, 字 彦緯) - 장군으로 강유에게 대패했었다. 조정의 고관이었는데 황제 高貴鄕公 曹髦(조모)가 司馬昭를 공격할 때, 王經(왕경)은 曹髦편에 섰기에 사마소에 잡혀 모친과 함께 처형되었다. 왕경은 처형 전에 어머니 앞에 눈물을 흘리며 말했다. "어머니 말씀을 안 들어 이 지경이 되었습니다." 이에 그 어머니는 안색을 바꾸지도 않고 웃으며 말했다. "사람이 누군들 안 죽느냐? 너는 사람의 아들로 효도를 다 했고 신하로서 충성을 다했다. 효도하고 충성했으니 네가 내게 무슨 걱정을 끼쳤느냐?"《世說新語 賢媛》.

"옛날에 諸葛亮(제갈량)이 이런 뜻을 늘 갖고 있었지만 끝내 성공하지 못했다. 이는 중대한 일이며 책모 또한 원대해야 하는데 강유가 감당할 수 없을 것이다. 그리고 狄道城(적도성)이 쉽게 함락되지 않겠지만 군량 부족이 시급한 만큼 征西將軍의 신속한 구원만이 상책이다."

진태는 일방에서 작전을 전개하고, 또 천하 곳곳에서 허세를 부리면서도, 관련 보고를 자주 올리지도 않았는데, 역참으로 보내는 문서는 불과 6백 리 정도를 넘지 않았다.

사마소가 荀顗(순의)에게 말했다.

"玄伯(陳泰)의 침착, 용감하며 결단력이 있어 方伯의 중임을 다할 수 있고, 함락될 城일지라도 구원할 수 있어 군사를 더 요구하지 않아도 되며, 또 적을 처리할 수 있어 보고를 자주 올리지 않는 것이다. 군사를 감독하는 대장은 응당 그래야 하지 않겠나!"

| 原文 |

後徵泰爲尙書右僕射, 典選擧, 加侍中光祿大夫.

吳大將孫峻出淮,泗. 以泰爲鎭軍將軍, 假節都督淮北諸軍事, 詔徐州監軍已下受泰節度. 峻退, 軍還, 轉爲左僕射. 諸葛誕作亂壽春, 司馬文王率六軍軍丘頭, 泰總署行臺.

司馬景王,文王皆與泰親友, 及沛國武陔亦與泰善. 文王問陔曰, "玄伯何如其父司空也?" 陔曰, "通雅博暢, 能以天下聲敎爲己任者, 不如也. 明統簡至, 立功立事, 過之."

泰前後以功增邑二千六百戶, 賜子弟一人亭侯, 二人關內侯. 景元元年薨, 追贈司空. 諡曰穆侯.

子恂嗣. 恂薨, 無嗣. 弟溫紹封. 咸熙中開建五等, 以泰著勳前朝, 改封溫爲愼子.

| 국역 |

뒷날 陳泰는 조정의 부름을 받아 尙書 右僕射(우복야)가 되어 인재 선발(選擧)을 전담하였고 加官[105]으로 侍中 겸 光祿大夫[106]가 되었다.

東吳의 대장 孫峻(손준)이 淮水(회수)와 泗水(사수) 지역을 침공했다. 진태는 鎭軍將軍이 되어 부절을 받아 淮北 지역의 모두 軍事를 감독하였고, 조서로 徐州 監軍 이하 모두가 진태의 명령을 받게 하

105 加官이란 本職 외에 다시 더 받은 관직의 직함이다. 열후, 장군, 경대부나 낭관 이상의 관직에서 가관을 받을 수 있었다. 가관의 칭호로 자주 보이는 것은 侍中, 左右曹, 諸吏, 常侍, 散騎, 給事中 등이 있다. 가관을 받은 신하는 황제의 신임을 받고 있다는 뜻이며 권한이 강대한 內朝의 要職을 차지하였다. 給事中은 황제 측근에서 여러 잡무를 담당, 加官의 加官의 한 종류. 황제를 가까이 모실 수 있는 자리이다.

106 光祿大夫(광록대부) - 光祿勳의 속관, 질록 比二千石. 無 定員. 모든 大夫나 議郞은 황제의 顧問 應對를 담당. 常事(고정 직무) 없음. 본래 황제 명에 따른 심부름이나 각 제후에 조문, 위문을 담당, 제후국에 喪事가 있으면 광록대부를 보내 업무를 처리케 했다. 광록대부는 給事中, 侍中 등의 加官을 받아 권한이 강대했으나 점차 閒職化 되었다. 고관을 역임한 자가 은퇴할 때 이 직함을 수여하는 경우가 많았다. 본래 大夫는 정사에 대한 의론을 담당. 황제의 근신, 총신, 귀척으로 충임하고 정원이 없어 많을 때는 수십 명이나 되었다. 太中大夫(질록 千石. 無 定員), 中散大夫(질록 6백석, 無 定員), 諫議大夫(질록 6백석, 無 定員), 議郞(질록 6백석, 無 定員) 등은 모두 광록대부 소속이었다.

였다. 손준이 물러나자, 진태는 左僕射가 되었다. 諸葛誕(제갈탄)이 壽春縣에서 반역하자(서기 257-258년), 司馬昭가 六軍을 지휘하여 丘頭(구두)에 주둔하였고, 진태는 수행하며 尙書臺의 업무를 총괄하였다.

司馬師와 司馬昭는 모두 진태의 친우였고, 또 沛國(패국)의 武陔(무해)[107] 역시 진태와 친밀하였다. 사마소가 무해에게 물었다.

"玄伯은(陳泰) 司空을 역임한 그 부친(陳群)에 비하여 어떻습니까?"

진해가 말했다.

"통달하고 高雅하며 박학 활달하여 천하 백성에 대한 교화를 자신의 임무로 여기는 점에서는 부친만 못합니다. 그러나 綱紀(강기)와 법도에 밝고 간결주도하며 공적을 성취하는 일은 부친보다 뛰어납니다."

진태는 전후로 많은 공을 세워 식읍을 늘려 받아 모두 2,600호가 되었고, 아들 한 명은 亭侯가, 2인은 關內侯과 되었다. 진태는 景元 元年(서기 260)에 죽었는데 司空을 추증하였다. 시호는 穆侯(목후)였다.

아들 陳恂(진순)이 작위를 계승했다. 진순이 죽고, 아들이 없었다. 진순의 동생 陳溫(진온)이 가계를 어어 작위를 받았다. 咸熙 연간(서기 264-265)에, 五等 작위제를 처음 시행하면서 진태의 공적이 뚜렷하여 진혼은 愼子(신자, 子爵)가 되었다.

107 武陔(무해, ?-266, 字 元夏) - 陔는 층층대 해. 人物評을 좋아했고 明帝 때 下邳太守를 역임했다.

❹ 陳矯

| 原文 |

陳矯字季弼, 廣陵東陽人也. 避亂江東及東城, 辭孫策,袁術之命, 還本郡. 太守陳登請爲功曹, 使矯詣許, 謂曰, "許下論議, 待吾不足, 足下相爲觀察, 還以見誨." 矯還曰, "聞遠近之論, 頗謂明府驕而自矜." 登曰, "夫閨門雍穆, 有德有行, 吾敬陳元方兄弟, 淵淸玉絜, 有禮有法, 吾敬華子魚. 淸脩疾惡, 有識有義, 吾敬趙元達, 博聞强記, 奇逸卓犖, 吾敬孔文擧. 雄姿傑出, 有王霸之略, 吾敬劉玄德, 所敬如此, 何驕之有! 餘子瑣瑣, 亦焉足錄哉?"

登雅意如此, 而深敬友矯.

| 국역 |

陳矯(진교)[108]의 字는 季弼(계필)로, 廣陵郡[109] 東陽縣 사람이다. 江東 및 (下邳國) 東城縣(동성현) 지역으로 피난했다가 孫策(손책)과 袁術(원술)이 주는 관직을 사양하고 本郡으로 돌아왔다. 光陵 太守 陳登(진등)[110]의 요청에 의거 功曹가 되었는데, 진등이 업무 관계로 許

108 陳矯(진교, ?-237년, 字 季弼) - 廣陵郡 東陽縣(今 安徽省 중동부 天長市) 출신. 曹魏의 重臣. 《三國演義》에서는 曹仁의 모사로, 나중에는 曹조의 繼位를 적극 주장한 인물로 등장.

109 廣陵郡의 治所는 廣陵縣, 今 江蘇省 서남부 揚州市.

110 陳登(진등, 생졸년 미상, 字 元龍) - 廣陵郡의 명사. 진등은 여포를 견제한 공적

都에 출장을 갈 때 진등이 진교에게 말했다.

"許都에서 인물 평의로는 내가 태수로 부족하다는데, 足下가 잘 관찰한 다음 돌아와 내개 말해 주시오."

진교가 허도에 다녀와 말했다.

"여러 사람의 논의를 들어보니 明府께서는 교만하고 자기 자랑이 많다는 평이었습니다."

그러자 진등이 말했다.

"閨門(규문)이 화목하고 덕행의 실천에 관해서는, 나는 陳元方 형제[111]를 존경하고 청정 고결한 심성에 예법에 맞는 행실로, 나는 華子魚(華歆, 157 – 232, 字 子魚)를 존경합니다. 趙元達(조원달, 趙昱, 生卒年 미상)의 청렴과 疾惡(질악), 학식과 대의를 존경하고, 孔文擧(孔融, 공융)의 博聞强記(박문강기)와 시속을 초월하여 출중하고 탁월한 개성을 나는 존경합니다. 나는 雄姿가 傑出(걸출)하고 王者나 霸者의 지략을 가진 劉玄德을 존경하는데, 나의 이러한 존경에 무슨 교만심이 있겠는가! 나머지 자질구레한 인물들을 어찌 입에 올리겠는가?"

진등의 雅意가 이러했는데, 진등은 진교를 진심으로 공경하고 벗으로 대했다.

으로 伏波將軍(복파장군)의 직함을 받았지만 나이 39세에 죽었다. 《魏書》 7권, 〈呂布臧洪傳〉에 입전.(魏書 7) 《三國志》 29권, 〈方技傳〉의 華佗傳(화타전)에 생선회를 좋아하여 뱃속에 기생충이 가득한 사람으로 수록.

111 陳元方 형제는 陳群의 부친 陳紀(진기)와 叔父인 陳諶(진심) 형제.

| 原文 |

郡爲孫權所圍於匡奇, 登令矯求救於太祖. 矯說太祖曰, "鄙郡雖小, 形便之國也, 若蒙救援, 使爲外藩, 則吳人剉謀, 徐方永安, 武聲遠震, 仁愛滂流, 未從之國, 望風景附, 崇德養威, 此王業也."

太祖奇矯, 欲留之. 矯辭曰, "本國倒縣, 本奔走告急, 縱無申胥之效, 敢忘弘演之義乎?"

太祖乃遣赴救. 吳軍旣退, 登多設間伏, 勒兵追奔, 大破之.

| 국역 |

廣陵郡(광릉군)이 匡奇(광기)란 곳에서 손권의 군사에 의해 포위되자, 진등은 진교를 보내 조조에게 구원을 요청케 하였다. 진교가 조조에게 말했다.

"광릉군이 비록 작지만 지리적으로 유리한 곳이며, 만약 도와주신다면 광릉군은 魏의 바깥 울타리가 되어 東吳의 진출을 막을 수 있고, 徐州 일대를 영원히 안정케 하여 장군의 위엄을 멀리까지 과시할 수 있으며, 仁愛의 칭송이 천하에 알려져 사방의 未服한 者들이 바람처럼 눕고 그림자처럼 따라와 덕과 위엄을 베풀어 王業을 성취할 수 있습니다."

조조는 진교를 기특하게 여겨 등용하려 했다. 그러나 진교가 사양하며 말했다.

"지금 本郡이 매우 위급하여 구원을 요청하러 왔으니 (春秋 楚國

大夫) 申包胥(신포서)[112]처럼 충성을 바칠 수는 없지만 그렇다고 어찌 (春秋 衛國 懿公의 신하) 弘演(홍연)의 大義를 잊을 수 있겠습니까?"

조조는 군사를 보내 구원하였다. 吳軍이 물러나자, 진등은 곳곳에 복병을 보내 후퇴하는 吳軍을 추격하여 대파하였다.

| 原文 |

太祖辟矯爲司空掾屬, 除相令, 征南長史, 彭城,樂陵太守, 魏郡西部都尉. 曲周民父病, 以牛禱, 縣結正棄市. 矯曰, "此孝子也." 表赦之. 遷魏郡太守.

時繫囚千數, 至有歷年, 矯以爲周有三典之制, 漢約三章之法, 今惜輕重之理, 而忽久繫之患, 可謂謬矣. 悉自覽罪狀, 一時論決. 大軍東征, 入爲丞相長史. 軍還, 復爲魏郡, 轉西曹屬. 從征漢中, 還爲尙書.

行前未到鄴, 太祖崩洛陽, 群臣拘常, 以爲太子卽位, 當須詔命. 矯曰, "王薨於外, 天下惶懼. 太子宜割哀卽位, 以繫遠近之望. 且又愛子在側, 彼此生變, 則社稷危矣."

卽具官備禮, 一日皆辦. 明旦, 以王后令, 策太子卽位, 大赦蕩然.

文帝曰, "陳季弼臨大節, 明略過人, 信一時之俊傑也."

112 申包胥(신포서) – 春秋 시기 楚國의 大夫. 《魏書》 7권, 〈呂布臧洪傳〉 중 臧洪傳의 주석 참고.

帝既踐阼, 轉署吏部, 封高陵亭侯, 遷尙書令. 明帝卽位, 進爵東鄕侯, 邑六百戶. 車駕嘗卒至尙書門, 矯跪問帝曰, "陛下欲何之?" 帝曰, "欲案行文書耳." 矯曰, "此自臣職分, 非陛下所宜臨也. 若臣不稱其職, 則請就黜退. 陛下宜還." 帝慚, 回車而反. 其亮直如此. 加侍中光祿大夫, 遷司徒. 景初元年薨, 謚曰貞侯.

| 국역 |

太祖(曹操)는 陳矯(진교)를 불러 司空府 掾屬에 임명했는데, 진교는(沛郡) 相縣令이 되었다가 征南將軍의 長史(徐州)와 彭城(팽성), (冀州) 樂陵 太守[113]를 역임했으며 魏郡 西部都尉가 되었다. (魏郡) 曲周縣의 백성 부친이 병이 나자, 農牛를 잡아 신령께 기도를 올렸는데 縣에서는 棄市(기시)형으로 판결이 났다. 이에 진교는 효자라며 표문을 올려 사면하였다.

진교는 魏郡太守가 되었다. 그때 갇혀 있는 죄수가 1천여 명이나 있었는데 그중에는 몇 년 간 갇혀있는 죄수도 있었다. 진교는 周에는 (大司寇가 집행하는) 三典(輕典, 中典, 重典)의 법제가 있었고 漢에서는 約法 三章이 있었는데, 지금 시대에 죄의 경중에 따른 처리가 늦어 오랫동안 갇혀있다면 이는 큰 오류라고 생각하였다. 그래서 진교는 죄수의 기록을 모두 읽어본 뒤에 한꺼번에 판결 처리하였다.

113 冀州 樂陵郡 治所는 厭次縣. 今 山東省 북부 濱州市 관할 陽信縣 동남.

대군이 東吳를 원정할 때 조정의 부름을 받아 승상부 長史가 되었다. 대군이 회군하자, 다시 위군 태수가 되었다가 西曹(서조)의 속관으로 전직했다. 조조의 漢中郡 원정을 수행했고 돌아와서는 尙書가 되었다.

원정에서 돌아오는 어가가 魏郡 鄴縣(업현)에 도달하기 전에, 太祖(魏王)가 洛陽에서 붕어했는데, 群臣들은 常規에 얽매어 太子가 즉위하려면 詔命(조명)이 꼭 있어야 한다고 말했다. 이에 진교가 말했다.

"魏王께서 원정 중에 붕어하시어 천하가 황공하고 두려워 떨고 있습니다. 太子께서는 애통을 참고 즉위하여 원근 백성의 여망에 부응하여야 합니다. 또 총애를 받던 왕자도 곁에 있는데, 혹시 변란이라도 발생한다면 사직이 위태롭습니다."

진교는 즉시 관리 업무를 분담하여 즉위 절차를 하루에 모두 처리하였다. 다음 날 아침 卞王后(변왕후)의 令에 의거 策書로 太子가 즉위케 하였고 천하에 대사면령을 내렸다. 魏王(曹丕)이 말했다.

"陳季弼(진계필, 陳矯)은 큰일을 당하여 총명과 담략이 남들보다 뛰어나니 참으로 一世의 俊傑이다."

문제가 제위에 오른 뒤에, 진교는 吏部를 대리하였고, 高陵亭侯에 봉해졌으며 尙書令이 되었다. 明帝가 즉위하자, 東鄕侯로 작위가 올랐고 식읍은 6백 호였다.

어느 날 명제가 갑자기 尙書臺에 들어오자, 진교는 무릎을 꿇고 "폐하께서는 무슨 일로 행차하셨습니까?"라고 물었다. 명제가 "상서의 문서를 보려고 한다."고 말하자, 진교가 말했다.

"이는 신하의 직무이지 폐하께서 친히 챙기실 일이 아닙니다. 만약 臣이 적임자가 아니라면 바로 퇴출시켜 주십시오. 폐하께서는 돌아가셔야 합니다."

명제는 부끄러워하며 수레를 돌려 돌아갔다. 진교의 곧은 말은 이와 같았다. 加官으로 侍中 겸 光祿大夫가 되었다가 司徒로 승진하였다. (明帝) 景初 원년(서기 237)에 죽었고, 시호는 貞侯(정후)였다.

| 原文 |

子本嗣, 歷位郡守,九卿. 所在操綱領, 擧大體, 能使群下自盡. 有統御之才, 不親小事, 不讀法律而得廷尉之稱, 優於司馬岐等, 精練文理. 遷鎭北將軍, 假節都督河北諸軍事. 薨, 子粲嗣. 本弟騫, 咸熙中爲車騎將軍.

初, 矯爲郡功曹, 使過泰山. 泰山太守東郡薛悌異之, 結爲親友. 戲謂矯曰, "以郡吏而交二千石, 鄰國君屈從陪臣游, 不亦可乎!"

悌後爲魏郡及尙書令, 皆承代矯云.

| 국역 |

아들 陳本(진본)이 계승했는데 진본은 郡守와 九卿을 역임하였다. 재임 중에는 업무의 대강을 파악하여 중요 업무를 처리했고 아랫사람들이 최선을 다하게 하였다.

진본은 통솔 재능이 있어 작은 일을 직접 처리하지 않았고, 법률을 읽지 않고서도 정위의 칭찬을 들었으며, 司馬岐(사마기) 같은 사람보다 뛰어났고 文理에 정통하였다. 鎭北將軍이 되었고 부절을 받아 河北의 모든 군사를 감독하였다.

진본이 죽자, 아들 陳粲(진찬)이 계승하였다. 진본의 동생 陳騫(진건, 字 休淵)은 (曹奐) 咸熙 연간에(서기 264 - 265) 車騎將軍이 되었다.

그전에, 陳矯가 郡의 功曹였을 때 업무상 泰山郡에 들렸었다. 泰山太守이던 東郡 사람 薛悌(설제, 字 孝威)는 진교를 특별하게 여겨서로 친우가 되었다. 설제가 농담으로 진교에게 말했다.

"郡吏(陳矯)가 二千石(太守)과 교제를 하면 이웃 군국에서 나를 지체를 낮춰 교제한다고 할 것이지만, 그 또한 좋지 않은가!"

설제는 뒷날 魏郡 太守와 尙書令을 역임하였는데 매번 진교의 후임이었다고 한다.

❺ 徐宣

| 原文 |

徐宣字寶堅, 廣陵海西人也. 避亂江東, 又辭孫策之命, 還本郡. 與陳矯並爲綱紀, 二人齊名而私好不協, 然俱見器於太守陳登, 與登並心於太祖. 海西,淮浦二縣民作亂, 都尉衛彌, 令梁習夜奔宣家, 密送免之. 太祖遣督軍扈質來討賊, 以兵少不進. 宣潛見責之, 示以形勢, 質乃進破賊. 太祖闢爲司空掾屬, 除東緡,發干令, 遷齊郡太守, 入爲門下督, 從到壽春.

會馬超作亂, 大軍西征, 太祖見官屬曰, "今當遠征, 而此方未定, 以爲後憂, 宜得清公大德以鎭統之."

乃以宣爲左護軍, 留統諸軍. 還, 爲丞相東曹掾, 出爲魏郡太守.

太祖崩洛陽, 群臣入殿中發哀. 或言可易諸城守, 用譙,沛人. 宣厲聲曰, "今者遠近一統, 人懷效節, 何必譙,沛, 而沮宿衛者心." 文帝聞曰, "所謂社稷之臣也."

帝旣踐阼, 爲御史中丞, 賜爵關內侯, 徙城門校尉, 旬月遷司隸校尉, 轉散騎常侍. 從至廣陵, 六軍乘舟, 風浪暴起, 帝船回倒. 宣病在後, 陵波而前, 群寮莫先至者. 帝壯之, 遷尙書.

| 국역 |

徐宣(서선)[114]의 字는 寶堅(보견)이며, 廣陵郡 海西縣 사람이다. 江東 지역으로 피난했다가 孫策(손책)의 관직을 사양하고 본군으로 돌아왔다. (廣陵郡 출신) 陳矯(진교)와 함께 (吏職인) 綱紀(강기)를 담당하면서 두 사람 모두 유능하다는 평을 들었는데, 취향은 서로 달랐으나 태수 陳登(진등)의 신임을 받았고, 진등과 함께 太祖를 받들었다.

114 徐宣(徐宣, ?-236年, 字 寶堅) - 廣陵 海西縣 출신. 今 江蘇省 북부 連雲港市 관할 灌南縣.

海西와 淮浦 2개 현의 백성들이 반란을 일으키자, 都尉인 衛彌(위미)와 縣令인 梁習(양습)이 밤에 서선의 집으로 피신하였는데, 서선은 이들을 몰래 숨겨주어 화를 면하게 해주었다.

조조가 督軍인 扈質(호질)을 보내 반적을 토벌케 하였는데, 호질은 군사가 부족하다고 진격하지 않았다. 서선이 몰래 호질을 만나 따지면서 형세를 설명해 주자, 호질은 진격하여 반적을 격파하였다. 조조가 서선을 불러 사공부 掾屬(연속)으로 삼았다가 東緡(동민)과 發干(발간)의 현령을 제수했고, 서선은 齊郡太守가 되었다가 조정에 들어가 門下督이 되었으며, 조조를 수행하여 壽春縣에 도착하였다.

그때, 馬超(마초)가 반란을 일으키자 大軍은 서쪽으로 출정하면서 조조는 속관을 불러 말했다.

"지금 원정을 떠나야 하는데, 이곳이 평정되지 않아 나중에 걱정거리가 될 수 있으니 필히 청렴 공정하며 仁德 있는 사람을 골라 이곳을 진압케 해야 한다."

그러면서 서선을 左護軍으로 삼아 남은 군사를 지휘케 하였다. 조조가 마초 원정을 마치고 돌아오자, 서선은 승상부 東曹掾이 되었다가 魏郡太守로 나갔다.

魏王이 낙양에서 붕어하자, 모든 신하가 大殿에서 조문하였다. 그중 어떤 사람이 지방의 태수를 모두 譙縣(초현)이나 沛郡(패군) 출신으로 교체해야 한다고 말했다. 이에 서선이 큰 소리로 질책하였다.

"지금 원근의 모두가 한마음 되어 사람마다 충절을 바치고 있거늘, 하필 譙縣과 沛郡을 말하여 각 지역 守將의 사기를 저해하는가?"

曹조가 듣고서는 "이런 사람이 社稷之臣이다."라고 말했다.

文帝가 제위에 오른 뒤, 서선은 御史中丞(어사중승)이 되었고 關內侯의 작위를 하사받았으며, 城門校尉로 전근했다가 한 달 만에 司隸校尉로 승진하였고 散騎常侍로 전직하였다.

文帝를 수행하여 廣陵郡에 출정했는데, 六軍이 승선했을 때 갑자기 풍랑이 크게 일어났고 황제의 배가 기울었다. 그때 서선은 병중이라 뒤쪽에 있었지만, 파도를 헤치며 황제의 배에 제일 먼저 도착하였다. 文帝는 서선을 장하게 여겼고, 서선은 尙書로 승진했다.

| 原文 |

明帝卽位, 封津陽亭侯, 邑二百戶. 中領軍桓範薦宣曰, 「臣聞帝王用人, 度世授才. 爭奪之時, 以策略爲先, 分定之後, 以忠義爲首. 故晉文行舅犯之計而賞雍季之言, 高祖用陳平之智而託後於周勃也. 竊見尙書徐宣, 體忠厚之行, 秉直亮之性, 淸雅特立, 不拘世俗, 確然難動, 有社稷之節, 歷位州郡, 所在稱職. 今僕射缺, 宣行掌後事, 腹心任重, 莫宜宣者.」

帝遂以宣爲左僕射, 後加侍中光祿大夫. 車駕幸許昌, 總統留事. 帝還, 主者奏呈文書.

詔曰, 「吾省與僕射何異?」 竟不視. 尙方令坐猥見考竟, 宣上疏陳威刑大過, 又諫作宮殿窮盡民力, 帝皆手詔嘉納. 宣曰, "七十有縣車之禮, 今已六十八, 可以去矣." 乃固辭疾遜位, 帝終不許. 靑龍四年薨, 遺令布衣疏巾, 斂以時服. 詔曰, 「宣體履至實, 直內方外, 歷在三朝, 公亮正色, 有託孤寄命之節, 可謂柱石臣也. 常欲倚以台輔, 未及登之, 惜乎大命不永! 其追贈車騎將軍, 葬如公禮.」

諡曰貞侯. 子欽嗣.

| 국역 |

明帝가 즉위한 뒤 徐宣(서선)은 津陽亭侯에 봉해졌고, 식읍은 2백 호였다. 中領軍인 桓範(환범)[115]이 서선을 천거하였다.

「臣이 알기로, 제왕은 用人하면서 세상을 보아가며 인재를 등용한다고 하였습니다. 서로 쟁탈할 때에는 책략을 우선하고, 안정 시기에는 忠義를 제일로 여깁니다. 그래서 晉 文公은 舅犯(구범)의 계책에 따라 雍季(옹계)의 건의를 칭찬하였고, 漢 高祖는 陳平(진평)의 건의를 받아들여 周勃(주발)에게 후사를 부탁하였습니다. 臣이 볼 때 尙書인 徐宣은 忠厚한 품행을 갖추고 정직한 성격의 소유자이며, 특출하게 淸淨高雅하면서도 세속에 구애받지 않고 견고한 의지로 사직을 지키는 지조가 있으며, 지방관으로 재직 중에도 칭송이 높았습니다. 지금 僕射(복야)[116]가 결원인데, 서선이 업무를 담당한다면 서선보다 더 나은 사람이 없을 것입니다.」

115 桓範(환범, ?-249年, 字 元則)은 曹魏의 大司農을 역임했는데, 별칭이 '智囊(지낭)' 이었다.

116 僕射(복야) - 尙書僕射(상서복야), 尙書臺에서 尙書令과 함께 군국기무에 관한 황제의 명을 출납하였다. 후한에서는 少府 소속으로 낮은 관직이었지만 실권이 막강했다. 曹魏에서는 左, 右僕射를 두었다.

명제는 이에 서선을 左僕射에 임명하였고 뒷날 가관으로 侍中 겸 光祿大夫(광록대부)가 되었다. 황제가 許昌에 행차할 때마다 洛陽에 남아 업무를 총괄하였다 황제가 돌아오면 담당자는 문서 결재를 상신하였다.

황제는 「내가 보아 복야와 무엇이 다르겠는가?」 하면서 끝내 읽지 않았다. (궁중용 물건을 제조하는) 尙方令이 물건을 함부로 제조했다 하여 고문을 받아 죽자, 서선은 형벌이 너무 지나치다고 상소하였으며, 궁궐 건축에 백성 노동력 징발이 지나치다고 간언을 올렸는데, 황제는 모두 받아들이며 직접 조서로 답하였다.

서선은 "70세에 은퇴하면 縣車(현거)[117]의 예를 행하는데, 지금 68세이니 은퇴할 수 있습니다." 하면서 사직하고 병으로 지위를 사임하려 했지만 명제는 끝내 허락하지 않았다.

(明帝) 青龍 4년(서기 236)에 죽었는데, 布衣에 疏巾(소건)과 평상복으로 염하라고 유언하였다. 이에 조서를 내렸다.

「徐宣(서선)은 매우 업무처리에 성실했고 정직하며 바른 행실로 三朝에 걸쳐 재직하는 동안 공정 엄숙하여 후사를 부탁할만한 지조를 지켰고 柱石과 같은 대신이었다. 짐은 늘 승상의 직무를 맡기려 생각했지만 승상에 오르지 못하였으니 그 수명이 길지 못한 것이 한스럽도다! 車騎將軍을 추증하고 三公의 예로 장례토록 하라.」

시호는 貞侯(정후)였다. 아들 徐欽(서흠)이 계승했다.

117 縣車(현거) – 縣은 懸(매달 현)과 通. 조정 大官을 역임하고 귀향한 元老의 수레를 郡縣에서 높이 거치하여 그 공덕을 칭송하는 禮.

❻ 衛臻

| 原文 |

衛臻字公振, 陳留襄邑人也. 父茲, 有大節, 不應三公之辟. 太祖之初至陳留, 茲曰, "平天下者, 必此人也." 太祖亦異之, 數詣茲議大事. 從討董卓, 戰於滎陽而卒. 太祖每涉郡境, 輒遣使祠焉.

夏侯惇爲陳留太守, 擧臻計吏, 命婦出宴, 臻以爲 "末世之俗, 非禮之正." 惇怒, 執臻, 旣而赦之. 後爲漢黃門侍郎.

東郡朱越謀反, 引臻. 太祖令曰, "孤與卿君同共擧事, 加欽令問. 始聞越言, 固自不信. 及得荀令君書, 具亮忠誠."

會奉詔命, 聘貴人於魏, 因表留臻參丞相軍事. 追錄臻父舊勳, 賜爵關內侯, 轉爲戶曹掾.

文帝卽王位, 爲散騎常侍. 及踐阼, 封安國亭侯. 時群臣並頌魏德, 多抑損前朝. 臻獨明禪授之義, 稱揚漢美. 帝數目臻曰, "天下之珍, 當與山陽共之."

遷尙書, 轉侍中吏部尙書. 帝幸廣陵, 行中領軍, 從. 征軍大將軍曹休表得降賊辭, "孫權已在濡須口." 臻曰, "權恃長江, 未敢抗衡, 此必畏怖僞辭耳."

考核降者, 果守將詐所作也.

| 국역 |

衛臻(위진)[118]의 字는 公振(공진)으로, 陳留郡 襄邑(양읍) 사람이다. 부친 衛茲(위자, 字 子許)는 大節을 지켜 三公府의 부름에도 응하지 않았다. 조조가 처음 陳留郡에 왔을 때, 위자는 조조를 보고서는 "平天下할 사람은 틀림없이 이 사람이다."라고 말했다. 조조 역시 위자를 특별히 생각하며 여러 번 위자와 대사를 논의하였다. 위자는 조조를 따라 동탁을 토벌하다가 滎陽(형양)[119] 싸움에서 전사하였다. 조조는 진류군을 지날 때마다, 사람을 보내 제사를 지냈다.

夏侯惇(하후돈)이 陳留郡 太守였을 때, 위진을 計吏에 임명하였는데, 하후돈 부인을 연회에 참석케 하자, 위진은 "末世의 풍속이며 바른 예법이 아닙니다."라고 말했다. 하후돈은 화를 내며 위진을 가두었다가 얼마 뒤에 풀어주었다. 위진은 뒷날 漢의 黃門侍郞이 되었다.

東郡의 朱越(주월)이 모반했는데 주월은 위진까지 끌어들였다. 이에 조조가 말했다.

"나는 위진의 부친과 함께 거사하였고 거기다가 위진의 좋은 평판을 듣고 있었다. 처음 주월의 말을 듣고서는 나는 믿을 수가 없었다. 그러다가 荀令君(순령군)의 서신을 받고서 위진의 충성을 확실하게 알았다."

마침 위진은 魏郡에서 귀인을 초빙하라는 헌제의 조명을 받고 위

....

118 衛臻(위진, 생졸년 미상, 字 公振) - 陳留郡 襄邑 사람. 司徒 역임. 兗州刺史部(연주자사부)의 陳留郡 治所는 陳留縣, 今 河南省 동부의 開封市. 襄邑은 河南省 동부 商丘市 관할 睢縣(수현).

119 滎陽(형양)은 河南尹(郡)의 현명. 옛 漢 高祖와 項羽의 격전지. 교통과 군사의 요지. 今 河南省 중부 鄭州市 관할 滎陽市.

군에 도착했는데, 조조는 위진을 만류하여 승상부의 참군으로 업무를 담당케 하였다. 그러면서 위진 선친의 옛 공적을 追錄(추록)하여 위진에게 관내후를 하사하였다. 위진을 戶曹掾(호조연)으로 전직시켰다.

조비가 왕위에 오르자, 위진은 散騎常侍가 되었다. 문제가 제위에 오르자 위진은 安國亭侯가 되었다. 그때 모든 신하가 魏德을 칭송하고 前朝(後漢)를 깎아내렸다. 그러나 위진 혼자만은 禪讓(선양)의 미덕을 밝히며 漢을 찬양하였다. 文帝도 여러 번 위진을 거명하며 "天下의 좋은 것이라면, 응당 山陽公(獻帝, 劉協)과 함께 享受(향수)하겠다."라고 말했다. 위진은 尙書로 승진했다가 侍中 겸 吏部尙書가 되었다.

문제가 廣陵郡에 행차할 때, 위진은 中領軍 대행으로 隨從(수종)하였다. 征軍大將軍인 曹休(조휴)가 적이 투항하겠다는 항서를 받았으며 "孫權이 지금 濡須口(유수구)에 왔습니다."라고 표문을 올리려 했다. 이에 위진이 말했다.

"손권은 長江의 험한 지형을 믿고 있어 결코 항복하지 않을 것이며, 이는 필히 겁먹은 장수의 거짓 글일 것입니다."

이에 투항자를 심문하자, 吳 장수의 거짓임이 밝혀졌다.

| 原文 |

明帝卽位, 進封康鄕侯, 後轉爲右僕射, 典選擧, 如前加侍中.

中護軍蔣濟遺臻書曰,「漢祖遇亡虜爲上將, 周武拔漁父爲太師, 布衣廝養, 可登王公, 何必守文, 試而後用?」臻答曰,「古人遺智慧而任度量, 須考績而加黜陟. 今子同牧野於成, 康, 喩斷蛇於文,景, 好不經之擧, 開拔奇之津, 將使天下馳騁而起矣.」

諸葛亮寇天水, 臻奏「宜遣奇兵入散關, 絶其糧道.」乃以臻爲征蜀將軍, 假節督諸軍事, 到長安, 亮退. 還, 復職, 加光祿大夫. 是時, 帝方隆意於殿舍, 臻數切諫. 及殿中監擅收蘭台令史, 臻奏案之.

詔曰, "殿舍不成, 吾所留心, 卿推之何?"

臻上疏曰,「古制侵官之法, 非惡其勤事也, 誠以所益者小, 所墮者大也. 臣每察校事, 類皆如此, 懼群司將遂越職, 以至陵遲矣.」

亮又出斜谷, 征南上, "朱然等軍已過荊城." 臻曰, "然, 吳之驍將, 必下從權, 且爲勢以綴征南耳."

權果召然入居巢, 進攻合肥. 帝欲自東征, 臻曰,

"權外示應亮, 內實觀望. 且合肥城固, 不足爲慮. 車駕可無親征, 以省六軍之費."

帝到尋陽而權竟退.

| 국역 |

明帝가 즉위하자, 衛臻(위진)은 작위가 올라 康鄕侯가 되었고 나중에 右僕射가 되어 인재 임용을 주관하였고, 侍中의 가관은 이전과 같았다.

中護軍인 蔣濟(장제)[120]가 위진에게 서신을 보내 말했다.

「漢 高祖는 도망친 敵將(淮陰侯 韓信)을 上將에 임명하였고, 周 武王은 漁父(姜太公, 姜尙)를 데려다가 太師에 임용했으니, 이처럼 평민도 王公의 자리에 오를 수 있거늘 하필 학문을 쌓아 시험한 뒤에야 등용해야 합니까?」

이에 위진이 답신을 보냈다.

「古人은 재주보다는 도량을 헤아려 임용했고 (임용된 뒤에는) 그 치적을 살펴 승진 또는 파직시켰습니다. 지금 당신은 周 武王이 牧野(목야)에서 싸울 때와 周 成王, 康王의 태평성대를 함께 비교하니, 이는 漢 高祖가 白蛇(백사)을 죽이고 거병할 때와 漢 文帝 景帝 때를 비교하는 것과 같습니다. 평상시에 특별한 시대의 행실에 의거 奇才를 등용한다면 앞으로 모두가 공명만을 다툴 것입니다.」

諸葛亮(제갈량)이 天水郡에 침입하자, 위진은 "기습할 군사를 散關(산관)[121]을 점령케 한 뒤에 적의 糧道(양도)를 끊어야 합니다."라고 상주하였다. 이에 위진을 征蜀將軍으로 삼아 부절을 주어 군사

---

120 蔣濟(장제, ?-249年, 字 子通) - 楚國 平阿人. 曹魏의 正始 3년(서기 242)에 태위가 되었다. 《魏書》 14권, 〈程郭董劉蔣劉傳〉에 立傳.

121 散關(산관)은 關中 땅 서쪽의 관문. 일명 大散關, 今 陝西省 서남 寶雞市 서남 17km, 大散嶺에 위치. 漢中郡으로 통하는 陳倉古道의 출발점.

를 감독케 했는데, 위진이 長安에 도착하자 제갈량은 철수하였다. 위진은 낙양으로 돌아와 복직했고 加官을 받아 光祿大夫가 되었다.

이때 명제는 궁궐 건축에 열중이었는데, 위진은 여러 번 간절한 간언을 올렸다. 殿中監이 멋대로 蘭台令史를 잡아가두자, 위진은 상주하여 전중감의 죄과를 따졌다.

이에 황제는 "궁궐 공사가 완공되지 않아 짐은 걱정하거늘, 경은 무엇을 하려는가?"라고 물었다. 이에 위진이 상소하였다.

「古制에 직권을 침해할 수 없다는 법은 열심히 일하는 것을 막으려는 법이 아니며, 침해하는 정도가 작다 하여도 그 폐해는 심각한 것입니다. 臣이 업무를 비교할 때마다 대개 그런 것을 알 수 있었으니, 앞으로 여러 부서에게 직권을 침해하기 시작하면 거의 국사가 마비될 것입니다.」

제갈량이 다시 斜谷(사곡)에 출정했는데, 征南將軍의 "(吳의) 朱然(주연)[122] 등이 거느린 군사가 이미 형주성을 지났습니다."라는 보고가 들어왔다. 이에 위진이 말했다.

"주연은 吳의 용장이기에 틀림없이 손권의 명을 받아 출동했을 것이지만, 이는 우리의 정남장군을 견제하려는 뜻일 것입니다."

손권은 예상대로 주연을 불러들여 居巢(거소)[123]에 입성케 한 뒤에 合肥(합비)를 공격하였다. 명제가 직접 동쪽을 원정하려 하자, 위진이 말했다.

"손권은 겉으로 제갈량에게 호응하는 척하면서 실제로는 관망하

122 朱然(주연) – (吳書) 11권, 〈朱治朱然呂範朱桓傳〉에 입전.

123 廬江郡 居巢縣(거소현) – 今 安徽省 중동부 巢湖市(소호시).

고 있습니다. 또 합비성이 견고하기에 걱정하지 않으셔도 됩니다. 따라서 폐하께서 친히 원정할 필요가 없으니 六軍의 출동 비용을 절약해야 합니다."

명제가 尋陽縣(심양현)[124]까지 행차하자, 손권은 그냥 퇴각하였다.

| 原文 |

幽州刺史毌丘儉上疏曰,「陛下卽位已來, 未有可書. 吳,蜀恃險, 未可卒平, 聊可以此方無用之士克定遼東.」

臻曰, "儉所陳皆戰國細術, 非王者之事也. 吳頻歲稱兵, 寇亂邊境, 而猶案甲養士, 未果尋致討者, 誠以百姓疲勞故也. 且淵生長海表, 相承三世, 外撫戎夷, 內脩戰射, 而儉欲以偏軍長驅, 朝至夕卷, 知其妄矣."

儉行軍遂不利.

| 국역 |

幽州刺史 毌丘儉(관구검)이 상소하였다.

「폐하께서 즉위 이래로, 기록으로 남길 업적이 없습니다. 吳와 蜀은 험지에 박혀있어 갑자기 평정할 수도 없으니, 오로지 이곳 북방의 無用한 군사는 (관구검 자칭) 遼東郡을 평정하겠습니다.」

124 廬江郡 尋陽縣(심양현) – 今 湖北省 黃岡市 관할 長江 북안 黃梅縣. 湖北, 安徽, 江西 三省의 交界.

이에 衛臻(위진)이 말했다.

"관구검의 말은 전국시대에나 통할 미미한 일이며 왕자가 택할 일은 아닙니다. 東吳는 해마다 用兵하여 우리 변경을 노략질하지만 우리는 계책을 세워 군사를 양성하나 토벌하지 못하여 백성들만 지치고 힘들어 합니다. 그리고 요동의 公孫淵(공손연)은 본래 바다 건너에서 낳고 자라면서 3대에 걸쳐 밖으로는 이민족을 아우르고 안으로 전술과 弓射를 훈련하였는데, 관구검은 한 부대를 이끌고 멀리까지 진격하여 아침이나 저녁에 정벌할 수 있다고 생각하니, 그가 허황되다는 것을 알 수 있습니다."

관구검이 요동을 정벌했지만 결과적으로 아무 소득이 없었다.

| 原文 |

臻遷爲司空, 徙司徒. 正始中, 進爵長垣侯, 邑千戶, 封一子列侯.

初, 太祖久不立太子, 而方奇貴臨菑侯. 丁儀等爲之羽翼, 勸臻自結, 臻以大義拒之. 及文帝卽位, 東海王霖有寵, 帝問臻, "平原侯何如?" 臻稱明德美而終不言. 曹爽輔政, 使夏侯玄宣指, 欲引臻入守尙書令, 及爲弟求婚, 皆不許. 固乞遜位.

詔曰,「昔干木偃息, 義壓强秦, 留侯頤神, 不忘楚事. 讜言嘉謀, 望不吝焉.」

賜宅一區, 位特進, 秩如三司. 薨, 追贈太尉, 諡曰敬侯. 子烈嗣, 咸熙中爲光祿勳.

| 국역 |

衛臻(위진)은 司空으로 승진했다가 이어 司徒(사도)가 되었다. (齊王 曹芳의) 正始 연간에, 작위가 올라 長垣侯(장원후)가 되었고 식읍은 1천 호였으며, 아들 한 명은 列侯[125] 되었다.

그전에, 太祖(魏王)는 오랫동안 太子를 책립하지 않았고, 한때는 특별히 臨菑侯(임치후, 曹植)을 총애하였다. 丁儀(정의) 등은 임치후의 羽翼(우익)이 되어 위진과도 결탁하려 했지만 위진은 大義에 의거 거절하였다.

文帝가 즉위한 뒤에 東海王 曹霖(조림)[126]을 총애하면서 문제가 위진에게 "平原侯(曹植)에 비해 어떠하냐?" 고 물었다. 위진은 조림의 미덕을 칭송하였지만 끝내 다른 말은 하지 않았다. 曹爽(조상)이 정사를 보필할 때, 夏侯玄(하후현)을 시켜 조상의 뜻을 전달하며 위진을 입조케 하여 尙書令 대행으로 임명하면서, 또 조상 동생의 혼처를 정하려 했지만 위진은 모두 수락하지 않았다. 위진은 다만 자신의 사직만을 바랬다.

125 列侯 – 後漢의 경우 王은 劉氏뿐이다. 왕은 郡 단위의 封地를 받는다. 列侯는 縣侯, 都鄕侯, 鄕侯, 都亭侯, 亭侯의 3(5)등급이 있었는데 모두 食邑을 받았다. 縣侯는 縣에 立國할 수 있으나(國으로 호칭) 鄕侯와 亭侯는 立國하지 못하고 家臣을 거느릴 수는 있었다. 曹魏에서는 후한의 제도를 답습하였다.

126 東海 定王 曹霖(조림)은 文帝(曹丕)와 仇昭儀의 아들. 조림은 천성이 거칠고 포악하여 閨門(규문) 안에 婢妾(비첩) 사이에서 죽고 다친 자가 많았다. (明帝) 太和 6년, 東海王이 되었다. 조림의 아들 중 高貴鄕公 曹髦(조모)가 齊王 曹芳(조방)의 뒤를 이어 제위에 올라, 서기 254 – 60년 까지 재위하였다. 高貴鄕公으로 통칭한다. 文侯의 사부.

이에 조서를 내려 말했다.

「옛날 段干木(단간목)[127]은 은거하였지만 그의 大義는 강한 秦을 이겼으며, 留侯(유후, 張良)는 병으로 요양하면서도 楚와의 전쟁을 잊지 않았다. 경의 정직과 언론과 훌륭한 책모를 결코 아끼지 않기를 바라노라.」

위진에게 저택을 한 채 하사하였고 지위는 특진이었으며, 질록은 三司(三公)와 같았다. 위진이 죽자 太尉를 추증하였고, 시호는 敬侯(경후)였다. 아들 衛烈(위렬)이 계승했는데 (曹奐의) 咸熙 연간(서기 264－265년)에 光祿勳이 되었다.

❼ 盧毓

| 原文 |

盧毓字子家, 涿郡涿人也. 父植, 有名於世. 毓十歲而孤, 遇本州亂, 二兄死難. 當袁紹,公孫瓚交兵, 幽冀饑荒, 養寡嫂孤兄子, 以學行見稱. 文帝爲五官將, 召毓署門下賊曹. 崔琰擧爲冀州主簿.

時天下草創, 多逋逃, 故重士亡法, 罪及妻子. 亡士妻白等, 始適夫家數日, 未與夫相見, 大理奏棄市. 毓駁之曰, "夫女子

127 段干木(단간목, 생졸 시기 미상) － 戰國 시대 초기 子夏에게 求學하여 나중에 魏 文侯의 사부.

之情, 以接見而恩生, 成婦而義重. 故《詩》云 '未見君子, 我心傷悲, 亦旣見止, 我心則夷'. 又《禮》'未廟見之婦而死, 歸葬女氏之黨, 以未成婦也'. 今白等生有未見之悲, 死有非婦之痛, 而吏議欲肆之大辟, 則若同牢合巹之後, 罪何所加? 且《記》曰 '附從輕', 言附人之罪, 以輕者爲比也. 又《書》云 '與其殺不辜, 寧失不經', 恐過重也. 苟以白等皆受禮聘, 已入門庭, 刑之爲可, 殺之爲重."

太祖曰, "毓執之是也. 又引經典有意, 使孤嘆息." 由是爲丞相法曹議令史, 轉西曹議令史.

| 국역 |

盧毓(노육)[128]의 字는 子家(자가)로, 涿郡(탁군) 涿縣(탁현) 사람이다. 부친인 盧植(노식)은 당시 유명하였다. 노육은 10세에 부친을 잃고 고향에서 난리를 겪으면서 두 형도 죽었다. 당시 袁紹(원소)와 公孫瓚(공손찬)이 교전 중이었고, 幽州와 冀州 일대에 흉년이 들었는데, 노육은 과부가 된 형수와 조카들을 양육하면서도 學行으로 칭송을 들었다.

文帝(曹丕)가 五官中郎將일 때, 노육을 불러 門下賊曹에 임명하

128 盧毓(노육, 183-257년, 字 子家) - 毓은 기를 육(育 通). 涿郡 涿縣(今 河北省 保定市 관할 涿州市, 북경시 서남 연접). 盧植의 4子로 막내. 盧植(?-192년, 字 子幹)은 鄭玄(정현)과 함께 馬融(마융)에게 배워 古今의 學門에 박통한 大儒이며 政治家, 장군이었다. 董卓이 廢帝(弘農王)를 논의할 때 유일하게 노식이 동탁이 바른 말로 맞섰다. 華北의 유명한 將軍인 公孫瓚과 뒷날 蜀漢 昭烈帝 劉備(유비)도 盧植의 門下弟子였다.

였다. 다시 崔琰(최염)[129]의 천거로 冀州牧의 主簿(주부)가 되었다.

그 당시 魏國이 처음 건국된 무렵이라 도망치는 사졸이 많았기에 士亡法(사망법)을 엄격하게 시행하였고 그 처자식까지 연루 처벌하였다. 도망친 사졸의 아내인 白氏(백씨) 등은 시집간 지 며칠 안 되어 남편의 얼굴도 못 보았는데, 大理(法官)는 棄市(기시)형에 해당한다고 상주하였다. 이에 노육이 대리의 판결을 반박하였다.

"부녀자의 情이란 서로 맞보고 살아야 부부의 은애도 생기고 情誼(정의)가 중한 것입니다. 그래서 《詩》에서도[130] '님을 뵐 수 없으니 내 마음 슬프네, 만나고 뵐 수 있다면 내 마음 편하리라.' 고 노래했습니다. 또 《禮記》에서도 '家廟에 뵙지 않은 며느리가 죽으면 여자 친정에 보내 장례하나니 며느리가 아닌 것으로 간주한다.' 고 하였습니다. 지금 白氏 등은 남편 얼굴도 보지 못한 슬픔에다가 죽어서는 며느리도 아닌 아픔만 남았으며, 법관이 이런 부녀자에게 사형 판결을 내렸는데, 만약 부부로 같이 살다가 도망친 사졸의 아내에게는 어떤 형벌을 더할 수 있겠습니까? 그리고 《禮記》에도 '형벌은 가벼운 조항을 따른다.' 고 하였으니, 백성의 죄에서 가벼운 조항이란 바로 이런 것입니다. 또 《尙書》에서도[131] '무고한 백성을 죽이느니 차라리 법규를 따르지 않았다는 죄를 받겠다.' 고 하였으니, 이번 판결은 너무 무겁습니다. 만약 백씨 등이 모두 혼인의 예를 다 마치

129 崔琰(최염, 160 年代?-16년, 字 季珪) - 琰은 옥을 갈 염. 清河郡 東武城縣, 今 山東省 북부 德州市 武城縣, (河北省과 접경) 사람. 司空 崔林의 堂兄, 풍채가 훌륭했다. 처음에는 원소를 섬기다가 조조를 섬겼다. 본서 《魏書》 12권 〈崔毛徐何邢鮑司馬傳〉에 입전.

130 《詩經 召南 草蟲》의 구절.

131 《尙書 虞書 大禹謨》의 구절.

고 남편의 집에서 생활하였다면 처벌을 할 수 있지만, 그래도 사형은 과중합니다."

조조는 "노육의 주장이 옳다. 또 경전을 인용하여 설명하니 깊은 뜻이 있어 나는 놀랄 뿐이다."라고 말했다. 이에 노육은 丞相府의 法曹議令史가 되었다가 나중에 西曹議令史가 되었다.

| 原文 |

魏國既建, 爲吏部郎. 文帝踐阼, 徙黃門侍郎, 出爲濟陰相, 梁,譙二郡太守. 帝以譙舊鄕, 故大徙民充之, 以爲屯田. 而譙土地墝瘠, 百姓窮困, 毓愍之, 上表徙民於梁國就沃衍, 失帝意. 雖聽毓所表, 心猶恨之, 遂左遷毓, 使將徙民爲睢陽典農校尉. 毓心在利民, 躬自臨視, 擇居美田, 百姓賴之. 遷安平, 廣平太守, 所在有惠化.

| 국역 |

魏國이 건국된 뒤 盧毓(노육)은 吏部 郎官이 되었다. 文帝가 제위에 오른 뒤, 黃門侍郎으로 자리를 옮겼다가 지방관으로 나가 濟陰國 相이 되었으며 梁郡과 譙郡(초군)의 太守를 역임했다. 문제는 초군이 본 고향이기에 많은 백성을 초군에 이주시켜 屯田을 일으켰다. 그러나 초군의 토지가 척박하여 백성이 곤궁하자, 노육은 이를 가엽게 여기 표문을 올려 梁國의 비옥한 땅으로 이주시켰는데, 이 때문에 문제의 마음에 들지 못했다.

문제는 노육의 표문을 수락했지만, 마음으로 미워하여 노육을 좌천시켜 이주한 백성을 거느리고 睢陽縣(수양현)의 典農校尉로 내보냈다. 노육은 백성을 이롭게 하려고 백성을 직접 돌보며 좋은 땅을 골라 거처케 하자, 백성은 노육을 신뢰하였다. 노육은 安平, 廣平郡의 太守를 역임하면서 임지에서 백성에게 혜택을 주고 교화하였다.

原文

青龍二年, 入爲侍中. 先是, 散騎常侍劉劭受詔定律, 未就. 毓上論古今科律之意, 以爲法宜一正, 不宜有兩端, 使奸吏得容情.

及侍中高堂隆數以宮室事切諫, 帝不悅, 毓進曰, “臣聞君明則臣直, 古之聖王恐不聞其過, 故有敢諫之鼓. 近臣盡規, 此乃臣等所以不及隆. 隆諸生, 名爲狂直, 陛下宜容之.”

在職三年, 多所駁爭. 詔曰, 「官人秩才, 聖帝所難, 必須良佐, 進可替否. 侍中毓稟性貞固, 心平體正, 可謂明試有功, 不懈於位者也. 其以毓爲吏部尙書.」

使毓自選代, 曰, “得如卿者乃可.” 毓擧常侍鄭沖, 帝曰, “文和, 吾自知之, 更擧吾所未聞者.” 乃擧阮武,孫邕, 帝於是用邕.

| 국역 |

(明帝) 靑龍 2년, 노육은 조정에 들어가 侍中이 되었다. 이에 앞서 散騎常侍인 劉劭(유소)가 명을 받아 형법 제정에 착수했지만 완성하지는 못했다. 노육은 古今 刑律의 뜻을 논술하며 법은 일관성이 있어야 하며 2가지 해석과 적용이 될 수 있으면 간악한 관리들의 私情이 수용될 수 있다고 상서하였다.

그때 侍中인 高堂隆(고당륭)[132]은 궁궐 공사에 관하여 여러 번 간절한 간언을 올려 명제가 좋아하지 않자, 노육이 말했다.

"臣이 알기로, 主君이 명철하면 신하가 강직하기에, 고대의 聖王은 자신의 과오를 신하를 통해 듣지 못할까 걱정하여 간언을 직소할 수 있는 북을 설치하기도 했습니다. 主君의 近臣이라면 간언을 올려야 하는데, 바로 이런 점에서 臣은 고당륭만 못하며, 고당륭 등 유생의 좀 지나친 직언을 폐하께서는 그대로 수용하셔야 합니다."

노육은 시중으로 3년 재직하며 많은 논쟁과 직언을 올렸다. 이에 조서를 내려 말했다.

「관직을 수여하는 일은 聖帝라도 어려운 일이지만, 필히 좋은 보좌를 받으면 유능자를 올리고 무능한 자를 내칠 수 있다. 侍中 盧毓(노육)의 품성은 바르고 견고하며 공평한 마음에 바른 행실이라서 관리의 능력을 바르게 판정하며 자기 직분을 게을리하지 않았다. 이에 노육을 吏部尙書 임명을 상신토록 하라.」

명제는 노육에게 관리 임명을 대행케 하면서 말했다. "경과 같은

---

132 高堂隆(고당륭, ?-237년, 字 昇平) – 泰山郡 東平陽縣 출신, 前漢 경학자 高堂生의 후손. 《魏書》 25권, 〈辛毗楊阜高堂隆傳〉에 입전.

사람을 얻을 수 있으면 좋을 것이다."

노육이 常侍인 鄭沖(정충)을 천거하자, 명제가 말했다.

"文和(鄭沖)는 짐도 알고 있는 사람이니, 내가 알지 못하는 사람을 다시 천거토록 하라."

노육이 阮武(완무)와 孫邕(손옹)을 천거하자, 명제는 손옹을 등용하였다.

‖原文‖

前此諸葛誕,鄧颺等馳名譽, 有四聰八達之誚, 帝疾之. 時擧中書郎, 詔曰,「得其人與否, 在盧生耳. 選擧莫取有名, 名如畫地作餠, 不可啖也.」

毓對曰, "名不足以致異人, 而可以得常士. 常士畏教慕善, 然後有名, 非所當疾也. 愚臣旣不足以識異人, 又主者正以循名案常爲職, 但當有以驗其後. 故古者敷奏以言, 明試以功. 今考績之法廢, 而以毁譽相進退, 故眞僞渾雜, 虛實相蒙."

帝納其言, 卽詔作考課法. 會司徒缺, 毓擧處士管寧, 帝不能用. 更問其次, 毓對曰, "敦篤至行, 則太中大夫韓曁, 亮直清方, 則司隸校尉崔林, 貞固純粹, 則太常常林." 帝乃用曁.

毓於人及選擧, 先擧性行, 而後言才. 黃門李豐嘗以問毓, 毓曰, "才所以爲善也, 故大才成大善, 小才成小善. 今稱之有才而不能爲善, 是才不中器也." 豐等服其言.

| 국역 |

이보다 앞서 諸葛誕(제갈탄), 鄧颺(등양) 등이 이름을 날렸고, 四聰(사총)이니 八達(팔달) 같은 품평이 성행하였는데, 명제는 그런 평론을 싫어하였다. 그때 中書郞을 천거케 하며 명제가 조서를 내렸다.

「적임자 여부는 바로 노육과 같으면 된다. 인재를 등용하면서 명성 여부는 중요하지 않나니 명성이란 땅 위에 그린 떡(畫地作餠)과 같아 먹을 수 없다.」

이에 노육이 답변하였다.

"특별한 인재를 찾는데 명성이 없다면 그것은 보통 사람과 같을 것입니다. 보통 인재가 명령을 잘 따르고 선행을 추모하게 되면 명성을 얻을 수 있으니, 명성을 나쁘게만 볼 수 없을 것입니다. 臣은 우매하여 특이한 인재를 알아보지 못하며, 또 인재 선발을 주관하는 사람은 평판에 따라 그 직무 성과를 살펴보기에 응당 재직 이후를 검증할 뿐입니다. 그래서 고대에도 상주한 내용을 살펴보고 그 성과를 고려했습니다. 지금은 근무 평정을 하는 규정도 폐지되었기에 비방과 칭송을 듣는 자나, 앞서가거나 뒤진 자가 함께 뒤섞이고 참된 인재와 거짓 인재, 허위와 진실이 서로 혼재합니다."

명제는 노육의 진언을 받아들여 노육에게 관리의 考課에 관한 규정을 만들게 하였다.

그때 司徒(사도)의 자리가 공석이라서 노육은 管寧(관녕)[133]을 천

133 管寧(관녕, 158-241년, 字 幼安) - 春秋 시대 齊國 名相 管仲(관중)의 후손. 당시 사람들이 華歆(화흠), 管寧, 그리고 邴原(병원)을 '一龍' 에 비유했는데 화흠은 龍頭, 병원은 龍腹, 관녕을 龍尾라 했다. 《世說新語, 德行》의 기록에 의하면, 管寧과 화흠이 함께 밭일을 하다가 황금 덩어리를 캐냈는데 관녕은 황

거하였지만 등용할 수 없었다.. (明帝가) 그 다음 인재를 묻자, 노육이 말했다.

"敦篤(돈독)하고 행실이 바르기로는 太中大夫 韓暨(한기)가 있고, 장직하고 청렴 방정한 司隸校尉인 崔林(최림), 그리고 곧고 순수하기로는 太常인 常林(상림)이 있습니다."

명제는 이에 한기를 발탁하였다.

노육은 인재 선발에서 먼저 그 사람의 품성과 언행을 말하고 나중에 그의 재능을 언급하였다. 黃門인 李豐(이풍)이 노육에게 왜 그러하는가를 묻자, 노육이 대답하였다.

"재능은 善을 실천하는 능력이기에 재주가 뛰어나다면 큰 선행을 실천하고 재능이 적으면 선행도 작을 것입니다. 지금 재능이 우수하다고 칭송을 듣지만 선행이 없는 것은 그 재능이 국량에 미치지 못하기 때문입니다."

이풍 등은 그 말에 감복하였다.

| 原文 |

齊王卽位, 賜爵關內侯. 時曹爽秉權, 將樹其黨, 徙毓僕射, 以侍中何晏代毓. 頃之, 出毓爲廷尉, 司隸畢軌又枉奏免官,

금을 돌멩이처럼 던져 버렸으나, 화흠은 한참을 만지작거리다가 땅에 묻었다. 화흠과 관녕이 한 방에서 독서하고 있는데 창 밖에 귀인의 행차가 지나가면서 시끄러웠다. 관녕은 그대로 책을 읽었지만, 화흠은 책을 덮고 밖에 나가 행차를 구경한 뒤에 들어왔다. 이에 관녕은 자리를 떼어 따로 앉으며 "그대는 내 친구가 아니요!" 라고 말했다. 이를 '割席斷交' 라고 한다. 그러나 그런 이야기의 근거는 없다고 한다.

衆論多訟之, 乃以毓爲光祿勳. 爽等見收, 太傅司馬宣王使毓行司隸校尉, 治其獄. 復爲吏部尙書, 加奉車都尉, 封高樂亭侯, 轉爲僕射, 故典選擧, 加光祿大夫. 高貴鄕公卽位, 進封大梁鄕侯. 封一子高亭侯. 毌丘儉作亂, 大將軍司馬景王出征, 毓綱紀後事, 加侍中.

正元三年, 疾病, 遜位. 遷爲司空, 固推驃騎將軍王昶,光祿大夫王觀,司隸校尉王祥. 詔使使者卽授印綬, 進爵封容城侯, 邑二千三百戶.

甘露二年薨, 諡曰成侯. 孫藩嗣. 毓子欽,珽, 咸熙中欽爲尙書, 珽泰山太守.

| 국역 |

齊王(제왕)[134]이 즉위하고 盧毓(노육)은 關內侯가 되었다. 그때 曹爽(조상)이 권력을 잡았고 그 일당의 세력을 키우면서 노육을 상서복야로 옮기고 侍中인 何晏(하안)으로 그 직분을 대신하게 했다. 얼마 뒤 노육은 廷尉가 되었고, 司隸校尉인 畢軌(필궤)가 노육을 무고하여 면직되었는데 많은 사람들이 노육을 위하여 변호하자, 노육은

134 齊王 曹芳(조방, 232 – 274년, 재위 239 – 254년)의 字는 蘭卿(난경)이다. 明帝가 無子하여 齊王과 秦王(진왕) 曹詢(조순)을 養子로 삼았고, 青龍 3년(서기 235)에 曹芳을 齊王으로 책립하였다. 景初 3년(서기 239) 정월 丁亥日 초하루, 明帝의 병이 위독하자, 齊王을 皇太子로 책립하였다. 이날 바로 황제로 즉위했고, 大將軍인 曹爽(조상), 太尉인 司馬宣王(司馬懿)가 정사를 보필하였다. 나중에 사마의에게 권력을 빼앗겼고 시호도 없어 제왕으로 통칭한다. 《魏書》 4권, 〈三少帝紀〉 입전.

光祿勳이 되었다. 조상 등이 체포되자,[135] 司馬懿(사마의)는 노육을 司隸校尉 대행으로 임명하여 조상의 옥사를 처리하게 하였다. 노육은 다시 吏部鄕書가 되었고 加官으로 奉車都尉가 되었으며, 高樂亭侯에 봉해졌으며, 상서복야가 되어 예전처럼 인재 임용을 전담하였고 가관으로 光祿大夫가 되었다.

高貴鄕公(曹髦, 재위 254－260년) 즉위한 뒤에는 작위가 올라 大梁鄕侯가 되었다 노육의 아들 하나는 高亭侯가 되었다. 毌丘儉(관구검)이 반란을 일으키자, 대장군 司馬師가 출정하면서 노육은 조정의 업무를 총괄하였고 가관으로 侍中이 되었다.

正元 3년(甘露 元年, 서기 256)에 병환으로 사직하려 했다. 그러나 다시 司空에 임명되자, 노육은 驃騎將軍 王昶(왕창), 光祿大夫 王觀(왕관), 司隸校尉 王祥(왕상) 등에게 굳이 사양하였다. 조서로 사자를 보내 인수를 현장에서 수여했고 작위를 올려 容城侯에 봉해졌는데 식읍은 2천3백 호였다.

甘露 2년에 죽었는데, 시호는 成侯(성후)였다. 손자 盧藩(노번)이 작위를 계승하였다. 노육의 아들 盧欽(노흠, 字 子若)과 盧珽(노정, 字 子笏)은 (曹奐의) 咸熙 연간에, 노흠은 尙書, 노정은 泰山太守가 되었다.

135 高平陵(고평릉)의 변 － 嘉平(가평) 원년(서기 249)년, 봄 정월 甲午日, 황제가(明帝의 능) 高平陵(고평릉)을 참배하였다. 太傅(태부)인 司馬宣王(司馬懿)이 大將軍 曹爽(조상)과 조상의 동생인 中領軍 曹羲(조희), 武衛將軍 曹訓(조훈), 散騎常侍인 曹彦(조언)의 관직을 파면하고 작위를 가지고 在家해야 한다고 상주하였다. 戊戌日에, 有司가 黃門인 張當(장당)을 체포하여 廷尉에 넘겨 사실을 조사케 하였는데, 曹爽(조상)과 반역을 모의했다고 상주하였다. 또 尙書인 丁謐(정밀), 鄧颺(등양), 何晏(하안), 司隸校尉인 畢軌(필궤), 荊州刺史인 李勝(이승), 大司農인 桓范(환범) 등이 모두 조상과 통모하였으니, 이들의 삼족을 멸해야 한다고 상주하였다. 이는 〈曹爽傳, 諸夏侯曹傳〉에 수록했다.

| 原文 |

評曰, 桓階識睹成敗, 才周當世. 陳群動仗名義, 有淸流雅望, 泰弘濟簡至, 允克堂構矣. 魏世事統臺閣, 重內輕外, 故八座尙書, 卽古六卿之任也. 陳,徐,衛,盧, 久居斯位, 矯,宣剛斷骨鯁, 臻,毓規鑒淸理, 咸不忝厥職云.

| 국역 |

陳壽의 評論 : 桓階(환계)는 그 당시 성패의 형세를 잘 알고 능력도 겸비한 사람이었다. 陳群(진군)은 명분과 도의에 바탕을 둔 행실로 청렴한 명성을 누렸다. 아들 陳泰(진태)는 백성을 구제하고 바른 언론으로 父祖의 유업을 확실하게 계승하였다. 曹魏 시대에는 정사는 臺閣(대각)에서 실권을 장악하여 內朝를 중시하고 外朝를 경시하였으며 8名의 尙書가 古代 6卿의 직무를 수행하였다. 陳矯(진교), 徐宣(서선), 衛臻(위진), 盧毓(노육) 등이 그 직임을 오래 수행하였는데, 진교와 서선은 굳세고 과감하며 강직하였고, 위진과 노육은 바른 간언을 올리며 사리에 통달하였으니, 자신의 직분에 부끄러움이 없었다.

23권 〈和常楊杜趙裴傳〉(魏書 23)
(화,상,양,두,조,배전)

❶ 和洽

| 原文 |

和洽字陽士, 汝南西平人也. 擧孝廉, 大將軍辟, 皆不就. 袁紹在冀州, 遣使迎汝南士大夫. 洽獨以"冀州土平民强, 英桀所利, 四戰之地. 本初乘資, 雖能强大, 然雄豪方起, 全未可必也. 荊州劉表無他遠志, 愛人樂士, 土地險阻, 山夷民弱, 易依倚也."

遂與親舊俱南從表, 表以上客待之. 洽曰, "所以不從本初, 辟爭地也. 昏世之主, 不可黷近, 久而阽危, 必有讒慝間其中者." 遂南度武陵.

| 국역 |

和洽(화흡)[136]의 字는 陽士(양사)이고, 汝南郡 西平縣 사람이다. 孝廉으로 천거되어 大將軍府의 부름을 받았지만 모두 응하지 않았다. 袁紹(원소)가 冀州(기주)에 있으면서 사람을 보내 汝南郡의 士大夫를 영입하였다. 그때 화흡은 혼자 생각하였다.

"冀州는 땅이 넓고 백성이 많으며 영웅호걸이 탐을 내니 사방에서 다툴만한 땅이다. 本初(袁紹)가 이를 바탕 삼아 강대해질 수 있지만 호걸이 한창 봉기할 때라 보전할 수 있다고 장담할 수 없다. 荊州(형주)의 劉表(유표)는 별다른 원대한 뜻도 없이 사람을 좋아하며 그 지세는 험하지만 산간 이민족이나 백성이 온순하니 찾아가 의지할 만하다."

화흡은 친구들과 함께 남으로 가서 유표를 추종하였다. 유표는 화흡 일행을 상객으로 대우하였다. 그러나 화흡이 말했다.

"내가 원소를 따르지 않은 것은 싸움터를 피한 것이다. 그러나 세상사에 우매한 사람을(劉表) 가까이 할 수 없고 오래 있으면 위험할 것이며,[137] 틀림없이 중간에서 모함하는 자가 있을 것이다."

그리고서는 남쪽으로 長江을 건너 武陵郡(무릉군)[138]으로 이주했다.

---

136 和洽(화흡, 생졸년 미상, 字, 陽士) – 청렴했다지만 평범한 관원, 汝南郡 西平縣은, 今 河南省 남부 駐馬店市 관할 西平縣.

137 不可黷近, 久而阽危 – 가까이하여 더럽히다. 더럽혀지다. 黷은 더럽힐 독. 阽危(점위)는 매우 위태로움. 阽은 떨어지려 할 점. 위태로울 염. 벽이 무너지려 하다.

138 武陵(무릉) – 郡名. 治所는 臨沅縣, 今 湖南省 북부 常德市 서쪽.

| 原文 |

太祖定荊州, 闢爲丞相掾屬. 時毛玠,崔琰並以忠淸幹事, 其選用先尙儉節. 洽言曰, "天下大器, 在位與人, 不可以一節儉也. 儉素過中, 自以處身則可, 以此節格物, 所失或多. 今朝廷之議, 吏有著新衣,乘好車者, 謂之不淸, 長吏過營, 形容不飾, 衣裘敝壞者, 謂之廉潔. 至令士大夫故汙辱其衣, 藏其輿服, 朝府大吏, 或自挈壺餐以入官寺. 夫立敎觀俗, 貴處中庸, 爲可繼也. 今崇一概難堪之行以檢殊塗, 勉而爲之, 必有疲瘁. 古之大敎, 務在通人情而已. 凡激詭之行, 則容隱僞矣."

| 국역 |

太祖(曹操)가 형주를 평정한 뒤에 和洽(화흡)을 불러 승상부 속관에 임용했다. 그때 毛玠(모개)[139]와 崔琰(최염)[140]도 충의와 청렴으로 근무하면서 인재를 뽑는데 검소와 절제를 우선시하였다. 이에 화흡이 말했다.

139 毛玠(모개, ?-216년, 字 孝先) - 玠는 큰 홀 개(大圭). 陳留郡 平丘縣人. 崔琰(최염)과 비슷한 정직한 인물, 조조의 권력 장악을 도왔지만 결국 조조를 비방했다 하여 파직 당한 후 집에서 죽었다. 《魏書》 12권, 〈崔毛徐何邢鮑司馬傳〉에 입전. 《三國演義》에서는 于禁(우금)과 같은 水軍 도독이었지만 적벽대전에서 패전한다.

140 崔琰(최염, 160年代 ?-216년, 字 季珪) - 琰은 옥을 갈 염. 淸河郡 東武城縣, 今 山東省 북부 德州市 武城縣, (河北省과 접경) 사람. 司空 崔林의 堂兄, 풍채가 훌륭했다. 처음에는 원소를 섬기다가 조조를 섬겼다. 사람을 보는 눈이 탁월했으며 의리를 지켰지만 曹操의 좁은 度量에 희생당하였다. 《魏書》 12권, 〈崔毛徐何邢鮑司馬傳〉에 입전.

"天下는 소중한 大器이니, 바른 인재를 찾아 임용하면서 절약과 검소 하나만으로 평가할 수는 없습니다. 儉素(검소)가 지나칠 경우 한 사람의 처신이야 괜찮겠지만, 이것만을 기준으로 판단할 경우 잃는 것이 많을 것입니다. 지금 조정의 여론이 관리가 새 옷을 입거나 좋은 수레를 타면 청렴하지 않다고 하며, 官長이 외출하며 용모를 꾸미지 않고 낡은 옷을 입었으면 청렴하다고 말합니다. 그리하여 사대부가 고의로 옷을 더럽게 입거나 수레와 장식을 감추고, 조정의 고관들은 관청에 겨우 한 가지 반찬을 점심으로 들고 들어옵니다. 대체로 교화를 행하면서 풍속을 살피되 그 中庸(중용)을 귀히 여겨 계승해야 합니다. 지금 절검 하나만으로도 여러 사람들을 이끌 수 없으며 그것을 힘써 지키려 한다면 필히 폐단이 뒤따를 것입니다. 고대의 큰 가르침은 세상 人情과 함께 하였습니다. 모든 지나친 행위나 인정에 어긋난 행실은 거짓을 은폐할 뿐입니다."

| 原文 |

魏國既建, 爲侍中, 後有白毛玠謗毀太祖, 太祖見近臣, 怒甚. 洽陳玠素行有本, 求案實其事. 罷朝, 太祖令曰, "今言事者白玠不但謗吾也. 乃復爲崔琰觖望. 此損君臣恩義, 妄爲死友怨嘆, 殆不可忍也. 昔蕭,曹與高祖並起微賤, 致功立勳. 高祖每在屈笮, 二相恭順, 臣道益彰, 所以祚及後世也. 和侍中比求實之, 所以不聽, 欲重參之耳."

洽對曰, "如言事者言, 玠罪過深重, 非天地所覆載. 臣非敢曲理玠以枉大倫也. 以玠出群吏之中, 特見拔擢, 顯在首職, 歷年荷寵, 剛直忠公, 爲衆所憚, 不宜有此. 然人情難保, 要宜考覈, 兩驗其實. 今聖恩垂含垢之仁, 不忍致之於理, 更使曲直之分不明, 疑自近始."

太祖曰, "所以不考, 欲兩全玠及言事者耳."

洽對曰, "玠信有謗上之言, 當肆之市朝, 若玠無此, 言事者加誣大臣以誤主聽. 二者不加檢覈, 臣竊不安." 太祖曰, "方有軍事, 安可受人言便考之邪? 狐射姑刺陽處父於朝, 此爲君之誡也."

| 국역 |

魏國이 건국되고 和洽(화흡)은 侍中이 되었는데, 뒤에 어떤 자가 毛玠(모개)가 太祖(魏王)을 비방했다고 몰래 아뢰자, 위왕은 근신을 불러 크게 화를 냈다. 이에 화흡은 모개는 평소 행실에 근본을 지켜왔다며, 진상을 조사해야 한다고 말했다. 조회를 파한 뒤 위왕 조조가 말했다.

"앞서 고발한 자는 모개가 나만 비방했다고 말하지 않았다. 모개는 崔琰(최염)에게도 불만을 가졌다고 하였다. 이는 군신간의 은의를 깨트린 것이며, 망령되이 죽은 벗을 원망한 것이니 참을 수 없는 일이다. 옛날 (漢의) 蕭何(소하)와 曹參(조참)은 高祖와 함께 모두 미천한 처지에서 기병하여 큰 공적을 이루었다. 고조가 자주 곤경에 처했었지만, 소하와 조참은 그럴수록 공경하고 순종하였기에 臣道

는 더욱 빛났고, 후손에게 큰 복을 남겨 주었다. 지금 和 侍中이 사실을 밝히자고 하나 내가 따르지 않는 것은 여러 가지를 참작한 것이다."

이에 화흡이 말했다.

"폐하께 말씀드린 그 사람 말대로라면 모개의 죄는 너무 무거워 천지 간에 용납될 수가 없을 것입니다. 臣은 순리를 어겨가며 모개의 나쁜 짓을 변호하는 것이 아닙니다. 모개는 관원 중에서도 출중했기에 발탁되어 높은 직위에 올라 오랫동안 총애를 받았으며, 강직하고 충성스럽고 공정하여 여러 사람이 두려워 할 정도였기에 그런 일을 이해할 수 없기 때문입니다. 사람의 감정이야 바뀔 수 있다지만, 사실을 조사하여 양쪽의 진실을 밝혀야 합니다. 지금 성은으로 지저분한 언행을 덮어줄 수 없고, 사실을 밝히지 않을 경우, 옳고 그름은 더욱 불분명하게 되어 더 큰 의혹이 싹틀 수 있을 것입니다."

이에 조조가 말했다.

"내가 더 조사를 하지 않는 것은 모개와 고발한 사람 양쪽을 다 살리려는 뜻이다."

화흡이 말했다.

"모개가 정말 주군을 비방하는 말을 했다면 응당 거리에서 처형되어야 하며, 만약 그런 일이 없었다면 고발한 자는 대신을 무고하여 主君의 이목을 가리게 한 죄를 지은 것입니다. 양쪽을 조사하여 밝히지 않는다면 臣은 그저 불안할 뿐입니다."

이에 조조가 말했다.

"지금 전쟁 중이니 어찌 사람의 말을 모두 다 따져볼 수 있겠는가? 옛날에 狐射姑(호야고)[141]가 조정에서 陽處父(양처보)를 척살하였는데, 주군이라면 응당 교훈으로 삼아야 할 것이다."

| 原文 |

太祖克張魯, 洽陳便宜以時拔軍徙民, 可省置守之費. 太祖未納, 其後竟徙民棄漢中. 出爲郎中令. 文帝踐阼, 爲光祿勳, 封安城亭侯.

明帝卽位, 進封西陵鄕侯, 邑二百戶. 太和中, 散騎常侍高堂隆奏. "時風不至, 而有休廢之氣, 必有司不勤職事以失天常也."

詔書謙虛引咎, 博諮異同. 洽以爲「民稀耕少, 浮食者多. 國以民爲本, 民以穀爲命. 故費一時之農, 則失育命之本. 是以先王務蠲煩費, 以專耕農. 自春夏以來, 民窮於役, 農業有廢, 百姓囂然, 時風不至, 未必不由此也. 消復之術, 莫大於節儉. 太祖建立洪業, 奉師徒之費, 供軍賞之用, 吏士豐於資食, 倉府衍於穀帛, 由不飾無用之宮, 絶浮華之費. 方今之要,

141 狐射姑(호야고, 狐夜姑) – 姬姓, 狐氏, 字는 季. 春秋 시대 晉國 大夫, 晉 文公의 表弟. 晉 文公 重耳(중이)를 따라 19년간 망명생활을 함께 했다. 문공 즉위 후에 正卿으로 中軍將이 되었다. (서기 前 622년). 陽處父(양처보, ?–前 621년)는 晉國 大夫, 晉 文公 重耳를 따라 流亡했었다. 뒷날 陽處父는 晉 襄公(양공)에게 趙盾(조순)을 중군장에 임명하라고 건의하자, 호야고가 찔러 죽였다. 조조가 이를 언급한 것은 결국 신하 간 알력이고 다툼이라는 뜻으로 해석할 수 있다.

固在息省勞煩之役, 損除他餘之務, 以爲軍戎之儲. 三邊守御, 宜在備豫. 料賊虛實, 蓄士養衆, 算廟勝之策, 明攻取之謀, 詳詢衆庶以求厥中. 若謀不素定, 輕弱小敵, 軍人數擧, 擧而無庸, 所謂'悅武無震', 古人之誡也.」

轉爲太常, 淸貧守約, 至賣田宅以自給. 明帝聞之, 加賜穀帛. 薨, 諡曰簡侯. 子离嗣. 离弟逌, 才爽開濟, 官至廷尉,吏部尙書.

洽同郡許混者, 許劭子也. 淸醇有鑑識, 明帝時爲尙書.

| 국역 |

曹操가 張魯(장로)를 원정할 때(건안 20년, 서기 215), 和洽(화흡)은 時宜(시의)에 맞게 군사를 철수하고 백성을 (漢中郡으로) 이주시켜 군사의 주둔비용을 절약해야 한다고 상주하였다. 그러나 조조는 따르지 않았고, 나중에 漢中郡의 백성을 이주시키며 한중군을 포기하였다. 화흡은 郎中令이 되었다. 文帝가 즉위한 뒤에 光祿勳이 되었고 安城亭侯에 봉해졌다.

明帝가 즉위하고서 작위가 올라 西陵鄕侯가 되었고, 식읍은 2백 호였다. (明帝) 太和 연간에, 散騎常侍인 高堂隆(고당륭)이 상주하였다.

「계절에 맞는 온화한 바람이 불지 않고, 쇠잔하고 피폐한 기풍만 있으니, 틀림없이 관원들이 자기 직분을 다하지 못하여 하늘의 常道가 아닌 것 같습니다.」

이에 명제는 조서를 내려 허물을 자책하고 여러 사람의 다양한 의견을 널리 구하였다. 이에 화흡이 상주하였다.

「농사짓는 백성은 적고, 일하지 않고 먹는 사람은 많습니다. 나라의 근본은 백성이고, 백성은 곡식을 먹고 살아야 합니다. 그래서 농사 한 철을 놓치면 생명의 근본을 잃게 됩니다. 번잡한 일이나 지출을 없애는데 힘쓰고 농사에만 전념해야 합니다. 지난 봄과 여름 이후로 백성은 부역에 시달려 농사를 짓지 못했고 백성은 불안에 떨고 있으니, 온화한 바람이 불어오지 않는 것을 틀림없이 이 때문일 것입니다. 재앙을 없애는 방법으로 절약보다 더 좋은 것은 없습니다. 太祖(武帝, 曹操)께서 대업을 성취하셨지만, 군사비용의 충당과 군수 물자 지출을 감당하면서도 장졸이 넉넉하게 먹고, 나라 창고에 곡식과 비단이 넘쳤던 것은 궁궐 치장의 비용이 없었고 사치를 위한 지출을 막았기 때문입니다. 지금 꼭 필요한 것으로는, 번잡한 부역을 중지시키고 여타의 잡무를 모두 제거하고 군수 물자를 비축하는데 있습니다. 나라의 삼면 국경을 지키려면 응당 미리 준비해야 합니다. 적의 허세와 실력을 헤아리고 장교와 병졸을 훈련시키며, 조정에서 승리의 방책을 세워 적을 탈취할 전략을 분명히 실천하되 여러 사람의 의견을 모아 적절한 방략을 선택하여 실천해야 합니다. 만약 방책이 평소에 확정되지 않거나 적을 얕잡아 보아 군사를 자주 출정하거나, 출정에도 아무런 성과를 거두지 못한다면 이는 '무력을 자주 동원하면 武威가 없다(悅武無震).' 는 것이며, 이는 옛사람의 교훈입니다.」

화흡은 太常으로 승진하였고 淸貧하고 검소한 생활을 하면서 집이나 땅을 팔아 겨우 자급할 정도였다. 明帝가 이를 알고서는 곡식과 비단을 하사하였다.

화흡이 죽자, 시호는 簡侯(간후)였다. 아들 和离(화리, 离는 산신 리)가 계승했다. 화리의 동생 和逌(화유, 逌는 만족할 유, 攸와 通)는 재주가 많고 사람이 호탕하였는데 廷尉와 吏部尙書를 역임했다.

화흡과 같은 郡 출신인 許混(허혼)은 (後漢) 許劭(허소)[142]의 아들이었다. 청렴 순박했고 사람을 잘 보았는데, 明帝 때 尙書가 되었다.

❷ 常林

| 原文 |

常林字伯槐, 河內溫人也. 年七歲, 有父黨造門, 問林, "伯先在否? 汝何不拜!" 林曰, "雖當下客, 臨子字父, 何拜之有?" 於是咸共嘉之.

太守王匡起兵討董卓, 遣諸生於屬縣微伺吏民罪負, 便收之, 考責錢穀贖罪, 稽遲則夷滅宗族, 以崇威嚴. 林叔父撾客, 爲諸生所白, 匡怒收治. 擧宗惶怖, 不知所責多少, 懼繫者不

142 許劭(허소, 字 子將)는 汝南郡 平輿縣 사람이다. 젊어서도 높은 명망과 지조가 있었고 人物評을 좋아했다. 曹操가 미천할 때 겸손한 말씨와 후한 예물로 자신의 미래를 점쳐달라고 했으나, 허소는 조조의 인물을 낮게 평가하여 대답하지 않았는데, 조조가 어느 날 틈을 보아 허소를 협박하자, 허소는 할 수 없이 말했다. "君淸平之姦賊, 亂世之英雄.(君은 淸平한 시대에는 姦賊이나, 亂世에는 영웅이다.)" 이에 조조는 크게 좋아하며 돌아갔다. 《後漢書》 68권, 〈郭符許列傳〉 참고.

救. 林往見匡同縣胡母彪曰,

"王府君以文武高才, 臨吾鄙郡. 鄙郡表裏山河, 土廣民殷, 又多賢能, 惟所擇用. 今主上幼沖, 賊臣虎據, 華夏震慄, 雄才奮用之秋也. 若欲誅天下之賊, 扶王室之微, 智者望風, 應之若響, 克亂在和, 何征不捷. 苟無恩德, 任失其人, 覆亡將至, 何暇匡翼朝廷, 崇立功名乎? 君其藏之!"

因說叔父見拘之意. 彪即書責匡, 匡原林叔父. 林乃避地上黨, 耕種山阿. 當時旱蝗, 林獨豐收, 盡呼比鄰, 升斗分之, 依故河間太守陳延壁. 陳,馮二姓, 舊族冠冕. 張楊利其婦女, 貪其資貨. 林率其宗族, 爲之策謀. 見圍六十餘日, 卒全堡壁.

| 국역 |

常林(상림)[143]의 字는 伯槐(백괴)로, 河內郡 溫縣 사람이다. 일곱 살 때, 부친의 동료들이 대문 앞에서 상림에게 물었다. "伯先(백선)은 집에 있느냐? 너는 왜 어른에게 인사를 하지 않느냐?"

이에 상림이 말했다.

"손님에게 배례해야 하지만, 아들 앞에서 부친의 字를 불러대는 사람에게 어찌 배례하겠습니까?"

그러자 모두 공감하며 칭찬하였다. 河內太守인 王匡(왕광)이 董卓(동탁)을 토벌할 군사를 일으키면서 여러 문생을 각 현에 보내 은

143 常林(상림, 144?-227?, 字 伯槐) - 司馬懿와 同鄕, 사마의는 상림이 年上이고 덕행이 높다 하여 상림을 만날 때마다 배례하여 長幼의 예를 갖추었다.

밀히 관리나 백성의 죄를 조사케 하여 되는대로 잡아가두고 곡식이나 금전으로 贖罪(속죄)케 하였는데, 늦거나 바치지 않으면 일족을 죽여 권위를 행사하였다.

상림의 숙부가 객인을 구타한 적이 있었는데, 왕광의 문생이 이를 고발하자, 왕광은 노하여 잡아가두었다. 온 집안이 두려워 떨며 얼마를 바쳐야 풀려날지 몰라 걱정하였다. 이에 상림은 왕광과 같은 현 사람인 胡母彪(호모표)란 사람을 찾아가 말했다.

"王府君(王匡)은 文武를 겸비한 훌륭한 분으로 우리 郡에 부임하셨습니다. 우리 군은 안팎으로 산하에 둘러싸였지만 농토가 넓고 백성도 많으며, 우수한 인물도 많아 골라 쓸 수도 있습니다. 지금 황제(獻帝)는 나이가 어리고, 賊臣(董卓)은 사납게 위세를 부리니 中原이 두려워 떨며 영웅들이 떨쳐 봉기할 때입니다. 만약 천하의 公賊을 죽이고 쇠약한 황실을 받들려 한다면 智者들이 바람에 쏠리듯 또 메아리처럼 호응할 것이니, 이런 난리를 이기려면 화합이 주요하거늘, 어찌하여 동탁 토벌을 서두르지 않고 있습니까? 만약 은덕을 베풀지 않으면 인재를 놓칠 것이고, 그러면 곧 망하게 될 것이니 어느 겨를에 조정을 바로 세우고 어찌 공명을 이룰 수 있겠습니까? 당신도 이를 유념하시기 바랍니다!"

그러면서 숙부가 갇힌 사정을 설명했다. 호모표는 즉시 왕광에게 서신을 보내 이를 따졌는데, 왕광은 상림의 숙부를 풀어주었다.

상림은 곧 上黨郡으로 피난하여 직접 농사를 지었다. 그때 날이 가물고 황충의 폐해가 있었지만 상림은 혼자 풍성한 추수를 거두었고, 이웃을 불러 모두에게 조금씩이라도 나누어 주었으며, 전임 河

間郡 太守였던 陳延壁(진연벽)과 교제하였다. 상당군의 陳氏와 馮氏(풍씨)는 고관을 역임한 명문이었다. (上黨 太守) 張楊(장양)이 진씨와 풍씨 가문의 여인을 요구하며 그 재산을 욕심내었다. 상림은 그 일족을 통솔하며 방책을 마련하였다. 상림은 60여 일간 포위당했지만 끝내 일족을 지켜냈다.

| 原文 |

幷州刺史高幹表爲騎都尉, 林辭不受. 後刺史梁習薦州界名士林及楊俊,王淩,王象,荀緯, 太祖皆以爲縣長. 林宰南和, 治化有成, 超遷博陵太守,幽州刺史, 所在有績.

文帝爲五官將, 林爲功曹. 太祖西征, 田銀,蘇伯反, 幽,冀扇動.

文帝欲親自討之, 林曰, "昔忝博陵, 又在幽州, 賊之形勢, 可料度也. 北方吏民, 樂安厭亂, 服化已久, 守善者多. 銀,伯犬羊相聚, 智小謀大, 不能爲害. 方今大軍在遠, 外有强敵, 將軍爲天下之鎭也, 輕動遠擧, 雖克不武."

文帝從之, 遣將往伐, 應時克滅.

| 국역 |

幷州(병주) 자사인 高幹(고간)이 표문을 올려 常林(상림)을 騎都尉에 임명했지만 상림은 관직에 나가지 않았다. 후임자사인 史梁習

(사량습)이 병주 지역의 명사인 상림 및 楊俊(양준), 王凌(왕릉), 王象(왕상), 荀緯(순위) 등을 천거하자, 조조는 이들을 모두 縣令에 임명하였다. 상림은 (鉅鹿郡) 南和 현령이 되어 치적과 교화에 성과를 거두었고 순차를 넘어 승진하여 博陵太守[144]와 幽州刺史를 역임하였는데 임지에서 치적이 좋았다.

조비가 오관중랑장일 때 상림은 그 功曹가 되었다. 조조가 서쪽을 원정할 때, 田銀(전은)과 蘇伯(소백)이 반기를 들고 유주와 기주 지역을 선동하였다.

조비가 직접 반적을 원정하려고 하자, 상림이 말했다.

"전에 博陵(박릉) 태수와 幽州자사로 재직했기에 반적의 형세를 짐작할 수 있습니다. 북방의 吏民들은 안정을 추구하고 난리를 싫어하며 오랫동안 되어 善者를 따르는 자가 많습니다. 전은과 소백 등은 양이나 개처럼 서로 모였을 뿐 지략도 없어 결코 해악이 되지 못할 것입니다. 지금 대군은 서쪽을 원정 중이고, 밖에는 강적이 있는 만큼 장군께서는 천하의 重鎭이 되어야 하기에 가벼이 멀리 원정 나갈 수 없고 진압하더라도 武威를 펴지 못할 것입니다."

조비는 상림의 말을 따랐고 장수를 보내 토벌하자, 곧 진압하였다.

| 原文 |

出爲平原太守, 魏郡東部都尉, 入爲丞相東曹屬. 魏國旣建,

144 冀州관할 博陵郡 치소는 博陵縣〔今 河北省 중부 保定市 관할 蠡縣(여현)〕. 博陵, 安平 등 7개 현을 관할.

拜尙書. 文帝踐阼, 遷少府, 封樂陽亭侯, 轉大司農. 明帝卽位, 進封高陽鄕侯, 徙光祿勳,太常. 晉宣王以林鄕邑耆德, 每爲之拜. 或謂林曰, "司馬公貴重, 君宜止之." 林曰, "司馬公自欲敦長幼之敍, 爲後生之法. 貴非吾之所畏, 拜非吾之所制也." 言者踧踖而退.

時論以林節操淸峻, 欲致之公輔, 而林遂稱疾篤. 拜光祿大夫. 年八十三, 薨, 追贈驃騎將軍, 葬如公禮, 謚曰貞侯. 子時嗣, 爲泰山太守, 坐法誅. 時弟靜紹封.

| 국역 |

常林(상림)은 平原太守와 魏郡 東部都尉를 역임하였고, 조정에 들어와 丞相府 東曹 掾屬이 되었다. 魏國이 건국된 뒤에 尙書가 되었다. 文帝가 제위에 오르자 少府[145]로 승진하였고 樂陽亭侯에 봉해졌으며, 大司農으로 전직했다. 明帝가 즉위하자, 작위가 올라 高陽鄕侯가 되었고 光祿勳과 太常을 역임했다.

晉 宣王(司馬懿)은 常林이 고향 마을의 耆老(기로)이며 덕행이 높다하여 늘 상림에게 배례하였다. 어떤 사람이 상림에게 "司馬公은

145 魏의 관제는 後漢의 관제를 거의 그대로 답습했다. 후한의 경우 少府(소부)는 卿 1인, 질록 中二千石인데, 궁중 소요 각종 의복, 물자, 보화의 제조나 공급 담당했고 차관인 丞 1인(질록 比千石)을 두었다. 소부의 속관으로는 太醫令(1인, 질록 6백석, 의료 담당), 太官令(1인, 질록 6백석, 황제의 식사 飮食 주관), 守宮令(1인, 질록 6백석, 황제 소용 紙筆墨 및 尙書가 필요한 제 물자 및 封泥 등 관장)이 있고 황제 직속 비서라 할 수 있는 侍中, 尙書令, 감찰 담당 御使中丞(어사중승) 등 주요 관직도 소부의 속관이었다.

지위고 높고 중하니 배례를 못하게 해야 합니다."라고 말했다. 그러자 상림이 말했다.

"司馬公이 스스로 長幼의 예절을 지켜 후생에게 본보기를 보여주려는 뜻입니다. 나는 司馬公이 고귀하다 하여 두렵지 않고, 배례하는 것을 내가 제지할 수도 없습니다."

그러자 그 사람은 우물쭈물 물러났다.

그때 여론으로는 상림의 지조가 청정하며 고결하니 삼공의 지위에 올라야 한다고 하였지만, 상림은 병이 심하다며 관직을 사임하였다. 이에 상림은 光祿大夫가 되었다. 나이 83세에 죽었는데, 驃騎將軍을 추중하였고 三公의 예로 장례하였으며, 시호는 貞侯였다.

아들 常時(상시)가 계승했고 泰山 태수를 역임했으나 법을 위반하여 처형되었다. 상시의 동생 常靜(상정)이 뒤를 이어 봉해졌다.

❸ 楊俊

| 原文 |

楊俊字季才, 河內獲嘉人也. 受學陳留邊讓, 讓器異之. 俊以兵亂方起, 而河內處四達之衢, 必爲戰場, 乃扶持老弱詣京,密山間, 同行者百餘家. 俊振濟貧乏, 通共有無. 宗族知故爲人所略作奴僕者凡六家, 俊皆傾財贖之.

司馬宣王年十六七, 與俊相遇, 俊曰, "此非常之人也." 又司馬朗早有聲名, 其族兄芝, 衆未之知, 惟俊言曰, "芝雖夙望不及朗, 實理但有優耳." 俊轉避地幷州. 本郡王象, 少孤特, 爲人仆隸, 年十七八, 見使牧羊而私讀書, 因被箠楚. 俊嘉其才質, 卽贖象著家, 聘娶立屋, 然後與別.

| 국역 |

楊俊(양준)[146]의 字는 季才(계재)로, 河內郡 獲嘉縣(획가현) 사람이다. 陳留郡의 邊讓(변양)에게 수학했는데, 변양이 특별히 여겼다. 양준은 병란이 일어나면, 하내군의 거처가 사방으로 통달할 수 있는 곳이라서 틀림없이 싸움터가 될 것이라 생각하여 父老와 약자를 거느리고 (河南尹 관할의) 京縣(경현)과 密縣(밀현)의 산간지대(今 鄭州市 서남 嵩山부근)로 피난했는데 동행자가 1백여 호나 되었다. 양준은 가난하고 양식 떨어진 호구를 구제하며 有無를 相通하였다. 종족 중에는 전에 노략질을 당하여 노비로 전락한 호구가 6호나 되었는데, 양준은 재산을 들여 그들 속전을 치러주었다.

司馬懿(사마의)가 16, 7세 때, 양준과 서로 만났는데, 양준이 "이 사람은 보통 사람이 아니다."라고 말했다. 또 司馬朗(사마랑)[147]은 일찍부터 명성을 누렸지만 그 族兄인 司馬芝(사마지)는 많은 사람들이 알아주지 않았지만 오직 양준만이 "사마지의 초기 명성은 사마랑에

146 楊俊(양준, ?-222년, 字 季才) - 본전에 실린 내용 외 특기 사항 없음. 河內郡 獲嘉縣은 今 河南省 북부 新鄕市 관할 獲嘉縣.

147 司馬朗(사마랑, 171-217년, 字 伯達) - 河內郡 溫縣(今 河南省 북부 焦作市 관할 溫縣) 사람. 京兆尹을 지낸 司馬防(사마방, 字 建公, 71세, 建安 24년, 서기 219년 卒)의 아들로 兗州刺史를 역임했다, 司馬懿(司馬仲達)의 친형. 사마방은 장남 사마랑, 차남 사마의, 三子 司馬孚(사마부) 등 8명의 아들을 두었는데 모두 유명하여 '八達' 이라고 불렸다. 《魏書》 15권, 〈劉司馬梁張溫賈傳〉에 입전.

못 미치지만, 실지로는 사마랑보다 훨씬 우수하다." 고 말했다.

양준은 난을 피해 幷州(병주)까지 이주하였다. 같은 郡의 王象(왕상)은 어린 나이에 고아가 되어 남의 집 종이 되었는데, 나이 17, 8세에 羊을 키우면서 몰래 책을 읽다가 회초리를 맞았다. 양준은 그 재주와 바탕을 가상히 여겨 왕상의 주인집에 속전을 내어 放良한 뒤에 결혼을 주선하였고 나중에 따로 살림을 내주었다.

▌原文▐

太祖除俊曲梁長, 入爲丞相掾屬, 擧茂才, 安陵令, 遷南陽太守. 宣德敎, 立學校, 吏民稱之. 徙爲征南軍師.

魏國旣建, 遷中尉. 太祖征漢中, 魏諷反於鄴. 俊自劾詣行在所. 俊以身方罪免, 箋辭太子. 太子不悅, 曰, "楊中尉便去, 何太高遠邪!" 遂被書左遷平原太守.

文帝踐阼, 復在南陽. 時王象爲散騎常侍, 薦俊曰,

「伏見南陽太守楊俊, 秉純粹之茂質, 履忠肅之弘量, 體仁足以育物, 篤實足以動衆, 克長後進, 惠訓不倦, 外寬內直, 仁而有斷. 自初彈冠, 所歷垂化, 再守南陽, 恩德流著, 殊鄰異黨, 襁負而至. 今境守淸靜, 無所展其智能, 宜還本朝, 宣力輦轂, 熙帝之載.」

| 국역 |

曹操는 楊俊(양준)을 (魏郡) 曲梁(곡량) 縣長에 임명했고, 양준은 丞相府 掾屬이 되었다가 茂才(무재)로 천거되어 (右扶風) 安陵 현령을 지낸 뒤에, 南陽 태수로 승진하였다. 양준은 덕정과 교화를 널리 실천했으며 학교를 세워 백성들의 칭송을 들었다. 양준은 征南將軍의 軍師가 되었다.

魏國이 건국된 뒤, 위국의 군사를 주관하는 中尉가 되었다. 魏王(曹操)이 漢中郡(張魯)을 원정할 때, 魏諷(위풍)이 (魏國) 鄴縣에서 반역했다. 양준은 위왕의 行在所에 가서 請罪하였다. 양준은 겨우 죄를 용서받은 뒤, 太子(曹丕)에게 사직의 서신을 올렸다. 이에 太子는 불쾌하게 말했다. "楊 中尉는 사직한다면서 어찌 그리 뜻은 원대한가?"

결국 양준을 平原 太守로 좌천되었다. 文帝가 제위에 오른 뒤, 양준은 다시 南陽태수가 되었다. 그때 王象(왕상)[148]은 散騎常侍(산기상시)[149]였는데 양준을 천거하였다.

「臣이 볼 때 南陽太守 楊俊은 순수하고 뛰어난 자질에 충성, 공경

148 王象의 字는 羲伯(의백)이고, 양준의 발탁과 격려로 왕상은 출사한 뒤에 재능을 발휘하며 승진하여 散騎侍郎과 常侍가 되었고 열후에 봉해졌다. 왕상은 어명에 의거 《皇覽》 편찬에 참여하였는데, 이 《皇覽》은 일종의 백과사전과 같은 저서로 총 8백여만 자에 이르는 방대한 저서였다. 왕상은 文采가 溫雅하여 儒宗으로 추앙을 받았다. 文帝가 南巡하며 남양군에 도착하기 전에 백관은 군현의 일에 관여하지 못하게 하였다. 당시 宛縣(완현)의 현령은 내려온 조서를 잘못 이해하여 市街를 철수하고 市門을 폐쇄했다고 하였다. 이에 文帝가 화를 내며 태수와 현령을 가두었다. 왕상이 양준을 용서해달라고 피를 흘리며 청원하였지만 문제는 끝내 용서하지 않았다. 양준이 자살한 뒤에 왕상은 죄책감으로 병을 앓다가 죽었다.

149 散騎常侍(산기상시) – 황제의 최측근 시종이며 고급 무관.

심과 弘大한 국량을 가진 사람으로, 그 仁德은 족히 만물을 양육하고 그 성실함은 백성에게 감동을 주며, 후진을 이끌고 부지런히 후진에게 교훈을 주며, 또 外寬內直하고 인자하면서도 결단력이 있습니다. 처음 出仕할 때부터 백성에게 교화를 베풀었고, 남양태수를 재차 역임하며 은덕을 크게 베풀어 이웃 군이나 마을에서 백성들이 모여들고 있습니다. 지금 국경이 조용하여 그의 지략과 능력을 발휘할 수 없으니, 본 조정으로 불러온다면 폐하께 충성을 다 바칠 것이며 제왕의 치적을 크게 일으킬 것입니다.」

| 原文 |

俊自少及長, 以人倫自任. 同郡審固,陳留衛恂本皆出自兵伍, 俊資拔獎致, 咸作佳士. 後固歷位郡守, 恂御史,縣令, 其明鑑行義多此類也.

初, 臨菑侯與俊善, 太祖適嗣未定, 密訪群司. 俊雖並論文帝,臨菑才分所長, 不適有所據當, 然稱臨菑猶美, 文帝常以恨之.

黃初三年, 車駕至宛, 以市不豐樂, 發怒收俊. 尙書僕射司馬宣王,常侍王象,荀緯請俊, 叩頭流血, 帝不許. 俊曰, "吾知罪矣." 遂自殺. 衆冤痛之.

| 국역 |

楊俊(양준)은 어렸을 때부터 인물을 골라 키워야 한다고 자임하였다. 同郡의 審固(심고), 陳留郡의 衛恂(위순)은 본래 병졸이었지만 양준이 그들 자질을 보아 발탁하고 격려하며 모두 훌륭한 士人이 되었다. 뒷날 심고는 郡 태수를 역임했고, 위순은 御史(어사)와 현령을 역임하였는데 양준의 인재를 알아보는 능력과 行義가 거의 이와 같았다.

그전에, 臨菑侯(임치후) 曹植과 양준은 서로 가까웠는데 조조는 태자를 결정하지 않으면서 은밀히 여러 부서를 순방하며 의견을 물었다.

양준은 曹丕와 임치후 조식의 재능과 특기를 함께 논하면서 누가 더 적합한가를 판정하지는 않고 재능은 임치후가 더 나은 것 같다는 평을 하였는데, 조비는 이를 늘 한스럽게 여기고 있었다.

黃初 3년(서기 222), 황제가 (南陽郡 치소인) 宛縣(완현)에 행차하였지만 거리에서 백성들이 기뻐하지 않자, 화를 내며 태수 양준을 잡아가두었다. 尙書僕射인 司馬宣王(司馬懿), 常侍인 王象, 荀緯(순위) 등이 양준의 사면을 청원하며 머리를 땅에 찧어 피가 흘렀지만 문제는 허락하지 않았다. 양준은 "내 잘못이 무엇인지 알고 있다." 며 자살하였다. 많은 백성이 원통하게 여겼다.

❹ 杜襲

| 原文 |

杜襲字子緖, 潁川定陵人也. 曾祖父安, 祖父根, 著名前世. 襲避亂荊州, 劉表待以賓禮. 同郡繁欽數見奇於表, 襲喩之曰, "吾所以與子俱來者, 徒欲龍蟠幽藪, 待時鳳翔. 豈謂劉牧當爲撥亂之主, 而規長者委身哉? 子若見能不已, 非吾徒也. 吾其與子絶矣!" 欽慨然曰, "請敬受命." 襲遂南適長沙.

| 국역 |

杜襲(두습)의 字는 子緖(자서)로, 潁川郡(영천군) 定陵縣(今 河南省 중부 平頂山市 관할 葉縣) 사람이다. 曾祖父인 杜安(두안), 祖父인 杜根(두근)은 전 시대에 유명했었다. 두습은 荊州(형주)로 피난했는데, 劉表가 손님에 대한 예를 갖춰 대우하였다. 同郡의 繁欽(번흠)은 유표를 만나 여러 번 자신의 재능을 자랑했는데 두습이 번흠에게 말했다.

"내가 그대와 함께 여기에 온 것은 한적한 곳에 몸을 낮춰 지내다가 봉황을 따라 오르려는 뜻이었소. 그런데 어찌 유표가 혼란한 시대를 바로잡을 인물이라 생각하여 長者의 몸을 맡길 수 있겠소? 그대가 만약 제 자랑을 그만두지 않는다면 내 벗이 아닐 것이요. 나는 그대와 절교할 것이요!"

번흠은 강개한 표정으로 "삼가 명을 따르겠습니다."라고 말했다.

두습은 남쪽 長沙郡(장사군)으로 옮겨갔다.

| 原文 |

建安初, 太祖迎天子都許. 襲逃還鄉里, 太祖以爲西鄂長. 縣濱南境, 寇賊縱橫. 時長吏皆斂民保城郭, 不得農業. 野荒民困, 倉庾空虛. 襲自知恩結於民, 乃遣老弱各分散就田業, 留丁强備守, 吏民歡悅.

會荊州出步騎萬人來攻城, 襲乃悉召縣吏民任拒守者五十餘人, 與之要誓. 其親戚在外欲自營護者, 恣聽遣出, 皆叩頭願致死. 於是身執矢石, 率與戮力. 吏民感恩, 咸爲用命. 臨陳斬數百級, 而襲衆死者三十餘人, 其餘十八人盡被創, 賊得入城. 襲帥傷痍吏民決圍得出, 死喪略盡, 而無反背者. 遂收散民, 徙至摩陂營, 吏民慕而從之如歸.

| 국역 |

(獻帝) 建安 초에(서기 196년), 조조는 天子를 영입하여 許縣에 도읍케 하였다. 杜襲(두습)은 長沙에서 고향으로 돌아왔고, 조조는 두습을 (南陽郡) 西鄂(서악, 今 河南省 南陽市 관할 南召縣) 縣長으로 임명했다. 서악현은 남양군의 남쪽 경계라서 도적들이 멋대로 횡행하였다. 그때 현장이나 관리는 성곽 수비에 늘 백성을 동원하여 농사를 지을 수가 없었다. 경작지가 황폐하여 백성은 곤궁했고 창고는 비었다. 두습은 백성에게 은택을 베풀어야 하는 것을 알기에 노약자들을 돌려보내 농사를 짓게 하고 장정만을 골라 성을 지키게 하자 백성들이 좋아하였다.

그때 형주에서 보병과 기병 1만여 명을 보내 성을 공격하자(建安 6년, 서기 201), 두습은 현리와 백성을 성곽 수비를 전담할 자 50여 명을 골라 함께 서약하였다. 그중 친척이 성 밖에 살고 있어 가족을 지켜 살 수 있는 자는 보내주겠다고 했으나 모두 머리를 조아리며 죽기를 자원하였다.

두습은 직접 무기를 들고 백성과 함께 죽을 힘을 다하여 싸웠다. 관리와 백성은 모두 감복하며 명령을 따랐다. 두습은 싸움에서 적 수백 명을 죽였지만 두습의 군사도 30여 명이 전사했고, 나머지 18 명은 부상을 당했고 적군은 입성했다.

두습은 부상당한 관리와 백성을 데리고 무리를 지어 성을 탈출할 때 거의 다 죽었지만 되돌아가는 자가 없었다. 두습은 흩어진 백성을 모아 (魏郡의) 摩陂(마피) 군영으로 들어갔는데, 吏民은 두습을 흠모하여 자기 집에 돌아온 것처럼 생각하였다.

| 原文 |

司隷鍾繇表拜議郎參軍事. 荀彧又薦襲, 太祖以爲丞相軍祭酒. 魏國旣建, 爲侍中, 與王粲,和洽並用. 粲强識博聞, 故太祖游觀出入, 多得驂乘, 至其見敬不及洽,襲. 襲嘗獨見, 至於夜半. 粲性躁競, 起坐曰, "不知公對杜襲道何等也?" 洽笑答曰, "天下事豈有盡邪? 卿晝侍可矣, 悒悒於此, 欲兼之乎!"

後襲領丞相長史, 隨太祖到漢中討張魯. 太祖還, 拜襲駙馬都尉, 留督漢中軍事. 綏懷開導, 百姓自樂出徙洛,鄴者, 八萬餘口. 夏侯淵爲劉備所沒, 軍喪元帥, 將士失色. 襲與張郃,郭淮糾攝諸軍事, 權宜以郃爲督, 以一衆心, 三軍遂定. 太祖東還, 當選留府長史, 鎭守長安, 主者所選多不當, 太祖令曰, "釋騏驥而不乘, 焉皇皇而更索?" 遂以襲爲留府長史, 駐關中.

| 국역 |

司隸校尉인 鍾繇(종요)[150]가 표문을 올려 杜襲(두습)을 議郞 겸 參軍에 임명하였다. 荀彧(순욱)도 두습을 천거하자, 조조는 두습을 승상부 軍祭酒에 임명하였다. 魏國이 건국된 뒤에는 侍中이 되었고, 王粲(왕찬)과 和洽(화흡)과 함께 근무하였다. 왕찬은 博學强記하여 조조가 시찰하거나 출입할 때 자주 驂乘(참승)하였지만, 조조가 경애하기로는 화흡이나 두습만 못하였다.

두습이 혼자 조조를 알현하였는데 한밤중까지 계속되었다. 왕찬은 성질이 급하여 일어났다 앉았다 하면서 "曹公이 두습에게 무슨 말씀을 하는 것일까?"라고 말했다. 그러자 화흡이 웃으면서 말했다.

"세상사를 어찌 다 끝낼 수 있는가? 그대가 낮에 曹公을 모시면서 지금은 이를 시샘하니, 세상 모든 일을 다하고 싶은가!"

뒷날 두습은 丞相 長史를 겸임하며, 조조를 따라 漢中郡의 張魯(장로)를 토벌하였다. 조조가 회군하자, 두습은 駙馬都尉(부마도위)

150 鍾繇(종요, 151-230년, 字 元常) - 豫州 潁川 長社縣 출신. 曹魏의 重臣, 유명한 서예가. 太傅 역임. 晉代 書法家 王羲之와 함께 '鍾王'으로 불린다. 《魏書》 13권, 〈鍾繇華歆王朗傳〉에 立傳.

가 되어 남아서 漢中郡의 軍事 업무를 감독하였다. 두습이 (漢中郡의) 백성을 위무하고 길을 열어 안내하자, 8만여 명의 백성들은 기꺼이 洛陽과 鄴縣으로 이주하였다.

夏侯淵(하후연)이 劉備와 싸워 죽자, 지휘관을 잃은 부대가 크게 동요하였다. 두습은 張郃(장합), 郭淮(곽회)와 함께 여러 군사 업무를 수습하면서 임시로 장합을 도독으로 모시자 모두가 한마음이 되어 三軍이 안정되었다. 조조가 동쪽으로 돌아가면서 長安을 鎭守할 留府長史를 선정할 때, 담당자가 올린 명단이 마음에 들지 않자 조조가 말했다.

"千里馬(騏驥)를 풀어놓고 타지 않으며, 왜 두리번거리면서 다시 찾는가?"

그러면서 두습을 留府長史로 삼아 關中에 주둔케 하였다.

| 原文 |

時將軍許攸擁部曲, 不附太祖而有慢言. 太祖大怒, 先欲伐之. 群臣多諫, "可招懷攸, 共討强敵." 太祖橫刀於膝, 作色不聽. 襲入欲諫, 太祖逆謂之曰, "吾計以定, 卿勿復言."

襲曰, "若殿下計是邪, 臣方助殿下成之, 若殿下計非邪, 雖成宜改之. 殿下逆臣, 令勿言之, 何待下之不闡乎?" 太祖曰, "許攸慢吾, 如何可置乎?" 襲曰, "殿下謂許攸何如人邪?" 太祖曰, "凡人也."

襲曰, "夫惟賢知賢, 惟聖知聖, 凡人安能知非凡人邪? 方今豺狼當路而狐狸是先, 人將謂殿下避强攻弱, 進不爲勇, 退不爲仁. 臣聞千鈞之弩不爲鼷鼠發機, 萬石之鍾不以莛撞起音, 今區區之許攸, 何足以勞神武哉?"

太祖曰, "善." 遂厚撫攸, 攸卽歸服.

時夏侯尙暱於太子, 情好至密. 襲謂尙非益友, 不足殊待, 以聞太祖. 文帝初甚不悅, 後乃追思. 語在〈尙傳〉. 其柔而不犯, 皆此類也.

| 국역 |

그 무렵 將軍인 許攸(허유)[151]는 부대를 차지하고서, 太祖에 협조하지 않고 함부로 큰 소리를 쳤다. 조조는 대노하며 먼저 허유를 정벌하려고 했다. 이에 여러 부하들은 "허유를 불러 회유하여 함께 강적(袁氏 형제)을 토벌해야 합니다."라고 간언하였다. 그러나 조조는 칼을 무릎 위에 얹어 놓고 노기를 띠며 다르지 않았다. 이에 杜襲(두습)이 들어가 간언을 올리려 하자, 조조가 먼저 가로 막으며 말했다.

"내 계책은 정해졌으니 다른 말을 하지 말라."

그래도 두습이 말했다.

"만약 전하의 계책이 옳으면 신하들은 전하를 도와 성취하겠지

151 許攸(허유, ?-204년, 字 子遠) - 袁紹(원소)에게 방략을 건의했으나 받아들이지 않자 나중에 조조에 귀부하였다. 허유가 조조를 찾아오자, 조조는 맨발로 달려 나와 맞이했다. 원소 격파와 冀州 성 함락에 공을 세웠지만 그 공을 믿고 조조를 무시하다가 잡혀 처형되었다.

만, 만약 옳지 않다면 정해진 것을 응당 고쳐야 할 것입니다. 그러나 전하께서 아랫사람을 맞으며 말을 못하게 하시는데, 신하의 의견을 왜 막으십니까?"

"허유가 나를 깔보는 것을 어찌 두고 보겠는가?"

"전하께서는 허유를 어떤 사람이라고 생각하십니까?"

"그저 보통 사람이다."

"賢人만이 현인을 알아보고 聖人은 성인을 알아준다 하였으니, 凡人이 어찌 비범한 사람을 알아보겠습니까? 지금 호랑이가 길을 막고 있는데, 여우를 먼저 죽이려 한다면 사람들은 전하께서 강적을 피하고 약자를 먼저 공격한다 할 것이니 공격한들 용기가 아니고 물러난다 하여 仁慈가 아닙니다. 제가 알기로, 千鈞(천균)의 쇠뇌(大弩)로 쥐새끼를 쏠 수 없고, 萬石의 鍾은 풀(草) 막대로 때려 소리가 나지 않습니다. 지금 소소한 허유 때문에 神武의 전하께서 어찌 마음을 쓰셔야 하겠습니까?"

조조는 "옳다."고 말했다. 이에 허유를 위무하자, 허유는 즉각 귀부하였다.

그때 夏侯尚(하후상)[152]은 太子(曹丕)와 아주 친밀하게 지냈다. 두습은 하후상이 도움이 될 벗이 아니니 특별히 대할 필요가 없다고

152 夏侯尚(하후상, ?-226년, 字 伯仁) - 夏侯淵(하후연)의 조카. 曹魏의 武將, 曹丕의 重臣, 荊州牧과 征南大將軍 역임. 하후상에게는 몹시 아끼고 사랑하는 애첩이 嫡室(적실)의 총애를 빼앗고 있었는데, 적실은 曹氏 여인이었기에 文帝가 사람을 보내 하후상의 애첩을 絞殺(교살)하였다. 하후상은 슬픔으로 병이 나서 제정신을 잃었는데 애첩을 매장했지만 보고 싶은 생각을 견디지 못하고 다시 파내어 부둥켜안고 통곡하였다. 文帝는 이를 알고서 화를 내며 말했다. "杜襲(두습)이 하후상을 경박하다고 했는데, 정말 그러하구나!" 《魏書》 9권, 〈諸夏侯曹傳〉에 입전.

말했고, 이는 조조도 알고 있었다. 조비는 처음에 기분이 나빴지만 뒤에 다시 생각하였다. 이는 〈夏侯尙傳〉에 수록했다. 두습이 부드러우면서도 뜻을 거스르지 않는 것이 대개 이런 식이었다.

| 原文 |

文帝卽王位, 賜爵關內侯. 及踐阼, 爲督軍糧御史, 封武平亭侯, 更爲督軍糧執法, 入爲尙書. 明帝卽位, 進封平陽鄕侯. 諸葛亮出秦川, 大將軍曹眞督諸軍拒亮, 徙襲爲大將軍軍師, 分邑百戶賜兄基爵關內侯. 眞薨, 司馬宣王代之, 襲復爲軍師, 增邑三百, 並前五百五十戶. 以疾徵還, 拜太中大夫. 薨, 追贈少府, 謚曰定侯. 子會嗣.

| 국역 |

曹丕가 魏王으로 즉위하자, 두습은 關內侯가 되었다. 제위에 오르자, 두습은 軍糧(군량)을 감독하는 御史가 되었고, 武平亭侯에 봉해졌고 다시 군량과 軍法을 주관하였으며 조정에 들어와 尙書가 되었다. 明帝가 즉위한 뒤에 작위가 올라 平陽鄕侯에 봉해졌다.

諸葛亮(제갈량)이 秦川(진천)[153]으로 출동하자, 대장군 曹眞(조진)은 모든 군사를 감독하여 제갈량을 방어하였는데, 두습은 대장군의

153 秦川(진천) – 今 陝西省 渭水(위수) 평원을 지칭하는 말. 秦의 땅에 渭水가 흐르는 곳.

軍師가 되었으며, 자신의 식읍 1백 호를 분할하여 형인 杜基(두기)를 關內侯가 되게 했다. 조진이 죽자, 그 직책을 사마의가 대신하면서 두습은 다시 軍師가 되었으며 식읍 3백 호를 더 받아 총 550호가 되었다.

두습은 병 때문에 조정으로 복귀하여 太中大夫가 되었다. 두습이 죽자 少府를 추증하였고, 시호는 定侯(정후)였다. 아들 杜會(두회)가 계승했다.

❺ 趙儼

| 原文 |

趙儼字伯然, 潁川陽翟人也. 避亂荊州, 與杜襲,繁欽通財同計, 合爲一家. 太祖始迎獻帝都許, 儼謂欽曰, "曹鎭東應期命世, 必能匡濟華夏, 吾知歸矣." 建安二年, 年二十七, 遂扶持老弱詣太祖, 太祖以儼爲朗陵長.

縣多豪猾, 無所畏忌. 儼取其尤甚者, 收縛案驗, 皆得死罪. 儼旣囚之, 乃表府解放, 自是威恩並著. 時袁紹擧兵南侵, 遣使招誘豫州諸郡, 諸郡多受其命. 惟陽安郡不動, 而都尉李通急錄戶調. 儼見通曰, "方今天下未集, 諸郡並叛, 懷附者復收其綿絹, 小人樂亂, 能無遺恨! 且遠近多虞, 不可不詳也."

通曰, "紹與大將軍相持甚急, 左右郡縣背叛乃爾. 若綿絹不調送, 觀聽者必謂我顧望, 有所須待也."

儼曰, "誠亦如君慮, 然當權其輕重, 小緩調, 當爲君釋此患."

乃書與荀彧曰, 「今陽安郡當送綿絹, 道路艱阻, 必致寇害. 百姓困窮, 鄰城並叛, 易用傾盪, 乃一方安危之機也. 且此郡人執守忠節, 在險不貳. 微善必賞, 則爲義者勸. 善爲國者, 藏之於民. 以爲國家宜垂慰撫, 所斂綿絹, 皆俾還之.」

彧報曰, 「輒白曹公, 公文下郡, 綿絹悉以還民.」

上下歡喜, 郡內遂安.

| 국역 |

趙儼(조엄)[154]의 字는 伯然(백연)으로, 潁川郡(영천군) 陽翟縣(양책현) 사람이다. 형주로 피란했는데, 杜襲(두습), 繁欽(번흠)과 재산을 공동으로 소유하며 일가처럼 생활하였다. 조조가 獻帝를 영입하여 許縣에 도읍하자, 조엄이 번흠에게 말했다.

"曹 鎭東將軍(曹操)은 시세에 순응하며 이름을 날리니 틀림없이 세상을 바로잡고 中原을 구제할 것이니, 내가 귀부할 분입니다."

그리고서는 建安 2년(서기 197), 27세에, 가족을 모두 데리고 조조에게 귀부하자, 조조는 조엄을 (汝南郡의) 朗陵(낭릉) 縣長에 임용하였다.

154 趙儼(조엄, 171 – 245년, 字 伯然) – 潁川 陽翟縣(今 河南省 許昌市 관할 禹州市)人. 後漢과 曹魏의 官員, 司空 역임.

낭릉현에는 법을 따르지 않는 많은 호족들이 아무 거리낌도 없이 횡행하였다. 이에 조엄은 그중에서도 심한 자들을 골라 체포 조사하여 사형으로 판결하였다. 조엄은 가둬두면서 한편으로는 표문을 올려서 일부를 석방하며 위엄과 은전을 함께 베풀었다.

그때 원소가 거병하고 남침하면서 사람을 보내 豫州 관할 여러 군을 회유하자, 많은 태수들이 원소의 임명장을 받았다. 그러나 陽安郡(汝南郡을 분할한 郡名)은 꿈쩍도 안 했는데, 都尉 李通(이통)[155]은 급히 호구별 부세 목록을 작성하였다. 조엄이 이통을 불러 말했다.

"지금 천하가 안정되지 않았고 여러 군에서 반기를 들고 있는데, 귀부하려는 자들에게 징수해야 할 비단을 면제해야만 백성들이 기뻐하며 감정이 없을 것이요! 그리고 원근에 우환거리가 많으니 조심하지 않을 수 없습니다."

그러자 이통이 말했다.

"원소와 大將軍(조조)이 지금 한창 싸우고 있는데, 주변의 군현은 아무렇지도 않은 듯 조정을 배반하였습니다. 만약 우리가 면포나 비단을 징수하여 바치지 않으면, 주변에서는 우리도 형세를 살펴 변화를 기다린다고 생각할 것입니다."

이에 조엄이 말했다.

"정말로 깊고 옳은 생각이나 사정의 경중을 따져 좀 느슨하게 징수할 것이며, 이 환난을 같이 극복합시다."

155 李通(이통, 168 – 209년, 字 文達) – 조조 휘하의 의리파 장군. 江夏郡 平春縣(今 河南省 남부 信陽市) 출신. 협객의 기질이 있어 長江과 (淮水의 지류인) 汝水(여수) 일대에 널리 알려졌다. 이통은 江夏郡 사람 陳恭(진공)과 함께 (汝南郡) 朗陵縣(낭릉현)에서 기병하였는데 많은 사람이 이통에 합세했다. 《魏書》 18권, 〈二李臧文呂許典二龐閻傳〉에 입전.

조엄은, 곧 荀彧(순욱)에게 서신을 보냈다.

"지금 陽安郡에서는 응당 면포와 비단을 납부하여야 하나 도로가 험난하고 틀림없이 도적떼의 침해가 있을 것 같습니다. 백성은 곤궁하고 이웃 군현이 배반하면서 곧 뒤집힐 것 같아 지금이 安危로는 어려운 때 같습니다. 여기 군 백성들은 충성의 지조를 지켜 험난 속에서도 두 마음을 품고 있지 않습니다. 작은 선의라도 시상하여 대의를 따르려는 자를 권면하고 있습니다. 나라를 위하는 선량한 백성이 군민 속에 많이 있습니다. 나라에서 백성을 위무하는 뜻으로 징수한 면포나 비단을 모두 돌려주는 방법도 고려해 주시기 바랍니다."

이에 순욱이 답신하였다.

"바로 曹公에게 아뢰고 공문을 군에 보냈으니, 면포와 비단을 모두 백성에게 환급하기 바랍니다."

이에 백성들 상하 모두가 기뻐했고 군내는 안정되었다.

| 原文 |

入爲司空掾屬主簿. 時于禁屯潁陰, 樂進屯陽翟, 張遼屯長社, 諸將任氣, 多共不協. 使儼並參三軍, 每事訓喩, 遂相親睦. 太祖征荊州, 以儼領章陵太守, 徙都督護軍, 護于禁,張遼,張郃,朱靈,李典,路招,馮楷七軍. 復爲丞相主簿, 遷扶風太守.

太祖徙出故韓遂,馬超等兵五千餘人, 使平難將軍殷署等督領, 以儼爲關中護軍, 盡統諸軍. 羌虜數來寇害, 儼率署等追到新平, 大破之. 屯田客呂並自稱將軍, 聚黨據陳倉, 儼復率署等攻之, 賊卽破滅.

| 국역 |

曹儼(조엄)은 조정에 들어와 司空府의 掾屬(연속)으로 主簿(주부)가 되었다. 그때 于禁(우금)은 潁陰(영음)에, 樂進(악진)은 陽翟(양책)에, 張遼(장료)는 長社縣(장사현)에 주둔하였는데 여러 장군들은 기분 내키는 대로 행동하며 여럿이 잘 협조하지 못했다. 조조는 조엄에게 3군의 업무를 맡겼는데, 조엄은 매사를 잘 조정하여 나중에 서로 화목하였다.

조조가 형주를 원정하면서 조엄에게 章陵太守를 겸임케 했다가 都督護軍으로 직책을 옮겼는데, 조엄은 于禁(우금), 張遼(장료), 張郃(장합), 朱靈(주령), 李典(이전), 路招(노초), 馮楷(풍해)의 7軍을 감독하였다. 조엄은 다시 승상부 주부가 되었다가 右扶風 태수가 되었다.

조조는 예전 韓遂(한수)와 馬超(마초) 등에 소속했던 군사 5천 명을 차출하여 平難將軍인 殷署(은서) 등에게 지휘토록 했고, 조엄을 關中護軍으로 삼아 여러 군사를 감독케 하였다. 羌族이 자주 군현을 노략질하자, 조엄은 殷署(은서) 등을 지휘하여 그 군사로 新平郡[156]까지 추격하여 대파하였다. 屯田客인 呂並(여병) 등이 장군을 자칭하며 무리를 모아 (우부풍의) 陳倉縣(진창현)[157]을 차지하자, 조엄은 다시

156 新平郡 – 郡治는 漆縣(칠현), 今 陝西省 서부 涇河(경하) 중류의 咸陽市 관할 彬縣.

157 陳倉(진창)은 右扶風의 縣名. 今 陝西省 서남부 寶鷄市 陳倉區. 渭水 북안.

은서 등을 지휘 공격케 하여 반적을 격파하였다.

| 原文 |

時被書差千二百兵往助漢中守, 署督送之. 行者卒與室家別, 皆有憂色. 署發後一日, 儼慮其有變, 乃自追至斜谷口, 人人慰勞, 又深戒署. 還宿雍州刺史張既舍. 署軍復前四十里, 兵果叛亂, 未知署吉凶. 而儼自隨步騎百五十人, 皆與叛者同部曲, 或婚姻, 得此問, 各驚, 被甲持兵, 不復自安. 儼欲還, 既等以爲"今本營黨已擾亂, 一身赴之無益, 可須定問".

儼曰, "雖疑本營與叛者同謀, 要當聞行者變, 乃發之. 又有欲善不能自定, 宜及猶豫, 促撫寧之. 且爲之元帥, 既不能安輯, 身受禍難, 命也." 遂去. 行三十里止, 放馬息, 盡呼所從人, 喻以成敗, 慰勵懇切. 皆慷慨曰, "死生當隨護軍, 不敢有二." 前到諸營, 各召料簡諸奸結叛者八百餘人, 散在原野, 惟取其造謀魁率治之, 餘一不問. 郡縣所收送, 皆放遣, 乃卽相率還降.

儼密白, "宜遣將詣大營, 請舊兵鎭守關中." 太祖遣將軍劉柱將二千人, 當須到乃發遣, 而事露, 諸營大駭, 不可安喻. 儼謂諸將曰, "舊兵既少, 東兵未到, 是以諸營圖爲邪謀. 若或成變, 爲難不測. 因其狐疑, 當令早決."

遂宣言當差留新兵之溫厚者千人鎭守關中, 其餘悉遣東. 便見主者, 內諸營兵名籍, 案累重, 立差別之. 留者意定, 與儼同心. 其當去者亦不敢動, 儼一日盡遣上道, 因使所留千人, 分佈羅落之. 東兵尋至, 乃復脅喩, 並徙千人, 令相及共東, 凡所全致二萬餘口.

| 국역 |

그때 문서를 받고서 漢中郡 지역 수비로 군사 1,200명을 차출하여 보내면서 (平難將軍인) 殷署(은서)에게 부대를 통합 인솔케 하였다. 차출된 병졸은 가족과 헤어지면서 모두 근심이 가득했다. 은서가 출발한 다음 날, 趙儼(조엄)은 변고 발생을 우려하여 부대를 따라 斜谷口(사곡구)까지 가서 병졸마다 위로를 해주면서 은서에게도 단단히 주의를 주었다. 그리고서 조엄은 돌아오며 雍州刺史인 張旣(장개)의 관사에서 묵었다.

은서의 군사는 40리를 더 전진하였는데, 과연 예상대로 병졸이 반기를 들었는데 그 결과가 어떨지 예측할 수가 없었다. 이에 조엄은 자신을 수행하는 보병과 기병 150명을 데리고 있었는데, 그 150명 중에는 반란을 일으킨 병졸과 같은 부대였거나 혼인관계로 아는 사람들이라서 반란에 대해 묻고 놀랐으며 병기를 챙기면서도 모두 마음이 편치 않았다. 조엄이 부대로 되돌아가려 하자, (옹주자사) 張旣(장개) 등은 "지금 본대의 무리들이 소란을 일으켰으니, 단신으로 가 보아야 무익할 것이니 확실한 소식을 기다려야 합니다."라고 말했다.

이에 조엄이 말했다. "비록 본영과 반란 군사가 동모했는지는 모르지만, 출발한 군사가 반란을 일으켰다는 소식을 듣고서 본영 군사도 출발했을 것입니다. 그리고 반란을 따르지 않고 善한 쪽을 따르려는 군사들도 자신이 결정을 내리지 못하고 유예미정일 수도 있으니 서둘러 진정시켜야 합니다. 또 총 지휘와 책임을 받은 내가 그들을 안정시키지 못한다면 어차피 책임을 져야 하니, 이는 命입니다."

그리고는 출발했다. 조엄이 30리를 가서 잠깐 말을 풀어놓고 쉬면서 수행하는 부하들을 불러 사태의 성패를 설명하며 진정으로 위로하였다. 그러자 모두가 강개한 어조로 말했다.

"死生之間에 응당 護軍 장군을 따르며 감히 두 마음을 품지 않을 것입니다."

앞으로 전진하여 군영에 도착하여 각자 헤아려보니 8백여 명 정도가 소요에 참여했고, 지금 들판에 흩어졌다는 것을 알고 그들 중 주모자만을 찾아내어 처벌하고 나머지는 일체 불문에 붙였다. 그리고 각 군현에서 체포하여 압송해온 자들도 모두 훈방하자, 곧 모두가 따라 귀환하였다.

이에 조엄이 비밀리에 보고하였다.

"응당 본영에서 장수를 보내 인솔하여 귀환해야 하나, 노병을 남겨 關中 지역을 수비할 수 있게 해 주십시오."

조조는 장군 劉柱(유주)에게 2천 명 군사를 거느리고 그들이 오기를 기다렸다가 함께 출발케 하였는데, 반란했던 일이 알려지자 각 군영에서는 크게 놀라며 안심할 수 없다고 생각하였다. 그러나 조엄이 여러 장수들에게 설명하였다.

"노병은 본래 많지 않았고, 또 關東에서 군사가 들어오지 않았기에 각 군영에서 불온한 일이 있었을 뿐이다. 만약 변란이 커졌으면 그 결과를 예측할 수 없었지만 저들이 의심하며 망설이는 동안 빨리 수습할 수 있었다."

그리고 새로 들어온 군사 중 온후한 자 1천여 명을 차출하여 關中을 방어케 할 것이며, 나머지는 모두 동쪽으로 보내겠다고 말했다. 그리고 군졸 명단을 작성하는 자를 불러 각 군영의 명부를 작성케 한 뒤에 친척으로 겹치는 사람을 별도로 찾아내 돌려보내기로 하였다. 그리하여 남아 근무해야 할 자들은 뜻을 정하고 조엄과 한마음이 되었다. 그리고 돌아가야 할 자들도 마음이 내키지 않아 떠나려 하지 않자, 조엄은 어느 날 모두 출발케 하였고 남아 있는 1천여 명도 각지에 분산 배치하였다. 동쪽에서 온 군대가 곧 도착하자, 조엄은 엄히 단속케 하면서 알아듣도록 사리를 설명하며 함께 동쪽으로 이동시켜 전후로 2만여 명을 모두 출발시켰다.

| 原文 |

關羽圍征南將軍曹仁於樊. 儼以議郎參仁軍事南行, 與平寇將軍徐晃俱前. 旣到, 羽圍仁遂堅, 餘救兵未到. 晃所督不足解圍, 而諸將呵責晃促救. 儼謂諸將曰, "今賊圍素固, 水潦猶盛. 我徒卒單少, 而仁隔絶不得同力, 此擧適所以弊內外耳. 當今不若前軍偪圍, 遣諜通仁, 使知外救, 以勵將士. 計北軍不過十日, 尙足堅守. 然後表裏俱發, 破賊必矣. 如有緩救之䜾, 余爲諸軍當之."

諸將皆喜, 便作地道, 箭飛書與仁, 消息數通, 北軍亦至, 並勢大戰. 羽軍旣退, 舟船猶據沔水, 襄陽隔絶不通, 而孫權襲取羽輜重, 羽聞之, 卽走南還. 仁會諸將議, 咸曰, "今因羽危懼, 必可追禽也."

儼曰, "權邀羽連兵之難, 欲掩制其後, 顧羽還救, 恐我承其兩疲, 故順辭求效, 乘釁因變, 以觀利鈍耳. 今羽已孤迸, 更宜存之以爲權害. 若深入追北, 權則改虞於彼, 將生患於我矣. 王必以此爲深慮."

仁乃解嚴. 太祖聞羽走, 恐諸將追之, 果疾敕仁, 如儼所策.

| 국역 |

關羽(관우)가 征南將軍 曹仁(조인)을 樊城(번성)[158]에서 포위하였다. 趙儼(조엄)은 議郞으로 曹仁의 군사를 관리하며 南行하였고, 平寇將軍(평구장군)인 徐晃(서황)과 함께 전진하였다. 번성 가까이 왔을 때, 관우는 조인을 완전히 포위했고, 다른 구원병은 아직 도착하지 않았다. 서황의 부대로 포위를 풀기에는 너무 부족했으나 다른 장수들은 서황에게 빨리 공격하라고 재촉하였다. 이에 조엄이 여러 장수들에게 말했다.

"지금 포위는 너무 견고하고, 水勢는 여전히 위험하며, 우리의 보

158 樊城(번성)은 보루, 작은 성 이름. 당시 南郡 襄陽縣(양양현) 소재. 今 湖北省 襄樊市 樊城區에 해당. 漢水 남안.

졸은 소수이고, 조인 장군과도 격리되어 있어 같이 합동 작전을 펼 수 없으니 안팎으로 난처한 상황입니다. 지금 우리의 선발대가 적의 포위 근처에 접근하여 첩자를 보내 조인장군에게 통보하여 구원군이 도착하였다고 알려 장졸을 격려하게 해야 합니다. 북쪽에서 우리의 본 군사가 10일 이내에는 확실하게 도착할 것이니, 조인 장군도 버틸 수 있을 것입니다. 그런 연후에 안과 밖에서 함께 작전을 전개하면 필히 적을 격파할 수 있을 것입니다. 만약 구원군이 늦어 성이 함락된다면 내가 여러분을 대신하여 책임을 져야 합니다."

여러 장수들은 모두 기뻐하며 참호를 파고 접근하여 조인에게 보내는 서신과 여러 통의 소식을 화살로 쏘아 알렸으며, 곧 북쪽의 구원군이 도착하여 힘을 합하여 크게 싸웠다. 관우의 군사가 물러난 뒤에 蜀軍의 선박은 沔水(면수)에 그대로 매어 있었고, 襄陽縣과는 길이 막혀 불통하였으며, 손권은 기습작전으로 관우의 군수물자를 탈취하였는데 소식을 들은 관우는 바로 남쪽으로 철수하였다.

曹仁이 여러 장수를 모아 의논할 때 모두가 말했다.

"이번에 관우가 위기에 몰렸을 때, 우리가 추격했으면 생포할 수 있었습니다."

이에 조엄이 말했다.

"손권은 관우의 계속되는 위난을 이용하여 촉의 후방을 제압하려고 하였으며, 관우와 우리 고원군 양쪽의 형세를 살피며, 우리가 蜀과 吳의 군사가 지치는 것을 이용할까 걱정했기에, 손권은 공손한 언사로 우리를 돕는 척하며 틈을 보아 應變하며 중간이득을 노렸습니다. 지금 관우는 이미 지쳐 물러났지만, 또 손권의 내침에 대비할 것입니다. 만약 우리가 관우를 추격하여 깊이 진격했다면, 손권은 관우에 대한 생각을 바꾸면서 우리를 습격할 수도 있었습니다. 우리는 이 점을 깊이 생각하고 대처해야 합니다."

조인의 魏軍 계엄을 해제하였다. 조조는 관우가 도주했다는 소식을 듣고 여러 장수가 추격할 것을 걱정하며 급히 조인에게 조엄의 방책에 따르라고 지시하였다.

| 原文 |

文帝卽王位, 爲侍中. 頃之, 拜駙馬都尉, 領河東太守, 典農中郎將. 黃初三年, 賜爵關內侯. 孫權寇邊, 征東大將軍曹休統五州軍御之, 徵儼爲軍師. 權衆退, 軍還, 封宜土亭侯, 轉爲度支中郎將, 遷尙書. 從征吳, 到廣陵, 復留爲征東軍師.

明帝卽位, 進封都鄕侯, 邑六百戶, 監荊州諸軍事, 假節. 會疾, 不行, 復爲尙書, 出監豫州諸軍事, 轉大司馬軍師, 入爲大司農.

齊王卽位, 以儼監雍, 涼諸軍事, 假節, 轉征蜀將軍, 又遷征西將軍, 都督雍, 涼. 正始四年, 老疾求還, 徵爲驃騎將軍, 遷司空. 薨, 諡曰穆侯.

子亭嗣. 初儼與同郡辛毗, 陳群, 杜襲, 竝知名, 號曰辛, 陳, 杜, 趙云.

| 국역 |

조비가 王位에 오르자, 조엄은 侍中이 되었다. 얼마 후, 駙馬都尉를 제수 받았고, 河東太守를 겸임하였으며, 典農中郎將이 되었다. (文帝) 黃初 3년, 관내후의 작위를 하사받았다. 손권이 변경을 자주 침략하자, 征東大將軍 曹休(조휴)는 五州의 군사를 거느리고 출정하였는데 조엄을 軍師로 초빙하였다. 손권의 군사가 물러나자 회군하였고, 조엄은 宜土亭侯에 피봉되었으며 度支中郎將(탁지중랑장)을 거쳐 尙書로 승진하였다. 文帝를 수행하여 吳 원정에 나서 廣陵郡에 갔다가 다시 征東將軍의 軍師가 되었다.

明帝가 즉위하자 都鄕侯로 작위가 올랐고 식읍은 6백 호였으며, 荊州의 모든 軍事를 감독하며 부절을 받았다. 마침 병이 나서 출발하지 못하고, 다시 상서가 되었다가 豫州의 諸軍事를 감독했고, 大司馬府의 軍師가 되었다가 조정의 大司農이 되었다.

齊王(曹芳)은 卽位하자, 조엄을 雍州와 涼州의 諸軍事를 감독하며 부절을 받았고, 征蜀將軍이 되었다가 다시 征西將軍으로 승진하였으며, 雍州와 涼州의 군사를 지휘하였다. (曹芳의) 正始 4년(서기 243), 노환으로 은퇴하려 했지만 조정에 들어가 驃騎將軍이 되었다가 司空으로 승진하였다.

조엄이 죽자, 시호는 穆侯(목후)였다. 아들 趙亭(조정)이 계승했다. 그전에 조엄과 같은 郡출신인 辛毗(신비),[159] 陳群(진군), 杜襲(두습)이 모두 유명하였기에 이들을 辛(신), 陳(진), 杜(두), 趙(조)라고 불

159 辛毗(신비, ?-235?, 字 佐治) - 潁川郡 陽翟縣. 原屬 袁紹의 部下, 원담을 섬겨 조조를 찾아와 구원을 요청했었다. 뒤에 曹操에 귀부, 직언을 잘했다. 曹魏의 重臣. 《魏書》 25권, 〈辛毗楊阜高堂隆傳〉에 입전.

렸다.

❻ 裴潛

| 原文 |

裴潛字文行, 河東聞喜人也. 避亂荊州, 劉表待以賓禮. 潛私謂所親王粲,司馬芝曰, "劉牧非霸王之才, 乃欲西伯自處, 其敗無日矣." 遂南適長沙.

太祖定荊州, 以潛參丞相軍事, 出歷三縣令, 入爲倉曹屬. 太祖問潛曰, "卿前與劉備俱在荊州, 卿以備才略何如?" 潛曰, "使居中國, 能亂人而不能爲治也. 若乘間守險, 足以爲一方主."

| 국역 |

裴潛(배잠)[160]의 字는 文行(문행)으로, 河東郡 聞喜縣 사람이다. 형주로 피난했는데 劉表는 賓禮(빈례)를 갖춰 대우하였다. 배잠은 가까웠던 王粲(왕찬)과 司馬芝(사마지)에게 은밀하게 말했다.

"劉 형주목은 霸王의 人才가 아니나, 西伯(서패, 서부의 霸者)라고 자처하지만 그가 몰락할 날이 멀지 않습니다"

160 裴潛(배잠, ?-244년, 字 文行) - 河東 聞喜縣(今 山西省 남부 運城市 관할 聞喜縣) 사람. 尙書令 역임.

그리고서는 남쪽 長沙郡으로 옮겨갔다. 조조가 荊州를 평정한 뒤, 배잠은 승상부 參軍이 되었다가 3개 현령을 역임하고 다시 조정에 들어와 倉曹의 속관이 되었다. 조조가 배잠에게 물었다.

"卿은 그전에 劉備와 함께 형주에 머물렀는데, 경이 볼 때 유비의 재능이나 책략이 어떠하던가?"

이에 배잠이 말했다.

"유비가 中原에 산다면 분란을 일으킬 사람이지 治亂할 사람은 못됩니다. 만약 기회를 잘 타서 험지를 차지하면 한 지방은 다스릴 수 있습니다."

| 原文 |

時代郡大亂, 以潛爲代郡太守. 烏丸王及其大人, 凡三人, 各自稱單于, 專制郡事. 前太守莫能治正, 太祖欲授潛精兵以鎭討之. 潛辭曰, "代郡戶口殷衆, 士馬控弦, 動有萬數. 單于自知放橫日久, 內不自安. 今多將兵往, 必懼而拒境, 少將則不見憚. 宜以計謀圖之, 不可以兵威迫也."

遂單車之郡. 單于驚喜. 潛撫之以靜. 單于以下脫帽稽顙, 悉還前後所掠婦女,器械,財物. 潛案誅郡中大吏與單于爲表裏者郝溫,郭端等十餘人, 北邊大震, 百姓歸心.

在代三年, 還爲丞相理曹掾, 太祖褒稱治代之功, 潛曰, "潛於百姓雖寬, 於諸胡爲峻. 今計者必以潛爲理過嚴, 而事加寬惠. 彼素驕恣, 過寬必弛, 旣弛又將攝之以法, 此訟爭所由生也. 以勢料之, 代必復叛."

於是太祖深悔還潛之速. 後數十日, 三單于反問至, 乃遣鄢陵侯彰爲驍騎將軍征之.

| 국역 |

그때 代郡[161]이 크게 혼란하자, 裴潛(배잠)을 代郡 太守에 임명하였다. 烏丸(오환)의 왕 및 그 大人 등 3인이 單于(선우)를 자칭하며 郡의 업무에 관여하였다. 전임 태수들이 이를 바로잡지 못하자, 조조는 배잠에게 精兵을 주어 진압 토벌하려고 했다. 그러나 배잠이 사양하며 말했다.

"代郡은 호구가 많고 기병과 궁수를 수만 명이나 동원할 수 있습니다. 그 선우들은 스스로 오랫동안 멋대로 지내왔지만 그래도 불안해 할 것입니다. 이번에 군사를 거느리고 가면 틀림없이 두려워하며 군 경계에서부터 저항할 것이니, 거느린 군사가 없다면 저를 꺼리지는 않을 것입니다. 차츰 상황을 보아 도모할 것이지 군사로 위협할 수는 없습니다."

그리고 배잠은 單車로 代郡에 부임하였다. 오환의 선우는 놀라면서도 좋아하였다. 배잠은 조용히 진압해 나갔다. 오환족의 선우 이하 모두가 모자를 벗고 고개를 숙였고, 그 동안 약탈했던 부녀자 및 기계와 재물을 돌려보냈다. 배잠은 郡中의 大吏 중 선우와 긴밀한

161 代郡 – 幽州刺史部 관할, 治所는 高柳縣. 今 山西省 북쪽 끝 大同市 관할 陽高縣. 후한에서는 산하 18개 현을 관할.

관계를 유지해온 郝溫(학온), 郭端(곽단) 등 10여 명을 법에 의거 처단하자 北邊이 크게 진동하면서 백성들이 귀부하였다.

배잠은 3년간 代郡에 재직한 뒤에 돌아와 승상부 理曹 속관이 되었고, 조조는 대군을 통치한 공적을 칭송하자, 배잠이 말했다.

"저는 백성들에게 관대하였지만 여러 胡人에게는 준엄하였습니다. 지금 대군을 다스리는 자는 제가 너무 엄격했다 하여 매사에 관용을 베풀 것입니다. 저들은 평소에 교만방자한데, 지나치게 관용을 베풀면 틀림없이 해이할 것이고, 해이한 다음에 법으로 단속하려 한다면 다툼이 일어날 것입니다. 그 형세를 추측컨대, 대군에서 틀림없이 반란이 있을 것입니다."

이에 조조는 배잠을 너무 일찍 불러들인 것을 후회하였다. 그 수십일 뒤에 선우 3명이 배반했다는 소식이 들어오자, 곧 鄢陵侯 曹彰(조창)을 驍騎將軍으로 삼아 정벌케 하였다.

| 原文 |

潛出爲沛國相, 遷兗州刺史. 太祖次摩陂, 嘆其軍陳齊整, 特加賞賜.

文帝踐阼, 入爲散騎常侍. 出爲魏郡,潁川典農中郎將, 奏通貢擧, 比之郡國, 由是農官進仕路泰. 遷荊州刺史, 賜爵關內侯.

明帝卽位, 入爲尙書. 出爲河南尹, 轉太尉軍師,大司農, 封清陽亭侯, 邑二百戶. 入爲尙書令, 奏正分職, 料簡名實, 出事使斷官府者百五十餘條. 喪父去官, 拜光祿大夫.

正始五年薨, 追贈太常, 謚曰貞侯. 子秀嗣. 遺令儉葬, 墓中惟置一坐, 瓦器數枚, 其餘一無所設. 秀, 咸熙中爲尙書僕射.

| 국역 |

裴潛(배잠)은 沛國의 相으로 나갔다가 兗州(연주) 刺史로 승진했다. 조조가 摩陂(마피)[162]의 군영에 머물 때, 배잠의 軍陣이 整齊된 것을 보고 감탄하여 특별상을 내렸다.

文帝가 제위에 오른 뒤 배잠은 조정의 散騎常侍가 되었다. 다시 魏郡과 潁川郡(영천군)의 典農中郎將이 되었는데, 조정에 인재 천거에 관한 의견을 진술하여 전농중랑장의 지위를 郡의 태수나 제후국 相과 동일하게 하여서 전농관의 관로를 크게 넓혀주었다. 배잠은 荊州刺史로 승진했고 關內侯의 작위를 하사받았다.

明帝가 즉위하자, 조정의 尙書가 되었다. 다시 河南尹으로 나갔다가 太尉府의 軍師와 大司農을 역임했고 淸陽亭侯에 봉해졌으며, 식읍은 2백호였다. 조정의 尙書令이 되었는데, 관리 考課 평정의 업무 분할과 관직명에 따라 치적을 계량화하고, 출장하여 업무처리를 할 때 업무 판정에 관한 일 등 150여 조항을 상주하였다. 부친상으로 관직을 사직한 뒤에 光祿大夫를 제수 받았다.

162 摩陂(마피)는 저수지 이름. 今 河南省 중부 平頂山市 관할의 郟縣(겹현) 소재.

(齊王 曹芳의) 正始 5년(서기 244)에 죽자, 太常을 추증하였고 시호는 貞侯였다. 아들 裴秀(배수)가 작위를 계승했다. 검소한 장례와 묘중에 좌석 하나와 瓦器 몇 개를 준비하고 나머지는 일체 설치하지 말라고 유언하였다. 아들 배수는 咸熙 연간에, 尙書僕射(상서복야)가 되었다.

| 原文 |

評曰, 和洽淸和幹理, 常林素業純固, 楊俊人倫行義, 杜襲溫粹識統, 趙儼剛毅有度, 裴潛平恒貞幹, 皆一世之美士也. 至林能不繫心於三司, 以大夫告老, 美矣哉!

| 국역 |

陳壽의 評論 : 和洽(화흡)은 淸雅溫和하게 일을 처리했고, 常林(상림)은 청렴결백하고 衷心專一하였으며, 楊俊(양준)은 인물평론과 대의를 실천하였고, 杜襲(두습)은 溫柔純美하면서도 사리의 大綱을 꿰뚫었으며, 趙儼(조엄)은 剛毅(강의)하면서도 도량이 넓었고, 裴潛(배잠)은 平坦(평탄)한 恒心(항심)을 지켰으니 모두가 한 시대의 뛰어난 인재들이었다. 常林에 이르기까지 三公의 자리에 연연하지 않고 大夫로 은퇴하였으니 참으로 찬미할 만 하도다!

24권 〈韓崔高孫王傳〉(魏書 24)
(한,최,고,손,왕전)

❶ 韓暨

| 原文 |

韓暨字公至, 南陽堵陽人也. 同縣豪右陳茂, 譖暨父兄, 幾至大辟. 暨陽不以爲言, 庸賃積資, 陰結死士, 遂追呼尋禽茂, 以首祭父墓, 由是顯名.

擧孝廉, 司空辟, 皆不就. 乃變名姓, 隱居避亂魯陽山中. 山民合黨, 欲行寇掠. 暨散家財以供牛酒, 請其渠帥, 爲陳安危. 山民化之, 終不爲害.

避袁術命召, 徙居山都之山. 荊州牧劉表禮辟, 遂遁逃, 南居孱陵界, 所在見敬愛, 而表深恨之. 暨懼, 應命, 除宜城長.

| 국역 |

韓暨(한기)[163]의 字는 公至(공지)로, 南陽郡 堵陽縣(도양현) 사람이다. 同縣의 호족인 陳茂(진무)가 한기의 부친을 모함하여 거의 처형될 뻔했었다. 한기가 겉으로는 말을 하지 않았지만, 돈을 주고 죽음도 두려워하지 않는 자객을 은밀히 고용하여 결국 진무를 찾아 죽인 다음, 그 수급으로 선친 묘에 제사를 지냈는데, 이에 이름이 널리 알려졌다.

한기는 孝廉으로 천거되었고, 司空府의 부름을 받았지만 응하지 않았다. 한기는 성명을 바꿔 (南陽郡) 魯陽縣(노양현)의 산중에 은거 피난하였다. 산골 사람들이 작당하여 노략질을 하려고 했다. 한기는 가재를 들여 소고기와 술을 준비한 뒤에 그 우두머리를 불러 安危와 득실을 설명해주었다. 사람들은 교화되어 끝내 해악을 저지르지 않았다.

한기는 袁術(원술)의 부름을 피해 (南陽郡) 山都縣(산도현)의 산속으로 거처를 옮겼다. 형주목인 유표가 예를 갖춰 초빙하였지만, 한기는 아예 숨어버렸다가 남쪽으로 옮겨 (武陵郡) 孱陵縣(잔릉현) 지역에 거처했는데, 주민의 존경을 받았지만, 유표는 한기를 심하게 미워하였다. 한기는 두려워 부름에 응했는데, (南郡) 宜城(의성)의 縣長을 역임하였다.

163 韓暨(한기, 159?-238년, 字 公至) - 暨는 미칠 기(及), 南陽 堵陽縣 출신. 금 河南省 서남부, 南陽市 관할 方城縣. 秦末 韓王 信(회음후 韓信과 同名異人)의 후손, 曹魏 관원, 太常으로 오랫동안 복무.

| 原文 |

太祖平荊州, 辟爲丞相士曹屬. 後選樂陵太守, 徙監冶謁者. 舊時冶作馬排, 每一熟石用馬百匹, 更作人排, 又費功力, 暨乃因長流爲水排, 計其利益, 三倍於前. 在職七年, 器用充實. 制書褒嘆, 就加司金都尉, 班亞九卿.

文帝踐阼, 封宜城亭侯. 黃初七年, 遷太常, 進封南鄉亭侯, 邑二百戶.

| 국역 |

曹操가 荊州를 평정한 뒤, 韓暨(한기)는 부름을 받아 丞相府의 士曹 속관이 되었다. 뒤에는 (靑州자사부) 樂陵(낙릉)[164] 太守가 되었다가 監冶謁者(감야알자)[165]가 되었다. 예전에는 冶鐵(야철)에 말을 이용하여 바람을 불어넣었는데, 한번 야철에 말 1백 필이 필요했지만 (말이 부족하여) 사람의 힘으로 送風했는데 노력이 많이 들어갔다.

한기는 강물을 이용하는 물레방아 송풍기[166]로 대체하여 그 이득

164 樂陵郡(낙릉군) – 平原郡의 分郡, 今 山東省 북부 德州市 관할 樂陵市(河北省과 접경).

165 監冶謁者(감야알자) – 謁者(알자)는 僕射(복야)의 뜻. 監鹽官을 지칭. 여기 監冶(감야)는 製鐵 담당으로 추정. 後漢 대에는 곳곳에 鐵官을 두었다.

166 물레방아 송풍기 –《後漢書》〈杜詩傳〉에 의하면, 「建武 7년(서기 31), 杜詩(두시)는 南陽太守로 승진하였는데 ~ 水排(수배, 수력 송풍기)를 만들었는데, 쇠를 녹여 농기구를 만들 때 노력을 절감하는 효과가 있어 백성에게 도움이 되었다.(造作水排, 鑄爲農器, 用力少, 見功多, 百姓便之.)」라 하였다. 杜詩의 이 水排(水力鼓風機, 수력으로 작동하는 대장간의 풀무 送風機) 발명은 유럽보다 1,100년이나 앞섰다고 한다.

이 이전의 3배나 되었다. 7년간 재직하여 물자 공급이 매우 충실하였다. 이에 制書를 내려 크게 포상하였고, 司金都尉가 되었는데 반열 상 九卿의 다음에 해당하였다(질록 比二千石).

文帝가 제위에 올라 한기를 宜城亭侯(의성정후)에 봉하였다. 黃初 7년(서기 226)에 太常으로 승진하였고, 작위가 올라 南鄕亭侯가 되었는데 식읍은 2백 호였다.

| 原文 |

時新都洛陽, 制度未備, 而宗廟主祏, 皆在鄴都. 暨奏請迎鄴四廟神主, 建立洛陽廟, 四時蒸嘗, 親奉粢盛. 崇明正禮, 廢去淫祀, 多所匡正. 在官八年, 以疾遜位.

景初二年春, 詔曰, 「太中大夫韓暨, 澡身浴德, 志節高絜, 年逾八十, 守道彌固, 可謂純篤, 老而益劭者也. 其以暨爲司徒.」

夏四月薨, 遺令斂以時服, 葬爲土藏. 諡曰恭侯. 子肇嗣. 肇薨, 子邦嗣.

| 국역 |

그때 新都 洛陽(낙양)은 여러 제도가 미비하였으니, 종묘와 神主[167]는 모두 (魏國 도읍인) 鄴都에(업도, 鄴縣)[168] 있었다. 韓暨(한기)는 업

167 宗廟主祏 – 종묘의 신주를 보관하는 石室. 祏은 위패 석. 돌 龕室(감실).

168 魏郡의 治所인 鄴縣(업현), 今 河北省 남부 邯鄲市(한단시) 관할 臨漳縣. 曹操가 魏公이 되고 魏王으로 있는 동안 조조 세력의 근거지였다.

현의 四廟 神主를 모셔와야 한다고 주장하며 낙양에 종묘를 건립하였고, 四時에 따른 蒸嘗(증상, 제사)에 (황제가) 친히 제물〔粢盛(자성)〕을 올리게 했다. 한기는 종묘의 예법을 바로 세우고 각종 淫祀(음사)를 폐지하는 등 많은 것을 바로잡았다. 太常으로 8년을 재직하고 병으로 사직하였다.

(明帝) 景初 2년(서기 238) 봄에 조서를 내렸다.

「太中大夫인 韓曁(한기)는 修身하고 養性하여 덕행이 훌륭할 뿐만 아니라 志節이 高潔(고결, 絜은 潔)하며, 80세가 넘도록 正道를 더욱 굳게 지켰으니, 가히 純粹篤實(순수독실)한 품성을 늙을수록 더욱 힘써 실천하였도다. 한기를 司徒에 임명코자 한다.」

그해 여름 4월에 죽었는데, 평상복으로 殮(염)을 하고 (棺을 쓰지 말고) 土葬(토장)하라고 유언하였다. 시호는 恭侯였다. 아들 韓肇(한조)가 계승하였다. 한조가 죽자, 아들 韓邦(한방)이 계승했다.

❷ 崔林

| 原文 |

崔林字德儒, 淸河東武城人也. 少時晚成, 宗族莫知, 惟從兄琰異之. 太祖定冀州, 召除鄔長, 貧無車馬, 單步之官.

太祖征壺關, 問長吏德政最者, 幷州刺史張陟以林對, 於是擢爲冀州主簿, 徙署別駕,丞相掾屬. 魏國旣建, 稍遷御史中丞.

| 국역 |

崔林(최림)의 字는 德儒(덕유)인데, 淸河郡 東武城縣 사람이다. 어려서 늦게 깨었기에 일족 사람들이 알아주지 않았지만 從兄인 崔琰(최염)[169]만은 특별하게 여겼다. 조조가 冀州를 평정한 뒤 최림을 (太原郡) 鄔縣(오현) 縣長에 임명했는데 가난하여 수레가 없었기에 혼자 걸어가서 부임하였다.

조조가 壺關(호관)[170]을 차지한 뒤에, 치적이 제일 우수한 현령이 누구인가 물었는데, 幷州刺史인 張陟(장척)은 최림이라고 대답하였다. 이에 최림을 冀州 主簿로 발탁했는데, 최림은 冀州別駕가 되었다가 승상부의 속관이 되었다. 魏國이 건국되자(서기 216), 점차 승진하여 御史中丞(어사중승)이 되었다.

| 原文 |

文帝踐阼, 拜尙書, 出爲幽州刺史. 北中郞將吳質統河北軍事, 涿郡太守王雄謂林別駕曰, "吳中郞將, 上所親重, 國之貴臣也. 仗節統事, 州郡莫不奉箋致敬, 而崔使君初不與相聞.

169 崔琰(최염, 160年代 ?-216년, 字 季珪) - 琰은 옥을 갈 염. 淸河郡 東武城縣, 今 山東省 북부 德州市 武城縣, (河北省과 접경) 사람. 司空 崔林의 堂兄, 풍채가 훌륭했다. 처음에는 원소를 섬기다가 조조를 섬겼다. 사람을 보는 눈이 탁월했으며, 의리를 지켰지만 曹操의 좁은 度量에 희생당하였다. 《魏書》 12권, 〈崔毛徐何邢鮑司馬傳〉에 입전.

170 壺關(호관)은 上黨郡 壺關縣, 今 山西省 동남 長治市 관할 壺關縣.

若以邊塞不脩斬卿, 使君寧能護卿邪?"

別駕具以白林, 林曰, "刺史視去此州如脫屣, 寧當相累邪? 此州與胡虜接, 宜鎭之以靜, 擾之則動其逆心, 特爲國家生北顧憂, 以此爲寄."

在官一期, 寇竊寢息, 猶以不事上司, 左遷河間太守, 淸論多爲林怨也.

| 국역 |

文帝가 제위에 오른 뒤, 尙書가 되었다가 幽州刺史로 나갔다. 北中郞將인 吳質(오질)이 河北의 軍事를 총괄하였는데, 涿郡(탁군) 太守인 王雄(왕웅)이 崔林의 別駕(별가)에게 말했다.

"吳 中郞將은 황제가 친애하고 아끼는 사람으로 나라의 權臣이십니다. 부절을 받아 군사를 총괄하시니 州郡에서 서신을 올려 치하하지 않는 사람이 없습니다만, 崔使君(崔林)은 처음부터 서신도 올리지 않았습니다. 만약 변방에서 업무상 과오가 있어 당신이 죽어야 된다면 崔使君이 당신을 지켜줄 것 같습니까?"

최림의 별가는 이를 최림에게 말했다. 그러자 최림이 말했다.

"刺史가 그 직책을 그만둬야 한다면, 마치 낡은 신발을 벗어던지듯 하는데 뭐 때문에 당신을 힘들게 하겠는가? 이 幽州는 북쪽 이민족과 연접하였기에 조용히 鎭守해야 하나니, 소란하면 胡人의 반역심을 건드리게 되어 북방에 대한 나라의 우환이 될 뿐이라서, 나는 이를 늘 염두에 두고 있도다."

최림의 재임 기간 중 호인의 노략질이 없었지만 상사를 섬기지 않아 河間(하간)[171] 태수로 좌천되었는데, 논자들은 최림에게 원통한 일이라고 말했다.

| 原文 |

遷大鴻臚. 龜茲王遣侍子來朝, 朝廷嘉其遠至, 褒賞其王甚厚. 餘國各遣子來朝, 間使連屬, 林恐所遣或非眞的, 權取疏屬賈胡, 因通使命, 利得印綬, 而道路護送, 所損滋多. 勞所養之民, 資無益之事, 爲夷狄所笑, 此曩時之所患也. 乃移書敦煌喻指, 並錄前世待遇諸國豐約故事, 使有恒常.

明帝卽位, 賜爵關內侯, 轉光祿勳,司隸校尉. 屬郡皆罷非法除過員吏. 林爲政推誠, 簡存大體, 是以去後每輒見思.

| 국역 |

崔林은 大鴻臚(대홍려)가 되었다. 龜茲(구자)[172] 國王이 侍子를 보내 입조하였는데, 조정에서는 멀리서 찾아온 것을 가상히 여겨 아주 후하게 포상하였다. 이에 (서역의) 다른 나라에서도 아들을 보내 입조하였는데, 왕래하는 사절이 연속되면서 최림은 혹 가짜가 있을 수 있다 하여 임시로 먼 친척이나 胡人 상인을 골라 그들이 사신으

171 기주 관할 河間郡 治所는 樂成縣, 今 河北省 남동부의 滄州市 獻縣(헌현).

172 龜茲國(구자국, Qiūcí) – 前 3세기에서 14세기까지 존속한 서역의 綠洲(녹주, Oasis) 국가. 丘慈, 邱慈, 歸茲로도 표기. 今 新疆省 서부 阿克蘇市와 巴音郭楞蒙古自治州 일대에 해당. 뒷날 唐의 安西都護府가 있던 곳.

로 와서 (魏나라의) 인수를 받으러 오는 가를 조사케 하고 호송하게 했더니 손실이 크게 줄어들었다. 이런 병폐는 우리 백성을 힘들게 하고 무익한 일에 지출하여 이민족의 웃음거리가 되는, 예부터 있어온 병폐였다. 이에 최림은 敦煌郡에 공문을 보내 이전 시대에 서역 나라에 대한 보상의 다소를 보고하게 하여 늘 같은 양을 지출케 하였다.

明帝가 즉위하자, 최림은 關內侯의 작위를 받았고 光祿勳과 司隷校尉를 역임하였다. 최림은 각 郡國에서 정원 이외의 관리를 모두 해임케 하였다. 최림은 정성으로 업무를 처리했고 사리의 대체를 잘 알아 사직한 뒤에도 사람들은 최림을 생각하였다.

| 原文 |

散騎常侍劉劭作〈考課論〉, 制下百僚. 林議曰,

「案周官考課, 其文備矣, 自康王以下, 遂以陵遲, 此卽考課之法存乎其人也. 及漢之季, 其失豈在乎佐吏之職不密哉? 方今軍旅, 或猥或卒, 備之以科條, 申之以內外, 增減無常, 固難一矣. 且萬目不張擧其綱, 衆毛不整振其領.

皐陶仕虞, 伊尹臣殷, 不仁者遠. 五帝三王未必如一, 而各以治亂. 《易》曰, '易簡, 而天下之理得矣.' 太祖隨宜設辟, 以遺來今, 不患不法古也. 以爲今之制度, 不爲疏闊, 惟在守一勿失而已. 若朝臣能任仲山甫之重, 式是百辟, 則孰敢不

肅?」

| 국역 |

散騎常侍 劉劭(유소)[173]가 (관리 考課 평정 기준인) 〈考課論〉을 제정하여 制書로 백관에게 하달하였다. 최림이 이를 논하였다.

「周에서도 관리의 考課에 관한 규정이 있었고, 이 규정은 康王(강왕) 이후로 점차 쇠미해졌지만, 이는 고과 평정이 다른 사람에 의해 진행되었다는 뜻입니다. 漢 말기 漢의 쇠락이 어찌 관리 직분의 규정이 치밀하지 않아 그렇게 되었겠습니까? 지금 군사 업무에 있어 혹은 너무 방만하거나 갑자기 추진되며, 관련 규정이 갖추어졌고 내외에 널리 공표되었어도, 그 증감이 無常하여 하나로 통일할 수도 없습니다. 이는 그물이 다 펴지지도 않았는데 큰 줄을 잡아당기거나 갓옷을 제대로 다 입지도 않고 옷깃을 여미는 것과도 같습니다.

옛날 皐陶(고요)가 舜을 섬기고, 伊尹(이윤)이 殷을 섬기자 不仁者는 멀리 숨어버렸습니다. 五帝와 三王일지라도 꼭 하나의 방법으로만 治亂하지는 않았습니다. 그래서 《易》에서도 '쉽고도 간결하기에 천하의 모든 이치가 갖춰져 있다.'[174]고 하였습니다. 太祖께서는(曹操) 필요에 따라 관직을 설치하였고, 그것이 지금도 내려오고 있지만 그런 관직이 옛 제도가 아니라고 염려하지 않았습니다. 지금의 제도를 생각해보면, 소략하지도 않으며 적용에 하나라도 부족한

173 劉劭(유소)는 많은 典籍를 널리 배우고 깨우쳐 문재와 품덕을 두루 겸비한 사람. 《魏書》 21권, 〈王衛二劉傅傳〉에 입전.

174 乾道는 簡易(간이)하고 坤道는 簡單(간단)하다는 뜻을 설명한 글. 《易 繫辭傳上》 '~, 易簡, 而天下之理得矣. 天下之理得, 而成位乎其中矣.'

것이 없습니다. 만약 朝臣들이 (西周의 卿士) 仲山甫(중산보)와 같은 중임을 감당할 수 있다면, 모든 백관의 모범이 될 것이거늘 누가 따르지 않겠습니까?」

| 原文 |

景初元年, 司徒,司空並缺, 散騎侍郎孟康薦林曰,

「夫宰相者, 天下之所瞻效, 誠宜得秉忠履正本德仗義之士, 足爲海內所師表者. 竊見司隸校尉崔林, 稟自然之正性, 體高雅之弘量. 論其所長以比古人, 忠直不回則史魚之儔, 淸儉守約則季文之匹也. 牧守州郡, 所在而治, 及爲外司, 萬里肅齊, 誠台輔之妙器, 袞職之良才也.」

後年遂爲司空, 封安陽亭侯, 邑六百戶. 三公封列侯, 自林始也. 頃之, 又進封安陽鄕侯.

| 국역 |

(明帝) 景初 원년(서기 237), 司徒와 司空의 자리가 모두 결원이 되자, 散騎 侍郎인 孟康(맹강)이 최림을 천거하였다.

「宰相(재상)은 천하가 우러러보고 본받는 사람이니, 진정 충성스럽고 정도를 지키며 덕을 바탕으로 대의를 실천하는 사람이어야만 천하의 師表가 될 수 있습니다. 臣이 볼 때, 司隸校尉인 崔林은 자연의 바른 본성을 갖추고 高雅하며 넓은 도량을 실천하고 있습니다.

최림의 특장을 고인에 비교한다면, 충직하고 굽히지 않기로는 史魚(사어)[175]와 짝이 되고, 청렴 검소하고 절약하기로는 季文子(계문자)[176]와 같을 것입니다. 州郡의 州牧과 태수로 임지에서 치적이 훌륭하였으며, 사예교위를 담당하자 1만 리 먼 곳까지 모두 엄숙하였으니, 진정 천자를 보필할 훌륭한 대기이며 재상 직을 맡을 수 있는 良才입니다.」

뒷날 최림은 司空이 되었고 安陽亭侯에 봉해졌으며, 식읍은 6백 호였다. 三公이 列侯로 바로 책봉 받는 것은 최림에서 시작되었다. 얼마 후 작위가 올라 安陽鄕侯가 되었다.

| 原文 |

魯相上言, 「漢舊立孔子廟, 褒成侯歲時奉祠, 辟雍行禮, 必祭先師, 王家出穀, 春秋祭祀. 今宗聖侯奉嗣, 未有命祭之禮, 宜給牲牢, 長吏奉祀, 尊爲貴神.」

制三府議, 博士傅祗以《春秋傳》言立在祀典, 則孔子是也. 宗聖適足繼絶世, 章盛德耳. 至於顯立言, 崇明德, 則宜如魯相所上. 林議以爲 "宗聖侯亦以王命祀, 不爲未有命也. 周武王封黃帝,堯,舜之後, 及立三恪, 禹,湯之世, 不列於時, 復特

175 史魚는 춘추시대 衛나라의 대부. 史가 성씨, 이름은 鰌(미꾸라지 추), 字가 子魚.

176 季文子(계문자, 前 651?-568년) - 春秋 시대 魯國人. 姬姓, 季孫氏, 名 行父. 魯 莊公의 아우 季友의 손자.

命他官祭也. 今周公已上, 達於三皇, 忽焉不祀, 而其禮經亦存其言. 今獨祀孔子者, 以世近故也. 以大夫之後, 特受無疆之祀, 禮過古帝, 義逾湯,武, 可謂崇明報德矣, 無復重祀於非族也."

明帝又分林邑, 封一子列侯. 正始五年薨, 謚曰孝侯. 子述嗣.

| 국역 |

魯國의 相이 상주하였다.

「漢에서, 옛날에 孔子廟를 건립하였고 褒成侯(포성후)[177]가 歲時에 맞춰 제사를 받들고 있으며, 辟雍(벽옹)[178]에서 行禮할 때도 필히 先師(孔子)께 제사를 올렸고, 王家에서 새 곡식을 내어 춘추로 제사하였습니다. 지금은 宗聖侯가 제사를 받들고 있지만 제사의 예에 관한 명령이 없고, (조정에서) 犧牲(희생)으로 쓸 가축을 보내주어야

177 褒成侯(포성후) – 前漢 元帝는 공자의 후손인 孔霸(공패)를 褒成君에 봉했고, 식읍 8백 호를 내려 공자의 제사를 지내게 하였다. 이후 제후의 작위는 그 후손에게 세습되었다.

178 辟雍 – 明堂, 靈臺, 辟雍. 이를 三雍(삼옹)이라 칭한다. 明堂은 皇帝가 政敎의 大典을 행하는 건물. 朝會, 祭祀, 慶賞, 養老, 敎學 등의 행사를 집행하는 곳. 靈臺는 본래 周 文王 만들었다는 樓臺. 음양과 천문의 변화를 관측하는 곳. 3월과 9월에 鄕射禮를 거행했다. 누대의 높이 三丈, 12개의 문이 있으며 天子의 누대는 靈臺, 諸侯는 觀臺라고 했다. 周 文王 영대의 옛 遺構는, 今 陝西省 西安市 戶縣에 남아있다. 辟雍(벽옹)은 본래 周代의 중앙교육기관. 太學이 소재한 곳. 전체적으로 둥근 모양(하늘을 상징)을 물(敎化가 물처럼 흘러 널리 퍼지라는 뜻)이 두르고 있는 형상. 제후국의 교육기관이 있는 곳은 泮宮(반궁)이라고 했다.

하며, 나라의 제사에서도 공자를 고귀한 신으로 받들어야 합니다.」

이를 三府에서 논의하게 하였는데, 博士인 傅祗(부지)는《春秋傳》을 근거로 그러한 제사는 공자가 그렇게 받든 제사라고 하였다. 宗聖侯는 단절된 제사를 이어 받들며 덕행을 크게 선양해야 한다고 하였다. 공자의 학설과 사상을(立言) 顯揚(현양)하고 공자의 훌륭한 덕행을 존숭하기 위해서는 魯國의 相이 올린 그대로 시행해야 한다고 상주했다.

이에 대하여 崔林이 말했다.

"宗聖侯(종성후)[179]는 왕명을 받아 제사를 올려야 하는데, 왕명이 없는 것은 아닙니다. 周 武王은 黃帝와 堯, 舜의 후손을 봉했고, 또 舜, 夏禹, 殷湯의 후손들이 나라를 세우게 했으며〔三恪(삼각)〕,[180] 禹王과 湯王의 시대에는 四時에 맞춘 제사가 없었기에 다시 특별히 명하여 제사를 지내게 하였습니다. 지금 周公 이상 三皇까지는 그냥 제사를 지내지 않고 있지만, 그 제사의 禮에 관한 기록은 남아있습니다. 지금 공자에게만 제사를 올리는 것은 근세의 일입니다. 공자는 大夫의 후예이기에 특별히 끊이지 않고 제사를 올리는 것은 예법으로는 古帝를 벗어난 것이고, 명분으로도 湯王이나 武王을 넘어선 것이며, 공자에 대한 제사는 崇明하고 報德하는 것이지만, 공자의 후손이 아닌 사람들에 의한 또 다른 제사는 아닐 것입니다."

179 漢 元帝 때 공자의 13세손 孔霸(공패)를 褒成君(포성군)으로 봉한 이후, 시호는 여러 번 바뀌었다. 曹魏에서는 공자를 宗聖侯라고 호칭했다. 현재 臺灣에서 공자의 종손 孔垂長(공수장)의 정식 명칭은 大成至聖先師 奉祀官이다.

180 三恪(삼각) – 恪은 정성 각. 받들다. 周는 천하를 차지한 뒤에 夏 禹王과 殷 湯王의 후손을 封하여 나라를 세우게 했고, 또 舜의 후손도 봉하였는데, 이를 삼각이라고 불렀다.

明帝는 또 최림의 식읍을 나눠 최림의 아들 하나를 열후에 봉했다. 최림은 正始 5년(서기 244)에 죽었는데, 시호는 孝侯였다. 아들 崔述(최술)이 작위를 계승했다.

❸ 高柔

| 原文 |

高柔字文惠, 陳留圉人也. 父靖, 爲蜀郡都尉. 柔留鄕里, 謂邑中曰, "今者英雄並起, 陳留四戰之地也. 曹將軍雖據兗州, 本有四方之圖, 未得安坐守也. 而張府君先得志於陳留, 吾恐變乘間作也, 欲與諸君避之."

衆人皆以張邈與太祖善, 柔又年少, 不然其言. 柔從兄幹, 袁紹甥也, 在河北呼柔, 柔擧宗從之. 會靖卒於西州, 時道路艱澀, 兵寇縱横, 而柔冒艱險詣蜀迎喪, 辛苦荼毒, 無所不嘗, 三年乃還.

| 국역 |

高柔(고유)[181]의 字는 文惠(문혜)로, 陳留郡 圉縣(어현)[182] 사람이다.

181 高柔(고유, 174－263년, 字 文惠) － 陳留郡 출신. 후한에서 삼국, 曹魏의 5位 황제에 출사하였으니 曹魏의 흥망을 모두 경험했다.

182 圉縣(어현) － 圉는 馬夫 어. 圉縣(어현)은, 今 河南省 중동부 開封市 관할 杞縣(기현).

부친 高靖(고정)은 蜀郡의 都尉였다. 고유는 고향마을에 살면서 사람들에게 말했다.

"지금 각지에서 영웅이 기병하는데, 陳留郡은 사방에서 모여들어 서로 다툴 땅입니다. 曹將軍(曹操)이 兗州(연주)를 차지하고서 처음부터 천하를 꿈꾸고 있지만 확실하게 지킬 수가 없습니다. 張府君(張邈, 장막)은 먼저 진류군을 차지하였지만, 내가 볼 때 아마 변란이 일어날 것이니 여러분은 피난해야 합니다."

그러나 여러 사람들은 張邈(장막)[183]과 조조는 사이가 좋으며, 또 고유가 아직 젊은 사람이라서 고유의 말이 옳다고 생각하지 않았다. 고유는 사촌 형인 高幹(고간)을 따랐는데, 고간은 袁紹(원소)의 생질이었고, 고간이 河北에 있으면서 고유를 초빙하자, 고유는 일족을 데리고 고간에게 갔다. 그러나 마침 부친 고정이 西州(蜀)에서 죽었는데, 그때 도로가 불통했고 군사와 도적이 횡행했지만, 고유는 온갖 어려움을 무릅쓰고 蜀에 가서 쓰라린 고생을 겪으며[184] 부친의 시신을 모시고 3년 만에 돌아왔다.

| 原文 |

太祖平袁氏, 以柔爲菅長. 縣中素聞其名, 姧吏數人, 皆自

183 陳留太守 張邈(장막, ?-195년, 字 孟卓) - 邈은 멀 막. 陳留郡 태수 역임. 張邈(장막)은 反 董卓軍의 한 사람. 반복이 무상했다. 曹操, 袁紹와 모두 교제하였다. 黨錮의 화를 당한 名士 중 한 사람. 《後漢書》 67권, 〈黨錮列傳〉 참고. 《魏書》 7권, 〈呂布臧洪傳〉에 입전.

184 원문 辛苦荼毒 - 荼는 씀바귀 도, 쓴 나물. 차 도(茶의 本字). 茶와 通.

引去. 柔敎曰, "昔邴吉臨政, 吏嘗有非, 猶尙容之. 況此諸吏, 於吾未有失乎! 其召復之."

咸還, 皆自勵, 咸爲佳吏.

高幹旣降, 頃之以幷州叛. 柔自歸太祖, 太祖欲因事誅之, 以爲刺奸令史, 處法允當, 獄無留滯, 辟爲丞相倉曹屬. 太祖欲遣鍾繇等討張魯, 柔諫, 以爲今猥遣大兵, 西有韓,馬超, 謂爲己擧, 將相扇動作逆, 宜先招集三輔, 三輔苟平, 漢中可傳檄而定也. 繇入關, 遂,超等果反.

| 국역 |

조조가 원소를 평정한 뒤에 高柔(고유)를 (濟南國) 菅縣(관현) 縣長에 임명했다. 縣에서는 평소 고유의 명성을 알고 있어 여러 奸吏들이 사직하고 떠나갔다. 이에 고유가 말했다.

"옛날 (前漢 宣帝 때) 邴吉(병길, 丙吉)이 집정할 때, 관리가 비리를 저질러도 용서해 주었다. 하물며, 이 사람들은 나한테 잘못한 것은 아니니 불러서 전처럼 일하게 하라."

복직한 그들은 모두 열심히 근무하여 유능한 관리가 되었다.

高幹(고간)은 조조에 투항했다가 얼마 뒤에 幷州(병주)에서 반기를 들었다. 고유는 스스로 조조에 귀부했는데, 조조는 고간을 이유로 처형하려다가 고유를 刺奸令史에 임명했는데, 고유는 법 집행이 온당했고 감옥에는 미결수도 없어, 고유를 불러 승상부 倉曹의 속관에 임명했다.

조조가 鍾繇(종요) 등을 보내 張魯(장로)를 토벌하려 하자, 고유는 중지할 것을 권유하며 지금 서쪽에 韓遂(한수)와 馬超(마초)가 있어 함부로 대군을 동원할 수 없으며, 군사를 동원하면 오히려 한수와 마초에게 반역을 선동할 명분을 줄 수도 있으니, 먼저 三輔 지역에서 군사를 모아 삼보를 안정시킨다면, 漢中郡 지역은 격문을 보내기만 해도 평정할 수 있다고 말했다. 종요가 關中 지역에 진입하자, 한수와 마초는 예상대로 반역하였다.

| 原文 |

魏國初建, 爲尙書郞, 轉拜丞相理曹掾.

令曰, "夫治定之化, 以禮爲首. 撥亂之政, 以刑爲先. 是以舜流四凶族, 皐陶作士. 漢祖除秦苛法, 蕭何定律. 掾淸識平當, 明於憲典, 勉恤之哉!"

鼓吹宋金等在合肥亡逃. 舊法, 軍徵士亡, 考竟其妻子. 太祖患猶不息, 更重其刑. 金有母妻及二弟皆給官, 主者奏盡殺之.

柔啓曰, "士卒亡軍, 誠在可疾, 然竊聞其中時有悔者. 愚謂乃宜貸其妻子, 一可使賊中不信, 二可使誘其還心. 正如前科, 固已絶其意望, 而猥復重之, 柔恐自今在軍之士, 見一人亡逃, 誅將及己, 亦且相隨而走, 不可復得殺也. 此重刑非所以止亡, 乃所以益走耳."

太祖曰, "善." 卽止不殺金母, 弟, 蒙活者甚衆.

| 국역 |

魏國 건국 후, 高柔(고유)는 尙書郞이 되었다가 승상부 理曹 속관으로 전직했다.

그때 승상이 지시하였다.

“천하를 안정시킬 교화는 禮治가 첫째이다. 혼란을 바로잡으려면 형벌을 우선한다. 이러했기에 舜은 四凶의 무리를 내쫓았고 皐陶(고요)[185]를 법관으로 등용했다. 漢 高祖는 秦(진)의 가혹한 법을 폐지했고, 蕭何(소하)는 형법을 새로 제정하였다. 理曹의 속관들은 고명한 식견과 공정한 판결, 그리고 정통한 법규를 바탕으로 힘써 노력하라!”

鼓吹(고취, 군악대)인 宋金(송금) 등이 合肥(합비)에서 탈영하였다. 舊法에 의하면, 징발된 군사가 도망하면 그 처자까지 처벌하였다. 조조는 병졸의 탈영이 그치지 않는 것을 걱정하여 더욱 무겁게 처벌하였다. 송금의 모친과 처자식, 그리고 동생 2명이 관리에게 넘겨졌고, 담당자는 이들 모두를 처형해야 한다고 상주했다. 이에 고유가 말했다.

“士卒이 군에서 도주하는 일을 정말 가증스런 죄이지만, 그중에는 후회하는 자도 있다고 들었습니다. 저의 우견으로는 탈영병의 처자를 용서해 준다면, 첫째로 적군이 믿지 않을 것이며, 둘째로 탈영병에게 귀대할 마음이 생길 것입니다. 이전의 규정 그대로 처리한다면 탈영병은 이미 절망했는데 거기에 가족까지 처벌을 한다면,

185 皐陶(皐陶, 고요, 拼音, gāo yáo, 前 2280? – 前 2174년?) – 人名. 皐繇, 咎陶, 咎繇로도 표기. 舜帝의 賢臣. 舜의 理官(법 집행을 관장)이었다. 中國 司法의 鼻祖.

지금 복무 중인 군사는 다른 사람의 탈영이 자기에게도 죄가 미칠 수 있다 하여 함께 달아난다면 그들 모두를 다 죽일 수도 없습니다. 이러한 중형은 도주를 예방하기보다는 오히려 도주만 늘어날 뿐입니다."

조조는 옳다고 여겨 송금의 모친과 형제를 살려주었는데, 고유 덕분에 살아난 자가 매우 많았다.

| 原文 |

遷爲穎川太守, 復還爲法曹掾. 時置校事盧洪, 趙達等, 使察群下, 柔諫曰, "設官分職, 各有所司. 今置校事, 既非居上信下之旨. 又達等數以憎愛擅作威福, 宜檢治之."

太祖曰, "卿知達等, 恐不如吾也. 要能刺擧而辨衆事, 使賢人君子爲之, 則不能也. 昔叔孫通用群盜, 良有以也." 達等後奸利發, 太祖殺之以謝於柔.

| 국역 |

高柔(고유)는 穎川(영천) 太守가 되었다가 다시 승상부 法曹掾(법조연, 법조 실무 책임자)이 되었다. 그때 盧洪(노홍)과 趙達(조달) 등을 校事[186]에 임명하여 여러 관리를 사찰하였는데, 고유가 간언을 올렸다.

186 校事官은 曹操가 관리나 장군들의 비리를 조사하거나 감찰하며 개인 정보를 수집, 査察하기 위한 관직.

"부서에 따른 업무분장으로 각 담당자가 있습니다. 지금 校事를 두는 것은 윗사람이 아랫사람을 신임한다는 취지에 맞지 않습니다. 또 조달 등은 애증에 따라 위세를 부리며 이득을 추구하고 있으니 응당 조사하여 벌해야 합니다."

이에 조조가 말했다. "卿은 조달 등에 관하여 나만큼은 모를 것이다. 비리를 밝혀내고 여러 일을 처리해야 하는데, 이런 일은 君子에게 맡겨 처리할 일이 아니다. 옛날 (漢의) 叔孫通(숙손통)[187]이 群盜를 등용했던 것도 같은 이치이다."

조달 등은 나중에 간악하게 이득을 밝혔고, 조조는 조달을 처형한 뒤에, 고유에게 사과하였다.

|原文|

文帝踐阼, 以柔爲治書侍御史, 賜爵關內侯, 轉加治書執法. 民間數有誹謗妖言, 帝疾之, 有妖言輒殺, 而賞告者. 柔

187 叔孫通(숙손통, 生卒年 미상) – 叔孫은 복성. 叔孫何로도 표기, 秦始皇에서 漢文帝까지 섬겼다. 漢 高祖를 도와 宮廷 禮儀를 제정하였고, 太常과 太子太傅를 역임했다. 숙손통이 한왕에 귀부하였는데, 숙손통을 수행하는 제자가 100여 명이었으나 관리로 추천받은 자가 없었고 전적으로 도적 무리였던 장사들만 추천되었다. 숙손통의 제자들이 말했다. "우리가 선생을 섬기기 몇 년 만에 겨우 한에 투항했지만, 지금껏 우리들을 관리로 추천하지 않고 전적으로 도둑들만 추천하는 까닭은 무엇입니까?" 그러자 숙손통이 말했다. "한왕은 지금 화살과 돌을 맞으며 천하를 놓고 싸우고 있는데 차라리 당신들이 싸울 수 있겠는가? 때문에 먼저 적장을 죽이고 깃발을 빼앗을 수 있는 사람은 추천하는 것이요. 여러분들이 나를 믿고 기다려 준다면 나는 잊지 않을 것이요." 한왕은 숙손통을 박사에 임명하고 稷嗣君(직사군)이라 불렀다. 《漢書》 43권, 〈酈陸朱劉叔孫傳〉에 입전.

上疏曰,

「今妖言者必戮, 告之者輒賞. 既使過誤無反善之路, 又將開凶狡之群相誣罔之漸, 誠非所以息奸省訟, 緝熙治道也. 昔周公作誥, 稱殷之祖宗, 咸不顧小人之怨. 在漢太宗, 亦除妖言誹謗之令. 臣愚以爲宜除妖謗賞告之法, 以隆天父養物之仁.」

帝不卽從, 而相誣告者滋甚. 帝乃下詔, 「敢以誹謗相告者, 以所告者罪罪之.」 於是遂絶. 校事劉慈等, 自黃初初數年之間, 擧吏民奸罪以萬數, 柔皆請懲虛實, 其餘小小掛法者, 不過罰金. 四年, 遷爲廷尉.

| 국역 |

文帝가 즉위한 뒤에, 高柔(고유)는 治書侍御史가 되었고, 關內侯이 작위를 받았으며 治書執法이 되었다. 백성들 사이에서 誹謗(비방)과 妖言(요언)이 퍼지는 것을 文帝는 몹시 증오하면서 요언을 퍼트린 자는 즉시 처형했고 신고자에게는 상을 내렸다. 이에 고유가 상소하였다.

「지금 요언을 퍼트리는 자는 즉시 처형하고, 신고한 자는 그때마다 상을 받습니다. 이는 과오를 저지른 자가 후회하여 善으로 되돌아올 길을 막고, 흉악 교활한 자들에게는 誣告(무고)를 권장하게 되니, 불법이나 소송을 멈추고 治道를 더욱 밝게 하지는 못할 것입니다. 옛날 周公(주공)은 誥命(고명)을 지어 殷(은)의 祖宗을 칭송하였고 백성의 소소한 원망을 무시하였습니다. 漢의 太宗(文帝) 역시 요언과 비방을 금하는 법을 시행하였습니다. 臣의 우견으로, 요언과 비방자를 신고하면 시상하는 규정을 폐지하고 上天이 만물을 양육하는 仁愛의 정신을 높여야 할 것입니다.」

文帝가 이를 시행하지 않자, 밀고자는 더욱더 많아졌다. 이에 문제는 「비방했다고 밀고하는 자는 비방한 자와 같은 죄로 벌하겠다.」는 조서를 내렸다. 그러자 비방은 근절되었다.

校事인 劉慈(유자) 등은 黃初 초년부터 수년간에 걸쳐 관리와 백성의 불법 1만여 건을 적발하였는데, 고유는 그에 대한 사실 여부를 조사하여 처벌해야 하며 법을 위반한 소소한 죄는 벌금을 부과해야 한다고 주장하였다.

黃初 4년(서기 223)에, 고유는 廷尉로 승진하였다.

| 原文 |

魏初, 三公無事, 又希與朝政. 柔上疏曰,

「天地以四時成功, 元首以輔弼興治, 成湯仗阿衡之佐, 文, 武憑旦,望之力. 逮至漢初, 蕭,曹之儔並以元勳代作心膂, 此皆明王聖主任臣於上, 賢相良輔股肱於下也. 今公輔之臣, 皆國之棟梁, 民所具瞻. 而置之三事, 不使知政, 遂各偃息養高, 鮮有進納, 誠非朝廷崇用大臣之義, 大臣獻可替否之謂也. 古者刑政有疑, 輒議於槐棘之下. 自今之後, 朝有疑議及刑獄大事, 宜數以咨訪三公. 三公朝朔望之日, 又可特延入, 講論得

失, 博盡事情, 庶有裨起天聽, 弘益大化.」

帝嘉納焉. 帝以宿嫌, 欲枉法誅治書執法鮑勛, 而柔固執不從詔命. 帝怒甚, 遂召柔詣臺, 遣使者承指至廷尉考竟勛, 勛死乃遣柔還寺.

| 국역 |

魏 건국 초기에, 三公은 고유 직무가 따로 없어 조정의 직무 관여가 거의 없었다. 이에 高柔(고유)가 상소하였다.

「天地는 四時에 따라 운행하고, 元首(皇帝)는 三公의 도움으로 천하를 다스리니, 成湯(湯王)은 阿衡(아형, 伊尹)의 보좌를 받았고, (周) 文王과 武王은, 周公(旦)과 呂望(姜太公)의 도움을 받았습니다. 漢初에는 蕭何(소하)와 曹參(조참)이 나라의 元勳으로 제왕의 심복이 되었으니, 이 모두가 明王聖主가 위에서 맡긴 일을 賢相良輔가 아래에서 손발처럼 실천하였던 것입니다. 지금 公輔의 大臣(三公)은 모두 나라의 棟樑(동량)으로 백성들의 기대를 받고 있습니다. 그러나 이들은 삼공 이상의 우대를 받으며 정사를 직접 처리하지 않고 편안하게 쉬고 있을 뿐 받아들일 건의조차 없으니, 이는 참으로 조정에서는 삼공을 우대한다는 大義가 아니며, 정책의 가부를 결정할 수 있도록 대신이 도움을 요구하지도 않았습니다. 고대에는 刑政에 의문이 있으면 그때마다 조정에서 삼공과 대신의 논의가 있었습니다. 魏 건국 이후로 조정에서 논의할 국정이나 형벌에 관한 큰 일이 있을 경우 삼공에게 자주 자문을 구했습니다. 三公이 초하루나 보름 입조하는 날, 또는 특별히 불러 국정의 득실을 논의하고 국정을 상세히 물어 천자의 식견을 보충하고 교화를 더욱 늘려야 할 것입니다.」

| 原文 |

明帝卽位, 封柔延壽亭侯. 時博士執經, 柔上疏曰,

「臣聞遵道重學, 聖人洪訓, 褒文崇儒, 帝者明義. 昔漢末陵遲, 禮樂崩壞, 雄戰虎爭, 以戰陳爲務, 遂使儒林之群, 幽隱而不顯. 太祖初興, 愍其如此, 在於撥亂之際, 並使郡縣立教學之官. 高祖卽位, 遂闡其業, 興復辟雍, 州立課試, 於是天下之士, 復聞庠序之教, 親俎豆之禮焉.

陛下臨政, 允迪叡哲, 敷弘大猷, 光濟先軌, 雖夏啓之承基, 周成之繼業, 誠無以加也. 然今博士皆經明行脩, 一國淸選, 而使遷除限不過長, 懼非所以崇顯儒術, 帥勵怠惰也. 孔子稱'擧善而教不能則勸', 故楚禮申公, 學士銳精, 漢隆卓茂, 搢紳競慕.

臣以爲博士者, 道之淵藪, 六藝所宗, 宜隨學行優劣, 待以不次之位. 敦崇道教, 以勸學者, 於化爲弘.」

帝納之.

| 국역 |

明帝가 즉위하자, 高柔(고유)는 延壽亭侯가 되었다. 그때 博士를 두어 유학 교육을 담당케 했는데 고유가 상소하였다.

「臣이 알기로, 도덕과 학문을 숭상하는 것은 聖人의 크신 교훈이고, 문장과 유학을 높이는 것은 제왕의 聖明한 大義입니다. 옛날 漢末에 教學과 禮樂이 붕괴되었고, 영웅의 다툼과 전쟁 속에서 軍陣이 나라의 큰 일이 되자 儒林의 무리는 숨어서 나타나지 않았습니다. 太祖(武帝, 曹操)가 처음 흥기하면서 이러한 교학과 예악의 붕괴를 안타깝게 여기시어 혼란을 수습하는 과정에서도 각 군현에 教學을 담당할 관리를 배치하였습니다. 高祖(文帝, 曹丕)가 즉위하신 이후로 이러한 교학을 계속 진흥하시면서 辟雍(벽옹)을 건립하시고, 각 주에서 고시제도를 부활하자, 천하의 士人들은 庠序(상서, 學校)의 교육을 알고 俎豆(조두, 祭祀)의 의례를 몸소 실천하게 되었습니다.

지금 폐하께서 친정하시면서, 진정 총명하신 才智를 發顯(발현)하시고 弘大한 大略를 천하에 펴시며 先帝의 법도의 따르시니, 비록 夏王 啓(太康)의 계승이나 周 成王의 繼業도 폐하보다 더 나은 것이 없을 것입니다. 지금 나라의 博士들은 모두 경학에 밝고 품행이 단정하며, 전국에서 정선된 인재이지만 박사들의 관직은 縣長(縣令)보다 더 나은 것이 없으니, 이런 대우는 유학을 숭상하는 취지에 맞지 않고 교학의 태만을 초래할 것입니다. 孔子께서는 '우수한 인재를 뽑아 부족한 사람을 가르쳐 선행을 격려한다.' 고 하였으니, 그래서 (前漢의 제후국) 楚의 元王이 申培公(신배공)을 예우하자, 학자들은 경학에 전념하였으며 (後漢의) 光武帝가 卓茂(탁무)[188]를 (太傅로) 존중

188 卓茂(탁무, ? - 서기 28년)는 광무제 同鄕의 학자. 光武帝 즉위 때 늙어 이미 은퇴했었다. 광무제는 卓茂(탁무)를 찾아 자문을 구하고 太傅에 임용했으나 建武 4년 그가 죽자, 후임을 임명하지 않았다. 《후한서》 25권, 〈卓魯魏劉列傳〉에 입전.

하자, 搢紳(진신) 사대부들이 다투어 학문에 열중하였습니다.

臣의 생각으로, 博士란 道의 근원이며 六藝(육예, 六經)의 宗師이니 學行의 優劣(우열)에 따라 평상시의 지위보다 더 우대하여야 합니다. 도덕과 교화를 받들고 학자를 권면하는 것이, 곧 교화를 넓히는 길입니다.」

명제는 상소를 받아들였다.

| 原文 |

後大興殿舍, 百姓勞役, 廣采衆女, 充盈後宮, 後宮皇子連夭, 繼嗣未育. 柔上疏曰,

「二虜狡猾, 潛自講肄, 謀動干戈, 未圖束手. 宜畜養將士, 繕治甲兵, 以逸待之. 而頃興造殿舍, 上下勞擾. 若使吳,蜀知人虛實, 通謀並勢, 復俱送死, 甚不易也. 昔漢文惜十家之資, 不營小臺之娛, 去病慮匈奴之害, 不遑治第之事. 況今所損者非惟百金之費, 所憂者非徒北狄之患乎? 可粗成見所營立, 以充朝宴之儀. 乞罷作者, 使得就農. 二方平定, 復可徐興.

昔軒轅以二十五子, 傳祚彌遠, 周室以姬國四十, 歷年滋多. 陛下聰達, 窮理盡性, 而頃皇子連多夭逝, 熊羆之祥又未感應. 群下之心, 莫不悒戚. 《周禮》, 天子后妃以下百二十人, 嬪嬙之儀, 旣以盛矣. 竊聞後庭之數, 或復過之, 聖嗣不昌, 殆能由此. 臣愚以爲可妙簡淑媛, 以備內官之數, 其餘盡遣還

家. 且以育精養神, 專靜爲寶. 如此, 則〈螽斯〉之徵, 可庶而致矣.」

帝報曰, "知卿忠允, 乃心王室, 輒克昌言, 他復以聞."

| 국역 |

그 뒤에 궁궐 공사를 크게 일으키며 백성을 노역에 동원하였으며, 널리 많은 여인을 뽑아 후궁을 채웠으나 후궁의 皇子들은 연이어 요절하여 후사를 키우지 못했다. 이에 高柔(고유)가 상소하였다.

「교활한 蜀과 吳는 암암리에 군사를 훈련하며 전쟁을 도발하며 휴전을 원하지 않고 있습니다. 우리는 응당 將士를 양성하고 병기를 수선하면서 적의 피폐를 기다려야 합니다. 그러나 요즈음 궁궐을 크게 짓느라 상하가 많은 고생을 하고 있습니다. 만약 吳와 蜀이 우리의 허실을 알게 되면 그들끼리 通謀(통모)하고 합세하여 우리를 공격해온다면 우리는 백성을 전장으로 보내야 하니 결코 쉬운 일이 아닙니다. 옛날에 漢 文帝는 보통 민가 10戶의 재산을 소모된다는 계산 때문에 작은 누각 공사를 하지 않았고,[189] (漢 武帝 때) 霍去病

189 惜十家之資 – 文帝는 그전에 노천에 누대를 지으려고 匠人을 불러 계산을 물었더니 황금 1百斤이 소요된다고 하였다. 이에 문제가 말했다. "百金이면 보통 사람 十家의 재산이다. 짐이 先帝의 궁실을 물려받은 것만으로도 늘 先帝께 부끄러웠는데, 왜 누대를 더 지어야 하는가!" 그리고는 누각을 짓지 않았다. 이는《漢書 文帝紀》에 班固의 論贊에 나온다. 문제는 가장 저급의 검은 비단 옷을 입었으며 총애하는 愼夫人의 옷도 땅에 끌리지 않았고, 휘장에 수를 놓지도 않아 돈후질박한 생활로 천하에 솔선하였다. 霸陵(패릉)을 조성하면서도 질그릇을 사용하였고, 금은 또는 구리나 주석으로 장식하지 않았으며, 산의 형세에 따랐고 봉분을 만들지도 않았다.

(곽거병)은 匈奴의 침해를 막아야 하기에 저택을 지을 겨를이 없다고 하였습니다. 그런데 지금 지출해야 할 비용은 百金之費(민가 십 호의 재산)가 아니며 걱정거리가 어찌 北狄(북적, 匈奴)에 비할 수 있겠습니까? 여기에 지금 공사 중인 건물의 완공 때까지의 비용이나 조정의 연회 비용을 중단해야 합니다. 지금 공사에 동원한 백성을 돌려보내 농사를 짓게 해야 합니다. 그리고 蜀과 吳를 평정한 뒤에 천천히 다시 시작해야 합니다.

옛날 皇帝 軒轅(헌원)은 아들 25명이 있어 그 제위가 오래도록 계승되었으며, 周室은 40개의 姬姓(희성) 제후국이 해가 갈수록 많아졌습니다. 폐하께서는 총명통달하시고 사리와 본성을 잘 깨우치셨지만 최근 皇子들이 연이어 요절하고 皇子 生育의 길조도 나타나지 않고 있습니다. 그러하오니, 무릇 신하의 마음에 근심과 걱정뿐입니다. 《周禮》에 천자는 后妃 이하 120명의 여인을 거느린다 하였으니 후궁의 규모는 많은 것입니다. 臣이 알기로, 지금 후궁 비빈의 수가 《周禮》보다 더 많지만 폐하의 후사가 번창하지 않는 이유가 비빈의 수가 적기 때문은 아닐 것입니다. 臣의 愚見입니다만, 현명하고 은총을 받을 비빈이나 內官의 업무에 필요한 여인 말고 나머지는 모두 본가로 돌려보내야 합니다. 그러면서 폐하의 정력과 神氣를 보완하여 淸靜을 보배로 삼아야 할 것입니다. 그러하다면 많은 후사[190]를 보실 수 있을 것입니다.」

명제가 답하였다.

190 원문의 螽斯之徵 – 螽斯(종사)는 여치. 여치는 알을 많아 낳는 곤충. 《詩經 周南 螽斯》는 자손의 번창을 기원하는 시이다.

"卿이 직언으로 왕실을 위하는 충심을 알겠나니, 또 다른 의견도 다시 올리기 바라노라."

|原文|

時獵法甚峻. 宜陽典農劉龜竊於禁內射兎, 其功曹張京詣校事言之. 帝匿京名, 收龜付獄. 柔表請告者名, 帝大怒曰, "劉龜當死, 乃敢獵吾禁地. 送龜廷尉, 廷尉便當考掠, 何復請告者主名, 吾豈妄收龜邪?"

柔曰, "廷尉, 天下之平也, 安得以至尊喜怒而毁法乎?" 重復爲奏, 辭指深切. 帝意寤, 乃下京名. 卽還訊, 各當其罪.

|국역|

당시 사냥을 금지하는 법이 매우 엄격하였는데, (弘農郡) 宜陽縣(의양현)의 典農官 劉龜(유귀)가 은밀히 금렵구역에서 토끼를 사냥한 사실을 그 功曹인 張京(장경)이 校事를 찾아가 밀고하였다. 明帝는 장경의 성명을 숨기고 유귀를 체포하여 옥에 가두었다. 이에 고유는 고발자의 이름을 알려달라고 요청하자, 명제가 대노하며 말했다.

"유귀는 응당 죽여야 하니, 감히 짐의 금지구역에서 사냥을 했다. 유귀를 정위에 보내고, 정위는 응당 고문, 조사해야 하거늘, 어찌 고발자의 이름을 알려달라고 하는데, 내가 유귀를 함부로 잡아넣었다는 말인가?"

이에 고유가 말했다.

"廷尉는 천하 누구에게나 공평해야 하거늘, 어찌 폐하의 희노의 감정에 따라 법을 훼손하겠습니까?"

그러면서 거듭 상주하였는데 그 뜻이 깊고도 간절하였다. 명제도 깨달은 바 있어 장경의 이름을 알려주었다. 이에 즉시 장경을 잡아 조사하여 각각의 죄에 따라 판결케 했다.

| 原文 |

時制, 吏遭大喪者, 百日後皆給役. 有司徒吏解弘遭父喪, 後有軍事, 受敕當行, 以疾病爲辭. 詔怒曰, "汝非曾,閔, 何言毁邪?" 促收考竟. 柔見弘信甚羸劣, 奏陳其事, 宜加寬貸. 帝乃詔曰,「孝哉 弘也! 其原之.」

初, 公孫淵兄晃, 爲叔父恭任內侍, 先淵未反, 數陳其變. 及淵謀逆, 帝不忍市斬, 欲就獄殺之. 柔上疏曰,

「《書》稱 '用罪伐厥死, 用德彰厥善', 此王制之明典也. 晃及妻子叛逆之類, 誠應梟縣, 勿使遺育. 而臣竊聞晃先數自歸, 陳淵禍萌, 雖爲凶族, 原心可恕. 夫仲尼亮司馬牛之憂, 祁奚明叔向之過, 在昔之美義也. 臣以爲晃信有言, 宜貸其死, 苟自無言, 便當市斬. 今進不赦其命, 退不彰其罪, 閉著囹圄, 使自引分, 四方觀國, 或疑此擧也.」

帝不聽, 竟遣使齎金屑飮晃及其妻子, 賜以棺,衣, 殯斂於宅.

| 국역 |

당시 규정으로는 관리가 부모상을 당하면 백일 휴가 뒤에 새로운 직무를 받아야 했다. 司徒府의 속리 解弘(해홍)은 부친상을 당했는데, 그 뒤에 군사 동원이 있어 명을 받아 출정해야만 했으나 질병으로 사직하려고 했다. 이제 황제가 화를 내며 명했다.

"너는 曾子(증자)나 閔子騫(민자건)[191] 같은 효자도 아니면서 어찌 애통하여 몸이 쇠약해졌다고 하는가?"

그러면서 서둘러 체포하여 조사케 하였다. 고유가 해홍의 서신을 보니 심하게 쇠약한 것을 알 수 있어 사실을 상주하며 관대한 처분을 내려야 한다고 말했다. 이에 명제가 조서를 내렸다.

「효자로다! 해홍이여. 그대를 사면하겠다.」

그전에, 公孫淵(공손연)의 형 公孫晃(공손황)은 叔父 公孫恭(공손

---

191 曾子(증자)나 閔子騫(민자건) 모두 유명한 효자로 '二十四孝' 에 포함된다. 曾子(증자, 曾參)는 '齧指痛心(설지통심)' 의 주인공. 증삼이 산에서 나무를 할 때 손님이 찾아왔다. 증삼의 모친은 기다렸지만 어떻게 알릴 방법이 없었다. 이에 모친은 손가락을 깨물어 피를 흘렸다. 산에서 나무하던 증삼은 갑자기 가슴이 아파 견딜 수 없었는데, 증삼은 모친에게 변고가 있다고 생각하여 급히 나뭇짐을 메고 돌아왔다. 모친은 "내 손끝을 깨물어 너에게 알리려 했다."고 말했다. 이를 齧指痛心(설지통심, 깨물 설)이라 한다. 魯國人 閔損〔민손, 前 536년~487년, 字 子騫(자건)〕은 孔門十哲 중 德行으로 유명하며 민자건은 큰 효자였다. 어려서 모친을 여의고 계모 밑에서 생활하였다. 어느 해 겨울에 계모는 두 아들에게만 솜옷을 입히고, 민자건에게는 갈대솜(蘆花, 蘆絮)을 넣은 홑옷(單衣)을 입게 했다. 민자건은 아버지를 태우고 수레를 몰았는데, 너무 추워 실수를 하여 수레가 구덩이에 처박혔다. 아버지가 크게 나무라며 매질을 하자, 홑옷이 터지면서 갈대 솜이 날렸다. 부친이 사실을 알고 계모를 내쫓으려 하자, 민자건이 울면서 말했다. "어머니가 계시면 저만 추위에 떨지만, 어머니가 안 계시면 자식 셋이 고생하게 됩니다." 부친은 계모를 용서했고, 계모는 잘못을 뉘우쳤다. 이를 〈二十四孝〉 중 '單衣順母' 라고 한다.

공)을 대신하여 궁궐에 侍子가 되었는데 공손연이 반기를 들기 전부터 그 변고가 있을 것이라고 여러 번 말했었다. 공손연이 반역하자, 명제는 공손황을 차마 棄市刑(기시형)에 처할 수가 없어 옥에 가뒀다가 죽이려 했다. 이에 高柔(고유)가 상소하였다.

「《尙書》에서는 '죄를 지으면 정벌하여 죽이고 덕행에는 선행을 표창한다.'[192]고 하였으니, 이는 王制의 분명한 규정입니다. 공손황과 그 처자는 반역자의 일족이니 응당 효수하여 매달아야 하며, 후손을 남겨서도 안 됩니다. 그러나 臣이 알기로, 공손황은 미리 조정에 귀부 의사를 밝혔고 공손연 반역의 조짐을 보고하였으니, 비록 凶族이지만 그 본심을 용서해야 합니다. 孔子(仲尼)도 司馬牛(사마우)[193]의 걱정을 알고 있었고, 祁奚(기해)[194]가 叔向(숙향)[195]의 罪過(죄과)를 미리 변명한 것은 모두 古人의 미덕이었습니다. 臣은 공손황이 공손연의 모반에 대한 진언이 있었기에, 그의 死罪를 관대히 용서해야 한다고 생각합니다만, 공손황이 그런 진언이 없었다면 당연

192 《尙書 商書 盤庚 上》의 구절.

193 司馬牛(사마우)는 공자의 제자 이름. 사마우의 형 司馬桓魋(사마환퇴)는 宋에서 반란을 일으켰고, 공자를 죽이려 했던 일도 있었다. 사마우는 공자를 찾아와 배웠는데, 사마우는 늘 두렵고 불안해했다. 사마우가 君子에 대하여 묻자, 공자는 "君子는 걱정도 두려움도 없다."라고 말했다. 그러자 "근심도 두려움도 없다면 바로 군자라 할 수 있습니까?"라고 물었다. 이에 공자께서 말씀하셨다. "마음으로 반성하여 허물이 없다면, 무엇을 근심하고 무엇을 두려워하겠느냐!" 고 말했다. 《論語 顔淵》 司馬牛問君子. 子曰, "君子不憂不懼." 曰, "不憂不懼, 斯謂之君子已乎?" 子曰, "內省不疚, 夫何憂何懼?"

194 祁奚(기해) - 春秋 시대 晉國의 大夫. 字 黃羊. 晉國 公族, 采邑 在 祁(기).

195 叔向(숙향, 기원전 6세기)은 姬姓에 羊舌氏, 名은 肹(힐), 字는 叔向. 晉의 公族으로 晉 悼公, 平公, 昭公의 三世를 섬긴 정치가. 숙향과 (齊) 晏嬰(안영), (鄭) 子産은 모두 동시대 인물이며 외교가로 유명했다.

히 거리에서 참수해야 할 것입니다. 지금 좀 더 생각하여 생명을 용서하지 않는다면, 그의 죄를 공표하지 말고 옥에 가둬 스스로 죽도록 해야 하나, 그럴 경우 주변 모든 제후국에서 이 조치를 회의할 수도 있을 것입니다.」

명제는 고유의 건의를 받아들이지 않고, 나중에 사람을 보내 금가루(金屑금설. 황금 분말)를 공손황과 처자가 마시고 죽게 하였으며, 관과 수의를 보내주고, 집에서 염을 할 수 있게 하였다.

| 原文 |

是時, 殺禁地鹿者身死, 財産沒官, 有能覺告者厚加賞賜. 柔上疏曰,

「聖王之御世, 莫不以廣農爲務, 儉用爲資. 夫農廣則穀積, 用儉則財畜, 畜財積穀而有憂患之虞者, 未之有也. 古者, 一夫不耕, 或爲之飢, 一婦不織, 或爲之寒. 中間已來, 百姓供給衆役, 親田者既減, 加頃復有獵禁, 群鹿犯暴, 殘食生苗, 處處爲害, 所傷不貲. 民雖障防, 力不能御.

至如滎陽左右, 周數百里, 歲略不收, 元元之命, 實可矜傷. 方今天下生財者甚少, 而麋鹿之損者甚多. 卒有兵戎之役, 凶年之災, 將無以待之. 惟陛下覽先聖之所念, 愍稼穡之艱難, 寬放民間, 使得捕鹿, 遂除其禁, 則衆庶久濟, 莫不悅豫矣.」

| 국역 |

이 무렵 수렵 금지 구역의 사슴을 죽인 자는 처형하고 그 재산은 官에서 몰수하였으며, 사냥한 자를 알아내어 신고한 자에게는 후한 상을 내렸다. 이에 高柔(고유)가 상소하였다.

「聖王이 나라를 다스리던 시절에는 농사 장려에 힘쓰고 검소한 생활을 근본 삼지 않는 사람이 없었습니다. 농지가 넓어지면 곡식이 비축되고, 검소하면 재산이 축적되니 곡식과 재물이 넉넉하면서 환난을 걱정하는 사람은 없었습니다. 옛날에 一夫가 농사짓지 않으면 누군가가 굶주렸고, 一婦가 길쌈을 하지 않으면 누군가는 추위에 떨었습니다. 中秋 이후로는 백성이 각종 부역에 동원되고, 이미 농사 지을 사람이 줄어든데다가, 사냥을 금지하게 되자, 사슴이 떼를 지어 농작물을 해치고 곡식의 싹마저 먹어치워 곳곳에서 피해가 심각하지만 그런 피해는 보상도 없습니다. 백성이 비록 울타리를 둘러치지만 막을 수가 없습니다.

(河南) 滎陽縣(형양현) 부근에서는 주위 수백 리가 거의 해마다 수확할 수 없다 하니, 백성의 삶이 참으로 안타까울 뿐입니다. 지금 천하에 재화를 생산하는 자는 아주 적은데, 사슴이나 노루의 피해는 아주 심각합니다. 거기다가 갑자기 군대로 징발당하거나 흉년의 재앙이 겹치면 대처할 방법이 없습니다. 폐하께서는 선대 聖人의 염려를 살피시고 농사의 어려움을 가엽게 여기시어 백성에 대한 금령을 풀어서 백성들을 널리 구제해 주신다면 기뻐하지 않는 백성이 없을 것입니다.」

| 原文 |

頃之, 護軍營士竇禮近出不還. 營以爲亡, 表言逐捕, 沒其妻盈及男女爲官奴婢. 盈連至州府, 稱冤自訟, 莫有省者. 乃辭詣廷尉.

柔問曰, "汝何以知夫不亡?" 盈垂泣對曰, "夫少單特, 養一老嫗爲母, 事甚恭謹, 又哀兒女, 撫視不離, 非是輕狡不顧室家者也." 柔重問曰, "汝夫不與人有怨讎乎?" 對曰, "夫良善, 與人無讎." 又曰, "汝夫不與人交錢財乎?" 對曰, "嘗出錢與同營士焦子文, 求不得."

時子文適坐小事繫獄, 柔乃見子文, 問所坐. 言次, 曰, "汝頗曾擧人錢不?" 子文曰, "自以單貧, 初不敢擧人錢物也." 柔察子文色動, 遂曰, "汝昔擧竇禮錢, 何言不邪?" 子文怪知事露, 應對不次. 柔曰, "汝已殺禮, 便宜早服." 子文於是叩頭, 具首殺禮本末, 埋藏處所. 柔便遣吏卒, 承子文辭往掘禮, 卽得其屍. 詔書復盈母子爲平民. 班下天下, 以禮爲戒.

| 국역 |

얼마 후에, 護軍營의 병사인 竇禮(두례)가 가까운 곳에 나갔다가 돌아오지 않았다. 군영에서는 도망갔다 하여 표문을 올려 체포케 하면서, 그 아내인 盈(영)과 아들딸을 모두 관노비로 몰입하였다. 아내 영은 州府에 찾아가서 원통한 사정을 말했지만 살펴주는 사람이

없었다. 결국 그 아내는 정위를 찾아왔다. 高柔(고유)가 물었다.

"자네는 남편이 도망가지 않았다고 어찌 알았는가?"

이에 아내 영은 눈물을 흘리며 말했다.

"남편은 어려서부터 독자이고 늙은 어머니를 모시는데 아주 공경하고 조심하며 또 아들딸을 귀여워하여 한때라도 떠나려 하지 않았으니, 경솔히 집안식구를 버릴 사람이 아닙니다."

이에 고유가 또 물었다.

"자네 지아비가 다른 사람과 원수진 일은 없는가?"

"남편은 선량하여 다른 사람과 원한이 없습니다."

"자네 지아비가 다른 사람과 돈 거래를 하였는가?"

"그전에 같은 군영 사람이 焦子文(초자문)에게 돈을 빌려주었지만 돌려받지 못했습니다."

그때 초자문은 이미 다른 작은 죄를 지어 옥에 갇혀 있었는데, 고유는 바로 초자문을 불러 지은 죄를 물었다. 그런 다음에 물었다.
"너는 다른 사람과 돈 거래를 하지 않았는가?"

"저는 혼자이며 가난하여 처음부터 남에게 돈을 빌리지 않았습니다."

고유는 초자문의 안색이 변하는 것을 보고, 또 물었다.

"너는 그전에 두례의 돈을 빌렸는데, 그것은 왜 말하지 않는가?"

초자문은 일이 발각된 줄을 알고는 바로 대답하지 못했다. 이에 고유가 말했다.

"네가 두례를 죽였으니 빨리 자백하는 것이 좋을 것이다."

이에 초자문은 고개를 숙이고 두례를 죽인 본말과 묻은 곳을 모두 자백하였다. 고유는 이졸을 보내 초자문이 자백한 대로 두례의 시신을 파냈다. 조서로 아내 영의 모자를 모두 평민으로 만들었다. 이를 천하에 널리 알려 두례의 사건을 교훈 삼게 하였다.

| 原文 |

在官二十三年, 轉爲太常, 旬日遷司空, 後徙司徒. 太傅司馬宣王奏免曹爽, 皇太后詔召柔假節行大將軍事, 據爽營. 太傅謂柔曰, "君爲周勃矣." 爽誅, 進封萬歲鄕侯. 高貴鄕公卽位, 進封安國侯, 轉爲太尉. 常道鄕公卽位, 增邑並前四千, 前後封二子亭侯.

景元四年, 年九十薨, 諡曰元侯. 孫渾嗣. 咸熙中, 開建五等, 以柔等著勳前朝, 改封渾昌陸子.

| 국역 |

高柔(고유)는 在官 23년에 太常으로 전직했고, 다시 열흘 사이에 司空이 되었다가 나중에 司徒(사도)가 되었다. 太傅인 사마의가 상주하여 (대장군) 曹爽(조상)을 면직시킨 뒤에,[196] (明帝의 두 번째 황후인) 皇太后 郭氏(곽씨)가 조서로 고유를 불러 부절을 수여한 뒤 임

196 嘉平(가평) 원년(서기 249) – 高平陵의 變, 大將軍 曹爽(조상)과 조상의 동생인 中領軍 曹羲(조희), 武衛將軍 曹訓(조훈), 散騎常侍인 曹彦(조언)의 관직을 파면하고 작위를 가지고 在家해야 한다고 상주하였다.

시 大將軍의 직무를 수행케 하자, 고유는 조상의 군영에 머물렀다. 이에 太傅(司馬懿)는 고유에게 "君의 (漢의) 周勃(주발)입니다."[197] 라고 말했다.

조상이 주살되자, 고유의 작위가 올라 萬歲鄕侯가 되었다. 高貴鄕公(曹髦, 조모)가 즉위하자(재위, 서기 254-260년), 작위가 올라 安國侯가 되었고 太尉로 승진했다. (曹魏의 마지막 황제) 常道鄕公(曹奐)이 즉위하자, 식읍이 늘어 총 4천 호가 되었고, 그 전후에 두 아들은 亭侯가 되었다.

景元 4년(서기 263), 90세에 죽었는데, 시호는 元侯(원후)였다. 손자인 高渾(고혼)이 작위를 계승했다. 咸熙 연간에(서기 264-265년), 5등 작위제를 처음 시행하면서 앞서 고유 등의 공훈이 현저하다 하여 고혼은 昌陸 子爵이 되었다.

❹ 孫禮

| 原文 |

孫禮字德達, 涿郡容城人也. 太祖平幽州, 召爲司空軍謀掾. 初喪亂時, 禮與母相失, 同郡馬台求得禮母, 禮推家財盡以與

197 太尉 周勃(주발, ?-前 169) - 고조는 주발을 '厚重少文하나 대사를 맡길 수 있는 사람'으로 평가했다. 呂后가 죽자, 呂氏 일족을 제거하고 文帝를 옹립하여 한실을 안정시켰다. 文帝 時 右丞相 역임했다. 《漢書》 40권, 〈張陳王周傳〉에 입전. 周亞夫의 부친.

台. 台後坐法當死, 禮私導令踰獄自首, 既而曰, "臣無逃亡之義." 徑詣刺奸主簿溫恢. 恢嘉之, 具白太祖, 各減死一等.

後除河間郡丞, 稍遷滎陽都尉. 魯山中賊數百人, 保固險阻, 爲民作害, 乃徙禮爲魯相. 禮至官, 出俸穀, 發吏民, 募首級, 招納降附, 使還爲間, 應時平泰. 歷山陽,平原,平昌,琅邪太守. 從大司馬曹休徵吳於夾石, 禮諫以爲不可深入, 不從而敗. 遷陽平太守, 入爲尙書.

| 국역 |

孫禮(손례)[198]의 字는 德達(덕달)로, 涿郡(탁군) 容城縣 사람이다. 조조가 幽州를 평정한 뒤, 손례를 불러 司空府 軍謀掾에 임명했다. 처음 병란이 일어났을 때 손례는 모친을 잃어버렸는데, 같은 군 사람인 馬台(마태)가 손례의 모친을 찾아 구해주자, 손례는 전 재산을 모두 마태에게 주었다. 뒷날 마태가 법을 어겨 사형을 당하게 되자, 손례는 은밀히 마태를 데리고 獄(옥)의 담을 넘어 들어가 "저는 도망갈 이유가 없습니다."라고 말했다. 그리고 마태의 죄를 적발한 主簿(주부)인 溫恢(온회)를 찾아가 직접 잘못을 모두 자백하게 하였다. 이에 온회는 마태와 손례를 가상히 여겨 조조에게 보고하여 사형에서 1등급을 감형하였다.

손례는 뒷날 河間郡 郡丞(군승, 부군수)가 되었다가 점차 승진하여

198 孫禮(손례, ?-250년, 字 德達) - 曹魏의 무장, 涿郡 容城縣 사람. 容城縣은, 今 河北省 保定市 관할 容城縣.

滎陽(형양) 도위가 되었다. 魯山(노산)의 도적 수백 명이 험한 산세에 의지하여 백성을 노략질하며 해악을 저지르자, 손례를 魯國의 相에 임용하였다. 손례는 부임한 뒤에 봉록의 곡식을 풀어 백성에게 상으로 주면서 산적의 목을 바치게 하였고, 투항을 권유한 뒤 투항한 백성을 통해 동정을 탐지하자 산적들은 곧 모두 평정되었다.

손례는 山陽, 平原, 平昌, 琅邪(낭야)의 태수를 역임하였다. 大司馬인 曹休(조휴)[199]를 수행하여 吳軍을 夾石(협석)이란 곳에서 공격하였는데, 손례는 너무 깊숙하게 진격하지 말라고 제지하였지만 조휴는 따르지 않아 패전하였다. 손례는 陽平郡[200] 태수를 역임한 뒤 조정에 들어가 尙書가 되었다.

| 原文 |

明帝方修宮室, 而節氣不和, 天下少穀. 禮固爭, 罷役, 詔曰,「敬納讜言, 促遣民作.」

時李惠監作, 復奏留一月, 有所成訖. 禮徑至作所, 不復重奏, 稱詔罷民, 帝奇其意而不責也.

帝獵於大石山, 虎趨乘輿, 禮便投鞭下馬, 欲奮劍斫虎, 詔

199 曹休(조휴)의 字는 文烈(문열)이며, 조조의 일족 형제의 아들(族子)이다. 조조는 측근들에게 "이 사람은 우리 집안의 千里駒(천리구, 千里馬)이다."라고 말했으며, 아들 曹丕(조비)와 함께 기거하게 하면서 아들처럼 대우했다. 조휴는 무장으로 별다른 전과가 없었다.

200 黃初 2년(서기 221), 魏郡(위군) 東部都尉 관할 지역을 陽平郡으로, 西部都尉 관할지역을 廣平郡(광평군)으로 개편하였다.

令禮上馬.

明帝臨崩之時, 以曹爽爲大將軍, 宜得良佐, 於床下受遺詔, 拜禮大將軍長史, 加散騎常侍. 禮亮直不撓, 爽弗便也, 以爲揚州刺史, 加伏波將軍, 賜爵關內侯.

吳大將全琮帥數萬衆來侵寇, 時州兵休使, 在者無幾. 禮躬勒衛兵御之, 戰於芍陂, 自旦及暮, 將士死傷過半. 禮犯蹈白刃, 馬被數創, 手秉枹鼓, 奮不顧身, 賊衆乃退. 詔書慰勞, 賜絹七百匹. 禮爲死事者設祀哭臨, 哀號發心, 皆以絹付亡者家, 無以入身.

| 국역 |

明帝가 한창 궁궐공사를 벌렸을 때, 절기마저 不和하여 나라에 곡식이 부족했다. 孫禮(손례)는 백성 동원을 중지해야 한다고 힘써 간언을 올렸다. 이에 명제는 「바른 말을 받아들이나니, 빨리 백성을 돌려보내 농사짓게 하라.」고 명령하였다.

그때, 李惠(이혜)란 사람이 공사감독이었는데 인부를 1개월만 남겨주면 완공할 수 있다고 다시 상주하였다. 손례는 공사감독을 찾아가서는 다시 상주하지 않고 백성을 돌려보내라는 조서가 내렸다고만 말하자, 명제는 손례의 뜻을 기특하게 여겨 문책하지는 않았다.

명제가 大石山이란 곳에서 사냥할 때 호랑이가 황제의 수레로 달려들자, 손례는 채찍을 버리고 말에서 내려 칼을 뽑아들고 호랑이를 찌르려 했는데 명제는 손례에게 말을 타라고 명령했다.

明帝가 붕어하기 직전에, 曹爽(조상)을 大將軍에 임명하면서 보좌할 훌륭한 인재를 얻으라고 말했는데, 조상은 병상 아래서 遺詔(유조)를 받았으며, 손례를 長史로 임명했고 散騎常侍를 加官하였다. 손례는 충성정직하나 뜻을 굽히지 않아 조상의 마음에 들지 않았는데, 조상은 손례를 揚州刺史로 전직 임명하였고, 伏波將軍 職을 받게 했으며 關內侯의 작위를 내려주었다.

吳의 大將 全琮(전종)[201]이 수만 군사를 거느리고 침범하였는데, 그때 양주의 군사들은 대부분 휴가 중이라서 남은 군사가 얼마 없었다. 그러나 손례는 직접 군사를 지휘하며 적을 막아 芍陂(작피)란 곳에서 아침부터 날이 저물 때까지 싸웠는데, 죽고 다친 장졸이 과반이 넘었다. 손례는 적의 창칼에 맞섰고 말도 여러 군데 찔렸으나, 손례는 북을 치고 진격하며 몸을 아끼지 않고 싸워 적을 물리쳤다.

황제는 조서를 내려 노고를 위로하며 비단 7백 필을 하사하였다. 손례는 전사자를 위해 제사를 지내며 진심으로 슬피 통곡하였고, 비단을 전부 전사자의 가족에 나눠주고 자신은 하나도 갖지 않았다.

| 原文 |

徵拜少府, 出爲荊州刺史, 遷冀州牧. 太傅司馬宣王謂禮曰, "今淸河,平原爭界八年, 更二刺史, 靡能決之. 虞,芮待文

201 全琮(전종) - 孫權의 婚親이며 重臣. 제갈탄이 반란을 일으켰을 때 吳軍을 동원하여 내침하자, 제갈탄과 합동으로 사마소와 대결했다. 《吳書》 15권, 〈賀全呂周鍾離傳〉에 입전.

王而了, 宜善令分明.”

禮曰, “訟者據墟墓爲驗, 聽者以先老爲正, 而老者不可加以榎楚, 又墟墓或遷就高敞, 或徙避仇讎. 如今所聞, 雖皐陶猶將爲難. 若欲使必也無訟, 當以烈祖初封平原時圖決之. 何必推古問故, 以益辭訟? 昔成王以桐葉戲叔虞, 周公便以封之. 今圖藏在天府, 便可於坐上斷也, 豈待到州乎?”

宣王曰, “是也. 當別下圖.” 禮到, 案圖宜屬平原. 而曹爽信清河言, 下書云, “圖不可用, 當參異同.”

禮上疏曰, 「管仲霸者之佐, 其器又小, 猶能奪伯氏駢邑, 使沒齒無怨言. 臣受牧伯之任, 奉聖朝明圖, 驗地著之界, 界實以王翁河爲限. 而鄃以馬丹候爲驗, 詐以鳴犢河爲界. 假虛訟訴, 疑誤臺閣. 竊聞衆口鑠金, 浮石沈木, 三人成市虎, 慈母投其杼. 今二郡爭界八年, 一朝決之者, 緣有解書圖畫, 可得尋案擿校也. 平原在兩河, 向東上, 其間有爵堤, 爵堤在高唐西南, 所爭地在高唐西北, 相去二十餘里, 可謂長嘆息流涕者也. 案解與圖奏而鄃不受詔, 此臣軟弱不勝其任, 臣亦何顏尸祿素餐.」

輒束帶著履, 駕車待放. 爽見禮奏, 大怒. 劾禮怨望, 結刑五歲. 在家期年, 衆人多以爲言, 除城門校尉.

| 국역 |

孫禮(손례)는 조정의 부름을 받아 少府가 되었고, 이어 荊州 刺史로 나갔다가 冀州牧으로 승진하였다. 太傅(태부)인 사마의가 손례에게 말했다.

"지금 淸河郡과 平原郡이 서로 경계를 다투기 8년이고, 2번이나 자사를 교체하였지만 해결할 수 없었습니다. 옛날 虞(우)와 芮(예)의 영역 싸움은 文王이 해결했던 것처럼 2군의 경계를 분명히 갈라주기 바랍니다."

이에 손례가 말했다.

"(옛날 虞와 芮의) 송사를 일으킨 한 쪽은 조상이 만든 묘지를 증거로 내세우고 다른 일방은 옛 노인의 말은 근거로 내세웠습니다만, 이미 늙은 노인은 태형을 가할 수도 없었고 墟墓(허묘)는 높고 트인 곳으로 옮길 수도, 또는 원수를 피해 옮길 수도 있었을 것입니다. 지금 듣기로는, 비록 (舜의) 皐陶(고요) 같은 理官도 판결이 어려울 것입니다. 만약 그들을 다시는 송사를 일으키지 않게 한다면, 응당 烈祖를 처음 봉한 平原의 지도로 판결해야 할 것입니다. 그런데 지금 옛 분묘나 노인의 말로 근거로 삼으면서 쌍방의 논쟁을 더 일으킬 필요가 있겠습니까? 옛날 周 成王(성왕)은 오동잎으로 叔虞(숙우)를 봉하는 놀이를 했는데, 나중에 周公은 그대로 封했습니다. 지금 (청하군과 평원군의) 지도는 조정의 창고에 있을 것이니, 그 지도를 근거로 결단하면 될 것이지 어찌 기주목까지 가서 판결해야 하겠습니까?"

이에 사마의가 말했다. "옳은 말이요. 응당 지도를 보내겠소."

손례가 임지에 부임하여 지도를 살펴보니, 의당 평원군에 속했다. 그러나 曹爽(조상)은 편지를 보내 淸河郡 것이라고 하면서 서신에 "지도를 근거로 할 수 없으니 다른 증거를 참고하라."고 하였다. 이에 손례가 서신을 올렸다.

「管仲(관중)은 霸者(패자, 齊 桓公)를 보필하였지만 그 器量은 협소하였으며, 伯氏(백씨)는 駢邑(병읍)을 탈취하였지만 죽을 때까지 원망의 말이 없었습니다. 臣은 牧伯의 임무를 받았고, 조정의 확실한 지도를 받은 뒤에 현지에서 경계를 확인하였는데, 경계는 王翁河(왕옹하)가 끝이었습니다. 그리고 鄃縣(유현)은 馬丹候(마단후)를 근거로 했다지만, 이를 鳴犢河(명독하)가 경계라고 하였습니다. 근거가 안 되는 것을 가지고 송사를 일으켰고 臺閣을 미혹케 하여 착오를 일으키게 하였습니다.

臣이 듣기로, 여러 사람의 말은 쇠도 녹인다고〔衆口鑠金(중구삭금)〕 하였으며, 여러 사람의 말은 돌을 뜨게 하고, 나무를 가라앉게 하며(浮石沈木), 3인이 말하면 시장 큰거리에 호랑이가 돌아다니는 줄 믿고(三人成虎), 曾子의 모친은 증자가 살인했다는 말에 베짜는 북을 집어던지고(慈母投杼) 달아났습니다. 지금 2개의 군이 경계를 놓고 다투기 8년인데, 관계 문서와 지도를 근거로 한다면 하루에 해결할 수 있습니다. 平原郡은 두 강물 사이에 위치하여 동쪽으로 뻗어올라갔으며 그 사이에 爵堤(작제)란 저수지가 있고, 작제는 高唐縣의 서남에 있고, 분쟁 지역은 高唐縣의 西北에 있는데 그 거리가 20여 리나 되니, 가히 장탄식을 하고 눈물을 흘린 만한 것입니다. 증서와 지도를 근거로 결론을 상주한 것이나 鄃縣(유현)에서 조서를 받지 않는다면, 이는 臣이 연약하여 직무를 수행 할 수 없는 것인데, 臣이 어찌 무슨 면목으로 하는 일 없이 녹봉만 받을 수 있겠습니까!」

손례는 바로 의관을 갖춰입고 신발을 신은 채로 관직을 사직한다면서 명령이 내려오기를 기다렸다. 조상은 손례의 상주를 보고서는 대노하였다. 그러면서 손례가 조정을 원망한다고 탄핵하여 5년간 임용을 제한한다고 판결하였다. 손례는 집에 1년을 대기하였는데, 여러 사람이 손례를 변호하여 城門校尉를 제수받았다.

❙原文❙

時匈奴王劉靖部衆强盛, 而鮮卑數寇邊, 乃以禮爲幷州刺史, 加振武將軍, 使持節, 護匈奴中郎將. 往見太傅司馬宣王, 有忿色而無言. 宣王曰, "卿得幷州, 少邪? 恚理分界失分乎? 今當遠別, 何不懽也!"

禮曰, "何明公言之乖細也! 禮雖不德, 豈以官位往事爲意邪? 本謂明公齊蹤伊,呂, 匡輔魏室, 上報明帝之託, 下建萬世之勳. 今社稷將危, 天下凶凶, 此禮之所以不悅也."

因涕泣橫流. 宣王曰, "且止, 忍不可忍." 爽誅後, 入爲司隷校尉, 凡臨七郡五州, 皆有威信. 遷司空, 封大利亭侯, 邑一百戶. 禮與盧毓同郡時輩, 而情好不睦. 爲人雖互有長短, 然名位略齊云. 嘉平二年薨, 謚曰景侯. 孫元嗣.

| 국역 |

그때, 匈奴王 劉靖(유정)의 무리가 강성했고 선비족은 변경을 자주 침략했는데, 조정에서는 孫禮(손례)를 幷州刺史에 임명하고 加官으로 振武將軍을 수여했으며 부절을 받아 護匈奴中郎將을 겸임케 했다. 손례가 太傅인 사마의을 만나면서, 손례는 안색이 상기된 채 말이 없었다. 사마의가 물었다.

"卿은 병주자사가 마음에 안 차나? 관할지역 분할이 잘못되었는가? 지금 멀리 떠날 사람이 안색이 왜 그러한가!"

이에 손례가 말했다.

"어찌 明公 말씀이 어찌 이리 틀립니까! 제가 비록 不德하지만 어찌 나라에서 하는 일에 딴마음을 품겠습니까? 본래 明公께서는 伊尹(이윤)과 呂尙(여상)을 본받아 魏室을 바로잡고 보필하신다 하셨으며, 위로는 明帝의 遺詁(유고)에 보답하고 아래로는 萬世에 빛날 공을 이룩하겠다고 하셨습니다. 지금 사직이 이처럼 위기에 처했고 천하가 흉흉하기에 제가 울적한 것입니다."

그러면서 손례는 눈물을 줄줄 흘렸다. 이에 사마의가 말했다.

"울음을 그치시오. 참을 수 없어도 참어야 합니다."

그 뒤 曹爽(조상)이 처형된 뒤에, 손례는 조정에 들어와 司隷校尉가 되었는데, 손례는 그간 모두 7郡의 태수와 5州의 자사를 역임하면서 모든 임지에서 위엄을 지키며 信望을 얻었다. 손례는 司空으로 승진했고 大利亭侯에 봉해졌는데, 식읍은 1백 호였다.

손례와 盧毓(노욱)은 同郡 출신에 연배도 같았지만 사이는 도탑지 않았다. 사람됨이 서로 장단이 있었으나 명성은 거의 비슷하였다.

(齊王 曹芳의) 嘉平 2년(서기 250)에 죽었는데, 시호는 景侯(경후)였다. 손자인 孫元(손원)이 작위를 계승했다.

❺ 王觀

| 原文 |

王觀字偉臺, 東郡廩丘人也. 少孤貧勵志, 太祖召爲丞相文學掾, 出爲高唐,陽泉,酇,任令, 所在稱治. 文帝踐阼, 入爲尙書郞,廷尉監, 出爲南陽,涿郡太守. 涿北接鮮卑, 數有寇盜, 觀令邊民十家已上, 屯居, 築京候. 時或有不願者, 觀乃假遣朝吏, 使歸助子弟, 不與期會, 但敕事訖各還. 於是吏民相率不督自勸, 旬日之中, 一時俱成. 守御有備, 寇鈔以息.

明帝卽位, 下詔書使郡縣條爲劇,中,平者. 主者欲言郡爲中平, 觀敎曰, "此郡濱近外虜, 數有寇害, 云何不爲劇邪?" 主者曰, "若郡爲外劇, 恐於明府有任子."

觀曰, "夫君者, 所以爲民也. 今郡在外劇, 則於役條當有降差. 豈可爲太守之私而負一郡之民乎?"

遂言爲外劇郡, 後送任子詣鄴. 時觀但有一子而又幼弱. 其公心如此. 觀治身淸素, 帥下以儉, 僚屬承風, 莫不自勵.

| 국역 |

王觀(왕관)[202]의 字는 偉臺(위대)로, 東郡 廩丘縣(늠구현) 사람이다. 젊어 부친을 잃고 가난하였지만 뜻을 세워 분발하였는데, 조조가 불러 丞相府 文學掾(문학연)에 임명했으며, 왕관은 (平原郡) 高唐, (廬江郡) 陽泉, (沛國) 酇(찬), (鉅鹿郡) 任縣 현령으로 임지에서 치적이 좋았다.

文帝가 제위에 오른 뒤, 왕관은 조정의 尙書郎과 廷尉監을 역임했고, 지방관으로 나가 南陽郡과 涿郡(탁군)의 태수를 역임했다. 탁군은 북쪽으로 鮮卑(선비)와 접경하여 자주 노략질을 당했는데, 왕관은 변경 주민 10호 이상은 모여 살게 하며 높은 언덕을 만들어[203] 망을 보게 하였다. 그러면서 원하지 않는 자가 있으면, 왕관은 조정에서 보낸 관리라 행세하며 자제를 돕게 하며, 기한을 정하지 않고 인공 언덕 만드는 일이 끝나면 각자 돌아가게 하였다. 이에 관리나 백성은 서로 독려하며 도와서 열흘 사이에 (촌락마다) 모두 완성하였다. 그리고서 적의 노략질에 대비하자, 노략질은 점차 없어졌다.

明帝가 즉위하자, 조서를 내려 군현별로 위험(劇), 중간, 평온의 3급으로 구분하여 치안상황을 보고하게 하였다. 담당자가 탁군을 중간이나 평온으로 보고하려 하자, 왕관이 말했다.

"우리 군은 외적과 이웃한 군으로 자주 노략질을 당하는데, 왜 위험(劇)으로 보고하지 않는가?"

202 王觀(왕관, ?-260년, 字 偉臺) - 東郡 廩丘縣 사람. 今 山東省 서남부, 菏澤市 관할 鄆城縣(운성현). 曹魏 관원.

203 원문의 築京候 - 京은 人工의 언덕. 자연적 언덕은 丘이다. 候는 물을 후. 망을 보다.

이에 담당자가 말했다.

"만약 우리 군을 外劇(외극)으로 보고하면 明府의 아드님을 인질(壬子)로 보내야 합니다."

이에 왕관이 말했다.

"태수는 백성을 위하는 사람이다. 우리 군이 외진 곳에서 위험하다고 해야 부역의 차출에서 조금이라도 차이가 있을 것이다. 어찌 태수의 사적인 이득을 위하여 군민의 여망을 등질 수 있겠는가?"

탁군은 外劇郡으로 분류되었고, 뒷날 아들을 (魏國 도읍) 鄴縣(업현)에 인질로 보냈다. 그때 왕관은 아들이 딱 하나였고 몸도 허약했지만 그의 公心은 이와 같았다. 왕관은 몸가짐이 청렴 소박하였고, 솔선하고 검소하여 관리도 본받아 모두 힘써 근무하였다.

| 原文 |

明帝幸許昌, 召觀爲治書侍御史, 典行臺獄. 時多有倉卒喜怒, 而觀不阿意順指. 太尉司馬宣王請觀爲從事中郎, 遷爲尙書, 出爲河南尹, 徙少府. 大將軍曹爽使材官張達斫家屋材, 及諸私用之物, 觀聞知, 皆錄奪以沒官. 少府統三尙方御府內藏玩弄之寶, 爽等奢放, 多有干求, 憚觀守法, 乃徙爲太僕.

司馬宣王誅爽, 使觀行中領軍, 據爽弟義營, 賜爵關內侯, 復爲尙書, 加駙馬都尉. 高貴鄕公卽位, 封中鄕亭侯. 頃之, 加光祿大夫, 轉爲右僕射. 常道鄕公卽位, 進封陽鄕侯, 增邑千戶, 並前二千五百戶. 遷司空, 固辭, 不許, 遣使卽第拜授.

就官數日, 上送印綬, 輒自輿歸里舍. 薨於家, 遺令藏足容棺, 不設明器, 不封不樹. 謚曰肅侯. 子悝嗣. 咸熙中, 開建五等, 以觀著勳前朝, 改封悝膠東子.

| 국역 |

明帝가 許昌에 행차하여, 王觀(왕관)을 불러 治書侍御史에 임명하고 臺獄(대옥, 詔獄)을 관장케 하였다. 그때 명제는 갑자기 喜怒가 바뀌곤 했는데, 왕관은 순종하며 황제의 뜻에 영합하지는 않았다. 太尉인 사마의가 왕관을 불러 從事中郞에 임명했고, 왕관은 승진하여 尙書가 되었다가 河南尹으로 나갔고 다시 조정의 少府가 되었다.

大將軍 曹爽(조상)은 材官 張達(장달)을 보내 집을 지을 목재를 자르게 하였고, (少府에서 보관하는) 기물 여러 가지를 私用으로 가져갔는데, 왕관은 보고를 받고서 모두 목록으로 만들어 다시 몰수하였다. 少府에서는 3개소의 尙方(황궁용 여러 가지 기물 제조)을 운영하며 玩弄(완롱)할 장식품을 제조하였는데, 조상 등이 사치 방자하여 많은 것을 요구하였지만, 왕관이 법을 지켜 내주지 않자 왕관의 직위를 太僕으로 옮겨버렸다.

사마의가 조상을 제거(高平陵의 變) 주살한 뒤, 왕관은 中領軍의 대행이 되어 조상의 동생 曹羲(조희)의 군영을 지휘했으며, 관내후의 작위를 받았고 다시 상서가 되었으며, 加官으로 駙馬都尉를 제수 받았다. 高貴鄕公(曹髦)이 즉위하자(재위, 254 – 260), 왕관은 中鄕亭侯에 봉해졌다. 얼마 뒤에 가관으로 光祿大夫가 되었다가 (尙

書) 右僕射(우복야)가 되었다. 常道鄕公(상도향공)이 즉위한 뒤에 작위가 올라 陽鄕侯(양향후)가 되었고, 식읍 1천 호를 늘려 받아 모두 2,500호가 되었다. 司空에 임용되었지만 고사하자, 사자를 집으로 보내 제수하였다.

왕관은 사공을 제수 받고 며칠 뒤, 인수를 반환하고 즉시 수레를 몰아 고향 마을로 돌아왔다. 집에서 죽었는데, 시신이 겨우 들어갈 관을 쓰고 明器(장례 부장품)를 쓰지 말며 봉분과 나무도 심지 말라고 유언하였다. 시호는 肅侯(숙후)였다. 아들 王悝(왕리)가 작위를 계승했다. (常道鄕公 曹奐의) 咸熙 연간에(서기 264–265년), 5등 작위제를 처음 시작할 때 前朝에서 왕관의 공적이 많다 하여 왕리를 膠東(교동)자작으로 改封했다.

| 原文 |

評曰, 韓曁處以靜居行化, 出以任職流稱, 崔林簡樸知能, 高柔明於法理, 孫禮剛斷伉厲, 王觀淸勁貞白, 咸克致公輔. 及曁年過八十, 起家就列, 柔保官二十年, 元老終位, 比之徐邈,常林, 於玆爲疚矣.

| 국역 |

陳壽의 評論 : 韓曁(한기)는 淸靜으로 교화를 행했고 지방관으로 칭송을 받아 이름을 남겼으며, 崔林(최림)은 치적이 간략 樸實하고 유능하였으며, 高柔(고유)는 法理에 밝았고, 孫禮(손례)는 강건 결단하고 엄숙하였으며, 王觀(왕관)은 청렴, 剛毅(강의)하고 올곧아서 모두 삼공의 반열에 오를 수 있었다. 한기는 80세에 집에서 삼공의 자리에 나갔으며, 고유는 고급 관원으로 20여 년을 근속한 뒤 원로로 퇴임하였으니, (삼공의 반열에 오르지 못한) 徐邈(서막)[204]이나 常林(상림)[205]과 비교한다면 좀 부끄러웠을 것이다.

204 徐邈(서막, 171 – 249년, 字 景山) – 燕國 薊縣(계현) 출신. 三國, 曹魏의 관리. 지방관으로 특히 涼州 지역에서 유명했다. 장수하며 오래 복무했지만 삼공의 반열에는 오르지 못했다. 술을 아주 좋아했던 사람. 《魏書》 27권, 〈徐胡二王傳〉에 입전.

205 常林(상림, 144?–227?, 字 伯槐) – 司馬懿와 同鄕, 사마의는 상림이 연상에 덕행이 높다 하여 상림을 만날 때마다 배례하여 長幼의 예를 갖추었다. 장수하며 근무했지만 삼공의 반열에 오르지는 못했다. 《魏書》 23권, 〈和常楊杜趙裴傳〉에 입전.

25권 〈辛毗楊阜高堂隆傳〉(魏書 25)
(신비,양부,고당륭전)

❶ 辛毗

| 原文 |

辛毗字佐治, 潁川陽翟人也. 其先建武中, 自隴西東遷. 毗隨兄評從袁紹. 太祖爲司空, 辟毗, 毗不得應命. 及袁尙攻兄譚於平原, 譚使毗詣太祖求和.

太祖將征荊州, 次於西平. 毗見太祖致譚意, 太祖大悅. 後數日, 更欲先平荊州, 使譚,尙自相弊. 他日置酒, 毗望太祖色, 知有變, 以語郭嘉. 嘉白太祖, 太祖謂毗曰, “譚可信? 尙必可克不?”

毗對曰, “明公無問信與詐也, 直當論其勢耳. 袁氏本兄弟相伐, 非謂他人能間其間, 乃謂天下可定於已也. 今一旦求救於明公, 此可知也. 顯甫見顯思困而不能取, 此力竭也. 兵革敗於外, 謀臣誅於內, 兄弟讒鬩, 國分爲二. 連年戰伐, 而介冑生蟣虱, 加以旱蝗, 饑饉並臻, 國無囷倉, 行無裹糧. 天災應於上, 人事困於下, 民無愚智, 皆知土崩瓦解, 此乃天亡尙之時也. 兵法稱有石城湯池帶甲百萬而無粟者, 不能守也. 今往攻鄴, 尙不還救, 卽不能自守. 還救, 卽譚踵其後. 以明公之威, 應困窮之敵, 擊疲弊之寇, 無異迅風之振秋葉矣. 天以袁尙與明公, 明公不取而伐荊州. 荊州豐樂, 國未有釁. 仲虺有言, '取亂侮亡.' 方今二袁不務遠略而內相圖, 可謂亂矣. 居者無食, 行者無糧, 可謂亡矣. 朝不謀夕, 民命靡繼, 而不綏之, 欲待他年. 他年或登, 又自知亡而改脩厥德, 失所以用兵之要矣. 今因其請救而撫之, 利莫大焉. 且四方之寇, 莫大於河北, 河北平, 則六軍盛而天下震."

太祖曰, "善." 乃許譚平, 次於黎陽. 明年攻鄴, 克之, 表毗爲議郞.

久之, 太祖遣都護曹洪平下辯, 使毗與曹休參之, 令曰, "昔高祖貪財好色, 而良, 平匡其過失. 今佐治, 文烈憂不輕矣." 軍還, 爲丞相長史.

| 국역 |

辛毗(신비)[206]의 字는 佐治(좌치)로, 潁川郡 陽翟縣(양책현)[207] 사람이다. 그 조상은 (後漢 光武帝) 建武(건무) 연간에(서기 25-55년), 隴西(농서)에서 동쪽으로 이사했다. 신비는 형 辛評(신평)을 따라 袁紹(원소)를 섬겼다. 曹操는 司空이 되자 신비를 초빙했고, 신비는 부득이 命을 따랐다. (원소의 아들) 袁尙(원상, ?-207년, 字 顯甫)이 平原郡에서 그 형 袁譚(원담, ?-205년, 字 顯思)을 공격하자, 원담은 신비를 조조에게 보내 화해를 요청하였다.

조조는 荊州를 원정하려고 (汝南郡) 西平縣에 주둔하고 있었다(建安 8년, 서기 203). 신비가 조조를 만나 원담의 뜻을 전하자, 조조는 크게 좋아하였다. 그 며칠 뒤, 조조는 먼저 형주를 평정하려고 원담과 원상을 서로 싸워 지치게 하였다. 다른 날 잔치가 열렸을 때, 신비는 조조의 안색을 살펴 조조의 속내가 바뀐 것을 눈치 채고 郭嘉(곽가)에게 물었다. 곽가가 조조에게 말하자, 조조가 신비에게 물었다.

"원담을 믿을 수 있겠는가? 원상을 이길 수 있겠는가?"

이에 신비가 대답하였다.

"明公께서는 믿느냐 이기느냐를 묻지 마시고, 다만 지금의 형세

....

206 辛毗(신비, ?-235?, 字 佐治) - 毗 도울 비. 潁川郡 陽翟縣(양책현, 河南省 禹州市) 출신. 원남의 신하였다가 조조에 귀부했고, 文帝와 明帝에 바른 말을 많이 했다.

207 陽翟縣(양책현, 翟은 땅이름 책, 꿩 적)은 潁川郡(영천군)의 치소, 今 河南省 許昌市 관할 禹州市. 양책현은 조조가 처음 기병한 곳이며, 조조가 화북 패권을 잡게 된 官渡(관도) 전투 이전에 사방이 와해되고 원근의 군현이 원소의 눈치를 살폈지만, 영천군 백성만은 조조를 위해 싸우고 군량을 운반하였다.

를 논하여야 합니다. 袁氏 형제가 본래 서로를 공격하는 것은 타인이 그 사이에 끼어들어서 그런 것이 아니고 천하를 자기가 차지할 수 있다고 생각했기 때문입니다. 지금 일단 明公에게 도움을 요청한 것을 보면 이를 알 수 있습니다. 顯思(현사, 袁譚의 字)가 지친 것을 보고도 顯甫(현보, 袁尙의 字)가 차지하지 못한 것은 (현보의) 힘이 바닥났기 때문입니다. 군사들은 밖에서 패전하고, 안에서는 謀臣을 죽이며, 형제가 서로 해치고 싸우면서 나라는 양분되었습니다. 해마다 계속되는 전쟁에 갑옷에 서캐와 이(蟣虱, 기슬)가 생기고(벗을 겨를이 없다는 뜻), 거기다가 황충의 폐해와 기근이 함께 들이닥쳐서 나라에는 창고가 비었고 行軍해도 준비할 군량이 없습니다. 위에서는 天災가 일어나고, 아래서는 人事가 뒤틀리며 백성은 무지몽매하니, 이 모두가 土崩瓦解(토붕와해)할 것으로 느끼고 있으니, 이는 하늘이 원상을 없애겠다는 뜻입니다. 兵法에 아무리 견고한 성곽이나 해자(石城湯池)에 군사가 1백 만이 있어도 군량이 없다면 지킬 수 없습니다. 이번에 만약 명공께서 鄴縣(업현)을 공격할 때, 원상이 회군하여 구원하지 않는다면 업현을 자체적으로 지킬 수가 없습니다. 그러나 원상이 회군하여 업현을 구원한다면, 원담은 원상의 후방을 공격할 것입니다. 明公의 위엄으로 막다른 곳에 몰린 적을 응원하고, 피폐한 반적을 격파하기는 마치 추풍이 낙엽을 쓸어가는 것과 다름없을 것입니다. 하늘은 明公에게 袁尙을 주려 하는데 명공께서는 받지 않고 형주를 정벌하려고 하십니다. 荊州는 풍족한 땅이고 이용하실만한 내부의 분열도 없습니다. 仲虺(중훼)[208]

208 仲虺(중훼, 萊朱, 虺 살무사 훼) – 商 湯王의 저명한 大臣. 伊尹(이윤)과 함께 탕

는 '혼란에 빠진 나라를 병합하고 망하려는 자를 경멸한다.' 고 말하였습니다. 지금 원씨 형제가 장래를 위한 방략에 힘쓰지 않고 내부적 이해득실을 따져 싸우니, 이는 혼란한 상태입니다. 집안에서는 먹을 것이 없고 밖에 나간 자도 준비한 양식이 없다면, 이는 망하는 것입니다. 아침에 저녁 때 일을 생각하지 못하고, 백성은 자신의 생명을 지킬 수도 없으며, 그런 백성을 편안히 안정시키지도 못하는데, 명공께서는 다른 때를 기다리십니까? 내년에 풍년이라도 들고 원씨 형제가 망할 것을 염려하여 덕행이라도 베푼다면, (明公께서는) 用兵할 수 있는 요체를 잃게 됩니다. 지금 원담의 구원 요청을 받아들여 도와 慰撫(위무)한다면 그 이득이 매우 클 것입니다. 또 사방의 반대세력 중에 河北보다 더 강한 곳이 없으니 하북이 평정된다면 明公의 六軍은 천하를 뒤흔들 것입니다."

이에 조조는 "좋다." 고 하였다. 그리고 원담과 講和(강화)하며 (魏郡의) 黎陽縣(여양현)에 주둔하였다. 다음 해 鄴縣을 공격하여 평정한 뒤에 표문을 올려 신비를 낭관에 임명하였다.

얼마 뒤, 조조는 都護인 曹洪(조홍)을 보내 (武都郡의 치소) 下辯縣(하변현)을 평정케 한 뒤에, 신비와 曹休(조휴)를 보내 軍務를 보좌케 하면서 명령했다.

"옛날 漢 高祖는 재물과 여색을 밝혔지만, 張良과 陳平이 그 잘못을 바로잡게 하였다. 지금 佐治(辛毗의 字)와 文烈(曹休의 字)은 군

왕을 도와 대업을 완성하였다. 《左傳 襄公》 30년의 기록에, 중훼는 治國之道로 '亂者를 取하고, 亡者를 무시해야지만, 망하려는 자를 살려주는 것도 나라의 이익이 된다.' 고 하였다. 나라에 이득이 된다는 것은 약자를 겸병한다는 뜻으로 해석할 수 있다.

사를 걱정하며 경솔하게 움직이지 말라."

군사가 돌아오자, 신비는 승상부 長史가 되었다.

| 原文 |

文帝踐阼, 遷侍中, 賜爵關內侯. 時議改正朔. 毗以"魏氏遵舜,禹之統, 應天順民, 至於湯,武, 以戰伐定天下, 乃改正朔. 孔子曰 '行夏之時.'《左氏傳》曰 '夏數爲得天正.' 何必期於相反." 帝善而從之.

帝欲徙冀州士家十萬戶實河南. 時連蝗民飢, 群司以爲不可, 而帝意甚盛. 毗與朝臣俱求見, 帝知其欲諫, 作色以見之, 皆莫敢言. 毗曰, "陛下欲徙士家, 其計安出?"

帝曰, "卿謂我徙之非邪?" 毗曰, "誠以爲非也." 帝曰, "吾不與卿共議也." 毗曰, "陛下不以臣不肖, 置之左右, 廁之謀議之官, 安得不與臣議邪! 臣所言非私也, 乃社稷之慮也, 安得怒臣!"

帝不答, 起入內, 毗隨而引其裾, 帝遂奮衣不還, 良久乃出, 曰, "佐治, 卿持我何太急邪?" 毗曰, "今徙, 旣失民心, 又無以食也."

帝遂徙其半. 嘗從帝射雉, 帝曰, "射雉樂哉!" 毗曰, "於陛下甚樂, 而於群下甚苦." 帝默然, 後遂爲之稀出.

| 국역 |

文帝가 제위에 오른 뒤, 辛毗(신비)는 侍中이 되었고 關內侯의 작위도 받았다. 그때 조정에서 正朔(정삭) 개정을 논의하였다. 이에 신비가 말했다.

"魏氏는 舜과 禹의 적통을 이어받아 應天하고 順民하였으며, 湯王과 武王은 전쟁을 겪고 천하를 평정하였기에 정삭을 개정하였습니다. 공자는 '夏朝의 記時 방법을 따른다.' 고 하였으며, 《左氏傳》에는 '夏朝의 역법은 天象과 잘 맞는다.' 고 하였으니, 지금 서로 상반된 역법을 채용할 이유가 있습니까?"

文帝는 옳은 말이라며 신비의 주장을 따랐다. 文帝가 冀州의 사대부 민호 1만 호를 河南尹 지역으로 옮겨 채우려 했다. 그때 해마다 흉년에 황충의 폐해가 이어졌기에 많은 신하들이 불가하다고 생각하였지만 文帝의 뜻은 완강하였다. 신비가 여러 신하와 함께 알현을 요청했는데, 文帝는 간언하려는 뜻을 알고 상기된 채로 알현하자, 아무도 말을 꺼내지 못했다. 이에 신비가 말했다.

"폐하께서는 왜 士人의 戶口를 이주시키려 하십니까?"

"卿은 나의 이주 방책이 잘못이란 말인가?"

"정말 잘못된 결정이라고 생각합니다."

"나는 卿과 함께 논의하지 않겠다."

"폐하께서는 臣이 不肖(불초)한데도 측근으로 발탁하셨는데, 정사를 논의할 신하로 뽑아놓고서는 어찌 저와는 논의하지 않으십니까! 臣이 드리는 말씀은 제 사익을 위한 일이 아니라 사직을 염려하는 간언인데, 어찌 臣에게 화를 내십니까!"

문제가 대답하지 않고 일어나 내전으로 들어가자, 신비는 따라가 옷자락을 붙잡았고, 황제는 옷을 뿌리치고 뒤돌아보지 않았는데, 한참 뒤에 나와서 말했다.

"佐治(좌치)! 경은 나를 왜 이리 몰아세우는가?"

"지금 강제로 이주시키면 민심도 잃고, 또 식량도 없습니다."

文帝는 그 절반만(5천 호) 이주시켰다.

전에 신비가 황제의 꿩 사냥을 수행했는데, 文帝가 "꿩 사냥은 신나는 일이다!"라고 말했다. 이에 신비가 말했다.

"폐하께는 즐거운 일이지만 많은 신하에게는 큰 고생입니다."

文帝는 아무 말도 없었는데, 그 이후 사냥은 많이 줄었다.

| 原文 |

上軍大將軍曹眞征朱然於江陵, 毗行軍師. 還, 封廣平亭侯. 帝欲大興軍征吳, 毗諫曰,

"吳,楚之民, 險而難御, 道隆後服, 道洿先叛, 自古患之, 非徒今也. 今陛下祚有海內, 夫不賓者, 其能久乎? 昔尉佗稱帝, 子陽僭號, 歷年未幾, 或臣或誅. 何則, 違逆之道不久全, 而大德無所不服也.

方今天下新定, 土廣民稀. 夫廟算而後出軍, 猶臨事而懼, 況今廟算有闕而欲用之, 臣誠未見其利也. 先帝屢起銳師, 臨江而旋. 今六軍不增於故, 而復循之, 此未易也.

今日之計, 莫若脩范蠡之養民, 法管仲之寄政, 則充國之屯田, 明仲尼之懷遠. 十年之中, 强壯未老, 童齓勝戰, 兆民知義, 將士思奮, 然後用之, 則役不再擧矣."

帝曰, "如卿意, 更當以虜遺子孫邪?"

毗對曰, "昔周文王以紂遺武王, 唯知時也. 苟時未可, 容得已乎!"

帝竟伐吳, 至江而還.

| 국역 |

上軍 大將軍인 曹眞(조진)이 江陵[209]에 출정하여 (吳의) 朱然(주연)을 원정할 때, 辛毗(신비)는 軍師를 대행하였다. 회군한 뒤 신비는 廣平亭侯에 봉해졌다. 文帝가 대규모 군사를 동원하여 吳를 정벌하려 하자 신비가 간언을 올렸다.

"吳와 楚 일대의 백성은 心志가 고약하여 제어하기 쉽지 않고, 治道가 융성한 뒤에야 복속하며, 국력이 쇠약해지면 먼저 반란을 일으키기에 예로부터 통치자의 걱정거리였으니만 이는 결코 오늘이 처음은 아닙니다. 지금 폐하께서는 天福으로 천하를 차지하셨으니만 지금 복종치 않는 자가 얼마나 버티겠습니까? 예전 漢初에 尉佗(위타)[210]가 稱帝하였고, (後漢 光武帝 때) 子陽(公孫述)[211]도 僭號(참

209 江陵은 荊州 관할 南郡의 治所, 今 湖北省 중남부 江漢平原에 위치한 荊州市 관할 江陵縣. 李白의 〈早發白帝城〉 詩의 「朝辭白帝彩雲間, 千里江陵一日還. 兩岸猿聲啼不住, 輕舟已過萬重山.」에 나오는 江陵.

210 尉佗(위타, ?-前 137년) - 본명 趙它(조타)이나 관직이 秦의 都尉였기에 尉它

호)를 사용했지만, 몇 년도 가지 않아 한 사람은 臣服했고 공손술은 주살되었습니다. 왜 그러하냐면, 正道를 거스르면 끝내 온전할 수 없으며 大德에게는 복종치 않을 수 없기 때문입니다.

지금 천하가 안정된 지 얼마 안 되었기에 땅은 넓지만 백성은 부족합니다. 대체로 조정에서 책략을 마련한 뒤에 군사를 출동해야 하고, 큰일에 임해 여러 가지를 계산해야 하는데, 지금 조정에서는 방책을 수립하지도 않고서 원정한다면, 臣이 볼 때 결코 유리하지 않을 것입니다. 先帝께서도 여러 차례 대군을 동원했지만 長江에서 회군하셨습니다. 지금 六軍은 예전보다 더 증강되지 않았는데 다시 거듭한다는 것이 쉽지 않을 것입니다.

오늘의 가장 좋은 방책으로는 范蠡(범려)의 방략대로 백성을 休養(휴양)하고, 管仲(관중)을 본떠 政事를 펴면서 군비를 갖추고, (前漢) 趙充國(조충국)[212]처럼 屯田을 시행하고, 仲尼(孔子)의 도를 밝혀 원근의 이민족도 회유해야 합니다. 그러면 10년 안에 장년은 늙지 않

(위타)라 표기. 中原이 겨우 안정이 될 때였는데 尉佗(趙佗)가 南越(남월)을 평정하고 그곳 왕이 되었다. 高祖는 위타에게 王印을 하사하고 南越王에 봉하려고 육가를 사신으로 보냈다. 남월왕 위타는 呂后 때 南越 武帝라 자칭했다(서기 전 183년). 漢 文帝는 위타의 고향 형제를 불러 귀하게 대접하며 陸賈를 보내 은덕으로 회유하자, 위타는 결국 稱臣하였다. 《漢書》 95권, 〈西南夷兩粤朝鮮傳〉에 立傳.

211 公孫述(공손술, ?-36년) – 公孫은 복성. 字 子陽, 益州(巴蜀) 일원을 차지하고 天子라 자칭, 國號 成家. 建武 12년, 장수 吳漢(오한)의 공격을 받아 멸망. 13권, 〈隗囂公孫述列傳〉에 입전.

212 趙充國(조충국, 前 137 – 52년) – 대장군 霍光(곽광)과 함께 宣帝를 옹립하여 營平侯가 되었다. 本始 연간에, 蒲類將軍(포류장군)으로 흉노 원정에 공을 세웠고 대규모 병력을 거느리고 羌族의 노략질을 막으면서 9개 군에 둔전하며 강족 진압에 공을 세웠다.

고 어린아이는 전투를 담당할 수 있으며, 백성은 대의를 알고 將士는 분전코자 할 것이니, 그때 동원하여 원정한다면 다시는 대군을 동원할 필요가 없을 것입니다."

文帝는 "卿의 말대로 한다면 적군을 내 후손에게 물려줘야 하는가?"라고 물었다. 이에 신비가 말했다.

"옛날 周 文王은 殷 紂王(주왕) 토벌을 아들 武王에게 넘겼으니, 이는 때를 알았기 때문입니다. 때가 아니라면 어찌 성공할 수 있겠습니까!"

문제는 결국 吳를 원정했지만, 長江까지 갔다가 돌아왔다.

‖原文‖

明帝卽位, 進封潁鄕侯, 邑三百戶. 時中書監劉放,令孫資見信於主, 制斷時政, 大臣莫不交好, 而毗不與往來. 毗子敞諫曰,

"今劉,孫用事, 衆皆影附, 大人宜小降意, 和光同塵, 不然必有謗言."

毗正色曰, "主上雖未稱聰明, 不爲闇劣. 吾之立身, 自有本末. 就與劉,孫不平, 不過令吾不作三公而已, 何危害之有? 焉有大丈夫欲爲公而毁其高節者邪?"

冗從僕射畢軌表言, "尙書僕射王思精勤舊吏, 忠亮計略不如辛毗, 毗宜代思." 帝以訪放,資, 放,資對曰, "陛下用思者,

誠欲取其效力, 不貴虛名也. 毗實亮宜, 然性剛而專, 聖慮所當深察也." 遂不用. 出爲衛尉.

| 국역 |

明帝가 즉위하자, 辛毗(신비)는 작위가 올라 潁鄕侯(영향후)에 봉해졌고 식읍은 3백호였다. 그때 中書監인 劉放(유방), 中書令 孫資(손자)가 황제의 신임을 받으면서 時政을 마음대로 했는데, 대신들 중 아무도 그와 관계가 좋은 사람이 없었으며, 신비 또한 그들과 왕래하지 않았다. 신비의 아들 辛敞(신창)이 말했다.

"지금 유방과 손자가 권력을 쥐었고 많은 사람이 그림자처럼 따르는데, 아버님께서도 조금 뜻을 거두어 그들과 교제하거나 어울리지 않으면[213] 틀림없이 비방을 받을 것입니다."

이에 신비가 정색으로 말했다.

"主上께서 총명하다는 칭송을 듣지 못하더라도 昏庸愚昧(혼용우매)하시지는 않다. 내가 입신한 이후로 내 나름대로 本末을 알아 지켜왔다. 내가 유방과 손자와 불화한다 하여 내가 三公의 자리에 나아가지 않는다면 그들이 무슨 위해를 가하겠느냐? 대장부가 삼공의 자리에 오르려고 고상한 지조를 어찌 훼손할 수 있겠는가?"

冗從僕射(용종복야)인 畢軌(필궤)[214]가 표문을 올려 말했다.

"尙書僕射인 王思(왕사)는 정통하고 근면한 관리이지만 忠亮(충

---

213 和光同塵(화광동진) -《魏書》 21권, 〈王衛二劉傅傳〉의 劉廙傳(유이전) 주석 참고.

214 畢軌(필궤) - 뒷날 사예교위 역임. 齊王 曹芳 재위 중, 高平陵의 變 이후 曹爽(조상)과 함께 주살되었다.

량)한 計略으로는 신비만 못하니 신비가 왕사의 직무를 수행해야 합니다."

명제는 이를 유방과 손자에게 물었는데, 유방과 손자가 대답하였다.

"폐하께서 왕사를 등용하신 것은 그가 폐하께 충성을 바칠 것을 기대하셨지 헛 명성 때문이 아닙니다. 신비가 충량하고 적합하다지만 성격이 강직하고 고집이 있으니 폐하께서 깊이 생각해보셔야 합니다."

결국 신비를 등용하지 않았고, 신비는 (수도 방위를 담당하는) 衛尉(위위)가 되었다.

| 原文 |

帝方脩殿舍, 百姓勞役, 毗上疏曰,

「竊聞諸葛亮講武治兵, 而孫權市馬遼東, 量其意指, 似欲相左右. 備豫不虞, 古之善政, 而今者宮室大興, 加連年穀麥不收. 《詩》云, '民亦勞止, 迄可小康, 惠此中國, 以綏四方.' 唯陛下爲社稷計.」

帝報曰, 「二虜未滅而治宮室, 直諫者立名之時也. 夫王者之都, 當及民勞兼辦, 使後世無所復增, 是蕭何爲漢規摹之略也. 今卿爲魏重臣, 亦宜解其大歸.」

帝又欲平北芒, 令於其上作臺觀, 則見孟津. 毗諫曰, "天地之性, 高高下下, 今而反之, 旣非其理, 加以損費人功, 民不堪役. 且若九河盈溢, 洪水爲害, 而丘陵皆夷, 將何以御之?”

帝乃止.

| 국역 |

명제는 궁궐 공사를 크게 벌렸고 백성은 노역으로 고생하자, 辛毗(신비)가 상소하였다.

「臣이 듣기로는, 諸葛亮(제갈량)은 군사를 훈련하고 정비하며, 孫權(손권)은 요동군에서 말을 사들이는데 그 뜻을 헤아려보면 틀림없이 서로 협조하려는 의도입니다. 뜻밖의 사태에 대비하는 것이 옛 善政의 요체인데, 지금 우리는 궁궐 공사를 크게 벌리면서 해마다 흉년이 들고 있습니다. 《詩》[215]에서도 '백성의 고생을 쉬게 하니 小康의 평온이라. 중원에 은덕을 베푸니 사방이 평온하다.' 고 하였습니다. 폐하께서는 사직을 위한 방략만을 생각하셔야 합니다.」

이에 명제가 회답하였다.

「蜀과 吳를 없애지도 못하고 궁궐 신축 공사를 한다고 직간을 하는 자들에게 지금은 명성을 얻을만한 때이다. 대체로 王者의 도읍은 응당 백성의 고생으로 건설되는 것이니, 그래서 蕭何(소하)는 漢의 규모를 헤아려 궁궐을 지었다. 지금 卿은 魏의 重臣이니 소하처럼 큰 뜻에서 이해하기 바라노라.」

명제는 또 北芒山(북망산)[216] 꼭대기를 평평하게 하여 그 위에 누

215 《詩經 大雅 民勞》의 구절.

216 北芒(북망)은 北邙山(북망산), 邙山으로 호칭. 해발 300여m 내외. 今 河南省

각을 지으면 孟津(맹진)까지 조망할 수 있다고 생각하였다. 이에 신비가 간언하였다.

"天地의 본성은 높은 데는 높고 낮은 데는 낮아야 하는데, 지금 그 반대로 한다면 사리에 맞지도 않고 백성 功力을 허비하게 되어 백성은 노역을 감당하지 못할 것입니다. 또 만약 九河가 범람하게 된다면 홍수 폐해도 있을 것인데, 丘陵(구릉)을 모두 평평하게 한다면 홍수를 어찌 막을 수 있겠습니까?"

명제는 계획을 중지했다.

| 原文 |

青龍二年, 諸葛亮率衆出渭南. 先是, 大將軍司馬宣王數請與亮戰, 明帝終不聽. 是歲恐不能禁, 乃以毗爲大將軍軍師, 使持節, 六軍皆肅, 準毗節度, 莫敢犯違.

亮卒, 復還爲衛尉. 薨, 謚曰肅侯. 子敞嗣, 咸熙中爲河內太守.

| 국역 |

(明帝) 青龍 2년(서기 234), 제갈량은 군사를 거느리고 渭水(위수)

··············

洛陽市 북. 黃河의 南岸, 鄭州市 까지 100여 km 이어진 산. 後漢 및 魏, 晋의 王侯公卿의 무덤이 많아 묘지의 대명사로 널리 통용. 秦相 呂不韋, 光武帝 劉秀의 原陵, 西晉 司馬氏, 南朝 陳後主, 唐 杜甫, 서예가 顔眞卿(안진경)의 능묘가 있음. 洛陽古墓博物館이 있고, '生在蘇杭, 葬在北邙' 이라는 속언도 있다.

남쪽까지 들어왔다. 이보다 앞서, 대장군인 사마의는 여러 번 제갈량과 교전하겠다고 주청하였지만 명제는 끝내 수락하지 않았다. 그러나 이 해에는 (사마의의 출전을) 금할 수가 없자, (명제는) 신비를 대장군 軍師에 임명하고 부절을 주어 내려 보내자, 六軍이 모두 긴장하였고 신비의 감독 명령을 감히 어기는 자가 없었다.

제갈량이 죽자(서기 234년), 신비는 조정에 들어와 다시 衛尉(위위)가 되었다. 신비가 죽자, 시호는 肅侯(숙후)였다. 아들 辛敞(신창, 字 泰雍)이 작위를 계승했는데, 신창은 咸熙(함희) 연간에(서기 264-265년) 河內太守가 되었다.

❷ 楊阜

| 原文 |

楊阜字義山, 天水冀人也. 以州從事爲牧韋端使詣許, 拜安定長史. 阜還, 關右諸將問袁,曹勝敗孰在, 阜曰, "袁公寬而不斷, 好謀而少決, 不斷則無威, 少決則失後事, 今雖强, 終不能成大業. 曹公有雄才遠略, 決機無疑, 法一而兵精, 能用度外之人, 所任各盡其力, 必能濟大事者也."

長史非其好, 遂去官. 而端徵爲太僕, 其子康代爲刺史, 辟阜爲別駕. 察孝廉, 辟丞相府, 州表留參軍事.

| 국역 |

楊阜(양부)[217]의 字는 義山(의산)인데, 天水郡 冀縣(기현)[218] 사람이다. 涼州牧의 從事로 양주목인 韋端(위단)의 명으로 許都에 갔다가 (涼州) 安定郡 長史가 되었다. 양부가 양주로 돌아오니, 散關(산관) 서쪽의 여러 장수들이 원소와 조조 싸움의 승패가 어떻게 될 것이냐고 묻자, 양부가 말했다.

"袁公은 관대하나 결단이 없고 好謀하나 결판을 짓지 못하나니, 결단력이 없으면 권위가 없고, 권위가 없으면 이어진 일을 실패하게 되니, 지금은 강하더라도 끝내 큰일을 성취하지 못할 것입니다. 曹公은 雄才에 원대한 책략을 품고, 결단을 내릴 기회에 의심하지 않으며, 법은 한결같고, 정예병을 거느리며 파격적인 인재도 등용하여 각자 책무를 다하도록 이끌기에 틀림없이 큰일을 성취할 것입니다."

양부는 郡의 長史를 원하지 않았기에 관직을 사임하였다. 나중에 韋端(위단)이 불러 太僕에 임명했고, 위단의 아들 韋康(위강)이 부친의 뒤를 이어 涼州(양주) 자사가 되어 양부를 불러 別駕에 임명했다. 양부는 孝廉으로 천거되었고 丞相府의 초빙을 받았지만, 양주목에서 표문을 올려 涼州 參軍이 되었다.

217 楊阜(양부, 생졸년 미상, 字 義山) – 天水郡 출신, 馬超(마초)에 대항한 인물로 유명. 河西 지역 평정에 크게 기여했다.

218 冀縣(기현) – 今 甘肅省 동부 天水市 관할 甘谷縣. 渭河 유역.

| 原文 |

馬超之戰敗渭南也, 走保諸戎. 太祖追至安定, 而蘇伯反河間, 將引軍東還. 阜時奉使, 言於太祖曰, "超有信,布之勇, 甚得羌,胡心, 西州畏之. 若大軍還, 不嚴爲之備, 隴上諸郡非國家之有也."

太祖善之, 而軍還倉卒, 爲備不周. 超率諸戎渠帥以擊隴上郡縣, 隴上郡縣皆應之, 惟冀城奉州郡以固守. 超盡兼隴右之衆, 而張魯又遣大將楊昂以助之, 凡萬餘人, 攻城. 阜率國士大夫及宗族子弟勝兵者千餘人, 使從弟岳於城上作偃月營, 與超接戰, 自正月至八月拒守而救兵不至. 州遣別駕閻溫循水潛出求救, 爲超所殺, 於是刺史,太守失色, 始有降超之計.

阜流涕諫曰, "阜等率父兄子弟以義相勵, 有死無二, 田單之守, 不固於此也. 棄垂成之功, 陷不義之名, 阜以死守之."

遂號哭. 刺史,太守卒遣人請和, 開城門迎超. 超入, 拘岳於冀, 使楊昂殺刺史,太守.

| 국역 |

馬超는 渭水 남쪽에서 (조조에게) 패전한 뒤에 달아나 西戎(서융)의 여러 성을 지키고 있었다. 조조가 마초를 추격하여 安定郡에 이르렀을 때, 蘇伯(소백)이 河間郡에서 반란을 일으키자[219] 조조는 군

219 建安 17년(서기 212) – 농민인 蘇伯(소백)과 田銀(전은) 등이 반역했다. 河間

사를 이끌고 동쪽으로 귀환하였다. 양부는 그때 출장 왔었는데, 조조를 만나 말했다.

"마초는 韓信과 英布(季布)만큼이나 용맹하여 강족이나 흉노의 인심을 얻고 西州 사람들이 모두 두려워합니다. 大軍이 그냥 회군하면서 마초를 엄히 경계하지 않는다면 隴山(농산) 일대의 여러 郡은 그냥 마초의 손에 들어갈 것입니다."

조조는 양부의 말을 옳게 여겼지만 군사를 돌려 돌아갔기에 경계가 철저하지 못했다. 마초는 서융의 여러 족장들을 거느리고 隴山(농산) 일대의 여러 군을 공격하였고, 여러 군현은 그대로 마초에게 호응하였는데, 유일하게 冀縣(기현)만은 涼州와 天水郡의 군사와 함께 성을 굳게 지켰다. 마초는 농산 서쪽의 모든 군사를 병합하였고, 張魯(장로) 또한 大將인 楊昂(양앙)을 보내 마초에 협력케 하여 1만여 군사가 冀縣을 공격하였다.

양부는 涼州의 사대부와 군사가 될 만한 일족의 자제 1천여 명을 모아 사촌 동생 楊岳(양악)과 함께 성에 반달 모양의 군영을 만들고, 마초와 접전하면서 정월부터 8월까지 성을 지켰지만 구원병은 오지 않았다. 양주에서는 別駕인 閻溫(염온)을 보내 강물을 따라 몰래 빠져나와 구원케 하였지만, 마초에게 살해되자 양주 자사와 天水 태수 모두 절망하며 마초에게 투항할 방책을 논의하였다.

이에 양부는 눈물을 흘리면서 제지하였다.

"저 양부가 부형의 자제들을 대의로 설득하여 죽어도 두 마음을

郡은 治所는 樂成縣, 今 河北省 남동부의 滄州市 獻縣(헌현). 조조는 曹仁을 驍騎將軍 대행으로 삼아, 七軍을 지휘케 하여 소백과 전은 등을 격파하였다.

먹지 않기로 했으니 (戰國時代 齊의) 田單(전단)의 수비도 이보다 굳건하지는 못했을 것입니다. 지금 여태껏 성을 방어한 공로를 포기하고 불의를 따르려 하지만 저 양부는 죽더라도 성을 지키겠습니다."

그러면서 통곡하였다. 자사와 태수는 사람을 보내 강화한 뒤에 성문을 열고 마초를 맞이했다. 마초가 입성하자, (양부의 사촌 동생) 양악을 잡아가두고 (張魯의 대장) 楊昂(양앙)을 시켜 자사와 태수를 죽이게 했다.

| 原文 |

阜內有報超之志, 而未得其便. 頃之, 阜以喪妻求葬假. 阜外兄姜敍屯歷城. 阜少長敍家, 見敍母及敍, 說前在冀中時事, 歔欷悲甚. 敍曰, "何爲乃爾?" 阜曰, "守城不能完, 君亡不能死, 亦何面目以視息於天下! 馬超背父叛君, 虐殺州將, 豈獨阜之憂責, 一州士大夫皆蒙其恥. 君擁兵專制而無討賊心, 此趙盾所以書敍君也. 超强而無義, 多釁易圖耳."

敍母慨然, 敕敍從阜計. 計定, 外與鄕人姜隱,趙昂,尹奉,姚瓊,孔信,武都人李俊,王靈結謀, 定討超約, 使從弟謨至冀語岳, 並結安定梁寬,南安趙衢,龐恭等. 約誓旣明,

十七年九月, 與敍起兵於鹵城. 超聞阜等兵起, 自將出. 而衢,寬等解岳, 閉冀城門, 討超妻子. 超襲歷城, 得敍母. 敍母罵之曰, "汝背父之逆子, 殺君之桀賊, 天地豈久容汝. 而不早

死, 敢以面目視人乎!"

超怒, 殺之. 阜與超戰, 身被五創, 宗族昆弟死者七人. 超遂南奔張魯.

| 국역 |

楊阜(양부)는 마초에게 복수할 뜻을 품었지만 상황이 여의치 않았다. 얼마 뒤에 양부는 아내 상을 당하여 휴가를 얻었다. 양부의 外從兄인 姜敍(강서)[220]는 (漢陽郡) 歷城(역성)[221]에 주둔하고 있었다. 양부는 어려서 강서의 집에서 함께 성장하였는데, 강서의 모친과 강서를 만나 앞서 天水郡 冀縣(기현)에 있었던 일을 말하면서 흐느껴 울었다. 이에 강서가 "이제 어찌해야 하는가?"라고 물었다. 이에 양부가 말했다.

"제대로 守城하지도 못했고, 섬기던 상관이 죽을 때 죽지도 못했으니 무슨 면목으로 세상을 살겠습니까! 馬超는 그 부친과 주군을 배신 반역하였으며 涼州(양주) 백성과 장수를 학살하였는데, 이것이 저 양부 한 사람의 책임은 아니라지만 양주의 사대부 모두가 치욕을 당한 것입니다. 兄(姜敍)은 마음대로 거느릴 군사를 갖고서도 반적을 토벌할 마음이 없으시니, 이는 趙盾(조순)[222]이 주군을 시해했

220 姜敍(강서, 生卒年不詳, 字 伯奕) - 天水郡人, 강서에게 양부는 고모의 아들이고(내사촌), 양부에게 강서는 외삼촌의 아들(외사촌)이다. 중국에서는 이런 관계를 表兄弟라고 한다.

221 歷城(역성)은 天水郡 西縣의 지명. 濟南郡의 歷城縣이 아님. 뒷날 建安城으로 개명했다는 주석이 있고, 天水郡 西縣은, 今 甘肅省 동부 隴南市 관할 禮縣에 해당.

222 趙盾(조순, ?-前 601年, 趙宣子, 趙孟) - 春秋 시대 晉國의 大夫. 趙衰(조쇠)의

다는 기록과 뜻이 같습니다. 마초가 비록 강하지만 의리가 없고 빈틈이 많으니 쉽게 도모할 수 있을 것입니다."

강서의 모친은 매우 강개하며, 강서에게 양부가 함께 빨리 마초를 토벌하라고 말했다. 방책이 정해지자, 바로 같은 마을 사람인 姜隱(강은), 趙昂(조앙), 尹奉(유봉), 姚瓊(요경), 孔信(공신) 및 武都郡 사람인 李俊(이준), 王靈(왕령) 등과 마초를 토벌하기로 뜻을 모았고, 양부의 사촌 동생인 楊謨(양모)를 冀縣(기현)에 보내 楊岳(양악)에게 뜻을 전하게 했으며, 安定郡의 梁寬(양관), 南安郡[223]의 趙衢(조구), 龐恭(방공) 등과 연합하였다. 모두가 분명하게 서약하였다.

건안 17년(서기 212) 9월, 양부는 강서 등과 함께 (雁門郡) 鹵城(노성)에서 마초를 공격하였다. 마초는 양부 등이 거병했다는 소식을 듣고 직접 군사를 거느리고 출전하였다. 趙衢(조구), 梁寬(양관) 등은 楊岳(양악)을 구출하고, 冀縣 城門을 폐쇄한 뒤에 마초의 처자를 죽였다. 그러나 마초는 歷城(역성)을 기습하여 姜敍(강서)의 모친

아들, 趙括의 형, 前 607년, 晉 靈公이 황음무도하자, 趙盾은 여러 차례 직간을 했다. 晉 영공은 수시로 조순을 암살하려 시도했다. 결국 조순은 晉都를 떠나 피신했다. 피신한 동안 趙穿(조천)이 영공을 桃園에서 시해했다. 조순은 도성에 들어와 公子 黑臀(흑둔)을 옹립하니, 이가 晉 成公이다. 이런 일을 史官이 기록했는데, 太史 董狐(공호)는 '趙盾이 주군을 시해했다' 고 기록했다. 조순은 자신이 주군을 시해하지 않았다고 했지만 동호가 말했다. "당신이 正卿으로 간언을 올렸지만 듣지 않는다 하여 수도를 떠났다. 국경을 벗어나지도 않았고, 주군이 시해되었는데도 돌아와 반적을 제거하지 않았으니 그 뜻은 마찬가지이다. 뜻이 같았으니 사실을 기록한 것이다. 당신이 시해하지 않았다면 누가 시해했는가?"

223 (雍州 관할) 南安郡 – 後漢 靈帝 中平 5년(서기 188)에 설치했다가 建安 19년(214년)에 폐군하여 隴西郡에 편입되었다. 曹魏에서 다시 설치했다. 郡治는 獂道縣(원도현, 今 甘肅省 隴西縣 동남). 3개 현을 관할하는 작은 군이었다.

을 사로잡았다. 강서의 모친이 마초를 꾸짖었다.

"너는 아버지도 배반한 몹쓸 자식이고 주군을 시해한 반역자이니, 하늘이 어찌 너를 살려주겠는가? 너는 빨리 자결하지 않고, 무슨 면목으로 다른 사람을 볼 수 있겠는가!"

마초는 화가 나서 강서의 모친을 죽였다. 양부와 마초는 싸웠고 양부는 5군데 부상을 당했고 종족 형제가 7명이나 전사하였다. 마초는 결국 남쪽으로 張魯(장로)를 찾아 달아났다.

| 原文 |

隴右平定, 太祖封討超之功, 侯者十一人, 賜阜爵關內侯. 阜讓曰, "阜君存無扞難之功, 君亡無死節之效, 於義當誅, 於法當誅, 超又不死, 無宜苟荷爵祿."

太祖報曰, "君與群賢共建大功, 西土之人以爲美談. 子貢辭賞, 仲尼謂之止善. 君其剖心以順國命. 姜敘之母, 勸敘早發, 明智乃爾, 雖楊敞之妻蓋不過此. 賢哉, 賢哉! 良史記錄, 必不墜於地矣."

| 국역 |

隴右(농우) 일대가 평정되자, 조조는 馬超를 토벌한 공으로 11명을 열후에 봉했는데, 楊阜(양부)에게는 關內侯의 작위를 하사하였다. 이에 양부가 사양하며 말했다.

"저 양부는 상관이 살았을 때 어려움을 이겨내지도 못했고 상관이 죽을 때 같이 죽지도 못했으니, 大義로 볼 때 응당 방출되어야 하고 법으로는 응당 사형당해야 하며, 또 마초가 죽지도 않았는데 어찌 爵祿(작록)을 받을 수 있겠습니까?"

이에 조조가 대답하였다.

"君은 여러 賢人과 함께 큰 공을 세웠고, 西州의 백성들이 모두 칭찬을 하고 있다. 옛날 (공자 제자) 子貢(자공)이 상을 사양하자, 공자는 선행을 그만두는 것이라 하였다. 君은 변함없는 충성으로 國命에 순응하였다. 姜敍(강서)의 모친은 강서에게 빨리 군사를 일으키게 했으니, 그런 명철한 지혜는 楊敞(양창)[224]의 妻일지라도 아마 이보다 못할 것이다. 현명하고 또 현명하도다! 사관의 기록으로 남길 것이니 결코 사라지지 않을 것이다."

| 原文 |

太祖征漢中, 以阜爲益州刺史. 還, 拜金城太守, 未發, 轉武都太守. 郡濱蜀漢, 阜請依龔遂故事, 安之而已. 會劉備遣張飛,馬超等從沮道趣下辯, 而氐雷定等七部萬餘落反應之. 太

224 楊敞(양창, ?-前 74년) - 司馬遷의 사위, 여러 관직을 거쳐 승상이 되었다. 前 74년 前漢 昭帝가 죽고, 계위한 昌邑王 劉賀(유하)가 황당무계하자, 霍光(곽광) 등이 창읍왕을 축출하고 漢 宣帝(劉病已)를 옹립하여 할 때, 양창은 두려워 동참을 주저했다. 이때 양창의 처가 결단을 내려서 동참케 했다. 그러나 새 가슴으로 심약한 양창은 두려움으로 곧 병사했다. 양창의 次子가 《史記》를 세상에 널리 알린 楊惲(양운)이고, 이 양창의 현손이 楊震(양진)이고, 양진의 玄孫이 바로 楊脩(양수)이다. 《漢書》 66권, 〈公孫劉田王楊蔡陳鄭傳〉에 입전.

沮遣都護曹洪御超等, 超等退還. 洪置酒大會, 令女倡著羅縠之衣, 蹋鼓, 一坐皆笑. 阜厲聲責洪曰, "男女之別, 國之大節, 何有於廣坐之中裸女人形體! 雖桀,紂之亂, 不甚於此."

遂奮衣辭出. 洪立罷女樂, 請阜還坐, 肅然憚焉.

| 국역 |

조조가 漢中郡(한중군)을 평정한 뒤, 楊阜(양부)를 益州刺史에 임명했다. 조조가 회군한 뒤 양부를 金城 太守에 임명했는데, 출발도 하기 전에 武都 太守로 전직시켰다. 武都郡[225]은 蜀漢과 접경하였는데, 양부는 龔遂(공수)[226]가 渤海郡(발해군, 勃海郡)을 다스린 전례를 따라 郡을 안정시켰다.

그때 劉備(유비)가 張飛(장비)와 馬超(마초) 등을 보내 (武都郡) 沮縣(저현)에서 출발하여 (郡 治所인) 下辯縣(하변현)을 공격케 했는데, 氐族(저족)의 雷定(뇌정) 등 7部 1만여 마을이 반역하며 호응하였다. 조조는 都護인 曹洪(조홍) 등을 보내 마초를 막게 하자, 마초 등은 물러갔다.

조홍이 잔치를 크게 벌이면서 女倡(여창)에게 얇은 비단옷을 입혀 북을 치며 춤을 추게 하자, 모두 웃고 즐겼다. 그러나 양부가 큰 소

225 武都郡 治所는 下辨縣, 今 甘肅省 남부 隴南市 成縣.

226 龔遂(공수, 생졸년 미상, 字 少卿) – 공수는 후한 昭帝 때, 昌邑王을 섬겼다. 창읍왕이 (昭帝의 뒤를 이어) 즉위했지만, 뒤에 황당무계한 짓으로 27일만에 강제 퇴위된 뒤, 나중에 宣帝가 즉위했다. 공수는 선제에 의하여 도적이 세력을 떨치는 渤海郡(발해군) 태수로 임명되었다. 공수는 백성에게 병기 소지를 금지시켰다. 병기를 소지한 자를 가두고 병기를 녹여 농기구로 만들어 백성에게 공급하여 발해군을 안정시켰다.《漢書 循吏傳》에 입전.

리로 조홍에게 따져 말했다.

"男女之別은 나라의 大節이거늘, 어찌 이 많은 사람 앞에서 여인들이 몸매를 드러낼 수 있겠습니까! 비록 난잡한 桀王(걸왕)이나 紂王(주왕)일지라도 이러지는 못할 것입니다."

그러면서 옷깃을 떨치고 나갔다. 조홍은 즉시 女樂을 파하고 양부를 자리에 들어오게 하자, 숙연하며 모두가 조심하였다.

| 原文 |

及劉備取漢中以逼下辯, 太祖以武都孤遠, 欲移之, 恐吏民戀土. 阜威信素著, 前後徙民,氐, 使居京兆,扶風,天水界者萬餘戶, 徙郡小槐里, 百姓襁負而隨之. 爲政擧大綱而已, 下不忍欺也. 文帝問侍中劉曄等, "武都太守何如人也?" 皆稱阜有公輔之節. 未及用, 會帝崩. 在郡十餘年, 徵拜城門校尉.

阜常見明帝著繡帽, 被縹綾半褎, 阜問帝曰, "此於禮何法服也?" 帝默然不答, 自是不法服不以見阜.

| 국역 |

劉備가 漢中郡을 차지하고 (武都郡) 下辯縣을 압박하자, 조조는 武都郡이 멀리 고립되었다 하여 郡과 백성을 이주시키려 했으나 관리나 백성이 옛 땅을 그리워할 것을 걱정하였다. 양부는 평소에 위엄과 신망이 높아 전후 여러 차례에 걸쳐 백성과 氐族(저족)을 京兆

尹, 禹扶風, 天水郡 지역으로 1만여 호를 이주시켰고, 郡治를 小槐里縣(소괴리현)[227]으로 옮겨갔는데 백성들이 아이를 업고 지고 따라왔다.

양부는 군민을 다스리며 큰 원칙만을 처리했고 백성을 속이려 하지 않았다. 文帝가 侍中인 劉曄(유엽)[228] 등에게 "武都太守는 어떤 사람인가?"라고 물었을 때, 모두가 양부는 삼공에 보임할만한 지조를 지녔다고 말했다. 그러나 양부를 미처 등용하지 못하고 문제가 붕어하였다. 양부는 武都 태수로 10여 년을 근무하고 조정의 부름을 받아 城門校尉가 되었다.

양부는 평소에 明帝가 수놓은 옥색 비단 머리 싸개를 쓰고 비단 반 소매 옷을 입고 있는 것을 보고, 명제에게 물었다.

"이는 禮에 무슨 法服입니까?"

명제는 아무 대답도 하지 못했고, 이후로는 法服을 착용하지 않고서는 양부를 알현하지 않았다.

| 原文 |

遷將作大匠. 時初治宮室, 發美女以充後庭, 數出入弋獵.

227 후한 右扶風의 治所가 槐里縣(괴리현)이었다. 今 陝西省 咸陽市 관할의 興平市. 小槐里는 새로 생긴 槐里란 뜻으로 그 부근일 것이다.

228 劉曄(유엽, ?-234년, 字 子揚) - 淮南郡 사람. 曹魏의 戰略家, 曹操, 曹丕 및 曹叡를 섬김. 사람을 잘 알아보았다고 한다. 汝南의 名士 許劭(허소)와 함께 전란을 피해 揚州로 피난가서 살았는데, 허소는 유엽이 제왕을 도울 재능이 있다고 칭찬하였다. 《魏書》 14권, 〈程郭董劉蔣劉傳〉에 입전.

秋, 大雨震電, 多殺鳥雀. 皐上疏曰,

「臣聞明主在上, 群下盡辭. 堯,舜聖德, 求非索諫, 大禹勤功, 務卑宮室, 成湯遭旱, 歸咎責己. 周文刑於寡妻, 以御家邦, 漢文躬行節儉, 身衣弋綈, 此皆能昭令問, 貽厥孫謀者也. 伏惟陛下奉武皇帝開拓之大業, 守文皇帝克終之元緒, 誠宜思齊往古聖賢之善治, 總觀季世放蕩之惡政. 所謂善治者, 務儉約, 重民力也, 所謂惡政者, 從心恣欲, 觸情而發也.

惟陛下稽古世代之初所以明赫, 及季世所以衰弱至於泯滅, 近覽漢末之變, 足以動心誡懼矣. 曩使桓,靈不廢高祖之法, 文,景之恭儉, 太祖雖有神武, 於何所施其能邪? 而陛下何由處斯尊哉? 今吳,蜀未定, 軍旅在外, 願陛下動則三思, 慮而後行, 重慎出入, 以往鑒來, 言之若輕, 成敗甚重.

頃者天雨, 又多卒暴雷電非常, 至殺鳥雀. 天地神明, 以王者爲子也, 政有不當, 則見災譴. 克己內訟, 聖人所記. 惟陛下慮患無形之外, 愼萌纖微之初, 法漢孝文出惠帝美人, 令得自嫁. 頃所調送小女, 遠聞不令, 宜爲後圖. 諸所繕治, 務從約節.

《書》曰, '九族旣睦, 協和萬國.' 事思厥宜, 以從中道, 精心計謀, 省息費用. 吳,蜀以定, 爾乃上安下樂, 九親熙熙. 如此以往, 祖考心歡, 堯舜其猶病諸. 今宜開大信於天下, 以安衆庶, 以示遠人.」

時雍丘王植怨於不齒, 藩國至親, 法禁峻密, 故阜又陳九族之義焉.

詔報曰, 「間得密表, 先陳往古明王聖主, 以諷闇政, 切至之辭, 款誠篤實. 退思補過, 將順匡救, 備至悉矣. 覽思苦言, 吾甚嘉之.」

| 국역 |

양부는 將作大匠(장작대장)이 되었다. 그때 明帝는 궁궐 공사를 크게 벌렸고 미녀를 골라 궁궐을 채웠으며 사냥을 자주 나갔다. 가을에 큰 비가 내리고 천둥 번개에 많은 새들이 죽었다. 이에 양부가 상소를 올렸다.

「臣이 알기로, 明主가 재위하면 모든 신하들은 하고 싶은 말을 다 할 수 있다고 하였습니다. 堯와 舜은 聖德을 갖춘 분이었지만 평소에 간언을 듣고자 했으며, 大禹(대우)는 치수 공사에 바쁘면서 작은 궁궐에 거처하였으며, 成湯(성탕)은 가뭄을 당해 자신의 탓으로 돌렸습니다. 周 文王은 처자의 본보기가 되어 나라를 잘 통치하였고, 漢 文帝는 몸소 절약과 검소를 실천하여 검고 두터운 하급 비단옷을 입었으니, 이 모두가 훌륭한 명성을 남겼으며 그 후손의 본보기가 되었습니다. 臣이 삼가 생각건대, 폐하께서는 武皇帝(曹操)께서 처음 이룩하신 大業을 이어 받으셨고, 文皇帝(曹丕)의 영원히 계속될 치적을 지켜 가시니, 이는 참으로 옛 현군의 善治와 대등한 치적이기에 폐하께서도 똑같이 실천하셔야 하며 왕조 말년의 악정이 왜 그러했는가를 살펴보셔야 합니다. 소위 善治란 절약에 힘쓰며 民力

을 소중히 여기는 것이고, 이른바 惡政이란 하고 마음껏 방종하며 감정에 따라 행동하는 것입니다.

폐하께서는 고대의 밝고 빛나는 정치가 말세에 왜 쇠퇴하고 사라졌는가를 생각하셔야 하며, 가깝게는 漢末의 변란에 민심이 바뀐 것을 두려워하고 교훈으로 삼아야 합니다. 지난 後漢 말기 桓帝(환제)와 靈帝(영제)가 만약 漢 高祖의 法度를 폐하지 않고, 文帝와 景帝의 공경과 儉素의 기풍을 그대로 지켜나갔다면, 太祖(曹操)가 아무리 神武를 가지셨더라도 어디에서 그런 능력을 발휘할 수 있었으며, 폐하께서는 무슨 연유로 오늘의 존위에 오를 수 있었겠습니까? 지금 東吳와 蜀漢을 평정하지 못한 채 군사는 변방에 머물고 있으니, 바라옵건대 폐하께서는 거동하실 때 재삼 숙고하시고, 사려 하신 뒤에 행하시며, 출입에 신중하시면서 지난 일을 거울로 생각하셔야 하나니, 이런 말이야 가볍게 할 수 있지만 실천은 정말 어려울 것입니다.

최근에 큰비가 내리고 갑작스런 천둥과 번개에 새들이 죽었습니다. 天地의 神明은 지상의 王者를 아들로 생각하기에 만약 그 정사가 바르지 않으면 바로 災異(재이)를 내려 견책합니다. 욕심을 억제하시고 내심으로 반성하라고 성인은 기록하였습니다. 폐하께서는 보이지 않는 환난을 우려하시고 아주 미세하고 작은 징조라도 깊이 생각하시며, 또 漢 孝文帝가 惠帝의 美人들을 出宮시켜 결혼시켰던 전례를 본받으셔야 합니다. 얼마 전에 새로 뽑아온 젊은 여인들에 대해서도 지방의 여론이 좋지 않으니 뒷일을 응당 생각하셔야 합니다. 그리고 여러 궁궐 증축이나 신축에도 절약에 힘써야 합니다.

그리고 《尙書》[229]에서도 '九族이 화목하니 萬國이 協和한다.' 고 하였으니, 매사에 이를 생각하시어 中庸(중용)의 道를 따르고, 성심으로 일을 추진하시고 지출을 줄여야 합니다. 東吳와 蜀漢을 평정한 다음에는, 곧 상하가 안락하고 九親이 화목할 것입니다. 이렇게 나아간다면 祖考께서도 기뻐하실 것이니, 이는 堯舜도 실천이 어려웠던 일일 것입니다. 지금 온 천하에 널리 신의를 베푸시고 모든 백성을 평안케 하며 먼 변방까지 은덕을 베풀어야 합니다.」

그때 雍丘王(옹구왕) 曹植(조식)은 자신이 무시당하고 있다는 반감이 있었고, 藩國(번국, 諸侯國)의 至親에 대한 법금도 매우 준엄, 각박하였기에 양부가 九族의 화목을 언급하였다.

이에 명제는 조서로 답했다.

「이번에 경의 密表를 받았는데, 먼저 고대 名王 聖主에 관하여 진술하고 나의 우매한 정사를 諷諭(풍유)하였으니, 그 언사가 매우 간절하며 그 성의가 참으로 독실하였다. 물러나 과오를 생각하고 앞일을 바로잡아 모두를 제대로 실천코자 하노라. 경의 고언을 생각하며 크게 칭송하였도다.」

| 原文 |

後遷少府. 是時大司馬曹眞伐蜀, 遇雨不進. 阜上疏曰,

「昔文王有赤烏之符, 而猶日昃不暇食, 武王白魚入舟, 君臣變色. 而動得吉瑞, 猶尙憂懼, 況有災異而不戰竦者哉? 今

229 《尙書 虞書 堯傳》의 구절.

吳,蜀未平, 而天屢降變, 陛下宜深有以專精應答, 側席而坐, 思示遠以德, 綏邇以儉. 間者諸軍始進, 便有天雨之患, 稽閡山險, 以積日矣. 轉運之勞, 擔負之苦, 所費以多, 若有不繼, 必違本圖.

《傳》曰, '見可而進, 知難而退, 軍之善政也.' 徒使六軍困於山谷之間, 進無所略, 退又不得, 非主兵之道也. 武王還師, 殷卒以亡, 知天期也. 今年凶民飢, 宜發明詔損膳減服, 技巧珍玩之物, 皆可罷之. 昔邵信臣爲少府於無事之世, 而奏罷浮食, 今者軍用不足, 益宜節度.」

帝卽召諸軍還.

| 국역 |

뒤에 楊阜(양부)는 少府(소부)로 승진했다. 그때 大司馬 曹眞(조진)을 蜀을 원정 중이었는데 장마를 만나 진군할 수가 없었다. 이에 양부가 상소하였다.

「옛날 周 文王은 붉은 까마귀(赤烏)의 吉兆(길조)가 있었지만 해가 저물도록 늘 분주하였고, 周 武王은 白魚가 배(舟)에 뛰어 들어오는 길조가 있었어도 君臣은 안색을 바꿔 긴장하였습니다. 대개 군사를 동원하며 길조를 만나더라도 오히려 두려워하거늘, 하물며 재이가 출현하는데 두려워 떨지 않을 사람이 있겠습니까? 지금 吳와 蜀을 평정하지 못했는데, 하늘에서 여러 재앙을 내리니, 폐하께서는 한쪽으로 피해 앉아 깊이 심사숙고하여 대응하서야 하며, 멀리는 지방까지 덕을 베푸시고 가깝게는 검소로 백성을 按撫(안무)해야 합니다. 요즈음에 대군이 원정을 나간 뒤에 비가 계속 내려 험한 산 계곡에 격리된 것이 벌써 여러 날이라 하였습니다. 군량을 운반하는 노고와 군수물자를 수송하는 고통 속에 비용은 늘어나고 만약 공급이 끊기면 결국 본래의 목표를 달성할 수가 없습니다.

《左傳》에서는 '가능성이 보이면 진격하고 어려움을 알면 물러나는 것이 用兵의 최상 전략이라.' 고 하였습니다. 공연히 六軍이 산 계곡에서 곤경에 처하게 하여 진격할 수도 물러날 수도 없다면, 이는 군사를 지휘하는 것이 아닙니다. 武王이 군사를 되돌렸지만 殷은 곧 멸망하였으니, 이는 上天의 定數를 안 것입니다. 금년은 흉년이라서 백성이 굶주리니 응당 조서를 내려 음식이나 의복을 줄여야 하며, 여러 기묘하거나 玩賞(완상)하는 물건 제조를 없애야 할 것입니다. 옛날 漢의 邵信臣(소신신)은 태평한 시대에 少府에 임명되었는데, 농사짓지 않고 먹는 匠人(장인)을 모두 없애야 한다고 상소하였으니, 지금도 군수물자가 부족한 만큼 지출을 더욱 줄여야 합니다.」

명제는 즉시 모든 군사의 회군을 명했다.

| 原文 |

後詔大議政治之不便於民者, 阜議以爲, "致治在於任賢, 興國在於務農. 若舍賢而任所私, 此忘治之甚者也. 廣開宮館, 高爲臺榭, 以妨民務, 此害農之甚者也. 百工不敦其器, 而競作奇巧, 以合上欲, 此傷本之甚者也.

孔子曰, '苛政甚於猛虎.' 今守功文俗之吏, 爲政不通治體, 苟好煩苛, 此亂民之甚者也. 當今之急, 宜去四甚, 並詔公卿郡國, 擧賢良方正敦樸之士而選用之, 此亦求賢之一端也."

| 국역 |

그 뒤에 백성에게 불편을 주는 정치가 무엇인가를 모두 모여 토론케 하였는데, 楊阜(양부)가 말했다.

"훌륭한 통치는 賢才의 등용에 있고, 興國은 농업 장려에 있습니다. 만약 賢才를 버려두고 사사로이 임용한다면, 이는 정치를 망치는 가장 나쁜 것입니다. 크고 화려한 궁궐 건축과 높은 누각이나 정자를 짓느라고 백성 농사를 못 짓게 한다면, 이것이 농사를 망치는 가장 나쁜 것입니다. 百工이 기물을 잘 만드는데 힘쓰지 않고 기교만을 부리고 윗사람의 욕구에만 맞추려 한다면, 이는 근본을 망치게 하는 가장 나쁜 것입니다.

공자는 '苛政(가정)은 호랑이 보다 더 무섭다.'[230]고 하였으니, 지금 문서만을 따지고 습속에 젖거나 정무에 종사하지만 治國의 근본

---

230 苛政甚於猛虎 – 이 말은, 이는 《論語》에는 없지만 《禮記 檀弓 下》와 《孔子家語 正論》에 수록되어 있다. 공자가 泰山 부근을 지나는데 묘지에서 슬피 우는 부인을 보았다. 子路를 시켜 사연을 묻게 했다. "예전에 시아버지와 남편이 모두 호랑이에 물려 죽었고, 이번에 아들이 또 호랑이에게 죽었습니다." 이에 공자가 물었다. "왜 여기를 떠나지 않습니까?" "苛政(가정, 虐政)이 없습니다." 그러자 공자가 말했다. "제자들은 잘 알아둘 것이니, 가혹한 정치는 호랑이보다 더 무섭다." 공자의 이 말은 공자가 늘 강조한 仁政과 德治, 기리고 백성에게 혜택을 주는 정치의 당위성을 증명하는 사례라 할 수 있다.

을 이해하지 못하고 번잡하고 미세한 잘잘못을 따지는 관리는 백성을 혼란케 하는 가장 나쁜 것입니다. 이러한 4가지 가장 나쁜 대상을 제거하고 조서를 내려 각 公卿과 郡國에서 賢良方正하고 敦樸(돈박)한 士人을 천거하여 그중에서 뽑아 등용한다면 이 또한 求賢의 한 방편일 것입니다."

| 原文 |

皐又上疏欲省宮人諸不見幸者, 乃召御府吏問後宮人數. 吏守舊令, 對曰, "禁密, 不得宣露." 皐怒, 杖吏一百, 數之曰, "國家不與九卿爲密, 反與小吏爲密乎?" 帝聞而愈敬憚皐.

帝愛女淑, 未期而夭, 帝痛之甚, 追封平原公主, 立廟洛陽, 葬於南陵. 將自臨送, 皐上疏曰,

「文皇帝,武宣皇后崩, 陛下皆不送葬, 所以重社稷,備不虞也. 何至孩抱之赤子而可送葬也哉?」

帝不從.

| 국역 |

楊皐(양부)는 또 宮人 중에서 황제를 불러 가까이하지 않은 궁인을 줄여야 한다며 상소하려고 소부의 담당 관리를 불러 후궁의 인원수를 물었다. 그러자 관리는 옛 규정을 들어 "禁令이 엄밀하여 공개할 수 없습니다."라고 말했다. 그러나 양부는 화를 내며 관리에게

1백 대 매질을 가하면서 따져 말했다.

"나랏일은 九卿에게도 비밀이 없거늘, 반대로 小吏가 비밀로 할 일이 있는가?"

명제는 이를 전해 듣고 양부를 더욱 공경하면서도 어려워했다.

명제는 공주인 淑(숙)을 사랑했는데, 1년도 못 채우고 요절하자 몹시 애통해하면서 平原公主라고 追封하고 낙양에 묘당을 짓고 南陵에 장례케 하였다. 그러면서 靈柩(영구)를 친송하려 하자, 양부가 상소하였다.

「文皇帝와 武宣皇后가 붕어했을 때도, 폐하께서 영구를 친송하지 않은 것은 사직을 중히 여기고 만약의 사태에 대비하려는 뜻이었습니다. 그런데 어찌 품 안의 어린아이가 죽었다 하여 親送(친송)하실 수 있겠습니까?」

그러나 명제는 받아들이지 않았다.

| 原文 |

帝既新作許宮, 又營洛陽宮殿觀閣. 阜上疏曰,

「堯尙茅茨而萬國安其居, 禹卑宮室而天下樂其業. 及至殷,周, 或堂崇三尺, 度以九筵耳. 古之聖帝明王, 未有極宮室之高麗以彫弊百姓之財力者也. 桀作璇室,象廊, 紂爲傾宮,鹿臺, 以喪其社稷, 楚靈以築章華而身受其禍, 秦始皇作阿房而殃及其子, 天下叛之, 二世而滅.

夫不度萬民之力, 以從耳目之欲, 未有不亡者也. 陛下當以堯,舜,禹,湯,文,武爲法則, 夏桀,殷紂,楚靈,秦皇爲深誡. 高高在上, 實監後德. 愼守天位, 以承祖考, 巍巍大業, 猶恐失之. 不夙夜敬止, 允恭恤民, 而乃自暇自逸, 惟宮臺是侈是飾, 必有顚覆危亡之禍.

《易》曰, '豐其屋, 蔀其家, 闚其戶, 闃其無人.' 王者以天下爲家, 言豐屋之禍, 至於家無人也. 方今二虜合從, 謀危宗廟, 十萬之軍, 東西奔赴, 邊境無一日之娛, 農夫廢業, 民有飢色. 陛下不以是爲憂, 而營作宮室, 無有已時. 使國亡而臣可以獨存, 臣又不言也. 君作元首, 臣爲股肱, 存亡一體, 得失同之.

《孝經》曰, '天子有爭臣七人, 雖無道不失其天下.' 臣雖駑怯, 敢忘爭臣之義? 言不切至, 不足以感寤陛下. 陛下不察臣言, 恐皇祖烈考之祚, 將墜於地. 使臣身死有補萬一, 則死之日, 猶生之年也. 謹叩棺沐浴, 伏俟重誅.」

奏御, 天子感其忠言, 手筆詔答. 每朝廷會議, 阜常侃然以天下爲己任. 數諫爭, 不聽, 乃屢乞遜位, 未許.

會卒, 家無餘財. 孫豹嗣.

| 국역 |

명제는 許都(許昌)에도 新宮을 지었으며, 洛陽의 宮殿과 觀閣을 크게 짓자 양부가 상소하였다.

「堯(요)는 초가(茅屋, 茅茨)에 거처하였지만 사방 여러 나라는 안정되었으며, 禹王(우왕)은 작은 궁궐에 살았어도 천하 백성은 기꺼이 생업을 즐겼습니다. 그러다가 殷과 周에 이르러서도 어떤 전당은 높이가 겨우 3尺에 9척의 자리를 깔면 되었습니다. 고대의 聖帝와 明王은 궁궐을 크게 짓고 화려하게 꾸미느라고 백성의 재력을 축내지 않았습니다. 桀王(걸왕)은 玉으로 방을 치장했고〔璇室(선실)〕, 상아로 회랑을 꾸몄으며〔象廊(상랑)〕, 紂王(주왕)은 傾宮(경궁)과 鹿臺(녹대)를 짓고 나서 사직을 잃었고, 楚 靈王은 章華臺(장화대)를 짓고 화를 당했으며, 秦始皇은 阿房宮(아방궁)을 짓고 그 재앙이 아들에게 미쳐 천하가 반기를 들면서 2世만에 멸망하였습니다.

대체로 백성의 능력을 헤아리지 못하고 耳目만을 즐기려다가 망하지 않은 자가 없었습니다. 폐하께서는 응당 堯, 舜, 禹, 湯, 文, 武王을 법으로 본받으시고, 夏의 桀王, 殷의 紂王, 楚의 靈王, 秦皇의 행적을 큰 교훈으로 삼아야 합니다. 폐하께서는 숭고하시고 높이 오르셨으니 前代 君王의 미덕을 고찰하고 본받아야 합니다. 天威를 삼가 지키시며 祖考의 높디높은 대업을 계승하며, 혹시라도 실수할까 두려워해야 합니다. 밤낮으로 공경한 행실과 나태함이 없이 백성을 아껴주어야 하지만, 지금 폐하께서는 다만 일신상의 여유를 찾으시고 궁궐이나 누각만을 화려하게 꾸밀 생각만을 하시니 틀림없이 전복하거나 위험에 빠져 화를 당할 수 있습니다.

《易》[231]에서도 '집을 크게, 지붕을 멋지게 덮었지만, 그 문을 들여다보고 엿보니 고요하여 사람이 없도다.'라고 하였습니다. 王者는

231 《易 豐卦》 雷火豐(☳☲) 上六의 爻辭. 집은 크고 좋아 보이나 凶家라는 뜻.

天下를 집으로 여겨야 하나니, 크고 화려하면 화를 당하고 집안에 사람이 없게 됩니다. 지금 蜀과 吳가 合從하여 종묘를 위태롭게 할 수 있기에, 우리 10만 대군이 동서에서 바쁘게 움직이고 변경에서는 하루를 쉴 여유도 없으며 농부는 농사를 못 짓고 백성은 굶주리고 있습니다. 폐하께서는 이를 걱정하지 않고 궁궐만을 지으면서 공사를 그만둘 기약도 없습니다. 만약 나라가 망한다면, 臣은 홀로 살 수도 있겠지만, 또 臣은 상소를 하지 않을 수도 있습니다. 주군은 머리이고(元首) 臣은 팔다리와 같으니, 생존과 멸망이 한 몸이며 득실을 같이 해야 합니다.

《孝經》에서도 '天子에게 爭臣 7인이 있다면, 비록 무도하더라도 천하는 잃지 않을 것이다.' 라고 하였습니다. 臣이 비록 우둔하고 나약하지만 어찌 간쟁하는 신하의 대의를 잊을 수 있겠습니까? 언사가 간절하지 못하면 폐하께서 깨닫지 못할 것입니다. 폐하께서 臣의 말을 살펴주시지 않는다면, 아마 皇祖와 烈考의 위업은 땅에 떨어질 것입니다. 臣의 몸이 죽어서 만에 하나라도 나라에 도움이 된다면, 곧 죽는 날이 새로이 출생하는 연도일 것입니다. 삼가 棺(관)을 쓰다듬고 목욕하고서 폐하의 무거운 징벌을 기다립니다.」

상주를 읽고 명제는 그 충언에 감복하여 손으로 조서를 지어 내렸다.

조정에서 회의가 있을 때마다 양부는 깐깐하게 천하 대사를 모두 자신의 책임이라 생각하였다. 여러 번 간쟁하였지만 명제는 따르지 않았고, 여러 차례 사직코자 했지만 허락지 않았다. 양부가 죽었을 때 집에는 남은 재산이 없었다. 손자인 楊豹(양표)가 계승했다.

❸ 高堂隆

| 原文 |

高堂隆字昇平, 泰山平陽人, 魯高堂生後也. 少爲諸生, 泰山太守薛悌命爲督郵. 郡督軍與悌爭論, 名悌而呵之. 隆按劍叱督軍曰, "昔魯定見侮, 仲尼歷階, 趙彈秦箏, 相如進缶. 臨臣名君, 義之所討也." 督軍失色, 悌驚起止之. 後去吏, 避地濟南.

| 국역 |

高堂隆(고당륭)[232]의 字는 昇平(승평)으로, 泰山郡 平陽縣 사람이며, (漢代) 魯國 高堂生(고당생)의 후손이다. 젊어 諸生(제생)[233]이 되었는데, 泰山 太守인 薛悌(설제)가 督郵(독우)에 임명하였다. 郡의 督軍과 태수 설제가 논쟁을 하면서 설제의 이름을 불러가며 큰 소리를 질러댔다. 그러자 고당륭은 칼을 잡고 독군을 꾸짖으며 말했다.

"옛날 魯 定公이 모욕을 당하자, (大司寇이던) 仲尼(孔子)[234]가 계단을 올라 齊 景公에게 항의했고, 趙王이 秦왕을 위해 箏(쟁, 악기

232 高堂隆(고당륭, 2세기?-237년, 字 昇平) - 高堂은 복성. 泰山郡 平陽縣(今 山東省 중부 泰安市 관할 新泰市)출신. 前漢 經學者 高堂生(고당생, 名 伯,《儀禮》17편을 전함)의 후손, 曹魏의 유명한 諫臣(간신).

233 諸生(제생) - 前漢에서는 박사의 제자를 諸生이라 호칭했다. 後漢에서도 諸生, 또는 太學生이라 호칭했다.

234 魯 定公 10年, 魯 定公과 齊 景公이 夾谷(협곡)에서 회담할 때, 孔子는 '文功武備' 를 갖추게 하여 外交上 승리하고 제가 침탈했던 魯의 汶陽 땅을 반환케 했다.《史記 孔子世家》참고.

이름)을 연주하는 모욕을 당하자, 藺相如(인상여)[235]는 秦王에게 缶(缶, 秦의 토속 악기)를 치게 하였습니다. 그 아랫사람 앞에서 상관의 이름을 부르니 대의상 懲治(징치)해야 합니다."

督軍은 失色하고 설제도 놀라 일어나 제지했다. 고당륭은 吏職을 그만두고 濟南郡으로 피신했다.

| 原文 |

建安十八年, 太祖召爲丞相軍議掾, 後爲歷城侯徽文學, 轉爲相. 徽遭太祖喪, 不哀, 反遊獵馳騁, 隆以義正諫, 甚得輔導之節. 黃初中, 爲堂陽長, 以選爲平原王傅. 王卽尊位, 是爲明帝. 以隆爲給事中,博士,駙馬都尉.

帝初踐阼, 群臣或以爲宜饗會, 隆曰, "唐,虞有遏密之哀, 高宗有不言之思, 是以至德雍熙, 光於四海." 以爲不宜爲會, 帝敬納之.

遷陳留太守. 犢民酉牧, 年七十餘, 有至行, 擧爲計曹掾, 帝嘉之, 特除郎中以顯焉. 徵隆爲散騎常侍, 賜爵關內侯.

---

235 藺相如(인상여, 前 315?-260년?) - 전국시대 趙의 중신. 完璧歸趙(완벽귀조) 후에, 趙 惠文王은 인상여를 上大夫에 임명했다. 前 279년, 秦 昭襄王과 惠文王이 澠池(민지)에서 회담할 때, 惠文王은 인상여를 데리고 회담에 임하였고, 秦王이 교묘히 趙王을 모욕주려 했지만 인상여는 한 발도 물러서지 않고 당당히 대처하였다. 《史記 廉頗藺相如列傳》 참고.

| 국역 |

建安 18년(서기 213), 조조는 高堂隆(고당륭)을 불러 丞相府 軍議掾(군의연)에 임명하였고, 뒤에는 歷城侯 曹徽(조휘)의 文學(官職名)이 되었다가 相으로 전직하였다. 조휘가 曹操의 상을 당하여 조문하지 않고 사냥을 다니자, 고당륭은 대의에 입각하여 바르게 간언을 올려 王을 輔導(보도)하는 책무를 다했다.

文帝 黃初 연간에, (安平郡) 堂陽縣[236] 縣長이 되었다가 平原王의 太傅가 되었다. 평원왕이 즉위하니, 이가 明帝이다. 고당륭은 給事中, 博士, 駙馬都尉를 역임하였다.

명제가 즉위한 뒤, 群臣은 응당 큰 연회를 열 것이라고 생각하자, 고당륭이 말했다.

"唐堯가 죽은 뒤, 虞舜은 애도하며 (3년 동안) 음악을 연주하지 않았고, (殷) 高宗은 즉위 후 (3년 동안) 말을 하지 않고도 나라를 다스려 至德이 크게 빛났고 四海를 밝게 비추었습니다."

그러면서 연회를 열 수 없다고 말하자, 명제는 그 뜻을 받아들였다. 고당륭은 陳留 太守가 되었다. 소를 키우는 백성 酉牧(유목)은 나이가 70여 세였는데 행실이 바르다 하여 유목을 불러 計曹掾에 임명했는데, 명제도 이를 칭찬하였고 특별히 郎中을 제수하여 유목의 명예를 높여주었다. 고당륭은 조정에 들어가 散騎常侍가 되었고 關內侯의 작위를 받았다.

---

236 堂陽縣은 今 河北省 남부 邢台市 관할 新河縣.

| 原文 |

青龍中, 大治殿舍, 西取長安大鐘. 隆上疏曰,

「昔周景王不儀刑文,武之明德, 忽公旦之聖制,既鑄大錢, 又作大鐘, 單穆公諫而弗聽, 泠州鳩對而弗從, 遂迷不反, 周德以衰, 良史記焉, 以爲永鑒. 然今之小人, 好說秦,漢之奢靡以盪聖心, 求取亡國不度之器, 勞役費損, 以傷德政, 非所以興禮樂之和, 保神明之休也.」

是日, 帝幸上方, 隆與卞蘭從. 帝以隆表授蘭, 使難隆曰, "興衰在政, 樂何爲也? 化之不明, 豈鍾之罪?" 隆曰, "夫禮樂者, 爲治之大本也. 故簫韶九成, 鳳皇來儀, 雷鼓六變, 天神以降, 政是以平, 刑是以錯, 和之至也. 新聲發響, 商辛以隕, 大鐘既鑄, 周景以弊, 存亡之機, 恒由斯作, 安在廢興之不階也? 君擧必書, 古之道也, 作而不法, 何以示後? 聖王樂聞其闕, 故有箴規之道, 忠臣願竭其節, 故有匪躬之義也."

帝稱善.

| 국역 |

(明帝) 青龍 연간에(서기 233 - 236년), 궁궐 공사를 크게 일으켰고, 서쪽 長安의 大鐘을 洛陽으로 가져왔다. 이에 高堂隆(고당륭)이 상소하였다.

「옛날 周 景王(재위, 前 544 - 520년)은 文王과 武王의 明德을 본받지도 않고, 周公 旦(단)의 聖制를 소홀히 여겨 大錢을 주조하였으며, 또 大鐘을 제작하자, 單 穆公(단 목공, 春秋 시대 單國의 國君, 名 旗, 伯爵)이 간언을 했어도 따르지 않았으며, 泠州鳩(영주구, 伶州鳩)가 대면하여 제지했어도 듣지 않아서, 결국 바른 정치를 하지 못해 周德이 쇠퇴하였다고 良史가 기록하였는데, 이를 교훈으로 삼아야 합니다. 그러나 지금의 소인들은 秦과 漢의 사치와 화려함으로 聖心을 크게 흔들어 놓으면서 亡國의 법도에도 어긋난 물건을 운반케 하여 民力과 비용을 낭비하고 德政을 손상케 하나니, 이는 禮樂의 조화를 진흥시키며 神明을 보존하는 아름다운 방법이 결코 아닙니다.」

그날 명제는 上方署(상방서)에 행차했는데, 고당륭과 卞蘭(변란)이 황제를 수종하였다. 황제는 고당륭의 표문을 변란에게 주어 고당륭의 의견을 반박케 하자, 변란이 말했다.

"나라의 흥륭과 쇠퇴는 정사에 달려 있지, 어찌 음악에 있겠습니까? 교화가 분명하지 않은 것이 어찌 큰 鍾의 탓이겠습니까?"

이에 고당륭이 말했다.

"禮樂이란 통치의 大本입니다. 그러하기에 簫韶(소소)의 아악이 9번 연주되자 봉황이 찾아왔고, 雷鼓(뇌고)가 6차례 바꿔 연주되면서 天神이 하강하였으며, 정사가 태평하여 형벌을 적용하지 않아도 되었으니, 이는 곧 화합의 완성이었습니다. 새로운 예악이 연주되면서 商(殷)의 紂王(주왕, 辛)[237]이 죽었으며, 大鐘이 주조된 뒤에 周景王의 정사가 피폐하였으니, 이처럼 存亡의 계기(機)는 언제나 예

237 紂王(주왕, 帝辛) – 子 姓, 商朝 최후 君主. 재위 前 1075년–1046년. 재위 중 농업을 장려하며 영역을 淮水와 長江 일대까지 확장하였다. 장기간 전쟁 동원에 지쳤을 때 周를 비롯한 서방 제후의 연합군에게 牧野之戰에 패전한 뒤에 紂王 辛(신)은 스스로 불타 죽었고 商朝는 멸망했다. 辛은 아들이 올린 시호이고, 紂(주, 끈 주)는 惡謚로 周 武王이 택한 시호이다.

악에 있었으니, 어찌 나라 융성과 쇠퇴의 단계가 아니겠습니까? 예로부터 군왕의 거동을 언제나 기록하였는데 군왕의 한 일이 법도에 맞지 않는다면 후대에 무엇을 보여주겠습니까? 聖王은 신하가 지적하는 자신의 결점을 기꺼이 들으려 했기에 勸諫(권간)이 행하졌으며, 忠臣은 그 지조를 다 바치면서 군왕을 위하여 자신의 몸을 돌보지 않는 대의를 실천했던 것입니다."

명제는 고당륭의 말을 칭찬하였다.

| 原文 |

遷侍中, 猶領太史令. 崇華殿災, 詔問隆, "此何咎? 於禮, 寧有祈禳之義乎?"

隆對曰, "夫災變之發, 皆所以明教誡也, 惟率禮脩德, 可以勝之.《易傳》曰, '上不儉, 下不節, 孽火燒其室.' 又曰, '君高其臺, 天火爲災.' 此人君苟飾宮室, 不知百姓空竭, 故天應之以旱, 火從高殿起也. 上天降鑒, 故譴告陛下. 陛下宜增崇人道, 以答天意.

昔太戊有桑穀生於朝, 武丁有雊雉登於鼎, 皆聞災恐懼, 側身脩德, 三年之後, 遠夷朝貢, 故號曰中宗,高宗. 此則前代之明鑑也.

今案舊占, 災火之發, 皆以臺榭宮室爲誡. 然今宮室之所以充廣者, 實由宮人猥多之故. 宜簡擇留其淑懿, 如周之制, 罷省其餘. 此則祖己之所以訓高宗, 高宗之所以享遠號也.”

詔問隆,「吾聞漢武帝時, 柏梁災, 而大起宮殿以厭之, 其義云何?」

隆對曰,「臣聞西京柏梁旣災, 越巫陳方, 建章是經, 以厭火祥, 乃夷越之巫所爲, 非聖賢之明訓也. 〈五行志〉曰, ‘柏梁災, 其後有江充巫蠱衛太子事.’ 如〈志〉之言, 越巫建章無所厭也.

孔子曰, ‘災者脩類應行, 精祲相感, 以戒人君.’ 是以聖主睹災責躬, 退而脩德, 以消復之. 今宜罷散民役. 宮室之制, 務從約節, 內足以待風雨, 外足以講禮儀. 淸埽所災之處, 不敢於此有所立作, 蓮莆,嘉禾必生此地, 以報陛下虔恭之德. 豈可疲民之力, 竭民之財! 實非所以致符瑞而懷遠人也.」

帝遂復崇華殿, 時郡國有九龍見, 故改曰九龍殿.

| 국역 |

高堂隆(고당륭)은 侍中이 되어 太史令도 겸임하였다. 崇華殿에서 화재가 발생하자, 조서를 내려 고당륭에게 물었다.

“이는 무슨 연고인가? 禮에 기도하여 재앙을 물리친다는 뜻이 있는가?”

이에 고당륭이 대답하였다.

“災異(재이)나 변고의 발생은 모두 君王을 가르쳐 깨우치려는 上天의 뜻이오니, 예를 지켜 따르고 덕행을 실천하여야 이겨낼 수 있습니다. 그래서 《易傳》에서는 '위에서 不儉하고 아래서도 절약하지 않으니, 까닭 없는 불씨가 궁실을 태운다.' 하였고, 또 '군왕이 높은 누대를 지으니 하늘의 불이 재앙이 된다.' 고 하였습니다. 이는 人君이 궁궐을 꾸밀 줄만 알고 백성의 財力이 소진되는 것을 알지 못하기에, 하늘이 가뭄(旱害)으로 감응하면서 화재가 높은 전각에서 일어나는 것입니다. 이는 上天이 교훈을 내려 폐하께 견책의 뜻을 알리는 것입니다. 그러니 폐하께서는 응당 人道를 받들고 실천하여 天意에 보답하여야 합니다.

옛날 (殷王) 太戊(태무)[238] 시절에 조정에서 뽕나무와 곡식이 자랐고, (殷王) 武丁(무정)[239]의 재위 중에는 꿩(雊雉)이 종묘의 鼎(정) 위에 내려앉자 모두 재앙이 있을 것이라 두려워했지만, 무정은 온몸으로 은덕을 베풀었으며, 3년 뒤에는 遠夷가 朝貢을 바쳤기에 中宗 또는 高宗이라고 호칭하였습니다. 이는 전 시대의 확실한 교훈입니다. 지금 이전의 占卜(점복)이나 災禍의 발생을 고찰해보면 모두가 누각이나 궁궐에 관한 교훈이었습니다. 그렇지만 지금도 궁궐을 계속 확장하는 것은 궁인들이 너무 많이 늘어났기 때문입니다. 응당 정숙하고 현명한 궁인을 골라 周의 제도를 본받아 궁에 남겨두고 나머지는 모두 돌려보내야 합니다. 이렇게 한다면 祖己(조기)[240]가

238 太戊(태무, 大戊) – 商朝의 君王. 子 姓, 名 密(밀), 생졸년도 및 재위 연도 미상. 太戊 재위 시에 賢人 伊陟(이척)을 승상으로 발탁하여 天下가 大治되고 諸侯가 歸附하였다고 하였다. 《史記 殷本紀》에서는 태무의 묘호를 中宗이라 하였다.

239 殷王 武丁(재위, 前 1250?–1192년) – 子 姓, 名 昭, 商朝 23대 國王, 武丁은 廟號. 추가 시호는 高宗.

240 祖己(조기, 孝己) – 商朝 武丁의 嫡長子, 苦孝로 有名.

高宗에게 간언을 올린 뜻이고, 고종은 이후 오랫동안 칭송을 받은 원인이 될 것입니다."

명제가 조서를 내려 고당륭에게 물었다.

「짐이 알기로, 漢 武帝 때 柏梁臺(백량대)[241]가 불타자, 궁궐을 크게 지어 재앙을 눌렀다는데, 그것은 무슨 뜻인가?」

이에 고당륭이 대답하였다.

「신이 알기로, 西京(長安)의 백량대가 불에 타자 越의 巫女가 그 처방으로 建章宮을 지어 화재의 재앙을 진압할 수 있다고 말했는데, 이는 越人 무녀의 말이지 성인의 가르침은 아닙니다. (《漢書》) 〈五行志〉에서는 '백량대의 재앙이 있은 뒤에 江充(강충)이 衛太子(위태자)를 巫蠱(무고)[242]하는 사건이 있었다.' 고 하였습니다. 이처럼 〈五行志〉의 기록대로 越 무녀의 건장궁 건축 건의는 아무것도 진압한 것이 없었습니다.

孔子는 '재앙이란 수양의 정도에 따라 상응하며 재앙의 기운은

241 柏梁臺 – 武帝가 元鼎 원년(前 116년), 未央宮 서쪽에 지은 누각. 太初 원년(前 104)에 벼락에 의한 화재로 소실되었다.

242 漢 武帝 때 巫蠱(무고)의 禍는 형식상으로는 衛태자가 군사를 동원하여 江充(?–前 91)을 제거하려고 했지만, 사건은 위태자가 군사를 일으켜 승상의 군사와 싸운 것이 되었고 그 때문에 위태자는 반역자로 쫓기고 결국 자살한다. 이 무고의 화를 일으킨 장본인은 江充이다. 강충의 본명은 江齊(강제)로 그의 여동생이 악기를 잘 연주하고 가무에 뛰어나 趙의 태자 劉丹(유단)에게 시집을 갔다. 강제는 趙 敬肅王(유팽조)의 신임을 받는 상객이 되었다. 얼마 후 태자는 강제가 자신의 음란한 사생활을 왕에게 밀고한다고 의심하며 강제와 사이가 나빠졌고 관리를 시켜 체포하게 했으나 잡지 못하자 그의 父兄을 잡아 가두고 조사한 뒤 기시형에 처했다. 강제는 자취를 감추고 도망하여 서쪽으로 關中(관중)으로 가서 이름을 江充으로 바꿨다. 武帝에 의해 신임을 얻고 무고행위를 조사한다고 위태자를 모함하였다. 나중에 무제에 의해 삼족이 멸족 당했다. 《漢書》 45권, 〈蒯伍江息夫傳〉 입전.

서로 감응하여 군왕을 경계한다.' 고 하였습니다. 때문에 聖主는 재앙이 있으면 자신의 허물 때문이라 생각하여 겸손한 뜻으로 덕을 닦고 베풀어 재앙을 극복하였습니다. 지금 응당 백성의 요역을 중지하고 돌려보내야 합니다. 궁궐의 바른 건축과 운영은 절약에 힘써야 하며, 안으로는 순조로운 풍우를 기대하고 밖으로는 예의를 실천할 수 있을 것입니다. 재해와 이변이 있었던 곳을 청소한다는 것은 그 곳에 새로운 건물을 짓는 것이 아니며, 상서로운 풀〔蓮莆(삼보)〕이나 嘉禾(가화)가 그곳에 자라나는 것이며, 그것은 폐하의 경건한 덕행에 대한 보답일 것입니다. 어찌 백성을 피폐하게 하는 노역으로 백성의 재력을 바닥낼 수 있겠습니까! 그러한 새 궁궐 짓기는 상서로운 조짐을 불러오거나 먼 곳의 이민족을 회유하지 못할 것입니다.」

그래도 명제는 崇華殿을 다시 지었는데, 그때 지방 군국에서 九龍이 출현했다 하여 九龍殿으로 바꿔 불렀다.

| 原文 |

陵霄闕始構, 有鵲巢其上, 帝以問隆, 對曰,

"《詩》云 '維鵲有巢, 維鳩居之.' 今興宮室, 起陵霄闕, 而鵲巢之, 此宮室未成身不得居之象也. 天意若曰, 宮室未成, 將有他姓制御之, 斯乃上天之戒也. 夫天道無親, 惟與善人, 不可不深防, 不可不深慮. 夏,商之季, 皆繼體也, 不欽承上天之明命, 惟讒諂是從, 廢德適欲, 故其亡也忽焉. 太戊,武丁, 睹災竦懼, 祗承天戒, 故其興也勃焉.

今若休罷百役, 儉以足用, 增崇德政, 動遵帝則, 除普天之所患, 興兆民之所利, 三王可四, 五帝可六, 豈惟殷宗轉禍爲福而已哉! 臣備腹心, 苟可以繁祉聖躬, 安存社稷, 臣雖灰身破族, 猶生之年也. 豈憚忤逆之災, 而令陛下不聞至言乎?"

於是帝改容動色.

| 국역 |

陵霄闕(능소궐)을 짓기 시작했는데, 까치가 그 위에 둥지를 틀어서 명제가 이를 高堂隆(고당륭)에게 묻자, 고당륭이 대답하였다.

"《詩》에 '까지가 집을 지었는데 비둘기가 살고 있네.' 라고 하였습니다. 지금 궁궐 공사를 벌려 능소궐을 짓는데 까치가 둥지를 짓는 것은, 이 궁궐이 완성되기 전까지 육신이 살지 못한다는 형상입니다. 天意가 이러할지니 宮室을 다 짓기 전에 他姓이 이를 차지하는 것이고, 이는 곧 上天의 훈계입니다. 天道는 친한 사람이 따로 없고 오직 善人과 함께 하기에 미리 예방하지 않을 수 없고 깊이 생각하지 않을 수 없습니다. 夏와 商(殷)나라 말기에 모두가 선조의 유업을 계승했지만 上天의 明命을 받들지 않고, 참소나 아첨하는 말만 따르고 덕행을 버리고 私慾을 내세웠기에 그들 나라가 갑자기 몰락하였습니다. 殷王 太戊(태무)나 武丁(무정)은 재앙의 두려움을 목격하고 하늘의 훈계를 받들었기에 홍성할 수 있었습니다.

지금 만약 온갖 공사를 중단하고 검소한 생활로 수요를 충족하고 德政을 실천하며 거동에 제왕의 준칙을 따르며, 하늘의 환란을 제거하고 백성에게 이득을 돌려주면, 三王 이후의 4번째 왕이 될 수 있고, 五帝 다음의 여섯 번째 제왕이 될 수 있으니, 어찌 殷 中宗, 高宗의 轉禍爲福(전화위복) 뿐이겠습니까? 臣은 폐하께서 가까이 여기고 신임하는 신하이기에 폐하의 번영과 복을 위할 수 있는 길이며 사직을 안정시킬 수만 있다면, 臣의 몸이 부서지고 멸족되는 그런 날이 곧 臣이 새롭게 출생하는 해(年)일 것입니다. 어찌 폐하의 뜻을 거스르지 않으려고 닥쳐오는 재앙을 꺼려 폐하께 바른 말씀을 드리지 않을 수 있겠습니까?"

이에 명제는 안색이 변하면서 두려워했다.

| 原文 |

是歲, 有星孛於大辰. 隆上疏曰,

「凡帝王徙都立邑, 皆先定天地社稷之位, 敬恭以奉之. 將營宮室, 則宗廟爲先, 廐庫爲次, 居室爲後. 今圜丘,方澤,南北郊,明堂,社稷, 神位未定, 宗廟之制又未如禮, 而崇飾居室, 士民失業. 外人咸云宮人之用, 與興戎軍國之費, 所盡略齊. 民不堪命, 皆有怨怒.

《書》曰 '天聰明自我民聰明, 天明畏自我民明威.' 輿人作頌, 則鄉以五福. 民怒吁嗟, 則威以六極, 言天之賞罰, 隨民言, 順民心也. 是以臨政務在安民爲先, 然後稽古之化, 格於上下, 自古及今, 未嘗不然也. 夫采椽卑宮, 唐,虞,大禹之所以垂皇風也. 玉臺瓊室, 夏癸,商辛之所以犯昊天也.

今之宮室, 實違禮度, 乃更建立九龍, 華飾過前. 天彗章灼, 始起於房心, 犯帝坐而干紫微, 此乃皇天子愛陛下, 是以發教戒之象, 始卒皆於尊位, 殷勤鄭重, 欲必覺寤陛下. 斯乃慈父懇切之訓, 宜崇孝子祗聳之禮, 以率先先下, 以昭示後昆, 不宜有忽, 以重天怒.」

| 국역 |

이 해에, 살별이 大辰星(대진성)의 방위를 가로질렀다. 이에 高堂隆(고당륭)이 상소하였다.

「帝王이 도읍을 정하고 옮겨갈 때, 대개가 먼저 천지와 사직의 神威를 정하고 공경하게 받듭니다. 다음에 궁궐을 지으면서 먼저 종묘 지을 곳을 우선 고르고 마구간이나 무기고를 다음에, 그리고 거실을 나중에 생각하게 됩니다. 지금 圜丘壇(환구단)과 사방의 淵澤(연택) 남북의 郊祀地, 明堂과 사직단, 그리고 神位도 미정이며, 종묘의 법제도 아직 예제를 마련하지 못하고서 거실을 높게 짓고, 또 장식하느라고 士民은 본업을 잃었습니다. 궁 밖의 많은 백성들은 宮人이 쓰는 비용이 군사와 조정에서 쓰는 비용과 대략 같을 것이라는 말을 합니다. 백성은 목숨을 부지하기가 어려워 모두 원망하고 화를 내고 있습니다.

《尙書》[243]에서는 '상천에서 보고 듣는 것이 곧 백성이 보고 듣는 것이며, 하늘의 징계는 곧 백성이 생각하는 징계라.' 고 하였습니다.

243 《尙書 虞書 皐陶謨(고요모)》의 구절.

백성의 칭송하면 하늘도 五福을 내려 권장합니다. 백성이 노하고 탄식하면, 하늘은 여섯 가지 위엄을 내보이니 하늘의 상벌은 백성의 말에 따르고 민심에 순응합니다. 이 때문에 백성을 다스리는 데는 백성 생활 안정을 우선한 뒤에 고대와 같은 교화를 행하여 상하를 바로잡았으니, 이는 예로부터 지금까지 꼭 그러하였습니다. 대체로 그냥 나무를 베어다가 작은 궁궐을 지은 唐(堯), 虞(舜), 大禹(夏王)의 제왕으로서의 모범은 여기서 시작되었습니다. 玉臺(옥대)와 瓊室(경실)을 꾸민 夏의 桀王(癸), 商의 紂王(辛)은 하늘의 뜻을 어겼습니다.

지금의 궁궐은 실제로 禮度에 어긋났습니다. 그런데도 다시 九龍殿을 지었고 화려하기도 옛날보다 훨씬 더했습니다. 하늘에서 살별(彗星)이 빛을 내면서 房宿(방수)와 心宿(심수)에서 시작하여, 帝坐와 紫微星(자미성)을 범한 것은 皇天이 폐하를 자식처럼 생각하여 훈계를 내리는 형상이며, 그 시작과 끝이 모두 尊位에 해당하고 은근히 鄭重(정중)한 것은 폐하를 깨우치고자 하는 뜻입니다. 이는 慈父의 간절한 훈계이니, 응당 효자가 부친을 경외하는 예를 따르고 실천하여 천하 백성의 모범이 되고 후손을 가르칠 수도 있기에, 이를 소홀히 하여 하늘의 거듭된 노여움을 초래해서는 안 될 것입니다.」

| 原文 |

時軍國多事, 用法深重. 隆上疏曰,

「夫拓跡垂統, 必俟聖明, 輔世匡治, 亦須良佐, 用能庶績其凝而品物康乂也. 夫移風易俗, 宣明道化, 使四表同風, 回首面內, 德敎光熙, 九服慕義, 固非俗吏之所能也. 今有司務糾刑書, 不本大道, 是以刑用而不措, 俗弊而不敦.

宜崇禮樂, 班敍明堂, 修三雍,大射,養老, 營建郊廟, 尊儒士, 擧逸民. 表章制度, 改正朔, 易服色, 布愷悌, 尙儉素. 然後備禮封禪, 歸功天地, 使〈雅〉,〈頌〉之聲盈於六合, 緝熙之化混於後嗣.

斯蓋至治之美事, 不朽之貴業也. 然九域之內, 可揖讓而治, 尙何憂哉! 不正其本而救其末, 譬猶棼絲, 非政理也. 可命群公卿士通儒, 造具其事, 以爲典式.」

隆又以爲改正朔, 易服色, 殊徽號, 異器械, 自古帝王所以神明其政, 變民耳目, 故三春稱王, 明三統也. 於是敷演舊章, 奏而改焉. 帝從其議, 改靑龍五年春三月爲景初元年孟夏四月, 服色尙黃, 犧牲用白, 從地正也.

| 국역 |

그 무렵 軍國에 多事하여 매우 무겁게 법을 적용하였다. 이에 高堂隆(고당륭)이 상소하였다.

「제왕의 功業을 처음 시작하려면, 응당 聖明한 군주의 출현을 기다려야 하고, 세상을 바로잡고 정치를 바로잡으려면, 꼭 우량한 신하를 등용하여야만 모든 치적이 좋은 결실을 맺고 만물도 기꺼이 편안하게 제자리를 찾게 됩니다. 백성의 풍속을 바꾸려면 도덕과 교화를 밝게 널리 펴서 사방 변경 끝까지 풍속을 같게 하고, 도성 부근을 중심으로 도덕과 교화를 드높이면 九服의 먼 곳에서도 대의를 흠모할 것이니, 이는 俗吏가 결코 이룰 수 없는 것입니다. 지금 有司들은 刑律 문서만을 따지고 大道를 바탕으로 삼지 못하기에 刑律의 적용이 잘못되고 백성의 적폐를 바로잡지도 못합니다.

禮樂을 숭상하고 明堂에서 순차에 의거 禮를 실천하며, 三雍(삼옹, 明堂, 靈臺, 辟雍)을 설치하고 大射禮와 養老禮를 거행하며, 교외에 묘당을 짓고 儒士를 존중하고 逸民을 등용해야 합니다. 여러 가지 制度를 정비하고 正朔(정삭)을 개정하며, 服色을 바꾸고 화락한 恭敬(공경)의 기풍을 조성하고 검소를 숭상해야 합니다. 그런 연후에 封禪禮(봉선례)를 거행하여 건국의 功業을 天地神明에게 돌리고, 〈雅〉와 〈頌〉의 노랫소리가 天地와 四方(六合)에 가득 차게 하여, 밝게 빛나는 교화를 후손에게 물려주어야 합니다.

이 모두는 明王이 실천할 至治의 美事이며 不朽(불후)의 고귀한 大業일 것입니다. 그러하면 九州의 강역 안에 拱手(공수)와 禮讓(예양)의 미풍이 행해질 것이니, 이 어찌 아름답지 않겠습니까! 그 근본을 바로세우지 않고 그 말엽을 구제하려 한다면, 이는 헝클어진 실타래를 정리하는 것과 같아 政事의 바른 도리가 아닙니다. 모든 公卿과 박학한 유생에게 명하여 이러한 제도를 갖추게 하고, 이를 모범으로 삼아 실천해야 합니다.」

고당륭은 正朔(曆法)을 개정하고 服色을 바꾸며, 각종 위징이나 표식을 서로 다르게 제정하고 기계를 달리하는 것은 고대의 제왕이 그 정사를 신성화 시키고 백성의 이목을 바꾸려는 뜻이었으며, 그래서 三春 3개월은 달 앞에 王字를 붙여 三統(天統, 地統 人統)을 강조한 것이라고 하였다. 이에 옛 제도에 관하여 부연 설명하여 개정케 하였다.

명제는 고당륭의 건의를 채택하여 青龍 5년(서기 237) 봄 3월을 景初 원년(서기 237) 여름 4월로 개정하였고, 복색은 황색을 숭상하고 犧牲(희생)은 白色으로 정하며, (殷代의) 역법을 채택하였다.

| 原文 |

遷光祿勳. 帝愈增崇宮殿, 彫飾觀閣, 鑿太行之石英, 采穀城之文石, 起景陽山於芳林之園, 建昭陽殿於太極之北, 鑄作黃龍鳳皇奇偉之獸, 飾金墉,陵雲臺,陵霄闕. 百役繁興, 作者萬數, 公卿以下至於學生, 莫不展力, 帝乃躬自掘土以率之.

而遼東不朝. 悼皇后崩. 天作淫雨, 冀州水出, 漂沒民物. 隆上疏切諫曰,

「蓋'天地之大德曰生, 聖人之大寶曰位, 何以守位? 曰仁, 何以聚人? 曰財.' 然則士民者, 乃國家之鎭也, 穀帛者, 乃士民之命也. 穀帛非造化不育, 非人力不成. 是以帝耕以勸農, 后桑以成服, 所以昭事上帝, 告虔報施也.

昔在伊唐, 世値陽九厄運之會, 洪水滔天, 使鯀治之, 績用不成, 乃擧文命, 隨山刊木, 前後歷年二十二載. 災眚之甚, 莫過於彼, 力役之興, 莫久於此, 堯,舜君臣, 南面而已. 禹敷九州, 庶士庸勳, 各有等差, 君子小人, 物有服章.

今無若時之急, 而使公卿大夫並與廝徒共供事役. 聞之四

夷, 非嘉聲也, 垂之竹帛, 非令名也. 是以有國有家者, 近取諸身, 遠取諸物, 嫗煦養育, 故稱 '愷悌君子, 民之父母.' 今上下勞役, 疾病凶荒, 耕稼者寡, 饑饉荐臻, 無以卒歲, 宜加愍恤, 以救其困.」

| 국역 |

高堂隆(고당륭)은 光祿勳[244]으로 승진하였다. 明帝는 궁궐을 더 크게 많이 짓고 樓觀이나 전각을 꾸미고 장식하였는데, 太行山[245]의 石英을 캐오고, 穀城(곡성)의 華文石을 날라다가 芳林(방림)의 뜰에 景陽山을 만들었으며, 太極殿의 북쪽에 昭陽殿을 지었고, 黃龍과 鳳皇 등 기이하면서도 奇偉한 짐승 모양을 만들었으며, 황금으로 장식한 담(金墉), 陵雲臺, 陵霄闕(능소궐) 등을 지었다. 온갖 잡역이 계속 이어졌고 공사에 동원된 기술자가 수만 명이었으며, 公卿 이하 太學生까지 일을 하지 않는 사람이 없었고, 明帝도 친히 흙을 파 나르면서 솔선하였다.

그러나 遼東郡에서는 입조하지 않았다. 明悼毛皇后(명도모황

244 光祿勳(광록훈) – 9卿의 1인, 질록 中二千石. 宮殿門戶를 宿衛, 각 낭관을 지휘 감독, 덕행에 따라 승진과 퇴출의 인사를 담당. 郊祀에서 三獻을 담당. 속관 丞 1인은 질록 比千石. 光祿大夫도 광록훈의 속관. 무관으로 五官中郎將, 左中郎將, 右中郎將, 虎賁中郎將, 羽林中郎將, 奉車都尉, 駙馬都尉, 騎都尉 등은 모두 光祿勳의 속관으로 질록은 比이천석이다. 光武帝가 前漢에 비해 많이 감축했지만, 그래도 광록훈의 속관이 제일 많았다.

245 太行山(五行山, 王母山) – 北京市, 河北省, 山西省, 河南省에 걸친 연장 400km의 대 산맥. 列禦寇(열어구)의 '愚公移山' 에서 愚公은 太行산맥의 王屋山을 파서 옮기려 했다.

후)[246]가 (사약을 받아) 죽었다. 큰 장마가 지면서 冀州가 물에 잠겼고 백성의 재물이 떠내려갔다. 이에 고당륭은 간절한 간언을 상소로 올렸다.

「대체로 '天地의 大德은 만물의 生長이고, 聖人의 大寶는 帝位(王位)인데 무엇으로 왕위를 지키는가? 그것은 仁德이며, 어떻게 사람을 모을 수 있는가? 재물이다.' 라고 하였습니다. 그러하니 士人과 庶民은 국가의 기초이며, 곡식과 옷감은 백성의 생명입니다. 곡식과 옷감은 천지의 조화가 아니면 생육할 수 없고 人力을 들이지 않으면 만들 수가 없습니다. 이 때문에 황제일지라도 親耕하여 勸農하고, 황후는 누에를 길러 옷을 지으니, 이는 上帝를 섬기는 동시에 상제가 베풀어주시는 은덕에 대한 보답입니다.

그 옛날 唐堯(당요)[247] 재위 시절에, 陽九의 厄運(액운)이 교집하는 시기를 당해 큰 홍수가 하늘에 닿을 정도가 되자, 鯀(곤)을 시켜 홍수를 다스리게 했지만 오래도록 성공하지 못하자, 이에 文命(大禹)을 천거했는데, 大禹는 산에 나무를 베어 길을 내며 (홍수를 다스리는데) 전후 22년이 걸렸습니다. 재해의 심한 정도를 볼 때 그때보다 더 심하지 않았고 백성 力役의 동원이 그때보다 더 오래지 않았습

---

246 明悼毛皇后(명도모황후) – 명제의 첫 번째 황후. 황후의 부친인 毛嘉(모가)는 奉車都尉로, 동생 毛曾(모증)은 騎都尉로 승진했는데 총애와 賞賜가 융숭하였다. 모가는 본래 수레를 만드는 匠人(장인)이었으나 갑자기 부귀를 누렸고, 명제는 朝臣들에게 그 집에 가서 마시고 놀라고 명하였는데, 모가의 행동거지가 매우 어리석어 사람들의 웃음거리가 되었다. 명제의 총애가 식으면서 질투 때문에 폐위되었고 사약을 받았다. 《魏書》 5권, 〈后妃傳〉에 입전.

247 원문의 伊唐은 堯 – 姓은 伊祁(이기), 氏는 唐, 名은 放勳. 처음에 陶를 봉지로 받았다가 나중에 唐(당)으로 옮겼다. 그래서 唐堯라고도 불린다.

니다만 堯와 舜은 君臣으로 남면하였습니다. 大禹은 九州를 분치하였고 많은 관원의 공로도 각각 차이가 있었고, 君子와 小人은 복식에 각각의 구분이 있었습니다.

지금은 그때와 같은 위급한 시기가 아니지만 公卿大夫들도 奴僕(노복)과 함께 일을 하였습니다. 四夷들은 이 소식을 들을 것이고, 이는 좋은 소리가 아니며 竹帛(죽백)에 기록될만한 훌륭한 이름도 아닙니다. 이 때문에 나라를 다스리는 자는 가까운 것은 자신에게서 취하고 먼 것은 사물에서 취하면서 만물을 생육케 하기에 '점잖으신 군자여 백성의 부모이시네.'[248]라고 하였습니다. 지금 상하가 노역하는데 질병에 흉년까지 겹쳤으며, 농사짓는 자는 적고 기근을 해마다 겪고 있어 어찌 살 방법이 없으니, 응당 백성을 불쌍히 여겨 이 곤경에서 벗어나게 해야 합니다.」

| 原文 |

「臣觀在昔書籍所載, 天人之際, 未有不應也. 是以古先哲王, 畏上天之明命, 循陰陽之逆順, 矜矜業業, 惟恐有違. 然後治道用興, 德與神符, 災異既發, 懼而脩政, 未有不延期流祚者也. 爰及末葉, 闇君荒主, 不崇先王之令軌, 不納正士之直言. 以遂其情志, 恬忽變戒, 未有不尋踐禍難, 至於顚覆者也.

天道既著, 請以人道論之. 夫六情五性, 同在於人, 嗜欲廉

---

248 원문 '愷悌君子, 民之父母' -《詩 大雅 泂酌(형작)》의 구절.

貞, 各居其一. 及其動也, 交爭於心. 欲强質弱, 則縱濫不禁, 精誠不制, 則放溢無極. 夫情之所在, 非好則美, 而美好之集, 非人力不成, 非穀帛不立. 情苟無極, 則人不堪其勞, 物不充其求. 勞求並至, 將起禍亂. 故不割情, 無以相供. 仲尼云, '人無遠慮, 必有近憂.' 由此觀之, 禮義之制, 非苟拘分, 將以遠害而興治也.」

| 국역 |

「臣이 옛 서적에 기록된 것을 보면, 天象과 人事의 관계에 서로 상응하지 않는 것이 없습니다. 이 때문에 고대에 賢德을 가진 君王은 上天의 明命을 두려워하고, 陰陽의 逆順에 순응하며 戰戰兢兢(전전긍긍) 조심하고 위배하지 않으려 애를 썼습니다. 그런 연후에 治道가 흥륭하고 德行과 神明이 상호 부합하여, 재이가 발생하더라도 두려움 속에서 더욱 정사에 힘썼기에 그 제위를 후손에게 물려주지 못하는 경우가 없었습니다. 그러다가 말기에 와서는 昏暗(혼암)하고 황당한 군주가 나와 先王의 훌륭한 법도를 따르지 않고 正士의 직언을 받아들이지 않았습니다. 그리고 그 감정과 욕망에 따라 재이의 경고조차 소홀히 여겨, 재해와 난관을 당해 전복되지 않은 자가 없었습니다.

天道는 이처럼 명확하기에 人道에 관하여 논하고자 합니다. 인간의 六情(喜, 怒, 哀, 樂, 愛, 惡)과 五性(仁, 義, 禮, 智, 信)은 모든 사람이 다 같고, 嗜好(기호)와 欲望과 廉恥(염치)와 忠貞은 각각 일부분으로 갖춰져 있습니다. 그런 도리와 감정이 움직이며 마음에서 서로 다투게 됩니다. 욕구는 강하고 바탕이 나약하면 멋대로 남발하게 되어 금지할 수 없으며 정성으로도 제지할 수가 없어 끝없이 넘치게 됩니다. 대체로 정욕이 머무는 곳에서는 좋아하는 것이 아니면 아름다운 것이고, 美好한 사물이 모인 것은 인력이 아니면 성취할 수 없고, 곡식이나 옷감이 아니면 건립할 수가 없습니다. 情과 欲에 그 한도가 없다면 사람들은 그 노고를 견딜 수가 없고, 곡식이나 옷감이 아니면 욕구를 충족시킬 수가 없습니다. 노고와 욕구와 동시에 도래한다면 그때에 화란이 일어날 것입니다. 인간의 욕정을 잘라낼 수 없고, 또 요구하는 만큼 다 들어줄 수도 없습니다. 그래서 공자도 '사람이 멀리 보지 않으면, 필히 눈앞에 걱정거리가 있다.'[249] 고 하였습니다. 이를 본다면, 예의에 의한 제약은 비단 본분을 지킬 뿐만 아니라 재해를 멀리하고 치도를 흥왕케 할 것입니다.」

| 原文 |

「今吳,蜀二賊, 非徒白地小虜,聚邑之寇, 乃據險乘流, 跨有士衆, 僭號稱帝, 欲與中國爭衡. 今若有人來告, 權,禪並脩德政, 復履淸儉, 輕省租賦, 不治玩好, 動咨耆賢, 事遵禮度, 陛下聞之, 豈不惕然惡其如此, 以爲難卒討滅, 而爲國憂乎?

249 《論語 衛靈公》 子曰, "人無遠慮, 必有近憂." 군자는 평안하더라도 위기를 생각하고, 있을 때는 없을 때를, 그리고 잘 다스려질 때도 혼란을 염려하기에 몸이 평안하고 나라를 지켜나갈 수 있다. 곤경이나 역경이 삶의 의지를 더 강하게 만들기도 하지만, 멀리 내다보는 지혜가 있다면 곤경에 잘 대처할 수 있을 것이다.

若使告者曰, 彼二賊並爲無道, 崇侈無度, 役其士民, 重其徵賦, 下不堪命, 吁嗟日甚, 陛下聞之, 豈不勃然忿其困我無辜之民, 而欲速加之誅, 其次, 豈不幸彼疲弊而取之不難乎? 苟如此, 則可易心而度, 事義之數亦不遠矣.」

| 국역 |

「지금 吳와 蜀의 두 나라는 불모지에 있는 소소한 이민족이나 성읍을 차지한 도적떼가 아니고, 험지에 근거를 두고 큰 강을 끼고서 많은 백성을 거느리며 僭號(참호)에 稱帝(칭제)하면서 중원과 세력을 다투는 집단입니다. 만약 어떤 사람이 孫權(손권)과 劉禪(유선)이 德政을 베풀고 검소 절약하며 조세와 부역을 경감하고 사치품도 탐내지 않으며, 행실에 원로와 현인의 자문을 구하고 예의와 법도를 준수한다고 폐하에게 보고했다면, 폐하께서는 그런 보고를 받고서도 놀라 증오하거나 갑자기 없앨 수 있는 적이 아니라고 걱정하며, 나라를 위한 걱정을 어찌 아니할 수 있겠습니까?

만약 사자가 蜀과 吳는 모두 무도하여 한없이 사치하며 백성을 부역에 동원하고 조세를 무겁게 징발하여 백성이 견디질 못하고 날마다 탄식하고 있다고 보고한다면, 폐하께서는 그런 보고를 받고서도 무고한 백성을 곤궁하게 몰아넣는 적에게 크게 화를 내며 빨리 적을 죽여 없앨 방법을 모색하거나, 아니면 피폐한 적을 무찌르기 쉬울 것이라고 생각하지 않을 것 같습니까? 이런 가정이 정말이라면 생각을 바꾸고 자신을 헤아린 뒤에 사리를 따지더라도 별 차이가 없을 것입니다.」

| 原文 |

「且秦始皇不築道德之基, 而築阿房之宮, 不憂蕭牆之變, 而脩長城之役. 當其君臣爲此計也, 亦欲立萬世之業, 使子孫長有天下, 豈意一朝匹夫大呼, 而天下傾覆哉? 故臣以爲使先代之君知其所行必將至於敗, 則弗爲之矣. 是以亡國之主自謂不亡, 然後至於亡, 賢聖之君自謂將亡, 然後至於不亡.

昔漢文帝稱爲賢主, 躬行約儉, 惠下養民, 而賈誼方之, 以爲天下倒縣, 可爲痛哭者一, 可爲流涕者二, 可爲長嘆息者三. 況今天下彫弊, 民無儋石之儲, 國無終年之畜, 外有强敵, 六軍暴邊, 內興土功, 州郡騷動, 若有寇警, 則臣懼版築之士不能投命虜庭矣.」

| 국역 |

「그리고 秦始皇은 道德의 기초를 튼튼히 하지 않고 阿房宮(아방궁)을 축조하였고, 집안의 변란을 걱정하지 않고서 흉노를 막는다고 長城 공사를 진행하였습니다. 그 君臣이 이런 일을 논의하면서 정말로 만세에 걸친 대업을 수립하여 자손 대대로 천하를 소유할 수 있게 하였다면, 어찌 匹夫(필부) 한 사람(陳勝)의 고함소리에 천하가 복멸되었겠습니까? 그래서 臣은 先代 군주들이 그 행위에 따라 장래 어떻게 패망에 이르게 되는가를 알았다면 패망에 이르는 행동을 하지는 않았을 것이라고 생각합니다. 그러니 亡國之主는 不亡한다고 말했지만, 곧 멸망하고 賢聖之君은 망할 수도 있을 것이라 걱정

하나 망하지 않았습니다.

옛날 漢文帝는 賢君이라는 칭송을 들으며 절약과 검소를 몸소 실천했고 은택을 베풀며 백성을 休養케 했습니다만, 그런데도 賈誼(가의)는 지금 천하가 거꾸로 매달린 것처럼 위험하다고 비유하며, 痛哭할 일이 하나, 눈물을 흘려야 할 일이 둘, 장탄식을 해야 할 일이 3가지라고 말했습니다.[250] 하물며 지금 온 나라가 피폐하여 백성 집안에 아무런 비축 양식이 없고 나라에 일 년을 버틸 비축이 없으며, 밖에는 강적이 버티고 六軍은 변방에서 고생하는데, 안에서는 토목공사로 지방의 州郡이 소란한데, 만약 외적이 침입한다면 변경을 수비하는 군사들은 오랑캐의 땅으로 도주할 것 같아 걱정하지 않을 수가 없습니다.」

250 賈誼(가의, 前 200 - 168) - 《漢書》 48권, 〈賈誼傳〉에 수록된 〈論治安策〉의 서문은 아래와 같다. 「제가 나라의 정세를 생각해보면, 통곡할 일이 한 가지이고 눈물을 흘려야 할 일이 두 가지이며, 장탄식을 해야 할 일이 여섯 가지나 있고 기타 사리에 맞지 않아 正道를 해치는 일은 모아서 열거하기조차 어려울만큼 많습니다. 폐하께 진언하는 사람들은 모두 천하가 안정되었고 잘 다스려진다고 말하지만, 저만 혼자 그렇지 않다고 생각하고 있습니다. 안정되었고 잘 다스려진다고 말하는 자는 바보가 아니라면 아첨하는 것이며, 실제로 治亂의 실체를 아는 자가 아닙니다. 불씨를 장작더미 아래 놓아두고 그 위에 누워 있으면서 아직 불이 타오르지 않는다 하여 편안하다고 말한다면, 지금의 형세가 그것과 무엇이 다르겠습니까? 본말이 뒤바뀌었고 머리와 꼬리가 잘렸으며, 나라의 법제가 어지러워 기강이 아주 없으니 어찌 다스려진다고 말할 수 있겠습니까? 폐하께서는 저에게 상세히 열거하라고 한 번도 명하지 않으셨지만, 이제 치안의 방책을 말씀드리오니 상세히 살피시어 채택하시기 바랍니다.」

| 原文 |

「又, 將吏奉祿, 稍見折減, 方之於昔, 五分居一, 諸受休者又絶廩賜, 不應輸者今皆出半, 此爲官入兼多於舊, 其所出與參少於昔. 而度支經用, 更每不足, 牛肉小賦, 前後相繼. 反而推之, 凡此諸費, 必有所在. 且夫祿賜穀帛, 人主所以惠養吏民而爲之司命者也, 若今有廢, 是奪其命矣. 旣得之而又失之, 此生怨之府也.

《周禮》, 大府掌九賦之財, 以給九式之用, 入有其分, 出有其所, 不相干乘而用各足. 各足之後, 乃以式貢之餘, 供王玩好. 又上用財, 必考於司會. 今陛下所與共坐廊廟治天下者, 非三司九列, 則臺閣近臣, 皆腹心造膝, 宜在無諱. 若見豐省而不敢以告, 從命奔走, 惟恐不勝, 是則具臣, 非鯁輔也.

昔李斯教秦二世曰, "爲人主而不恣瞿, 命之曰天下桎梏." 二世用之, 秦國以覆, 斯亦滅族. 是以史遷議其不正諫, 而爲世誡.」

書奏, 帝覽焉, 謂中書監,令曰, "觀隆此奏, 使朕懼哉!"

| 국역 |

「또, 將領이나 관리의 奉祿(봉록)도 점차 줄어들어 옛날에 비교한다면 그 5분의 1이며, 휴가를 얻은 관리가 받는 곡물이나 하사도 없어졌으며, 군량 운반 동원에 불응하는 자는 모두 田租(전조)의 절반을 더 납부했는데, 이로써 국가의 수입은 전에 비하여 많아졌지만 그 지출은 예전에 비하여 3분의 1이 되었습니다. 그러나 재정은 해마다 더 부족하고, 소고기(牛肉) 등 소소한 징발은 이전부터 지금도 계속 이어지고 있습니다. 이를 반대로 계산해보면, 지금의 모든 비용은 어디에는 남아있을 것입니다. 그리고 봉록으로 하사하는 곡식이나 비단은 人主가 관리나 백성에게 내리는 은택이며 생명을 부양하는 방법인데, 지금 그런 것이 폐지된다면 이는 생명을 빼앗는 것과 마찬가지입니다. 전에는 그런 것이 있다가 이제는 얻을 수 없다면, 이는 원한의 본체가 될 것입니다.

《周禮》에 의하면, 나라의 각 부서에는 9가지로 징수하는 재물이 있고 9가지 용도로 지출하는데, 재정수입에 그 몫이 있고 지출에 그 목적이 있어 서로 상관하지 않고도 용도가 풍족하다고 하였고, 재용이 충족된 이후에 왕에게 여러 가지 기호품을 바친다고 하였습니다. 또 왕궁에서 소용되는 재물은 반드시 주관부서에서 증빙을 거친다고 하였습니다. 지금 폐하와 함께 조정에서 천하를 다스리는 사람들은 三司九列(三公九卿)이 아니라 臺閣(대각)의 근신이며, 모두가 폐하의 腹心(복심)이며 무릎을 맞댈 수 있는 사람이니, 응당 폐하의 뜻을 거스르지 않을 것입니다. 만약 넉넉한 재정 수입만을 보고 사실을 보고하지 않으며, 폐하의 지시만 따르면서 혹 감당 못할까 걱정만 한다면, 이들은 그저 구색만 갖춘 신하이지 정직한 輔臣〔보신, 鯁輔(경보)〕은 아닙니다.

옛날 (秦의) 李斯(이사)는 秦 二世에게 "만백성의 주군으로 마음대로 할 수 없다면, 천하는 (폐하에게) 桎梏(질곡)이 될 것입니다."라고 말했으며, 2세는 이사의 말을 그대로 받아들였기에 결국 秦은 멸망했고 이사는 멸족되었습니다. 이를 두고 司馬遷은 바른 간언을 하지 않았기 때문이라 하였으니, 이는 후세에도 귀감이 될 것입니다.」

상서가 보고되자, 명제는 읽어보고서 中書監과 中書令에게 "고당륭의 상주문은 나를 두렵게 한다!" 라고 말했다.

| 原文 |

隆疾篤, 口占上疏曰,

「曾子有疾, 孟敬子問之. 曾子曰, '鳥之將死, 其鳴也哀, 人之將死, 其言也善.' 臣寢疾病, 有增無損, 常懼奄忽, 忠款不昭. 臣之丹誠, 豈惟曾子, 願陛下少垂省覽!

渙然改往事之過謬, 勃然興來事之淵塞, 使神人嚮應, 殊方慕義, 四靈效珍, 玉衡曜精, 則三王可邁, 五帝可越, 非徒繼體守文而已也.

臣常疾世主莫不思紹堯,舜,湯,武之治, 而蹈踵桀,紂,幽,厲之跡, 莫不蚩笑季世惑亂亡國之主, 而不登踐虞,夏,殷,周之軌. 悲夫! 以若所爲, 求若所致, 猶緣木求魚, 煎水作冰, 其不可得, 明矣.

尋觀三代之有天下也, 聖賢相承, 歷載數百, 尺土莫非其有, 一民莫非其臣, 萬國咸寧, 九有有截. 鹿臺之金, 巨橋之粟, 無所用之, 仍舊南面, 夫何爲哉! 然癸,辛之徒, 恃其旅力,知足以拒諫, 才足以飾非, 諂諛是尙, 臺觀是崇, 淫樂是好, 倡優是說, 作靡靡之樂, 安濮上之音.

上天不蠲, 眷然回顧, 宗國爲墟, 下夷於隸, 紂縣白旗, 桀放鳴條. 天子之尊, 湯,武有之, 豈伊異人, 皆明王之胄也. 且當六國之時, 天下殷熾, 秦旣兼之, 不脩聖道, 乃構阿房之宮, 築長城之守, 矜誇中國, 威服百蠻, 天下震竦, 道路以目. 自謂本枝百葉, 永垂洪暉, 豈寤二世而滅, 社稷崩圮哉?

近漢孝武乘文,景之福, 外攘夷狄, 內興宮殿, 十餘年間, 天下嚻然. 乃信越巫, 懟天遷怒, 起建章之宮, 千門萬戶, 卒致江充妖蠱之變, 至於宮室乖離, 父子相殘, 殃咎之毒, 禍流數世.」

| 국역 |

高堂隆(고당륭)은 병이 위독하자, 상소문을 口述(구술)하여 올렸다.

「曾子(증자)[251]가 병이 들자, (魯의) 孟敬子(맹경자)가 문안했습니

251 曾子〔曾參(증삼), 前 505－435年, 字 子輿〕－ 효자. 공자의 제자. 孔子, 孟子, 顔子, 子思와 함께 儒家 五大 聖人. '愼終追遠' '吾日三省吾身' '爲人謀而不忠乎? 與朋友交而不信乎? 傳不習乎?' '任重而道遠' 등 명언이 《論語》에 기록되었다. 《大學》, 《孝經》 등 儒家 經典을 저술했다 하여 유학자들에게 '宗聖'으로 추앙받는다. 《論語》에는 증자가 죽기 전에 제자들에게 자신의 손발을 펴 보라며 부모한테 물려받은 육신을 그대로 갖고 죽는다고 하였으며, 이것이 효도의 시작이라고 하였다. 《論語 泰伯》 曾子有疾, 召門弟子曰, "啓予足! 啓予手! 詩云, '戰戰兢兢, 如臨深淵, 如履薄氷.' 而今而後, 吾知免夫! 小子!" ("내 다리를 펴보아라! 나의 손을 펴보아라!) 《詩》에 '戰戰兢兢(전전긍긍)하면서 깊은 연못가를 걸어가듯, 얇은 얼음을 밟는 듯이 하라.' 고 하였다. 지금

다. 이에 증자가 말했습니다. '새가 죽기 전에 그 울음이 애처롭고, 사람이 죽을 때 그 말이 善하다.' 고 하였습니다. 지금 臣의 병이 심하고 더 나빠질 뿐 좋아지지 않을 것이니, 갑자기 죽어 저의 忠言을 다 말씀드리지 못할 것 같아 늘 걱정입니다. 臣의 丹誠이 曾子와 같지는 않겠지만, 그래도 폐하께서 읽어주시기 바랍니다!

이전의 과오를 확연히 바로잡거나, 갑자기 앞으로 일어날 일의 근원을 찾아내 막아 神明과 인간이 서로 嚮應(향응)하거나, 먼 지방에서 대의를 흠모하거나, 기린 같은 4가지 동물(四靈)이 보물을 헌상하거나, 북두의 별이 찬란히 빛이 난다면, 폐하께서는 三王을 따라가고 五帝를 추월할 것이니, 제위를 이어받고 守成이나 하는 보통 황제는 결코 아닐 것입니다.

臣은 보통 군주가 堯, 舜, 湯, 武王과 같은 통치를 이어 받지 못하는 것을 늘 걱정하면서, 桀(걸), 紂(주), (周의) 幽王(유왕), 厲王(여왕)의 행적을 따라 하며, 말세에 미혹하여 혼란에 빠진 망국 군주와 같거나, 虞(舜), 夏(禹), 殷(湯), 周(文, 武王)의 궤적을 따르지 못하는 군주를 비웃지 않은 적이 없었습니다. 그러나 비통할 뿐입니다! 그러한 말세의 주군을 따라하면서 聖王처럼 얻으려 한다면, 이는 緣木求魚(연목구어)나 煎水作冰(전수작빙)[252]과 같아 분명히 성취할 수 없을 것입니다.

·················

이후로 나는 책무를 면했다! 제자들아!" 手足, 곧 四肢가 완전하다는 것은 살면서 큰 사고나 형벌을 받지 않았다는 뜻이다. 증자가 인용한 詩는《詩經 小雅 小旻(소민)》의 詩 마지막 구절이다.

252 煎水作冰(전수작빙) – 물을 끓이면서 얼리려 하다. 煎은 다릴 전. 끓이다. 마음 졸이다.

三代의 개국 군주가 천하를 차지한 것을 살펴보면, 聖賢한 군주가 수백 년을 이어가며 소유하지 못한 땅이 없었고, 신하가 아닌 백성이 없었으며 만국이 모두 평안하고 九州(九有)를 분명히 소유할 수 있었습니다. 鹿臺(녹대)[253]를 장식한 황금과 巨橋(거교)의 군량은 쓸모가 없었으며, 南面한다 하여 무엇을 할 수 있겠습니까? 그러나 夏의 桀王(癸)과 商의 紂王(辛)은 자신의 힘을 믿고, 제 잘난 멋으로 간언을 거부하고 재주를 믿어 잘못을 꾸며대면서 아첨을 좋아하였으니, 높다란 누각과 정자에서 질펀한 풍악을 즐기고, 미희의 춤에 즐거워했으며, 흐느적거리는 쾌락과 濮水(복수)의 음악에 안주하였습니다.

上天은 그런 죄과를 버려둘 수 없었고, 고개를 돌려 백성을 보고서는, (폭군의) 宗國(宗廟)를 폐허로 만들고 노예의 손에 죽게 하였는데, 紂王은 백기를 내걸었고, 桀王(걸왕)은 鳴條(명조)[254]로 방출되었습니다. 天子의 존엄은 湯王이나 武王도 있었지만 그분들은 특별한 사람이기보다는 明王의 후손이었습니다. 그리고 (戰國時代) 六國이 있던 시기에 천하는 치열하게 다투었고 秦은 6국을 모두 차지했지만 聖道를 실천하지 않고 곧바로 阿房宮을 짓고 수비할 長城을 축조하여 중원을 지배하며 주변 만이들을 복속시켰으니, 세상 사람은 두려워 떨었고 길을 가는 사람은 눈짓으로 말했습니다. 秦은 스

253 鹿臺(녹대, 南單臺) – 商朝 紂王(주왕)이 건축한 누각. 수도인 朝歌(今 河南省 북부 鶴壁市 관할 淇縣)에 있었다. 나라의 재물이나 보물 보관 장소로도 활용. 周 武王 11년(前 1027年년 전후), 周 武王이 牧野之戰에서 승리하자, 紂王은 鹿臺에 올라 불길에 몸을 던졌고 商朝는 멸망했다.

254 鳴條(명조) – 지명. 주지육림을 즐긴 夏 桀王이 죽은 곳. 今 山西省 서남부 運城市 관할 夏縣.

스로 근본과 가지 온갖 잎들이 영원히 번창할 줄 알았지만, 2世만에 멸망하고 사직이 붕괴되리라 누가 생각했겠습니까?

최근 漢의 孝武帝는 文帝와 景帝의 裕福(유복)을 이어받아 밖으로는 夷狄(이적)을 정복하면서, 안으로는 궁전 공사를 크게 일으켜 10여 년간에 온 천하가 소란하였습니다. 무제는 越人 巫女(무녀)의 말을 믿고 上天에 자신의 분노를 옮겨 建章宮을 지었는데, 건장궁의 그 수많은 門戶는 결국 江充(강충)의 요사한 무고의 禍(화)를 불러왔고, 궁궐도 폐허가 되면서 父子간 갈등에 재앙의 餘毒(여독)은 그 뒤로도 여러 대에 영향을 끼쳤습니다.」

| 原文 |

「臣觀黃初之際, 天兆其戒, 異類之鳥, 育長燕巢, 口爪胸赤, 此魏室之大異也, 宜防鷹揚之臣於蕭牆之內. 可選諸王, 使君國典兵, 往往鉦跱, 鎮撫皇畿, 翼亮帝室. 昔周之東遷, 晉,鄭是依, 漢呂之亂, 實賴朱虛, 斯蓋前代之明鑑.

夫皇天無親, 惟德是輔. 民詠德政, 則延期過歷, 下有怨嘆, 掇錄授能. 由此觀之, 天下之天下, 非獨陛下之天下也. 臣百疾所鍾, 氣力稍微, 輒自輿出, 歸還里舍, 若遂沈淪, 魂而有知, 結草以報.」

詔曰, 「生廉追伯夷, 直過史魚, 執心堅白, 謇謇匪躬, 如何微疾未除, 退身里舍? 昔邴吉以陰德, 疾除而延壽, 貢禹以守節, 疾篤而濟愈. 生其强飯專精以自持.」

隆卒, 遺令薄葬, 斂以時服.

初, 太和中, 中護軍蔣濟上疏曰「宜遵古封禪.」詔曰, 「聞濟斯言, 使吾汗出流足.」

事寢歷歲, 後遂議脩之, 使隆撰其禮儀. 帝聞隆沒, 嘆息曰, "天不欲成吾事, 高堂生舍我亡也."

子琛嗣爵.

| 국역 |

「臣은 (文帝) 黃初 연간에, 上天이 훈계하는 징조를 보았으니 이상한 모양의 조류가 제비(燕) 둥지에 알을 낳고 새끼를 키우는데, 입에 손톱을 물고 가슴은 붉은색이었는데, 이는 魏室에 대한 이변을 예고이니, 응당 내부의 사납고 용맹한 武臣을 예방해야만 했습니다.[255] 가능하다면 여러 제후왕 중에서 골라 君國의 군사권을 장악하게 하고, 가끔 각지에서 역량을 키우게 하여 皇城과 京畿를 진무케 하고 帝室을 보호케 해야 합니다. 옛날 周의 東遷(洛陽, 천도)에 晉과 鄭國의 의지하였고, 漢 呂氏(여씨)의 난에 劉氏는 朱虛侯(주허후, 劉章)에 의지하여 평정할 수 있었으니, 이는 前代의 확실한 교

255 이런 상소 내용과 우연의 일치일 수도 있지만, 여기서 말하는 사나운 무신은 司馬懿(사마의)라고 생각할 수 있다. 曹操는 사마의를 싫어했지만, 文帝(曹조)는 사마의를 자기편으로 끌어들이면서 가까이 했고, 明帝는 사마의를 절대적으로 신입했다. 결국 명제가 죽은 뒤에 사마의는 高平陵의 變으로 조씨 일족의 무력을 빼앗았고 이후 군사권을 빼앗긴 曹魏의 황제는 허수아비나 마찬가지였다.

훈이 될 것입니다.[256]

대체로 皇天은 無親하니, 오직 仁德만이 나라를 지켜 줄 것입니다. 백성이 덕정을 노래한다면, 上天은 帝位를 연장하여 후대에 전할 수 있게 하지만, 백성이 원한으로 탄식한다면 상천은 유능한 자를 골라 治國의 권한을 넘겨줄 것입니다. 이를 본다면, 天下의 天下는 폐하 혼자만의 천하가 아닙니다. 臣은 온갖 병이 다 들었고 기력이 쇠미하여 저 자신이 향리로 돌아가려 하오며, 만약 이렇게 죽더라도 혼령에게 지각이 있다면 結草報恩할 것입니다.」

이에 명제가 조서를 내렸다.

「생활이 청렴하기로는, 伯夷(백이)를 따라갈 만하고 史魚(사어)보다도 더 곧으며(直), 가슴으로 견고 청백한 마음으로 충직하고 無私한데, 어찌하여 질병을 떨쳐버리지 못하고 鄕里로 은퇴하려는가? 옛날(前漢, 宣帝 때) 邴吉(병길, 丙吉)은 (宣帝를 살리고 키운) 음덕이 있어 병을 떨치고 수명을 연장하였으며, (前漢의) 貢禹(공우)[257]는 지조를 지켜 병이 다 나았다고 하였다. 억지로라도 식사하며 스스로 몸을 보양하기 바라노라.」

고당륭은 죽으면서 薄葬(박장)할 것과 평소의 옷으로 염을 하라는 유언을 남겼다.

그전에 (명제) 太和 연간에(서기 227 – 232년), 中護軍인 蔣濟(장

256 이런 절실한 상소와 간언을 무시했던 明帝, 그 어려운 시기에 궁궐 공사만 크게 일으켜 국력을 피폐케 하였으니, 曹魏의 단명은 결국 明帝 때 시작되었고 또 멸망할 모든 여건은 그때 모두 갖추었다고 볼 수도 있다.

257 貢禹(공우, 前 124 – 44년, 字 少翁) – 漢 宣帝 時 諫大夫. 元帝에게 조정의 부패와 사치를 금지해야 한다고 자주 상소하였다. 어사대부 역임. 《漢書》 72권, 〈王貢兩龔鮑傳〉에 입전.

제)가 상소하여 「응당 옛 封禪(봉선)의 禮[258]를 거행해야 한다.」고 말했었다. 이에 명제는 조서로 「장제의 이 말을 들으니, 나는 땀으로 옷을 적시었다.」라고 하였다.

그러나 이 봉선례는 오랫동안 묻혀 논의하지 못했는데, 뒷날 이를 논의하면서 고당륭으로 하여금 필요한 예법을 편찬케 하였다. 그러나 고당륭이 죽었다는 소식에 명제는 탄식하며 "上天은 내 일을 성사시키려 하지 않았고, 고당륭은 나를 버리고 죽었다."라고 말했다.

아들 高堂琛(고당침)이 작위를 계승했다.

| 原文 |

始, 景初中, 帝以蘇林,秦靜等並老, 恐無能傳業者. 乃詔曰, 「昔先聖既沒, 而其遺言餘敎, 著於六藝. 六藝之文, 禮又爲急, 弗可斯須離者也. 末俗背本, 所由來久. 故閔子譏原伯之

258 後漢 光武帝 中元元年(서기 56년)에 泰山에 봉선했다. 封은 천자가 단을 쌓고 제천하는 의식이다. 泰山의 동쪽에 조성한 壇(단)은 길이 1丈2尺(1丈은 231cm, 1尺 = 23.1cm), 높이 9尺이라는 기록이 있다. 광무제는 輦(연)을 타고 升山하여 壇南에 北面하여 자리하고 尙書가 바친 玉牒에 광무제가 직접 국새를 찍어 봉한 뒤, 땅에 묻고 돌로 덮고서 광무제가 再拜했다. 玉牒의 문장은 비밀이었고, 그 刻石의 文辭가 많아서 수록하지 않았다고 하였다. 禪(墠, 제터 선)은 땅을 깨끗하게 쓸고(除地) 올리는 제사. 이는 山川의 제신에 대한 제사를 의미. 무제는 梁父(양보)의 산에서 禪을 했는데, 梁父(양보)는 縣名, 今 山東省 泰安市 관할 新泰市. 또 태산 아래의 小山, 梁甫로도 표기. 秦始皇은 始皇28年(前 219)에 泰山에 封하고 梁父山에서 禪한 이후, 漢 武帝는 元封 원년(前 110) 封泰山하고 肅然山에서 禪했다. 光武帝는 封泰山하고 梁父山에서 禪祭를 올렸다.

不學, 荀卿醜秦世之坑儒, 儒學旣廢, 則風化曷由興哉? 方今宿生巨儒, 並各年高, 教訓之道, 孰爲其繼?

昔伏生將老, 漢文帝嗣以晁錯, 《穀梁》寡疇, 宣帝承以十郎. 其科郎吏高才解經義者三十人, 從光祿勳隆,散騎常侍林, 博士靜, 分受四經三禮, 主者具爲設課試之法. 夏侯勝有言, '士病不明經術, 經術苟明, 其取靑紫如俯拾地芥耳.' 今學者有能究極經道, 則爵祿榮寵, 不期而至. 可不勉哉!」

數年, 隆等皆卒, 學者遂廢.

| 국역 |

그전에, (明帝) 景初 연간에(서기 237 – 239), 명제는 蘇林(소림)과 秦靜(진정) 등이 모두 늙었는데, 이를 전수하지 못하는 것을 걱정하여 조서를 내렸다.

「옛날, 先聖이 죽은 뒤에 그 遺言(유언)이나 남긴 교훈은 六藝로(六經) 기록되었다. 육경의 내용 중에서도 禮가 가장 중요하니, 禮란 잠시라도 생활과 떠날 수 없기 때문이다. 말기 세대의 습속은 근본을 벗어난 지 오래되었다. 옛날 (공자 제자) 閔子騫(민자건)은 (공자의 어릴 적 벗인) 原壤(원양)의 不學을 비판하였고, 荀卿(순경, 荀子)는 秦代에 坑儒(갱유)를 증오하였으니, 儒學이 없어진다면 풍속의 교화를 어찌 진흥시킬 수 있겠는가? 지금 예전 유생이나 巨儒들이 모두 나이가 많은데 후생을 교육하는 大道를 누가 이어갈 수 있겠는가?

옛날 伏生(복생)이 늙어 죽을 때가 되자, 漢 文帝는 晁錯(조조)를 보내 배워 오게 하였으며, 《穀梁傳》을 硏究하는 유생이 많지 않자, 宣帝는 郞官 10명을 보내 배우게 했었다. 지금 郞官을 시험하여 재학이 뛰어나고 經義에 밝은 자 30인을 선발하여 光祿勳 고당륭과 散騎常侍 蘇林(소림), 博士인 秦靜(진정)을 스승으로, 四經과 三禮[259]를 나눠 학습케 하고, 主務者는 그들을 평가할 수 있는 방안을 마련케 하라. 옛날 夏侯勝(하후승)[260]이 말했나니, '士人은 경학에 밝지 못한 것을 부끄러워해야 하나니, 경학에 밝다면 靑色이나 紫色(자색)의 인수를 차는 것은 마치 몸을 구부려 지푸라기를 줍는 것처럼 쉬울 것이다.' 라고 말하였다. 지금 학자들이 經學의 大道를 끝까지 硏學한다면, 爵祿의 영광은 기약하지 않아도 누릴 것이니 힘써 학문에 임할지어다!」

불과 몇 년에 고당륭 등이 모두 죽으니 학문은 황폐하였다.

| 原文 |

初, 任城棧潛, 太祖世歷縣令, 嘗督守鄴城. 時文帝爲太子, 耽樂田獵, 晨出夜還. 潛諫曰,

"王公設險以固其國, 都城禁衛, 用戒不虞. 〈大雅〉云, '宗子維城, 無俾城壞.' 又曰, '猶之未遠, 是用大諫.' 若逸於游

259 四經은 《詩》, 《書》, 《易》, 《春秋》. 三禮는 《周禮》, 《儀禮》, 《禮記》.

260 夏侯勝(하후승, 字 長公) – 전한 夏侯始昌(하후시창)에게 《尙書》 배워 宣帝 때 博士가 되었고 太子太傅를 역임했다. 죄를 지어 옥에 갇혔을 때 黃霸(황패) 역시 옥중에서 하후승에게 《尙書》를 배웠다. 하후승은 '大夏侯學'의 창시자.

田, 晨出昏歸, 以一日從禽之娛, 而忘無垠之釁, 愚竊惑之."

太子不悅, 然自後游出差簡. 黃初中, 文帝將立郭貴嬪爲皇后, 潛上疏諫, 語在〈后妃傳〉.

| 국역 |

그전에, 任城郡[261] 출신 棧潛(잔잠)[262]은 曹操 때 현령을 역임하였고 일찍이 鄴城을 감독 수비하였다. 그 무렵 曹조가 太子였는데, 사냥에 탐닉하여 새벽에 나갔다가 밤에 돌아오곤 했다. 이에 잔잠이 간언을 올렸다.

"王公은 험한 지형을 이용하여 나라를 방어하고, 都城을 禁衛(금위)하는 것은 예상치 못한 사태에 대비하는 것입니다. 그래서 〈大雅〉[263]에서도 '(周王의) 宗子(嫡子)는 城과 같나니 성벽을 허물을 수 없다네.' 라 하였고, 또 '策謀가 멀리 보지 못하니, 이에 크게 간언을 올리네.' 라고 하였습니다. 지금처럼 사냥에 탐닉하여 새벽에 나갔다가 어두워서 돌아온다면 하루 동안 짐승을 사냥하는 재미로 끝없는 난관을 당할 수도 있을 것 같으니, 정말 이해를 못하겠습니다."

태자는 좋아하지 않았지만 이후로 사냥은 많이 줄어들었다. 黃初 연간에, 文帝가 郭貴嬪(곽귀빈)을 황후[264]로 책립하려 하자 잔잠이 간

261 兗州 관할 任城郡. 치소 任城縣은, 今 山東省 濟寧市 동남.

262 棧潛(잔잠, 생졸년 미상, 字 彦皇) – 棧은 잔도 잔. 성씨. 飛階(비계).

263 《詩經 大雅 板》의 구절.

264 文德郭皇后(문덕곽황후) – 文帝의 두 번째 황후. 첫 황후인 甄皇后(견황후)의 죽음도 그 원인은 곽귀빈에 대한 총애 때문이었다. 이는 文帝 黃初 3년(서기 222)의 일이었다. 곽귀빈은 결국 황후로 冊立되었다.

언을 상소하였는데, 이는 〈后妃傳〉에 기록했다.

| 原文 |

明帝時, 衆役並興, 戚屬疏斥, 潛上疏曰,

「天生蒸民而樹之君, 所以覆燾群生, 熙育兆庶, 故方制四海匪爲天子, 裂土分疆匪爲諸侯也. 始自三皇, 爰曁唐,虞, 咸以博濟加於天下, 醇德以洽, 黎元賴之. 三王旣微, 降逮於漢, 治日益少, 喪亂弘多, 自時厥後, 亦罔克乂.

太祖濬哲神武, 芟除暴亂, 克復王綱, 以開帝業. 文帝受天門命, 廓恢皇基, 踐阼七載, 每事未遑. 陛下聖德, 纂承洪緖, 宜崇晏晏, 與民休息. 而方隅匪寧, 征夫遠戍, 有事海外, 縣旌萬里, 六軍騷動, 水陸轉運, 百姓舍業, 日費千金. 大興殿舍, 功作萬計, 徂來之松, 刊山窮谷, 怪石珷玞, 浮於河,淮, 都圻之內, 盡爲甸服, 當供稾秸銍粟之調. 而爲苑囿擇禽之府, 盛林莽之穢, 豐鹿兔之藪, 傷害農功. 地繁茨棘, 災疫流行, 民物大潰, 上減和氣, 嘉禾不植.

臣聞文王作豐, 經始勿亟, 百姓子來, 不日而成. 靈沼,靈囿, 與民共之. 今宮觀崇侈, 彫鏤極妙, 忘有虞之總期, 思殷辛之瓊室. 禁地千里, 擧足投網, 麗擬阿房, 役百乾谿, 臣恐民力彫盡, 下不堪命也.

昔秦據殽函以制六合, 自以德高三皇, 功兼五帝, 欲號謚至萬葉, 而二世顚覆. 願爲黔首, 由枝幹既, 杌本實先拔也. 蓋聖王之御世也, 克明俊德, 庸勳親親, 俊乂在官, 則功業可隆, 親親顯用, 則安危同憂. 深根固本, 並爲幹翼, 雖歷盛衰, 內外有輔. 昔成王幼沖, 未能涖政, 周,呂,召,畢, 並在左右. 今既無衛侯,康叔之監, 分陜所任, 又非旦,奭. 東宮未建, 天下無副. 願陛下留心關塞, 永保無極, 則海內幸甚.」

後爲燕中尉, 辭疾不就, 卒.

| 국역 |

明帝 때, 많은 공사를 한꺼번에 시작하여 공사에 동원되는 백성의 친속조차 서로 소원해지자 棧潛(잔잠)이 상소하였다.

「하늘이 백성을 내고, 백성을 보호하기 위해 군주를 세운 것은, 억조창생을 양육하기 위함이었으며, 천하 사방을 통제한 것은 천자를 위하는 뜻이 아니었고, 사방의 땅을 나눠준 것은 제후를 위한 일이 아니었습니다. 三皇부터 시작하여 唐堯(당요)와 虞舜에 이르기까지 모두가 광범위하게 은택을 베풀고 醇德(순덕)을 널리 실천하였기에 백성의 신뢰를 얻었습니다. 三王이 쇠퇴하고 漢代에 이르기까지 태평한 세월은 점점 줄었고 혼란한 세월은 점점 많아졌으니, 그때로부터 지금까지 천하는 제대로 다스려지지 않았습니다.

太祖(曹操) 께서는 지혜 총명하시고 神明하신 武威로, 난폭한 자들을 모두 제거하시고 왕도의 기강을 회복하여 帝業을 성취하셨습니다. 文帝께서는 상천의 明命을 받으시고 皇室의 기반을 확고하게 넓히시며 재위 7년에 잠시 한가할 틈이 없었습니다. 폐하께서는 聖德으로 先帝의 대업을 계승하셨으니, 응당 안정과 태평을 숭상하시어 백성과 함께 휴식을 취하셔야 합니다. 그러나 지금 사방은 평안하지 않고 원정에 동원된 군사와 변방의 戍卒(수졸)은 변경에서 싸움이 벌어지면 깃발을 높이 들고 만 리를 행군하여야 하기에 六軍은 소란하고 수륙으로 군량을 운반할 백성은 생업을 버려야 하며 경비로 매일 천금을 소비하고 있습니다. 지금 궁궐 공사를 크게 벌려 수만 명의 인력을 동원하고 있으며, 徂來山(조래산)의 소나무는 산과 계곡에서 모두 베어 나르고, 怪石(괴석)과 옥돌〔珷玞(무부)〕은 黃河나 淮水(회수)로 운반하며, 도성과 京畿 주변 1천 리의 땅에서는 가축의 사료와 식량을 공급하고 있습니다. 그리고 苑囿(원유)에서 짐승을 사육하는 곳에서는 무성한 수풀을 베어내고, 사육하는 사슴이나 토끼는 농작물을 해치고 있습니다. 이에 농토는 황폐하여 가시나무가 자라고 질병이 유행하고, 백성의 재물도 사라지면서 天上의 和氣가 소멸하여 작물을 심지도 못하고 있습니다.

臣이 알기로, (周) 文王은 도읍 豐邑(풍읍)을 건설하면서 당장 꼭 필요한 시설만 지었기에 백성은 마치 자식이 부모를 찾아오듯 불과 며칠 사이에 모여들었다고 하였습니다. (文王의) 靈沼(영소)와 靈囿(영유)는 백성과 함께 공유하였습니다. 지금 궁궐의 크기나 많은 설비, 온갖 모양의 극히 미묘한 장식에는 虞舜(우순)의 검소를 생각할 수 없고, 殷 紂王(辛)의 美玉으로 장식한 궁궐이 생각날 뿐입니다. 1천 리에 달하는 禁地에 백성이 발을 디디면 법망에 걸려들고, 화려한 궁궐은 阿房宮(아방궁)과 같으며, 사역 인부는 乾谿臺(건계대)의 1백 배가 되니, 臣은 이러한 民力의 소모 때문에 아래서 上命을 감당하지 못할까 걱정입니다.

옛날 秦은 殽山(효산)과 函谷關(함곡관)을 차지하고 關東의 6국을 제압한 뒤에, 그 덕은 三皇보다도 높고 그 공덕은 五帝를 겸한다 하여 皇帝라 자칭하며 萬代에 이르리라 했지만 2世에 전복되었습니다. 이미 基幹이 흔들리기 전에 뿌리인 백성은 이미 뽑혀버렸습니다. 대체로 聖王이 천하를 다스리면서 재덕이 출중한 인재를 존중하고 공신과 친족을 등용하며, 뛰어난 인재를 관직에 임명한다면 제왕의 功業은 융성할 것이고, 가까운 황친을 높이 등용한다면 나라의 安危(안위)를 같이 걱정할 것입니다. 뿌리가 깊고 근본이 확실하며 많은 인재들이 정사를 보필한다면 비록 융성과 쇠락을 거치면서도 내외에서 도울 것입니다.

옛날 (周) 成王은 어린 나이여서 직접 臨政할 수가 없어 周公, 呂尙(여상), 召公, 畢公(필공)이 좌우에서 보필하였습니다. 지금 衛侯(위후)나 康叔(강숙) 같은 監官이 陝(섬) 땅을 분할하여 통치하는 세력도 없고, 그렇다 하여 周公 旦(단)이나 召公 奭(석) 같은 사람도 없습니다. 지금 東宮(太子)가 책봉되지 않아 승계자가 없습니다. 바라옵나니, 폐하께서는 변방의 일에 관심을 가지시고 無極 帝位를 영원히 보유하실 수 있다면 천하 백성에게 다행일 것입니다.」

잔잠은 뒷날 燕國의 中尉(중위)에 임명되었지만 병으로 사임하고 부임하지 않고 죽었다.

| 原文 |

評曰, 辛毗,楊阜, 剛亮公直, 正諫匪躬, 亞乎汲黯之高風焉. 高堂隆學業脩明, 志在匡君, 因變陳戒, 發於懇誠, 忠矣哉! 及至必改正朔, 俾魏祖虞, 所謂意過其通者歟!

| 국역 |

陳壽의 評論 : 辛毗(신비)와 楊阜(양부)는 굳세고 성실한 의지에 공평 정직하였으며, 正言으로 간쟁하며 자신을 돌보지 않았으니 거의 汲黯(급암)의 고상한 풍모에 가까웠다.

高堂隆(고당륭)은 학문에 열심이었고 수양과 명철한 지혜로 그 뜻은 주군을 바로 보필코자 하면서 재해나 이변의 교훈으로 天上의 교훈을 강조하며 간절한 정성을 發顯(발현)하였으니 그 뜻이 정녕 忠誠이었다! 曹魏의 정삭을 개정케 하고, 曹魏로 하여금 舜의 후계자를 自任케 했으나 의욕만은 그의 지식의 한계를 넘었다고 할 것이다.

26권 〈滿田牽郭傳〉(魏書 26)
(만,전,견,곽전)

❶ 滿寵

| 原文 |

滿寵字伯寧, 山陽昌邑人也. 年十八, 爲郡督郵. 時郡內李朔等各擁部曲, 害於平民, 太守使寵糾焉. 朔等請罪, 不復鈔略. 守高平令. 縣人張苞爲郡督郵, 貪穢受取, 干亂吏政. 寵因其來在傳舍, 率吏卒出收之, 詰責所犯, 卽日考竟, 遂棄官歸.

太祖臨兗州, 闢爲從事. 及爲大將軍, 辟署西曹屬, 爲許令. 時曹洪宗室親貴, 有賓客在界, 數犯法, 寵收治之. 洪書報寵, 寵不聽. 洪白太祖, 太祖召許主者. 寵知將欲原, 乃速殺之.

太祖喜曰, "當事不當爾邪?"

故太尉楊彪收付縣獄, 尙書令荀彧, 少府孔融等並屬寵, "但當受辭, 勿加考掠." 寵一無所報, 考訊如法.

數日, 求見太祖, 言之曰, "楊彪考訊無他辭語. 當殺者宜先彰其罪. 此人有名海內, 若罪不明, 必大失民望, 竊爲明公惜之."

太祖卽日赦出彪. 初, 彧, 融聞考掠彪, 皆怒, 及因此得了, 更善寵.

| 국역 |

滿寵(만총)[265]의 字는 伯寧(백녕)으로, 山陽郡 昌邑縣 사람이다. 18세에 郡의 督郵(독우)가 되었다. 그때 郡內 李朔(이삭) 등이 각각 私兵을 거느리고 백성에게 해악을 끼치자, 태수는 만총을 시켜 단속케 했다. 이삭 등은 용서를 빌었고 다시는 노략질하지 않았다.

만총은 임시 高平 현령이 되었다. 縣人 張苞(장포)가 郡의 독우였는데, 탐욕과 부정으로 뇌물을 받고 관청 업무를 훼방했다. 만총은 장포가 와서 傳舍(전사)에 묵자, 이졸을 데리고 가서 장포를 잡아가두고 범죄사실을 따져 묻고 당일에 죽여버린 뒤 관직을 버리고 귀향했다.

曹操가 兗州(연주) 자사일 때, 만총을 불러 (刺史의) 從事에 임명

265 滿寵(만총, ?-242년, 字 伯寧) - 山陽 昌邑縣(兗州자사부 소재지, 今 山東省 서남부 菏澤市 관할의 鉅野縣) 출신. 曹魏 중요 武將, 明帝 이후 司馬懿 등과 함께 曹氏 四代 元老. 太尉 역임.

했다. 조조가 대장군이 되자, 만총은 西曹의 속관이 되었다가 許縣 현령이 되었다. 그때 曹洪(조홍)[266]은 宗室의 親貴로 그 빈객들이 허현 관내에 살면서 자주 범법하자, 만총이 잡아 치죄했다. 조홍이 만총에게 서신을 보냈지만 만총은 따르지 않았다. 조홍이 조조에게 말했고, 조조가 허현의 주무자를 소환하자 만총은 용서하라고 명할 것 같아 서둘러 죄인을 처형했다. 조조는 기뻐하면서 "일이 닥치면 그렇게 하는 것 아닌가?"라고 말했다.

전임 太尉인 楊彪(양표)[267]가 許縣(허현)의 옥에 갇혔는데, 尙書令인 荀彧(순욱), 少府인 孔融(공융) 등이 "다만 조사만 할 뿐 고문을 하지 말라."고 만총에게 부탁하였다. 만총은 아무 회보도 없이 법대로 고문하며 치죄했다. 며칠 뒤, 만총은 조조를 만나 보고하였다.

"楊彪(양표)를 조사하였지만 다른 말이 없었습니다. 응당 죽여야 한다면 먼저 그 죄를 널리 알려야 합니다. 양표는 세상에 잘 알려진 사람이니, 만약 확실한 죄가 아니라면 백성의 여망을 크게 잃을 수 있으니 明公은 이를 유념하셔야 합니다."

조조는 당일로 양표를 석방하였다. 처음에 순욱과 공융은 양표를

---

266 曹洪(조홍, ?-232년, 字 子廉) - 조조의 사촌 동생이나 젊은 시절에 曹丕(조비)에게 돈을 빌려주지 않아 私怨으로 조비 즉위 후에 하옥되었다. 卞太后(변태후)의 구원으로 면죄되었으나 출옥 후 서민으로 강등되었다. 曹丕가 죽고 明帝(曹叡)가 즉위한 뒤에 작위가 복구되었다. 대의를 따르고 조조를 지키는 등 충직했지만 금전에는 아주 인색했었다.

267 楊彪(양표)의 字는 文先(문선)으로, 靈帝부터 獻帝에 걸친 大臣이었다. 조비는 漢 원로를 회유하는 뜻으로 양표에게 魏의 관직을 하사하였다. 그전에 아들 楊脩(양수)가 조조에게 피살되었다. 양표는 나이 84세에 죽었다. 양표와 양수는 《後漢書》 54권, 〈楊震列傳〉에 입전. 양수에 관해서는 《魏書》 19권, 〈任城陳蕭王傳〉 참고.

고문한다는 말을 듣고 모두 분노했지만, 양표가 석방되자 다시 만총을 칭찬하였다.

| 原文 |

時袁紹盛於河朔, 而汝南紹之本郡, 門生賓客布在諸縣, 擁兵拒守. 太祖憂之, 以寵爲汝南太守. 寵募其服從者五百人, 率攻下二十餘壁, 誘其未降渠帥, 於坐上殺十餘人, 一時皆平. 得戶二萬, 兵二千人, 令就田業.

| 국역 |

그때 袁紹(원소)는 河北에서 全盛했고, 汝南郡은 원소의 本郡이어서 원소의 門生이나 賓客이 군내 여러 현에서 각자 군사를 거느리고 있었다. 조조는 이를 걱정하여 滿寵(만총)을 여남 태수로 임명했다. 만총은 5백 명 정도 심복을 거느리고 20여 개 성벽을 공격, 함락시킨 뒤 투항하지 않는 우두머리들을 유인하여 한 자리에서 십여 명을 죽여 일시에 모두 평정하였다. 만총은 백성 2만 명과 군사 2천 명을 모두 풀어 농사를 짓게 했다.

| 原文 |

建安十三年, 從太祖征荊州. 大軍還, 留寵行奮威將軍, 屯當陽. 孫權數擾東陲, 復召寵還爲汝南太守, 賜爵關內侯. 關羽圍襄陽, 寵助征南將軍曹仁屯樊城拒之, 而左將軍于禁等軍以霖雨水長爲羽所沒. 羽急攻樊城, 樊城得水, 往往崩壞, 衆皆失色.

或謂仁曰, "今日之危, 非力所支. 可及羽圍未合, 乘輕船夜走, 雖失城, 尙可全身." 寵曰, "山水速疾, 冀其不久. 聞羽遣別將已在郟下, 自許以南, 百姓擾擾, 羽所以不敢遂進者, 恐吾軍掎其後耳. 今若遁去, 洪河以南, 非復國家有也. 君宜待之."

仁曰, "善." 寵乃沈白馬, 與軍人盟誓. 會徐晃等救至, 寵力戰有功, 羽遂退. 進封安昌亭侯. 文帝卽王位, 遷揚武將軍. 破吳於江陵有功, 更拜伏波將軍, 屯新野. 大軍南征, 到精湖, 寵帥諸軍在前, 與賊隔水相對.

寵敕諸將曰, "今夕風甚猛, 賊必來燒軍, 宜爲其備." 諸軍皆警. 夜半, 賊果遣十部伏夜來燒, 寵掩擊破之, 進封南鄕侯.

| 국역 |

(獻帝) 建安 13년(서기 208), 조조를 수행하여 荊州를 원정했다. 大軍이 귀환하면서 滿寵(만총)을 남겨 奮威將軍 대행으로 삼아 (南郡) 當陽縣(당양현)에 주둔케 하였다. 孫權이 동쪽 변경을 자주 침략하자, 만총을 불러 다시 汝南太守에 임명했고 關內侯의 작위를 하

사하였다. 關羽(관우)가 (南郡) 襄陽縣(양양현, 형주자사부 치소)을 포위하자, 만총은 征南將軍 曹仁(조인)을 도와 樊城(번성)[268]에서 관우를 저지하였는데, 左將軍 于禁(우금) 등의 군사는 장마에 물이 범람하여 관우에게 함락되었다. 관우가 번성을 급하게 공격했고 번성에도 물이 닥쳐 곳곳이 붕괴되자 군사들은 모두 失色하였다.

어떤 자가 조인에게 말했다.

"오늘의 이런 위기는 힘으로만 버틸 수 없습니다. 관우가 포위가 다 갖춰지기 전에 작은 배를 타고 밤에 빠져나가면 성은 잃더라도 몸은 보전할 수 있습니다."

이에 만총이 말했다. "산골짝 물이 급하지만 오래지 않아 줄어들 것입니다. 듣자니, 관우가 別將을 (潁川郡) 郟縣(겹현)에 보냈다 하여 許縣 남쪽의 백성이 불안에 떨고 있다는데, 관우가 감히 더 진격하지 못하는 것은 우리가 관우의 후방을 견제하고 있기 때문입니다. 지금 만약 우리가 옮겨가면 洪河(홍하) 이남의 땅은 다시는 우리 소유가 아닐 것입니다. 장군은 응당 기다려야 합니다."

조인은 "좋다."고 하였다. 만총은 바로 白馬를 가라앉히고 (水神에 대한 제사) 군인과 함께 맹서하였다. 그러자 徐晃(서황) 등 구원병이 도착하였고, 만총은 力戰하여 공을 세웠으며, 관우는 퇴각하였다. 만총은 작위가 올라 安昌亭侯가 되었다.

文帝(조비)가 王位에 오르자(220년 1월), 만총은 揚武將軍으로 승진하였다. 만총은 吳의 江陵을 격파하는 공을 세워 다시 伏波將軍을

268 樊城(번성)은 보루, 작은 성 이름. 당시 南郡 襄陽縣(양양현) 소재, 今 湖北省 襄陽市 樊城區에 해당. 漢水 남안.

제수 받고 (南陽郡) 新野縣(신야현)[269]에 주둔하였다. 大軍이 南征하여 精湖(정호)에 도착하자, 만총은 군사를 지휘하여 前衛가 되어 강물을 사이에 두고 적과 상대하였다. 만총이 부하 장졸에게 말했다.

“오늘 저녁 바람이 강하게 불어 틀림없이 적이 화공을 할 것이니 대비토록 하라.”

이에 모든 군영이 화공에 대비하였다. 한밤에 적군이 10여 개 무리를 지어 화공을 하였지만 만총이 기습 공격하여 격파하였고, 만총은 작위가 올라 南鄕侯가 되었다.

| 原文 |

黃初三年, 假寵節鉞. 五年, 拜前將軍. 明帝卽位, 進封昌邑侯. 太和二年, 領豫州刺史.

三年春, 降人稱吳大嚴, 揚聲欲詣江北獵, 孫權欲自出. 寵度其必襲西陽而爲之備, 權聞之, 退還. 秋, 使曹休從廬江南入合肥, 令寵向夏口.

寵上疏曰, 「曹休雖明果而希用兵, 今所從道, 背湖旁江, 易進難退, 此兵之窪地也. 若入無彊口, 宜深爲之備.」

寵表未報, 休遂深入. 賊果從無彊口斷夾石, 要休還路. 休

269 今 河南省 서남부 白河 유역 南陽市 관할 新野縣. 예로부터 人傑地靈하다고 유명, 陰麗華(後漢 光武帝 劉秀의 아내)의 고향. ‘三請諸葛’, ‘火燒新野’ 등 《三國演義》의 무대.

戰不利, 退走. 會朱靈等從後來斷道, 與賊相遇. 賊驚走, 休軍乃得還. 是歲休薨, 寵以前將軍代都督揚州諸軍事. 汝南兵民戀慕, 大小相率, 奔隨道路, 不可禁止. 護軍表上, 欲殺其爲首者. 詔使寵將親兵千人自隨, 其餘一無所問.

四年, 拜寵征東將軍. 其冬, 孫權揚聲欲至合肥, 寵表召兗, 豫諸軍, 皆集. 賊尋退還, 被詔罷兵. 寵以爲今賊大擧而還, 非本意也, 此必欲僞退以罷吾兵, 而倒還乘虛, 掩不備也, 表不罷兵. 後十餘日, 權果更來, 到合肥城, 不克而還.

| 국역 |

(文帝) 黃初 3년(서기 222), 滿寵(만총)은 부절과 黃鉞(황월)을 받았다. 5년, 前將軍을 제수 받았다. 明帝가 즉위한 뒤에, 작위가 올라 昌邑侯가 되었다. (明帝) 太和 2년(서기 228), 豫州刺史를 겸임했다. 3년 봄, 투항했던 사람이 吳가 큰 공격을 준비하면서 長江 북쪽에서 사냥할 것이라고 선전하며 손권이 직접 출병할 것이라고 말했다. 만총은 吳가 틀림없이 (江夏郡) 西陽縣(서양현)을 공격할 것이라 예상하고 대비하였는데, 손권은 이를 알고 물러났다. 가을에, 曹休(조휴)[270]를 보내 廬江郡(여강군)에서 남쪽 (九江郡) 合肥縣(합비현)으로 진격케 하면서, 만총은 夏口(하구)[271]로 진군케 하였다.

270 曹休(조휴, ?-228, 字 文烈)는 조조의 일족 형제의 아들(族子)이다. 조조가 '此吾家千里駒也!' 라고 칭찬했다. 千里駒는 千里馬. 《魏書》 9권, 〈諸夏侯曹傳〉에 입전.

271 夏口(하구) - 漢水와 長江의 합류지점. 今 湖北省 武漢市 江夏區. 漢水(漢江)

이에 만총은 상소하였다.

「曹休가 비록 총명하고 과단성이 있지만 用兵을 한 경험은 많지 않은데, 이번에 진격하는 길은 호수를 등지고 長江을 따라 진격하기에 쉽게 진격할 수 있지만 퇴각이 어려워 행군하는 군사에게는 웅덩이에 해당합니다. 만약 無彊口(무강구)까지 진격한다면 너무 깊숙한 곳이라 대비해야 합니다.」

만총의 上表가 보고되기 전에 조휴는 너무 깊이 진격했다. 吳는 예상한대로 無彊口(무강구)에서 夾石(협석)의 통로를 단절하며 조휴의 퇴로를 공격하려 했다. 조휴는 전투를 벌였지만 불리하여 退走하였다. 마침 (吳의) 朱靈(주령) 등이 후방에서 퇴로를 차단했는데, 조휴와 조우하였다. 주령이 퇴각하여 조휴는 귀환할 수 있었다.

이 해에 조휴가 죽었다. 만총은 前將軍으로 揚州 일대의 모든 軍事를 감독 지휘하였다. 汝南郡의 군사와 백성들이 만총을 흠모하여 어른 아이가 서로 이끌며 도로를 가득 메우고 따라왔는데, 어찌 금지시킬 수가 없었다. 護軍이 이를 보고하며 그 우두머리를 잡아 죽이려했다. 이에 조서로 만총에게 친히 군사로 1천여 명을 뽑아 거느리게 하고 나머지는 따라오지 못하게 하라고 지시하였다.

(明帝) 太和 4년(서기 230), 만총은 征東將軍이 되었다. 그해 겨울, 孫權이 合肥(합비)를 공격한다고 소문을 내자, 만총은 표문을 올려 兗州(연주)와 豫州(예주)의 군사를 모두 소집하였다. 그러자 적은 곧 퇴각하였고, 조서에 의거 군사를 해산케 하였다. 그러나 만총은

는 長江의 최대 지류이고, 漢水 중 襄陽(양양) 이하를 특별히 夏水라고 불렀다. 長江에서 보면 夏水로 들어가는 입구. 今 湖北省 武漢市의 江夏區에 해당.

적군이 대거 침입했다가 퇴각한 것은 본 뜻이 아닐 것이며, 틀림없이 우리의 철수를 기다렸다가 빈틈을 노려 다시 침입할 것이라 생각하여 군사 해산이 불가하다는 표문을 올렸다. 그 10여 일 뒤에 손권은 예상대로 다시 침공하여 合肥城을 공격했지만 이기지 못하자 철수하였다.

| 原文 |

其明年, 吳將孫布遣人詣揚州求降, 辭云, "道遠不能自致, 乞兵見迎." 刺史王淩騰布書, 請兵馬迎之. 寵以爲必詐, 不與兵, 而爲淩作報書曰,

「知識邪正, 欲避禍就順, 去暴歸道, 甚相嘉尙. 今欲遣兵相迎, 然計兵少則不足相衛, 多則事必遠聞. 且先密計以成本志, 臨時節度其宜.」

寵會被書當入朝, 敕留府長史, "若淩欲往迎, 勿與兵也." 淩於後索兵不得, 乃單遣一督將步騎七百人往迎之. 布夜掩擊, 督將迸走, 死傷過半.

初, 寵與淩共事不平, 淩支黨毁寵疲老悖謬, 故明帝召之. 旣至, 體氣康强, 見而遣還. 寵屢表求留, 詔報曰, 「昔廉頗强食, 馬援據鞍, 今君未老而自謂已老, 何與廉,馬之相背邪? 其思安邊境, 惠此中國.」

| 국역 |

그 다음 해, 吳將인 孫布(손포)가 사람을 보내 揚州로 투항할 것이라며 "길이 멀어 혼자 갈 수가 없으니 군사를 보내 맞이해주기 바랍니다."라고 하였다. 揚州刺史인 王凌(왕릉)이 손포의 서신을 필사하여 보고하면서 군사를 받아 손포를 영접하겠다고 말했다. 그러나 만총은 손포의 거짓이라 생각하여 군사를 내주지 않고 왕릉에게 서신을 보냈다.

「거짓과 참을 분별해야 하고 화란를 피하고 순리를 따라야 하며, 포악을 버리고 正道를 걸어야만 칭송을 들을 것입니다. 지금 군사를 거느리고 적장을 영접할 경우, 군사가 적으면 맞설 경우에 지키기 어렵고, 군사가 많으면 이번 일이 멀리까지 알려질 것입니다. 그리고 우선은 비밀로 하여 본 의도를 성취하여야 하니 적당히 임시 조치하기 바랍니다.」

만총은 그때 조서를 받고 입조해야[272] 했기에 부하 長史에게 "만약 왕릉이 적장을 영접한다 하여도 군사를 내주지 말라."고 당부하였다. 그 뒤에 왕릉이 군사를 요구하였으나 지원을 해주지 않아, 예하 장수 한 명에게 7백 명 보병을 주어 영접케 하였다. 그러나 손포가 밤에 왕릉의 군사를 기습 공격하자, 부장은 달아났고 사상자가 절반이 넘었다.

272 다른 기록에 의하면, 王凌(왕릉, 옛날 동탁을 제거한 왕윤의 조카)은 '만총이 늙은 나이에 술을 너무 즐겨 변방을 맡길 수 없다.' 고 표문을 올렸다. 만총이 명제 앞에서 술 1石을 마시고도 취하지 않자, 명제는 만총을 위로하며 귀임케 하였다. 그러나 만총은 그런 소인의 비방이 싫었기에 낙양에 남고자 했을 것이다.

그전에 만총과 왕릉이 함께 근무할 때 서로 불화하였는데 왕릉의 일당은 만총이 나이도 많고 쇠약하며 일을 잘 처리하지 못한다고 참소하였기에 명제가 만총을 낙양으로 입조하라고 소환하였다. 만총이 入朝하자, 명제는 만총이 체력이 강건한 것을 보고 알현한 뒤에 귀임케 하였다. 그러나 만총은 낙양에 남겠다고 여러 번 표문을 올렸다. 이에 조서로 답변하였다.

「옛날 (전국시대 趙 장군) 廉頗(염파)[273]는 억지로 식사를 많이 했고, (後漢의 장군) 馬援(마원)[274]은 말안장에 뛰어 올랐으니, 지금 장군은 늙지 않았는데도 스스로 늙었다 하니, 어찌 염파나 마원과 다

---

273 廉頗(염파, 생졸년 미상) – 藺相如(인상여)에게 負荊請罪(부형청죄)했고 이후 刎頸之交(문경지교)를 맺은 전설적 미담의 주인공. 염파 만년에, 趙의 군사가 秦에 연속 패전하자, 趙王은 염파를 중용하려고 사자를 보내 염파를 관찰케 하였다. 염파는 출정하고 싶은 생각에 늘하던 대로 1斗米의 밥과 10근의 고기를 먹었고 갑옷을 입은 채 말에 뛰어올랐다. 그러나 다른 사람에게 매수된 사자는 '염파장군이 1두의 밥을 먹는 동안 3번이나 변소에 다녀왔다(一飯三遺矢).' 고 보고하였다. 결국 조왕은 염파가 늙어 쓸모가 없다 생각하여 중용하지 않았다.

274 馬援(마원, 前 14–서기 49년) – 光武帝 때 伏波將軍, 보통 馬伏波로 통칭. 마원의 딸이 明帝의 馬皇后(?–79), 章帝의 養母. 明帝 때 名臣列將 28인의 초상화를 雲臺에 그릴 때 마원은 외척이라 하여 28將에 들어가지 않았다. 나중에 다른 3인과 함께 추가되었다. 三國 時 馬騰(마등), 馬超(마초)는 馬援의 후손. 지금 월남 땅의 반란을 진압. 조카들을 훈계하는 편지에 '고니를 만들다가 잘못되면 오리와 비슷하나(刻鵠不成尙類鶩), 호랑이를 그리다가 잘못 그리면 개가 되는 것과 같다(畫虎不成反類狗).' 는 명언을 남겼다. '大器晩成'의 주인공. '老益壯' '守錢奴(수전노)' 라는 명언을 남겼다. (建武) 24년, 武威將軍 劉尙(유상)이 武陵郡 五溪의 蠻夷를 공격했는데 너무 깊숙이 진격하여 전멸하자, 마원은 원정을 다시 자청하였다. 그때 나이 62세였는데 광무제는 늙은 나이를 생각하여 허락지 않았다. 마원은 자청하면서 "臣은 아직도 갑옷을 입고 말에 오를 수 있습니다." 라고 말했다. 광무제가 해보라고 하였다. 마원은 안장을 잡고 뛰어올라 쓸 만하다는 것을 보여주었다. 광무제가 웃으면서 "이 노인네는 늙었어도 짱짱하네!" 라고 말했다.

른가? 변경을 안전하기 지키는 일이 中原에 이롭다고 생각하기 바란다.」

| 原文 |

明年, 吳將陸遜向廬江, 論者以爲宜速赴之.

寵曰, "廬江雖小, 將勁兵精, 守則經時. 又賊舍船二百里來, 後尾空縣, 尙欲誘致, 今宜聽其遂進, 但恐走不可及耳."

整軍趨楊宜口. 賊聞大兵東下, 卽夜遁. 時權歲有來計. 靑龍元年, 寵上疏曰,

「合肥城南臨江湖, 北遠壽春, 賊攻圍之, 得據水爲勢, 官兵救之, 當先破賊大輩, 然後圍乃得解. 賊往甚易, 而兵往救之甚難, 宜移城內之兵, 其西三十里, 有奇險可依, 更立城以固守, 此爲引賊平地而掎其歸路, 於計爲便.」

護軍將軍蔣濟議, 以爲"旣示天下以弱, 且望賊煙火而壞城, 此爲未攻而自拔. 一至於此, 劫略無限, 必以淮北爲守." 帝未許.

寵重表曰, 「孫子言, '兵者, 詭道也. 故能而示之以弱不能, 驕之以利, 示之以懾. 此爲形實不必相應也.' 又曰 '善動敵者形之.' 今賊未至而移城卻內, 此所謂形而誘之也. 引賊遠水, 擇利而動, 擧得於外, 則福生於內矣.」

尙書趙咨以寵策爲長, 詔遂報聽. 其年, 權自出, 欲圍新城, 以其遠水, 積二十日不敢下船. 寵謂諸將曰, "權得吾移城, 必於其衆中有自大之言, 今大擧來欲要一切之功, 雖不敢至, 必當上岸耀兵以示有餘."

乃潛遣步騎六千, 伏肥城隱處以待之. 權果上岸耀兵, 寵伏軍卒起擊之, 斬首數百, 或有赴水死者. 明年, 權自將號十萬, 至合肥新城. 寵馳往赴, 募壯士數十人, 折松爲炬, 灌以麻油, 從上風放火, 燒賊攻具, 射殺權弟子孫泰. 賊於是引退.

三年春, 權遣兵數千家佃於江北. 至八月, 寵以爲田向收熟, 男女布野, 其屯衛兵去城遠者數百里, 可掩擊也. 遣長吏督三軍循江東下, 摧破諸屯, 焚燒穀物而還. 詔美之, 因以所獲盡爲將士賞.

| 국역 |

그 다음 해, 吳將 陸遜(육손)[275]이 廬江郡(여강군)[276]을 공격하자, 論者들은 빨리 대응해야 한다고 말했다. 이에 滿寵(만총)이 말했다.

"廬江(여강)이 비록 작다지만, 장수가 용맹하고 장졸이 정병이라 수비하더라도 시간을 끌수 있습니다. 또 적군이 배를 버리고 2백여

275 陸遜(육손, 183－245, 本名 陸議, 字 伯言) － 吳郡 吳縣(今 江蘇省 蘇州市) 사람. 吳國의 저명한 將軍, 정치가. 吳國 大都督, 上大將軍, 승상 역임, 62歲 去世. 周瑜(주유), 魯肅(노숙), 呂蒙(여몽)을 四大都督이라 지칭. 《吳書》 13권, 〈陸遜傳〉에 입전.

276 廬江郡 － 治所 舒縣, 今 安徽省 중서부 六安市 舒城縣.

리를 걸어와야 하기에 그 후미에 공백이 생기니 오히려 적을 유인할만 하며, 지금 그들이 진격한다지만 우리가 지금 출격하여도 (되돌아가는 그들을) 따라잡기 어려울 것입니다."

만총은 군사를 정비하여 곧바로 楊宜口(양의구)로 진격하였다. 吳는 대군이 동남으로 남하한다는 소식을 듣고 즉시 밤에 도주하였다. 그때 손권은 거의 해마다 침공하였다. (明帝) 靑龍 원년(서기 233), 만총이 상소하였다.

「合肥(합비)의 城南은 長江과 巢湖(소호)에 연접되었고 壽春은 북쪽으로 멀리 떨어졌는데, 적군은 우리를 포위하고 공격하여도 長江을 배경으로 유리한 형세입니다. 우리가 합비를 구원한다면 우선 적의 대군을 공격해야 그 포위를 풀 수 있습니다. 적은 도주하기가 쉽지만 우리의 접근은 매우 어렵기에 합비 성내의 군사를 서쪽 30리에 있는 험지로 이동시켜 성채를 다시 조성한 뒤에 굳게 수비하면 적을 평지로 유인하고 그 귀로를 차단할 수 있기에 상당히 유리할 것입니다.」

護軍將軍인 蔣濟(장제)는 이 방안을 논의하면서 "(우리의 전략적 후퇴는) 우리의 약점을 공개하고, 적의 약탈과 파괴를 인정하는 것이며, 적이 공격도 하기 전에 우리가 자진 후퇴하는 것입니다. 일단 이렇게 되면 적의 노략질은 끝이 없을 것이니, 지금 이대로 淮水(회수) 이북을 방어해야 합니다."라고 말했다.

명제는 만총의 상주를 수락하지 않았다. 이에 만총은 거듭 표문을 올려 말했다.

「孫子(손자)는 '용병은 속임수이다. 그래서 유능하더라도 약하고 무능하게 보여 적을 교만하게 만든 다음 공격하여 적을 두렵게 하는 것이다. 이 경우 형세와 실제가 꼭 상응해야 하는 것은 아니다.' 라고 말했습니다. 또 '적이 우리에게 유리한 쪽으로 움직일 수 있게 하는 것이 속임수이다.' 라고 하였습니다. 지금 적이 도착하기 전에 성을 비우는 것은 속임수로 적을 유인하는 것입니다. 적을 長江에서 멀어지게 하는 것은 우리에게 유리하도록 적을 이동시키는 것이며, 이는 밖에서 승리를 얻어 내부에서 수익을 얻는 것입니다.」

尙書인 趙咨(조자)가 만총의 책략이 좋다고 하자, 황제는 조서를 내려 만총의 계책을 수락하였다. 그 해에 손권은 직접 출동하여 新城(합비성을 옮겨간 성)을 포위하고자 했으나 長江에서 너무 멀다 하여 20여 일이 지나도록 그 군사가 下船하지 않았다. 이에 만총이 여러 장수에게 말했다.

"손권은 우리가 (비워 둔) 성을 차지하고 그 군사들에게 큰 소리를 치려했고, 또 이번에 대군을 동원하여 큰 전공을 거둘 계산이었으니, 지금 공격하지는 않더라도 江에서 상륙하여 군사를 훈련하며 여유를 과시할 것이다."

이에 몰래 6천의 보병과 기병을 보내 합비성의 은신할만한 곳에 잠복시켜 적을 기다리게 하였다. 손권은 예상했던 대로 강안에 상륙하여 군사를 훈련하자, 만총은 매복군을 일시에 출동 공격케 하여 수백 명을 참수하였고 어떤 자는 강물에 뛰어들어 죽기도 하였다.

그 다음 해에도, 손권은 10만 대군을 자칭하며 合肥의 新城을 공격하였다. 만총이 급히 부임한 뒤에 수십 명의 장사를 모집하여 소나무를 잘라 횃불을 만들고, 亞麻油(아마유)를 부어 바람을 타고 방화하여 적의 攻城 기구를 태워버렸고, 손권의 조카 孫泰(손태)를 사살하였다.

(靑龍) 3년(서기 235) 봄, 손권은 수천 호의 군사를 보내 長江 북쪽에서 농사를 짓게 하였다. 만총은 8월에 곡식이 익을 무렵, 성에서 수백 리 떨어져 남녀가 들에서 일을 할 때를 기다리면 공격할 수 있다고 생각하였다. 그래서 장교를 보내 三軍을 거느리고 長江을 따라 동쪽으로 내려가면서 곳곳의 (吳) 屯兵(둔병)을 격파하고 그들이 추수한 곡식을 소각한 뒤에 귀환케 하였다. 조서로 만총의 공적을 칭송하였고, 만총은 전리품 모든 것을 장졸에게 상으로 분배하였다.

| 原文 |

景初二年, 以寵年老徵還, 遷爲太尉. 寵不治産業, 家無餘財.

詔曰, 「君典兵在外, 專心憂公, 有行父,祭遵之風. 賜田十頃, 穀五百斛, 錢二十萬, 以明淸忠儉約之節焉.」

寵前後增邑, 凡九千六百戶, 封子孫二人亭侯. 正始三年薨, 謚曰景侯. 子偉嗣. 偉以格度知名, 官至衛尉.

| 국역 |

(明帝) 景初 2년(서기 238), 滿寵(만총)은 연로하여 부름을 받아

돌아왔고 조정의 太尉로 승진하였다. 만총은 가산을 늘리지 않아 집안에 여분의 재물이 없었다.

이에 조서를 내렸다.

「君은 변방에서 군사를 지휘하며 온 마음을 다해 나라를 걱정하였으니 季孫行父(계손행보)[277]와 (漢) 祭遵(제준)[278]의 유풍을 따랐다. 田 10頃(경)과 5百 斛(곡)의 곡물, 20만 錢을 하사하여 清忠儉約의 지조를 크게 표창하노라.」

만총은 그간 식읍이 늘어 총 9천6백 호였고, 그 자손 2명은 亭侯가 되었다. (曹芳의) 正始 3년(서기 242)에 죽었는데, 시호는 景侯였다. 아들 滿偉(만위, 字 公衡)가 계승했다. 만위는 품격과 절도가 있어 유명했고, 관직은 衛尉(위위)를 역임했다.

❷ 田豫

| 原文 |

田豫字國讓, 漁陽雍奴人也. 劉備之奔公孫瓚也, 豫時年

277 季孫行父(계손행보, 季文子, 前 651?-568年) - 姬 姓, 季孫氏, 名 行父, 춘추시대 魯國人.

278 祭遵(제준, ?-서기 33년, 字 弟孫) - 潁川 潁陽人, 광무제의 개국공신, 雲臺 28장의 한 사람. 제준이 죽자 장례에 光武帝가 친림하였고, 시호는 成侯(성후)였다. 장례를 다 마친 뒤에도 광무제는 다시 그 무덤에 친림하였으며 부인과 가족을 위로하였다. 그 이후로 조회할 때마다 광무제는 탄식하며 말했다. "祭 征虜將軍처럼 나라를 걱정하며 충성하는 신하를 어디서 볼 수 있겠는가!"《後漢書》 20권, 〈銚期王霸祭遵列傳〉에 입전.

少, 自託於備, 備甚奇之. 備爲豫州刺史, 豫以母老求歸, 備涕泣與別, 曰, "恨不與君共成大事也."

公孫瓚使豫守東州令, 瓚將王門叛瓚, 爲袁紹將萬餘人來攻. 衆懼欲降. 豫登城謂門曰, "卿爲公孫所厚而去, 意有所不得已也, 今還作賊, 乃知卿亂人耳. 夫挈瓶之智, 守不假器, 吾旣受之矣, 何不急攻乎?" 門慚而退. 瓚雖知豫有權謀而不能任也. 瓚敗而鮮于輔爲國人所推, 行太守事, 素善豫, 以爲長史.

時雄傑並起, 輔莫知所從. 豫謂輔曰, "終能定天下者, 必曹氏也. 宜速歸命, 無後禍期." 輔從其計, 用受封寵. 太祖召豫爲丞相軍謀掾, 除潁陰,朗陵令, 遷弋陽太守, 所在有治.

| 국역 |

田豫(전예)[279]의 字는 國讓(국양)으로, 漁陽郡 雍奴縣(옹노현) 사람이다. 劉備(유비)가 公孫瓚에게 의지했을 때 전예는 어린 나이였지만 스스로 유비를 따르자, 유비가 매우 기특하게 여겼다. 유비가 豫州刺史가 되자, 전예는 모친이 연로하여 귀향하려 했는데, 유비는 전예와 눈물로 이별하며 말했다. "그대와 함께 큰일을 이루지 못해 한스럽다."

279 田豫(전예, 171－252년, 字 國讓) － 오환과 선비족의 평정에 공을 세웠고, 그들의 존경을 받았으며 청렴한 무신이었다. 幽州 漁陽郡 雍奴縣 출신. (今 天津市 武清區 동북).

公孫瓚은 전예를 임시 東州 현령에 임명했는데, 공손찬의 장수인 王門(왕문)이 공손찬에게 반기를 들고 원소를 위하여 1만여 명을 거느리고 공격하였다. 많은 사람이 두려워 투항하려고 했다. 전예가 성문에 올라가 왕문에게 말했다.

"경은 공손씨의 후대를 받고도 떠나갈 때야 부득이한 사연이 있었겠지만, 지금 적군이 되어 공격하니 그대가 나쁜 사람인 줄 알겠다. 병(甁)을 잘 간직하려면 남에게 빌려줄 수 없으며, 이미 내가 현을 책임지는데, 왜 빨리 공격하지 않는가?"

왕문은 스스로 부끄러워 물러났다. 공손찬은 전예의 지혜가 출중한 줄 알면서도 전예를 등용하지 못했다.

공손찬이 패망한 뒤에 鮮于輔(선우보)는 군민들의 천거로 태수직을 대행하였는데, 선우보는 평소에 전예와 가까웠기에 전예를 長史[280]로 삼았다. 그때 각지에서 영웅들이 거병할 때였는데, 선우보는 누구를 따라야 할지 몰랐다. 이에 전예가 선우보에게 말했다.

"끝내 천하를 평정할 사람은 曹氏가 틀림없습니다. 응당 빨리 귀부한다면 이후 재앙을 당하지 않을 것입니다."

선우보는 전예의 계책을 따랐고 조조로부터 작위도 받았다. 조조는 전예를 불러 승상부 軍謀掾(군모연)에 임용했다가 潁陰(영음)과 朗陵(낭릉)의 현령을 제수했다. 전예는 나중에 弋陽(익양)[281] 태수가 되었는데 임지에서 치적이 좋았다.

280 長史는 丞相, 太尉, 公, 將軍, 太守의 속관, 승상의 장사는 승상의 비서실장격. 태수의 속관은 군사에 관한 일 담당. 질록 6백석~1천석.

281 弋陽(익양)은 豫州 관할 군명. 치소는 弋陽縣(익양현), 今 河南省 남부 信陽市 관할 淮河 남안 潢川縣(황천현).

| 原文 |

鄢陵侯彰征代郡, 以豫爲相. 軍次易北, 虜伏騎擊之, 軍人擾亂, 莫知所爲. 豫因地形, 回車結圜陳, 弓弩持滿於內, 疑兵塞其隙. 胡不能進, 散去. 追擊, 大破之, 遂前平代, 皆豫策也.

遷南陽太守. 先時, 郡人侯音反, 衆數千人在山中爲群盜, 大爲郡患. 前太守收其黨與五百餘人, 表奏皆當死. 豫悉見諸繫囚, 慰諭, 開其自新之路, 一時破械遣之. 諸囚皆叩頭, 願自效, 卽相告語, 群賊一朝解散, 郡內淸靜. 具以狀上, 太祖善之.

| 국역 |

鄢陵侯(언릉후) 曹彰(조창)[282]이 代郡을 정벌할 때, 田豫(전예)는 언릉후의 相이 되었다. 부대가 易水(역수)의 북쪽에 주둔했는데, 胡虜(호로, 胡人)들의 매복했던 기병이 공격하자 군졸이 놀라며 어찌할 줄을 몰랐다. 전예는 지형을 이용하여 수레로 둘러막아 원형의 군진을 만들고, 그 안에 궁수를 배치하며 틈새에 疑兵을 세웠다. 이에 胡人들은 공격하지 못하고 흩어졌다. 전예는 적을 추격하여 대파했고 진격하여 代郡 전 지역을 평정하였는데, 모두가 전예의 책략이었다.

282 曹彰(조창) – 曹조가 장남이고, 曹彰(조창, 189 – 223년, 字 子文)은 曹操의 第三子, 卞氏(변씨) 소생의 第二子, 曹操가 黃鬚兒(황수아)라 부르며 신임했던 아들. 《魏書》 19권, 〈任城陳蕭王傳〉에 立傳.

전예는 南陽 太守가 되었다. 이보다 앞서 郡人인 侯音(후음)이 반기를 들자, 그 무리 수천여 명이 산속에 모여 群盜가 되어 郡의 큰 우환이 되었다. 전임 태수가 그 무리 5백여 명을 잡아 가두고 모두 사형에 처해야 한다고 표문을 올렸다. 전예는 갇혀있는 죄수를 만나보고 위로하면서 새로운 활로를 열어주며 형틀을 벗겨 모두 풀어주었다. 죄수들은 모두 고개를 숙이고 스스로 노력하겠다면서 즉시 무리들에게 서로 말하여, 군도들은 하루아침에 해산하였고 남양군이 청정해졌다. 전예가 이를 보고하자, 조조가 칭찬하였다.

| 原文 |

文帝初, 北狄强盛, 侵擾邊塞, 乃使豫持節護烏丸校尉, 牽招,解儁並護鮮卑. 自高柳以東, 濊貊以西, 鮮卑數十部, 比能,彌加,素利割地統御, 各有分界, 乃共要誓, 皆不得以馬與中國市.

豫以戎狄爲一, 非中國之利, 乃先構離之, 使自爲讎敵, 互相攻伐. 素利違盟, 出馬千匹與官, 爲比能所攻, 求救於豫. 豫恐遂相兼併, 爲害滋深, 宜救善討惡, 示信衆狄. 單將銳卒, 深入虜庭, 胡人衆多, 鈔軍前後, 斷截歸路.

豫乃進軍, 去虜十餘里結屯營, 多聚牛馬糞然之, 從他道引去. 胡見煙火不絶, 以爲尙在, 去, 行數十里乃知之. 追豫到馬城, 圍之十重, 豫密嚴, 使司馬建旌旗, 鳴鼓吹, 將步騎從南門出, 胡人皆屬目往赴之. 豫將精銳自北門出, 鼓譟而起, 兩頭俱發, 出虜不意, 虜衆散亂, 皆棄弓馬步走, 追討二十餘里, 殭屍蔽地.

又烏丸王骨進桀黠不恭, 豫因出塞案行, 單將麾下百餘騎入進部. 進逆拜, 遂使左右斬進, 顯其罪惡以令衆. 衆皆怖慴不敢動, 便以進弟代進. 自是胡人破膽, 威震沙漠.

山賊高艾, 衆數千人, 寇鈔, 爲幽,冀害, 豫誘使鮮卑素利部斬艾, 傳首京都. 封豫長樂亭侯.

爲校尉九年, 其御夷狄, 恒摧抑兼併, 乖散强猾. 凡逋亡奸宄, 爲胡作計不利官者, 豫皆構刺攪離, 使凶邪之謀不遂, 聚居之類不安. 事業未究, 而幽州刺史王雄支黨欲令雄領烏丸校尉, 毁豫亂邊, 爲國生事. 遂轉豫爲汝南太守, 加殄夷將軍.

| 국역 |

文帝 초에, 北狄(북적)이 강성하여 변경을 침입하며 소요를 일으키자, 田豫(전예)에게 부절을 주어 護烏丸校尉(호오환교위)에 임명하였는데, 牽招(견초)와 解儁(해준)도 함께 護鮮卑校尉(호선비교위)가 되었다. (代郡의 治所) 高柳縣[283] 동쪽으로 濊貊(예맥)의 거주지 서쪽까지 鮮卑族 수십 부족 중에서 比能(비능), 彌加(미가), 素利(소리) 등이 지역을 분할하여 통치하였는데, 각 부족마다 경계가 있었고 그들은

283 代郡의 治所 高柳縣, 今 山西省 북쪽 끝 大同市 관할 陽高縣.

중국에 말을 팔지 않기로 함께 맹약하였다.

전예는 戎狄(융적)이 하나가 되면 중국에 이롭지 않다고 생각하여 먼저 그들을 분리시켜 서로 공격하게 만들었다. 먼저 素利(소리) 부족이 맹약을 어기며 말 1천여 필을 중국 관원에게 팔아 넘겨주자, 比能(비능) 부족의 공격을 받으면서 전예에게 구원을 요청하였다. 전예는 그들이 서로 겸병하여 하나가 되면 그 해악이 더욱 클 것이라 생각하여 선한 자를 구원하고, 약자를 토벌한다면서 융적의 무리들에게 신의를 보여주었다. 전예가 장수 1명과 정병을 거느리고 북적의 땅 깊숙이 진입하자 많은 胡人들이 전예 군사의 앞뒤를 막으며 귀로를 차단하였다.

전예는 그래도 進軍하여 胡虜(호로)의 땅 10여 리에 걸쳐 군영을 설치한 뒤에 소나 말의 똥을 모아 불을 질러 연기를 피워놓고 다른 길로 철수하였다. 胡人들은 연기가 끊이지 않는 것을 보고 여전히 주둔할 줄로 알았지만 전예의 군사가 수십 리를 진격한 뒤에야 알아챘다. 호로들은 전예를 (代郡) 馬城縣(마성현)까지 추격하여 십여 겹으로 포위하였는데, 전예는 엄중하게 경계하면서 司馬를 시켜 旌旗(정기)를 세워놓고 북치고 나팔을 불면서 보병과 기병을 거느리고 군영 남문으로 나가게 하자, 胡人들은 모두 모여 전예의 군사가 어디로 진군하는가를 주시하였다. 그러는 동안 전예는 정예병을 거느리고 군영 북문을 나온 뒤에 북을 치면서 양쪽에서 함께 공격하자, 호로의 군사들은 흩어지고 말과 활을 버리고 도주하였는데, 전예의 군사는 20여 리를 추격하자 시신이 땅을 덮었다.

또 烏丸의 족장 骨進(골진)은 잔악 교활하고 건방졌는데 전예가 국경을 순시하면서 장수 1명에 휘하 1백여 기병만으로 골진의 부족 땅에 진입하였다. 그러자 골진은 전예를 맞아 拜禮했지만, 전예는 측근을 시켜 골진을 참수한 뒤에 그 죄목을 적어 무리에게 보여주었다. 그 무리가 모두 놀라 감히 움직이는 자가 없었는데, 곧바로 골진의 동생을 세워 골진을 대신케 하였다. 그러자 胡人은 겁을 먹었고, 전예의 위세는 사막을 흔들었다.

山賊인 高艾(고애)가 무리 수천 명이 노략질을 하자, 幽州(유주)와 冀州(기주)의 피해가 심했는데, 전예는 鮮卑族 素利(소리)의 부족을 꾀어 고애를 참수케 한 뒤에 고애의 수급을 洛陽으로 보냈다. 전예는 長樂亭侯(장락정후)에 봉해졌다.

전예는 호오환교위로 9년을 재직하였는데, 전예는 夷狄(이적)들을 제어하며 늘 세력을 꺾거나 겸병케 하였고 교활한 자들을 서로 충돌하거나 분리시켰다. 나쁜 짓을 저지르고 이적의 땅으로 도망한 자나 호인들을 위하여 조정에 불리한 짓을 저지른 자들에 대해서도 전예는 서로 이간질로 분리시켜 결국 흉악한 짓을 못하게 만들었으며, 그런 자들의 생활도 불안하게 하였다. 전예의 이러한 공작이 다 완성되기도 전에 幽州 刺史인 王雄(왕웅)의 부하들은 왕웅이 호오환교위를 대신할 수 있도록 전예가 변방을 불안케 하여 나라에 불필요한 사단을 만든다고 전예를 모함하였다. 결국 전예는 汝南太守로 전직되었고 加官으로 殄夷將軍(진이장군, 殄 다할 진, 죽이다) 칭호를 받았다.

| 原文 |

太和末, 公孫淵以遼東叛, 帝欲征之而難其人, 中領軍楊暨擧豫應選. 乃使豫以本官督靑州諸軍, 假節, 往討之. 會吳賊遣使與淵相結, 帝以賊衆多, 又以渡海, 詔豫使罷軍.

豫度賊船垂還, 歲晩風急, 必畏漂浪, 東隨無岸, 當赴成山. 成山無藏船之處, 輒便循海, 案行地勢, 及諸山島, 徼截險要, 列兵屯守. 自入成山, 登漢武之觀. 賊還, 果遇惡風, 船皆觸山沈沒, 波盪著岸, 無所蒙竄, 盡虜其衆.

初, 諸將皆笑於空地待賊, 及賊破, 競欲與謀, 求入海鉤取浪船. 豫懼窮虜死戰, 皆不聽. 初, 豫以太守督靑州, 靑州刺史程喜內懷不服, 軍事之際, 多相違錯. 喜知帝寶愛明珠, 乃密上, "豫雖有戰功而禁令寬弛, 所得器仗珠金甚多, 放散皆不納官." 由是功不見列.

| 국역 |

(明帝) 太和 말년에, 公孫淵(공손연)이 遼東郡에서 반역하자, 명제는 공손연을 정벌할 적임자를 고르지 못하고 있었는데, 中領軍 楊暨(양기, 字 休先)가 전예를 천거하여 선정되었다. 전예는 본래의 관직을 가진채(南陽太守) 靑州의 군사를 감독하였는데 부절을 받고 출정하여 공손연 토벌에 나섰다. 마침 吳에서는 공손연에게 사절을 보내 서로 동맹키로 했는데, 명제는 적이 강성하고 또 바다를 건너야 하기 때문에 조서로 전예의 군사를 해산시켰다.

전예는 적의 배가 곧 귀환할 때가 되었으며, 세밑 강풍이 불 때라서 틀림없이 풍랑에 표류할 것이라고 생각하였다. 그러나 吳의 군사가 본국으로 돌아가면서 동쪽으로 배를 댈만한 곳은 成山(성산)뿐이나, 成山에는 배를 숨길만한 곳이 없다 하여 해안을 따라 순찰하면서 지세와 섬을 살펴보아 험준한 곳에 군사를 주둔케 하였다. 전예는 成山에 올라 漢 武帝가 바다를 구경한 곳도 살펴보았다.

吳의 군사는 귀환하면서 예상한대로 강풍을 만나 모든 배들이 산이나 암초에 부딪쳐 침몰하였으며, 큰 파도가 해안을 때려 숨을 곳이 없었기에 모두 포로로 잡혔다.

그전에 여러 장수들은 전예가 아무도 없는 空地에서 적을 기다린다고 비웃었지만, 적의 배가 격파되자 모두가 전예를 따라 공을 세우겠다며 바다에 들어가 격파된 배를 끌어오겠다고 말했다. 그러나 전예는 궁지에 몰린 적이 죽기로 싸울 것이라 예상하여 모두 허락하지 않았다.

그전에 전예가 남양 태수의 직분으로 青州의 군사를 감독하자, 청주자사인 程喜(정희)는 내심 불만을 품고 불복하며 군사 관련 업무에 훼방이 많았다. 정희는 명제가 明珠를 보물처럼 아낀다는 사실을 알고 은밀히 상주하였다.

"전예가 비록 戰功을 세웠지만 禁令을 많이 어겼으며, 노획한 기물이나 明珠와 金銀이 매우 많으며, 그것들을 모두 감춰놓고 나라에 바치지 않았습니다."

이 때문에 전예의 공적은 드러나지 않았다.

| 原文 |

後孫權號十萬衆攻新城, 征東將軍滿寵欲率諸軍救之. 豫曰, "賊悉衆大擧, 非徒投射小利, 欲質新城以致大軍耳. 宜聽使攻城, 挫其銳氣, 不當與爭鋒也. 城不可拔, 衆必罷怠, 罷怠然後擊之, 可大克也. 若賊見計, 必不攻城, 勢將自走. 若便進兵, 適入其計. 又大軍相向, 當使難知, 不當使自畫也."

豫輒上狀, 天子從之. 會賊遁走. 後吳復來寇, 豫往拒之, 賊卽退. 諸軍夜驚, 云, "賊復來!" 豫臥不起, 令衆"敢動者斬." 有頃, 竟無賊.

| 국역 |

그 뒤 孫權은 자칭 10만 대군을 이끌고 (合肥의) 新城(신성)을 공격하자, 征東將軍인 滿寵(만총)도 군사를 이끌고 구원하려 했다. 이에 田豫(전예)가 말했다.

"賊徒(적도)가 全軍을 다 동원한 것은 다만 小利를 탐해서가 아니라 합비의 新城을 바탕으로 우리의 대군을 유인하려는 뜻입니다, 그들이 신성을 공격케 하여 그 예기를 꺾되 승부를 다툴 필요는 없습니다. 성을 함락시키지 못하면 그 군사는 틀림없이 풀어질 것이니 그들이 해이해진 다음에 공격하면 대승할 것입니다. 만약 적이 우리의 전략을 간파하면 틀림없이 공격하지 않고 그냥 물러나겠지만, 우리가 적을 공격하면 그들 계략에 말려들 것입니다. 또 대군은 상대방에 대하여 의도를 숨겨야 할 것이니, 적의 예상대로 우리가 작전할 필요는 없을 것입니다."

전예가 곧 이를 보고하자, 명제는 그대로 수락했고 적은 스스로 물러났다. 그 뒤에도 東吳가 다시 내침하자, 전예가 출전하여 저지했고 적은 퇴각했다.

어느 날 여러 군영에서 "적이 다시 공격한다!"고 소리치며 소동이 벌어졌다. 전예는 침상에서 일어나지도 않고 "함부로 움직이는 자는 참수하겠다."고 명령했다. 끝내 적은 보이지 않았다.

| 原文 |

景初末, 增邑三百, 並前五百戶. 正始初, 遷使持節護匈奴中郎將, 加振威將軍, 領幷州刺史. 外胡聞其威名, 相率來獻. 州界寧肅, 百姓懷之.

徵爲衛尉. 屢乞遜位, 太傅司馬宣王以爲豫克壯, 書喩未聽. 豫書答曰, 「年過七十而以居位, 譬猶鐘鳴漏盡而夜行不休, 是罪人也.」

遂固稱疾篤. 拜太中大夫, 食卿祿. 年八十二薨. 子彭祖嗣.

豫清儉約素, 賞賜皆散之將士. 每胡,狄私遺, 悉簿藏官, 不入家, 家常貧匱. 雖殊類, 咸高豫節. 嘉平六年, 下詔褒揚, 賜其家錢穀. 語在〈徐邈傳〉.

| 국역 |

(明帝) 景初 말년에(서기 239년), 田豫(전예)는 식읍을 3백 호 늘려 받아 모두 5백 호가 되었다. (曹芳의) 正始 초년에(서기 240), 전예는 부절을 받아 護匈奴中郞將이 되었고, 振威將軍의 加官을 받았으며 幷州刺史를 겸임하였다. 국경 밖 胡人도 전예의 명성을 알고 있어 스스로 찾아와 토산물을 헌상하였다. 변경은 평온했고 백성은 전예를 흠모했다.

전예는 조정에 들어와 (9卿의 하나인) 衛尉(위위)가 되었다. 여러 차례 사임코자 했지만 太傅(태부)인 사마의는 전예가 아직 건장하다고 생각하여 수락할 수 없다고 서신을 보냈다. 이에 전예가 답서를 보냈다.

「나이 70을 넘어서도 현직에 근무한다면, 통행이 금지된 시간에 밤길을 돌아다니는 사람과 같으니 그런 사람이라면 죄인입니다.」

결국 병이 심하다는 핑계로 고사했다. 전예는 太中大夫를 제수받고[284] 9경의 녹봉(中二千石)을 받았다. 82세에 죽었고, 아들 田彭祖(전팽조)가 작위를 계승했다.

전예는 청렴, 검소하여 상으로 하사받는 것을 모두 將士에게 나눠주었다. 胡人이나 北狄이 사적으로 보내오는 물건은 모두 장부에 기록하였고, 관청 창고에 보관하면서 집에 보내지 않았기에 집안은 늘 가난했다. 직분이 다른 사람들도 모두 전예의 고상한 지조를 칭송했다. (曹芳의) 嘉平 6년(서기 254)에 죽었는데, 조서로 공적을

284 太中大夫는 고정된 직무가 없기에 퇴직원로에 대한 예우차원에서 수여할 수 있는 관직이다. 죽을 때까지 근무하지 않고 봉록을 받는다.

칭송하며 금전과 곡식을 하사하였다. 이는 〈徐邈傳 서막전 / 27권, 徐胡二王傳〉에도 기록했다.

❸ 牽招

| 原文 |

牽招字子經, 安平觀津人也. 年十餘歲, 詣同縣樂隱受學. 後隱爲車騎將軍何苗長史, 招隨卒業.

值京都亂, 苗,隱見害, 招俱與隱門生史路等觸蹈鋒刃, 共殯斂隱屍, 送喪還歸. 道遇寇鈔, 路等皆悉散走. 賊欲斫棺取釘, 招垂淚請赦. 賊義之, 乃釋而去. 由此顯名.

| 국역 |

牽招(견초)[285]의 字는 子經(자경)으로, 安平郡 觀津縣[286] 사람이다. 10여 세에 같은 현의 樂隱(낙은)을 찾아 受學했다. 뒷날 낙은이 車騎將軍 何苗(하묘)[287]의 長史가 되자, 견초는 따라가서 학업을 마쳤다.

그때 낙양이 혼란하여 하묘와 낙은이 모두 피살되었는데, 견초는

285 牽招(견초, 생졸년 미상, 字 子經) – 牽은 끌 견. 성씨. 北狄 평정에 기여. 田豫와 함께 유명.

286 安平國(郡) – 冀州 관할, 治所는 信都縣. 今 河北省 남부 衡水市 관할 冀州市. 觀津縣은, 今 河北省 남부 衡水市 관할 阜城縣.

287 何苗(하묘, ?–189년, 字 叔達) – 본명, 朱苗(주묘). 후한말 대장군 何進(하진)의 異父異母, 靈帝皇后 何氏의 同母 오빠.

낙은의 門生인 史路(사로) 등과 함께 병란을 무릅쓰고 함께 낙은의 시신을 수습하여 고향으로 운구하였다. 도중에 도적을 만나자 사로 등은 모두 도주하였다. 도적이 관을 부수고 못(釘)을 빼가려 하자, 견초가 눈물을 흘리며 빌었다. 도적들은 의롭게 여겨 보내주었다. 견초는 이 때문에 이름이 알려졌다.

| 原文 |

冀州牧袁紹闢爲督軍從事, 兼領烏丸突騎. 紹舍人犯令, 招先斬乃白, 紹奇其意而不見罪也. 紹卒, 又事紹子尙. 建安九年, 太祖圍鄴. 尙遣招至上黨, 督致軍糧. 未還, 尙破走, 到中山.

時尙外兄高幹爲幷州刺史, 招以幷州左有恒山之險, 右有大河之固, 帶甲五萬, 北阻强胡, 勸幹迎尙, 並力觀變. 幹旣不能, 而陰欲害招. 招聞之, 間行而去, 道隔不得追尙, 遂東詣太祖. 太祖領冀州, 闢爲從事.

| 국역 |

冀州牧인 袁紹(원소)는 牽招(견초)를 불러다가 督軍從事에 임명했고 烏丸突騎(오환돌기)를 겸임케 했다. 원소의 舍人(사인)이 법을 어기자 견초는 먼저 참수한 다음에 원소에게 보고하였는데, 원소는 그 뜻을 기특하게 여기며 벌하지 않았다. 원소가 죽자, 견초는 원소

아들 袁尙(원상)을 섬겼다.

(獻帝) 建安 9년(서기 204), 조조가 (원상의 근거지인) 鄴縣을 포위했다. 원상은 견초를 上黨郡에 보내 군량 조달을 독려케 했다. 견초가 돌아오기 전에 원상은 中山國(郡)으로 도주하였다.

그때 원상의 외사촌 형인 高幹(고간)은 幷州(병주) 자사였는데 견초는 병주의 왼쪽은 험고한 恒山(항산)[288]이 있고, 우측은 큰 강이 튼튼하게 지켜주며 무장 군사가 5만 명이나 되고 북으로 강력한 胡人이 있다며 고간에게 원상을 불러 합세한 뒤에 상황의 변화를 기다리라고 권유하였다. 그러나 고간은 실천하지도 못하면서 되려 견초를 음해하려고 하였다. 견초는 이를 알고서 샛길로 원상을 찾아가려 했으나 길이 멀어 따라갈 수 없자 동쪽으로 조조를 찾아가 귀부했다. 조조가 冀州牧을 겸하면서 견초를 불러 기주목의 從事로 삼았다.

| 原文 |

太祖將討袁譚, 而柳城烏丸欲出騎助譚. 太祖以招嘗領烏丸, 遣詣柳城. 到, 値峭王嚴, 以五千騎當遣詣譚. 又遼東太守公孫康自稱平州牧, 遣使韓忠齎單于印綬往假峭王. 峭王大會群長, 忠亦在坐. 峭王問招,

"昔袁公言受天子之命, 假我爲單于. 今曹公復言當更白天

288 恒山(항산, 元岳. 常山) – 항산 산맥은 동북에서 서남으로 약 150km. 주봉인 天峰嶺은 해발 2,016m. 五嶽 중 北嶽.

子, 假我眞單于, 遼東復持印綬來. 如此, 誰當爲正?"

招答曰, "昔袁公承制, 得有所拜假, 中間違錯, 天子命曹公代之, 言當白天子, 更假眞單于, 是也. 遼東下郡, 何得擅稱拜假也?"

忠曰, "我遼東在滄海之東, 擁兵百萬, 又有扶餘,濊貊之用, 當今之勢, 强者爲右, 曹操獨何得爲是也?"

招呵忠曰, "曹公允恭明哲, 翼戴天子, 伐叛柔服, 寧靜四海, 汝君臣頑嚚, 今恃險遠, 背違王命, 欲擅拜假, 侮弄神器, 方當屠戮, 何敢慢易咎毁大人?"

便捉忠頭頓築, 拔刀欲斬之. 峭王驚怖, 徒跣抱招, 以救請忠, 左右失色. 招乃還坐, 爲峭王等說成敗之效, 禍福所歸, 皆下席跪伏, 敬受敕教, 便辭遼東之使, 罷所嚴騎.

| 국역 |

曹操가 袁譚(원담)을 토벌하려 하자, 柳城(유성)[289]의 烏丸族(오환족)은 기병을 보내 원담을 도우려 했다. 조조는 牽招(견초)가 일찍이 오환족을 통솔했다 하여 견초를 柳城(유성)에 보냈다. 견초가 유성에 도착하자, 오환족의 峭王(초왕)은 경계를 엄히 하면서 오환족 5천 기병을 원담에게 보내려 했다. 또 마침 遼東太守 公孫康(공손강)은 平州牧을 자칭하면서 사자 韓忠(한충)에게 오환 선우의 인수를 보내 초왕에게 수여하려고 했다. 이에 초왕은 부족의 족장을 모두 모아 잔

289 柳城(유성)은 遼西郡의 城池, 今 遼寧省 중부 朝陽市 서남.

치를 벌였고 한충 역시 합석하였다. 이에 초왕이 견초에게 물었다.

"예전에 袁公은 天子의 命을 받았다면서 나를 單于(선우)로 인정하였습니다. 지금 曹公도 다시 천자에게 말했다면서, 내가 眞(正式) 선우라 하였고 遼東郡에서도 인수를 가지고 왔습니다. 그렇다면 누가 옳은 것입니까?"

이에 견초가 대답하였다.

"옛날 袁公이 천자의 명을 대행했지만 받은 것은 임시 선우의 인수였고, 그 이후 원공이 법을 어겨 천자는 曹公에게 대신케 하였는데, 조공이 천자께 아뢰어 정식 선우의 인수를 가져온 것입니다. 요동군은 지방의 속군인데 어찌 멋대로 직위를 수여할 수 있겠습니까?"

이에 한충이 말했다.

"우리 遼東은 큰 바다의 동쪽에서 백만 대군을 보유하고, 또 扶餘(부여)와 濊貊(예맥)을 복속시켰으며, 지금 강한 세력이 상위이니 조조가 어찌 우리와 같겠습니까?"

그러자 견초가 한충을 꾸짖었다.

"曹公은 誠信 恭敬하며 명철한 분으로 천자를 보위하며 반역한 자를 토벌하고 유순한 자는 복속케 하여 천하를 안정시켰거늘, 완고하고 우매한 너희 무리는 中原에서 멀리 험한 곳에 박혔다 하여 왕명을 어기고 함부로 神器를 우롱하니 응당 도륙을 당해야 하거늘, 어찌 감히 함부로 대인군자를 헐뜯는가?"

그리고는 바로 한충의 머리를 잡아 벽에 처박으며 칼을 빼어 목을 자르려 했다. 이에 오환 초왕은 놀라 달려와 견초를 끌어안고 한충을 참석시킨 죄를 용서해 달라고 말했으며 측근 모두도 두려워 떨었다. 견초는 자리에 돌아와 앉은 뒤에 초왕에게 정세의 성패와 화복이 어떻게 달라질까를 설명하자, 모두가 자리에서 물러나며 삼가 가르침을 받겠다고 말하면서 요동의 사자를 내보내고 원담을 도우려던 기병도 해산하였다.

| 原文 |

太祖滅譚於南皮, 署招軍謀掾, 從討烏丸. 至柳城, 拜護烏丸校尉. 還鄴, 遼東送袁尙首, 縣在馬市, 招睹之悲感, 設祭頭下. 太祖義之, 擧爲茂才. 從平漢中, 太祖還, 留招爲中護軍. 事罷, 還鄴, 拜平虜校尉, 將兵督靑,徐州郡諸軍事, 擊東萊賊, 斬其渠率, 東土寧靜.

文帝踐阼, 拜招使持節護鮮卑校尉, 屯昌平. 是時, 邊民流散山澤, 又亡叛在鮮卑中者, 處有千數. 招廣布恩信, 招誘降附. 建義中郞將公孫集等, 率將部曲, 咸各歸命, 使還本郡. 又懷來鮮卑素利,彌加等十餘萬落, 皆令款塞.

| 국역 |

曹操가 원담을 (勃海郡) 南皮縣(남피현)에서 격파한 뒤에 牽招(견초)를 軍謀掾(군모연)에 임명했고, 견초는 조조를 따라 오환족을 토벌했다. 조조는 柳城에 이르러 견초를 護烏丸校尉에 임명했다. 조조가 업현으로 돌아왔을 때, 遼東郡에서는 원상의 수급을 보내왔고 원상의 수급은 馬市에 높이 매달렸는데, 견초는 수급을 보고서 슬

폐하며 (한때 그 신하였기에) 수급 아래에 제사를 지내주었다. 조조는 견초를 의로운 사람으로 생각했고 茂才로 천거하였다.

견초는 조조를 따라 漢中郡을 평정했고, 조조는 회군하면서 견초를 남겨 中護軍에 임명했다. 견초가 임무를 마치고 업현에 돌아와, 견초는 平虜校尉가 되어 군사를 거느리고 靑州와 徐州 속군의 군사 업무를 감독하였으며, 東萊郡(동래군)[290]의 반적을 토벌하고 그 우두머리를 죽이자 동쪽 지역이 안정되었다.

文帝는 제위에 오른 뒤, 견초에게 부절을 하사하고 護鮮卑校尉에 임명하여 (廣陽郡/燕國) 昌平縣[291]에 주둔케 했다. 이때 변방 유민들은 山澤에 흩어졌고, 또 선비족 거주 지역으로 도망간 자들이 곳곳에 수천 명이나 되었다. 견초는 이들에 은전을 베풀고 신의를 지켜 투항토록 권유하였다.

建義中郎將인 公孫集(공손집) 등은 부대원들을 거느리고 모두 귀환했고 각 군으로 돌아가게 했다. 또 회유한 선비족의 素利(소리)나 彌加(미가) 등 10여만 마을들도 모두 변경을 내왕할 수 있게 허용하였다.

| 原文 |

大軍欲征吳, 召招還, 至, 値軍罷, 拜右中郎將, 出爲雁門太

290 靑州 관할 東萊郡(동래군)의 치소는 黃縣, 今 山東省 동쪽 끝 烟臺市 관할 龍口市.

291 昌平縣 – 今 北京市 昌平區에 해당.

守. 郡在邊陲, 雖有候望之備, 而寇鈔不斷. 招旣教民戰陳, 又表復烏丸五百餘家租調, 使備鞍馬, 遠遣偵候. 虜每犯塞, 勒兵逆擊, 來輒摧破, 於是吏民膽氣日銳, 荒野無虞. 又構間離散, 使虜更相猜疑.

鮮卑大人步度根,泄歸泥等與軻比能爲隙, 將部落三萬餘家詣郡附塞. 敕令還擊比能, 殺比能弟苴羅侯, 及叛烏丸歸義侯王同,王寄等, 大結怨讎. 是以招自出, 率將歸泥等討比能於雲中故郡, 大破之.

招通河西鮮卑附頭等十餘萬家, 繕治陘北故上館城, 置屯戍以鎭內外, 夷虜大小, 莫不歸心, 諸叛亡雖親戚不敢藏匿, 咸悉收送. 於是野居晏閉, 寇賊靜息. 招乃簡選有才識者, 詣太學受業, 還相授教, 數年中庠序大興. 郡所治廣武, 井水咸苦, 民皆擔輦遠汲流水, 往返七里. 招准望地勢, 因山陵之宜, 鑿原開渠, 注水城內, 民賴其益.

| 국역 |

大軍이 東吳를 정벌할 때 牽招(견초)를 돌아오게 소환했고, 견초가 돌아왔는데 동오 정벌군을 해산하게 되어, 견초는 右中郞將을 제수 받았다가 雁門(안문)[292] 太守로 나갔다. 안문군은 변방이었고 망루와 초소가 있었지만 적의 노략질은 끊이지 않았다. 견초는 백

292 雁門郡(안문군) 치소 廣武縣, 今 山西省 동북부 忻州市 관할 代縣 서남, 長城의 雁門關이 있다.

성들에게 전투와 군진 설치를 교육했고, 또 표문을 올려 烏丸의 5백여 家의 조세와 부역을 면제해 주고, 대신 말을 준비하여 멀리까지 정찰을 나가게 하였다. 胡虜(호로, 북방 이민족)들이 국경을 노략질할 때마다 군사를 동원하여 격파하자, 관리와 백성들의 의기는 점차 강해져서 황야에서도 두려워하지 않았다. 견초는 또 호로를 분리 이간시켜 서로 시기하게 만들었다.

선비족 大人인 步度根(보도근)과 泄歸泥(설귀니) 등은 軻比能(가비능)과 틈이 벌어졌는데, 부락 3만여 호를 거느리고 안문군에 귀부하였다. 견초는 칙령을 받아 가비능을 공격하여 가비능의 동생 苴羅侯(저라후)를 죽였으며, 배반한 烏丸의 歸義侯인 王同(왕동)과 王寄(왕기)와는 큰 원수가 되었다. 이에 견초는 직접 군사를 거느리고 출동하며, 설귀니 등을 거느리고 雲中 故郡에서 가비능 등을 공격하여 대파하였다. 견초는 또 河西(하서)의 선비족 附頭(부두) 등 10여만 호와 협조하여 陘山(형산) 북쪽의 上館城(상관성)을 수리하고 군사를 주둔케 하여 내외의 선비족을 진압케 하자, 이민족의 크고 작은 여러 부락들이 모두 귀부할 마음을 갖게 되니, 그간 배반하고 망명했던 자들을 숨겨주지 않고 모두 잡아 보내주었다. 이에 野外의 거처라도 모두 평안하였고 노략질도 사라졌다.

그리고 견초는 재능과 학식이 있는 자를 골라 太學에 보내 수업케 하였고 돌아와 교수케 하자 몇 년 안에 교육을 크게 진흥시켰다. 안문군의 치소인 廣武縣의 우물은 짜고 쓴맛이 있어 백성들은 물을 긷는데 7리를 왕복해야만 했다. 견초는 지세를 잘 살펴 산비탈 적당한 곳에 샘을 파고 도랑을 만들어 성내에 물을 공급케 하자 백성들은 모두 이득을 보았다.

| 原文 |

明帝卽位, 賜爵關內侯. 太和二年, 護烏丸校尉田豫出塞, 爲軻比能所圍於故馬邑城, 移招求救. 招卽整勒兵馬, 欲赴救豫. 幷州以常憲禁招, 招以爲節將見圍, 不可拘於吏議, 自表輒行. 又並馳布羽檄, 稱陳形勢, 云當西北掩取虜家, 然後東行, 會誅虜身.

檄到, 豫軍踴躍. 又遺一通於虜蹊要, 虜卽恐怖, 種類離散. 軍到故平城, 便皆潰走. 比能復大合騎來, 到故平州塞北. 招潛行撲討, 大斬首級. 招以蜀虜諸葛亮數出, 而比能狡猾, 能相交通, 表爲防備, 議者以爲縣遠, 未之信也. 會亮時在祁山, 果遣使連結比能. 比能至故北地石城, 與相首尾. 帝乃詔招, 使從便宜討之.

時比能已還漠南, 招與刺史畢軌議曰, "胡虜遷徙無常. 若勞師遠追, 則遲速不相及. 若欲潛襲, 則山溪艱險, 資糧轉運, 難以密辦. 可使守新興,雁門二牙門, 出屯陘北, 外以鎭撫, 內令兵田, 儲畜資糧, 秋冬馬肥, 州郡兵合, 乘釁征討, 計必全克."

未及施行, 會病卒.

招在郡十二年, 威風遠振. 其治邊之稱, 次于田豫, 百姓追思之. 而漁陽傅容在雁門有名績, 繼招後, 在遼東又有事功云.

招子嘉嗣. 次子弘, 亦猛毅有招風, 以隴西太守隨鄧艾伐蜀有功, 咸熙中爲振威護軍. 嘉與晉司徒李胤同母, 早卒.

| 국역 |

明帝가 즉위하여 牽招(견초)에게 關內侯의 작위를 하사했다. (明帝) 太和 2년(서기 228), 護烏丸校尉인 田豫(전예)가 국경을 나가 (선비족) 軻比能(가비능)에게 옛 馬邑城(마읍성)에서 포위되자, 견초에게 구원을 요청하였다. 견초는 즉시 군사를 동원하여 전예를 구원하려고 했다. 그러나 병주자사는 일상 규정을 이유로 견초의 출동을 제지하자, 견초는 부절을 받은 장수가 포위되었다면, 이는 보통 관리의 논의에 구애받지 않는다 생각하여 표문을 올리고 바로 출동하였다. 또 快馬에 羽檄(우격)을 보내 상황을 설명하면서, 응당 서북 선비족의 근거지를 엄습한 연후에 동쪽으로 진격하여 선비족을 치겠다고 말했다.

견초의 격문이 도착하자, 전예의 군사는 환희로 날뛰었다. 견초는 또 다른 격문 하나를 견제하려는 선비족 마을로 보내자, 선비족들은 두려워 떨며 각 마을별로 흩어졌다. 견초의 군사가 (雁門郡) 옛 平城에 도착하자, 선비족은 모두 달아나고 없었다.

가비능은 다시 기병을 대규모로 모아 옛 平州 국경 북쪽으로 모여들었다. 견초는 은밀히 행군하여 선비족을 공격하여 적들을 많이 죽였다. 견초는 蜀漢의 諸葛亮이 자주 출전하였고, 가비능 또한 교활하여 서로 왕래할 수도 있다는 것을 예상하여 방비해야 한다고 표문을 올렸는데, 이를 논의한 사람들은 서로간 거리가 멀다며 가

능성을 의심하였다.

그때 제갈량은 祁山(기산)에 출동했었는데, 과연 사자를 보내 가비능과 연락하였다. 가비능은 옛 北地郡 石城에 와서 제갈량과 서로 首尾(수미)처럼 연결되어 있었다. 이에 명제는 견초에게 상황에 따라 선비족을 토벌하라고 조서로 명령했다.

그때 가비능은 이미 사막 남쪽으로 돌아갔는데, 견초는 자사인 畢軌(필궤)와 논의하며 말했다.

"胡虜들은 이쪽저쪽에 반복무상합니다. 만약 우리 군사가 멀리 추격하더라도 그들의 완급을 따라갈 수가 없습니다. 또 기습 공격을 하여도 산과 골짜기가 험난하여 그들 모르게 물자와 군량의 운반도 어렵습니다. 그래서 新興(신흥)[293]과 雁門(안문)에 두 牙門(軍營)을 설치하여 수비하면서 陘山(형산) 이북까지 출병하여, 밖으로는 호로들을 진무하고 내부적으로는 둔전을 실시하여 군수물자와 군량을 비축한 뒤에, 가을이나 겨울에 병마가 살쪘을 때 州郡의 군사와 함께 틈새를 보아 정벌한다면 틀림없이 승리할 것입니다."

그러나 이를 시행하기 전에 견초는 병으로 죽었다.

견초는 12년간 雁門郡(안문군)을 다스리면서 멀리까지 威風을 떨쳤다. 그의 변방 치안은 田豫(전예) 만큼이나 칭송을 들었고 백성들은 견초를 추모하였다. 漁陽郡 출신 傅容(부용)은 견초의 뒤를 이어 雁門郡에서도 치적이 우수했는데, 遼東郡에서도 공을 세웠다.

견초의 아들 牽嘉(견가)가 계승하였다. 次子인 牽弘(견홍) 역시 용

293 新興郡 – 建安 20년(서기 215年)에 雲中, 定襄, 五原, 朔方의 4郡을 병합하여 설치한 군. 郡治는 九原縣(今 山西省 忻州市). 九原, 定襄, 雲中, 廣牧, 平城, 馬邑, 慮虒(여사) 등 7현을 관장.

맹하고 剛毅(강의)하여 견초의 유풍이 있었는데, 隴西太守로 鄧艾(등애)를 따라 蜀漢을 정벌하는데 공을 세웠으며, (曹奐의) 咸熙(함희) 연간(서기 264 - 265년)에 振威護軍이 되었다. 견가는 晉의 司徒 李胤(이윤)과 어머니가 같았는데(同母) 일찍 죽었다.

❹ 郭淮

| 原文 |

郭淮字伯濟, 太原陽曲人也. 建安中擧孝廉, 除平原府丞. 文帝爲五官將, 召淮署爲門下賊曹, 轉爲丞相兵曹議令史, 從征漢中.

太祖還, 留征西將軍夏侯淵拒劉備, 以淮爲淵司馬. 淵與備戰, 淮時有疾不出. 淵遇害, 軍中擾擾, 淮收散卒, 推蕩寇將軍張郃爲軍主, 諸營乃定. 其明日, 備欲渡漢水來攻. 諸將議衆寡不敵, 備便乘勝, 欲依水爲陳以拒之.

淮曰, "此示弱而不足挫敵, 非算也. 不如遠水爲陳, 引而致之, 半濟而後擊, 備可破也." 旣陳, 備疑不渡, 淮遂堅守, 示無還心. 以狀聞, 太祖善之, 假郃節, 復以淮爲司馬.

文帝卽王位, 賜爵關內侯, 轉爲鎭西長史. 又行征羌護軍, 護左將軍張郃,冠軍將軍楊秋討山賊鄭甘,盧水叛胡, 皆破平之. 關中始定, 民得安業.

| 국역 |

郭淮(곽회)[294]의 字는 伯濟(백제)로, 太原郡 陽曲縣(今 山西省 太原市 관할 陽曲縣) 사람이다. (獻帝) 建安 연간에, 효렴으로 천거 받아 平原 府丞이 되었다. 曹丕가 五官中郞將일 때, 곽회를 불러 門下賊曹에 임명했다가 丞相府 兵曹議令史로 전직되었으며, 조조를 따라 漢中郡을 원정했다.

조조가 회군하면서 征西將軍 夏侯淵(하후연)을 남겨 劉備를 방어하게 하였는데, 곽회는 하후연의 司馬였다. 하후연과 유비가 싸울 때, 곽회는 병으로 출전하지 못했다. 하후연이 전사하자 軍中이 소요했는데, 곽회는 散卒을 불러 모으면서 蕩寇將軍인 張郃(장합)을 軍主로 추대하자 여러 군영이 안정되었다. 다음 날, 유비는 漢水를 건너 공격하려고 했다. 여러 장수들은 衆寡不敵(중과부적)이고 유비가 상승세를 타고 있으니 漢水에 의지하여 군진을 설치하자고 논의하였다.

이에 곽회가 말했다.

"이는 우리의 약점을 내 보이는 것으로 적을 막기에 부족하니 올바른 계산이 아닙니다. 차라리 漢水에서 멀리 군진을 설치한 뒤에 적군은 유인하되, 적이 반쯤 건넜을 때 공격하면 유비를 격파할 수 있습니다."

군진이 다 설치되었는데도 유비는 강을 건너지 않았고, 곽회는 굳게 지키면서 철수한 뜻이 없음을 보여주었다. 상황을 보고하자,

---

294 郭淮(곽회, ?-255年, 字 伯濟) - 太原 陽曲人, 蜀漢 姜維(강유)의 침공을 잘 방어했다.

조조는 칭찬하며 장합에게 부절을 내렸고, 곽회는 다시 司馬가 되었다.

조비가 왕위에 오르자, 곽회는 관내후가 되었고 鎭西長史로 전직했다. 또 征羌護軍 대행이 되어 護左將軍 張郃(장합)과 冠軍將軍 楊秋(양추)와 함께 산적인 鄭甘(정감)과 반기를 든 盧水(노수) 胡人을 모두 격파 평정하였다. 이로써 關中은 안정되었고 백성은 편안하게 생업에 종사했다.

| 原文 |

黃初元年, 奉使賀文帝踐阼, 而道路得疾, 故計遠近爲稽留. 及群臣歡會, 帝正色責之曰, "昔禹會諸侯於塗山, 防風後至, 便行大戮. 今溥天同慶而卿最留遲, 何也?"

淮對曰, "臣聞五帝先教導民以德, 夏后政衰, 始用刑辟. 今臣遭唐虞之世, 是以自知免於防風之誅也." 帝悅之, 擢領雍州刺史, 封射陽亭侯, 五年爲眞.

安定羌大帥辟蹏反, 討破降之. 每羌,胡來降, 淮輒先使人推問其親理, 男女多少, 年歲長幼, 及見, 一二知其款曲, 訊問周至, 咸稱神明.

| 국역 |

(文帝) 黃初 원년(서기 220), 郭淮(곽회)는 명을 받아 文帝의 즉위

를 축하하러 출발하였으나 도중에 병이 났고 거리를 계산해 보니 늦을 수 밖에 없었다. 群臣이 모두 모여 축하가 끝난 뒤에 文帝가 정색을 하고 곽회를 질책하였다.

"옛날이 夏 禹王이 제후를 塗山(도산)에 소집했는데, 防風(방풍)이 늦게 도착하자 바로 처형하였다. 지금 온 천하가 모두 함께 기뻐하는데 卿은 가장 늦었으니 어찌 해야겠는가?"

이에 곽회가 대답하였다.

"臣은 五帝께서는 먼저 덕으로 백성을 교도하였는데, 夏后 시절부터 정치가 쇠퇴하여 형벌을 적용했다고 하였습니다. 지금 臣은 唐虞(堯舜)와 같은 시대를 만났기에 防風처럼 주살 당하지는 않을 것이라 알고 있습니다."

문제는 기뻐하며 곽회를 발탁하여 雍州(옹주) 刺史를 겸임케 하고 射陽亭侯에 봉했으며, 5년 뒤에 옹주 자사로 정식 임명하였다.

安定郡의 羌族 大帥인 辟蹏(벽제, 蹏는 발굽 제)가 반역하자 곽회는 그를 격파하여 굴복시켰다. 해마다 강족이나 胡人(흉노)족이 투항해오면, 곽회는 먼저 사람을 시켜 그 친족 관계와 자식 남녀의 수나 나이를 따져 묻게 하였는데, 나중에 그들 얼굴을 한두 번 보면 그 사정을 다 알아맞혀서 夷狄(이적)들은 모두 곽회가 神明하다가 칭찬하였다.

| 原文 |

太和二年, 蜀相諸葛亮出祁山, 遣將軍馬謖至街亭, 高詳屯列柳城. 張郃擊謖, 淮攻詳營, 皆破之. 又破隴西名羌唐蹏於枹罕, 加建威將軍. 五年, 蜀出鹵城. 是時, 隴右無穀, 議欲關中大運, 淮以威恩撫循羌,胡, 家使出穀, 平其輸調, 軍食用足, 轉揚武將軍.

青龍二年, 諸葛亮出斜谷, 並田於蘭坑. 是時司馬宣王屯渭南, 淮策亮必爭北原, 宜先據之, 議者多謂不然. 淮曰, "若亮跨渭登原, 連兵北山, 隔絶隴道, 搖盪民,夷, 此非國之利也."

宣王善之, 淮遂屯北原. 塹壘未成, 蜀兵大至, 淮逆擊之. 後數日, 亮盛兵西行, 諸將皆謂欲攻西圍, 淮獨以爲此見形於西, 欲使官兵重應之, 必攻陽遂耳. 其夜果攻陽遂, 有備不得上.

| 국역 |

(明帝) 太和 2년(서기 228), 蜀漢 승상 諸葛亮이 祁山(기산)에 출정하여 將軍인 馬謖(마속)을 街亭(가정)[295]에 내보냈으며 高詳(고상)을 柳城(유성)에 주둔케 하였다. 張郃(장합)은 마속을 공격했고, 郭淮(곽회)는 고상의 군영을 공격하여 격파하였다. 또 隴西(농서)의 저명한 강족인 唐蹏(당제)를 枹罕(포한)[296]에서 격파하여 建威將軍에 加官되었다.

(太和) 5년, 蜀軍이 鹵城(노성)에 출정하였다. 이때, 隴右(농우) 일

295 街亭(가정)은, 今 甘肅省 남부 天水市 관할 秦安縣 隴城鎭(농성진)에 해당.

296 枹罕(포한)은, 隴西郡의 현명. 枹는 줄참나무 포. 북채 부(擊鼓杖).

대에 곡식이 부족하여 關中에서 운반할 것을 논의하였는데 곽회는 위엄과 은덕으로 강족이나 胡人을 위무하여 각 家戶에서 곡식을 내놓고 또 운송 조달케 하여 군량을 충분히 공급하여 揚武將軍으로 전직하였다.

(明帝) 青龍 2년(서기 234년), 제갈량이 斜谷(사곡)에 출정하여 蘭坑(난갱)에서 둔전을 개간하였다. 이때 司馬懿는 渭水(위수) 남쪽에 주둔하고 있었는데, 곽회가 예상할 때 제갈량은 틀림없이 北原을 빼앗으려 할 것이니, 응당 먼저 차지해야 한다고 주장하였으나 많은 사람들은 그렇지 않다고 말했다. 이에 곽회가 말했다.

"만약 제갈량이 渭水를 건너 北原을 차지하면 군영이 北山까지 이어지게 되고, 그러면 隴右의 연결로가 끊기고 우리 백성이나 夷狄을 소란케 하여 나라에 불리할 것입니다."

사마의는 곽회의 말이 옳다고 하였고, 곽회는 北原에 주둔하였다. 곽회 진영의 참호와 보루가 다 갖춰지기도 전에 蜀의 군사가 대거 진격해오자, 곽회는 적을 맞아 격파하였다. 그 며칠 뒤에 제갈량은 전군을 거느리고 서쪽으로 행군하였는데, 여러 장수들은 제갈량이 서쪽 군영을 포위 공격할 것이라 생각하였지만, 곽회는 홀로 이는 서쪽으로 가는 형세만 취할 뿐이며, 우리 군사가 그쪽으로 대응하면 틀림없이 陽遂(양수)를 공격할 것이라 생각하였다. 그날 밤 제갈량은 양수를 공격하였지만, 미리 대비하였기에 적은 아무 소득이 없었다.

| 原文 |

正始元年, 蜀將羌維出隴西. 淮遂進軍, 追至彊中, 維退, 遂討羌迷當等, 按撫柔氐三千餘落, 拔徙以實關中. 遷左將軍.

涼州休屠胡梁元碧等, 率種落二千餘家附雍州. 淮奏請使居安定之高平, 爲民保障, 其後因置西州都尉. 轉拜前將軍, 領州如故.

| 국역 |

(齊王 曹芳의) 正始 원년(서기 240), 蜀將 羌維(강유)가 隴西(농서)를 공격하였다. 곽회도 출정하여 강유를 彊中(강중)까지 추격하자, 강유는 퇴각했고 이어 곽회는 羌族 迷當(미당) 등을 토벌하였으며, 유약한 氐族(저족) 3천여 부락을 위무한 뒤, 이들을 關中 땅으로 이주시켰다. 곽회는 左將軍으로 승진했다.

涼州의 休屠(휴저) 胡人인 梁元碧(양원벽) 등이 동족 부락 2천여 호를 인솔하여 雍州(옹주)에 귀부하였다. 곽회는 보고를 올려 그들을 安定郡의 高平(고평)에 이주시키고 그들을 위해 성벽을 축조하였는데, 그 뒤에 그곳에 西州都尉가 설치되었다. 곽회는 前將軍을 제수 받았는데 雍州牧의 직책은 전과 같았다.

| 原文 |

五年, 夏侯玄伐蜀, 淮督諸軍爲前鋒. 淮度勢不利, 輒拔軍出, 故不大敗. 還假淮節. 八年, 隴西,南安,金城,西平諸羌餓何,燒戈,伐同,蛾遮塞等相結叛亂, 攻圍城邑, 南招蜀兵, 涼州名胡治無戴復叛應之. 討蜀護軍夏侯霸督諸軍屯爲翅.

淮軍始到狄道, 議者僉謂宜先討定枹罕, 內平惡羌, 外折賊謀. 淮策維必來攻霸, 遂入渢中, 轉南迎霸. 維果攻爲翅, 會淮軍適至, 維遁退. 進討叛羌, 斬餓何,燒戈, 降服者萬餘落.

九年, 遮塞等屯河關,白土故城, 據河拒軍. 淮見形上流, 密於下渡兵據白土城, 擊, 大破之. 治無戴圍武威, 家屬留在西海. 淮進軍趨西海, 欲掩取其累重, 會無戴折還, 與戰於龍夷之北, 破走之. 令居惡虜在石頭山之西, 當大道止, 斷絶王使.

淮還過討, 大破之. 姜維出石營, 從彊川, 乃西迎治無戴, 留陰平太守廖化於成重山築城, 斂破羌保質. 淮欲分兵取之. 諸將以維衆西接强胡, 化以據險, 分軍兩持, 兵勢轉弱, 進不制維, 退不拔化, 非計也, 不如合而俱西, 及胡,蜀未接, 絶其內外, 此伐交之兵也.

淮曰, "今往取化, 出賊不意, 維必狼顧. 比維自致, 足以定化, 且使維疲於奔命. 兵不遠西, 而胡交自離, 此一擧而兩全之策也."

乃別遣夏侯霸等追維於沓中, 淮自率諸軍就攻化等. 維果馳還救化, 皆如淮計. 進封都鄕侯.

| 국역 |

(正始) 5년(서기 244), 夏侯玄(하후현)[297]이 蜀漢을 정벌할 때, 郭淮(곽회)는 모든 군사를 감독하며 前鋒(전봉)이 되었다. 곽회는 전세가 불리한 것을 헤아려 군사를 후퇴시켰기에 대패하지는 않았다. 회군하자, 곽회에게 부절을 하사했다.

(正始) 8년(서기 247), 隴西, 南安, 金城, 西平郡의 여러 강족인 餓何(아하), 燒戈(소과), 伐同(벌동), 蛾遮塞(아차새) 등이 서로 결탁하여 반란을 일으켜 여러 성읍을 포위 공격하면서 남쪽으로 蜀의 군사를 불러들였으며, 涼州의 저명한 胡人인 治無戴(치무대)는 다시 반역하며 그들과 호응하였다. 討蜀護軍인 夏侯霸(하후패)는 많은 군사를 감독하며 爲翅(위시)란 곳에 주둔하였다.

곽회의 군사가 (隴西郡) 狄道縣(적도현)[298]에 막 도착했을 때, 많은 사람들은 먼저 枹罕(포한)을 정벌 평정하여, 안으로는 고약한 강족을 진압하고, 밖으로는 蜀漢의 모략을 꺾어야 한다고 말했다. 곽회는 강유가 틀림없이 하후패를 공격할 것이라 예상하며, 미리 渢中(풍중)이란 곳에 진출했다가 남쪽으로 방향을 돌려 하후패와 합세하려고 했다. 강유는 예상대로 爲翅(위시)를 공격했지만, 마침 곽회의 군사가 진격해 들어가자 강유는 도주하였다. 곽회는 더 진격하여 반기를 든 강족을 토벌하여 餓何(아하)와 燒戈(소과) 등을 죽이자 1만여 부락이 투항하였다.

297 夏侯玄(하후현, 209－254, 字 泰初, 一作 太初) 夏侯尙의 아들, 하후현의 아내 李惠姑(이혜고)는 道敎에서 女眞仙으로 숭배된다. 모친 德陽鄕主는 曹眞의 여동생이니, 曹爽과 夏侯玄은 내외종 형제였다. 하후현은 玄學(현학)의 대가로 알려졌다. 司馬師에게 멸족 당했다.

298 狄道縣(적도현)은 隴西郡의 치소, 今 甘肅省 남부 定西市 관할의 臨洮縣.

(正始) 9년(서기 248), 蛾遮塞(아차새) 등은 河關(하관)과 白土(백토)의 故城에 주둔하며 黃河에 의거하여 魏軍에 저항하였다. 곽회는 황하 상류에 모습을 드러냈다가 몰래 하류에서 도강하여 白土城으로 접근하고 공격하여 아차새를 대파하였다. 治無戴(치무대)란 자가 武威郡(무위군)을 포위 공격하면서 그 가족은 西海郡에 남겨두었다. 곽회는 서해군으로 빠르게 진격하여 그 치무대의 부족을 엄습하려고 했는데, 마침 치무대가 회군하면서 龍夷(용이)의 북쪽에서 접전하여 치무대를 격파하였다. 令居(영거)라는 흉악한 胡虜는 石頭山(석두산)의 서쪽에 웅거하면서 큰길을 가로 막아 관리들의 통행을 끊어버렸다.

곽회는 돌아오면서 영거를 공격하여 대파하였다. 姜維(강유)[299]는 石營(석영)이란 곳을 출발하여 彊川(강천)을 따라 진격하면서 서쪽으로 治無戴(치무대)와 합세하였는데, 강유는 陰平(음평) 太守인 廖化(요화)[300]를 남겨 成重山(성중산)에서 築城(축성)케 하여 패전한 강족을 인질로 잡아두게 하였다.

이에 곽회는 군사를 나눠 성중산을 점령코자 했다. 이에 여러 장

299 姜維(강유, 202-264년, 字 伯約)는 涼州 天水郡 冀縣(今 甘肅省 天水市 甘谷縣) 출신. 蜀漢의 장수, 본래는 曹魏의 天水郡 中郎將, 촉한에 투항, 제갈량의 인정을 받았다. 諸葛亮 사후에 蜀漢의 軍權을 쥐고 전후 11차례나 伐魏에 나섰다. 司馬昭가 蜀漢을 멸망시킬 때, 姜維는 劍閣(검각)에서 鍾會(종회)를 막고 있었으나 鄧艾(등애)가 陰平(음평) 小路로 成都를 함락시켰고 後主 劉禪(유선)의 투항을 받았다. 종회는 등애를 제거한 뒤 강유와 그 군사를 거느리고 위를 정벌하려는 반역을 꾸몄고, 강유는 종회에 동조하였지만 종회의 부하들이 반기를 들면서 亂軍 속에서 62세로 죽었다. 《蜀書》 14권, 〈蔣琬費禕姜維傳〉에 立傳.

300 廖化(요화, ?-264년, 字 元儉) - 蜀漢 후기의 주요 장수. '蜀中에 無大將하여 廖化가 作先鋒한다.' 는 속언이 있다.

수들은 강유는 서쪽으로 강력한 胡人과 연결되었고, 요화는 험지에 주둔하고 있어 군사를 나눠 양쪽을 상대하면 우리의 전력이 약화되어 강유의 진격을 막을 수 없으며, 또 물러가면서 요화를 차지할 수도 없으니 좋은 방책이 아니며, 모든 전력을 통합하여 서쪽으로 진격하여 촉과 호인의 결합을 막아 내외를 분리시키는 것이 더 좋다고 생각하였다.

이에 곽회가 말했다.

"지금 우리가 진격하면서 요화를 공격한다면, 이는 적이 예상하지 못한 것이라서 강유는 틀림없이 자꾸 뒤를 돌아보다가 구원하지 않을 수 없다. 강유가 되돌아 올 때면 틀림없이 요화를 평정할 수 있으며, 강유는 지쳐 달아날 것이다. 그러면 촉한의 군사가 서쪽으로 멀리 갈 수가 없어 胡人과의 연결은 저절로 끊어지게 된다. 이는 一擧兩全(一擧兩得)의 방책일 것이다."

이에 곽회는 별도로 夏侯霸(하후패) 등을 보내 강유를 沓中(답중)에서 추격케 하면서, 곽회는 군사를 거느리고 요화를 공격하였다. 강유는 예상했던 대로 요화를 구원하러 돌아왔으니, 곽회의 계략과 같았다. 곽회는 都鄉侯로 작위가 올랐다.

| 原文 |

嘉平元年, 遷征西將軍, 都督雍,涼諸軍事. 是歲, 與雍州刺史陳泰協策, 降蜀牙門將句安等於翅上.

二年, 詔曰, 「昔漢川之役, 幾至傾覆. 淮臨危濟難, 功書王府. 在關右三十餘年, 外征寇虜, 內綏民夷. 比歲以來, 摧破廖化, 禽虜句安, 功績顯著, 朕甚嘉之. 今以淮爲車騎將軍,儀同三司, 持節,都督如故.」

進封陽曲侯, 邑凡二千七百八十戶, 分三百戶, 封一子亭侯.

正元二年薨, 追贈大將軍, 謚曰貞侯. 子統嗣. 統官至荊州刺史, 薨. 子正嗣. 咸熙中, 開建五等, 以淮著勳前朝, 改封汾陽子.

| 국역 |

(曹芳) 嘉平 원년(서기 249), 郭淮(곽회)는 征西將軍으로 승진하여 雍州와 涼州의 모든 軍事를 감독했다. 이 해에 雍州 刺史인 陳泰(진태)와 합동으로 책략을 마련하여 蜀의 牙門將인 句安(구안) 등을 翅(시)에서 투항케 했다. (嘉平) 2년, 조서를 내렸다.

「옛 漢川의 戰役에서 거의 완패할 뻔했었다. 곽회는 위기에서 난관을 극복케 하였으니 그 공적을 기록하여 조정에 보관해야 한다. 곽회는 關西에 30여 년을 근무하며 밖으로는 夷狄의 침략을 막았고, 안으로는 백성과 夷人을 편안케 했다. 최근에 蜀 廖化(요화)를 격파하고 句安(구안)을 투항케 했으니 뛰어난 공적을 짐은 심히 칭찬하노라. 이제 곽회를 車騎將軍에 儀同三司[301]에 임명하고 부절을

301 儀同三司(의동삼사)는 加官(加號)의 한 가지, 儀制同於三司의 뜻. 儀同으로도 간칭. 大將軍보다는 낮은 車騎將軍이지만 三公(司徒, 司馬, 司空)과 같이 開府하고, 三公과 같은 儀衛(의위, 儀仗 겸 수위)와 대우를 받는다는 뜻.

하사하며 통솔하는 軍務는 전과 같게 하라.」

곽회는 陽曲侯로 작위가 올랐고 식읍은 모두 2,780호였는데 3백호를 분할하여 아들 하나를 亭侯에 봉했다.

(高貴鄕公 曹髦의) 正元 2년에(서기 255) 죽었는데 大將軍을 추증하였고, 시호는 貞侯였다. 아들 郭統(곽통)이 계승했다. 곽통은 荊州刺史를 역임하고 죽었다. 아들 郭正(곽정)이 계승했다. 咸熙 연간에 5등 작위제를 시행하면서 곽회의 이전 공적이 뚜렷하여 汾陽子(분양자)로 改封하였다.

| 原文 |

評曰, 滿寵立志剛毅, 勇而有謀. 田豫居身淸白, 規略明練. 牽招秉義壯烈, 威績顯著. 郭淮方策精詳, 垂問秦, 雍. 而豫位止小州, 招終於郡守, 未盡其用也.

| 국역 |

陳壽의 評論 : 滿寵(만총)은 굳세고 강인한 의지에 용감하고 지모가 뛰어났었다. 田豫(전예)는 청백한 처신에 계획과 책략이 명확 간결하였다. 牽招(견초)는 대의를 지키고 용감 장렬하였으며 뚜렷한 공적을 남겼다. 郭淮(곽회)는 그 방략이 정밀 상세하여 秦(진)과 雍州 일대에 공을 세웠다. 그러나 전예는 작은 州의 자사였고, 견초는 郡守로 끝났으니 그 능력을 다 발휘할 수 없었다.

27권 〈徐胡二王傳〉(魏書 27)
(서,호,이왕전)

❶ 徐邈

| 原文 |

徐邈字景山, 燕國薊人也. 太祖平河朔, 召爲丞相軍謀掾, 試守奉高令, 入爲東曹議令史. 魏國初建, 爲尙書郞.

時科禁酒, 而邈私飮至於沈醉. 校事趙達問以曹事, 邈曰, '中聖人.' 達白之太祖, 太祖甚怒. 度遼將軍鮮于輔進曰, "平日醉客謂酒淸者爲聖人, 濁者爲賢人, 邈性脩愼, 偶醉言耳."

竟坐得免刑. 後領隴西太守, 轉爲南安.

文帝踐阼, 歷譙相, 平陽,安平太守, 潁川典農中郞將, 所在著稱, 賜爵關內侯. 車駕幸許昌, 問邈曰, "頗復中聖人不?"

邈對曰, "昔子反斃於穀陽, 御叔罰於飮酒, 臣嗜同二子, 不能自懲, 時復中之. 然宿瘤以醜見傳, 而臣以醉見識."

帝大笑, 顧左右曰, "名不虛立." 遷撫軍大將軍軍師.

| 국역 |

徐邈(서막)[302]의 字는 景山(경산)으로, 燕國(연국) 薊縣(계현)[303] 사람이다. 조조는 황하 이북을 평정한 뒤, 서막을 불러 丞相府의 軍謀掾에 임명했다가 (泰山郡) 奉高(봉고) 임시 현령에 임명했으며, 서막은 조정에 들어와 東曹 議令史가 되었다. 魏國이 건국된 뒤에는 尙書郎이 되었다.

그때 禁酒令을 내렸었는데, 서막은 몰래 술을 마시고 취했었다. (관리 비행을 사찰하는) 校事인 趙達(조달)[304]이 부서의 일에 관하여 물어보자, 서막은 '聖人을 좀 했지.' 라고 말했다. 조달이 이를 조조

302 徐邈(서막, 171－249년, 字 景山) － 邈은 멀 막. 燕國 薊縣(계현) 출신. 後漢末, 曹魏의 官員, 涼州의 지방관으로 치적이 뛰어났다. 愛酒家로 中聖人이라는 별호가 있다.

303 廣陽郡(燕國) 薊縣 － 幽州자사부 治所, 今 天津市 북부 薊州區. 薊는 삽주 계. 풀이름.

304 校事官은 曹操가 관리나 장군들의 비리 조사 및 수사 정보를 수집하기 위해 설치한 관직. 조조는 처음에 盧洪(노홍)과 趙達(조달)을 校事로 임명했다. 이미 그 당시에 '不畏曹公하고 但畏盧洪' 이란 말이 유행할 정도로 두려운 존재였다. 校事인 劉慈(유자) 등은 文帝 黃初 초년부터 수년간에 걸쳐 관리와 백성의 불법 1만여 건을 적발하였다는 기록도 보인다. (程昱의 손자) 程曉(정효, 字 季明)는 (曹芳) 嘉平 연간에(서기 249－254) 黃門侍郎이 되었다. 그때 조정의 校事官(교사관)의 횡포가 극심하여 정효가 폐지를 상소하였다. 《魏書》 14권, 〈程郭董劉蔣劉傳〉의 程昱傳 참고. 東吳에서도 校事가 있었다는 주석이 있다. 여기 趙達은 《吳書》 18권, 〈吳範劉惇趙達傳〉에 입전한 趙達(조달)이 아님.

에게 보고하자, 조조는 크게 화를 내었다. 이에 度遼將軍인 鮮于輔(선우보)가 나와 말했다.

"보통 때 醉客(취객)들은 맑은 술(淸酒)을 聖人이라고 하고, 濁酒를 賢人이라고 부르는데, 서막의 천성은 수양하고 근신하는데 우연히 취해 그런 말을 한 것 같습니다."

서막은 결국 형벌을 받지는 않았다. 뒷날 隴西太守를 겸임하다가 南安 태수가 되었다.

文帝가 제위에 오른 뒤 서막은 譙國(초국) 相을 거쳐 平陽, 安平郡의 太守와 潁川典農中郎將을 역임했는데, 임지에서 치적이 좋았고 관내후의 작위를 받았다. 文帝가 許昌에 행차하여 서막에게 "요즈음도 聖人을 자주 만나는가?"라고 물었다.

서막이 말했다. "옛날에 (楚의) 子反(자반)[305]은 穀陽竪(곡양수)가 주는 술을 마시고 패전한 뒤 부끄러워하며 죽었고, (魯國의 大夫) 御叔(어숙)은 술에 취해 중벌을 받았습니다. 臣이 그 두 사람처럼 술을 좋아하나 교훈을 얻지 못하고 가끔 술에 취합니다. 그리고 오래된 혹(宿瘤)을 달고 다니듯 후세에 알려졌는데, 그때 취했던 일을 太祖(曹操)께서 아셨습니다."

문제는 크게 웃으면서 측근을 둘러보며 말했다.

"명성은 공연히 얻는 것이 아니다."

서막은 撫軍大將軍의 軍師로 승진했다.

---

305 子反(자반, ?-前 575年) - 名 側. 春秋 시대 楚國의 司馬, 楚 穆王의 아들. 楚 莊王의 형제.

| 原文 |

明帝以涼州絶遠, 南接蜀寇, 以邈爲涼州刺史, 使持節領護羌校尉. 至, 値諸葛亮出祁山, 隴右三郡反, 邈輒遣參軍及金城太守等擊南安賊, 破之.

河右少雨, 常苦乏穀, 邈上脩武威,酒泉鹽池以收虜穀, 又廣開水田, 募貧民佃之, 家家豐足, 倉庫盈溢. 乃支度州界軍用之餘, 以市金帛犬馬, 通供中國之費. 以漸收斂民間私仗, 藏之府庫. 然後率以仁義, 立學明訓, 禁厚葬, 斷淫祀, 進善黜惡, 風化大行, 百姓歸心焉.

西域流通, 荒戎入貢, 皆邈勳也. 討叛羌柯吾有功, 封都亭侯, 邑三百戶, 加建威將軍. 邈與羌,胡從事, 不問小過, 若犯大罪, 先告部帥, 使知, 應死者乃斬以徇, 是以信服畏威. 賞賜皆散與將士, 無入家者, 妻子衣食不充, 天子聞而嘉之, 隨時供給其家. 彈邪繩枉, 州界肅清.

| 국역 |

明帝는 涼州(양주)가 中原에서 멀리 단절되었고, 남으로는 蜀漢의 노략질을 당하는 곳이라 하여 徐邈(서막)을 涼州刺史에 임명하고 부절을 하사하였으며 護羌校尉를 겸하게 하였다. 서막이 부임하자, 마침 諸葛亮이 祁山(기산)에 출정하였으며 隴右의 3개 郡이 반기를 들자 서막은, 곧 參軍 및 金城 太守 등을 보내 南安郡의 반적을 격파하였다.

河西(하서) 지역은 본래 비가 적은 곳이라서 식량이 부족하여 늘 고생하였다. 서막은 武威郡과 酒泉郡의 鹽池(염지)에서 나오는 소금으로 胡虜(호로)의 곡식을 사들였으며, 水田을 널리 개간하여 빈민을 모아 농사를 짓게 하자 家家戶戶가 풍족하여 창고에 차고 넘쳤다. 이어 涼州 지역에서 소요되는 군량을 헤아려 비축하고, 여분으로 비단이나 말을 사들여 중앙에 헌상하는 비용을 충당하였다. 또 점차로 민간이 보유한 무기를 사들여 창고에 보관하였다. 그런 뒤에 솔선하여 仁義를 실천하고 학교를 세워 교육하며, 厚葬(후장)을 금지하고 淫祀(음사)를 금했으며, 선인을 등용하고 악인을 축출하자, 교화가 크게 성취하였으며 백성들은 기꺼이 복속하며 의지하였다.

西域과 교통이 열리고, 荒地(황지)의 戎人(융인)이 조공을 헌상한 것도 모두 서막의 공로였다. 반기를 든 羌族 柯吾(가오)를 정벌하는 공을 세워 都亭侯에 봉해졌고, 식읍은 3백 호였으며 建威將軍의 加官을 받았다. 서막은 羌族(강족)이나 胡人의 從事에 대해서는 小過를 불문하였으나, 만약 大罪를 지으면 먼저 그 부족 우두머리에 알린 뒤에 처형할 자는 처형한 다음에 그 수급을 돌려보게 하자, 서막을 신임하며 두려워하였다. 상으로 받는 물건은 모두 부하 장졸에게 나눠주고 집에 가져가지 않았기에 처자는 衣食이 늘 부족하였는데, 명제가 이를 알고 가상히 여겨 수시로 그 집에 필요한 것을 공급하였다. 사악과 불법을 제거하자 涼州 일대가 안정하고 태평하였다.

| 原文 |

正始元年, 還爲大司農. 遷爲司隸校尉, 百寮敬憚之. 公事去官. 後爲光祿大夫, 數歲卽拜司空, 邈嘆曰, "三公論道之官, 無其人則缺, 豈可以老病忝之哉?" 遂固辭不受. 嘉平元年, 年七十八, 以大夫薨於家, 用公禮葬, 謚曰穆侯.

子武嗣. 六年, 朝廷追思淸節之士, 詔曰,

「夫顯賢表德, 聖王所重, 擧善而敎, 仲尼所美. 故司空徐邈,征東將軍胡質,衛尉田豫皆服職前朝, 歷事四世, 出統戎馬, 入贊庶政, 忠淸在公, 憂國忘私, 不營產業, 身沒之後, 家無餘財, 朕甚嘉之. 其賜邈等家穀二千斛, 錢三十萬, 布告天下.」

| 국역 |

(曹芳의) 正始 원년(서기 240), 徐邈(서막)은 조정에 들어와 大司農이 되었다 司隸校尉(사예교위)가 되자, 백관이 모두 敬畏(경외)했다. 공무로 관직을 떠났다가 나중에 光祿大夫가 되었고 몇 년 뒤에 司空을 제수 받았는데, 서막은 탄식하며 말했다.

"三公은 大道를 논하는 자리이니 적임자가 없다면 비워두어야 하는데, 어찌 늙어 병든 몸으로 감당할 수 있겠는가?"

그러면서 끝까지 사양하며 받지 않았다. (曹芳) 嘉平 원년(서기 249), 광록대부로 집에서 78세로 죽었는데 三公의 예로 장례했고, 시호는 穆侯(목후)였다.

아들 徐武(서무)가 계승했다. (正始) 6년(서기 245), 조정에서는 淸節之士를 추념하여 조서를 내렸다.

「賢能한 인재를 顯揚(현양)하고 덕행을 표창하는 일은 聖王도 소중히 여겼으며, 善人을 등용하여 교화하기는 공자도 찬미하였다. 고인인 司空 徐邈(서막), 征東將軍 胡質(호질), 衛尉인 田豫(전예)는 모두 前朝(明帝)에 근무하며 四世를 섬기는 동안 외직으로 병마를 통솔하였고 조정에서는 庶政을 이끌었으니, 공적으로는 忠誠淸廉하였고 나라를 걱정하며 家産을 돌보지 않았기에 죽은 뒤에 가내에 남은 재산이 없었으니, 짐은 이를 높이 칭찬한다. 서막 등 그 가정에 곡식 2천 곡과 금전 30만을 하사하고 이를 천하에 널리 알리도록 하라.」

| 原文 |

邈同郡韓觀曼游, 有鑑識器幹, 與邈齊名, 而在孫禮,盧毓先, 爲豫州刺史, 甚有治功, 卒官.

盧欽著書, 稱邈曰, 「徐公志高行絜, 才博氣猛. 其施之也, 高而不狷, 絜而不介, 博而守約, 猛而能寬. 聖人以淸爲難, 而徐公之所易也.」

或問欽 "徐公當武帝之時, 人以爲通, 自在涼州及還京師, 人以爲介, 何也?"

欽答曰, "往者毛孝先,崔季珪等用事, 貴淸素之士, 於時皆變易車服以求名高, 而徐公不改其常, 故人以爲通. 比來天下奢靡, 轉相仿效, 而徐公雅尙自若, 不與俗同, 故前日之通, 乃今日之介也. 是世人之無常, 而徐公之有常也."

| 국역 |

徐邈(서막)과 같은 군 출신인 韓觀(한관, 字 曼游)은 인재를 감식하는 능력이 뛰어나 서막과 함께 유명하였으며, 孫禮(손례)나 盧毓(노육)보다 먼저 豫州자사를 역임하면서 훌륭한 치적을 남겼고 재직 중에 죽었다. 盧欽(노흠)[306]이 저서에서 서막을 칭송하였다.

「徐公은 志行이 고결하고 才學과 기개가 뛰어났었다. 서공의 지향은 고결하면서도 원대했고 깨끗하면서도 오만하지 않았으며, 재학이 廣博하면서도 簡約을 지켰고 맹렬하면서도 관용이 있었다. 聖人도 청렴을 어렵게 생각했지만 徐公에게는 쉬운 일이었다.」

어떤 사람이 노흠에게 물었다.

"徐公은 武帝(曹操) 시대에, 많은 사람들이 통달한 사람이라 생각했지만, 涼州에 재직하다가 京師로 돌아와서는 사람들이 오만했다고 평가했는데 무엇 때문입니까?"

이에 노흠이 대답하였다.

"옛날에 毛孝先〔毛玠(모개)〕[307]과 崔季珪〔崔琰(최염)〕가 조정에 근무할 때 淸靜 廉潔한 인재를 귀히 여겼는데, 시속이 변하여 거마나 복색으로 고결한 인망을 평가하였는데, 徐公은 그의 일상을 바꾸지 않았기에 사람들은 통달하였다고 생각했습니다. 요즈음은 천하가

306 盧欽(노흠, ?-278년, 字 子若) - 後漢 大儒 盧植(노식)의 손자. 曹魏의 司空인 盧毓(노육)의 長子.

307 毛玠(모개, ?-216년, 字 孝先) - 玠는 큰 홀 개(大圭). 陳留郡 平丘縣人. 崔琰(최염)과 비슷한 정직한 인물, 조조의 권력 장악을 도왔지만 결국 조조를 비방했다 하여 파직 당한 후 집에서 죽었다. 《魏書》 12권, 〈崔毛徐何邢鮑司馬傳〉에 입전. 《三國演義》에서는 于禁(우금)과 같은 水軍 도독이었지만 적벽대전에서 패전한다.

사치를 좋아하며 서로 본받지만 徐公은 여전히 전과 같았습니다. 때문에 옛날에는 통달했다가 지금은 약간 오만하다고 생각한 것입니다. 이는 世人이 無常한 것이고, 徐公은 有常한 것입니다."

❷ 胡質

| 原文 |

胡質字文德, 楚國壽春人也. 少與蔣濟,朱績俱知名於江,淮間, 仕州郡. 蔣濟爲別駕, 使見太祖. 太祖問曰, "胡通達, 長者也, 寧有子孫不?" 濟曰, "有子曰質, 規模大略不及於父, 至於精良綜事過之."

太祖卽召質爲頓丘令. 縣民郭政通於從妹, 殺其夫程他, 郡吏馮諒繫獄爲證. 政與妹皆耐掠隱抵, 諒不勝痛, 自誣, 當反其罪. 質至官, 察其情色, 更詳其事, 檢驗具服.

| 국역 |

胡質(호질)[308]의 字는 文德(문덕)으로, 楚國 壽春縣 사람이다. 젊어서 蔣濟(장제)[309]와 朱績(주적)[310]과 함께 長江과 淮水 일대에서 유명

308 胡質(호질, ?-250년, 字 文德) - 壽春人, 今 安徽省 중부 淮南市 壽縣.

309 蔣濟(장제)는 문무를 겸비한 유능한 臣僚로, 조조와 文帝와 明帝를 섬기고 曹芳 재위 중 高平陵의 變 이후 병사했다. 《魏書》 14권, 〈程郭董劉蔣劉傳〉에 입전.

하였다. 장제가 別駕(별가)가 되어 曹操를 만났는데, 조조가 물었다.

"胡通達(胡敏, 胡質의 부친)은 長者인데, 혹 그 자손이 있지 않은가?"

그러자 장제가 말했다.

"胡質이라는 아들이 있는데, 인품의 규모와 大略은 부친만 못하지만 정성스럽고 선량하며 일을 처리하는 것은 부친보다 낫습니다."

조조는 즉시 호질을 불러 (東郡의) 頓丘(돈구) 縣令에 임명했다. 縣民인 郭政(곽정)이란 자가 사촌 여동생과 통정하며 그 남편 程他(정타)란 자를 죽였다 하여, 郡吏인 馮諒(풍량)은 증인으로 옥에 갇혔다. 곽정과 그 사촌 여동생은 고문을 견디었지만, 풍량은 매질을 견디지 못하고 스스로 무고했다고 죄를 덮어썼다. 호질이 부임한 뒤 죄인의 안색을 살펴보고 다시 조사를 하자 모두 사실대로 자백하였다.

| 原文 |

入爲丞相東曹議令史, 州請爲治中. 將軍張遼與其護軍武周有隙. 遼見刺史溫恢求請質, 質辭以疾. 遼出謂質曰, "僕委意於君, 何以相辜如此?"

質曰, "古人之交也, 取多知其不貪, 奔北知其不怯, 聞流言而不信, 故可終也. 武伯南身爲雅士, 往者將軍稱之不容於

310 朱績(施績, ?-270년, 字 公緖) - 朱績은 처음에 養祖父의 성을 따른 것이라는 주석이 있다. 東吳의 장수.

口, 今以睚眥之恨, 乃成嫌隙. 況質才薄, 豈能終好? 是以不願也."

遼感言, 復與周平.

| 국역 |

胡質(호질)은 조정에 들어와 丞相府 東曹議令史가 되었는데, 兗州(연주)에서는 호질을 治中에 임명하겠다고 요청하였다. 將軍인 張遼(장료)와 그 護軍인 武周(무주, 字 伯南)는 사이가 나빴다. 장료는 刺史인 溫恢(온회)를 만나보고, 호질을 무주의 후임으로 임명하려 했지만, 호질은 병이 들었다며 사양하였다. 장료가 나와서 호질에게 말했다.

"내가 당신을 마음에 두고 부탁하는데, 왜 이렇게 거부합니까?"

이에 호질이 말했다.

"古人이 서로 교제할 때, 많은 것을 가지더라도 욕심이 없다는 것을 알고, 전쟁에서 도주하더라도 겁쟁이가 아니라 생각하며, 나쁜 소문을 들었어도 믿지 않는다면 그 교제가 오래갈 수 있습니다. 武伯南(武周)는 점잖은 사람이라서, 그전에 장군은 그 사람을 크게 칭찬하였지만 지금은 사소한 감정 때문에 틈이 벌어졌습니다. 하물며 저는 재주도 없는 사람이니 어찌 끝까지 좋을 수 있겠습니까? 그래서 저는 원하지 않습니다."

장료는 그 말에 느낀 바가 있어 다시 武周와 화해하였다.

| 原文 |

太祖闢爲丞相屬. 黃初中, 徙吏部郎, 爲常山太守, 遷任東莞. 士盧顯爲人所殺, 質曰, "此士無讎而有少妻, 所以死乎!" 悉見其比居年少, 書吏李若見問而色動, 遂窮詰情狀. 若卽自首, 罪人斯得. 每軍功賞賜, 皆散之於衆, 無入家者. 在郡九年, 吏民便安, 將士用命.

遷荊州刺史, 加振威將軍, 賜爵關內侯. 吳大將朱然圍樊城, 質輕軍赴之. 議者皆以爲賊盛不可迫, 質曰, "樊城卑下, 兵少, 故當進軍爲之外援, 不然, 危矣." 遂勒兵臨圍, 城中乃安. 遷征東將軍, 假節都督青,徐諸軍事. 廣農積穀, 有兼年之儲, 置東征臺, 且佃且守. 又通渠諸郡, 利舟楫, 嚴設備以待敵, 海邊無事.

性沉實內察, 不以其節檢物, 所在見思. 嘉平二年薨, 家無餘財, 惟有賜衣書篋而已. 軍師以聞, 追進封陽陵亭侯, 邑百戶, 謚曰貞侯. 子威嗣. 六年, 詔書褒述質清行, 賜其家錢穀, 語在〈徐邈傳〉. 威, 咸熙中官至徐州刺史, 有殊績, 歷三郡守, 所在有名. 卒於安定.

| 국역 |

曹操는 胡質(호질)을 불러들여 丞相府 속관에 임명했다. (文帝) 黃初 연간에, 吏部의 낭관으로 옮겼고, 常山 태수가 되었다가 東莞

(동안)[311] 태수로 전근했다.

士人인 盧顯(노현)이 어떤 사람에게 피살되었는데, 호질이 말했다.

"이 士人은 남과 원한도 없고 젊은 아내가 있는데, 아마 아내 때문에 죽었을 것이다."

이에 그 주변 젊은 사람을 전부 조사하였는데, 書吏인 李若(이약)이 질문을 받으면서 안색이 변하자 상황을 추궁했다. 이약은 곧 자수하였고 사안은 해결되었다.

호질은 軍功으로 상을 받으면 모두 부하들에게 나눠주고 집에 들여놓는 것이 없었다. 태수로 9년을 재직했는데, 관리와 백성이 모두 편안했고 장졸은 목숨을 바쳤다.

호질은 荊州 刺史로 승진했고 振威將軍의 加官과 관내후의 작위를 받았다. 東吳의 대장 朱然(주연)이 樊城(번성)을 포위 공격하자, 호질은 경무장한 군사로 출병하였다. 이를 협의하면서 모두가 적이 강성하니 추격할 수 없다고 말했지만, 호질은 "번성은 지대가 낮고 군사가 적으니 응당 진군하여 구원해야지 그렇지 않으면 위험하다."고 말했다. 호질이 군사를 거느리고 포위된 적을 공격하자, 번성은 곧 안정되었다.

호질은 征東將軍으로 승진했고, 부절을 받아 青州와 徐州의 모든 군사 업무를 감독했다. 호질은 농사를 장려하고 식량을 비축하여 2년을 견딜 군량을 비축하였으며 東征臺를 설치하고 농사와 수비를

311 徐州 관할 東莞郡 – 郡治는 東莞縣(今 山東省 동남부 臨沂市 관할 沂水縣 기수현). 東莞, 臨朐, 蒙陰, 東安 4개 현을 관장. 나중에 폐군되며 琅邪, 齊, 北海 3郡에 분할.

겸하였다. 또 운하로 여러 군을 연락하고 선박 왕래를 편리하게 하며, 군사 장비를 정비하여 적의 침입에 대비하자, 해변은 무사했다.

호질은 천성은 침착하고 실질적이며 自省하면서 자신의 지조로 남을 제약하지 않아서 임지에서 많은 사람들의 존경을 받았다. (齊王 曹芳의) 嘉平 2년(서기 250)에 죽었는데, 집안에 남은 재물이 없었으며 다만 하사받은 옷과 책 상자뿐이었다. 軍師가 이를 보고하자, 사후에 작위를 추서하여 陽陵亭侯에 봉해졌으며 식읍은 1백 호였고, 시호는 貞侯였다.

아들 胡威(호위, 字 伯虎)가 계승했다. (嘉平) 6년, 詔書를 내려 호질의 청렴한 행실을 포상하며 그 가정에 금전과 곡식을 하사하였는데, 이는 〈徐邈傳〉에 기록했다.

호위는 咸熙 연간에(서기 264 – 265년) 徐州刺史를 역임했는데, 치적이 우수했고 3개 군의 군수를 역임하면서 임지에서 명성을 얻었다. 호위는 安定郡에서 죽었다.

❸ 王昶

| 原文 |

王昶字文舒, 太原晉陽人也. 少與同郡王凌俱知名. 凌年長, 昶兄事之. 文帝在東宮, 昶爲太子文學, 遷中庶子. 文帝踐阼, 徙散騎侍郞, 爲洛陽典農. 時都畿樹木成林, 昶斫開荒萊, 勤勸百姓, 墾田特多. 遷兗州刺史.

明帝卽位, 加揚烈將軍, 賜爵關內侯. 昶雖在外任, 心存朝廷, 以爲魏承秦,漢之弊, 法制苛碎, 不大釐改國典以準先王之風, 而望治化復興, 不可得也. 乃著《治論》, 略依古制而合於時務者二十餘篇, 又著兵書十餘篇, 言奇正之用, 青龍中奏之.

| 국역 |

王昶(왕창)[312]의 字는 文舒(문서)로, 太原郡 晉陽縣 사람이다. 젊어서 같은 군의 王淩(왕릉)[313]과 함께 이름이 알려졌다. 왕릉이 年長이라서 왕창은 왕릉을 형처럼 대우했다. 文帝(曹丕)가 東宮 시절에 왕창은 太子文學이 되었다가 中庶子[314]로 승진하였다. 文帝가 제위에 오르자 散騎侍郎이 되었다가 洛陽典農官을 역임했다. 그때 도성이나 경기 일대에 수목이 울창했는데, 왕창은 백성에게 황무지 개간을 부지런히 권장하여 새로 개간된 농토가 특별히 많았다. 왕창은 兗州(연주) 자사가 되었다.

明帝가 즉위한 뒤에, 가관을 받아 揚烈將軍이 되었고 관내후 작위를 받았다. 왕창은 지방관으로 재직했지만 뜻은 조정에 있었는

312 王昶(왕창, ?-259년, 字 文舒) - 太原 晉陽人(今 山西省 省會인 太原市). 曹魏 武將, 司空 歷任.

313 王淩(왕릉, 172-251년, 字 彦雲) - 曹魏의 장수, 董卓을 죽인 司徒 王允(왕윤)의 조카. 嘉平 3년(서기 251) 太尉 王淩(왕릉)이 廢帝(폐제)하고 楚王 曹彪(조표)를 옹립하려고 모의했다 하여 太傅 司馬懿가 동쪽으로 왕릉을 토벌하였다. 5월에 왕릉은 자살하였다. 王淩은《魏書》28권, 〈王毌丘諸葛鄧鍾傳〉에 立傳.

314 中庶子 - 太子中庶子. 太子小傳의 속관. 태자의 侍中 겸 고문 응대. 질록 6백석. 정원 5人.

데, 왕창은 魏가 秦, 漢의 폐단도 그대로 계승하여 법제가 가혹 번잡하고 국가 제도를 선왕에 유풍에 맞도록 개정하지도 못했기에 통치와 교화의 새로운 진흥을 소망해도 이룰 수 없을 것이라고 생각하였다.

그래서 古制에 대략에 의거하여 時務에 맞게 개정해야 할 《治論》 20여 편을 저술하였으며, 또 10여 편의 兵書를 저술하였는데 兵法의 奇用과 正用[315]에 관한 내용인데, 이를 (明帝) 靑龍 연간에(서기 233-236년) 상주하였다.

| 原文 |

其爲兄子及子作名字, 皆依謙實, 以見其意. 故兄子默字處靜, 沈字處道, 其子渾字玄沖, 深字道沖. 遂書戒之曰,

「夫人爲子之道, 莫大於寶身全行, 以顯父母. 此三者人知其善, 而或危身破家, 陷於滅亡之禍者, 何也? 由所祖習非其道也.

夫孝敬仁義, 百行之首, 行之而立, 身之本也. 孝敬則宗族安之, 仁義則鄕黨重之, 此行成於內, 名著於外者矣. 人若不篤於至行, 而背本逐末, 以陷浮華焉, 以成朋黨焉. 浮華則有虛僞之累, 朋黨則有彼此之患. 此二者之戒, 昭然著明, 而循

315 奇用, 正用 – 兵法의 奇用(變用)과 正用의 혼합 적용을 뜻함.

覆車滋衆, 逐末彌甚, 皆由惑當時之譽, 昧目前之利故也.

夫富貴聲名, 人情所樂, 而君子或得而不處, 何也? 惡不由其道耳. 患人知進而不知退, 知欲而不知足, 故有困辱之累, 悔吝之咨. 語曰, '如不知足, 則失所欲' 故知足之足常足矣. 覽往事之成敗, 察將來之吉凶, 未有干名要利, 欲而不厭, 而能保世持家, 永全福祿者也.」

| 국역 |

王昶(왕창)은 조카 및 아들의 이름과 字를 모두 겸양과 充實(충실)의 뜻으로 지었는데, 이를 통해서도 그의 뜻을 엿볼 수 있다. 兄의 아들 王默(왕묵)의 字는 處靜(처정)이고, 王沈(왕침)의 字는 處道(처도)이며, 왕릉의 아들 渾(혼)의 字는 玄沖(현충), 深(심)의 字는 道沖(도충)이었다. 그리고 왕창은 조카와 아들을 훈계하는 글을 지었다.

「사람의 자식된 도리로 육신을 소중히 하고(寶身), 행실을 바르게 하여(全行) 부모의 이름을 알리는 것보다(顯父母) 더 소중한 것은 없다. 이 3가지가 좋다는 것은 사람마다 다 알고 있지만, 혹 육신을 망가트리거나 가문을 파멸케 하며 멸망의 화를 당하는 자가 있는데, 무슨 까닭이겠는가? 이는 어려서부터 배운 것이 바른 道가 아니기 때문이다.

대체로 孝, 敬, 仁, 義는 百行의 첫째로, 이를 실천해야 立身할 수 있기에 이를 행실의 근본으로 삼아야 한다. 孝와 敬은 행하면 일족이 편안하고, 仁과 義를 실천하면 鄕黨에서도 중히 여길 것이니, 이런 품행은 내적 수양으로 이뤄지고 밖으로는 명성이 알려질 것이다. 사람이 만약 바른 행실을 행하지 않는다면 근본을 져버리고 末利를 따르게 되며, 浮華(부화)에 빠지고 朋黨을 따르게 된다. 부화하면 虛僞(허위)만 늘고, 붕당을 따르게 되면 서로 시기하고 싸우게 된다. 이런 부화와 붕당을 조심할 이유는 분명하니, 뒤엎어진 수레의 전철을 따르는 자가 많고 末利의 추구가 더욱 심한 것은 모두가 當時의 영예에 현혹되고 목전의 이익에 눈이 어둡기 때문이다.

대체로 부귀와 명성은 人情上 모두가 좋아하지만, 君子가 혹 얻더라도 누리지 않는 이유는 무엇인가? 정당하게 얻지 않은 부귀와 명성을 증오하기 때문이다. 앞으로만 나가고 물러설 줄을 모르고, 욕심만 알고 만족을 모르기에 곤욕이 중첩되고 인색하다는 허물을 쓰게 되는데 군자는 이를 두려워하기 때문이다. 그래서 속언에 '만족을 모르면 얻고자 하는 것을 잃는다.' 고 하였으니, 知足하는 만족만이 常足일 것이다. 지난 일의 성패를 관찰하고 장래의 길흉을 살펴본다면 名利나 채울 수 없는 욕망을 추구하지 않게 되고, 일족의 안전을 지켜 대를 이어가고 복록을 영원히 누릴 수 있을 것이다.」

| 原文 |

「欲使汝曹立身行己, 遵儒者之教, 履道家之言, 故以玄默沖虛爲名, 欲使汝曹顧名思義, 不敢違越也. 古者盤杅有銘, 几杖有誡, 俯仰察焉, 用無過行, 況在己名, 可不戒之哉!

夫物速成則疾亡, 晚就則善終. 朝華之草, 夕而零落, 松柏之茂, 隆寒不衰. 是以大雅君子惡速成, 戒闕黨也. 若范匄對秦客而武子擊之折其委笄, 惡其掩人也.

夫人有善鮮不自伐, 有能者寡不自矜, 伐則掩人, 矜則陵人. 掩人者人亦掩之, 陵人者人亦陵之. 故三郤爲戮於晉, 王叔負罪於周, 不惟矜善自伐好爭之咎乎? 故君子不自稱, 非以讓人, 惡其蓋人也. 夫能屈以爲伸, 讓以爲得, 弱以爲强, 鮮不遂矣. 夫毁譽, 愛惡之原而禍福之機也, 是以聖人愼之.

孔子曰, "吾之於人, 誰毁誰譽, 如有所譽, 必有所試." 又曰, "子貢方人. 賜也賢乎哉, 我則不暇." 以聖人之德, 猶尙如此, 況庸庸之徒而輕毁譽哉?」

| 국역 |

「너희가 立身하고 일생을 살아가면서 儒者의 교훈을 받들고 道家之言을 실천하기를 원했기에, 너희 이름(字)에 玄(현), 默(묵), 沖(충), 虛(허)[316]로 이름을 지었으니, 너희들은 이름자의 뜻을 돌아보고 생각하여 어긋나지 않아야 한다. 옛날에 盤杅(반우, 소반, 세숫대야)에 銘文이 있고 几杖(궤장, 안석이나 지팡이)에도 좌우명을 새겨놓

316 玄(현), 默(묵), 沖(충), 虛(허)는 모두 道家 사상의 요체라 할 수 있다. 玄(현)은 「無, 名天地之始. 有, 名萬物之母. 故, 常無 欲以觀其妙, 常有 欲以觀其徼. 此兩者, 同出而異名, 同謂之玄. 玄之又玄, 衆妙之門.」라고 했다. (老子道德經 1장) / 默(묵)은 守靜이니 「夫物芸芸, 各復歸其根. 歸根曰靜, 靜曰覆命. 覆命曰常, 知常曰明.」라 하였다.(16장) / 沖(충)은 「道沖, 而用之或不盈.」(4장) 「沖氣以爲和.」라 하였다.(41장) / 虛(허)는 「是以聖人之治, 虛其心, 實其腹, 弱其志, 强其骨. 常使民無知無欲. 使夫智者不敢爲也. 爲無爲, 則無不治.」라 하였다.(3장)

아 앉으나 서나 살펴보며 조심하였는데, 하물며 이름이 그런 뜻이니 조심하지 않을 수 있겠느냐!

대체로 빨리 성취하는 것이라면 빨리 망하고, 늦게 성취하면 그 결과는 좋을 것이다. 아침에 피는 꽃은 저녁에 지지만, 무성한 松柏(송백)은 한 겨울에도 시들지 않는다. 이 때문에 才德이 뛰어나고 고아한 君子는 速成(속성)을 싫어하였으니, (孔子는) 闕黨(궐당)에 사는 숙성한 童子의 말재주에서 교훈을 얻었다. (晉國의) 范武子(범무자)[317]는 秦에서 온 客人에게 아들〔范爕(범섭)〕이 (조정에서) 응대하였다 하여 아들을 꾸짖고 때려 비녀를 부러트린 것은 다른 사람보다 앞서 튀는 행동을 싫어한 것이다.

사람은 뛰어나더라도 스스로 자랑해서는 안 되나니, 진정 有能한 者는 자랑이 없고, 자랑한다면 남을 누르려는 뜻이며, 교만하면 남을 무시하게 된다. 남을 누르려 한다면 다른 사람도 나를 누르려 하고, 남을 무시하면 남도 나를 무시하게 된다. 그래서 (晉 大夫) 郤錡(극기) 등이 晉에서 죽었고, (晉의) 王叔(왕숙)이 周朝에서 죄를 지은 것이 자신을 내세우고 다투기를 좋아한 허물이 아니겠느냐? 그래서 군자는 자신을 내세우지도 남에게 사양하지도 않는 것은 남을

317 范武子는 춘추시대 晉國의 中軍將이며, 太傅를 역임한 士會(생졸년 미상, 士季), 范(범)을 식읍으로 받아 范氏라고도 함. 武는 시호. 아들(范爕)이 늦게 퇴조하자, 부친인 범무자가 물었다. 아들은 秦國에서 온 客人이 이상한 말을 하는데 大夫들이 아무도 대꾸하는 사람이 없어 3번이나 그 뜻을 풀어 설명했다고 대답했다. 이에 범무자는 화를 내며 "大夫들이 몰라서 대답을 못한 것이 아니라 양보하고 있었던 것인데, 너는 부형과 마찬가지인 대부들에게 양보하지 않고 3차례나 먼저 대꾸하였으니, 만약 내가 없으면 너는 나라를 말아먹을 녀석이다."라면서 아들을 지팡이로 때려 머리에 꽂은 비녀를 부러트렸다고 한다. 원문의 范匄(범개)는 范爕(범섭)의 착오라는 裴松之의 주석에 따른다.

누르려는 뜻을 싫어하기 때문이다. 굽힐 수 있어야(能屈) 펼 수(伸) 있으며, 양보해야 얻을 수 있고 약해야만 강해지니, 그렇게 되면 이루지 못할 일이 없을 것이다. 대체로 헐뜯기와 칭송은 愛惡(애오)의 근원이며 禍福(화복)의 계기이기에 성인은 이에 신중한 것이다.

그래서 공자는 '내가 다른 사람 누구를 원망하고, 누구를 칭송하겠는가? 나를 칭송한다면 반드시 얻으려는 것이 있기 때문일 것이다.' 라고 말했으며, 또 '子貢(자공)은 남을 잘 품평한다. 賜는 〔端木賜(단목사), 子貢, 子贛 同〕 그런 품평을 잘 하지만, 나는 그럴 여유가 없다.' 고 하였다. 성인의 덕을 가진 공자도 이러하거늘, 하물며 보통 사람들이 어찌 남을 헐뜯거나 칭송할 수 있겠는가?」

❙原文❙

「昔伏波將軍馬援戒其兄子, 言 '聞人之惡, 當如聞父母之名, 耳可得而聞, 口不可得而言也.' 斯戒至矣. 人或毁己, 當退而求之於身. 若己有可毁之行, 則彼言當矣. 若己無可毁之行, 則彼言妄矣. 當則無怨於彼, 妄則無害於身, 又何反報焉? 且聞人毁己而忿者, 惡醜聲之加人也, 人報者滋甚, 不如默而自脩己也.

諺曰, '救寒莫如重裘, 止謗莫如自脩.' 斯言信矣. 若與是非之士, 兇險之人, 近猶不可, 況與對校乎? 其害深矣. 夫虛僞之人, 言不根道, 行不顧言, 其爲浮淺較可識別. 而世人惑焉, 猶不檢之以言行也. 近濟陰魏諷,山陽曹偉皆以傾邪敗沒, 熒惑當世, 挾持姦慝, 驅動後生. 雖刑於鈇鉞, 大爲炯戒, 然所汙染, 固以衆矣. 可不愼與!」

| 국역 |

「옛날 (後漢) 伏波將軍 馬援(마원)[318]은 조카들에게 '다른 사람의 악행을 들었다면 마치 부모의 이름을 들은 것처럼 생각할 것이니, 귀로 들을 수는 있지만 입으로 말할 수는 없다.' 고 훈계하였다. 이는 아주 지당한 말이다. 남이 나를 헐뜯는다면, 꼭 물러나 자신을 반성해야 한다. 만약 자신이 그런 비난을 받을 일이 있다면 그 사람 말이 맞는 것이다. 만약 잘못이 없다면 그 사람 말이 틀린 것이다. 당연하다면 그 사람을 원망할 수 없지만, 그가 틀렸다면 나에게 해될 것이 없으니, 무엇 때문에 갚아주려 하겠는가? 다른 사람이 나를 헐뜯는다고 내가 화를 낸다면, 내가 추악한 말을 남에게 하는 것과 같고 남의 보복은 더 심할 것이니, 그저 묵묵히 자신을 반성하는 것만 못할 것이다.

속언에 '추위를 막으려면 두 겹 갖옷(裘)이 제일 좋고, 남의 험담을 막으려면 자신의 수양만한 것이 없다.' 고 하였으니, 이 말은 꼭 맞는 말이다. 시비를 잘 따지는 사람이나 흉악한 사람은 가까이 할 수 없는데, 그런 사람과 길고 짧은 것을 비교해야겠는가? 그 손해가 아주 많을 것이다. 만약 거짓말을 잘하는 사람이 터무니없는 말을

318 《魏書》 20卷, 〈武文世王公傳〉의 註 10 참고.

한다면 그 깊고 얕음은 금방 알 수 있다. 그런데도 세상 사람이 현혹된다면 이는 터무니없는 언행일 것이다. 근래에 濟陰郡의 魏諷(위풍)[319]이나 山陽郡의 曹偉(조위)[320]는 모두 사악에 빠져 패망하였고 세상을 현혹시켰으며 간악한 뜻을 품고 젊은 사람을 패망으로 몰아갔다. 비록 처형되었지만 크게 교훈으로 삼아야 하지만, 그런 일에 빠져드는 자가 많으니 조심해야 한다.」

‖ **原文** ‖

「若夫山林之士, 夷,叔之倫, 甘長飢於首陽, 安赴火於緜山, 雖可以激貪勵俗, 然聖人不可爲, 吾亦不願也. 今汝先人世有冠冕, 惟仁義爲名, 守愼爲稱, 孝悌於閨門, 務學於師友. 吾與時人從事, 雖出處不同, 然各有所取.

潁川郭伯益, 好尙通達, 敏而有知. 其爲人弘曠不足, 輕貴有餘, 得其人重之如山, 不得其人忽之如草. 吾以所知親之昵之, 不願兒子爲之. 北海徐偉長, 不治名高, 不求苟得, 澹然自守, 惟道是務. 其有所是非, 則託古人以見其意, 當時無所

....

319 魏諷(위풍, ?-219年, 字 子京) - 沛人. 鍾繇(종요)는 위풍을 불러 西曹掾에 임명하였다. 위풍은 대중을 현혹시키는 재능이 있었다. 建安 24년(서기 219), 曹操가 漢中을 정벌할 때 위풍은 비밀리에 무리를 모아 鄴城에서 모반을 계획했다. 이에 가담했던 陳禕(진의)가 曹조에게 자복하자, 조비는 관련된 수십 명을 체포하여 처형하였고, 相國인 鍾繇(종요)도 魏諷(위풍)의 반역에 연루되어 해임되었다.

320 曹偉(조위)는 黃初 연간에, 손권과 내통한 혐의로 처형되었다.

褒貶. 吾敬之重之, 願兒子師之.

東平劉公幹, 博學有高才, 誠節有大意, 然性行不均, 少所拘忌, 得失足以相補. 吾愛之重之, 不願兒子慕之.

樂安任昭先, 淳粹履道, 內敏外恕, 推遜恭讓, 處不避洿, 怯而義勇, 在朝忘身. 吾友之善之, 願兒子遵之.

若引而伸之, 觸類而長之, 汝其庶幾擧一隅耳. 及其用財先九族, 其施捨務周急. 其出入存故老, 其論議貴無貶, 其進仕尚忠節. 其取人務實道, 其處世戒驕淫, 其貧賤愼無戚, 其進退念合宜, 其行事加九思, 如此而已. 吾復何憂哉?」

| 국역 |

「山林에 은거한 伯夷(백이)나 叔齊(숙제) 같은 사람은 首陽山(수양산)에서 오래도록 굶주림을 참고 살았으며, 또 緜山(면산, 綿山)의 불길 속에 편안히 몸을 던진 사람도(介子推)[321] 있어, 그렇게 하여 탐

321 介子推(개자추, ?-前 636年, 介子, 介推) – 春秋 시대 晉國人. 今 山西省 晉中市 관할 介休市의 綿山(면산)에서 죽었다. 晉 文公 重耳의 輔臣으로 驪姬之亂 발생 후에 중이를 따라 出奔한 뒤 온갖 고생을 다 겪었다. 굶고 있는 중이에게 자신의 허벅지 살을 베어 음식으로 올리며(割股奉君) 충성하였지만, 중이가 환국하여 왕위에 주군의 자리에 오른 뒤, 隱居하며 '不言祿' 하는 고결한 품행을 고집했다. 前 636년(魯 僖公 24년)에 죽었다. 傳說에 의하면 개자추가 하산을 거부하자 晉 文公은 면산을 태우게 했는데 개자추는 버드나무를 껴안고 죽었다. 문공은 그 버드나무를 베어다가 나막신을 만들어 놓고 나막신을 볼 때 나마 "悲哉! 足下!" 여 하고 탄식했다. 그래서 '足下' 는 하급 또는 상급의 同輩간 상호 존중하는 호칭으로 쓰였다. 또 그날 불을 피우지 못하게 하고 '寒食' 을 먹게 했다고 한다.

욕의 습속을 바로잡으려는 뜻이 있더라도 성인은 따라하지 않았고 나 역시도 원하지 않는다. 지금 너희들의 선조는 대대로 관직을 가졌고 오직 仁義을 名分으로 근신하여 칭송을 들었고, 가문 내에서는 효도하고 공경하며 師友와 함께 학문에 힘썼다. 나 역시 時人과 함께 생활하면서 비록 出處가 不同하더라도 각각 자신의 삶을 누리고 있다.

潁川郡(영천군)의 郭伯益(郭奕, 郭嘉의 子)은 만사에 두루 통하길 좋아하며 총명하고 지혜가 뛰어난 사람이다. 그러나 사람됨에 넓은 아량이 부족하고 親疎(친소)를 지나치게 따지며, 마음에 드는 사람은 산처럼 무겁게 여기며, 소홀한 관계라면 마치 草芥(초개, 지푸라기)처럼 대우한다. 나는 그 사람을 이해하고 가까이 지내지만 내 아들이 본받기를 원하지 않는다. 北海郡의 徐偉長(徐幹, 字 偉長, 建安七子의 한 사람)은 높은 명성을 추구하지 않고 억지로 얻으려 하지 않으면서 담백한 마음으로 분수를 지키며 오직 정도를 실천하려 애쓰는 사람이다. 혹 是非를 따질 일이 있다면, 古人의 언행으로 자신의 뜻을 표현할 뿐 어떠한 칭찬이나 폄하도 말하지 않는다. 내가 그를 경애하며 존중하나니, 아들도 본받기를 바란다.

東平郡의 劉公幹(劉楨, 字 公幹, 建安七子의 한 사람)은 博學하고 뛰어난 재능의 소유자로 진정 節操(절조)와 원대한 뜻을 품었지만 性行이 不均하고 어떤 제약이나 근신이 없어 늘 得失이 서로 비슷한 것 같다. 나도 그 사람을 애지중지하나 내 자식들이 흠모하여 따라 하지 않기를 바란다. 樂安郡의 任昭先〔任嘏(임하)〕는 심성이 순수하며 정도를 지키고 총명 민첩하면서도 너그러우며 공손하고 겸양하며, 어떤 어려움도 피하지 않고 겁약한 것 같아도 의리를 지키고 용감하며 조정에서도 私利에 따른 언행이 없는 사람이다. 내가 벗하며 잘 지내니, 아들도 그를 존경하기 바란다.

내가 이런 예를 들었지만, 이와 비슷한 경우를 살펴 넓게 적용할 수 있다면 너희들은 가히 擧一反三(거일반삼)[322]의 효과가 있을 것이다. 재물의 善用은 먼저 九族인 친족에게 베풀고 남에게는 危急의 정도에 따라 적당히 施惠(시혜)해야 한다. 출입에서 장자와 노인을 우선하고 논의에서는, 다른 사람을 비난하지 말고 관직을 구함에 충절을 숭상해야 한다. 사람을 골라 쓸 때 본바탕을 중시하고, 교제나 처세에 교만하거나 지나치지 않으며, 빈궁하거나 미천한 사람을 보고 슬퍼하지 말 것이며, 進取나 退讓(퇴양)에 시의적절하며, 무슨 일을 하던 9가지(九思)[323]를 생각한다면 모든 일이 잘 될 것이다. 그렇다면 내가 무엇을 더 걱정하겠는가?」

322 擧一反三 – 孔子 교육 방법론의 하나이다. 어떤 사물을 사각형에 비유했을 경우, 한 모서리(一隅, 一角)를 말해주거나 설명해 주었다면(擧一), 배우는 자가 나머지 세 모서리를 알 수 있어야 한다(反三). 여기서 反은 回報의 뜻이니, '따라오다' 의 뜻이다. 곧 하나를 배웠으면 그것을 가지고 더 많은 사실을 추론하려는 노력이 있어야 한다는 뜻이다. 곧 스스로의 노력이 뒤따르지 않아 다시 가르쳐 주지 않는 것은 배우는 자의 자율적 노력을 중시하고 기대했다는 뜻이다. 《論語 述而》 子曰, "不憤不啓, 不悱不發. 擧一隅, 不以三隅反, 則不復也."

323 《論語 季氏》 孔子曰, "君子有九思, 視思明, 聽思聰, 色思溫, 貌思恭, 言思忠, 事思敬, 疑思問, 忿思難, 見得思義." 우리말 해석은 생략. 역자의 졸저 《論語名言三百選 / 2018. 明文堂》 참고.

| 原文 |

青龍四年, 詔「欲得有才智文章, 謀慮淵深, 料遠若近, 視昧而察, 籌不虛運, 策弗徒發, 端一小心, 淸脩密靜, 乾乾不解, 志尙在公者. 無限年齒, 勿拘貴賤, 卿校已上各擧一人.」

太尉司馬宣王以昶應選. 正始中, 轉在徐州, 封武觀亭侯, 遷征南將軍, 假節都督荊,豫諸軍事.

昶以爲國有常衆, 戰無常勝, 地有常險, 守無常勢. 今屯宛, 去襄陽三百餘里, 諸軍散屯, 船在宣池, 有急不足相赴, 乃表徙治新野, 習水軍於二州, 廣農墾殖, 倉穀盈積.

| 국역 |

(明帝) 靑龍 4년(서기 236), 조서를 내렸다.

「才智와 文才가 있고 謀慮(모려)가 넓고 깊으며, 遠近을 다 헤아릴 수 있고 현실을 밝게 볼 수 있으며, 실용적인 전략을 구상하고 그 책략이 성공적으로 적용하며, 엄숙 단정하면서도 근면 성실하고 청렴하면서도 세밀 침착하며, 부지런하면서도 긴장을 풀지 않고 오로지 국가만을 생각하는 그러한 인재를 얻고자 한다. 연령에 제한을 두지 않고 귀천에 구애받지 말고 卿과 校尉 이상은 각자 1인씩 천거하라.」

太尉인 사마의는 王昶(왕창)을 천거하여 뽑히게 하였다. (曹芳의) 正始 연간에, 왕창은 徐州牧으로 전직하였고 武觀亭侯에 봉해졌으며, 征南將軍으로 승진하여 부절을 받고 형주와 예주 일대의 군사를 감독하였다.

왕창은 나라에서 상비군이 있어야 하지만 전투에서 언제나 이길 수는 없으며, 지형은 언제나 험하지만 고정불변의 수비는 있을 수 없다고 생각하였다. 지금 주둔하고 있는 宛縣(완현)은 (荊州) 襄陽(양양)에서 3백 리나 떨어졌고 여러 군영이 분산 주둔하고 있으며, 각종 戰船은 宣池(선지)에 있어 급한 상황에서 서로 도움이 되지 않는다 하여 표문을 올려 新野縣으로 치소를 옮겼고, 형주와 예주의 水軍을 훈련시키면서 농업을 장려하고 개간과 증산에 힘써 창고에 군량을 비축하였다.

| 原文 |

嘉平初, 太傅司馬宣王旣誅曹爽, 乃奏博問大臣得失. 昶陳治略五事.

其一, 欲崇道篤學, 抑絶浮華, 使國子入太學而脩庠序. 其二, 欲用考試, 考試猶準繩也, 未有舍準繩而意正曲直, 廢黜陟而空論能否也. 其三, 欲令居官者久於其職, 有治績則就增位賜爵. 其四, 欲約官實祿, 勵以廉恥, 不使與百姓爭利. 其五, 欲絶侈靡, 務崇節儉, 令衣服有章, 上下有敘, 儲穀畜帛, 反民於朴.

詔書褒讚. 因使撰百官考課事, 昶以爲唐虞雖有黜陟之文, 而考課之法不垂. 周制冢宰之職, 大計群吏之治而誅賞, 又無校比之制. 由此言之, 聖主明於任賢, 略擧黜陟之體, 以委達官之長, 而總其統紀, 故能否可得而知也. 其大指如此.

| 국역 |

(曹芳의) 嘉平(가평) 초년(서기 249), 太傅인 사마의는 曹爽(조상)을 주살한 뒤에(高平陵의 變), 대신들에게 정치의 득실과 관련한 방책을 널리 구해야 한다고 상주하였다. 王昶(왕창)은 5가지 통치 방략을 건의하였다.

첫째, 道德을 존숭하고 학문을 장려하고 浮華(부화)한 기풍을 억제하며, 공경대부의 자제를 太學에 입학시키고 지방 교육기관을 정비해야 합니다.

둘째, 인재 등용을 위한 법도와 표준으로 考試를 시행하되, 법도와 표준에 의거하지 않고 사적인 주관과 감정으로 시비곡직을 판별하거나, 또 폐출과 승진의 제도에 의하지 않고 空論으로 관리의 능력 유무를 판단해서는 안 될 것입니다.

셋째, 하나의 직무에 오래 근무하도록 하되, 치적이 우수하면 직위를 높여주거나 작위를 하사해야 합니다.

넷째, 관리의 숫자를 줄여 녹봉을 현실화하고 청렴한 관리를 격려하며, 관원과 백성이 이익을 다투지 않도록 해야 합니다.

다섯째, 사치를 근절하고 절약과 검소를 숭상하며, 복장에 관리 등급을 표시하는 문장을 부착케 하여 엄격하게 상하를 구분하고, 곡식과 옷감을 비축하며 백성의 순박한 생활을 권장해야 합니다.

조서를 내려 왕창을 칭찬하였다. 아울러 왕창으로 하여금 百官의

考課 규정을 편찬케 하였는데, 왕창은 堯舜 시대에도 관리의 파면과 승진〔黜陟(출척)〕을 시킨다는 문장은 있었지만, 평가 방법에 관한 내용은 전승되지 않았다고 말하였다. 周制에, 冢宰(총재, 승상)의 직분은 群吏의 통솔과 상벌의 대략을 논할 뿐, 능력의 비교에 관한 제도는 없었다고 인정하였다. 이를 종합한다면, 聖主는 현인의 등용에 밝아야 하며 파면과 승진의 원칙적 대략을 열거할 뿐 구체적 적용은 부서의 長에게 위임해야 하며, 관리의 기강 확립과 능력의 유무를 보고받아 평가할 수 있다고 생각하였다. 왕창의 주요 정책 구상은 대개 이런 식이었다.

| 原文 |

二年, 昶奏, "孫權流放良臣, 適庶分爭, 可乘釁而制吳,蜀. 白帝,夷陵之間, 黔,巫,秭歸,房陵皆在江北, 民夷與新城郡接, 可襲取也."

乃遣新城太守州泰襲巫,秭歸,房陵, 荊州刺史王基詣夷陵, 昶詣江陵, 兩岸引竹絙爲橋, 渡水擊之. 賊奔南岸, 鑿七道並來攻. 於是昶使積弩同時俱發, 賊大將施績夜遁入江陵城, 追斬數百級. 昶欲引致平地與合戰, 乃先遣五軍案大道發還, 使賊望見以喜之, 以所獲鎧馬甲首, 馳環城以怒之, 設伏兵以待之. 績果追軍, 與戰, 克之. 績遁走, 斬其將鍾離茂,許旻, 收其甲首旗鼓珍寶器仗, 振旅而還. 王基,州泰皆有功. 於是遷昶征南大將軍,儀同三司, 進封京陵侯.

毌丘儉,文欽作亂, 引兵拒儉,欽有功, 封二子亭侯,關內侯, 進位驃騎將軍. 諸葛誕反, 昶據夾石以逼江陵, 持施績,全熙使不得東.

誕旣誅, 詔曰,「昔孫臏佐趙, 直湊大梁. 西兵驟進, 亦所以成東征之勢也.」

增邑千戶, 並前四千七百戶, 遷司空, 持節,都督如故.

甘露四年薨, 諡曰穆侯. 子渾嗣, 咸熙中爲越騎校尉.

| 국역 |

(嘉平) 2년(서기 250), 王昶(왕창)이 상주하였다.

"孫權은 良臣을 내쫓았고 適庶(嫡庶, 적서)의 분쟁이 일어났으니, 이런 틈을 타서 東吳와 蜀漢을 제압할 수 있습니다. 白帝城(백제성)과 夷陵(이릉)[324] 사이의 黔縣(검현), 巫縣(무현), 秭歸(자귀), 房陵(방릉) 등이 모두 長江 북쪽에 있으며, 그쪽 백성들은 우리 新城郡[325]과 연접해 있으니 습격하여 쟁취할 수 있습니다."

이에 新城太守 州泰(주태)[326]를 시켜 巫縣(무현), 秭歸(자귀), 房陵

324 夷陵(이릉) – 今 湖北省 서남부 宜昌市 夷陵區에 해당. 夷陵之戰, 관우가 포로로 잡혀 죽은 뒤에 蜀漢 劉備가 東吳를 공격하였으나 동오 陸遜(육손)의 以逸待勞(이일대로)의 작전에 말려 촉군이 대패한 이릉전투가(서기 222년) 있었던 곳.

325 후한이 曹魏에 禪讓하여 망하던 延康 元年(서기 220年)에 曹魏에서 西城, 上庸, 房陵의 3개 군을 합병하여 설치한 郡, 郡治는 房陵縣, 今 湖北省 서북부 十堰市 관할 房縣.

326 州泰(주태, ?-261년) – 表字 미상. 南陽郡 출신. 王基(왕기), 王昶(왕창) 등과

縣(방릉현)을 공격케 하고, 荊州刺史인 王基(왕기)는 夷陵(이릉)으로 진격하고, 왕창은 江陵(강릉)으로 진격하면서 하천 양쪽에 竹絙(죽긍, 대나무를 쪼개서 꼬아 만든 밧줄)으로 교량을 설치하고 강을 건너 공격하였다. 그러자 東吳의 군사는 長江 남안으로 도주하였고 군사들은 7개의 길을 뚫어가면서 진격하였는데, 왕창이 여러 쇠뇌(積弩)를 동시에 발사하자, 적의 대장인 施績(시적)은 밤에 江陵城(강릉성)으로 도주하였으며 (魏軍은) 적을 추격하여 수백 명을 죽였다.

왕창은 적을 평지로 유인하여 전투를 벌이려고 먼저 5개 부대를 큰 길을 따라 귀환하게 하였는데, 적들은 멀리서 이를 바라보고 좋아하면서 군사를 풀어 魏軍이 도주하며 버린 갑옷이나 말을 습득할 생각을 하였고, 조위의 군사는 강릉성으로 돌아가려는 그들을 포위하고 적을 분노케 한 뒤에, 군사를 매복시켜 놓고 東吳의 군사를 기다리려는 작전을 세웠다. (東吳의) 施績이 예상했던 대로 공격해오자, 曹魏의 군사는 그들과 싸워 이겼다. 시적은 패주하였고, 부장인 鍾離茂(종리무)와 許旻(허민)을 죽여, 그들의 투구와 깃발과 북, 보물, 집기 등을 습득한 뒤 개선하였다. 이 싸움에서 왕기와 주태도 모두 공을 세웠다. 이에 왕창은 征南大將軍에 儀同三司로 승진하였고 작위가 올라 京陵侯(경릉후)가 되었다.

毌丘儉(관구검)과 文欽(문흠)이 반란을 일으키자,[327] 왕창은 군사를

함께 伐吳戰事에 참여. 東吳의 용장 周泰(주태, ?-서기 225)와 다른 사람.

327 (曹髦의) 正元 2년(서기 255), 봄 정월에 鎭東將軍 毌丘儉(관구검)과 揚州刺史 文欽(문흠)이 반란을 일으켰고 大將軍 司馬景王(司馬師)이 토벌하였다. 문흠을 樂嘉(악가) 城에서 격파하자, 문흠은 吳로 도주하였고 安風縣의 都尉가 관구검을 죽이고 그 수급을 낙양에 보냈다.

이끌고 관구검과 문흠을 정벌하는데 공을 세웠으며, 아들 2명은 亭侯와 關內侯가 되었고, 왕창은 진급하여 驃騎將軍이 되었다. 諸葛誕(제갈탄)이 반역하자, 왕창은 夾石(협석)에 주둔하면서 江陵을 압박하였고, (東吳의) 시적을 견제하면서 全熙(전희)는 동오 군사의 동쪽 진출을 막았다. 제갈탄을 죽이자 조서를 내렸다.

「옛날 孫臏(손빈)이 趙國을 구원할 때 군사를 거느리고 바로 (戰國時期 魏國의 都城) 大梁(대량)을 직접 공격하였다. 왕창은 서쪽에서 급히 진격하였기에 제갈탄을 제압할 수 있는 유리한 기반을 만들었다.」

왕창의 식읍 1천 호를 늘려주어 총 4,700호가 되었으며, 왕창은 司空으로 승진하였고 부절을 받았으며 都督의 임무는 전과 같았다.

왕창은 (曹髦의) 甘露 4년(서기 259)에 죽었는데, 시호는 穆侯(목후)였다. 아들 王渾(왕혼)이 계승했는데, 왕혼은 (曹奐) 咸熙 연간에 越騎校尉(월기교위)가 되었다.

❹ 王基

| 原文 |

王基字伯輿, 東萊曲城人也. 少孤, 與叔父翁居. 翁撫養甚篤, 基亦以孝稱. 年十七, 郡召爲吏, 非其好也, 遂去, 入琅邪界遊學. 黃初中, 察孝廉, 除郎中. 是時青土初定, 刺史王淩特表請基爲別駕, 後召爲秘書郎, 淩復請還. 頃之, 司徒王朗辟基, 淩不遣.

朗書勑州曰,「凡家臣之良, 則升於公輔, 公臣之良, 則入於王職, 是故古者侯伯有貢士之禮. 今州取宿衛之臣, 留秘閣之吏, 所希聞也.」淩猶不遣. 淩流稱青土, 蓋亦由基協和之輔也. 大將軍司馬宣王辟基, 未至, 擢爲中書侍郞.

| 국역 |

王基(왕기)[328]의 字는 伯輿(백여)로, 東萊郡 曲城縣[329] 사람이다. 젊어 부친을 여의고 숙부인 王翁(왕옹) 집에서 살았다. 왕옹은 왕기를 아주 착실하게 돌봐주었고, 왕기 역시 효행으로 칭송을 들었다. 17살 때, 동래군에서 왕기를 郡吏에 임명하려 했으나 좋아하지 않고 집을 떠나 琅邪郡(낭야군)에 들어가 遊學하였다.

(文帝) 黃初 연간에, 孝廉으로 천거되어 郎中이 되었다. 이때 青州 지역이 겨우 평정되었기에 청주 자사인 王淩(왕릉)은 특별히 왕기를 청해 別駕(별가)에 임명하였고, 그 뒤에 王基는 (조정의) 秘書郞이 되었는데, 왕릉은 다시 왕기를 청주로 돌려보내달라고 요청했다. 얼마 뒤, 司徒 王朗(왕랑)이 왕기를 (司徒府로) 차출하였지만, 왕릉은 왕기를 보내지 않았다. 그러자 사도 왕랑은 청주자사 왕릉에게 문서로 지시하였다.

328 王基(왕기, 190年 – 261年 字, 伯輿) – 東萊郡 曲城縣 사람. 東吳와 접경 지역 지방관으로 장기간 근무. 毌丘儉(관구검)과 諸葛誕(제갈탄) 반란 진압에 有功.

329 東萊郡 曲城縣은 今 山東省 煙臺市 관할 招遠市. 黃金 산출이 많아 中國 金都라는 곳.

「대체로 家臣 중 우수자는 승진시켜 삼공부에 근무케 하고, 삼공부 신하 중 우수자는 조정의 주요 직무를 담당하게 되었기에 옛날의 제후인 侯伯은 인재를 추천하는 예를 시행했었다. 지금 青州에서 宿衛之臣(숙위지신, 조정의 관리, 王基)를 데려갔는데, 秘閣(尙書臺)의 관원을 지방에 남겨 근무케 하는 일은 전례가 없었다.」

그런데도 왕릉은 왕기를 보내지 않았다. 왕릉의 명성이 청주 일대에 널리 알려진 것도 왕기의 도움과 보필 때문이었다. 대장군 사마의가 왕기를 초빙했고, 왕기가 도착하기 전에 왕기를 中書侍郞에 발탁하였다.

|原文|

明帝盛脩宮室, 百姓勞瘁. 基上疏曰,

「臣聞古人以水喩民, 曰 '水所以載舟, 亦所以覆舟.' 故在民上者, 不可以不戒懼. 夫民逸則慮易, 苦則思難, 是以先王居之以約儉, 俾不至於生患. 昔顏淵云東野子之御, 馬力盡矣而求進不已, 是以知其將敗. 今事役勞苦, 男女離曠, 願陛下深察東野之弊, 留意舟水之喩, 息奔驅於未盡, 節力役於未困.

昔漢有天下, 至孝文時唯有同姓諸侯, 而賈誼憂之曰, '置火積薪之下而寢其上, 因謂之安也.' 今寇賊未殄, 猛將擁兵, 檢之則無以應敵, 久之則難以遺後. 當盛明之世, 不務以除患, 若子孫不競, 社稷之憂也. 使賈誼復起, 必深切於曩時矣.」

| 국역 |

明帝가 궁궐을 크게 건축하면서 백성들은 힘들고 고생하였다. 이에 王基(왕기)가 상소하였다.

「신이 알기로, 옛사람은 백성을 물(水)에 비유하면서 '물은 배를 띄울 수 있지만, 또 배를 뒤엎을 수도 있다.' 고 하였습니다. 그래서 백성을 통치하는 자는 이를 조심하고 두려워하지 않을 수 없었습니다. 백성이 평안하면 마음도 화평하지만, 생활이 힘들면 원한을 품었기에 先王은 일상생활에서 늘 절약하고 검소하여 백성이 환란을 일으키지 않게 하였습니다. 옛날에 공자 제자 顏淵(안연, 顏回)은 東野子(동야자)란 사람이 수레를 몰고 가는데, 말이 완전히 지친 것을 보고 곧 죽을 것이라 생각하여 더 이상 가지 못하게 하였습니다. 지금 백성은 노역에 지치고 남편과 아내는 오랫동안 서로 헤어져 고생하니, 폐하께서는 완전히 지친 동야자의 말(馬)을 잘 통찰하시고, 水舟의 비유에 유념하시어 달리는 말의 힘이 다하기 전에 그만 달리게 하시고, 또 완전히 지치기 전에 노역을 중지하셔야 합니다.

옛날 漢이 천하를 차지한 뒤에 孝文帝 시대에 이르러 同姓 제후만 있을 때인데도, 賈誼(가의)는 나라를 걱정하여 '장작더미 아래 불이 붙었는데도 그 위에 누워서 편안하다고 말하는 것과 같다.' 고 하였습니다. 지금 노략질하는 도적(蜀, 吳)을 없애지 못하여 맹장은 군사들과 함께 적을 감시하고 응전하고 있는데, 이런 공사가 오래 지속되면 나라를 후손에 물려주기가 어려울 것입니다. 지금 盛明한 시대를 맞이하여 여러 폐단을 없애는데 힘쓰지 않을 수 없으니, 만약 자손들이 적국과 싸울 힘이 없다면 곧 사직의 우환일 것입니다. 가의가 다시 살아난다면, 아마 그때보다 더 심하게 통탄할 것입니다.」

| 原文 |

散騎常侍王肅著諸經傳解及論定朝儀, 改易鄭玄舊說, 而基據持玄義, 常與抗衡.

遷安平太守, 公事去官. 大將軍曹爽請爲從事中郎, 出爲安豐太守. 郡接吳寇, 爲政清嚴有威惠, 明設防備, 敵不敢犯. 加討寇將軍. 吳嘗大發衆集建業, 揚聲欲入攻揚州, 刺史諸葛誕使基策之.

基曰, "昔孫權再至合肥, 一至江夏, 其後全琮出廬江, 朱然寇襄陽, 皆無功而還. 今陸遜等已死, 而權年老, 內無賢嗣, 中無謀主. 權自出則懼內釁卒起, 癰疽發潰, 遣將則舊將已盡, 新將未信. 此不過欲補定支黨, 還自保護耳."

後權竟不能出. 時曹爽專柄, 風化陵遲, 基著〈時要論〉以切世事. 以疾徵還, 起家爲河南尹, 未拜, 爽伏誅, 基嘗爲爽官屬, 隨例罷.

| 국역 |

散騎常侍인 王肅(왕숙)[330]이 여러 경전의 주석을 저술하였고, 朝儀

330 王肅(왕숙, 195 - 256, 字 子雍)은 三國 시기의 經學大師이며, 曹魏의 重臣인 王朗(왕랑)의 아들. 晉王 司馬昭(사마소)의 岳父. 왕숙의 딸 王元姬가 司馬昭의

를 論定하면서 (後漢) 鄭玄(정현)의 舊說을 따르지 않자, 王基(왕기)는 정현의 經義를 근거로 여러 번 왕숙과 논쟁하였다.

왕기는 安平太守로 나갔다가 공무상 잘못으로 사임했다. 대장군 曹爽(조상)이 왕기를 불러 從事中郎에 임명했다가 安豐[331] 太守로 내보냈다. 안풍군은 吳와 접경하였는데, 왕기의 정사는 청렴, 엄격하고 위엄과 은덕을 지켰으며 방비를 굳게 하여 적이 감히 침범하지 못했다. 왕기는 討寇將軍(토구장군)의 加官을 받았다.

吳는 일찍이 대군을 징발하여 建業(건업)[332]에 집결시켜 (魏의) 揚州를 공략한다고 선언하자, 양주자사 諸葛誕(제갈탄)은 왕기에게 방책을 물었다. 이에 왕기가 말했다.

"옛날 孫權은 2번이나 合肥(합비)에 쳐들어왔고, 江夏(강하)를 한 번 침공했으며, 그리고 全琮(전종)은 廬江(여강)에, 朱然(주연)은 襄陽(양양)을 공격했지만 모두 성과 없이 돌아갔습니다. 지금 陸遜(육손) 등은 이미 죽었고 손권은 늙었는데, 안으로는 똑똑한 후사가 없고 중간에 謀臣도 없습니다. 손권이 직접 출동한다면 내부에서 마치

처로 晉 武帝 司馬炎의 모친이다. 왕숙의 儒家의 六經에 대한 注釋은 남북조 시대까지 유학의 교재로 쓰일 정도였으며 唐 孔穎達(공영달)에게 영향을 끼쳤다.

331 安豐郡은 黃初 연간에(서기 220 – 226), 廬江郡을 분할하여 설치한 군. 郡治는 安風縣(今 安徽省 중서부 六安市 북). 安風, 陽泉, 雩婁, 蓼(요), 安豐 5縣을 관할. 正元 2년(서기 255年)에 毌丘儉의 반란 실패 후 폐군하여 廬江郡에 편입되었다.

332 建業(건업) – 江蘇省 省會인 江蘇省 서남부의 南京市. 簡稱 '寧', 별칭 金陵(금릉). 江東에 할거하던 孫權은 서기 211년에 치소를 秣陵(말릉)으로 옮기고 金陵邑의 舊地에 石頭城 요새를 신축하였다. 다음 해, 말릉을 建業(건업)으로 개칭했다. 서기 229년 孫權이 稱帝하며, 東吳를 건국하며 建業을 도성으로 정했다.

곪은 종기가 터지듯 쟁탈전이 격화될 것 같고, 장수를 내보내려 해도 舊將은 이미 다 죽었고 新將은 믿을 수가 없습니다. 이번 소문은 자신들의 세력을 강화하고 지키는데 그칠 것입니다."

그 뒤로 손권은 끝내 출정할 수가 없었다. 그때 曹爽(조상)이 권력을 마음대로 하면서 나라의 기풍과 교화가 무너졌기에, 왕기는 〈時要論〉을 저술하여 世事를 비판하였다. 왕기는 질병으로 고향에 돌아왔다가 집에서 河南尹을 제수 받았는데, 부임 전에 조상이 (高平陵의 變으로) 권력을 잃고 처형되자, 왕기는 조상의 속관이었다 하여 전례에 의거 파직되었다.

| 原文 |

其年爲尙書, 出爲荊州刺史, 加揚烈將軍, 隨征南王昶擊吳. 基別襲步協於夷陵, 協閉門自守. 基示以攻形, 而實分兵取雄父邸閣, 收米三十餘萬斛, 虜安北將軍譚正, 納降數千口. 於是移其降民, 置夷陵縣. 賜爵關內侯.

基又表城上昶, 徙江夏治之, 以偪夏口, 由是賊不敢輕越江. 明制度, 整軍農, 兼脩學校, 南方稱之. 時朝廷議欲伐吳, 詔基量進趣之宜.

基對曰, "夫兵動而無功, 則威名折於外, 財用窮於內, 故必全而後用也. 若不資通川聚糧水戰之備, 則雖積兵江內, 無必渡之勢矣. 今江陵有沮,漳二水, 漑灌膏腴之田以千數. 安陸左右, 陂池沃衍. 若水陸並農, 以實軍資, 然後引兵詣江陵,夷陵, 分據夏口, 順沮,漳, 資水浮穀而下.

賊知官兵有經久之勢, 則拒天誅者意沮, 而向王化者益固. 然後率合蠻夷以攻其內, 精卒勁兵以討其外, 則夏口以上必拔, 而江外之郡不守. 如此, 吳,蜀之交絶, 交絶而吳禽矣. 不然, 兵出之利, 未可必矣.” 於是遂止.

| 국역 |

(王基는) 그 해 尙書가 되었다가 지방관으로 나가 荊州 자사가 되었고, 揚烈將軍의 가관을 받았으며, 征南장군인 王昶(왕창)과 함께 東吳를 격파하였다. 왕기는 별도로 (東吳의 步協(보협)을 夷陵(이릉)에서 공격하였는데, 보협은 성문을 닫고 지키기만 했다. 이에 왕기는 공격 형세를 취하면서 실제로는 군사를 나눠 (東吳) 雄父(웅보)에 있는 창고를 공략하여 쌀 30여 만 斛(곡)을 차지하고, (東吳의) 安北將軍인 譚正(담정)을 포로로 잡았으며, 수천 명의 투항을 받았다 왕기는 투항한 백성을 옮겨 (南郡) 夷陵縣에 살게 하였다. 왕기는 關內侯가 되었다.

왕기는 또 표문을 올려 上昶(상창)에 성을 축조한 뒤, 江夏郡의 치소를 옮겨 夏口(하구)를 압박하자, 동오는 함부로 長江을 건너오지 못했다. 왕기는 법제를 엄격히 밝히고 둔전을 권장하였으며, 학교를 수리하고 교육하자 남방에서 칭송이 많았다. 그때 조정에서 동오 정벌을 논의하며 조서로 왕기에게 정벌을 위한 적절한 방책을 물었다. 이에 왕기가 답변하였다.

"군사를 출동시켜 전과가 없다면 밖으로는 威名(위명)이 꺾이고, 내부적으로는 財用이 궁핍하게 되므로 완전한 조건을 갖춘 뒤에야 用兵해야 합니다. 만약 수로의 통행과 군량 공급, 水戰을 위한 장비 등이 완비되지 않았다면 강북에 군사를 많이 모았어도 長江을 건널 수가 없을 것입니다. 지금 江陵(강릉)에는 沮水(저수)와 漳水(장수)가 흐르고, 灌漑(관개)할 수 있는 수천 頃(경)의 기름진 땅이 있습니다. 또 安陸(안륙) 주변에도 기름진 농토가 많습니다. 만약 水田(논)과 旱田(한전, 밭)에 모두 농사를 짓게 하여 군량을 충분히 준비한 뒤에 군사를 이끌고 강릉과 이릉에서 출발하여 夏口 일대에 주둔한 뒤에, 저수와 장수를 따라 군량을 하류 쪽으로 운송케 합니다.

東吳에서는 우리 군사가 장기전에 돌입할 것을 알게 되면, 천자의 명을 거역하려는 도적들은 의욕이 꺾이고 천자의 교화를 따르려 하는 자들의 心志는 더욱 굳건해질 것입니다. 그런 연후에, 우리 군사와 만이들을 동원하여 적의 내부를 공격하고 정예 장졸은 동오의 외곽을 토벌한다면 夏口 이북의 땅을 틀림없이 점거할 수 있을 것이며, (東吳의) 長江 이남의 땅은 우리의 공격에 맞서 지킬 방법이 없을 것입니다. 그렇게 된다면 동오와 촉한의 교류는 단절될 것이며, 교류가 단절된다면 동오를 사로잡을 수 있을 것입니다. 그렇지 않다면 출병의 효과를 거둘 수 없을 것입니다."

결국 東吳 원정은 그만두었다.

| 原文 |

司馬景王新統政, 基書戒之曰, 「天下至廣, 萬機至猥, 誠不可不矜矜業業, 坐而待旦也. 夫志正則衆邪不生, 心靜則衆事不躁, 思慮審定則敎令不煩, 親用忠良則遠近協服. 故知和遠在身, 定衆在心. 許允, 傅嘏, 袁侃, 崔贊皆一時正士, 有直質而無流心, 可與同政事者也.」

景王納其言.

| 국역 |

司馬景王(司馬師)[333]이 새로이 정치를 총괄하였는데, 王基(왕기)는 선정을 당부하는 상서를 올렸다.

「天下는 아주 넓고 처리해야 할 주요 업무는 매우 많아 열심히 하여도 밤을 새울 정도입니다. 위정자가 志正하면 온갖 사악이 일어날 수 없고, 心靜하면 衆事에 서두르지 않아도 되며, 思慮가 침착하고 안정되면 敎令도 번잡하지 않고, 忠良한 자를 친애하고 등용한

333 (嘉平) 3년(서기 251) 7월, 太傅 司馬宣王(司馬懿, 179 – 251년)은 향년 73세로 병사하였다. 시호는 舞陽文侯(무양문후), 뒷날 舞陽宣文侯(무양선문후)로 추존. 264년에 아들 司馬昭(사마소)가 晉王(진왕)이 되자, 사마의를 晉王으로 추존하며, 시호는 宣王(선왕)이라 했다. 孫子인 司馬炎이 칭제하며 西晉을 건국하자, 皇帝로 추존하며 묘호를 高祖, 諡號를 宣皇帝라 하였다. 사마의가 죽은 뒤에 衛將軍인 司馬景王(사마경왕, 司馬師, 208 – 255년, 字 子元)이 撫軍大將軍(진무대장군)이 되어 尙書 업무를 총괄하였다(錄尙書事). 司馬師는 司馬懿와 母 張春華의 長子이며 司馬昭의 형이고, 西晉 開國君主 晉 武帝 司馬炎의 伯父이다. 司馬師는 毌丘儉과 文欽(문흠)의 亂을 진압한 뒤(서기 255), 평소에 앓던 眼疾(안질)이 악화되어 許昌에서 병사했다.

다면 원근의 모두가 협화하고 복속할 것입니다. 그리고 遠方의 和睦이 위정자에게 달렸음을 안다면, 모든 백성들도 위정자의 성심성의에 따라 안정될 것입니다. 許允(허윤), 傅嘏(부하), 袁侃(원간), 崔贊(최찬) 등은 모두 이 시대의 正士이며, 바탕이 곧고 질박하며 마음이 수시로 변하지 않으니 가히 정사를 함께 처리할 수 있을 것입니다.」

사마사는 왕기의 충언을 받아들였다.

‖原文‖

高貴鄕公卽尊位, 進封常樂亭侯. 毌丘儉,文欽作亂, 以基爲行監軍,假節, 統許昌軍, 適與景王會於許昌. 景王曰, "君籌儉等何如?" 基曰, "淮南之逆, 非吏民思亂也, 儉等誑脅迫懼, 畏目下之戮, 是以尙群聚耳. 若大兵臨偪, 必土崩瓦解, 儉,欽之首, 不終朝而縣於軍門矣."

景王曰, "善." 乃令基居軍前. 議者咸以儉,欽慓悍, 難與爭鋒. 詔基停駐. 基以爲, "儉等擧軍足以深入, 而久不進者, 是其詐僞已露, 衆心疑沮也. 今不張示威形以副民望, 而停軍高壘, 有似畏懦, 非用兵之勢也. 若或虜略民人, 又州郡兵家爲賊所得者, 更懷離心. 儉等所迫脅者, 自顧罪重, 不敢復還, 此爲錯兵無用之地, 而成奸宄之源. 吳寇因之, 則淮南非國家之有, 譙,沛,汝,豫危而不安, 此計之大失也. 軍宜速進據南頓, 南頓有大邸閣, 計足軍人四十日糧. 保堅城, 因積穀, 先人有奪人之心, 此平賊之要也."

基屢請, 乃聽進據㶏水. 旣至, 復言曰, "兵聞拙速, 未睹工遲之久. 方今外有强寇, 內有叛臣, 若不時決, 則事之深淺未可測也. 議者多欲將軍持重. 將軍持重是也, 停軍不進非也. 持重非不行之謂也, 進而不可犯耳. 今據堅城, 保壁壘, 以積實資虜, 縣運軍糧, 甚非計也."

景王欲須諸軍集到, 猶尚未許. 基曰, "將在軍, 君令有所不受. 彼得則利, 我得亦利, 是謂爭城, 南頓是也." 遂輒進據南頓, 儉等從項亦爭欲往, 發十餘里, 聞基先到, 復還保項. 時兗州刺史鄧艾屯樂嘉, 儉使文欽將兵襲艾. 基知其勢分, 進兵偪項, 儉衆遂敗. 欽等已平, 遷鎭南將軍, 都督豫州諸軍事, 領豫州刺史, 進封安樂鄕侯.

上疏求分戶二百, 賜叔父子喬爵關內侯, 以報叔父拊育之德. 有詔特聽.

| 국역 |

高貴鄕公(고귀향공)[334]이 제위에 오른 뒤, 王基(왕기)는 작위가 올라 常樂亭侯가 되었다. 毌丘儉(관구검)과 文欽(문흠)이 반란을 일으

334 高貴鄕公(고귀향공) – 曹髦(조모, 241–260년, 재위 254 – 260년. 연호 正元, 254–256, 甘露, 256 –260). 조모는 나이가 어린 황제라서 허수아비와 같았고, 실권은 사마의의 아들인 司馬師와 司馬昭 형제가 장악하였다. 司馬師가 鍾會(종회)에게 曹髦의 능력을 물었더니, 종회는 "문장은 陳思王(曹植)과 같고, 武才는 太祖(조조)와 같다.(文同陳思, 武類太祖.)"고 대답하였다. 이에 司馬

키자(正元 2년, 서기 255), 왕기는 行監軍이 되었고 부절을 받아 許昌(허창)의 군사를 통솔하였는데, 왕기는 司馬師(사마사)와 허창에서 회동하였다. 사마사가 "君이 생각할 때 관구검 등은 어떤 사람입니까?" 라고 물었다. 이에 왕기가 말했다.

"淮南의 역도들은 관리나 백성으로 반란을 꾀한 자가 아니고, 관구검 등의 거짓과 협박에 두려워 떨고 당장 살육당할 것 같아 무리에 끼어들었습니다. 만약 우리 대군이 관구검 등을 압박하면 틀림없이 土崩瓦解(토붕와해)할 것이고, 관구검과 문흠의 수급은 하루를 버티지 못하고 軍門에 매달릴 것입니다."

사마사는 옳은 말이라고 했다. 그리고 왕기를 前軍에 배치하였다. 조정에서 논의하는 자들은 모두 관구검과 문흠이 거칠고 사납기 때문에 직접 맞겨루는 것이 좋지 않다고 생각했다. 조서는 왕기에게 진군을 멈추게 하였다. 이에 왕기가 말했다.

"관구검 등은 군사를 동원하여 깊이 진격할 수 있는데, 오랫동안 진격하지 않는다면 그들의 거짓 선전이 이미 드러났고 군사들이 의심하기 때문입니다. 그런데도 지금 우리의 군세를 알려 백성들의 여망에 부응하지 않고 진군을 멈추며 보루를 높이 쌓는다면, 이는 겁먹은 것이며 用兵의 형세라 할 수 없습니다. 만약 적도가 백성을 노략질을 하고 관군 군졸 가정이 반적에게 잡혀간다면 관군도 회의를 품을 것이고, 관구검 등에게 협박을 당한 백성들은 자신의 죄가 더

師는 조모에 대하여 경계와 감시를 강화하였다. 甘露 5년(서기 260) 5월에, 曹髦는 몇몇 신하를 불러 "사마소의 속셈은 길 가는 사람들이 다 알고 있다!(司馬昭之心, 路人皆知也!)" 라고 분개하며 당일 사마소를 토벌하려했지만 그날 칼에 찔려 죽었다.

욱 무거워 다시 귀부할 마음을 가질 수도 없게 되니, 이는 잘못된 군사로 쓸모가 없을 것이며 오히려 악행을 돕는 근원이 될 것입니다.

만약 東吳에서 이를 이용하며 공격해 들어온다면, 淮南은 우리의 영역이 아닐 것이며, 譙(초), 沛(패), 汝南(여남), 豫州가 위기에 봉착하고 불안할 것이니, 이는 크나큰 실책입니다. 우리 관군은 속히 진격하여 (汝南郡) 南頓縣(남돈현)을 점거해야 하고, 남돈현에는 나라의 큰 창고가 있어 全軍의 약 40일 치 군량이 있습니다. 튼튼한 성을 점거하고 군량을 확보하여 적도들의 사기를 미리 꺾는 것이 바로 반도를 평정할 수 있는 요체입니다."

왕기가 여러 번 진군을 요청하자, 㶏水(은수)까지 진군이 허락되었다. 은수에 진격한 뒤에 왕기는 다시 말했다.

"용병에서 拙速(졸속)을 따지는데, 이는 工匠(공장)이 오랜 세월을 두고 정교한 물건을 만드는 것과 다릅니다. 지금 밖에는 강적이 있고 안으로는 반역한 세력이 있는데, 만약 빨리 결판내지 못한다면 앞으로 작전의 성공과 실패를 예측할 수가 없습니다. 議者들은 장군에게 신중할 것을 요구합니다. 그러나 장군이 신중한 것은 옳지만, 주둔하고 진격하지 않는 것은 잘못입니다. 신중하라는 것은 진군하지 말라는 뜻이 아니니, 진군한다 하여 명을 어기는 것은 아닙니다. 지금 튼튼한 성과 높은 보루 안에 멈춰 군량을 반적에게 넘겨 가져가게 한다면, 이는 정말 잘못입니다."

사마사는 모든 군사의 집결을 기다리며 진군을 허락지 않았다. 이에 왕기가 다시 말했다.

"장군이 야전에 나와서는 주군의 명령을 받지 않을 수 있습니다.

반적이 차지하여 이롭다면 우리가 차지해도 이로운 것이며, 지금은 城을 놓고 다투는 싸움이며, 그 성이 바로 남돈입니다."

결국 왕기는 진격하여 남돈을 점거하였는데, 관구검 등도 (陳郡) 項縣(항현)[335]에서 남돈현을 향하여 서둘러 10여 리를 진군했으나 왕기가 먼저 차지했다는 소식을 듣고 항현으로 돌아가 지켰다. 그때 兗州刺史인 鄧艾(등애)는 樂嘉(낙가)에 주둔하고 있었는데, 관구검은 문흠에게 군사를 거느리고 등애를 습격하라고 명령했다. 왕기는 관구검의 군사가 분할된 것을 알고 군사를 몰아 항현을 공격하였고 관구검의 군사는 패전하였다.

문흠 등이 평정된 뒤에 왕기는 鎭南將軍으로 승진했고, 豫州의 모든 군사를 감독하며, 豫州刺史를 겸임했고 작위도 올라 安樂鄕侯가 되었다.

왕기는 식읍 2백 호를 나눠 숙부의 아들 王喬(왕교)를 關內侯에 봉해달라고 상소하여 키워준 숙부의 은덕에 보답하려 했다. 조서를 내려 특별히 수락하였다.

| 原文 |

諸葛誕反, 基以本官行鎭東將軍, 都督揚,豫諸軍事. 時大軍在項, 以賊兵精, 詔基斂軍堅壘. 基累啓求進討. 會吳遣朱異來救誕, 軍於安城. 基又被詔引諸軍轉據北山, 基謂諸將

335 陳郡 項縣(항현)은, 今 河南省 동부 周口市 관할 沈丘縣.

曰, “今圍壘轉固, 兵馬向集, 但當精脩守備以待越逸, 而更移兵守險, 使得放縱, 雖有智者不能善後矣.”

遂守便宜上疏曰, 「今與賊家對敵, 當不動如山. 若遷移依險, 人心搖盪, 於勢大損. 諸軍並據深溝高壘, 衆心皆定, 不可傾動, 此御兵之要也.」

書奏, 報聽. 大將軍司馬文王進屯丘頭, 分部圍守, 各有所統. 基督城東城南二十六軍, 文王敕軍吏入鎭南部界, 一不得有所遣. 城中食盡, 晝夜攻壘, 基輒拒擊, 破之. 壽春既拔, 文王與基書曰,

「初議者云云, 求移者甚衆, 時未臨履, 亦謂宜然. 將軍深算利害, 獨秉固志, 上違詔命, 下拒衆議, 終至制敵禽賊, 雖古人所述, 不是過也.」

文王欲遣諸將輕兵深入, 招迎唐咨等子弟, 因釁有盪覆吳之勢. 基諫曰, “昔諸葛恪乘東關之勝, 竭江表之兵, 以圍新城, 城既不拔, 而衆死者太半. 姜維因洮上之利, 輕兵深入, 糧餉不繼, 軍覆上邽. 夫大捷之後, 上下輕敵, 輕敵則慮難不深. 今賊新敗於外, 又內患未弭, 是其脩備設慮之時也. 且兵出逾年, 人有歸志, 今俘馘十萬, 罪人斯得, 自歷代征伐, 未有全兵獨克如今之盛者也. 武皇帝克袁紹於官渡, 自以所獲已多, 不復追奔, 懼挫威也.”

文王乃止. 以淮南初定, 轉基爲征東將軍, 都督揚州諸軍

事, 進封東武侯. 基上疏固讓, 歸功參佐, 由是長史司馬等七人皆侯.

| 국역 |

諸葛誕(제갈탄)[336]이 반역하자, 王基(왕기)는 본래의 관직(本官, 鎭南將軍)을 가지고 鎭東將軍을 겸임하면서 揚州와 豫州의 모든 군사를 총 감독하였다. 그때 大軍은 (陳郡) 項縣(항현)에 주둔하고 있었는데, 반적의 군사가 정예병이라 하여 왕기에게 군사를 단속하며 성에서 대기하라고 명했다. 그러나 왕기는 진격하여 토벌하겠다고 여러 번 요구하였다. 그때 東吳에서는 朱異(주이)를 보내 제갈탄을 구원케 하였는데, (제갈탄의) 군사는 (汝南郡) 安城縣에 주둔하고 있었다. 왕기는 조서에 의거 모든 군사를 이끌고 北山(북산)이란 곳으로 이동하였는데 왕기가 여러 부장에게 말했다.

"지금 項城을 둘러싼 포위는 점차 견고해지고 병마가 모이고 있으니, 다만 정병을 거느리고 수비에 치중하며 적병의 도주를 막아야 하는데, 더 많은 군사를 험지로 이동시켜 반적을 풀어주는 것은 아무리 지략이 뛰어났더라도 좋은 결과를 얻기가 어려울 것이다."

그러면서 왕기는 여러 번 상소를 올려 말했다.

336 諸葛誕(제갈탄, ?-258년, 字 公休) - 諸葛豐의 후손, 諸葛亮(제갈량)과 諸葛瑾(제갈근)의 堂弟. (高貴鄕公 曹髦의) 甘露 2년(서기 257) 4월 征東大將軍인 諸葛誕(제갈탄)을 司空에 임명했다. 諸葛誕(제갈탄)은 중앙의 徵召(징소)에 응하지 아니하며 군사를 일으켜 반기를 들고(5월) 揚州刺史인 樂綝(악침)을 죽였다. (甘露) 3년(서기258) 봄 2월, 대장군 司馬文王(司馬昭)은 壽春城을 함락하고 諸葛誕(제갈탄)을 죽였다.

「지금 반적의 무리와 대치중이라 응당 산처럼 이동하지 않아야 합니다. 만약 우리가 이동하여 험지에 의거한다면 민심이 흔들리게 되어 전세에 크게 불리할 것입니다. 모든 군사는 현지에서 깊은 도랑과 높은 보루에 의존하고 있다면 민심이 안정되어 흔들리지 않을 것이니, 이것이 군사를 거느릴 요체라고 생각합니다.」

상서가 보고되자 수락하였다. 대장군 司馬昭는 진군하여 丘頭(구두)란 곳에 주둔하였는데, (왕기와) 부대를 나누어 수비하며 각각 통솔하였다. 왕기는 성동과 성남의 26개 군영을 관할하였고, 사마소는 軍吏들을 통솔하여 鎭南將軍 지역을 관할하고 있어, 왕기는 일률적인 군령을 내릴 수가 없었다. (반적의 근거지인 壽春城의) 군량이 바닥나자 반적은 주야로 관군을 공격하였는데, 왕기는 번번이 적을 격파하였다. 수춘성이 함락되자 사마소가 왕기에게 서신을 보내 말했다.

「처음에 조정의 議論이 분분하였으나 점차 이동해야 한다는 주장이 많았는데, 그때 우리도 현지 사정을 제대로 간파하지 못했기에 그렇게 이동하는 것이 옳은 줄 알았습니다. 그러나 장군은 그 이해관계를 명확하게 파악하여 홀로 굳건한 뜻을 가지고, 위로는 詔命을 어기고 아래로는 衆議를 거부하였지만, 결국 반적을 제압하고 잡아내었으니 옛사람들이 칭송하는 공신이나 명장일지라도 장군보다 더 우수하지는 못할 것입니다.」

사마소는 여러 장수를 시켜 경무장으로 적진(東吳) 깊숙이 진격하여 唐咨(당자)[337]와 그 자제들을 영입해 와서 곧 동오의 분쟁을 이

337 唐咨(당자, 생졸년 미상) – 본래 徐州 출신이었는데 패전하고 東吳로 도주했었다.

용하여 동오를 뒤집어 보겠다는 생각을 했었다. 이에 왕기가 간언을 올렸다.

"옛날에 諸葛恪(제갈각)이 東關(동관)의 싸움에서 승리하고서 長江 이남의 병력을 동원하여 (合肥의) 新城을 포위하였지만, 성을 함락시키지도 못하고 병력의 태반을 잃었습니다. 姜維(강유)는 洮上(조상)의 전투에서 승리하고 경무장 병사로 적진 깊이 쳐들어왔으나 군량이 공급되지 않아 그 군사를 上邽(상규)에서 전부 잃었습니다. 대체로 크게 이긴 뒤에는 상하가 적을 경시하기에 여러 가지 여건을 깊이 사려하지 못하게 됩니다. 지금 적은 원정에서 실패한 직후이고, 또 내부의 환란도 완전히 가라앉지 않았기에 여러 가지를 대비하고 고려하고 있을 것입니다. 또 우리 군사도 출병하여 해를 넘기게 되니 장졸마다 돌아가고 싶은 마음이 있으며, 이번에 우리가 포로 10만과 죄수들을 차지하였으니 역대의 많은 정벌 중 이처럼 완벽한 대승이 없었습니다. 武皇帝(曹操)께서 원소를 官渡(관도)에서 격파할 때도 전과가 너무 크다 생각하면서 더 이상 추격하지 않은 것은, 혹 위세가 꺾일 것을 염려했기 때문입니다."

司馬昭는, 곧 중지하였다. 淮南 지역이 겨우 안정이 되었기에, 왕기는 征東將軍이 되어 揚州의 모든 군사를 감독하였으며 東武侯로 작위가 올랐다. 그러나 왕기는 상소하여 완강히 사양하면서 공적을 참모들에게 돌렸기에 長史와 司馬 등 7명이 모두 제후가 되었다.

| 原文 |

是歲, 基母卒, 詔祕其凶問, 迎基父豹喪合葬洛陽, 追贈豹北海太守.

甘露四年, 轉爲征南將軍, 都督荊州諸軍事. 常道鄕公卽尊位, 增邑千戶, 並前五千七百戶. 前後封子二人亭侯,關內侯.

景元二年, 襄陽太守表吳賊鄧由等欲來歸化, 基被詔, 當因此震盪江表. 基疑其詐, 馳驛陳狀. 且曰, "嘉平以來, 累有內難, 當今之務, 在於鎭安社稷, 綏寧百姓, 未宜動衆以求外利."

文王報書曰, 「凡處事者, 多曲相從順, 鮮能確然共盡理實. 誠感忠愛, 每見規示, 輒敬依來指.」後由等竟不降.

| 국역 |

이 해에 王基(왕기)의 모친이 죽었는데, 조서로 그 悲報(원문의 凶問은 凶聞)를 비밀에 부친 뒤에, 왕기의 부친 王豹(왕표)의 시신과 함께 낙양에 합장케 하였으며, 부친 왕표에게는 北海 太守를 추증하였다.

(高貴鄕公 曹髦의) 甘露 4년(서기 259)에, 왕기는 征南將軍이 되어 荊州의 모든 軍事를 감독하였다. 常道鄕公(曹奐, 마지막 황제)이 尊位에 오르자(서기 259년), 식읍을 1천 호 늘려 받아 총 5,700호가 되었다. 그간 왕기의 아들 2명이 亭侯나 關內侯가 되었다.

(曹奐의) 景元 2년(서기 261), 襄陽 太守가 표문을 올려 東吳의 장수 鄧由(등유) 등이 귀화하려 한다고 하자, 왕기는 조서를 받고 이

런 기회를 이용하여 長江 남쪽 지역을 토벌하였다. 왕기는 동오 장수의 귀화가 거짓이라고 의심하며 역마를 보내 진상을 보고하게 하였다. 그러면서 조정에 보고하였다.

"嘉平(가평, 서기 249 - 254년) 이후로 여러 가지 내부 사안이 많았으니, 지금으로서는 사직을 안정시키고 백성을 편안케 하는 일에 힘써야 할 때이니 군사를 동원하여 의외의 이득을 얻으려는 것은 좋지 않습니다."

이에 사마소도 서신을 보내왔다.

「정무를 처리하면서 뜻을 굽혀가며 순종하는 자가 많고, 확실한 주장을 가지고 상사와 함께 사리를 논하는 사람은 많지 않습니다. 진정으로 경의 충성에 감동하며 늘 권유와 가르침을 받을 때마다 공경하며 경에게 의지할 뿐입니다.」

뒷날 등유 등은 끝내 귀부하지 않았다.

| 原文 |

是歲基薨, 追贈司空, 謚曰景侯. 子徽嗣, 早卒. 咸熙中, 開建五等, 以基著勳前朝, 改封基孫廙, 而以東武餘邑賜一子爵關內侯. 晉室踐阼, 下詔曰,

「故司空王基既著德立勳, 又治身清素, 不營產業, 久在重任, 家無私積, 可謂身沒行顯, 足用勵俗者也. 其以奴婢二人賜其家.」

| 국역 |

이 해에 王基(왕기)가 죽었는데 司空을 추증하였고 시호는 景侯(경후)였다. 아들 王徽(왕휘)가 계승했으나 일찍 죽었다. 咸熙 연간에, 5등 작위제를 처음 시행하면서 왕기의 공훈이 뚜렷하여 왕기의 손자인 王廙(왕이)에게 작위를 하사하였고, (왕기의 작위) 東武侯의 남는 식읍으로 아들 1명을 관내후에 봉했다. 晉室이 제위에 오른 뒤에 조서를 내렸다.

「故 司空 왕기는 덕행과 공적이 뚜렷하고 행실이 청렴, 소박하였으며, 가산을 돌보지 않아 가내에 남은 재산이 없었으니 가히 육신은 죽었지만 덕행은 뚜렷하다고 말할 수 있으며 세속을 바로 권면할 수 있었다. 노비 2명을 그 집에 하사하라.」

| 原文 |

評曰, 徐邈清尙弘通, 胡質素業貞粹, 王昶開濟識度, 王基學行堅白, 皆掌統方任, 垂稱著績. 可謂國之良臣, 時之彦士矣.

| 국역 |

陳壽의 評論 : 徐邈(서막)은 淸白, 高尙, 寬弘, 通達하였고, 胡質은 그 행실이 청렴하면서도 순수 강직하였으며, 王昶(왕창)은 일의 시작과 마무리에 견식과 넓은 도량이 돋보였고, 王基(왕기)는 학문과 품행이 견고하고 깨끗하였는데 4인 모두가 지방관으로 책무를 다하고 공을 세웠다. 가히 나라의 충량한 신하였고 당시 유명한 학자였다.

28권 〈王毌丘諸葛鄧鍾傳〉(魏書 28)
(왕,관구,제갈,등,종전)

❶ 王凌

| 原文 |

王凌字彦雲, 太原祁人也. 叔父允, 爲漢司徒, 誅董卓. 卓將李傕,郭汜等爲卓報仇, 入長安, 殺允, 盡害其家. 凌及兄晨, 時年皆少, 逾城得脫, 亡命歸鄉里. 凌擧孝廉, 爲發干長, 稍遷至中山太守, 所在有治, 太祖闢爲丞相掾屬.

文帝踐阼, 拜散騎常侍, 出爲兗州刺史, 與張遼等至廣陵討孫權. 臨江, 夜大風, 吳將呂範等船漂至北岸. 凌與諸將逆擊, 捕斬首虜, 獲舟船, 有功, 封宜城亭侯, 加建武將軍, 轉在青州. 是時海濱乘喪亂之後, 法度未整. 凌布政施敎, 賞善罰惡,甚有綱紀, 百姓稱之, 不容於口.

後從曹休徵吳, 與賊遇於夾石, 休軍失利, 淩力戰決圍, 休得免難. 仍徙爲揚,豫州刺史, 咸得軍民之歡心. 始至豫州, 旌先賢之後, 求未顯之士, 各有條敎, 意義甚美.

初, 淩與司馬朗,賈逵友善, 及臨兗,豫, 繼其名跡. 正始初, 爲征東將軍, 假節都督揚州諸軍事. 二年, 吳大將全琮數萬衆寇芍陂, 淩率諸軍逆討, 與賊爭塘, 力戰連日, 賊退走. 進封南鄉侯, 邑千三百五十戶, 遷車騎將軍,儀同三司.

| 국역 |

王淩(왕릉, 172 – 251)의 字는 彦雲(언운)인데, 太原 祁縣(기현)[338] 사람이다. 叔父인 王允(왕윤)[339]은 漢의 司徒가 되어 董卓(동탁)을 주살하였다. 동탁의 부장인 李傕(이각), 郭汜(곽사) 등이 동탁의 원수를 갚는다고 長安에 들어와 왕윤과 그 일족을 모두 죽일 때, 왕릉과 형 王晨(왕신)은 모두 어린아이라서 성을 넘어 탈출하여 고향으로 돌아

338 祁縣(기현) – 今 山西省 중부 晉中市 관할 祁縣(기현). 唐의 詩佛인 王維(왕유), 晩唐詞人 溫庭筠(온정균), 《三國演義》의 羅貫中(나관중)이 모두 祁縣(기현) 출신이다.

339 王允(왕윤, 137 – 192) – 王允은 여포를 이용하여 董卓(동탁)을 刺殺하였지만, (獻帝 初平 3년, 서기 192) 名士 蔡邕(채옹)도 죽여 민심을 잃었다. 왕윤은 동탁 잔당에게 피살되었다. 《三國演義》에서는 王允은 貂蟬(초선)의 義父이고, 貂蟬은 呂布와 董卓의 反目을 유발, 呂布가 董卓을 살해한다. 초선은 소설 속의 가공인물이나 36計 중 美人計와 連環計가 있다. 太原郡 祁縣(기현) 출신. 《後漢書》 66권, 〈陳王列傳〉에 입전.

와 숨었다. 왕릉은 孝廉(효렴)으로 천거받아 (東郡) 發干(발간) 縣長이 되었고, 차츰 승진하여 中山 太守가 되어 임지에서 치적이 좋아 승상 曹操가 불러 丞相府 掾屬(연속)에 임명했다.

文帝가 제위에 오른 뒤, 散騎常侍가 되었다가 兗州(연주) 刺史로 나갔으며, 張遼(장료) 등과 함께 廣陵郡에서 孫權을 토벌하였다. 왕릉이 長江 근처에 있을 때 밤에 큰 바람이 불어 吳將 呂範(여범)[340] 등의 戰船이 長江 북안으로 표류했다. 왕릉과 여러 장수가 이를 공격하여 적을 죽이고 포로로 잡았고, 戰船을 노획한 공적으로 宜城亭侯가 되었고, 加官으로 建武將軍의 칭호를 받았으며, 靑州 자사로 전임했다. 그때 청주의 해안 지역은 혼란 직후라서 법도가 확립되지 않았었다. 왕릉은 다스리면서 교화하고 상벌을 엄격히 시행하는 등 기강을 확립하여 백성의 칭송을 들었지만, 그런 말을 하도록 허용치 않았다.

그 뒤에 왕릉은 曹休(조휴)[341]를 수행하여 東吳를 원정했고, 동오의 군사와 夾石(협석)에서 싸웠는데 조휴의 군사가 불리했지만 왕릉은 힘껏 싸워 포위를 뚫었고, 조휴는 위기에서 벗어날 수 있었다. 이어 왕릉은 揚州와 豫州의 자사가 되어 재직하며 軍民의 환심을 샀다. 왕릉이 豫州에 부임하고서 선현의 후손을 찾아 표창하고 발탁되지 않은 현사를 찾아 등용하였으며 법규와 명령이 정연하여 명성이 매우 높았다.

340 《吳書》 11권, 〈朱治朱然呂範朱桓傳〉에 입전.

341 曹休(조휴, ?-228, 字 文烈)는 조조의 일족 형제의 아들(族子)이다. 조조가 '此吾家千里駒也!' 라고 칭찬했다. 千里駒는 千里馬. 《魏書》 9권, 〈諸夏侯曹傳〉에 입전.

그전에 왕릉은 司馬朗(사마랑)[342]과 賈逵(가규)[343]와 친하게 지냈는데, 연주와 예주에서의 명성과 치적을 이어갔다. (齊王 曹芳의) 正始 초년에, 征東將軍이 되어 부절을 받고 揚州 일대의 모든 軍事를 감독하였다. 東吳의 大將인 全琮(전종)이 수만 군사로 芍陂(작피) 일대를 노략질하자, 왕릉은 군사를 거느리고 맞아서 저수지(塘)를 두고 연일 힘겹게 싸워 격퇴하였다. 왕릉은 작위가 올라 南鄕侯가 되었고, 식읍은 1,350호였으며 車騎將軍에 儀同三司로 승진하였다.

| 原文 |

是時, 凌外甥令狐愚以才能爲兗州刺史, 屯平阿. 舅甥並典兵, 專淮南之重. 凌就遷爲司空. 司馬宣王旣誅曹爽, 進凌爲太尉, 假節鉞. 凌,愚密協計, 謂齊王不任天位, 楚王彪長而才, 欲迎立彪都許昌.

嘉平元年九月, 愚遣將張式至白馬, 與彪相問往來. 凌又遣舍人勞精詣洛陽, 語子廣. 廣言, "廢立大事, 勿爲禍先." 其

342 司馬朗(사마랑, 171-217년, 字 伯達) - 河內郡 溫縣(今 河南省 북부 焦作市 관할 溫縣) 사람. 京兆尹을 지낸 司馬防(사마방)의 아들로 兗州刺史를 역임했다. 司馬懿(司馬仲達)의 친형. 사마방은 장남 사마랑, 차남 사마의, 三子 司馬孚(사마부) 등 8명의 아들을 두었는데, 모두 유명하여 '八達' 이라고 불렸다. 《魏書》 15권, 〈劉司馬梁張溫賈傳〉에 입전.

343 曹魏의 賈逵(가규, 174-228, 字 梁道)는 本名 衢(구), 河東郡 襄陵縣人. 曹魏 정권의 軍政奇才. 王凌은 자살하기 전 項縣의 가규 사당 앞을 지나면서 소리쳤다. "賈梁道! 이 왕릉이 大魏의 충신인 것을 오직 그대만은 알아주리라!" 賈逵의 아들 賈充(가충)은 뒷날 西晉의 開國元勳.

十一月, 愚復遣式詣彪, 未還, 會愚病死.

二年, 熒惑守南斗, 淩謂, "斗中有星, 當有暴貴者." 三年春, 吳賊塞塗水. 淩欲因此發, 大嚴諸軍, 表求討賊, 詔報不聽. 淩陰謀滋甚, 遣將軍楊弘以廢立事告兗州刺史黃華, 華, 弘連名以白太傅司馬宣王. 宣王將中軍乘水道討淩, 先下赦赦淩罪, 又將尙書廣東, 使爲書喩淩, 大軍掩至百尺逼淩. 淩自知勢窮, 乃乘船單出迎宣王, 遣掾王彧謝罪, 送印綬,節鉞. 軍到丘頭, 淩面縛水次. 宣王承詔遣主簿解縛反服, 見淩, 慰勞之, 還印綬,節鉞, 遣步騎六百人送還京都. 淩至項, 飮藥死.

宣王遂至壽春. 張式等皆自首, 乃窮治其事. 彪賜死, 諸相連者悉夷三族. 朝議咸以爲《春秋》之義, 齊崔杼,鄭歸生皆加追戮, 陳屍斫棺, 載在方策. 淩,愚罪宜如舊典. 乃發淩,愚冢, 剖棺, 暴屍於所近市三日, 燒其印綬,朝服, 親土埋之. 進弘, 華爵爲鄉侯. 廣有志尙學行, 死時年四十餘.

| 국역 |

이때 王淩(왕릉)의 생질인 令狐愚(영호우, 字 公治, 本名 浚)는 재능이 있어 兗州 刺史가 되어 (淮南郡) 平阿(평아)에 주둔하고 있었다. 외삼촌과 생질 둘 다 군사를 지휘하며 회남군의 요지를 관장하고 있었다. 왕릉은 司空으로 승진하였다. 司馬懿가 曹爽(조상)을 주살한 뒤에, 왕릉을 다시 太尉로 승진시켰고 부절과 黃鉞(황월)을 하사하였다.

왕릉과 영호우는 은밀히 협의하여 齊王(曹芳)은 천자의 자리를 감당할 수 없고, 楚王인 曹彪(조표)[344]는 연장자이고 재능이 있으니 조표를 영입하여 許昌에 도읍케 하려고 했다.

(曹髦의) 嘉平 원년(서기 249) 9월, 영호우는 張式(장식)을 (東郡) 白馬縣에 보내 초왕 조표와 서로 왕래케 하였다. 왕릉은 舍人 勞精(노정)을 洛陽에 보내 아들 王廣(왕광)에게 알려주었다. 이에 왕광은 "황제의 폐립과 같은 大事로 재앙을 초래해서는 안 됩니다."고 말했다. 그 해 11월, 영호우는 다시 장식을 조표에게 보냈으나 장식이 돌아오기 전에 영호우는 병사했다.

(嘉平) 2년(서기 250), 熒惑星(형혹성)이 南斗星의 자리에 보이자 왕릉이 말했다.

"남두성의 중간에 형혹성이 들었으니 틀림없이 고귀한 사람이 폭사할 것이다."

(嘉平) 3년(서기 251) 봄, 東吳의 군사가 塗水(도수)를 막았다. 왕릉은 이를 이유로 군사를 대거 동원하려고 각 軍을 정비케 하면서 적을 토벌하겠다는 표문을 올렸지만 조서를 내려 허락하지 않았다. 왕릉의 음모는 더욱 구체화 되면서 將軍인 楊弘(양홍)을 보내 황제 廢立에 관한 계획을 兗州 자사인 黃華(황화)에게 알렸는데, 황화와

344 曹彪(조표, 195 – 251년, 字 朱虎) – 曹操와 孫姬의 아들. (曹髦의) 嘉平 3년(서기 251), 왕릉의 역모가 밝혀진 뒤에 小傅(소부)와 侍御史를 楚國에 보내 조사케 하여 이와 관련된 자들을 잡아 심리하였다. 廷尉가 조표를 죄를 처벌해야 한다고 상주했다. 이에 漢 燕王 劉旦(유단)의 전례에 의거, 廷尉와 大鴻臚를 겸하는 사자가 부절을 가지고, 조표에게 璽書(새서)를 내려 심하게 질책케 하여 스스로 해결케 하였다. 조표는 바로 自殺하였다. 왕비와 여러 아들은 모두 평민이 되었고 平原郡으로 이주시켰다. 楚國을 없애고 淮南郡을 설치했다.

양홍은 連名하여 이런 사실을 太傅(태부)인 사마의에게 보고하였다.

사마의는 中軍을 거느리고 물길을 이용하여 왕릉을 토벌하기 전에 먼저 사면령을 내려 왕릉의 죄를 사면하였고, 尙書 王廣(왕릉의 아들)을 동쪽으로 보내 왕릉을 설득케 하면서 대군을 거느리고 百尺(백척)이란 곳까지 가서 왕릉을 핍박하였다. 왕릉은 자신의 세력이 궁지에 몰린 것을 알고, 곧 배를 타고 사마의를 영접할 계획으로, 먼저 속리인 王彧(왕욱) 편에 請罪(청죄)하면서 印綬와 부절과 황월 등을 반납하였다. 사마의의 군사가 丘頭(구두)에 도착하자, 왕릉은 목에 밧줄을 감고 水路 곁에 대기하였다. 사마의는 조서를 받고 주부를 보내 왕릉의 밧줄을 풀어주고 관복을 입게 한 뒤에, 직접 왕릉을 만나 위로하면서 인수와 부절 황월을 돌려주고서 보병과 기병 6백 명으로 왕릉을 京都로 압송케 하였는데, 왕릉은 (陳郡) 項縣(항현)에 왔을 때 약을 먹고 자살하였다.

사마의는 (淮南郡 치소인) 壽春縣에 도착하였다. 張式(장식) 등이 모두 자수하자, 사건의 전말을 조사케 하였다. (楚王) 조표는 自盡(자진)하였고, 이와 관련된 모든 자는 三族을 멸하였다.

朝議에서는 《春秋》의 대의에 의거, (춘추시대) 齊의 崔杼(최저),[345] 鄭歸生(정귀생) 등 모두가 죽은 뒤에도 戮屍(육시)하여 관을 부수고 시신을 방치한 사실이 전적에 기재되었다고 하였다. 이에 왕릉과 영호우의 무덤을 파내어 관을 부수고(剖棺) 시신을 꺼내 가까운 저잣거리에 3일을 방치케 하고 그 인수와 朝服를 소각케 하였고 (棺槨을 쓰지 않고) 맨 땅에 파묻었다.

345 崔杼(최저, ?-前 546년) - 姜姓, 崔氏. 又稱 崔子, 崔武子로도 불렸다. 春秋 齊國의 大夫.

양홍과 황화에게는 鄕侯로 작위를 올려 주었다. 왕릉의 아들 왕광은 평소 학문과 수양에 힘썼지만 죽을 때 나이 40여 세였다.

❷ 毌丘儉

| 原文 |

毌丘儉字仲恭, 河東聞喜人也. 父興, 黃初中爲武威太守, 伐叛柔服, 開通河右, 名次金城太守蘇則. 討賊張進及討叛胡有功, 封高陽鄕侯. 入爲將作大匠.

儉襲父爵, 爲平原侯文學. 明帝卽位, 爲尙書郞, 遷羽林監. 以東宮之舊, 甚見親待. 出爲洛陽典農. 時取農民以治宮室, 儉上疏曰, 「臣愚以爲天下所急除者二賊, 所急務者衣食. 誠使二賊不滅, 士民飢凍, 雖崇美宮室, 猶無益也.」

遷荊州刺史.

| 국역 |

毌丘儉(관구검)[346]의 字는 仲恭(중모)로, 河東郡 聞喜縣 사람이다.

346 毌丘儉(관구검, ?-255) - 毌丘(관구)는 복성〔毌은 貫의 本字, 毋(말 무, 금지사)〕가 아님. 正始 7년(서기 246) 玄菟郡(현도군)에서 출발하여 고구려 도읍 丸都城을 점령, 東川王은 옥저로 피난. (正元) 2년(서기 255) 봄, 鎭東將軍 毌丘儉(관구검)과 揚州刺史 文欽(문흠)이 반역했고, 大將軍 司馬景王(司馬師)이 토벌하였다. 도망간 관구검을 安風縣의 都尉가 관구검을 죽이고 그 수급을

부친 毌丘興(관구흥)은 黃初 연간에, 武威郡 태수로 반역자를 토벌하고 백성을 위무하였고, 황하 서쪽의 교통을 열어 그 명성은 金城 태수 蘇則(소칙)[347]에 버금갔다. 관구흥은 반적인 張進(장진)과 胡人 토벌에도 공을 세워 高陽鄕侯에 봉해졌고 조정에 들어가 將作大匠이 되었다.

관구검은 부친의 작위를 이어받았고, 平原侯의 文學(官職名)이 되었다. 明帝가 즉위한 뒤, 尙書郎을 역임했다가 羽林監이 되었다. 명제의 동궁 시절부터 시중을 들어 명제의 신임과 우대를 받았다. 관구검은 洛陽의 典農官이 되었다. 그때 명제는 농민을 동원하여 궁궐 공사를 하였는데, 관구검이 상소하였다.

「臣의 우견이지만 당장 급한 일은 東吳와 촉한을 없애는 일이고, 또 백성의 의식을 해결하는 일에 힘써야 합니다. 정말로 동오와 촉한을 없애지도, 또 백성의 의식을 해결도 못한다면 궁궐이 아무리 멋져도 무익할 뿐입니다.」

관구검은 荊州 자사가 되었다.

| 原文 |

青龍中, 帝圖討遼東, 以儉有幹策, 徙爲幽州刺史, 加度遼將軍, 使持節, 護烏丸校尉. 率幽州諸軍至襄平, 屯遼隧. 右

낙양에 보내왔다. 《魏書》 28권, 〈王毌丘諸葛鄧鍾傳〉에 立傳.

347 蘇則(소칙)은 涼州 일대의 치안 확보에 공을 세웠고, 文帝에게 직언을 서슴지 않았는데 지방으로 좌천당하여 부임 중에 병사하였다. 《魏書》 16권, 〈任蘇杜鄭倉傳〉에 입전.

北平烏丸單于寇婁敦,遼西烏丸都督率衆王護留等, 昔隨袁尙奔遼東者, 率衆五千餘人降. 寇婁敦遣弟阿羅槃等詣闕朝貢, 封其渠率二十餘人爲侯,王, 賜輿馬繒采各有差. 公孫淵逆與儉戰, 不利, 引還.

明年, 帝遣太尉司馬宣王統中軍及儉等衆數萬討淵, 定遼東. 儉以功進封安邑侯, 食邑三千九百戶.

| 국역 |

(明帝) 青龍 연간에(서기 233 - 236), 명제가 遼東郡을 토벌하려 하자 毌丘儉(관구검)은 방책을 건의하여 幽州(유주) 刺史가 되었고, 度遼將軍(도료장군)의 加官을 받았으며 부절을 받고 護烏丸校尉를 겸직했다. 관구검은 유주의 모든 군사를 통솔하여 襄平縣(양평현)[348]을 점거하고 (요동군) 遼隧縣(요수현)에 주둔하였다.

右北平郡의 烏丸族 單于(선우)인 寇婁敦(구루돈)과 遼西郡 烏丸都督도 오환족 부족장인 護留(호류) 및 전에 袁尙(원상)을 따라 요동군으로 망했던 자 등 무리 5천여 명을 거느리고 투항하였다. 구루돈은 동생인 阿羅槃(아라반) 등을 궁궐에 보내 조공을 바쳤고, 그 중간 우두머리 등 20여 명은 侯나 王에 봉해졌으며 수레나 말, 그리고 채색 비단 등을 차등을 두어 지급받았다. (요동태수) 公孫淵(공손연) 등은 관구검을 맞아 싸웠는데 관구검이 불리하여 군사를 거느리고 돌아왔다.

348 襄平縣(양평현) - 遼東郡의 郡治, 今 遼寧省 중부 遼陽市.

다음 해에 명제는 太尉 司馬懿를 보내 中軍 및 관구검 등 수만 군사를 거느리고 공손연을 토벌하여 요동을 평정하였다. 관구검은 작위가 올라 安邑侯가 되었고, 식읍은 3,900호가 되었다.

| 原文 |

正始中, 儉以高句驪數侵叛, 督諸軍步騎萬人出玄菟, 從諸道討之. 句驪王宮將步騎二萬人, 進軍沸流水上, 大戰梁口, 宮連破走. 儉遂束馬縣車, 以登丸都, 屠句驪所都, 斬獲首虜以千數. 句驪沛者名得來, 數諫宮, 宮不從其言. 得來嘆曰, "立見此地將生蓬蒿." 遂不食而死, 擧國賢之.

儉令諸軍不壞其墓, 不伐其樹, 得其妻子, 皆放遣之. 宮單將妻子逃竄. 儉引軍還. 六年, 復征之, 宮遂奔買溝. 儉遣玄菟太守王頎追之, 過沃沮千有餘里, 至肅愼氏南界, 刻石紀功, 刊丸都之山, 銘不耐之城. 諸所誅納八千餘口, 論功受賞, 侯者百餘人. 穿山漑灌, 民賴其利.

| 국역 |

(齊王 曹芳의) 正始 연간에(서기 240 - 248), 관구검은 高句驪(고구려)가 자주 침범하거나 배반한다 하여 보병과 기병 1만 명을 거느리고 玄菟郡(현도군)[349]을 출발하여 여러 갈래 길로 공략하였다. 고

349 玄菟郡(현도군)의 치소는 高句麗縣, 今 遼寧省 省會인 중북부 瀋陽市.

구려 王인 宮(궁)[350]은 보병과 기병 2만여 명을 거느리고 沸流水(비류수)[351]까지 진격하여 梁口(양구)에서 싸웠는데, 고구려 군사는 연패하며 달아났다.

관구검은 말과 수레를 묶어 내리면서(험악한 지형) 丸都城(환도성)[352]을 점거하고 고구려 도읍을 도륙하고 수천 명을 죽이거나 포로로 잡았다. 고구려의 沛者(패자, 관직명)인 得來(득래)는 여러 번 국왕 宮에게 (투항을) 건의했는데도 국왕 宮이 듣지 않자, 득래는 나오면서 "빨리 이 땅이 쑥밭이 되는 것을 보고 싶다." 고 말했다. 그러면서 득래는 음식을 먹지 않아 죽었고 나라에서는 현명한 사람이라고 생각했다.[353]

관구검은 군사들에게 명하여 득래의 무덤을 파괴하지 말 것과,

350 高句驪王(고구려왕) 宮 – 高句驪 – 驪는 가라말 려(검은 털의 말). 우리나라에서는 高句麗, 高麗이다. 중국 주변의 이민족을 동물 이름으로 부르는 관습에 의거. 일부러 馬변의 驪을 써서 자신들의 우월감을 표현했을 것이다. 麗는 고울 려. 국명, 부족명, 현명. 一名 句驪, 高夷, 高离(고리). 《後漢書 東夷列傳》에서는 고구려 다음에 句麗를 별개의 국가로 나누어 설명하였는데, 이는 착오이다. 또 '句驪王宮' 이란 기록에서 宮은 이름인데 왕이 성씨를 기록 아니 할 리 없고, 또 속명을 대외적으로 사용하지는 않았을 것이다. 고구려왕의 시호를 하나도 기록하지 않고 평민 이름을 쓰듯 俗名을 기록하였는데, 이는 적대의식의 발로라 생각하면 된다. 宮은 고구려 太祖王의 이름이다. 青龍 연간에는, 고구려 東川王(재위 227 – 248년)이 재위 중이었다.

351 沸流水(비류수) – 吉林省과 遼寧省을 흘러 鴨綠江(압록강)에 합쳐지는 지류가 渾江(혼강)이고, 혼강의 지류 중 하나가 富爾江(沸流水)이다.

352 丸都山城 – 고구려의 두 번째 도성. 그 遺址(유지)는 지금 중국의 全國重點文物保護單位로 지정되었다. 今 吉林省 通化市 관할 최남단 集安市(鴨綠江 북안) 서쪽 丸都山에 있는데, 해발 676m이다. 國內城을 방어하기 위한 군사 목적으로 건설되었다.

353 이 시기에 우리나라의 기록이 아무것도 없으니 사실 여부를 증명할 수 없지만, 적대국이라는 감정이 있다면 이런 식은 作文은 누구나 할 수 있을 것이다.

그 묘위의 나무를 베지 못하게 했으며 그 처자식을 풀어주었다. 국왕 宮은 처자식만 거느리고 도망가 숨었다. 관구검은 군사를 거느리고 돌아왔다. 正始 6년에(서기 245), 관구검은 다시 고구려를 원정했는데 국왕 宮(궁)은 買溝(매구)로 달아났다. 관구검은 현도군 태수인 王頎(왕기, 字 孔碩)[354]를 보내 추격하였다.

관구검은 沃沮(옥저)의 북쪽으로 1천여 리를 더 지나 肅愼氏(숙신씨)의 남쪽 영역에 이르러 돌에 자신의 공을 기록하였으며[355] 丸都城의 山과 不耐(불내)의 城에도 공을 새겼다. 관구검은 약 8천여 명을 죽이거나 포로로 잡아왔고 논공행상에서 제후가 된 자가 1백여 명이었다. 관구검은 (고구려에서) 산을 뚫고 물길을 내어 백성들이 혜택을 받았다.

❙原文❙

遷左將軍, 假節監豫州諸軍事, 領豫州刺史, 轉爲鎭南將軍. 諸葛誕戰於東關, 不利, 乃令誕,儉對換. 誕爲鎭南, 都督豫州. 儉爲鎭東, 都督楊州. 吳太傅諸葛恪圍合肥新城, 儉與文欽御之, 太尉司馬孚督中軍東解圍, 恪退還.

初, 儉與夏侯玄,李豐等厚善. 揚州刺史前將軍文欽, 曹爽之

354 王頎(왕기) - 240 - 242년에 玄菟郡 太守, 고구려 원정에 참여 正始 8년(서기 247년)에 帶方郡 太守로 왜국과 통교했다.

355 관구검의 刻石記功碑 파편이 1904년(光緒 31년)에 吉林省 輯安(集安)에서 발견되었고, 지금 遼寧省博物館에 있다고 한다.

邑人也, 驍果粗猛, 數有戰功, 好增虜獲, 以徼寵賞, 多不見許, 怨恨日甚. 儉以計厚待欽, 情好歡洽. 欽亦感戴, 投心無貳.

正元二年正月, 有彗星數十丈, 西北竟天, 起於吳,楚之分. 儉,欽喜, 以爲己祥. 遂矯太后詔, 罪狀大將軍司馬景王, 移諸郡國, 擧兵反. 迫脅淮南將守諸別屯者, 及吏民大小, 皆入壽春城, 爲壇於城西, 歃血稱兵爲盟, 分老弱守城, 儉,欽自將五六萬衆渡淮, 西至項. 儉堅守, 欽在外爲游兵.

| 국역 |

관구검은 左將軍으로 승진하였고, 부절을 받아 豫州의 모든 軍事를 감독하였고, 豫州 자사를 겸임하였는데 다시 鎭南將軍으로 승진하였다. 諸葛誕(제갈탄)이 東關(동관)에서 東吳와 싸웠는데 불리하여 조정에서는 제갈탄과 관구검의 직무를 바꿨다. 제갈탄은 鎭南將軍으로 豫州를 감독하였고, 관구검은 鎭東將軍으로 楊州를 감독하였다.

東吳의 太傅인 諸葛恪(제갈각)이 合肥(합비)의 新城을 포위하자, 관구검과 文欽(문흠)이 방어했는데, 太尉인 司馬孚(사마부)[356]가 中軍을 감독하여 동쪽으로 진격하자 제갈각은 포위를 풀고 물러갔다.

그전에, 관구검과 夏侯玄(하후현), 李豐(이풍) 등은 서로 가까웠다. 揚州 자사인 前將軍 文欽(문흠)[357]은 본래 曹爽(조상)과 같은 고향 사

356 司馬孚(사마부, 180－272년, 字 叔達) － 河內郡 溫縣(今 河南省 북부 焦作市 관할 溫縣) 출신. 司馬懿의 동생. 西晉의 宗室, 魏朝의 司空, 太尉, 太傅 등 요직을 역임했다.

357 文欽(문흠, ?－258년, 字 仲若) － 豫州 譙郡 출신, 曹魏의 前將軍, 揚州刺史, 역

람이었는데 사람이 용감하며 결단력이 있고 거칠었지만 자주 전공을 세웠으며, 포로를 늘려 보고하여 인정을 받고 상 타는 것을 좋아했지만 수락되지 않아 불만이 날로 심해졌다. 관구검은 의도적으로 문흠을 후대하였고 좋은 감정으로 잘 사귀었다 이에 문흠도 감격하여 마음을 주며 다른 뜻이 없었다.

(高貴鄕公, 曹髦의) 正元 2년(서기 255) 정월, 길이 수십 丈(장)이나 되는 혜성이 서북 하늘을 가로질렀는데 吳와 楚에 해당하는 구역에서 시작하였다. 관구검과 문흠은 함께 좋아하면서 자신들에게 길조라고 생각하였다.

그리하여 마침내 太后의 조서를 위조하여 大將軍 司馬師의 죄상을 기록한 뒤 이를 여러 군국에 알리며 군사를 동원하면서 반역했다. 관구검은 淮南 일대의 여러 장수나 주둔하는 軍吏와 大小의 관리나 백성을 위협하여 모두 壽春城에 집결시켰고, 성의 서쪽에 단을 쌓고 희생을 잡아 피로 맹서하였으며, 노약자는 성을 지키게 하고, 관구검과 문흠은 군사 5, 6만을 거느리고서 淮水를 건너 서쪽으로 項縣(항현)까지 진격하였다. 관구검은 성을 지켰고 문흠은 성 밖에서 군사를 거느리고 상황에 따라 이동하였다.

....

임. 建安 24년(서기 219)에, 魏諷의 모반에 연좌되어 사형 판결이 났으나 조조는 자신의 부장 文稷(문직)의 아들이라 하여 특별히 사면하였다. 관구검과 함께 모반한 뒤 동오로 도주하여 譙侯로 책봉되었다.

| 原文 |

大將軍統中外軍討之, 別使諸葛誕督豫州諸軍從安風津擬壽春, 征東將軍胡遵督青,徐諸軍出於譙,宋之間, 絶其歸路. 大將軍屯汝陽, 使監軍王基督前鋒諸軍據南頓以待之. 令諸軍皆堅壁勿與戰. 儉,欽進不得鬪, 退恐壽春見襲, 不得歸, 計窮不知所爲. 淮南將士, 家皆在北, 衆心沮散, 降者相屬, 惟淮南新附農民爲之用.

大將軍遣兗州刺史鄧艾督泰山諸軍萬餘人至樂嘉, 示弱以誘之, 大將軍尋自洙至. 欽不知, 果夜來欲襲艾等, 會明, 見大軍兵馬盛, 乃引還. 大將軍縱驍騎追擊, 大破之, 欽遁走. 是日, 儉聞欽戰敗, 恐懼夜走, 衆潰. 比至愼縣, 左右人兵稍棄儉去, 儉獨與小弟秀及孫重藏水邊草中. 安風津都尉部民張屬就射殺儉, 傳首京都. 屬封侯. 秀,重走入吳. 將士諸爲儉,欽所迫脅者, 悉歸降.

儉子甸爲治書侍御史, 先時知儉謀將發, 私出將家屬逃走新安靈山上. 別攻下之, 夷儉三族. 欽亡入吳, 吳以欽爲都護, 假節,鎭北大將軍,幽州牧,譙侯.

| 국역 |

대장군(司馬師)은 中外의 군사를 거느리고 관구검의 토벌에 나서면서 별도로 諸葛誕(제갈탄)에게 豫州의 모든 군사를 거느리고

(廬江郡) 安風津(안풍진)에서 壽春 공략을 준비하게 시켰다. 征東將軍인 胡遵(호준)[358]은 青州와 徐州의 모든 군사를 거느리고 譙郡(초군)과 宋國에서 출정하여 관구검의 퇴로를 차단케 하였다. 대장군 사마사는 (汝南郡) 汝陽縣에 주둔한 뒤에, 監軍인 王基(왕기)를 시켜 前軍의 여러 부대를 감독하며 (汝南郡) 南頓縣(남돈현)에서 대장군을 기다리게 하였다. 그리고 모든 부대에 굳건히 방어만 하고 싸우지 말라고 명령했다.

관구검과 문흠은 진격해도 싸울 수가 없고 수춘성에 들어가면 습격을 당할 것 같아 돌아가지도 못하고 계책도 없이 어찌할 바를 몰랐다. 淮南의 將士들은 거의 북쪽에 집이 있어 사기를 잃고 흩어져 투항자가 속출하였고 겨우 회남군의 농민들만 부릴 수가 있었다.

대장군(사마사)은 兗州(연주)자사인 鄧艾(등애)를 보내 泰山郡의 군사 1만여 명을 거느리고 樂嘉(낙가)로 가서 軍勢가 약한 것처럼 꾸며 관구검의 반군을 유인케 하였고, 대장군도 곧 군사를 거느리고 洙水(수수)를 출발하여 도착하였다. 이를 모른 문흠은 야간에 등애의 군사를 기습했으나 날이 밝으며 대군을 보고서는 즉시 돌아갔다.

사마사는 날쌘 기병을 풀어 문흠을 추격케 하여 대파하자, 문흠은 도주하였다. 이날 관구검은 문흠이 패전한 소식을 듣고 두려워서 밤에 도주했기에 관구검의 군영은 저절로 붕괴되었다. 관구검이 (汝南郡) 慎縣(신현)에 도착할 무렵에 관구검의 측근 장졸은 관군검을 버리고 도주하였고, 관구검은 혼자서 동생 毌丘秀(관구수)와 손자 毌丘重(관구중)을 데리고 물가 풀밭에 숨었다. 安風津 都尉의 수

358 胡遵(호준, ?-256) - 安定郡 臨涇縣人, 曹魏의 무장. 司馬懿의 心腹

하 백성인 張屬(장속)은 관구검을 쏘아 죽였고 그 수급을 낙양으로 보냈다. 장속은 제후가 되었다. 관구수와 관구중은 東吳로 도주하였다. 관구검과 문흠의 협박을 받았던 자들은 모두 투항하였다.

관구검의 아들 毌丘甸(관구전)은 治書侍御史였는데, 관구검이 반역하기 전에 관구검의 뜻을 알고 몰래 식구들을 데리고 新安郡 靈山(영산) 산중으로 숨었다. 조정에서는 별도로 군사를 보내 영산에서 찾아내어 삼족을 없애버렸다. 문흠은 東吳로 도망하여 동오에서 都護가 되어 부절을 받고 鎭北大將軍에 幽州牧의 직함을 받았으며 譙侯(초후)에 봉해졌다.

❸ 諸葛誕

| 原文 |

諸葛誕字公休, 琅邪陽都人, 諸葛豐後也. 初以尙書郎爲滎陽令, 入爲吏部郎. 人有所屬託, 輒顯其言而承用之, 後有當否, 則公議其得失以爲褒貶, 自是群僚莫不愼其所擧. 累遷御史中丞尙書, 與夏侯玄,鄧颺等相善, 收名朝廷, 京都翕然. 言事者以誕,颺等脩浮華, 合虛譽, 漸不可長.

明帝惡之, 免誕官. 會帝崩, 正始初, 玄等並在職. 復以誕爲御史中丞尙書, 出爲揚州刺史, 加昭武將軍.

| 국역 |

諸葛誕(제갈탄)[359]의 字는 公休(공휴)로, 琅邪郡(낭야군) 陽都縣 사람이다. (前漢 元帝 때) 諸葛豐(제갈풍)[360]의 후손이다. 제갈탄은 처음에 尙書郎을 지내고 (河南郡) 滎陽(형양) 현령이 되었다가 조정에 들어가 吏部郎이 되었다.

제갈탄은 다른 사람의 인사 청탁을 받으면 바로 그 말을 공개하고 뜻을 받들어 등용한 뒤에 그 적임 여부를 공의에 부쳐 득실에 따라 포폄하였기에 신하 누구라도 인재 천거에 신중하지 않을 수가 없었다. 제갈탄은 여러 번 승진하여 (관리를 감찰하는) 御史中丞의 尙書(문서담당) 가 되었는데, 夏侯玄(하후현)과 鄧颺(등양) 등과 가까이 지내면서 조정에서도 명성을 누렸고, 낙양 사람들도 그들을 칭송하였다. 그렇지만 바른 말을 좋아하는 사람들은 제갈탄이나 등양 등이 浮華(부화)한 기풍을 조성하며 그런 싹수라면 높이 오를 수 없다고 하였다.

明帝도 제갈탄을 싫어하여 제갈탄을 파면하였다. 마침 명제가 붕어하고 (齊王 曹芳의) 正始 초년에 하후현 등 모두가 복직하였다.

359 諸葛誕(제갈탄, ?-258年, 字 公休) - 琅邪郡 陽都縣人(今 山東省 남부 臨沂市 임기시). 蜀漢 諸葛亮과 東吳 諸葛瑾의 堂弟, 明帝 青龍 연간 中原 名士의 한 사람.

360 元帝가 諸葛豐(제갈풍)을 발탁하여 司隷校尉(사예교위)에 임명하였는데, 사람을 가리지 않고 죄지은 자를 검거하였기에 경사 사람들이 이를 두고 '이 넓은 세상에 하필 제갈풍을 만났다.' 고 하였다. 원제는 그의 지조를 가상히 여겨 제갈풍의 질록을 광록대부의 질록으로 올려주었다. 나중에 원제는 원칙주의자인 제갈풍을 미워하고 배척하였다. 《漢書》 77권, 《蓋諸葛劉鄭孫毌將何傳》에 입전.

제갈탄은 다시 御史中丞의 尙書가 되었다가 揚州 자사에 加官으로 昭武將軍이 되었다.

| 原文 |

王淩之陰謀也, 太傅司馬宣王潛軍東伐, 以誕爲鎭東將軍, 假節都督揚州諸軍事, 封山陽亭侯. 諸葛恪興東關, 遣誕督諸軍討之, 與戰, 不利. 還, 徙爲鎭南將軍.

後毌丘儉,文欽反, 遣使詣誕, 招呼豫州士民. 誕斬其使, 露布天下, 令知儉,欽凶逆. 大將軍司馬景王東征, 使誕督豫州諸軍, 渡安風津向壽春. 儉,欽之破也, 誕先至壽春. 壽春中十餘萬口, 聞儉,欽敗, 恐誅, 悉破城門出, 流迸山澤, 或散走入吳. 以誕久在淮南, 乃復以爲鎭東大將軍,儀同三司,都督揚州.

吳大將孫峻,呂據,留贊等聞淮南亂, 會文欽往, 乃帥衆將欽徑至壽春, 時誕諸軍已至, 城不可攻, 乃走. 誕遣將軍蔣班追擊之, 斬贊, 傳首, 收其印節. 進封高平侯, 邑三千五百戶, 轉爲征東大將軍.

| 국역 |

王淩(왕릉)의 반란 음모에, 太傅인 사마의는 은밀히 中軍을 동원하여 동쪽 원정에 나서면서, 諸葛誕(제갈탄)을 鎭東將軍으로 삼아 부절을 내려 揚州의 모든 軍事를 감독케 하였고, 山陽亭侯에 봉했다. 제갈탄은 東關(동관)[361]에서 모든 부대를 독려하여 왕릉과 싸웠으나 불리했다. 제갈탄이 돌아오자, 제갈탄은 鎭南將軍이 되었다.

그 뒤에 毌丘儉(관구검)과 文欽(문흠)이 반역하면서, 관구검은 사자를 제갈탄에게 보내 豫州 일대의 백성을 불러모으게 시켰다. 그러나 제갈탄은 관구검의 사자를 참수하고 이를 세상에 공표하여 관구검과 문흠의 흉악한 반역을 널리 알렸다.

大將軍 司馬景王(司馬師)은 관구검을 정벌하면서 제갈탄에게 豫州의 군사를 지휘하여 安風津을 건너 壽春城으로 진군케 했다. 관구검과 문흠이 격파되고 제갈탄은 수춘에 제일 먼저 도착하였다. 수춘 성 안의 백성 10여만 명은 관구검과 문흠의 패전 소식을 듣고 처형될 것이 두려워 모두 성문을 부수고 산과 늪지대로 도주했으며 東吳로 도망가는 자도 있었다. 제갈탄은 淮南郡에 오래 근무했기에 다시 鎭東大將軍에 儀同三司가 되어 揚州의 軍事를 감독하였다.

東吳의 대장인 孫峻(손준)과 呂據(여거), 留贊(유찬) 등은 淮南의 반란 소식을 들었고 이어 문흠이 제 발로 찾아오자, 군사를 거느리고 문흠과 함께 지름길로 壽春으로 출발했지만 제갈탄의 군사가 이미 성을 차지했기에 성을 공격하지 못하고 그냥 퇴각하였다.

제갈탄은 장군 蔣班(장반)을 보내 추격케 하여 東吳의 장수 유찬을 죽이고 그 수급을 보내왔고 유찬의 인수를 습득하였다. 제갈탄은 작위가 올라 高平侯가 되었고, 식읍 3,500호를 받았으며 征東大將軍으로 전직했다.

361 東關은 관문 이름. 今 安徽省 중동부 巢湖市 巢縣 남쪽. 濡須山에 위치.

| 原文 |

誕既與玄,颺等至親, 又王淩,毌丘儉累見夷滅, 懼不自安, 傾帑藏振施以結衆心, 厚養親附及揚州輕俠者數千人爲死士. 甘露元年冬, 吳賊欲向徐堨, 計誕所督兵馬足以待之, 而復請十萬衆守壽春, 又求臨淮築城以備寇, 內欲保有淮南. 朝廷微知誕有自疑心, 以誕舊臣, 欲入度之.

二年五月, 徵爲司空. 誕被詔書, 愈恐, 遂反. 召會諸將, 自出攻揚州刺史樂綝, 殺之. 斂淮南及淮北郡縣屯田口十餘萬官兵, 揚州新附勝兵者四五萬人, 聚穀足一年食, 閉城自守. 遣長史吳綱將小子靚至吳請救.

吳人大喜, 遣將全懌,全端,唐咨,王祚等, 率三萬衆, 密與文欽俱來應誕. 以誕爲左都護,假節,大司徒,驃騎將軍,青州牧, 壽春侯. 是時鎭南將軍王基始至, 督諸軍圍壽春, 未合. 咨,欽等從城東北, 因山乘險, 得將其衆突入城.

| 국역 |

諸葛誕(제갈탄)은 이미 夏侯玄(하후현), 鄧颺(등양) 등과 친했었고, 또 王淩(왕릉)과 毌丘儉(관구검) 등이 반역으로 멸족당하는 것을 보았기에 두렵고 불안하여 재물을 다 기울여 베풀면서 민심을 얻으려 했는데, 친하게 따르는 자들을 후하게 대우하면서 揚州 일대의 경박한 협객 수천 명으로 결사대를 만들었다.

(高貴鄕公 曹髦의) 甘露 원년(서기 256) 겨울, 東吳의 군사가 徐

堨(서알, 堨 보 알, 저수지) 이란 곳을 공격하려 하자, 조정에서는 제갈탄의 군사가 충분하다고 생각하였지만, 제갈탄은 수춘 방어를 위하여 10만 군사가 더 필요하며, 淮水 주변에 축성하여 적의 침입에 대비해야 한다고 요청하면서, 내심으로는 淮南 일대를 완전 장악하려고 했다. 이에 朝廷에서는 제갈탄의 속셈을 의심하였지만 제갈탄이 원로이기에 조정에 불러 알아보려고 했다.

(甘露) 2년 5월, 조정에서는 제갈탄을 司空에 임명하였다. 제갈탄은 조서를 받고 더욱 두려워하면서 결국 반기를 들었다. 제갈탄은 여러 장수를 불러 모은 뒤, 직접 출정하여 揚州 자사 樂綝(악침)을 공격 살해했다. 제갈탄은 淮南 및 淮北의 각 군현의 둔전하는 10만 군사와 揚州에서 새로이 징발한 군사 4, 5만 명을 모으고, 1년을 버틸 군량을 거둬 비축한 뒤에 壽春 성문을 폐쇄하였다. 제갈탄은 長史인 吳綱(오강)과 막내아들 諸葛靚(제갈정)을 東吳에 보내 구원을 요청하였다.

동오에서는 크게 기뻐하며 장군 全懌(전역), 全端(전서), 唐咨(당좌), 王祚(왕상) 등에게 군사 3만을 주어 출정시켰고, 비밀리에 문흠을 보내 제갈탄과 호응케 하였으며, 제갈탄을 東吳의 左都護에 임명하고 부절을 하사하며, 대사도 겸 표기장군에 靑州牧을 겸하게 하였고 壽春侯에 봉했다.

이때 鎭南將軍인 王基(왕기)가 막 도착하여 각 군영을 독려하며 수춘성을 포위케 하였지만 아직 완전히 포위하지는 못했다. (東吳의) 당좌와 문흠 등은 수춘성의 동북에서 험한 산세를 이용하여 군사를 거느리고 수춘성에 입성하려 했다.

| 原文 |

六月, 車駕東征, 至項. 大將軍司馬文王督中外諸軍二十六萬衆, 臨淮討之. 大將軍屯丘頭. 使基及安東將軍陳騫等四面合圍, 表裏再重, 塹壘甚峻. 又使監軍石苞,兗州刺史州泰等, 簡銳卒爲游軍, 備外寇. 欽等數出犯圍, 逆擊走之.

吳將朱異再以大衆來迎誕等, 渡黎漿水, 泰等逆與戰, 每摧其鋒. 孫綝以異戰不進, 怒而殺之. 城中食轉少, 外救不至, 衆無所恃. 將軍蔣班,焦彝, 皆誕爪牙計事者也, 棄誕, 逾城自歸大將軍. 大將軍乃使反間, 以奇變說全懌等, 懌等率衆數千人開門來出. 城中震懼, 不知所爲.

| 국역 |

(甘露 2년) 6월, 황제가 東征에 나서 (陳郡) 項縣(항현)에 도착했다. 대장군인 司馬昭(사마소)는 中外의 모든 군사 26만을 거느리고 회남에서 제갈탄 토벌에 나섰다. 대장군 사마소는 丘頭(구두)에 주둔하였다. 사마소는 王基(왕기) 및 安東將軍 陳騫(진건) 등을 시켜 수춘성을 사방에서 안과 밖으로 이중으로 포위케 했고 참호와 보루가 모두 완벽하였다. 또 監軍인 石苞(석포)와 兗州(연주) 자사인 州泰(주태) 등으로 경무장 정예군을 이끌고 순시하며 외적 공격에 대비케 하였다.

반적 문흠 등은 포위를 뚫으려 여러 번 시도하였지만 반격에 패퇴하였다. 吳將인 朱異(주이)는 다시 대 부대를 이끌고 제갈탄을 영입하려 黎漿水(여장수)를 건너왔지만 주태 등이 맞서 싸워 그 예봉을 번번이 꺾어버렸다.

동오의 孫綝(손침)은 주이가 싸워도 진격하지 못하자 분노하며 주이를 죽여버렸다. 수춘성 안의 군량이 점차 줄어들고 외부의 지원병도 오지 않자 반란군은 의지할 바가 없었다. 장군인 蔣班(장반)과 焦彝(초이) 등은 모두 제갈탄의 심복으로 반란에 동참했었지만 제갈탄을 버리고 성벽을 넘어 스스로 사마소에게 투항하였다. 사마소는 反間(諜者)을 시켜 교묘한 언사로 全懌(전역) 등을 설득하자, 전역 등은 수천 군사를 인솔하여 성문을 열고 도망 나왔다. 성 안에서는 크게 놀라며 어찌할 줄을 몰랐다.

| 原文 |

三年正月, 誕,欽,咨等大爲攻具, 晝夜五六日攻南圍, 欲決圍而出. 圍上諸軍, 臨高以發石車火箭逆燒破其攻具, 弩矢及石雨下, 死傷者蔽地, 血流盈塹. 復還入城, 城內食轉竭, 降出者數萬口. 欽欲盡出北方人, 省食, 與吳人堅守, 誕不聽, 由是爭恨.

欽素與誕有隙, 徒以計合, 事急愈相疑. 欽見誕計事, 誕遂殺欽. 欽子鴦及虎將兵在小城中, 聞欽死, 勒兵馳赴之, 衆不爲用. 鴦,虎單走, 逾城出, 自歸大將軍. 軍吏請誅之, 大將軍令曰, "欽之罪不容誅, 其子固應當戮, 然鴦,虎以窮歸命, 且城未拔, 殺之是堅其心也." 乃赦鴦,虎, 使將兵數百騎馳巡城, 呼語城內云, "文欽之子猶不見殺, 其餘何懼?" 表鴦,虎爲將軍, 各賜爵關內侯. 城內喜且擾, 又日飢困, 誕,咨等智力窮. 大將軍乃自臨圍, 四面進兵, 同時鼓譟登城, 城內無敢動者.

誕窘急, 單乘馬, 將其麾下突小城門出. 大將軍司馬胡奮部兵逆擊, 斬誕, 傳首, 夷三族. 誕麾下數百人, 坐不降見斬, 皆曰, "爲諸葛公死, 不恨." 其得人心如此.

唐咨,王祚及諸裨將皆面縛降, 吳兵萬衆, 器仗軍實山積.

| 국역 |

(甘露) 3년(서기 258) 정월, 제갈탄, 문흠, 唐咨(당자) 등은 공격 기구를 완벽하게 갖추고 5, 6일간 밤낮으로 수춘성 남쪽을 공격하여 포위망을 뚫고 탈출하려 했다. 성을 포위한 모든 군사들은 높은 곳에서 石車(석거)와 火箭(화전)으로 반격하며 공격 기구를 격파했고, 화살과 돌을 비 오듯 퍼부어, 죽고 다친 반란군이 땅을 덮었으며 유혈이 참호에 가득했다. 반적은 다시 성안으로 돌아갔지만, 성 안의 군량이 바닥나려 하자, 투항하는 자가 수만 명이나 되었다. 문흠은 북방 출신 병졸을 내보내 군량을 절약하고, 東吳의 군사와 굳게 지키려 했으나 제갈탄이 수락하지 않자, 원한을 품었다.

문흠은 평소에 제갈탄과 감정이 있었지만 적과 싸워야 했기에 봉합했었지만, 상황이 불리해지자 서로를 더욱 의심하였다. 문흠이 제갈탄을 만나 작전을 논의했는데, 제갈탄은 결국 문흠을 죽여버렸다. 문흠의 아들인 文鴦(문앙)과 文虎(문호)는 군사를 거느리고 다른 작은 성에 주둔했었는데, 문흠이 피살되었다는 소식에 군사를 몰고 수춘성으로 진격하려 했지만 군사들이 따르지 않았다. 결국 문앙과 문호 형제는 성을 넘어 대장군 사마소에게 투항하였다. 軍吏가 형제를 죽여야 한다고 말했지만 사마사가 명령했다.

"문흠의 죄는 죽이지 않을 수 없고 그 자식도 응당 죽여야 한다. 그러나 문앙과 문호는 궁지에 몰려 투항했고, 또 아직 수춘성을 함락시키지 못했으니 형제를 죽인다면 적의 반감만 커질 것이다."

그리고는 문앙과 문호를 사면하였고, 수백 명의 군사를 거느리고 성벽을 따라 돌면서 성을 향하여 "문흠의 아들도 죽이지 않는데 그 나머지야 무엇을 두려워하겠는가?"라고 외치게 하였다. 사마사는 표문을 올려 문앙과 문호를 장군에 임명하고 관내후의 작위를 하사하였다. 수춘성에서는 기뻐하면서도 소동이 있었으며 또 날마다 굶주리게 되자 제갈탄이나 唐咨(당자)의 책략과 무력도 바닥이 났다. 사마소가 직접 포위망을 지휘하며 사방에서 공격하여 북을 치며 성에 올랐는데 성 안에서는 감히 움직이는 자가 없었다.

궁색해진 제갈탄은 혼자 말을 타고 휘하의 부하와 함께 작은 성문으로 탈출하였다. 그러나 대장군의 司馬인 胡奮(호분)이 군사를 거느리고 공격하여 제갈탄을 죽였다. 제갈탄의 수급을 낙양에 보내고 삼족을 멸했다. 제갈탄 휘하 투항하지 않은 수백 명은 처형되면서 "제갈공을 위해 죽으니 여한이 없다."고 말했다. 제갈탄은 이 정도로 민심을 얻었었다.

唐咨(당자)와 王祚(왕조) 및 여러 비장들은 모두 자신을 묶은 채 투항하였고 동오의 군사 1만여 명의 몰수한 병기와 군수 물자가 산처럼 많았다.

| 原文 |

初圍壽春, 議者多欲急攻之, 大將軍以爲, "城固而衆多, 攻之必力屈, 若有外寇, 表裏受敵, 此危道也. 今三叛相聚於孤城之中, 天其或者將使同就戮, 吾當以全策縻之, 可坐而制也."

誕以二年五月反, 三年二月破滅. 六軍按甲, 深溝高壘, 而誕自困, 竟不煩攻而克. 及破壽春, 議者又以爲淮南仍爲叛逆, 吳兵室家在江南, 不可縱, 宜悉坑之. 大將軍以爲古之用兵, 全國爲上, 戮其元惡而已. 吳兵就得亡還, 適可以示中國之弘耳. 一無所殺, 分佈三河近郡以安處之.

| 국역 |

壽春城을 처음 포위했을 때 많은 사람들은 속공을 주장하였지만 大將軍 司馬昭가 말했다.

"견고한 城에 군사가 많으니 공격한다면 힘이 부칠 것이며, 만약 외부의 적이라도 닥치면 안팎으로 적과 싸워야 하는데, 이는 위험한 방책이다. 지금 (壽春에서 일어난) 3번의 반역(壽春三叛)이 모두 외딴 성 안에 모여 있었으니, 하늘이 이들은 모두 하나처럼 죽게 했다 치더라도, 모두를 살리는 방책으로 진압한다면 가만히 앉아서도 제압할 수 있을 것이다."

제갈탄은 (甘露) 2년 5월에(서기 257) 반기를 들었다가, 3년 2월에(서기 258) 파멸했다. 조정의 대군이 방어하며 움직이지 않을 때 제갈탄은 참호를 깊게 파고 보루를 높였지만 스스로 곤경에 처했으며, 관군은 심하게 공격하지 않고도 제압할 수 있었다.

수춘성이 격파되자 議者들은 淮南郡에서 반역이 계속되고, 또 東吳의 투항한 군사는 본 집이 江南이기에 그대로 석방할 수 없고, 응당 모두 파묻어 죽여야 한다고 말했다. 그러나 사마소는 "이는 옛날에는 用兵의 방법이었지만 지금은 싸우지 않고 승리하는 것이 상책이며, 그 주모자만 처형하면 된다."고 말했다. 동오의 군사들은 도망쳐 돌아갈 수도 있었지만 나라에서는 관용을 베풀었다. 그리하여 한 사람도 죽이지 않았고 그들을 三河(河東 河南 河內) 근처의 군현에 이동시켜 살게 하였다.

| 原文 |

唐咨本利城人. 黃初中, 利城郡反, 殺太守徐箕, 推咨爲主. 文帝遣諸軍討破之, 咨走入海, 遂亡至吳, 官至左將軍, 封侯, 持節. 誕,欽屠戮, 咨亦生禽, 三叛皆獲, 天下快焉.

拜咨安遠將軍, 其餘裨將咸假號位, 吳衆悅服. 江東感之, 皆不誅其家. 其淮南將吏士民諸爲誕所脅略者, 惟誅其首逆, 餘皆赦之. 聽鴦,虎收斂欽喪, 給其車牛, 致葬舊墓.

| 국역 |

唐咨(당자)는 본래 利城郡[362] 사람이다. (文帝) 黃初 연간에, 利城郡에서 반란이 일어나 太守 徐箕(서기)를 죽이고 당자를 추대하였다. 문제가 군사를 보내 토벌하자, 당자는 바다로 도망쳐 東吳로 망명하였고, 동오에서 左將軍에 제후가 되었으며 부절을 하사받았다. 제갈탄과 문흠이 도륙되었고, 당자가 생포되면서 반란 3인이 모두 죽거나 잡히자 세상 사람들이 통쾌히 여겼다,

조정에서는 (투항한) 당자를 安遠將軍으로 삼았고, 나머지 裨將(비장)도 官位와 封號를 받았다. 이에 투항한 동오의 군사들이 기뻐 복종하였다. 회남군에서 제갈탄의 협박으로 반란에 가담한 장졸과 백성 중 그 수괴만 처형하고 나머지 모두를 사면하였다. (문흠의 아들) 문앙, 문호는 문흠의 시신을 거두어 염을 하고 소와 수레를 받아 조상 묘지에 장례하였다.

❹ 鄧艾

| 原文 |

鄧艾字士載, 義陽棘陽人也. 少孤, 太祖破荊州, 徙汝南, 爲

362 徐州 관할 利城郡, 郡治 利城縣(今 江蘇省 북부 連雲港市 贛楡區. 山東省과 접경). 문제 黃初 6년(서기 225), 利城郡에서 반란이 일어나며 唐咨(당자)가 주동하여 태수 徐質(서질)을 죽이자, 문제가 군사를 보내 진압했다. 당자는 패전 후 동오로 도주했고 利城郡은 폐군, 東海郡에 합병했다. 당자는 제갈탄의 난에 동오의 군사를 이끌고 후원했다가 제갈탄이 죽으면서 투항했다.

農民養犢. 年十二, 隨母至潁川, 讀故太丘長陳寔碑文, 言'文爲世範, 行爲士則.' 艾遂自名範, 字士則. 後宗族有與同者, 故改焉. 爲都尉學士, 以口吃, 不得作幹佐. 爲稻田守叢草吏. 同郡吏父憐其家貧, 資給甚厚, 艾初不稱謝. 每見高山大澤, 輒規度指畫軍營處所, 時人多笑焉. 後爲典農綱紀, 上計吏, 因使見太尉司馬宣王. 宣王奇之, 辟之爲掾, 遷尙書郎.

| 국역 |

鄧艾(등애)[363]의 字는 士載(사재)인데, 義陽郡 棘陽縣(극양현)[364] 사람이다. 어려서 부친을 여의었는데, 曹操가 荊州를 격파한 뒤에, 등애는 汝南으로 이사하여 남의 집에서 소를 키웠다. 나이 12세에, 모친을 따라 潁川郡(영천군)으로 왔는데 이미 고인이 된 太丘의 縣長이던 陳寔(진식)[365]의 碑文 중에 '문장의 世人들의 典範(文爲世範)이

363 鄧艾(등애, 195-264, 字 士載) - 艾는 쑥 애. 義陽郡 棘陽縣(극양현, 今 河南省 남부 新野縣) 출신. 曹魏 후기 명장. 本名 鄧範, 字 士則에서 改名, 오랫동안 蜀漢 姜維(강유)와 대결. 陰平을 넘어 후주 劉禪(유선)의 투항을 받았다(서기 263년). 太尉로 승진. 鍾會(조회)의 모함을 받았고 결국 아들(鄧忠)과 함께 피살되었다.

364 義陽郡은 본래 후한의 章陵郡, 郡治는 章陵縣(今 湖北省 중북부 襄陽市 관할 棗陽市 남) 黃初 연간에, 章陵郡을 義陽郡으로 개명, 正始 원년(서기 240) 폐군. 棘陽縣은, 今 河南省 南陽市 관할 新野縣 동부.

365 陳寔(진식, 서기 104-186) - 寔은 진실로 식. 潁川 許縣(今 河南省 省會인 許昌市) 출신. 桓帝 때, 太丘 縣令을 역임. 밤손님(도둑)을 '梁上君子' 라고 불러준 사람. 陳寔(진식)은 마을에 살면서 平心으로 교제하고 일을 처리하였다. 혹 소송을 다툴 일이 있어 진식에게 의견을 물으면, 진식은 是非曲直을 깨우쳐 주었기에 물러나 원망하는 사람이 없었다. 그래서 사람들이 감탄하며 말

고 행실은 士人들의 본보기가 되었다(行爲士則).' 는 글을 읽고서 등애는 이름을 鄧範(등범), 字를 士則(사칙)으로 정했는데, 그 뒤 일족 중에 같은 이름이 있는 것을 알고 이름을 바꾸었다.

등애는 都尉 學士가 되었는데 말을 더듬었기에(口吃, kǒuchī, 구흘), 문서업무를 담당하지 못했다. 뒷날 稻田을 관리하는 叢草吏(총초리)가 되었다. 同郡의 관리 부친은 등애의 가난을 가엽게 여겨 등애에게 많은 금전을 도와주었는데, 등애는 처음부터 고맙게 여기지 않았다. 등애는 큰 산이나 늪지대를 볼 때마다 지형 내에서 군영을 설치할만한 장소를 살펴보곤 했는데, 그때 많은 사람들이 등애를 비웃었다. 후에 典農官 綱紀(강기, 관직명, 서무담당)와 上計吏가 되어 사자로 낙양에 올라와 太尉 司馬懿를 만났다. 사마의는 등애를 기특하게 여겨 태위부 속관에 임용했고, 등애는 尙書郎으로 승진했다.

| 原文 |

時欲廣田畜穀, 爲滅賊資, 使艾行陳,項已東至壽春. 艾以爲"田良水少, 不足以盡地利, 宜開河渠, 可以引水澆漑, 大積軍糧, 又通運漕之道." 乃著〈濟河論〉以喩其指. 又以爲

....

했다. "차라리 옥에서 형벌을 받을지언정 陳君에게 욕을 먹지 않겠다." 아들이 6명이었는데 陳紀(진기)와 陳諶(진심)이 가장 현명했다. 陳紀(진기, 129-199년, 字 元方)는 至德으로 聞名, 父親 陳寔 동생 陳諶(진심)과 함께 당시 사람들이 '三君' 이라 불렀다. 진기와 진심은 成語 '難兄難弟' 의 주인공. 《後漢書》 62권, 〈荀韓鍾陳列傳〉에 입전.

"昔破黃巾, 因爲屯田, 積穀於許都以制四方. 今三隅已定, 事在淮南, 每大軍征擧, 運兵過半, 功費巨億, 以爲大役. 陳,蔡之間, 土下田良, 可省許昌左右諸稻田, 並水東下. 令淮北屯二萬人, 淮南三萬人, 十二分休, 常有四萬人, 且田且守. 水豐常收三倍於西, 計除衆費, 歲完五百萬斛以爲軍資. 六七年間, 可積三千萬斛於淮上, 此則十萬之衆五年食也. 以此乘吳, 無往而不克矣."

宣王善之, 事皆施行. 正始二年, 乃開廣漕渠, 每東南有事, 大軍興衆, 汎舟而下, 達於江,淮, 資食有儲而無水害, 艾所建也.

| 국역 |

당시 조정에서는 경지를 넓히고 곡식을 비축하여 적국을 없앨 바탕을 마련하고자 등애를 시켜 陳郡 項縣 동쪽에서 (淮南郡) 壽春縣까지 지형을 조사케 하였다. 등애는 "농지는 좋지만 물이 부족하여 地利를 다 얻을 수 없으니, 응당 인공수로를 개통하여 강물을 끌어들이고 관개를 하면 군량을 크게 비축할 수 있고 漕運의 통로로 활용할 수 있다."고 건의하였다. 그리고 〈濟河論〉을 지어 그 뜻을 설명하였다.

등애는, 또 "옛날에 黃巾賊 난을 진압하면서 屯田制를 시행하여 許都(허도)에 군량을 비축했기에 사방을 제압할 수 있었습니다. 지금 동, 서, 북의 삼면은 평정되었지만 문제는 淮南에 있으며, 매번 대군이 원정할 때마다 군사의 절반은 군량을 운반해야 하고, 그 비용이 수억이니 큰 노역이 아닐 수 없습니다. 지금 陳郡과 汝南郡 蔡縣(채현) 일대는 지대가 낮고 토질이 좋은 농지라서 許昌 부근의 모든 稻田을 대체할 수 있고, 또 물이 동쪽으로 흐르고 있습니다. 淮北에 2만 군사를 둔전케 하고 淮南에 3만 명을 둔전하되, 그중 10분의 2를 쉬게 한다 하여도 해마다 4만 명이 농사를 지으며 수비할 수 있습니다. 또 물이 풍부하여 서쪽보다 3배의 수확을 더 거둘 수 있으니 비용을 제외하더라도 해마다 5백 만 斛(곡)의 군량을 확보할 수 있습니다. 6, 7년간에 淮水 일대에서 3천만 곡 이상을 비축한다면, 이는 10만 군사의 5년 치 군량에 해당합니다. 이렇게 한 뒤에 東吳를 공격한다면 어디서든 이길 수 있습니다."

사마의는 등애의 건의를 옳게 받아들여 그대로 시행하였다. (曹芳의) 正始 2년(서기 241), 廣漕渠(광조거)를 개통하였는데 매번 동남방에 원정이 있어 대군을 동원할 경우 선박을 이용하여 淮水와 長江에 이를 수 있고, 군량을 운반 비축하며, 수해를 예방한 모든 것이 등애의 업적이었다.

| 原文 |

出參征西軍事, 遷南安太守. 嘉平元年, 與征西將軍郭淮拒蜀偏將軍姜維. 維退, 淮因西擊羌. 艾曰, "賊去未遠, 或能復還, 宜分諸軍以備不虞." 於是留艾屯白水北.

三日, 維遣廖化自白水南向艾結營. 艾謂諸將曰, "維今卒還, 吾軍人少, 法當來渡而不作橋. 此維使化持吾, 令不得還.

維必自東襲取洮城."

洮城在水北, 去艾屯六十里. 艾卽夜潛軍徑到, 維果來渡, 而艾先至據城, 得以不敗. 賜爵關內侯, 加討寇將軍, 後遷城陽太守.

| 국역 |

鄧艾(등애)는 征西將軍의 軍事 업무에 관여했고 이어 南安郡[366] 태수가 되었다. (曹芳의) 嘉平 원년(서기 249), 征西將軍 郭淮(곽회)[367]와 함께 蜀漢 偏將軍 姜維(강유)를 방어했다. 강유가 물러나자 곽회는 서쪽으로 羌族을 원정하려 했다. 이에 등애가 말했다.

"賊이 멀리 물러나지 않았으며 다시 돌아올 수도 있으니, 응당 군사를 나눠 의외의 사태에 대비해야 합니다."

3일 뒤에 강유는 廖化(요화)를 보내 白水의 남쪽에서 등애를 향해 군영을 설치했다. 이에 등애가 여러 부장들에게 말했다.

"강유가 지금 갑자기 공격할 생각이라면 우리 군사가 소수라도 건너올 다리를 만들어야 하는데 다리를 만들지 않았으니, 이는 요화를 시켜 우리 군사가 돌아오지 못하게 한 것이다. 강유는 틀림없이 동쪽으로 洮城(조성)을 공격할 것이다."

조성은 강 건너 북쪽에 등애로부터 60리 떨어진 곳이었다. 등애

366 南安郡은, 後漢 靈帝 中平 5년(188年)에 漢陽郡을 분할하여 설치했다가 建安 19년(서기 214)에 폐군하여 隴西郡에 병합되었다. 치소는 獂道縣, 今 甘肅省 定西市 관할 隴西縣 서남.

367 郭淮(곽회)는 지략이 뛰어나 蜀漢 姜維(강유)와 맞대결에서 밀리지 않았다. 《魏書》 26권, 〈滿田牽郭傳〉에 입전.

는 즉시 그날 밤에 은밀히 지름길로 조성으로 이동했고, 강유는 예상대로 강을 건너왔지만 등애가 먼저 성을 지키고 있어 막아낼 수 있었다. 등애는 관내후의 작위를 받았고, 加官으로 討寇將軍이 되었는데, 그 뒤에 (徐州) 城陽 태수가 되었다.

‖原文‖

是時幷州右賢王劉豹並爲一部, 艾上言曰,

「戎狄獸心, 不以義親, 强則侵暴, 弱則內附, 故周宣有玁狁之寇, 漢祖有平城之圍. 每匈奴一盛, 爲前代重患. 自單于在外, 莫能牽制長卑. 誘而致之, 使來入侍. 由是羌夷失統, 合散無主. 以單于在內, 萬里順軌. 今單于之尊日疏, 外土之威浸重, 則胡虜不可不深備也. 聞劉豹部有叛胡, 可因叛割爲二國, 以分其勢. 去卑功顯前朝, 而子不繼業, 宜加其子顯號, 使居雁門. 離國弱寇, 追錄舊勳, 此御邊長計也.」

又陳, "羌胡與民同處者, 宜以漸出之, 使居民表崇廉恥之教, 塞奸宄之路."

大將軍司馬景王新輔政, 多納用焉. 遷汝南太守, 至則尋求昔所厚己吏父, 久已死, 遣吏祭之, 重遺其母, 擧其子與計吏. 艾所在, 荒野開闢, 軍民並豐.

| 국역 |

그때 幷州 지역의 匈奴(흉노) 右賢王인 劉豹(유표)[368]는 하나의 部로 통합되었는데, 등애가 건의하였다.

「戎狄(융적)의 짐승 같은 마음은 의리에 바탕을 두고, 친한 것이 아니라 강하면 포악하게 군림하고 약하면 內附하기에, 周 宣王 때는 玁狁(험윤)[369]의 노략질이 있었고, 漢 高祖는 平城[370]에서 흉노에게 포위를 당했습니다. 흉노 세력이 강성할 때마다 前代에 큰 환난을 겪었습니다. 흉노 單于(선우)가 (중국의) 국경 밖에 있기에 그 군왕이나 부장들을 통제할 수 없었습니다. 그래서 (후한에서는) 흉노 선우나 부족장을 유인 초치하여 입조하게 하였습니다. 이로 인하여 강족들은 통일을 잃고 이합집산에 주체가 없어졌습니다. 선우가 우리 국경 내에 머물게 되면 만 리 이역이 모두 조정의 법궤를 따랐습니다. 지금 선우의 존엄은 날로 쇠퇴하고 있지만, 그래도 흉노에 대한 철저한 대비를 안할 수가 없습니다.

제가 듣기로, 劉豹(유표)의 부족 내에 반기를 드는 흉노가 있다 하니, 이 기회에 분란으로 두 나라로 갈라 그 세력을 분할해야 합니다.

368 匈奴(흉노)는 종족이름이지만, 하나의 국가명으로 취급한다. 單于(선우)는 통치자의 칭호이며 이름은 따로 있다. 그래서 單于에는 밑줄을 긋지 않았다. 右賢王은 王의 이름이 아니라 부족장급에 해당하는 관직명이다. 劉豹(유표)는 후한 시대 흉노의 부족장에서 劉氏 성을 많이 하사했기에 그 후손일 것이다.

369 玁狁(험윤) – 周代의 흉노족 명칭.

370 漢 7년(서기 200년) 겨울 10월, 漢 고조는 몸소 군사를 거느리고 韓王 信을 공격했고, 韓信은 흉노 땅으로 도망하여 漢에 저항하였다. 고조는 晉陽(진양, 今 山西省 太原市)에서 부터 계속 싸우며 승세를 몰아 북으로 추격했는데, 代郡 平城縣(今 山西省 북쪽 大同市 동북) 白登山에 도착했으나 흉노에게 7일간 포위되었다. 고조는 陳平의 祕計를 써서 겨우 탈출하였다.

去卑(거비)[371]는 전 황제 때 뚜렷한 공을 세웠지만, 그 아들이 부친의 지위를 계승하지 못했다 하니, 그 아들에게 높은 지위를 부여하고 雁門郡(안문군)에 거처케 해야 합니다. 그 본거지를 떠나면 노략질할 세력이 약해지고, 지난날의 공적을 표창해주는 것이 변경을 방어할 장구한 계책입니다.」

등애는 또 말했다. "羌族과 흉노로 백성(漢人)과 같은 곳에 거처하는 자는 점차 변경으로 내몰아 우리 백성으로 하여금 예의염치를 알도록 교화하는 것이 불법의 근원을 막는 방법일 것입니다."

대장군 司馬景王(司馬師)이 새로 정사를 보필하면서 건의를 많이 받아들였다. 등애는 汝南 태수로 승진하여, 부임하면서 그전에 자신에게 후하게 베풀어 주던 관리의 부친을 찾았으나 오래 전에 죽었다 하여 관리를 보내 제사를 지내게 하였으며, 그 관리 모친에게 후하게 보답하였고 그 아들을 計吏에 임명하였다. 등애는 임지에서 황무지를 개간하여 군대와 백성 모두가 풍족하였다.

| 原文 |

諸葛恪圍合肥新城, 不克, 退歸. 艾言景王曰, "孫權已沒, 大臣未附, 吳名宗大族, 皆有部曲, 阻兵仗勢, 足以建命. 恪新秉國政, 而內無其主, 不念撫恤上下以立根基, 競於外事, 虐用其民, 悉國之衆, 頓於堅城, 死者萬數, 載禍而歸, 此恪獲

371 去卑(거비, 生卒年 미상) – 삼국시대 西晉 초기 남흉노의 右賢王 이름. (《魏書》에는 左賢王).

罪之日也. 昔子胥,吳起,商鞅,樂毅皆見任時君, 主沒而敗. 況恪才非四賢, 而不慮大患, 其亡可待也."

恪歸, 果見誅. 遷兗州刺史, 加振威將軍. 上言曰,

「國之所急, 惟農與戰, 國富則兵强, 兵强則戰勝. 然農者, 勝之本也. 孔子曰'足食足兵'食在兵前也. 上無設爵之勸, 則下無財畜之功. 今使考績之賞, 在於積粟富民, 則交遊之路絶, 浮華之原塞矣.」

| 국역 |

東吳의 諸葛恪(제갈각)[372]이 침공하여 合肥(합비)의 新城을 포위하였지만 이기지 못하고 퇴각하였다. 이에 鄧艾(등애)가 司馬師(사마사)에게 말했다.

"孫權(손권, 182-252)이 죽은 이후로, 여러 大臣은 새 군주〔孫亮(손량)〕와 가까이하지 않고, 東吳의 명문 대족은 모두 자신의 군사를 보유하면서 무력을 바탕으로 세력을 다투고 있습니다. 제갈각은 최근 국정을 전단하면서 안으로는 주군을 무시하며, 또 상하를 어루만져 자신의 기반을 공고히 할 생각을 못하고, 밖으로 원정에 전념하여 백성을 혹사시키며, 온 나라에서 군사를 차출하여 견고한 성

372 諸葛恪(제갈각, 203-253년, 字 元遜) - 東吳 重臣 諸葛瑾의 아들. 太傅, 大將軍, 丞相 역임. 손권 임종 시에 太子 孫亮(손량)을 보필하라는 유언을 받았다. 孫亮 즉위 후 軍政을 독단, 나중에 曹魏를 자주 침공. 민심을 잃었다. 孫峻(손준)에게 피살, 삼족이 멸족 당했다. 時年 51歲. 《吳書》 19권, 〈諸葛滕二孫濮陽傳〉에 입전.

아래로 내몰아 죽은 자가 수만 명으로, 곧 자신의 禍根(화근)을 안고 돌아갔으니, 지금이 바로 제갈각이 죗값을 받을 때입니다.

옛날 吳子胥(오자서), 吳起(오기), 商鞅(상앙), 樂毅(악의) 같은 사람이 당시 주군한테 신임을 받았지만, 그 주군이 죽은 뒤에 바로 패망하였습니다. 하물며 제갈각의 재능이 앞의 4인보다 못한데, 그 자신에 닥칠 큰 환난을 생각하지 못하니 그 망할 날이 곧 닥칠 것입니다."

제갈각은 귀국하자마자 예상했던 대로 주살되었다. 등애는 兗州 자사가 되었고 加官으로 振威將軍이 되었다. 이에 등애가 상소하였다.

「나라의 가장 긴급한 과제는 농사와 전쟁이고, 나라가 부강하면 군사가 강하고, 군사가 강해야만 전쟁에서 승리합니다. 따라서 농사는 승리의 근본입니다. 孔子는 '백성을 배불리 먹이고 군비를 충족해야 한다(足食足兵).'[373]고 하였는데, 식량이 군비보다 먼저입니다. 조정에서 작위를 내려 권장하지 않는다면, 아래 백성들은 양식

373 《論語 顔淵》 子貢問政. 子曰, "足食, 足兵, 民信之矣." 子貢이 政事의 要諦(요체)를 묻자, 孔子는 '足食'을 제일 먼저 꼽았다. 족식은 식량을 풍족하게 한다는 뜻이니 우선 백성의 배를 채워야 한다. 《尙書 周書 洪範》의 八政의 첫째가 '一曰食'이다. 《禮記 王制》에서는 나라에 9년 정도의 식량이나 군량 비축이 없다면 '不足'이라 했고, 3년 치 양식의 비축이 없다면 '나라가 나라도 아니다(國非其國)'라고 했다. 다음으로 공자가 열거한 것은 '足兵'이다. 여기서 兵은 병력과 무기나 군수물자를 총칭한다. 나라에 文事가 중요하지만 반드시 武備(무비)가 있어야 한다. 공자는 "백성을 가르치지 않고 전쟁에 내보내는 것은 백성을 버리는 것이라."고 했다. 백성을 적당히 훈련시키는 것도 足兵이다. 공자는 세 번째로 '民信之'라고 했다. 이는 백성이 위정자를 신뢰하게 하는 것, 곧 主君이나 제후, 관리, 그리고 나라의 정책이 백성으로부터 신뢰를 얻어야 한다.

을 축적하는데 힘쓰지 않을 것입니다. 지금 관리 업적 평가에서 식량의 비축과 富民 정도를 평가한다면, 관리의 교제와 왕래가 끊기고, 浮華한 풍조의 근원도 저절로 막힐 것입니다.」

| 原文 |

高貴鄕公卽尊位, 進封方城亭侯. 毌丘儉作亂, 遣健步齎書, 欲疑惑大衆, 艾斬之, 兼道進軍, 先趣樂嘉城, 作浮橋. 司馬景王至, 遂據之. 文欽以後大軍破敗於城下, 艾追之至丘頭. 欽奔吳. 吳大將軍孫峻等號十萬衆, 將渡江, 鎭東將軍諸葛誕遣艾據肥陽, 艾以與賊勢相遠, 非要害之地, 輒移屯附亭, 遣泰山太守諸葛緒等於黎槳拒戰, 遂走之. 其年徵拜長水校尉. 以破欽等功, 進封方城鄕侯, 行安西將軍. 解雍州刺史王經圍於狄道, 姜維退駐鍾提, 乃以艾爲安西將軍, 假節,領護東羌校尉.

議者多以爲維力已竭, 未能更出. 艾曰,

"洮西之敗, 非小失也. 破軍殺將, 倉廩空虛, 百姓流離, 幾於危亡. 今以策言之, 彼有乘勝之勢, 我有虛弱之實, 一也. 彼上下相習, 五兵犀利, 我將易兵新, 器杖未復, 二也. 彼以船行, 吾以陸軍, 勞逸不同, 三也. 狄道,隴西,南安,祁山, 各當有守, 彼專爲一, 我分爲四, 四也. 從南安,隴西, 因食羌穀, 若

趣祁山, 熟麥千頃, 爲之縣餌, 五也. 賊有黠數, 其來必矣."

頃之, 維果向祁山, 聞艾已有備, 乃回從董亭趣南安, 艾據武城山以相持. 維與艾爭險, 不克, 其夜, 渡渭東行, 緣山趣上邽, 艾與戰於段谷, 大破之.

| 국역 |

高貴鄕公(曹髦)이 尊位에 오른 뒤에(서기 254년), 鄧艾(등애)는 작위가 올라 方城亭侯가 되었다. 毌丘儉(관구검)이 반역하면서 건장한 보병에게 서신을 보내 백성을 현혹시키려 하자, 등애가 잡아 죽이고서 두 배 속도로 진군하여 먼저 樂嘉城(낙가성)을 차지한 뒤에 浮橋(부교)를 만들었다. 司馬師는 도착하여 낙가성에 주둔하였다.

文欽(문흠)이 늦게 도착하여 성 부근에서 司馬師의 대군에게 격파되었는데, 등애가 문흠을 丘頭(구두)까지 추격하자, 문흠은 東吳로 도주하였다. 동오의 대장군인 孫峻(손준) 등이 10만 대군을 거느리고 長江을 건너 침공하려 하자, 鎭東將軍인 제갈탄은 등애를 보내 肥陽(비양)을 점거하게 하였는데, 등애는 비양이 적의 본진과 너무 멀고 요해지가 아니라 생각하여 바로 附亭(부정)이란 곳에 옮겨 주둔하면서, 泰山 太守인 諸葛緖(제갈서)[374] 등을 보내 黎漿(여장)에서 적을 방어하자, 동오의 군사는 퇴각하였다.

374 諸葛緖(제갈서, 生卒年 미상) – 毌丘儉(관구검) 叛亂 때 泰山太守로 관구검과 교전, 雍州刺史로 승진하여 滅蜀之戰에 참여하여 강유를 고립시키기도 했지만 강유에게 대패했고 종회의 질책을 받고 겨우 죽음을 면한 채 낙양으로 압송되었다.

그 해에 등애는 조정의 부름을 받아 (중앙군의 지휘관인) 長水校尉가 되었다. 등애는 문흠 등을 격파한 공로로 작위가 올라 方城鄕侯가 되었고 安西將軍을 대행하였다.

雍州 자사인 王經(왕경)이 狄道縣(적도현)에서 포위되어 등애가 이를 구원하자, 강유는 퇴각하여 鍾提(종제)란 곳에 주둔하였고, 등애는 安西將軍이 되어 부절을 받고 護東羌校尉를 겸직했다.

議者들은 강유의 군사력이 이미 바닥이 났기에 다시는 출정하지 못할 것이라고 말했다. 그러자 등애가 말했다.

"우리 군사의 洮西(조서) 패전은 소소한 손실이 아닙니다. 군사를 잃었고 장수가 죽었으며, 창고가 비었고 백성이 흩어져 거의 망할 정도에 이르렀습니다. 지금 적과 우리 상황을 비교한다면, 첫째, 적들은 상승세를 타고 있지만 우리의 현실은 허약합니다. 둘째로, 적은 상하 장졸이 서로를 잘 알고 각종 병기가 잘 정비되었지만, 우리는 장수가 바뀌고 병졸이 신병이며 무기도 다 갖춰지지 않았습니다. 저들은 수로를 타고 이동하지만 우리는 육지로 행군해야 하니, 힘들고 편하기가 다른 것이 셋째입니다. 넷째, 적은 狄道(적도), 隴西(농서), 南安(남안), 祁山(기산) 등지에 각각 방어하면서 우리에게만 온 전력을 기울이나 우리는 사방으로 분산되어 싸워야 합니다. 다섯째, 적들은 南安郡(남안군)이나 隴西郡(농서군) 일대 강족의 곡식을 이용할 수 있고 적이 祁山(기산)으로 진출한다면 거둬들일 보리밭이 1천 頃(경)이나 되어 그들은 군량을 쉽게 얻을 수 있습니다. 그러니 교활하기 그지없는 적은 틀림없이 다시 들어올 것입니다."

얼마 뒤에 예상했던 대로 강유는 祁山(기산) 일대로 진출하였지만, 등애가 이미 대비하고 있다는 사실을 알고 바로 회군하여 董亭(동정)

에서 南安郡으로 진격하였는데 등애는 武城山을 근거로 대치하였다. 강유와 등애는 험지에서 서로 싸웠으나 이기지 못하고, 강유는 그 밤에 渭水(위수)를 건너 동쪽으로 진격하여 산길을 따라 上邽縣(상규현)에 진출했지만, 등애는 段谷(단곡)에서 강유를 대파하였다.

原文

甘露元年詔曰,

「逆賊姜維連年狡黠, 民夷騷動, 西土不寧. 艾籌畫有方, 忠勇奮發, 斬將十數, 馘首千計. 國威震於巴,蜀, 武聲揚於江,岷. 今以艾爲鎭西將軍,都督隴右諸軍事, 進封鄧侯. 分五百戶封子忠爲亭侯.」

二年, 拒姜維於長城, 維退還. 遷征西將軍, 前後增邑凡六千六百戶.

景元三年, 又破維於侯和, 維卻保沓中. 四年秋, 詔諸軍征蜀, 大將軍司馬文王皆指授節度, 使艾與維相綴連, 雍州刺史諸葛緖要維, 令不得歸.

艾遣天水太守王頎等直攻維營, 隴西太守牽弘等邀其前, 金城太守楊欣等詣甘松. 維聞鍾會諸軍已入漢中, 引退還. 欣等追躡於彊川口, 大戰, 維敗走. 聞雍州已塞道屯橋頭, 從孔函谷入北道, 欲出雍州後. 諸葛緖聞之, 卻還三十里. 維入北道三十餘里, 聞緖軍卻, 尋還, 從橋頭過, 緖趣截維, 較一日不及. 維遂東引, 還守劍閣. 鍾會攻維未能克.

艾上言, "今賊摧折, 宜遂乘之, 從陰平由邪徑經漢德陽亭趣涪, 出劍閣西百里, 去成都三百餘里, 奇兵沖其腹心. 劍閣之守必還赴涪, 則會方軌而進, 劍閣之軍不還, 則應涪之兵寡矣. 軍志有之曰, '攻其無備, 出其不意.' 今掩其空虛, 破之必矣."

| 국역 |

(高貴鄉公 曹髦의) 甘露 원년(서기 256), 조서를 내렸다.

「逆賊(역적) 姜維(강유)는 해마다 교활, 간악한 짓으로 우리 백성과 이민족까지 소란케 하여 西土가 편안치 못하였다. 등애는 좋은 방책을 세우고 충성과 용기를 분발하여 십여 명 적장을 참수하고 수천 명의 적을 죽였다. 巴郡, 西蜀에 국위를 떨쳤고 武威를 長江과 岷江(민강) 일대에 날렸다. 오늘 등애를 鎭西將軍으로 삼아 隴右의 모든 군사업무를 감독케 하고, 鄧侯(등후)에 봉한다. 식읍 5백 호를 나눠 아들 鄧忠(등충)을 亭侯에 봉한다.」

(甘露) 2년, 강유를 長城(장성)이란 곳에서 방어하자 강유는 퇴각했다. 征西將軍으로 승진하였고, 전후에 걸쳐 식읍이 늘어나 모두 6,600호가 되었다.

(常道鄉公 曹奐의) 景元 3년에(서기 262), (蜀의) 강유를 侯和(후화)에서 또 격파하자, 강유는 물러나 沓中(답중)[375]을 지켰다.

---

375 沓中(답중)은 요새 이름. 당시 梓潼郡 陰平縣, 今 甘肅省 동남 隴南市 관할 文縣. 여기서 강유가 둔전했었다.

(景元) 4년(서기 263, 蜀漢 멸망) 가을, 조서로 모든 군사가 蜀漢을 정벌케 하자, 大將軍 司馬昭가 모든 장군을 지휘하였는데, 등애로 하여금 강유를 바짝 견제케 했고, 雍州 자사 諸葛緒(제갈서)가 강유를 요격하여 본국으로 철수하지 못하게 막았다.

등애는 天水 태수 王頎(왕기) 등을 보내 강유의 본영을 직접 공격케 했고, 隴西 태수인 牽弘(견홍) 등은 선봉을 공격하고, 金城 太守 楊欣(양흔) 등은 甘松(감송)[376]에 진출케 하였다. 강유는 鍾會(종회)의 군사가 이미 漢中郡에 진입한 것을 알고 군사를 철수하려고 했다. 양흔 등은 강유를 바짝 추격하여 彊川口(강천구)란 곳에서 크게 싸웠고, 강유는 패주하였다. 강유는 옹주자사 제갈서가 이미 길을 막고 橋頭(교두)에 주둔한 것을 알고서 孔函谷(공함곡)에서 북쪽 길을 따라 제갈서의 뒤쪽으로 진출하려고 했다. 제갈서가 이 정보를 듣고 30리 쯤 후퇴하여 기다렸다. 강유가 북쪽 길을 따라 30여 리를 행군했다가 제갈서의 군사가 후퇴하여 지키고 있다는 사실을 알고 다시 되돌아와 橋頭(교두)를 통과하려 하자, 제갈서는 서둘러 강유의 후미를 하루 동안 추격하였으나 따라잡지 못하였다. 강유는 군사를 이끌고 동쪽으로 물러나 劍閣(검각)[377]을 지켰다. 鍾會가 강유를 공격했지만 이기지 못했다. 이에 등애가 건의하였다.

"지금 적군의 기세가 꺾였고 우리가 승세를 타고 있으니, 우리가

376 甘松(감송)은 요새 이름. 今 甘肅省 남부 甘南藏族自治州 관할 迭部縣(질부현). 四川省과 접경, 九寨溝縣(구채구현)의 북쪽.

377 劍閣(검각, 劍門閣) – 당시 梓潼郡 漢德縣 소재 關門. 今 四川省 북동부 廣元市 관할 劍閣縣 소재. 甘肅省 남부와 四川省의 교통요지. 현존 劍閣은 2005년 화재 소실 후 다시 지었다고 한다.

陰平(음평)의 샛길로 漢德陽亭으로 나가면 涪城(부성)[378]에 빨리 갈 수 있는데, 부성은 劍閣의 서쪽 1백 리이며, 成都에서 3백여 리 되는 곳이니 은밀하게 적의 腹心(복심)을 기습 공격할 수 있습니다. 그러면 검각의 수비 군사는 틀림없이 부성으로 돌아올 것이니, 종회는 평탄한 길을 따라 진격할 수 있고, 만약 검각의 강유 군사가 되돌아오지 않는다면 부성의 적은 군사로는 막지 못할 것입니다. 兵書에서도 '적의 방비가 없는 곳을 공격하고, 예상 못할 때에 출병하라.' 고 하였습니다. 지금 적의 빈 곳을 우리가 공격한다면 틀림없이 적을 격파할 것입니다."

| 原文 |

冬十月, 艾自陰平道行無人之地七百餘里, 鑿山通道, 造作橋閣. 山高谷深, 至爲艱險, 又糧運將匱, 頻於危殆. 艾以氈自裹, 推轉而下. 將士皆攀木緣崖, 魚貫而進. 先登至江由, 蜀守將馬邈降. 蜀衛將軍諸葛瞻自涪還綿竹, 列陳待艾. 艾遣子惠唐亭侯忠等出其右, 司馬師纂等出其左. 忠,纂戰不利, 並退還, 曰, "賊未可擊." 艾怒曰, "存亡之分, 在此一擧, 何不可之有?" 乃叱忠,纂等, 將斬之. 忠,纂馳還更戰, 大破之, 斬瞻及尙書張遵等首, 進軍到雒. 劉禪遣使奉皇帝璽綬, 爲箋詣艾請降.

378 涪城(부성) – 今 四川省 중부 綿陽市 관할 涪城區.

| 국역 |

(景元 4년, 서기 263) 겨울인 10월, 鄧艾(등애)는 陰平縣(음평현)[379]의 행인도 없는 7백여 리를 산을 뚫고 잔도와 교량을 만들며 행군하였다. 높은 산, 깊은 골짜기는 아주 험난하였고 운반한 군량도 떨어질 것 같아 아주 위태하였다. 등애도 담요(毛氈, 모전)를 몸에 두르고 굴러서 낭떠러지를 내려갔다. 將士가 모두 나무에 오르고 절벽에 매달리며 물고기를 꿰듯 몸을 묶고 진격하였다. 등애는 江由城(강유성, 江油)[380]에 먼저 올랐고, 蜀의 守將인 馬邈(마막)은 투항하였다.

蜀漢의 衛將軍인 諸葛瞻(제갈첨)[381]은 涪城(부성)에서 (廣漢郡) 綿竹(면죽)[382]으로 돌아와 군진을 치고 등애를 기다렸다. 등애는 아들 惠唐亭侯 鄧忠(등충) 등을 보내 제갈첨의 우측을, 司馬인 師纂(사찬)을 그 좌측으로 출전시켰다. 등충과 사찬은 이기지 못하고 모두 물러나 돌아와서 "적을 격파할 수 없습니다."라고 말했다. 이에 등애는 대노하면서 말했다. "나라의 存亡이 이 싸움에 달렸거늘 어찌 불가하다고 하는가?"

379 陰平(음평) – 현명, 군명. 景元 4년(서기 263年) 平蜀 후에 雍州 소속. 郡治는 陰平縣, 今 甘肅省 남단 隴南市 文縣. 咸熙 元年(서기 264年) 廢郡, 併入 梓潼郡.

380 江由 – 城, 보루 이름. 四川省 중동부 綿陽市 관할 江油市.

381 諸葛瞻(제갈첨, 227 – 263년, 字 思遠) – 諸葛亮의 長子, 蜀漢의 重臣, 글씨를 잘 써 명필로도 명성을 누렸다. 衛將軍 역임. 제갈첨은 8세에 무척 총명하여 제갈량도 重器가 되지 못할까 걱정하였다. 제갈첨은 "안으로는 黃皓(황호)를 제거하지 못했고, 밖으로 姜維(강유)를 제어하지 못했으며, 江油(강유)를 지키지 못한 3가지 죄를 지었다."며 綿竹(면죽)에서 끝까지 싸우다가 黃崇(황숭)에게 피살되었다. 제갈첨의 아들 諸葛尙(제갈상)도 전사하니 諸葛瞻의 臨難死義 지조는 敵人고 敬服했다.

382 廣漢郡 綿竹縣(면죽현) – 今 四川省 中北部 德陽市 관할 綿竹市.

등애가 등충과 사찬을 질책하며 참수하려고 했다. 등충과 사찬은 다시 나아가 싸워 적을 대파하고, 제갈첨과 (蜀漢의) 尙書 張遵(장준) 등의 수급을 잘랐으며 진군하여 (廣漢郡) 雒縣(낙현)[383]에 도착했다. 劉禪(유선)[384]은 사자를 보내 황제의 국새와 인수를 바치고 등애에게 국서를 보내 투항하였다.

‖原文‖

艾至成都, 禪率太子諸王及群臣六十餘人面縛輿櫬詣軍門, 艾執節解縛焚櫬, 受而宥之. 檢御將士, 無所虜略, 綏納降附, 使復舊業, 蜀人稱焉. 輒依鄧禹故事, 承制拜禪行驃騎將軍, 太子奉車,諸王駙馬都尉. 蜀群司各隨高下拜爲王官, 或領艾官屬. 以師纂領益州刺史, 隴西太守牽弘等領蜀中諸郡. 使於綿竹築臺以爲京觀, 用彰戰功. 士卒死事者, 皆與蜀兵同共埋藏.

艾深自矜伐, 謂蜀士大夫曰, "諸君賴遭某, 故得有今日耳.

383 廣漢郡의 治所 雒縣(낙현), 今 四川省 德陽市 관할 中江縣 西. 成都로부터 64km.

384 劉禪(유선, 207-271년, 字 公嗣) - 蜀漢 昭烈帝 劉備의 아들. 첩실 甘夫人 소생, 서자 중 연장자. 兒名 阿斗(아두). 蜀漢 最後皇帝, 보통 蜀漢 後主로 표기. 223-263년 재위. 庸劣(용렬)한 인물의 대표자. 중국에 '朱門出阿斗 寒門出壯元(권세가 집에서는 못난 아들이 나오고 한미한 집안에서 장원이 나온다.)' '捧不起的劉阿斗 扶不直的井繩兒(유아두 같이 못난 사람은 받들어 모실 수 없고, 두레박줄은 부축한다 해서 반듯하게 서지 않는다.)' 등 속담이 있다. 《蜀書 後主傳》에 立傳.

若遇吳漢之徒, 已殄滅矣." 又曰, "姜維自一時雄兒也, 與某相値, 故窮耳."

有識者笑之.

| 국역 |

등애가 (蜀漢 都城) 成都(성도)에 이르자, 劉禪(유선)이 太子와 여러 王 및 신하 60여 명을 인솔하여 목에 밧줄을 두르고 수레에 관(棺, 櫬)을 싣고 軍門에 도착하자, 등애는 부절을 손에 쥐고 직접 밧줄을 풀어주고 관을 불사르게 한 뒤, 투항을 받고 사면하였다. 등애는 자신의 장졸에게 노략질을 못하도록 단속하였고, 아무도 포로로 잡지 않고 투항을 받아주며 본업에 종사하게 하자 蜀人들이 칭송하였다. 등애는 鄧禹(등우)[385]의 전례에 따라, (曹魏 황제의) 制書를 받아 유선을 임시 驃騎將軍에 임명하였고, 太子는 奉車都尉에, 諸王을 駙馬都尉에 임명하였다. 蜀漢의 여러 관리들을 각자 직위의 高下에 따라 曹魏의 관리나, 또는 등애의 속관으로 임명하였다.

(등애의 부장) 師纂(사찬)은 益州 자사를 겸했고, 隴西 태수 牽弘(견홍) 등은 蜀의 여러 태수를 겸했다. 등애는 綿竹에 樓臺를 짓게 하여 京觀(경관, 조망하는 人工 언덕)으로 삼아 자신의 戰功을 널리 알리게 했다. 士卒로 전사한 자는 모두 蜀兵과 함께 매장하였다.

385 鄧禹(등우, 서기 2 – 58) – 南陽 新野人, 光武帝의 측근, 개국공신. 광무제가 蕭何(소하)처럼 믿을 수 있는 사람이라고 생각했다. 後漢 개국에 크게 기여하였으며 '雲臺二十八將' 의 첫째. 등우의 아들이 鄧訓, 등훈의 딸이 和帝의 황후인 鄧綏(등수)였다.

등애는 자신의 전공을 몹시 자랑했는데 촉한의 士大夫에 말했다.

“여러분들이 나를 만났기에 오늘 이처럼 살아 있는 것입니다. 만약 여러분이 (후한 光武帝의 무장) 吳漢(오한)[386] 같은 무리를 만났으면 벌써 멸족되었을 것입니다.”

또 “姜維도 한때는 영웅남아였지만, 나를 만났더라면 어디 도망갈 데도 없었을 것입니다.”

이에 알 만한 사람들은 그냥 웃었다.

| 原文 |

十二月, 詔曰,

「艾曜威奮武, 深入虜庭, 斬將搴旗, 梟其鯨鯢, 使僭號之主, 稽首繫頸, 歷世逋誅, 一朝而平. 兵不逾時, 戰不終日, 雲徹席捲, 盪定巴蜀. 雖白起破强楚, 韓信克勁趙, 吳漢禽子陽, 亞夫滅七國, 計功論美, 不足比勳也. 其以艾爲太尉, 增邑二萬戶, 封子二人亭侯, 各食邑千戶.」

386 吳漢(오한, ?-서기 44년, 字 子顔) - 南陽郡 宛縣 출신. 後漢 光武帝의 개국공신, 雲臺 28장 중 2위. 吳漢(오한)은 河北 평정과 건무 12년(서기 36년) 公孫述의 蜀을 평정하는데 큰 공을 세웠다. 오한과 공손술은 廣都와 成都(성도) 사이에서 8번을 싸웠는데, 8번을 이겼고 마침내 오한의 군사는 成都 성문 안으로 진입하였다. 공손술은 직접 수만 병력을 거느리고 城(內城)을 나와 크게 싸웠고, 吳漢도 수만 명의 정병을 거느리고 공격하였다. 공손술의 군사가 패주하자, 고오는 적진을 헤치고 들어가 공손술을 찔러 죽게 했다. 다음 날 성을 함락한 뒤 공손술의 수급을 잘라 낙양으로 보냈다. 오한은 이 과정에서 성도 군졸과 백성을 많이 죽였다. 《後漢書》 18권, 〈吳蓋陳臧列傳〉에 입전.

艾言司馬文王曰,「兵有先聲而後實者, 今因平蜀之勢以乘吳, 吳人震恐, 席捲之時也. 然大擧之後, 將士疲勞, 不可便用, 且徐緩之. 留隴右兵二萬人, 蜀兵二萬人, 煮鹽興冶, 爲軍農要用, 並作舟船, 豫順流之事, 然後發使告以利害, 吳必歸化, 可不征而定也. 今宜厚劉禪以致孫休, 安士民以來遠人, 若便送禪於京都, 吳以爲流徙, 則於向化之心不勸. 宜權停留, 須來年秋冬, 比爾吳亦足平. 以爲可封禪爲扶風王, 錫其資財, 供其左右. 郡有董卓塢, 爲之宮舍. 爵其子爲公侯, 食郡內縣, 以顯歸命之寵. 開廣陵,城陽以待吳人, 則畏威懷德, 望風而從矣.」

| 국역 |

(景元 4년, 서기 263) 12월, 조서를 내렸다.

「鄧艾(등애)는 위엄을 뽐내고 무예를 떨쳐, 적국의 땅에 깊이 들어가 장수를 죽이고 깃발을 부러트렸으며 흉악한 적의 수급을 잘라 매달자, 참칭한 군주는 목에 밧줄을 걸고 투항하였으며, 오랫동안 달아나던 적을 잡아 一朝에 평정하였다. 用兵에 한 계절을 넘기지 않았고 전투는 단 하루로 끝을 내었으니, 마치 구름을 몰아가는 형세대로 巴蜀(파촉)의 땅을 평정하였다. 비록 (秦의) 白起(백기)가 강한 楚(초)를 격파하고, (漢의) 韓信(한신)이 막강한 趙(조)를 굴복시키고, (後漢의) 吳漢(오한)이 公孫述(字 子陽)을 죽이고, (前漢 경제 때) 周亞夫(부아부)가 (반역한) 七國(吳楚七國의 亂)을 평정한 그 공적도 등애의 공적만 못할 것이다. 등애에게 太尉를 제수하고 식읍 2만 호를 늘려주며, 아들 2인을 亭侯호로 봉하며 각각에게 식읍 1천 호를 지급토록 하라.」

등애가 司馬昭에게 건의하였다.

「用兵하며 전투 전에 聲勢를 올린 뒤에 행동을 취하는 것처럼 지금 蜀漢을 평정한 여세를 몰아 東吳를 공격한다면 吳人이 두려워 떨 것이니, 바로 우리가 席捲(석권, 천하통일)할 만한 때입니다. 그러나 큰 일 이후라서 將士가 극도로 지쳤기에 바로 동원할 수는 없고 잠깐 늦추어야 합니다. 隴西(농서, 隴右)의 군사 2만 명과 蜀兵 2만 명으로 소금을 제조하고 철광을 제련케 하여 군사와 농업용 수요를 충당하고, 아울러 배를 제조하여 長江을 따라 내려가 동오를 공격할 준비를 하면서 사자를 보내 이해관계로 설득한다면, 동오는 필히 귀화할 것이니 우리가 원정하지 않고서도 평정할 수 있을 것입니다. 지금 劉禪(유선)을 후하게 대우하여 (동오의) 孫休(손휴)의 투항을 초치하고, 촉한의 백성을 안정시켜 遠方의 인민을 귀순케 해야 하나니, 만약 유선을 지금 낙양으로 보낸다면 동오 역시 강제로 이사시킬 것이라 생각할 것이니 이로써 向化之心을 권유할 수는 없을 것입니다. 우선 임시로 유선을 여기에 남겨두어도 내년 가을이나 겨울을 기다려 동오 역시 충분히 평정할 수 있을 것입니다. 일단 유선을 扶風王으로 봉하고 그에게 재물을 하사하고 그 측근의 시중을 받게 해야 합니다. 그 扶風郡(부풍군)에는 옛날 董卓(동탁)의 옛 보루(塢)[387]가 남아있으니 거기를 궁궐로 쓰면 됩니다. 유선의 아들

387 塢는 작은 둑 오. 낮은 성. 돈대 오, 마을 오. 여기서는 군사적 방어시설. 보통

에게 公侯의 작위를 하사하고 군내의 현을 식읍으로 하사하여 귀순한 뜻을 현양해야 합니다. 그리고 廣陵郡과 城陽郡으로 동오의 왕족을 봉한다면 동오도 우리의 위엄과 은덕을 두려워하며 바람에 쏠리듯 따라올 것입니다.」

| 原文 |

文王使監軍衛瓘喻艾, "事當須報, 不宜輒行." 艾重言曰, 「銜命征行, 奉指授之策, 元惡旣服, 至於承制拜假, 以安初附, 謂合權宜. 今蜀擧衆歸命, 地盡南海, 東接吳會, 宜早鎭定. 若待國命, 往復道途, 延引日月.《春秋》之義, 大夫出疆, 有可以安社稷, 利國家, 專之可也. 今吳未賓, 勢與蜀連, 不可拘常以失事機. 兵法, '進不求名, 退不避罪.' 艾雖無古人之節, 終不自嫌以損於國也.」

鍾會,胡烈,師纂等皆白艾所作悖逆, 變釁以結. 詔書檻車徵艾.

……………

의 塢는 높이가 1丈(사람 키 높이이니 쉽게 오를 수 없다), 둘레가 1里(400m) 정도라 하였으니 직경이 100m 정도일 것이다. 후한 말에 董卓은 장안성의 동쪽에 보루를 짓고 거처하였다. 또 고향 郿縣(미현)에 높이 7丈의 성채를 짓고 '萬歲塢(만세오)' 라고 불렀다. 동탁은 거기에 곡식 30년 치를 저장하였다. 동탁은 스스로 "일이 잘 되면 천하에 웅거할 것이나, 실패하면 여기서 늙도록 살 수 있을 것이다."라고 말했다. 동탁이 미현의 만세오로 행차할 때는 공경 이하 모두가 나와 橫門(횡문) 밖에서 祖祭를 지내며 무사 여행을 빌었다.

| 국역 |

이에 대하여 司馬昭(사마소)가 監軍인 衛瓘(위관)을 보내 등애에게 말했다.

"모든 일에 회보를 기다려 실행토록 하고 마음대로 실행하지 말라."

이에 등애가 다시 건의하였다.

「命을 받아 출정했고 뜻을 받들어 방책을 올렸으며, 首惡(元惡, 蜀)이 투항한 뒤에 制書를 받아 관직을 수여하였습니다만, 처음 투항한 자를 안정시키려는 뜻으로 임시 조치를 취했었습니다. 지금 蜀漢 전 지역이 모두 歸命하여 남쪽으로는 南海에, 동쪽으로는 吳會(오회)[388]에 연접하였으니 응당 빨리 진정시켜야 할 것입니다. 만약 國命을 기다리며 왕복하는 먼 길에 세월을 끌 수도 있습니다. 《春秋》의 大義로도 大夫가 강역 밖을 나가서는 사직을 안정시키고 국가에 이로우면 뜻대로 할 수 있다고 하였습니다. 지금 東吳가 아직 臣屬하지 않고 있으며, 그 형세가 蜀漢과 연결되어 있는 만큼 평소의 규정에 따르다가 실기할 수도 있을 것입니다. 兵法에서도 '진격에 명분을 찾지 말고 퇴각에 형벌을 피하지 말라.' 고 하였으니, 저 등애가 비록 古人의 지조만은 못할지라도 나라에 손해가 되는 일은 끝내 하지 않을 것입니다.」

이에 鍾會(종회), 胡烈(호열), 師纂(사찬) 등은 등애가 패역한 짓을 하였고 변란의 싹이 보인다고 아뢰었다. 조서를 내려 등애를 檻車

388 吳郡과 會稽郡의 합칭. 吳의 도읍 建業의 동남쪽, 長江 하류에 吳郡, 그 남동쪽에 會稽郡(회계군)이니 지리적으로 또 논리상 이해가 안 되는 서술이다.

(함거)에 태워 압송케 했다.

| 原文 |

艾父子旣囚, 鍾會至成都, 先送艾, 然後作亂. 會已死, 艾本營將士追出艾檻車, 迎還. 瓘遣田續等討艾, 遇於綿竹西, 斬之. 子忠與艾俱死, 餘子在洛陽者悉誅, 徙艾妻子及孫於西域.

初, 艾當伐蜀, 夢坐山上而有流水, 以問殄虜護軍爰邵. 邵曰, "按《易》卦, 山上有水曰〈蹇〉. 〈蹇〉繇曰, '〈蹇〉利西南, 不利東北.' 孔子曰, '〈蹇〉利西南, 往有功也. 不利東北, 其道窮也.' 往必克蜀, 殆不還乎!" 艾憮然不樂.

| 국역 |

鄧艾(등애) 부자가 잡힌 뒤에 鍾會(종회)는 成都에 도착하여, 먼저 등애를 호송케 한 뒤에 반란을 일으켰다. 종회가 죽은 뒤에, 등애 본영의 장졸들은 등애를 잡아가는 함거를 추격하여 등애를 데리고 成都(성도)로 돌아왔다. 이에 衛瓘(위관)은 田續(전속) 등을 보내 등애를 토벌케 했는데, 전속은 등애를 綿竹(면죽)의 서쪽에서 만나 참수하였다. 등애의 아들 등충도 함께 죽었고, 낙양에 있는 다른 아들도 전부 죽였으며, 등애의 처와 손자들은 서역으로 이주시켰다.

그전에 등애가 蜀漢 정벌에 나설 때, 산 위에 앉아있는데 물이 흘러내리는 꿈을 꾸었고, 이를 殄虜護軍(진로호군)인 爰邵(원소)에게 물었다. 이에 원소가 말했다.

"《易》의 괘에서, 山上에 有水하면 〈蹇卦(건괘)〉[389]입니다. 〈蹇卦〉 卦辭(괘사)에 '〈건괘〉는 西南에 이롭고 東北에서는 불리하다.' 고 하였으며, 孔子도 '〈건괘〉는 서남쪽이 이로우니 가면 공을 세운다. 동북에는 불리하니 道가 궁할 것이다.' 라고 하였습니다. 蜀에 가시면 틀림없이 촉을 정벌하시겠지만 아마 돌아오지 못할 것입니다!"

등애는 망연자실 울적하였다.

| 原文 |

泰始元年, 晉室踐阼, 詔曰,

「昔太尉王凌謀廢齊王, 而王竟不足以守位. 征西將軍鄧艾, 矜功失節, 實應大辟. 然被書之日, 罷遣人衆, 束手受罪, 比於求生遂爲惡者, 誠復不同. 今大赦得還, 若無子孫者聽使立後, 令祭祀不絶.」

| 국역 |

(西晉 武帝 司馬炎) 泰始 원년(서기 265년 12월~), 晉帝가 제위에 오른 뒤에 조서를 내렸다.

389 〈蹇〉은 水山蹇(☵☶). 원문, 「蹇은 利西南하고 不利東北하며 利見大人하니, 貞이면 吉하다.」

「옛날 (曹魏의) 太尉 王凌(왕릉)은 齊王(曹芳)을 폐위하려 했는데, 齊王은 결국 제위를 지킬 수가 없었다. 征西將軍인 鄧艾(등애)는 자신의 공을 자랑하다가 절조를 잃었으니 처형될 만했다. 그러나 (등애에게) 조서가 내려왔을 때, 많은 부하를 거느렸지만 손발이 묶여 죄를 받았으며, 살려고 했던 일이 오히려 나쁜 결과를 불러왔으니, 사실과는 같지 않았다. 이제 그 죄를 사면하니, 만약 그 자손이 없다면 그의 가문 중에서라도 적임자를 골라 제사가 단절되지 않게 하라.」

| 原文 |

三年, 議郞段灼上疏理艾曰,

「艾心懷至忠而荷反逆之名, 平定巴蜀而受夷滅之誅, 臣竊悼之. 惜哉, 言艾之反也! 艾性剛急, 輕犯雅俗, 不能協同朋類, 故莫肯理之. 臣敢言艾不反之狀. 昔姜維有斷隴右之志, 艾脩治備守, 積穀强兵. 値歲凶旱, 艾爲區種, 身被烏衣, 手執耒耜, 以率將士. 上下相感, 莫不盡力. 艾持節守邊, 所統萬數, 而不難僕虜之勞, 士民之役, 非執節忠勤, 孰能若此? 故落門,段谷之戰, 以少擊多, 摧破强賊.

先帝知其可任, 委艾廟勝, 授以長策. 艾受命忘身, 束馬縣車, 自投死地, 勇氣陵雲, 士衆乘勢, 使劉禪君臣面縛, 叉手屈膝. 艾功名以成, 當書之竹帛, 傳祚萬世. 七十老公, 反欲何求! 艾誠恃養育之恩, 心不自疑, 矯命承制, 權安社稷. 雖違常科, 有合古義, 原心定罪, 本在可論.

鍾會忌艾威名, 構成其事. 忠而受誅, 信而見疑, 頭縣馬市, 諸子並斬, 見之者垂泣, 聞之者嘆息. 陛下龍興, 闡弘大度, 釋諸嫌忌, 受誅之家, 不拘敘用. 昔秦民憐白起之無罪, 吳人傷子胥之冤酷, 皆爲立祠. 今天下民人爲艾悼心痛恨, 亦猶是也.

臣以爲艾身首分離, 捐棄草土, 宜收屍喪, 還其田宅. 以平蜀之功, 紹封其孫, 使闔棺定諡, 死無餘恨. 赦冤魂於黃泉, 收信義於後世, 葬一人而天下慕其行, 埋一魂而天下歸其義, 所爲者寡而悅者衆矣.」

九年, 詔曰, 「艾有功勳, 受罪不逃刑, 而子孫爲民隸, 朕常愍之. 其以嫡孫朗爲郎中.」

| 국역 |

(晉 武帝 泰始) 3년(서기 267), 議郎인 段灼(단작)이란 사람이 등애를 변호하는 상소를 올렸다.

「등애는 지극한 충성심을 품었지만 반역의 죄명을 덮어썼고, 巴蜀(파촉)을 평정하였지만 멸족되었으니, 臣은 이를 슬퍼합니다. 등애가 반란이라니 안타까울 뿐입니다! 등애는 성질이 조급하고 세속을 따르지 않았으며, 벗이나 동료와 잘 어울리지 않아 누구도 등애를 변호하지 않았습니다. 臣은 감히 등애가 반역하지 않았다고 말씀드립니다. 옛날 姜維(강유)가 隴右(隴西)의 땅을 병합할 뜻을 품자, 등애는 방어시설을 정비하고 군량을 비축하며 군사력을 강화하였습니다. 그때 흉년에 가뭄이 닥쳤지만, 등애는 땅을 파고 씨를 뿌리며 검은 작업복을 입고 손에는 쟁기나 호미를 갖고서 장졸에 솔선하였습니다. 상하가 모두 감격하여 온 힘을 다하지 않는 자가 없었습니다. 등애가 부절을 받고 변방을 수비할 때 수만 명을 거느리면서 노비 같은 일이나 백성의 노역도 어려워하지 않았으니, 충절과 근면의 뜻이 없다면 누가 이런 고생을 할 수 있겠습니까? 그래서 落門(낙문)이나 段谷(단곡)의 전투에서 소수로 다수의 적을 격파하고 강적을 꺾을 수 있었습니다.

先帝(司馬昭)께서도 등애에게 대임을 맡길 수 있다고 생각하셨기에 등애에게 廟策(묘책)을 일임하셨으며 장기적 임무를 부여하셨습니다. 그래서 受命한 등애는 육신을 돌보지 않고, 말과 수레를 매달아 올리고 내리며 死地에 들어갔으니, 그 용기는 구름을 뚫었고 장졸은 승세를 탔으며, 後主 劉禪(유선)의 君臣은 밧줄을 감고 무릎으로 기었습니다. 등애가 이룩한 공명은 응당 史書에 기록하여 만세 후손에게 전해야 합니다. 그때 70세 노인인 등애가 반역하여 무엇을 얻겠습니까! 등애는 진실로 자신을 키워준 조정의 은혜를 알고 마음에 조금도 의심치 않았으며 황제의 뜻을 가탁해서라도 사직을 안정시키려 했습니다. 비록 일상적인 조례나 규정에 따르지 않더라도 古來의 大義에 부합한다면 본마음 바탕을 따져 定罪하거나 판결해야 할 것입니다.

鍾會(종회)는 등애의 威名을 시기하여 죄를 얽어대었습니다. 충성을 다하고서도 죽어야 했고, 신의를 지키고도 의심을 받아 결국 그 머리가 馬市에 매달렸고 여러 아들도 모두 죽어야 했으니, 이를 본 사람은 눈물을 흘렸고 들은 자는 모두 탄식하였습니다. 폐하께서는 제위에 오르시고 큰 도량을 널리 베푸시며 모든 혐의를 다 밝히시어 처형당한 一門이라도 구애받지 않고 등용하셨습니다. 옛날 秦의 백성은 白起(백기)의 무죄를 연민하였고, 吳人은 伍子胥(오자서)의 원통한 죽음을 애통해 하며 사당을 세워 제사하였습니다. 지금 천하의 백성은 등애의 죽음을 마음으로 슬퍼하며 한스럽게 여기니 이 또한 같은 마음일 것입니다.

臣은 등애의 육신과 머리가 분리되어 풀밭에 버려졌지만, 그 시신을 수습하게 하고 그의 전택도 돌려주어야 한다고 생각합니다. 蜀漢을 평정한 공으로 그 후손을 찾아 이어 봉하고 사후에 시호를 내려 준다면 죽어도 여한이 없을 것입니다. 황천을 떠도는 원혼을 사면하여 후세 사람으로 하여금 신의를 알게 한다면, 곧 한 사람의 장례가 세상 사람으로 하여금 대의를 생각게 하고, 한 사람의 장례로 세상 사람이 그 충성을 흠모하게 할 것이니, 옳은 일을 행하는 사람은 적지만 기뻐하는 사람은 많을 것입니다.」

(泰始) 9년, 조서를 내렸다.

「등애는 공훈을 세우고서도 죄를 덮어쓰고 처형되었으니 그 자손이 평민으로 지내는 것을 짐이 불쌍히 여기노라. 그의 嫡孫(적손)인 鄧朗(등랑)을 郎中에 임명한다.」

| 原文 |

艾在西時, 修治障塞, 築起城塢. 泰始中, 羌虜大叛, 頻殺刺史, 涼州道斷. 吏民安全者, 皆保艾所築塢焉.

艾州里時輩南陽州泰, 亦好立功業, 善用兵, 官至征虜將軍,假節都督江南諸軍事. 景元二年薨, 追贈衛將軍, 謚曰壯侯.

| 국역 |

鄧艾(등애)가 西州에 재직할 때, 각종 장벽을 보수하거나 보루를 새로 만들었다. (晉 武帝) 泰始 연간에, 羌族(강족)이 반기를 들고 자사를 자주 살해하였고 涼州 일대의 도로도 끊겼었다. 그래도 백성이 안전했던 것은 모두가 등애가 신축했던 보루(城砦, 성채, 塢) 때문이었다.

등애의 고향 후배인 南陽의 州泰(주태)[390]는 즐겨 공을 세웠고 用兵에 뛰어났는데, 관직은 征虜將軍으로 부절을 받고 江南의 모든 軍事를 감독하였다. (曹奐의) 景元 2년(서기 261)에 죽어 衛將軍을 추증했고, 시호는 壯侯(장후)였다.

❺ 鍾會

| 原文 |

鍾會字士季, 潁川長社人, 太傅繇小子也. 少敏惠夙成. 中

390 州泰(주태, ?-261年) - 表字 미상, 荊州 南陽郡 출신. 三國時 曹魏의 장군. 王基(왕기), 王昶(왕창) 등과 함께 伐吳戰事에 참여. 東吳의 용장 周泰(주태, ?-서기 225)와 다른 사람.

護軍蔣濟著論, 謂 '觀其眸子, 足以知人.' 會年五歲, 繇遣見濟, 濟甚異之, 曰, "非常人也." 及壯, 有才數技藝, 而博學精練名理, 以夜續晝, 由是獲聲譽. 正始中, 以爲秘書郎, 遷尙書中書侍郎. 高貴鄕公卽尊位, 賜爵關內侯.

| 국역 |

鍾會(종회)[391]의 字는 士季(사계)로, 潁川郡 長社縣 사람으로 太傅인 鍾繇(종요)[392]의 막내아들이었다. 종회는 어려서부터 영특했고 숙성했었다. 中護軍인 蔣濟(장제)는 그 저서에서 '그 사람의 눈동자를 보면 그 사람됨을 알 수 있다.' 라고 말했다.

종회가 5살 때 종요는 장제에게 종회를 보게 했는데, 장재는 특별히 여기며 "보통 사람이 아니다."라고 말했다.

어른이 되어 종회는 재주와 技藝가 뛰어났고, 博學하고 名理에도 정통하였으며 밤낮을 독서하여 명성을 얻었다. (齊王, 曹芳의) 正始 연간에 秘書郞이 되었고, 尙書臺 中書侍郎이 되었다. 高貴鄕公(曹髦, 조모) 이 제위에 오르자(서기 254년), 종회는 關內侯가 되었다.

391 鍾會(종회, 225 – 264, 字 士季)는 魏 太傅 鍾繇(종요)의 아들, 제갈탄 반란 진압에 참여. 滅蜀漢戰에서 姜維(강유)와 교전. 入蜀 後 등애를 제거한 뒤 모반을 꾀하다가 피살. 부친을 닮은 명필로 유명,《易經》의 대가. 魏晉玄學의 한 사람.《魏書》28권, 〈王毌丘諸葛鄧鍾傳〉에 立傳.

392 鍾繇(종요, 151 – 230년, 字 元常) – 豫州 潁川 長社縣 출신. 曹魏의 重臣, 유명한 서예가. 太傅 역임. 晉代 書法家 王羲之와 함께 '鍾王' 으로 불린다.《魏書》13권, 〈鍾繇華歆王朗傳〉에 立傳.

| 原文 |

毌丘儉作亂, 大將軍司馬景王東征, 會從, 典知密事, 衛將軍司馬文王爲大軍後繼. 景王薨於許昌, 文王總統六軍, 會謀謨帷幄. 時中詔敕尙書傅嘏, 以東南新定, 權留衛將軍屯許昌爲內外之援, 令嘏率諸軍還. 會與嘏謀, 使嘏表上, 輒與衛將軍俱發, 還到雒水南屯住. 於是朝廷拜文王爲大將軍,輔政, 會遷黃門侍郞, 封東武亭侯, 邑三百戶.

甘露二年, 徵諸葛誕爲司空, 時會喪寧在家, 策誕必不從命, 馳白文王. 文王以事已施行, 不復追改. 及誕反, 車駕住項, 文王至壽春, 會復從行.

| 국역 |

毌丘儉(관구검)이 반역하여 大將軍 司馬師가 東征할 때, 鍾會(종회)도 수행하며 기밀 업무를 담당하였고, 衛將軍 司馬昭(사마소, 司馬師의 아우)는 大軍의 후속 부대를 지휘하였다. 司馬師가 許昌에서 병사하자 사마소가 六軍을 총 지휘하였는데, 종회는 帷幄(유악, 야전지휘소)에서 전략을 수립하였다. 그때 尙書인 傅嘏(부하)에게 조서를 내려 동남방이 이제 안정된 만큼 衛將軍(司馬昭)은 許昌에 주둔하며 內外의 軍援을 담당케 하고 부하가 모든 군사를 거느리고 회군하라고 명령했다. 이에 종회와 부하는 함께 모의하였는데, 부하가 표문을 올려서 衛將軍과 함께 출발하여 (낙양의) 雒水 남쪽에 주둔케 하였다. 이에 조정에서는 (할 수 없이) 사마소를 大將軍으로 삼

아 정사를 보필케 하였는데, 종회는 黃門侍郞이 되었고 東武亭侯에 봉해졌으며, 식읍은 3백 호였다.

(高貴鄕公) 甘露 2년(서기 257), 제갈탄을 조정에 불러 司空에 임명하려 하였는데, 그때 종회는 모친상을 당해 집에서 복상 중이었지만, 제갈탄은 틀림없이 명령을 따르지 않을 것이라 예상하고 사마소에게 달려가 아뢰었다. 사마소는 이미 시행된 일이라 어쩔 수 없다고 하였다. 결국 제갈탄은 반역했고, 어가는 (陳郡) 項縣(항현)에 행차하였으며, 사마소는 壽春城까지 진군하였는데 종회는 다시 사마소를 수행하였다.

| 原文 |

初, 吳大將全琮, 孫權之婚親重臣也, 琮子懌,孫靜,從子端,翩,緝等, 皆將兵來救誕. 懌兄子輝,儀留建業, 與其家內爭訟, 攜其母, 將部曲數十家渡江, 自歸文王. 會建策, 密爲輝,儀作書, 使輝,儀所親信齎入城告懌等, 說吳中怒懌等不能拔壽春, 欲盡誅諸將家, 故逃來歸命. 懌等恐懼, 遂將所領開東城門出降, 皆蒙封寵, 城中由是乖離.

壽春之破, 會謀居多, 親待日隆, 時人謂之子房. 軍還, 遷爲太僕, 固辭不就. 以中郎在大將軍府管記室事, 爲腹心之任. 以討諸葛誕功, 進爵陳侯, 屢讓不受.

詔曰,「會典綜軍事, 參同計策, 料敵制勝, 有謀謨之勳, 而推寵固讓, 辭指款實, 前後累重, 志不可奪. 夫成功不處, 古人所重, 其聽會所執, 以成其美.」

遷司隸校尉. 雖在外司, 時政損益, 當世與奪, 無不綜典. 嵇康等見誅, 皆會謀也.

| 국역 |

그전에, 吳 大將 全琮(전종)[393]은 孫權의 婚親이며 重臣이었는데, 전종의 아들 全懌(전역), 손자인 全靜(전정), 조카인 全端(전단), 全翩(전편), 全緝(전집) 등 모두가 부대를 거느리고 諸葛誕(제갈탄) 반란을 지원하러 침입했었다. 전역의 조카인 全輝(전휘)와 全儀(전의)는 도성인 建業(건업)에 남아있었는데, 집안 내의 소송문제로 그 모친과 함께 部曲(私兵) 수십 가구를 거느리고 長江을 건너 사마소를 찾아와 귀순하였다.

鍾會(종회)는 사마소의 策士로, 비밀리에 전휘와 전의를 위해 글을 지어 전휘와 전의가 믿을 만할 사람을 골라 壽春城에 들여보내 전역을 만나서 東吳에서는 전역 등이 수춘성을 점령하지 못한 것에 대하여 분노하면서 (원정에 참여한) 여러 장수의 일족을 죽이려 했기에 도망쳐 귀부하였다고 설득하였다. 이에 전역 등은 두려워 떨며 장졸을 거느리고 자신이 관할하는 東城門을 열고 나와 투항하였는데, 모두가 제후에 봉해졌으며, 수춘성은 이 때문에 서로 갈라지

393 全琮(전종) – 孫權의 婚親이며 重臣. 제갈탄이 반란을 일으켰을 때 吳軍을 인솔하여 내침. 제갈탄과 합동으로 사마소와 대결했다. 《吳書》 15권, 〈賀全呂周鍾離傳〉에 입전.

게 되었다.

壽春城이 격파되기까지 종회의 책모가 많이 채택되었으며 사마소의 신임을 날로 두터웠는데, 그때 사람들은 종회를 張子房이라고(張良) 불렀다.

대군이 회군하자, 종회는 太僕이 되지만 끝내 사양하며 부임하지 않았다. 종회는 中郎으로 大將軍府에서 記室(기실, 秘書)의 업무를 관장하며 腹心(복심)으로 신임을 받았다. 제갈탄 난의 평정에 세운 공으로 陳侯(진후)로 작위가 올랐지만 여러 차례 사양하며 받지 않았다.

이에 조서를 내렸다.

「종회는 軍事 업무를 총괄하며 각종 계책에 참여하여 적을 제압하고 승리를 거두는 책모의 공훈을 세웠지만 내리는 혜택을 굳이 사양하였는데, 그 문사가 아주 성실하고 또 여러 번이라서 그 뜻을 받아들이지 않을 수 없다. 크게 성공하고서도 혜택을 누리지 않는 겸양은 古人도 중히 여겼으니 종회가 견지하는 그 소신을 허락하며 그의 미덕을 인정하노라.」

종회는 司隸校尉가 되었다. 비록 外職 근무였지만 時政의 損益이나 當世의 與奪(여탈)에 관하여 그가 관여하지 않은 것이 없었으니 嵇康(혜강)[394] 등의 처형도 종회의 책모였다.

394 嵇康(혜강, 223?-263年?, 字 叔夜) – 嵇는 산 이름 혜. 譙郡 銍縣(질현) 출신. 曹魏의 中散大夫 역임, 後稱 嵇中散(혜중산). 文人, 思想家, 음악에 정통. 竹林七賢의 한 사람. 阮籍(완적)과 함께 유명. 世俗 윤리 규범을 격렬하게 부정, 權臣 司馬昭가 꺼려 하자 鍾會가 모사를 꾸며 처형하였다. 鍾會(종회)는 당시의 명사들과 친하고 싶어 嵇康(혜강)을 처음으로 찾아갔다. 그때 혜강은 큰 나무 아래에서 쇠를 단련(鍛鍊)하고 向秀(상수)는 옆에서 풀무질을 하고 있었다.

| 原文 |

文王以蜀大將姜維屢擾邊陲, 料蜀國小民疲, 資力單竭, 欲大擧圖蜀. 惟會亦以爲蜀可取, 豫共籌度地形, 考論事勢.

景元三年冬, 以會爲鎭西將軍,假節都督關中諸軍事. 文王敕青,徐,兗,豫,荊,揚諸州, 並使作船, 又令唐咨作浮海大船, 外爲將伐吳者.

四年秋, 乃下詔使鄧艾,諸葛緒各統諸軍三萬餘人, 艾趣甘松,沓中連綴維, 緒趣武街,橋頭絶維歸路. 會統十餘萬衆, 分從斜谷,駱谷入. 先命牙門將許儀在前治道, 會在後行, 而橋穿, 馬足陷, 於是斬儀. 儀者, 許褚之子, 有功王室, 猶不原貸. 諸軍聞之, 莫不震竦.

蜀令諸圍皆不得戰, 退還漢,樂二城守. 魏興太守劉欽趣子午谷, 諸軍數道平行, 至漢中. 蜀監軍王含守樂城, 護軍蔣斌守漢城, 兵各五千. 會使護軍荀愷,前將軍李輔各統萬人, 愷圍漢城, 輔圍樂城. 會徑過, 西出陽安口, 遣人祭諸葛亮之墓.

················

혜강은 망치질에 열중하고 있어 말 한마디를 건넬 수도 없었다. 종회가 가려고 하자, 혜강이 말했다. "무슨 말을 듣고 왔다가, 무엇을 보고 가는가?" (何所聞而來 何所見而去) 그러자 종회가 대답했다. "들을 것을 듣고 왔다가 볼 것을 보고 갑니다!" (聞所聞而來 見所見而去) -《世說新語 簡傲》-

참고로 竹林七賢은 魏末晋初의 名士 7명을 지칭한다. 阮籍(완적, 〈大人先生傳〉지음), 嵇康(혜강, 琴을 잘 연주했음.《琴賦》 지음), 山濤(산도), 劉伶(유영, 대표적 술꾼, 〈酒德頌〉을 지음) 阮咸(완함, 音律에 정통했음. 자신의 이름을 붙인 악기를 발명했음), 向秀(상수, 向은 성씨로 쓸 때는 상이다), 王戎(왕융)인데, 주로 당시의 山陽縣(今 河南省 輝縣 휘현) 서북 일대에서 활동하였다.

使護軍胡烈等行前, 攻破關城, 得庫藏積穀.

姜維自沓中還, 至陰平, 合集士衆, 欲赴關城. 未到, 聞其已破, 退趣白水, 與蜀將張翼,廖化等合守劍閣拒會.

| 국역 |

司馬文王(司馬昭)은 蜀漢 大將 姜維(강유)가 여러 차례 변경을 침략하면서 촉한의 국력이 약해지고 백성도 지쳤으며, 물자나 병력도 바닥이 났으니 군사를 대거 동원하여 촉한을 없앨 수 있다고 생각하였다. 이에 鍾會 역시 촉한을 탈취할 수 있다고 생각하여 미리 전략을 구상하고 지형을 고찰하며 형세를 분석하였다.

(曹奐의) 景元 3년(서기 262년) 겨울, 종회는 鎭西將軍이 되어 부절을 받고 關中의 모든 군사 업무를 감독하였다. 사마소는 青州, 徐州, 兗州, 豫州, 荊州, 揚州 등 여러 주에 軍船을 제작하라 명령했고, 또 唐咨(당자)에게는 바다를 건널 수 있는 큰 배를 제작케 하며 대외적으로는 東吳를 정벌한다고 선언하였다.

景元 4년(서기 263년) 가을, 조서를 내려 鄧艾(등애)와 諸葛緒(제갈서)에게 각 3만여 군사를 거느리고, 등애는 甘松(감송)과 沓中(답중)으로 진격하여 강유를 견제케 하였고, 제갈서는 武街(무가)와 橋頭(교두)로 진격하여 강유의 귀로를 차단케 하였다.

종회는 10여만 대군을 통솔하여 斜谷(사곡)과 駱谷(낙곡) 양쪽으로 나누어 진격케 하였다. 종회는 먼저 牙門將인 許儀(허의)에게 명하여 앞에서 도로를 정비케 하고 종회는 뒤에서 진군하였는데, 교량이 뚫려 말발굽이 빠지자 바로 허의를 참수하였다. 허의는 許褚

(허저)의 아들이고, 曹魏 개국 공신이었지만 종회는 용서하지 않았다. 모든 군사가 이 소식을 듣고 두려워 떨지 않는 자가 없었다.

蜀漢에서는 모든 성에서 나가 전투를 벌이지 말고 뒤로 물러나 漢(한)과 樂(낙)의 두 성으로 집결하라고 명령하였다. 魏興 太守인 劉欽(유흠)은 子午谷(자오곡)으로 바로 진격하였고, 다른 군부대는 여러 길로 나란히 진격하여 漢中郡에 도착하였다. 蜀의 監軍인 王含(왕함)이 樂城(낙성)을 지켰고, 護軍인 蔣斌(장진)은 漢城을 지켰는데 각 5천 군사를 거느리고 있었다. 종회는 護軍인 荀愷(순개)와 前將軍 李輔(이보)는 각각 1만 군사를 거느렸는데, 순개가 漢城(한성)을 포위했고 이보는 樂城(낙성)을 포위하였다. 종회는 지름길로 서쪽 陽安口(양안구)로 진출하면서 사람을 보내 諸葛亮의 묘에 제사를 지내게 했다. 護軍인 胡烈 등은 앞서 진격하여 關城(관성)을 격파하여 창고에 비축된 군량을 차지하였다.

강유는 沓中(답중)에서 회군하여 陰平(음평)에 와서 군사를 모아 關城으로 이동하려고 생각했었다. 그러나 관성이 이미 함락되었다는 소식을 듣고 白水로 돌아가 蜀將 張翼(장익), 廖化(요화) 등과 함께 劍閣(검각)을 수비하며 종회를 막았다.

| 原文 |

會移檄蜀將吏士民曰,

「往者漢祚衰微, 率土分崩, 生民之命, 幾於泯滅. 太祖武皇帝神武聖哲, 撥亂反正, 拯其將墜, 造我區夏. 高祖文皇帝應天順民, 受命踐阼. 烈祖明皇帝奕世重光, 恢拓洪業. 然江山之外, 異政殊俗, 率土齊民未蒙王化, 此三祖所以顧懷遺恨也. 今主上聖德欽明, 紹隆前緒, 宰輔忠肅明允, 劬勞王室, 布政垂惠而萬邦協和, 施德百蠻而肅愼致貢. 悼彼巴蜀, 獨爲匪民, 愍此百姓, 勞役未已.

是以命授六師, 龔行天罰, 征西,雍州,鎭西諸軍, 五道並進. 古之行軍, 以仁爲本, 以義治之, 王者之師, 有徵無戰, 故虞舜舞干戚而服有苗, 周武有散財,發廩,表閭之義. 今鎭西奉辭銜命, 攝統戎重, 庶弘文告之訓, 以濟元元之命, 非欲窮武極戰, 以快一朝之政, 故略陳安危之要, 其敬聽話言.」

| 국역 |

이에 鍾會(종회)는 촉의 장수나 관리와 백성에 격문을 보냈다.[395]

※ 〈檄蜀文〉 - 鍾會

「지난 날, 漢室이 쇠퇴하고 부진하여 나라가 분열 와해되었고, 백성의 목숨이 거의 전부 죽어 없어질 뻔했었다. 太祖 武皇帝(曹操)께서는 神武에 才德도 뛰어나 혼란을 바로잡고 추락하는 백성을 건져내시며 우리 중원의 曹魏를 건국하셨다. 高祖 文皇帝(文帝, 曹丕)께

395 鍾會의 本 〈檄蜀文〉은, 昭明太子《文選》44권에 수록되었다.

서는 應天하고 順民하시에 천명을 받아 제위에 오르셨다. 烈祖 明皇帝(明帝, 曹叡)께서는 제왕의 공덕을 이어 태양처럼 빛내며 제왕의 대업을 더욱 크게 성취하시었다.

그렇지만 中原의 江山 밖은 정치와 풍속이 달라 온 땅의 백성들이 王化의 혜택을 받지 못하니, 大魏의 三祖께서는 이를 遺恨(유한)으로 생각하시었다. 지금 主上은 聖德에 欽明하시어 앞선 제왕의 빛나는 업적을 계승하시고 조정의 宰輔(재보)들은 충성 공경하고 현명 성실하며, 왕실을 위해 수고하고 布政으로 혜택을 베풀며, 萬邦을 協和하며 주변 모든 蠻夷(만이)에게도 은덕을 베풀자 肅愼(숙신)까지도 入貢(입공)하였다. 그러나 저 巴蜀(파촉)만큼은 사람답게 살지 못하며 노역이 그치질 않아 이를 불쌍히 여기노라.

이에 六軍에 명을 내리시어, 上天의 뜻을 받들어 징벌을 실천케 하니 征西將軍, 雍州刺史, 鎭西將軍 소속의 여러 군사들을 五道로 並進(병진)케 하시었다. 고대의 행군에서는 仁을 근본으로 삼고 대의에 입각하여 懲治(징치)하였고, 王者의 군사는 징벌을 하나 싸우지 않는다 하였으니, 舜(순)이 방패와 창을 휘두르자 有苗氏가 굴복하였으며, 周 武王은 재물을 나눠주고 창고를 열어 (商容) 마을의 의거를 표창하시었다. 지금 鎭西將軍은 황상의 명을 받아 大軍을 통솔하며 弘大한 문치의 교훈을 널리 베풀어 백성의 생명을 건지고자 하나니, 무력을 남용하여 끝까지 싸우기를 원치 않고 하루아침에 이루어지는 통쾌한 결정에 의거, 安危에 관한 요체를 간략히 설명하나니 좋은 말을 경청하기 바라노라.」

原文

「益州先主以命世英才, 興兵朔野, 困躓冀,徐之郊, 制命紹,布之手, 太祖拯而濟之, 與隆大好. 中更背違, 棄同卽異, 諸葛孔明仍規秦川, 姜伯約屢出隴右, 勞動我邊境, 侵擾我氐,羌, 方國家多故, 未遑修九伐之徵也. 今邊境乂清, 方內無事, 畜力待時, 並兵一向, 而巴蜀一州之衆, 分張守備, 難以御天下之師. 段谷,侯和沮傷之氣, 難以敵堂堂之陳. 比年以來, 曾無寧歲, 征夫勤瘁, 難以當子來之民. 此皆諸賢所親見也.

蜀相壯見禽於秦, 公孫述授首於漢, 九州之險, 是非一姓. 此皆諸賢所備聞也. 明者見危於無形, 智者規禍於未萌, 是以微子去商, 長爲周賓, 陳平背項, 立功於漢. 豈晏安酖毒, 懷祿而不變哉?

今國朝隆天覆之恩, 宰輔弘寬恕之德, 先惠後誅, 好生惡殺. 往者吳將孫壹擧衆內附, 位爲上司, 寵秩殊異. 文欽,唐咨爲國大害, 叛主仇賊, 還爲戎首. 咨困逼禽獲, 欽二子還降, 皆將軍,封侯, 咨與聞國事. 壹等窮蹴歸命, 猶加盛寵, 況巴蜀賢知見機而作者哉!

誠能深鑒成敗, 邈然高蹈, 投跡微子之蹤, 錯身陳平之軌, 則福同古人, 慶流來裔, 百姓士民, 安堵舊業, 農不易畝, 市不回肆, 去累卵之危, 就永安之福, 豈不美與! 若偷安旦夕, 迷而不反, 大兵一發, 玉石皆碎, 雖欲悔之, 亦無及已. 其詳擇利害, 自求多福, 各具宣布, 咸使聞知.」

| 국역 |

「益州(익주)의 先主(劉備)는 당대의 불세출의 英主로 북방에서 거병한 이후, 冀州와 徐州의 외곽에서 곤궁과 좌절을 겪으며 그 운명이 한때 원소와 呂布(여포)의 손에 있었지만, 太祖(曹操)께서 도와주고 구제하자 크게 흥륭했었다. 그러나 중간에 배반하고 떠나면서 동맹도 포기하였고, 諸葛孔明(제갈공명)은 한두 번 시도로 秦川(진천)[396] 일대를 차지하였다. 姜伯約(姜維)은 隴西(隴右) 일대에 여러 번 진출하며 우리 변경에서 소요를 일으켰으며, 우리 영역 안의 氐族(저족)과 羌族을 많이 괴롭혔지만, 나라에 일이 많아 강유를 정벌하여 죄를 징치할 겨를이 없었다. 지금 변경이 평안하고 국내가 무사하여 힘을 비축하고 때를 기다려 병력을 서남에 집중하였으니, 巴蜀(파촉) 一州의 백성이 구역을 나눠 수비한다 하여도 천자의 군사를 막기 어려울 것이다. 이미 段谷(단곡)과 侯和(후화)의 싸움에서 蜀軍은 기세가 꺾여 사기를 잃었으니 당당한 軍陣을 상대할 수 없을 것이다. 요 몇 년 사이에 한해라도 평안한 날이 없었으니, 출전한 장졸들은 지치고 피폐하여 자식이 부모를 찾아가듯 따라오려는 백성을 막기 어려울 것이다. 이는 蜀의 賢人이라면 모두가 목격했었다.

옛날 蜀相 陳壯(진장)은 秦에 사로잡혔었고, 公孫述(공손술)은 漢朝에 목숨을 내주었으니, 천하 九州의 험지라도 한 사람이 오래 가

396 秦川(진천) – 今 陝西省의 渭水 평원, 陝西省 서남부의 옛 秦의 영역이던 산악지대에 위수가 흘러 秦川으로 통칭한다. 중심도시는 寶鷄市.

질 수 없다. 이는 여러 賢者가 이미 다 알고 있다. 눈이 밝다는 것은 보이지 않는 위기를 보는 것이고, 智者는 아직 싹트지도 않은 화란을 아는 사람이니, 그래서 微子(미자)는 商(殷)을 떠나 오래도록 周의 손님과 같은 신하였으며, 陳平(진평)은 項羽(항우)를 등진 뒤에 漢에서 공을 세웠다. 그러니 안일 추구가 毒酒를 마시는 것과 같고, 利祿 추구가 時變을 모르는 것이라 어찌 단정할 수 있겠는가?

지금 大魏의 융성은 마치 천하를 덮은 하늘의 은택과 같고, 보좌하는 大臣의 너그럽고도 큰 은덕과 인자한 용서는 먼저 베풀고 뒤에 주살하며 살리기를 좋아하고 악을 미워하는 것과 같다. 지난 날 吳將 孫壹(손일)이 무리를 거느리고 歸附하여 고급 관리가 되어 은총과 질록이 특별하였다. 文欽(문흠)과 唐咨(당자)는 나라에 큰 해악을 끼쳤던 반역자요 원수였지만 다시 귀환하여 장수가 되었다. 당자는 막바지에 몰리다가 생포되었고, 문흠의 두 아들은 귀국하여 투항하였지만 모두가 장군이 되고 제후에 봉해졌으며, 당자는 국정에 참여하고 있다. 손일 등은 도망가다가 할 수 없이 투항하였는데도 특별한 총애를 받고 있으니, 하물며 기회를 보아 결단하는 촉한의 현인군자라면 무얼 걱정하겠는가!

정말로 역사적 成敗를 잘 아는 사람이라면 위태한 상황에서 멀리 벗어나야 하나니, 微子(미자)의 자취를 따르거나 陳平(진평)과 같은 길을 택한다면, 그가 누릴 수 있는 복은 옛사람과 같을 것이며, 받은 복록을 후손에게 물려줄 것이고, 백성들은 모두 본래의 생업에 안주할 것이니 농민을 자기 농토를 갖고, 장사하는 사람은 점포를 그대로 가질 수 있어 累卵(누란)의 위기를 벗어나 영원히 평안한 복을 누릴 것이니, 이 어찌 아름답지 않겠는가! 만약 하루아침 저녁만 편안히 살겠다는 어리석음에 미혹되어 귀부하지 않는다면, 大兵이 한 번 출동할 때 玉石이 함께 모두 부서질 것이니 그때 후회한들 어쩔 수 없을 것이다. 그 이해관계를 잘 선택하고 복을 찾아 스스로 분명한 뜻을 밝혀 모두가 알 수 있게 행동하기 바라노라.」

| 原文 |

鄧艾追姜維到陰平, 簡選精銳, 欲從漢德陽入江由,左儋道詣綿竹, 趣成都, 與諸葛緒共行. 緒以本受節度邀姜維, 西行非本詔, 遂進軍前向白水, 與會合. 會遣將軍田章等從劍閣西, 徑出江由.

未至百里, 章先破蜀伏兵三校, 艾使章先登. 遂長驅而前. 會與緒軍向劍閣, 會欲專軍勢, 密白緒畏懦不進, 檻車徵還. 軍悉屬會, 進攻劍閣, 不克, 引退, 蜀軍保險拒守.

艾遂至綿竹, 大戰, 斬諸葛瞻. 維等聞瞻已破, 率其衆東入於巴. 會乃進軍至涪, 遣胡烈,田續,龐會等追維. 艾進軍向成都, 劉禪詣艾降, 遣使敕維等令降於會. 維至廣漢郪縣, 令兵悉放器仗, 送節傳於胡烈, 便從東道詣會降.

| 국역 |

鄧艾(등애)는 姜維(강유)를 추격하여 陰平에 도착했고, 정예병을 뽑아서 漢德陽(한덕양)에서 江由(강유)로 진입하고, 左儋道(좌담도)에서 綿竹(면죽)에 도착한 다음에 서둘러 成都(성도)로 들어가면서 諸葛緖(제갈서)와 함께 행군코자 생각하였다. 그러나 제갈서는 본래 강유를 요격하라고 명을 받았기에, 등애와 함께 西路로 행군하는 것은 조서의 명령이 아니었기에 진군하다가 白水(백수)로 방향을 바꿔 종회와 합세하였다. 종회는 장군인 田章(전장) 등을 보내 검각의 서쪽에서 샛길을 따라 江由(강유)로 진군케 하였다.

江油에서 1백 리쯤을 못가서 전장은 蜀의 복병을 이끌던 장교 3인을 격파했는데, 등애는 전장을 앞에서 공격하게 하였다. 종회는 제갈서의 군사와 함께 검각을 향해 진격하면서 종회는 모든 군사를 자신의 지휘 하에 두려고 비밀리에 제갈서가 겁을 먹고 진격하지 못한다고 조정에 표문을 올렸는데, 제갈서는 檻車(함거)에 실려 돌아갔다. 제갈서의 부대는 모두 종회에 소속되었고, 종회는 검각을 공격했으나 이기지 못하여 퇴각했으며, 蜀軍은 험지를 근거로 방어하였다.

등애는 드디어 綿竹(면죽)에 이르렀고 큰 전투를 겪으면서 (제갈량의 아들) 諸葛瞻(제갈첨)을 죽였다. 강유 등은 제갈첨의 군사가 격파되었다는 소식을 듣자 그 군사를 이끌고 동쪽으로 행군하여 巴郡(파군)으로 들어갔다. 종회는 바로 진군하여 涪城(부성)에 와서 胡烈(호열), 田續(전속), 龐會(방회) 등을 보내 姜維(강유)를 추격케 하였다. 등애는 成都(성도)를 향해 진군했고 (蜀 後主) 劉禪(유선)은 등애의 군영에 와서 항복했고, 유선은 강유에게 사자를 보내 종회에게 항복하라고 명령했다. 강유는 廣漢郡 郪縣(처현)에서 군사들에게 모든 병기를 다 풀어놓게 하고, (자신이 받은) 부절을 (종회의 부장) 胡烈(호열)에게 전달하고 바로 동쪽으로 가서 종회를 만나 투항했다.

| 原文 |

會上言曰,

「賊姜維,張翼,廖化,董厥等逃死遁走, 欲趣成都. 臣輒遣司馬夏侯咸,護軍胡烈等, 經從劍閣, 出新都,大渡截其前, 參軍爰青,將軍句安等躡其後, 參軍皇甫闓,將軍王買等從涪南出衝其腹, 臣據涪縣爲東西勢援. 維等所統步騎四五萬人, 擐甲厲兵, 塞川塡谷, 數百里中首尾相繼, 憑恃其衆, 方軌而西. 臣敕咸,闓等令分兵據勢, 廣張羅罔, 南杜走吳之道, 西塞成都之路, 北絶越逸之徑, 四面雲集, 首尾並進, 蹊路斷絶, 走伏無地. 臣又手書申喩, 開示生路, 群寇困逼, 知命窮數盡, 解甲投戈, 面縛委質, 印綬萬數, 資器山積.

昔舜舞干戚, 有苗自服, 牧野之師, 商旅倒戈, 有徵無戰, 帝王之盛業. 全國爲上, 破國次之, 全軍爲上, 破軍次之, 用兵之令典. 陛下聖德, 侔蹤前代, 翼輔忠明, 齊軌公旦, 仁育群生, 義征不譓, 殊俗向化, 無思不服, 師不逾時, 兵不血刃, 萬里同風, 九州共貫.

臣輒奉宣詔命, 導揚恩化, 復其社稷, 安其閭伍, 舍其賦調,弛其征役, 訓之德禮以移其風, 示之軌儀以易其俗, 百姓欣欣, 人懷逸豫, 後來其蘇, 義無以過.」

| 국역 |

鍾會(종회)가 조정에 보고하였다.

「적장 강유, 張翼(장익), 廖化(요화), 董厥(동궐) 등은 죽을 힘을 다하여 도주하였기에 臣은 서둘러 成都를 공격하려 했습니다. 臣은 즉시 司馬인 夏侯咸(하후함), 護軍인 胡烈(호열) 등을 보내 劍閣(검각)을 거쳐, 新都(신도)와 大渡(대도)로 나가 적의 前路를 끊고, 參軍인 爰靑(원청), 將軍 句安(구안) 등은 적의 후미를 공격케 하고, 參軍인 皇甫闓(황보개), 將軍인 王買(왕매) 등은 涪城(부성)에서 남쪽으로 적의 중간을 공격케 하였으며, 臣은 涪縣(부현)에 근거를 두고 동서 양쪽의 군사를 구원하였습니다. 강유 등은 보병과 기병 4, 5만 명을 거느리고 있는데, 그 군사는 모두 갑옷을 입고 예리한 병기를 가지고서 산과 계곡을 메우면서 수백 리에 걸쳐 首尾(수미)가 서로 연결되었는데 그 다수를 믿고 큰 길을 따라 행군하고 있습니다. 臣은 하후함, 황보개 등에게 명령하여 군사를 나눠 거점을 확보하고 그물을 펴듯 부대를 배치하여 남쪽으로는 東吳로 들어가는 길을 차단하고, 서쪽으로는 成都로 들어가는 길을 막으며, 북쪽으로는 숨거나 도주하는 길을 단절하면서 사방에서 구름처럼 모여 首尾가 함께 진격하며 조그만 샛길도 막거나 끊어 도망칠 곳도 없게 조치하였습니다.

臣은 또 친필로 문서로 작성하여 명령을 전달하였는데, 적에게 활로 하나를 열어 주어, 적이 막다른 상황에서 생명과 身數가 다한 것을 알아 스스로 갑옷과 병기를 버리고 목에 밧줄을 걸고 항복하게 하였는데, 적으로부터 거둬들인 인수가 1만여 개에 여러 물자나 연모가 산처럼 쌓였습니다.

옛날 舜(순)이 창과 방패를 들자 有苗氏(유묘씨)가 스스로 굴복하였고, 牧野(목야)의 싸움에서 商(殷)의 군사는 창을 거꾸로 잡았고 싸우지 않았으니 징계를 하는 것이야말로 帝王의 盛業이었습니다. 적국이라도 나라를 보전케 하는 것이 최상이고 멸망시키는 것은 그보다 못하며, 그 군사를 다 살려주는 것이 모두 죽이는 것보다 좋다고 用兵을 위한 兵書에서도 말했습니다. 폐하께서 聖德으로는 前代의 제왕과 비슷하며, 보좌하는 대신들은 충성 현명하여 周公 姬旦(희단)과 같으며, 만 백성으로 인의로 양육하시고 순종하지 않는 자를 대의에 입각하여 정벌하시며, 서로 다른 풍속도 교화하여 불복하는 자가 없게 하고, 또 군사를 동원해도 일정한 기간을 넘기지 않으시며, 전쟁에도 피를 부르지 않게 하여, 온 나라가 하나의 풍속으로, 또 천하의 九州가 모두 함께 나아가고 있습니다.

臣은 즉시 詔命을 널리 알리고 폐하의 은덕과 교화를 높이 선양하여 사직의 기운을 회복케 하고 鄕里의 백성을 안정시키며, 부역과 조세를 감면하고 노역을 가볍게 하며, 백성을 예와 덕으로 가르쳐 기풍을 바꾸고, 바른 예의의 시범을 보이고 습속을 바꿔 백성이 기뻐하며 편안케 하여 뒷날 다시 소생케 한다면 이보다 더 큰 대의는 없을 것입니다.」

| 原文 |

會於是禁檢士衆不得鈔略, 虛己誘納, 以接蜀之群司, 與維情好歡甚.

十二月詔曰, 「會所向摧弊, 前無强敵, 緘制衆城, 罔羅迸逸. 蜀之豪帥, 面縛歸命, 謀無遺策, 擧無廢功. 凡所降誅, 動以萬計, 全勝獨克, 有徵無戰. 拓平西夏, 方隅淸晏. 其以會爲司徒, 進封縣侯, 增邑萬戶. 封子二人亭侯, 邑各千戶.」

| 국역 |

鍾會(종회)는 장졸이 백성의 재물을 빼앗지 못하게 철저하게 단속하면서 자신을 낮추고 비워 남을 받아들였고, 촉한의 여러 관리와 널리 교제하였으며 특히 강유와 뜻을 같이 하면서 아주 가까이 지냈다. 12월에, 조서가 내려왔다.

「鍾會는 가는 곳마다 폐단을 바로잡았으니 그 앞에는 강적이 없었고 많은 城池를 통제하였으며 달아나는 백성을 잡아들였다. 촉한의 장수가 밧줄을 걸고 투항케 했으며, 실수한 방책이 없었고 戰功이 없는 전투가 없었다. 투항을 받거나 죽인 자를 만 단위로 세어야 하며, 적에게 全勝을 거두었고 싸우지 않고도 적을 응징하였다. 중국의 서쪽을 넓히고 평정하여 먼 변방을 평안케 하였다. 종회를 司徒에 임명하고 작위를 올려 縣侯에 봉하며, 식읍 1만 호를 늘려주고, 아들 2명을 亭侯에 봉하되 식읍은 각각 1천 호를 지급하라.」

| 原文 |

會內有異志, 因鄧艾承制專事, 密白艾有反狀, 於是詔書檻車徵艾. 司馬文王懼艾或不從命, 敕會並進軍成都, 監軍衛瓘在會前行, 以文王手筆令宣喩艾軍, 艾軍皆釋仗, 遂收艾入檻車.

會所憚惟艾, 艾旣禽而會尋至, 獨統大衆, 威震西土. 自謂功名蓋世, 不可復爲人下, 加猛將銳卒皆在己手, 遂謀反. 欲使姜維等皆將蜀兵出斜谷, 會自將大衆隨其後. 旣至長安, 令騎士從陸道, 步兵從水道順流浮渭入河, 以爲五日可到孟津, 與騎會洛陽, 一旦天下可定也.

| 국역 |

종회는 내심으로 반역의 뜻을 품고 있으면서 등애가 황제의 制書를 받고 제 뜻대로 일을 처리하자, 은밀히 등애에게 반역의 조짐이 보인다고 상서하자, 이에 조서를 내려 등애를 소환하되 檻車(함거)에 실어 보내게 하였다. 司馬昭는 등애가 혹시나 명령에 불복할 것 같아 종회에게 군사를 거느리고 成都에 들어가라고 지시하였으며, 監軍 衛瓘(위관)에게 종회보다 앞서 들어가 사마소의 친필 명령으로 등애의 군사를 설득케 하였는데, 등애의 군사는 모두 무기를 버렸고 등애를 함거에 태워 출발시켰다.

종회가 꺼린 것은 오직 등애였는데, 등애가 잡혀가자 종회는 곧 成都(성도)에 들어왔고 많은 군사를 혼자 통솔하니, 그 위세가 巴蜀

일대에 진동하였다. 종회는 자신의 功名이 세상을 뒤덮으니 다시는 다른 사람 아래에 들어갈 수 없으며, 또 猛將과 정예병이 수중에 있다 하여 결국 모반하였다. 강유는 촉의 군사를 거느리고 斜谷을 지나왔고, 종회는 대군을 거느리고 뒤를 따랐다. 반군이 장안에 도착하면 기병은 육로를 따라 진군하고, 보병은 수로를 따라 渭水(위수)를 내려가서, 황하로 들어갈 경우 5일이면 (洛陽의) 孟津(맹진)에 도착하고, 기병과 낙양에서 합세하면 하루아침에 천하를 차지할 수 있다고 생각하였다.

|原文|

會得文王書云,「恐鄧艾或不就徵, 今遣中護軍賈充將步騎萬人徑入斜谷, 屯樂城, 吾自將十萬屯長安, 相見在近.」

會得書, 驚呼所親語之曰, "但取鄧艾, 相國知我能獨辦之, 今來大重, 必覺我異矣, 便當速發. 事成, 可得天下, 不成, 退保蜀漢, 不失作劉備也. 我自淮南以來, 畫無遺策, 四海所共知也. 我欲持此安歸乎!"

會以五年正月十五日至, 其明日, 悉請護軍,郡守,牙門騎督以上及蜀之故官, 爲太后發喪於蜀朝堂. 矯太后遺詔, 使會起兵廢文王, 皆班示坐上人, 使下議訖, 書版署置, 更使所親信代領諸軍. 所請群官, 悉閉著益州諸曹屋中, 城門宮門皆閉, 嚴兵圍守.

會帳下督丘建本屬胡烈, 烈薦之文王, 會請以自隨, 任愛之. 建愍烈獨坐, 啓會, 使聽內一親兵出取飮食, 諸牙門隨例各內一人.

烈紿語親兵及疏與其子曰, "丘建密說消息, 會已作大坑, 白棓數千, 欲悉呼外兵入, 人賜白帢拜爲散將, 以次棓殺坑中."

諸牙門親兵亦咸說此語, 一夜傳相告, 皆遍. 或謂會, "可盡殺牙門騎督以上." 會猶豫未決.

| 국역 |

종회는 司馬昭의 서신을 받았는데, 서신에는 「등애가 혹 소환에 응하지 않을까 걱정이 되어, 지금 中護軍 賈充(가충)에게 보병과 기병 1만 명을 주어 斜谷(사곡)에 진입하여 樂城(낙성)에 주둔케 하였으며, 나도 곧 10만 병력을 거느리고 주둔할 것이니 오래지 않아 상견할 것이다.」

종회는 서신을 받고 놀라 측근에게 말했다.

"등애를 잡아보내는 일이야 相國(司馬昭)도 나 혼자서 처리할 수 있다는 것을 알텐데, 이번에 대군을 거느리고 온다면 내 속셈을 알아챌 것이니 응당 빨리 출발해야 한다. 일이 성공하면 천하를 차지하고, 성공하지 못한다면 물러나와 蜀漢을 차지할 수 있으니, 劉備(유비)만큼 될 수 있다. 내가 淮南에 있을 때부터 나의 책모가 실패한 적이 없다는 것을 세상 사람이 다 알고 있으니, 내가 이런 명성과 기회를 잡았는데 또 누구에게 귀부하겠나!"

종회는 (景元) 5년(서기 264) 정월 15일에 成都에 왔는데, 그 다음 날 護軍, 郡守, 牙門騎督 이상의 모든 장수와 蜀漢의 옛 관리를 모두 집합시켜 蜀漢의 朝堂에서 太后를 發喪하였다. 종회는 태후가 자신에게 기병하여 사마소를 폐위시키라는 위조한 遺詔(유조)를 좌상의 모든 사람에게 보여주었고, 이에 대한 의논을 마치자 문서로 작성하여 각 부서에 전달 보관케 하였으며, 이어 평소 가까이했던 사람을 골라 각 부대를 지휘케 하였다. 초청하여 참석했던 모든 관리들을 일단 益州의 관아 건물에 유폐시켰고 성문과 궁문을 모두 폐쇄하고서 엄하게 경비하였다.

종회 휘하의 督軍인 丘建(구건)은 본래 胡烈(호열)의 속관이었는데, 호열이 구건을 사마소에게 천거하자, 종회는 구건이 자신을 수행토록 하면서 그동안 신임하고 아껴주었다. 구건은 호열이 혼자 갇혀 있는 것을 보고 안타깝게 생각하여 종회의 허락을 받아 병사 하나를 배정하여 음식을 공급케 하였는데, 여러 牙門들도 호열의 예를 따라 병사 1인씩을 배치하여 시중들게 하였다. 이에 호열이 거짓으로 시중드는 병졸에게 아들에게 보내는 편지를 받아쓰게 하면서 말했다.

"내가 너에게 은밀히 말하나니, 종회가 이번에 큰 구덩이를 파고 하얀 몽둥이 수천 개를 준비하였으며, 외부의 군사를 불러온 뒤에 사람마다 흰색 모자를 주어 散將으로 임명한 뒤에 바로 몽둥이로 때려 구덩이에 묻어 죽일 것이다."

모든 牙門의 시중드는 병졸이 이 말을 듣고 하룻밤 사이에 서로 전하니 모든 곳에 두루 다 퍼졌다. 어떤 사람이 종회에게 말했다.

"각 牙門(아문)의 騎督 이상을 모두 죽여버려야 합니다."

그러나 종회는 유예하며 결정하지 못했다.

| 原文 |

十八日日中, 烈軍兵與烈兒雷鼓出門, 諸軍兵不期皆鼓譟出, 曾無督促之者, 而爭先赴城. 時方給與姜維鎧杖, 白外有匈匈聲, 似失火, 有頃, 白兵走向城. 會驚, 謂維曰, "兵來似欲作惡, 當云何?" 維曰, "但當擊之耳."

會遣兵悉殺所閉諸牙門郡守, 內人共舉机以柱門, 兵斫門, 不能破. 斯須, 門外倚梯登城, 或燒城屋, 蟻附亂進, 矢下如雨, 牙門,郡守各緣屋出, 與其卒兵相得. 姜維率會左右戰, 手殺五六人, 衆既格斬維, 爭赴殺會. 會時年四十, 將士死者數百人.

| 국역 |

(정월) 18일 한낮에, 胡烈(호열)의 軍兵과 호열의 아들이 북을 치며 문을 나서자, 모든 병졸들도 아무런 기약도 없이 북을 치며 뛰쳐나왔는데 누가 독촉한 것도 아니었지만 서둘러 성으로 모여들었다. 그때 종회는 강유에게 갑옷과 무기를 내주고 있었는데, 밖에서 크게 웅성대는데 불이 난 것 같다는 보고가 들어왔고, 곧 이어 병졸이

성으로 모여들고 있다는 보고가 들어왔다. 종회가 놀라면서 강유에게 물었다.

"병졸들이 모여 나쁜 짓을 한다면 어떻게 해야 하는가?"

강유는 "일단 격파해야 합니다."라고 말했다.

종회는 병졸을 풀어 갇혀있는 牙門이나 郡守를 모두 죽이라 하였는데, 건물 안에서도 탁자 같은 것으로 문을 바로 막았고 병졸들은 문을 부수려했지만 부술 수가 없었다. 곧 이에 성 밖에서 사다리를 놓고 성을 기어올라 들어오면서 집에 불을 질렀고, 마치 개미떼처럼 마주 진입하였고 화살이 비처럼 쏟아졌다. 각 牙門이나 郡守들은 각자 지붕을 타고 넘어가 각자의 병졸들과 합세하였다. 강유는 종회의 측근과 함께 싸우며 직접 5, 6명을 죽였지만, 성난 병졸들은 강유를 때려 죽였고, 종회에게도 달려들어 죽여버렸다. 종회는 그때 40세였고 장졸 수백 명이 죽었다.

| 原文 |

初, 艾爲太尉, 會爲司徒, 皆持節,都督諸軍如故, 咸未受命而斃. 會兄毓, 以四年冬薨, 會竟未知問. 會兄子邕, 隨會與俱死, 會所養兄子毅及峻,辿等下獄, 當伏誅. 司馬文王表天子下詔曰,

「峻等祖父繇, 三祖之世, 極位台司, 佐命立勳, 饗食廟庭. 父毓, 歷職內外, 幹事有績. 昔楚思子文之治, 不滅鬪氏之祀.

晉錄成宣之忠, 用存趙氏之後. 以會,邕之罪, 而絶繇,毓之類, 吾有愍然! 峻,辿兄弟特原, 有官爵者如故. 惟毅及邕息伏法.」

或曰, 毓曾密啓司馬文王, 言會挾術難保, 不可專任, 故宥峻等云.

| 국역 |

그전에, 鄧艾(등애)는 太尉가 되었고, 鍾會(종회)는 司徒로 두 사람 다 부절을 받고 전처럼 군사를 지휘할 수 있었지만, 실제 (조정에 가서) 취임하기 전에 두 사람 다 죽었다. 종회의 兄인 鍾毓(종육)은 景元 四年(서기 263) 겨울에 죽었는데, 종회는 끝내 소식을 듣지 못했다. 종회의 兄子인 鍾邕(종옹)은 종회를 따라 같이 죽었고, 종회가 부양하던 조카인 鍾毅(종의) 및 鍾峻(종준)과 鍾辿(종천, 辿은 느릿느릿 걸을 천) 등은 하옥되어 처형되어야만 했다. 이에 사마소가 표문을 올려 천자가 조서를 내렸다.

「鍾峻(종준) 등의 조부인 鍾繇(종요)는 三祖(武帝, 文帝, 明帝) 재위 중에 三公의 존위에서 주군을 보좌하며 공적을 남겨 종묘에 배향되었다. 부친 종육은 내외의 여러 직책을 거치면서 치적을 쌓았다. 옛날 楚에서는 子文(자문)의 치적을 사념하여 鬪氏(투씨)의 제사를 없애지 않았다. 晉에서는 成季(성계)와 孟宣(맹선)의 충성을 史書에 기록하여 趙氏의 후손을 남겨두었다. 종회와 종옹의 죄악에 의거 종요와 종육의 후손을 없애는 것을 나는 불쌍하게 생각한다! 종준과 종천 형제를 특별히 용서하고 관작은 이전과 같이 한다. 그러나 종의와 종옹의 자식은 법에 의거 처형하라.」

어떤 사람은 종육이 그전에 사마소에게 鍾會는 술수가 많아 딴 마음을 품을 수 있어 혼자 중임을 맡길 수 없다고 말했기에 종준 등을 살려 주었다고 말했다.

| 原文 |

初, 文王欲遣會伐蜀, 西曹屬邵悌求見曰, “今遣鍾會率十餘萬衆伐蜀, 愚謂會單身無重任, 不若使餘人行.” 文王笑曰, “我寧當復不知此耶? 蜀爲天下作患, 使民不得安息, 我今伐之如指掌耳, 而衆人皆言蜀不可伐. 夫人心豫怯則智勇並竭, 智勇並竭而强使之, 適爲敵禽耳. 惟鍾會與人意同, 今遣會伐蜀, 必可滅蜀. 滅蜀之後, 就如卿所慮, 當何所能一辦耶? 凡敗軍之將不可以語勇, 亡國之大夫不可與圖存, 心膽以破故也. 若蜀以破, 遺民震恐, 不足與圖事. 中國將士各自思歸, 不肯與同也. 若作惡, 祇自滅族耳. 卿不須憂此, 愼莫使人聞也.”

及會白鄧艾不軌, 文王將西, 悌復曰, “鍾會所統, 五六倍於鄧艾, 但可敕會取艾, 不足自行.”

文王曰, “卿忘前時所言邪, 而更云可不須行乎? 雖爾, 此言不可宣也. 我要自當以信義待人, 但人不當負我, 我豈可先人生心哉! 近日賈護軍問我, 言, ‘頗疑鍾會不?’ 我答言, ‘如今遣卿行, 寧可復疑卿邪?' 賈亦無以易我語也. 我到長安, 則自了矣."

軍至長安, 會果已死, 咸如所策.

| 국역 |

그전에, 司馬昭가 종회를 보내 蜀漢을 정벌하려 할 때, 西曹의 掾屬(연속)인 邵悌(소제, 字 元伯)가 알현하며 말했다.

"지금 종회에게 10만 병력을 주어 촉한을 정벌하려지만, 제 의견으로는 종회 혼자 중임을 감당할 수 없으니 다른 사람과 함께 보내야 합니다."

그러자 사마소가 웃으며 말했다.

"내가 어찌 그것을 모르겠는가? 촉한은 천하의 걱정거리로 백성을 안식할 수도 없지만, 나는 이번 정벌이 손 안의 물건처럼 쉬운 일이라 생각하나 사람들은 정벌이 불가하다고 말한다. 사람이 미리 겁을 먹으면 지략과 용기도 함께 없어지고, 지략이 없는데 강제로 시킨다면 적에게 사로잡힌다. 지금 종회와 내 뜻이 같기에 종회를 시켜 정벌하는 것이니 틀림없이 촉한을 멸망시킬 것이다. 촉한을 멸망시킨 다음에 그대가 걱정하는 그 정도라면 어찌 한 번에 성공할 수 있겠는가? 敗軍之將은 자신의 용맹을 자랑할 수 없고 亡國의 大夫와 국가 전략을 함께 논의할 수 없는 것은 이미 용기가 없기 때문이다. 촉한이 망한다면 남은 백성들은 두려움 때문에 아무 일도 도모하지 못한다. 그리고 中原의 장졸은 각자 돌아갈 생각만 하기에 함께 반역하지 못할 것이다. 만약 반역한다면 스스로 멸족할 뿐이다. 그대는 그런 걱정을 할 필요도 없거니와 다른 사람에게 말해서도 안 된다."

등애가 불충의 의도가 있다고 종회가 몰래 보고한 뒤에, 사마소가 서쪽으로 진군하려 하자, 邵悌(소제)가 다시 말했다.

"鍾會가 거느린 군사가 등애보다 5, 6배 많아 한 번의 명령으로 등애를 잡아올 수 있으니 출정하지 않으셔도 될 것입니다."

그러자 사마사가 말했다.

"卿은 그전에 한 말을 잊고서 가지 않아도 된다고 말하는가? 그렇다 치더라도 이런 일은 말해서는 안 된다. 나는 신의를 지켜 사람을 대하니, 남이 나를 배반하게 할 수도 없지만 내가 어찌 남을 먼저 의심하겠는가? 며칠 전 護軍인 賈充(가충)이 나에게 '종회를 의심하는 것은 아닙니까?' 라고 물었을 때, 나는 '지금 경을 보내면서 내가 또 경을 의심해야 하는가?' 라고 물었다. 가충 역시 아무 말이 없었다. 내가 長安에 도착하면 모두 해결될 것이다."

사마사의 대군이 長安에 도착했을 때, 종회는 이미 죽었으니, 모든 것이 사마사의 예상과 같았다.

| 原文 |

會嘗論《易》無互體,才性同異. 及會死後, 於會家得書二十篇, 名曰《道論》, 而實刑名家也, 其文似會. 初, 會弱冠與山陽王弼並知名. 弼好論儒道, 辭才逸辯, 注《易》及《老子》, 爲尙書郞, 年二十餘卒.

| 국역 |

鍾會(종회)[397]는 일찍이 《易》에는 互體(호체)가 없으며, 才能과 品性의 同異를 논하였다. 종회가 죽은 뒤에 종회의 집에서 20篇의 책이 있었는데, 書名은 《道論》이었으나 실제 내용은 刑名에 관한 내용이었고 刑名家의 저술은 종회의 문장과 같은 형식이었다.

그전에 종회는 약관의 나이에 山陽郡의 王弼(왕필)[398]과 함께 이름이 알려졌는데, 왕필은 儒道에 관한 논쟁을 좋아하였고 언변이 뛰어났으며. 《易》 및 《老子》에 주석을 달았으며 尙書郎이 되었다가 20여 세에 죽었다.

| 原文 |

評曰, 王淩風節格尙, 毌丘儉才識拔幹, 諸葛誕嚴毅威重, 鍾會精練策數, 咸以顯名, 致茲榮任, 而皆心大志迂, 不慮禍難, 變如發機, 宗族塗地, 豈不謬惑邪!

鄧艾矯然强壯, 立功立事, 然闇於防患, 咎敗旋至, 豈遠知

397 鍾會는 《盡神論》을 저술하여 이를 주장했다는 주석이 있다.

398 王弼(왕필, 226 – 249년, 字 輔嗣) – 山陽郡(今 山東省 境內) 출신, 曹魏의 저명한 학자. 經學, 易學의 大家로 魏晉 玄學의 대표자. 24세에 죽었다. 중국의 기라성 같은 天才 중 한 사람임에는 틀림없다. 《道德經》과 《易經》의 주석을 남겨 후세에 큰 영향을 끼쳤다. 漢代와 삼국시대의 《道德經》 주석은 모두 失傳되었고 王弼의 《道德經注》가 가장 오래된 주석으로 남아있다. 正始 연간에, 何晏(하안)도 왕필에 대하여 "仲尼가 말한 後生可畏(후생가외)는 바로 왕필 같은 인물을 두고 할 말이니, 함께 天人之際를 논할 수 있다."고 하였다. 왕필과 종회는 매우 가까운 친우였다고 한다.

乎諸葛恪而不能近自見, 此蓋古人所謂目論者也.

| 국역 |

陳壽의 評論 : 王凌(왕릉)은 그 풍모와 節操(절조)가 단정 고상하였고, 毌丘儉(관구검)은 재능과 식견이 걸출 명료하였으며, 諸葛誕(제갈탄)은 엄정 강직하고 장중한 위엄이 있었고, 鍾會(종회)는 식견이 정밀 명료하였으며, 책략도 뛰어났기에 일찍부터 이름을 날렸고 요직을 담당하였는데, 이 사람들은 心志가 크고 원대하였지만 자신에게 닥칠 환난은 생각하지 않고 깊은 생각 없이 변란을 일으켜 일족까지 몰살당하게 하였으니 결국 황당한 미혹에 빠진 것이 아니겠는가!

鄧艾(등애)는 뚜렷한 신념에 굳센 의지를 가졌기에 여러 일에 성공하고 공훈을 세웠지만 미리 대처하거나 예방하지 못하여 결국 허물을 쓰고 죽었다. (東吳) 諸葛恪(제갈각)의 몰락을 멀리서 예견하였지만, 가까이 닥친 자신의 죽음을 내다보지 못했으니 옛사람이 말한 대로 눈앞의 눈썹은 못 보는 것과 같지 않은가![399]

399 먼데 있는 가느다란 털끝을 보지만(目見毫毛), 가까이 있는 자신의 속눈썹을 못 본다는 뜻(而不自見其睫也).

29권 〈方技傳〉(魏書 29) (방기전)

❶ 華佗

| 原文 |

華佗字元化, 沛國譙人也, 一名旉. 遊學徐土, 兼通數經. 沛相陳珪擧孝廉, 太尉黃琬闢, 皆不就. 曉養性之術, 時人以爲年且百歲而貌有壯容.

又精方藥, 其療疾, 合湯不過數種, 心解分劑, 不復稱量, 煮熟便陰, 語其節度, 捨去輒愈. 若當灸, 不過一兩處, 每處不過七八壯, 病亦應除. 若當針, 亦不過一兩處, 下針言 "當引某許, 若至, 語人." 病者言 "已到." 應便拔針, 病亦行差. 若病結積在內, 針藥所不能及, 當須刳割者, 便飮其麻沸散, 須臾便如醉死無所知, 因破取. 病若在腸中, 便斷腸湔洗, 縫腹膏摩, 四五日差, 不痛, 人亦不自寤, 一月之間, 卽平復矣.

| 국역 |

華佗(화타)[400]의 字는 元化(원화)로, 沛國 譙縣(초현) 사람으로 一名 旉(부)이다. 화타는 徐州 일대에 유학하였고 여러 경전에 두루 통했다. 沛國 相인 陳珪(진규)가 효렴으로 천거하였고, 太尉 黃琬(황완)이 초빙하였으나 모두 응하지 않았다. 화타는 養性之術에 밝았는데 그때 사람들이 화타의 나이가 1백 세에 가까웠지만 그 모습이 아주 정정하다고 생각하였다.[401]

화타는 方藥에 정통하였는데 질병 치료에 湯劑(탕제)는 불과 몇 종류였고 약재의 양을 잘 헤아릴 수 있어 저울에 달지 않았으며, 약을 달여 먹게 하고 유념할 사항을 말해주었는데, 그대로 하면 곧 병이 나았다. 만약 뜸(灸, 뜸 구)을 떠야 한다면 몸의 한 두 군데에 뜸을 떴고, 한 곳에 7, 8번 이하로 뜸을 뜨면 병이 곧 나았다.[402] 만약 침(針)을 시술할 경우, 한두 군데만 침을 시술하면서 "침이 어디에

400 華佗(화타, 145 – 208년, 字 元化) – 一名 旉(부), 沛國 譙縣人(今 安徽省 亳州市), 조조와 같은 고향. 華佗, 董奉(동봉), 張仲景(장중경)을 '建安三神醫' 라고 칭한다. 華佗, 扁鵲(편작), 張仲景, 李時珍(이시진)을 中國 四大 名醫라고 한다. 화타는 內科, 外科, 婦人科, 小兒科, 針灸 등으로 분류하여 치료하였으며, 외과 수술에 마취제(麻沸散)을 사용하였다. 五禽戲(오금희)라는 맨손체조를 창안 보급하였다. 《三國演義》에서 관우의 독화살 상처를 치료했다는 '刮骨療毒(괄골요독)은 가장 精彩로운 장면이나 관우가 독화살의 상처를 입었을 때 화타는 이미 죽고 없었다. 《後漢書》 82권, 方術列傳(下)에 입전.

401 《後漢書》 〈方術列傳 / 화타전〉에는 '신선과 같다' 고 표현하였다.

402 원문 '七八壯' 의 壯은 한 방 뜸들 장.

작용할 것이니, 만약 느낌이 오면 왔다고 말하라."고 하였다. 그래서 환자가 "느낌이 왔다."고 말하면 바로 침을 뺐고, 병은 곧 차도가 있었다. 만약 병이 신체 내부에 뭉쳐있어 침이나 약이 닿지 않는 곳이라면 살을 자르거나 쨀 때 痲沸散(마비산, 마취제)을 마시게 하여, 곧 醉(취)해서 죽은 것처럼 알지 못하게 되면 수술을 하였다. 병이 만약 腸器(장기, 창자)에 있다면 장을 잘라 씻어낸 뒤에 다시 꿰맨 뒤에 고약을 발라주면 4, 5일 뒤에 차도가 있고, 통증을 모르고 1달 정도 지나면 평시처럼 회복되었다.

| 原文 |

故甘陵相夫人有娠六月, 腹痛不安, 佗視脈, 曰, "胎已死矣." 使人手摸知所在, 在左則男, 在右則女. 人云 "在左." 於是爲湯下之, 果下男形, 卽愈.

縣吏尹世苦四支煩, 口中乾, 不欲聞人聲, 小便不利. 佗曰, "試作熱食, 得汗則愈, 不汗, 後三日死." 卽作熱食而不汗出, 佗曰, "藏氣已絶於內, 當啼泣而絶." 果如佗言.

府吏兒尋,李延共止, 俱頭痛身熱, 所苦正同. 佗曰, "尋當下之, 延當發汗." 或難其異, 佗曰, "尋外實, 延內實, 故治之宜殊." 卽各與藥, 明旦並起.

鹽瀆嚴昕與數人共候佗, 適至, 佗謂昕曰, "君身中佳否?" 昕曰, "自如常." 佗曰, "君有急病見於面, 莫多飮酒." 坐畢歸, 行數里, 昕卒頭眩墮車, 人扶將還, 載歸家, 中宿死.

故督郵頓子獻得病已差, 詣佗視脈, 曰, "尙虛, 未得複, 勿爲勞事, 御內卽死. 臨死, 當吐舌數寸." 其妻聞其病除, 從百餘里來省之, 止宿交接, 中間三日發病, 一如佗言.

| 국역 |

故 甘陵國 相의 부인이 임신 6개월이었는데 복통으로 편안치 못했는데, 華佗(화타)가 진맥하고서 말했다. "태아는 이미 죽었습니다." 그리고는 사람을 시켜 손으로 더듬어 만져지는 곳을 알아보게 하며 왼쪽이면 사내아이, 오른쪽에 만져지면 여자아이라고 말했다. 만져본 사람이 왼쪽에 있다고 말했고, 곧 탕약을 먹고 쏟아내게 했더니 사내아이 모습이었고 병은 바로 나았다.

縣吏인 尹世(윤세)가 사지가 마비되고 입안이 건조하며 사람 말소리도 잘 들을 수 없고, 소변도 잘 나오지 않았다. 화타는 "뜨거운 음식을 먹고 땀을 내면 낫지만, 땀이 안 나면 3일 뒤에 죽을 것이요." 라고 말했다. 윤세가 뜨겁게 먹었는데도 땀이 나지 않자, 화타는 "속에서 내장의 氣가 끊겼으니, 눈물을 흘리며 죽을 것이요."라고 말했는데, 화타의 말 그대로였다.

府吏인 兒尋(예심)과 李延(이연)이 함께 와서, 모두 머리가 아프고 몸에 열이 난다고 하였는데 증상이 똑같았다. 화타는 "예심은 설사를 시켜야 하고, 이연은 땀을 내야 합니다."라고 말했다. 옆에 사람이 처방이 다른 것을 의아해 하자, 화타는 "예심은 체구가 튼튼하고, 이연은 속이 충실하기에 치료가 달라야 합니다."라고 말했다.

각자 약을 주자, 다음 날 모두 완쾌하였다.

(廣陵郡) 鹽瀆縣(염독현) 사람 嚴昕(엄흔)이 여러 사람과 함께 화타를 기다렸는데, 화타가 들어와 엄흔에게 "몸이 불편하지 않은가?" 라고 물었다. 염흔은 평상시와 같다고 말했다. 화타는 "얼굴에 급한 병세가 있는 것 같으니 술을 많이 먹지 마시오."라고 말했다. 이야기를 나눈 뒤에 돌아갔는데, 몇 리를 못가서 엄흔은 갑자기 머리가 어지럽더니 수레에서 떨어졌고 옆사람이 부축하여 집에 돌아가서 자다가 죽었다.

옛 督郵(독우)인 頓子獻(돈자헌)은 병을 앓고 나았는데 화타를 찾아와 맥을 보게 하자, 화타가 말했다.

"아직도 氣가 虛(허)하고 회복되지 않았으니, 힘들게 일하지 마시고 房事(방사)를 하다가는 즉사할 수도 있습니다. 그렇게 되면 입 밖으로 혀를 몇 치나 빼고 죽을 것이요."

독우의 아내가 남편 병이 나았다는 소식을 듣고 1백여 리를 찾아와 챙겨주었고 부부가 함께 자며 교접했는데, 3일이 지나 발병하여 화타의 말처럼 죽었다.

| 原文 |

督郵徐毅得病, 佗往省之. 毅謂佗曰, "昨使醫曹吏劉租針胃管訖, 便苦欬嗽, 欲臥不安." 佗曰, "刺不得胃管, 誤中肝也, 食當日減, 五日不救." 遂如佗言.

東陽陳叔山小男二歲得疾, 下利常先啼, 日以羸困. 問佗,佗曰, “其母懷軀, 陽氣內養, 乳中虛冷, 兒得母寒, 故令不時愈.” 佗與四物女宛丸, 十日卽除.

彭城夫人夜之廁, 蠆螫其手, 呻呼無賴. 佗令溫湯近熱, 漬手其中, 卒可得寐, 但旁人數爲易湯, 湯令暖之, 其旦卽愈.

軍吏梅平得病, 除名還家, 家居廣陵, 未至二百里, 止親人舍. 有頃, 佗偶至主人許, 主人令佗視平, 佗謂平曰, “君早見我, 可不至此. 今疾已結, 促去可得與家相見, 五日卒.” 應時歸, 如佗所刻.

佗行道, 見一人病咽塞, 嗜食而不得下, 家人車載欲往就醫. 佗聞其呻吟, 駐車往視, 語之曰, “向來道邊有賣餅家蒜齏大酢, 從取三升飮之, 病自當去.” 卽如佗言, 立吐蛇一枚, 縣車邊, 欲造佗. 佗尙未還, 小兒戲門前, 逆見, 自相謂曰, “似逢我公, 車邊病是也.” 疾者前入坐, 見佗北壁縣此蛇輩約以十數.

| 국역 |

(郡의) 督郵(독우)인 徐毅(서의)가 병이 나자, 華佗(화타)가 가서 살펴보았다. 서의가 화타에게 말했다.

“어제 醫曹吏(官醫)인 劉租(유조)를 시켜 위장 혈에 침을 놓게 했는데, 그냥 기침'〔欬嗽(해수)〕이 심하여 누워있을 수도 없습니다.”

이에 화타가 말했다.

“위장 혈에 침을 놓지 않고 잘못해서 肝穴(간혈)에 침을 놓았으니, 날마다 식사량이 줄어 5일 뒤에는 어쩔 수가 없을 것입니다."

결국 화타의 말과 같았다.

(廣陵郡) 東陽縣 陳叔山(진숙산)의 2살 된 어린아이가 병이 났는데, 설사를 하고 늘 울어서 몸이 날마다 쇠약해졌다. 화타에게 묻자, 화타가 말했다.

"어미가 동생을 임신하면서, 陽氣가 태아에게 집중되어, 乳房이 허하고 냉해해졌는데, 아이는 어미의 寒氣를 받아서 그런 것이요."

화타가 四物女宛丸(사물여완환)을 처방해 주었는데, 십일 만에 곧 괜찮아졌다.

彭城縣(팽성현)의 어떤 부인이 밤에 변소에 갔는데, 전갈(蠆, 전갈채)에 손이 쏘였는데 끙끙거리고 앓기만 하였다. 화타는 뜨거운 물에 손을 담그게 하였는데 나중에 잠을 잘 수 있게 되자, 옆사람에게 뜨거운 물을 자주 갈아주고 손을 따뜻하게 하자, 다음 날 아침에 바로 나았다.

軍吏인 梅平(매평)이 병이 나자, 사직하고 廣陵郡의 집으로 귀향하면서 2백 리 쯤 남겨두고 아는 사람 집에 하룻밤을 묵었다. 잠시 뒤에 화타도 우연히 지나가다가 그 집에 들렀는데, 주인이 매평의 병을 보여 달라고 하자, 화타가 매평에게 말했다.

"당신이 일찍 나를 보았더라면 이 지경이 되지는 않았을 것이요. 지금 병이 이미 너무 깊었으니, 빨리 가면 집 식구를 만나 보겠지만 5일 뒤에 죽을 것이요."

매평은 즉시 귀가하였고, 화타가 말한 그 날짜에 죽었다.

화타가 길을 가면서 목이 멘 어떤 사람을 보았는데, 무엇을 먹고 싶어도 목에 넘길 수가 없어 식구들이 수레에 태워 의원을 찾아가는 길이었다. 화타는 환자의 신음소리를 듣고 수레를 멈춰 살펴본 다음에 말했다.

"여기 오는 길가에 떡을 파는 집의 달래(蒜, 달래 산) 나물이 아주 시었던데(大酢, 대초, 酸), 그 국물 3되를 얻어 마시면 저절로 나을 것이요."

그 사람이 화타의 말대로 했더니, 금방 큰 기생충(蛇) 한 마리를 토했고, 그 기생충을 수레에 걸어놓고 화타의 집으로 갔다. 화타는 아직 집에 돌아오지 않았는데, 어린아이가 대문 앞에서 놀다가 그 사람을 보고서 저들끼리 말했다.

"수레에 걸린 저것을 보니 우리 아버지를 만난 것 같다."

그 환자가 집안에 들어가 보니 화타의 집 북쪽 담에 그런 기생충이 수십 개 걸려 있었다.

| 原文 |

又有一郡守病, 佗以爲其人盛怒則差, 乃多受其貨而不加治, 無何棄去, 留書罵之. 郡守果大怒, 令人追捉殺佗. 郡守子知之, 屬使勿逐. 守瞋恚既甚, 吐黑血數升而愈.

又有一士大夫不快, 佗云 "君病深, 當破腹取. 然君壽亦不過十年, 病不能殺君, 忍病十歲, 壽俱當盡, 不足故自刳裂." 士大夫不耐痛癢, 必欲除之. 佗遂下手, 所患尋差, 十年竟死.

廣陵太守陳登得病, 胸中煩懣, 面赤不食. 佗脈之曰, "府君胃中有蟲數升, 欲成內疽, 食腥物所爲也." 卽作湯二升, 先服一升, 斯須盡服之. 食頃, 吐出三升許蟲, 赤頭皆動, 半身是生魚膾也, 所苦便愈. 佗曰, "此病後三期當發, 遇良醫乃可濟救." 依期果發動, 時佗不在, 如言而死.

太祖聞而召佗, 佗常在左右. 太祖苦頭風, 每發, 心亂目眩, 佗針鬲, 隨手而差.

| 국역 |

어떤 郡守가 병이 났는데, 華佗(화타)는 그 군수가 크게 화를 내면 병이 나을 것이라 생각하여 치료비를 많이 받고서는 아무 치료도 하지 않았고, 아무 까닭도 없이 떠나오면서 욕을 쓴 서신을 남겼다. 郡守는 예상대로 大怒하면서 사람을 시켜 화타를 쫓아가 죽이라고 명령했다. 군수의 아들은 이를 알아 추격하지 못하게 했다. 군수는 크게 화를 내면서 검은 피를 여러 되 토하자, 병은 저절로 나았다.

또 어떤 사대부 한 사람이 늘 신경질을 부리자, 화타가 말했다.

"당신의 병이 깊어 응당 배를 갈라 치료해야 합니다. 그러나 당신의 수명이 10년 정도 남았는데, 지금 이 병 때문에 죽지는 않을 것이며, 10년은 참고 지낼 수 있고 수명도 다 할 것이니 배를 수술할 필요는 없을 것입니다."

그러나 사대부는 통증과 가려움증을 참을 수 없어 기어이 고치고 싶었다. 화타가 수술을 하자, 곧 차도가 있었지만 10년 만에 끝내 죽고 말았다.

廣陵(광릉) 태수 陳登(진등)이 병이 났는데, 가슴이 늘 답답하였고 얼굴이 붉어지며 먹지도 못하였다. 화타가 진등을 진맥하고서 말했다.

"府君(태수)의 위장에 벌레가 몇 되쯤 들어 있고, 그것들이 위장 안에서 썩으려는데, 생선을 날 것(膾)으로 먹어서 생긴 병입니다."

그러면서 湯藥(탕약) 2升을 제조하여 1升을 먼저 복용한 다음, 며칠 기다렸다가 다시 1승을 마저 복용케 했다. 다 복용하자, 곧 3되 가량의 벌레를 토했는데, 붉은 대가리가 움직였고, 그 몸뚱이 절반은 물고기의 회였고 증상은 곧 나았다. 이에 화타가 말했다.

"이 병은 3년 뒤에 다시 재발할 것이니 良醫를 만나면 고칠 수 있을 것입니다."

그 뒤에 병이 재발하였는데, 그때 화타는 죽은 뒤라서 진등도 그대로 죽었다.

조조는 화타의 소문을 듣고 불러 늘 좌우에 머물게 하였다. 조조는 頭風으로 고생을 했는데, 그 증세는 가슴이 뛰며 눈이 현기증으로 어지러웠으나, 화타가 가슴에 침을 놓고 나면 곧 차도가 있었다.

| 原文 |

李將軍妻病甚, 呼佗視脈, 曰, "傷娠而胎不去." 將軍言, "聞實傷娠, 胎已去矣." 佗曰, "案脈, 胎未去也." 將軍以爲不然. 佗捨去, 婦稍小差. 百餘日復動, 更呼佗, 佗曰, "此脈故事有胎. 前當生兩兒, 一兒先出, 血出甚多, 後兒不及生. 母不自覺, 旁人亦不寤, 不復迎, 遂不得生. 胎死, 血脈不復歸, 必燥著母脊, 故使多脊痛. 今當與湯, 並針一處, 此死胎必出."

湯針既加, 婦痛急如欲生者. 佗曰, "此死胎久枯, 不能自出, 宜使人探之." 果得一死男, 手足完具, 色黑, 長可尺所.

| 국역 |

李將軍[403]의 妻가 병이 심해 華佗(화타)를 불러 진맥케 했는데, 화타가 말했다.

"태아가 죽은 채 아직 그대로 있습니다."

그러자 이장군은 "태가 상했고, 또 하혈하여 떨어졌다고 들었습니다."라고 말했다.

화타는 "맥을 짚어보면 태아는 죽어 그대로 있습니다."라고 말했다. 이 장군은 그렇지 않을 것이라고 생각했다. 화타가 죽은 태아를 제거하자, 부인은 조금 차도가 있었다. 1백여 일 뒤에 병이 재발하자 다시 화타를 불렀고, 화타가 말했다.

"이 맥은 태아 때문입니다. 먼저 쌍둥이를 꺼냈어야 했는데, 아이 하나가 먼저 유산되면서 피를 많이 흘려 뒤 태아가 나오질 못했습니다. 산모도 몰랐거니와 거들던 사람도 역시 몰랐습니다. 그래서 산 채로 나오질 못했습니다. 태아가 죽었기에 산모의 혈맥이 태아에 가지 못했고, 태아가 죽어 마른(乾枯) 상태로 산모의 척추에 달라붙어 척추가 많이 아팠습니다. 지금 탕제를 복용케 하고 한 곳에

403 李將軍은 李通(이통)이라는 주석이 있다. 李通(이통, 168-209년, 字 文達)은 조조 휘하의 의리파 장군. 江夏郡 平春縣(今 河南省 남부 信陽市) 출신. 《魏書》 18권, 〈二李臧文呂許典二龐閻傳〉에 입전.

침을 놓으면 죽은 태아가 틀림없이 나올 것입니다."

당제를 복용하고 침을 놓자, 부인은 마치 출산하듯 허리가 아팠다. 이에 화타가 말했다. "이 死胎(사태)는 오랫동안 말랐기에 제 힘으로 나올 수 없으니 다른 사람이 더듬어 꺼내야 합니다."

과연 죽은 사내 태아였는데, 손발이 다 생겼으나 검은색이었고 길이는 한 자 정도였다.

| 原文 |

佗之絶技, 凡此類也. 然本作士人, 以醫見業, 意常自悔. 後太祖親理, 得病篤重, 使佗專視. 佗曰, "此近難濟, 恒事攻治, 可延歲月." 佗久遠家思歸, 因曰, "當得家書, 方欲暫還耳." 到家, 辭以妻病, 數乞期不反.

太祖累書呼, 又敕郡縣發遣. 佗恃能厭食事, 猶不上道. 太祖大怒, 使人往檢. 若妻信病, 賜小豆四十斛, 寬假限日, 若其虛詐, 便收送之. 於是傳付許獄, 考驗首服.

荀彧請曰, "佗術實工, 人命所縣, 宜含宥之." 太祖曰, "不憂, 天下當無此鼠輩耶?" 遂考竟佗. 佗臨死, 出一卷書與獄吏, 曰, "此可以活人." 吏畏法不受, 佗亦不强, 索火燒之. 佗死後, 太祖頭風未除. 太祖曰, "佗能愈此. 小人養吾病, 欲以自重, 然吾不殺此子, 亦終當不爲我斷此根原耳."

及後愛子倉舒病困, 太祖歎曰, "吾悔殺華佗, 令此兒强死也."

| 국역 |

華佗(화타)의 탁월한 기술은 대개 이런 식이었다. 그러나 화타는 본래 士人이 되고 싶었고, 의술이 본업처럼 되어버린 것을 스스로 후회했다. 뒷날 조조의 치료를 전담하면서, 조조가 병에 걸리거나 병세가 나빠지면 화타에게만 전적으로 치료케 하였다. 이에 화타가 말했다.

"이 병은 금방 낫게 할 수 없고 계속 치료를 해야 오래 사실 수 있습니다."

화타는 오랫동안 집을 떠나 있었기에 귀가하고 싶어 기회를 보아 말했다.

"家書를 받았는데 잠깐 다녀오고 싶습니다."

화타는 집에 돌아와서는 아내의 병을 핑계로 여러 차례 기한을 늦춰가며 돌아가지 않았다. 조조는 여러 번 서신을 보내 화타를 불렀고, 또 군현에는 빨리 출발시키라고 재촉하였다. 화타는 자신의 기예에 자부심을 가졌으며 타인의 지시를 받는 처지가 싫어서 떠나지 않았다. 조조는 대노하면서 사람을 보내 사실을 확인케 하였다. 만약 화타의 처가 정말 병이 있다면 콩 40斛(곡)을 하사하고 기일을 연장하되, 만약 병이 없다면 바로 압송하라고 지시하였다. 이에 화타는 許縣의 獄에 갇혔고 고문에 의거 자복하였다.

荀彧(순욱)이 조조에게 청원하였다.

"화타의 의술은 정말 뛰어났고 人命이 걸린 문제이니 용서해야 좋을 것입니다."

그러나 조조는 "걱정하지 말라! 세상에 그만한 소인배가 또 없겠는가?"

화타는 결국 고문 끝에 옥사했다. 화타는 죽기 전에 책 한권을 옥리에게 주면서 "이는 사람을 살릴 수 있는 책이요."라고 말했다. 그러나 옥리는 법이 무서워 받지 않았고, 화타 역시 강요하지 않고 소각하였다.

화타가 죽은 뒤에 조조의 두통은 낫지 않았다. 조조가 말했다.

"화타라면 고칠 수 있었다. 그 소인이 내 병을 키워가지고 제 몸값을 올리려 했으니, 내가 죽이지 않았더라도 화타는 내 병을 완전히 고치려 하지 않았을 것이다."

나중에 조조가 애지중지하던 아들 倉舒(창서)[404]가 병이 위독하자, 조조가 탄식하였다.

"내가 화타를 죽인 것을 후회하나니, 그래서 이 아이가 원통하게 죽는구나!"

| 原文 |

初, 軍吏李成苦欬嗽, 晝夜不寤, 時吐膿血, 以問佗. 佗言, "君病腸臃, 欬之所吐, 非從肺來也. 與君散兩錢. 當吐二升

404 曹沖(조충, 196－208, 字 倉舒) － 曹操의 庶子, 環夫人 소생, 神童의 名聲, 병들어서 일찍 죽었다. 조충의 코끼리 몸무게 달기는 유명한 故事. 《魏書》 20권, 〈武世王公傳〉에 입전.

餘膿血訖, 快自養, 一月可小起, 好自將愛, 一年便健. 十八歲當一小發, 服此散, 亦行復差. 若不得此藥, 故當死."

復與兩錢散, 成得藥去. 五六歲, 親中人有病如成者, 謂成曰, "卿今强健, 我欲死, 何忍無急去藥, 以待不祥? 先持貸我, 我差, 爲卿從華佗更索." 成與之. 已故到譙, 適値佗見收, 怱怱不忍從求. 後十八歲, 成病竟發, 無藥可服, 以至於死.

| 국역 |

그전에, 軍吏인 李成(이성)은 欬嗽(해수, 기침) 때문에 밤낮으로 잠자기도 어려웠고 수시로 고름 같은 피〔膿血(농혈)〕를 토했는데, 화타를 찾아 물었다. 이에 화타가 말했다.

"당신의 병은 내장이 상해서 기침을 하는 것이지, 폐에서 나오는 기침이 아닙니다. 당신에게 가루약(散劑) 두 포를 주겠습니다. 2되 정도의 농혈을 토한 다음에 몸을 잘 보양하여 한 달 정도 차자 건강이 좋아질 것이니, 몸을 아끼고 잘 보양하여 1년이면 곧 건강할 것입니다. 그러나 18년 뒤에 잠깐 재발할 것이니, 이 가루약을 복용하면 곧 다시 나을 것입니다. 만약 이 약이 없으면 죽게 됩니다."

그리고는 가루약 두 봉지를 주었고 이성은 약을 갖고 돌아갔다. 5, 6년이 지나 친척 한 사람이 이성과 같은 병을 앓았는데, 이성을 찾아와 말했다.

"그대는 지금 건강하나 나는 죽으려 하는데, 어찌 급하지도 않으면서 약을 보관만 하면서 불행한 일을 기다릴 수 있겠는가? 우선 나한테 그 약을 주어 내가 병이 나으면, 화타를 찾아가 약을 다시 구해오겠소."

이에 이성은 가루약을 건네주었다. 그 사람이 譙縣(초현)으로 화타를 찾아갔는데, 마침 화타가 잡혀가게 되어 그 바쁜 와중에 약을 받을 수가 없었다. 그 18년 뒤에 이성의 병은 재발하였는데, 복용할 약이 없어 결국 죽고 말았다.

| 原文 |

廣陵吳普, 彭城樊阿皆從佗學. 普依準佗治, 多所全濟. 佗語普曰,

"人體欲得勞動, 但不當使極爾. 動搖則穀氣得消, 血脈流通, 病不得生, 譬猶戶樞不朽是也. 是以古之仙者爲導引之事, 熊頸鴟顧, 引輓腰體, 動諸關節, 以求難老. 吾有一術, 名五禽之戲, 一曰虎, 二曰鹿, 三曰熊, 四曰猿, 五曰鳥, 亦以除疾, 並利蹏足, 以當導引. 體中不快, 起作一禽之戲, 沾濡汗出, 因上著粉, 身體輕便, 腹中欲食."

普施行之, 年九十餘, 耳目聰明, 齒牙完堅. 阿善針術. 凡醫咸言背及胸藏之間不可妄針, 針之不過四分, 而阿針背入一二寸, 巨闕胸藏針下五六寸, 而病輒皆瘳. 阿從佗求可服食益於人者, 佗授以漆葉青黏散. 漆葉屑一升, 青黏屑十四兩, 以是爲率, 言久服去三蟲, 利五藏, 輕體, 使人頭不白. 阿從其言, 壽百餘歲. 漆葉處所而有, 青黏生於豐, 沛, 彭城及朝歌云.

| 국역 |

廣陵郡의 吳普(오보)와 彭城國의 樊阿(번아)는 모두 화타를 따라 배웠다. 오보는 화타의 치료법을 그대로 따라 많은 사람을 구제하였다. 화타가 오보에게 말했다.

"인체는 힘들여 움직여야 하나, 다만 지나쳐서는 안 된다. 움직이면 穀氣(곡기)가 점차 소진되고 혈맥이 돌아 병이 생기지 않으니, 마치 문의 지도리〔戶樞(호추)〕와 같아 절대로 썩지 않는다. 때문에 옛 神仙들은 이를 導引(도인)[405]이라 하였으니, 곰이 매달리고 솔개가 뒤를 보듯,[406] 허리나 몸을 당기고 모든 관절을 움직이면 늙지 않을 것이다. 나도 한 가지 술법을 생각해 냈는데, 이를 五禽戲(오금희)[407]라 하였으니, 첫째는 호랑이, 둘째는 사슴, 셋째는 곰, 넷째는 원숭이, 다섯째는 새(鳥)의 동작이다. 이 오금희를 통해 질병을 없애고 손발을 유연하게 하여 導引의 효과를 볼 수 있다. 몸이 찌뿌둥할 때 그 한 가지 동작을 행하면 적당히 땀이 나고, 그리고서 가루약(粉劑)을 몸에 뿌리면 신체가 가벼워지며 식욕이 증대된다."

오보는 오금희를 익혀 행하여 나이가 90여 세였지만 귀와 눈이 밝았고 치아가 모두 튼튼하였다.

樊阿(번아)는 針術에 뛰어났다. 일반적으로 醫生은 등(背)과 가슴

....

405 導引(도인) – 道士 養生法의 하나. 일종의 맨손체조(肢體運動)를 위주로 거기에 呼吸(호흡) 방법을 가미했다.

406 熊頸鴟顧 – 熊經은 곰이 나무에 올라 매달리다. 頸은 걸다, 걸리다. 흔들리다. 鴟는 솔개 치. 顧는 돌아볼 고. 솔개는 몸을 움직이지 않고도 뒤를 돌아볼 수 있다.

407 五禽之戲 – 별칭 五禽操, 五禽氣功, 馬王堆(마왕퇴) 3號 漢墓의 〈導引圖〉에는 약 40여 종의 자세가 그려진 그림이 출토되었다고 한다.

(胸) 사이의 臟器에 대해서는 함부로 침을 놓을 수 없으며, 침의 길이는 4分을 넘을 수 없다고 하였지만, 번아의 침은 등에서 1~2寸을 들어갔으며, 巨闕匈藏(거궐흉장, 가슴 부위의 장기)에는 5~6寸이 들어가도 병은 다 나았다.

번아가 화타를 따라 식용으로 먹을 수 있고 인체에 도움이 되는 처방을 구하자, 화타는 漆葉青黏散(칠엽청점산)[408]을 처방해 주었는데, 이는 漆葉屑(칠엽설, 옻나무 잎 가루) 1斗에 青黏(청점) 14兩을 섞은 것을 표준으로 정했다.

이를 오래 복용하면 여러 가지 기생충을 제거하고 五藏(오장)에 이로우며, 몸을 가볍게 하고 사람의 머리카락을 하얗게 세지 않게 한다고 말했다. 번아는 그 가르침을 따라 100여 세로 장수하였다. 漆葉(칠엽, 옻나무 잎)은 도처에서 자라며, 青黏(청점)은 豐縣, 沛縣, 彭城과 朝歌(조가)[409] 일대에서 산출되었다.

❷ 杜夔

| 原文 |

杜夔字公良, 河南人也. 以知音爲雅樂郎, 中平五年, 疾去官. 州郡司徒禮闢, 以世亂奔荊州. 荊州牧劉表令與孟曜爲漢

408 漆葉青黏散(칠엽청점산) – 중국 한약 藥劑 이름. 글자로는 옻나무 잎(漆葉)에 青黏(청점, 一名 地節, 一名 黃芝, 黏은 차질 점, 붙을 점)을 섞은 散劑(산제, 가루약).

409 朝歌(조가) – 殷 멸망 당시의 도읍. 今 河南省 북부 鶴壁市 관할 淇縣.

主合雅樂, 樂備, 表欲庭觀之, 夔諫曰, "今將軍號爲天子合樂, 而庭作之, 無乃不可乎!" 表納其言而止. 後表子琮降太祖, 太祖以夔爲軍謀祭酒, 參太樂事, 因令創制雅樂.

夔善鐘律, 聰思過人, 絲竹八音, 靡所不能, 惟歌舞非所長. 時散郎鄧靜,尹齊善詠雅樂, 歌師尹胡能歌宗廟郊祀之曲, 舞師馮肅,服養曉知先代諸舞.

夔總統硏精, 遠考諸經, 近採故事, 敎習講肄, 備作樂器, 紹復先代古樂, 皆自夔始也.

| 국역 |

杜夔(두기)[410]의 字는 公良(공량)으로, 河南郡 사람이다. 음악에 정통하여(知音) 雅樂郎이 되었다. (後漢 靈帝) 中平 5년(서기 188), 질병으로 관직을 사임했다. 州郡과 司徒府에서 예를 갖춰 초빙하였지만 난세를 당해 荊州로 피난하였다. 荊州牧인 劉表(유표)는 두기와 孟曜(맹요)에게 漢 황제의 雅樂(아악)을 준비케 하였고, 아악이 갖춰지자 이를 뜰에서 연주하고 감상하려 하자, 두기가 건의하였다.

"지금 장군이 天子의 음악을 갖추었지만, 이를 관가 마당에서 연주해서는 안 됩니다!"

유표는 그 건의를 받아들여 중지시켰다. 뒷날 유표의 아들 劉琮(유종)이 조조에게 투항한 뒤에, 조조는 두기를 軍謀祭酒에 임명하여 太樂에 관한 일을 담당케 하고, 雅樂을 창제하라고 명했다.

410 杜夔(두기, 생졸년 미상, 字 公良) – 夔는 조심할 기. 三國時代 河南郡 출신. 音樂家.

두기는 음률에 정통하였으며 총명과 생각이 남들보다 뛰어났고, 絲竹의 八音에 연주 못하는 것이 없었지만 歌舞는 잘 하지 못했다. 그때 散郎인 鄧靜(등정)과 尹齊(윤제)는 아악을 잘 연주하였고, 歌師인 尹胡(윤호)는 모든 宗廟郊祀의 악곡을 잘 가창했고, 舞師인 馮肅(풍숙)과 服養(복양)은 先代의 모든 舞樂에 능통하였다.

두기는 전체 업무를 총괄하고 精心으로 연구하였으며, 고대의 모든 경전을 고찰하고 근래의 여러 사례를 채용하여 교습하고 강론하였으며, 악기를 제조하여 고대의 아악을 복원하였으니 모두가 두기의 업적이었다.

| 原文 |

黃初中, 爲太樂令,協律都尉. 漢鑄鐘工柴玉巧有意思, 形器之中, 多所造作, 亦爲時貴人見知. 夔令玉鑄銅鐘, 其聲均淸濁多不如法, 數毁改作. 玉甚厭之, 謂夔淸濁任意, 頗拒捍夔. 夔,玉更相白於太祖, 太祖取所鑄鐘, 雜錯更試, 然知夔爲精而玉之妄也, 於是罪玉及諸子, 皆爲養馬士.

文帝愛待玉, 又嘗令夔與左願等於賓客之中吹笙鼓琴, 夔有難色, 由是帝意不悅. 後因他事繫夔, 使願等就學, 夔自謂所習者雅, 仕宦有本, 意猶不滿, 遂黜免以卒.

弟子河南邵登,張泰,桑馥, 各至太樂丞, 下邳陳頏司律中郎將. 自左延年等雖妙於音, 咸善鄭聲, 其好古存正莫及夔.

| 국역 |

(文帝) 黃初 연간에, 杜夔(두기)는 太樂令 겸 協律都尉가 되었다. 漢의 鑄鐘工(주종공)인 柴玉(시옥)은 손재주와 心計가 있어 여러 기물을 잘 만들어서 貴人들에게 알려졌었다. 두기가 시옥에게 銅鐘을 만들게 하였는데, 그 소리의 균일한 울림이나 淸濁(청탁)이 법도와 다른 것이 많아 여러 번 부수고 다시 제작케 하였다. 그러자 시옥은 몹시 싫어하면서 두기가 소리 청탁의 요구가 수시로 바뀐다면서 두기의 명령에 항거하였다. 이에 두기와 시옥은 서로 조조에게 아뢰었고, 조조는 주조한 종을 가져다가 교대로 시험하여 두기의 판단이 정교하고 시옥이 틀렸다고 판결하며, 시옥과 그 아들을 모두 養馬士가 되게 하였다.

文帝는 시옥을 편애하였고, 또 그전에 두기와 左願(좌원) 등이 빈객을 위하여 笙簧(생황)을 불거나 琴瑟(금슬) 연주케 했는데, 두기가 이를 마땅치 않게 생각했다 하여 文帝는 두기를 마음속으로 싫어했다. 그 뒤에 다른 일로 두기를 잡아 가두었고, 좌원 등을 시켜 (옥중의) 두기에 가서 배우게 하였으나, 두기는 자신이 전공한 것은 아악이며 벼슬길에도 근본은 있어야 한다고 생각하여 마음에 불만이 있었는데, 결국 파면되었다가 죽었다.

두기의 제자인 河南 사람 邵登(소등), 張泰(장태), 桑馥(상복) 등이 뒷날 각각 太樂丞이 되었고, 下邳(하비) 사람 陳頏(진항)은 司律中郎將이 되었다. 左延年(좌연년) 등이 비록 음률에 능했지만, 모두 세속적인 음악(鄭聲)을 잘하였기에 옛 법을 좋아하고 정도를 지키려는 뜻은 두기를 따라갈 수 없었다.

❸ 朱建平

| 原文 |

朱建平, 沛國人也. 善相術, 於閭巷之間, 效驗非一. 太祖爲魏公, 聞之, 召爲郞. 文帝爲五官將, 坐上會客三十餘人, 文帝問己年壽, 又令遍相衆賓.

建平曰, "將軍當壽八十, 至四十時當有小厄, 願謹護之." 謂夏侯威曰, "君四十九位爲州牧, 而當有厄, 厄若得過, 可年至七十, 致位公輔." 謂應璩曰, "君六十二位爲常伯, 而當有厄, 先此一年, 當獨見一白狗, 而旁人不見也." 謂曹彪曰, "君據藩國, 至五十七當厄於兵, 宜善防之."

初, 潁川荀攸,鍾繇相與親善. 攸先亡, 子幼. 繇經紀其門戶, 欲嫁其妾. 與人書曰,「吾與公達曾共使朱建平相, 建平曰, '荀君雖少, 然當以後事付鍾君.' 吾時啁之曰, '惟當嫁卿阿鶩耳.' 何意此子竟早隕沒, 戲言遂驗乎! 今欲嫁阿鶩, 使得善處. 追思建平之妙, 雖唐擧,許負何以復加也!」

| 국역 |

朱建平(주건평)[411]은 沛國(패국) 사람이다. 관상을 잘 보았는데, 마을에서 그 효험이 한 둘이 아니었다. 조조가 魏公일 때 소문을 듣고

411 朱建平(주건평, 생졸년 미상) – 沛國(패국) 출신. 관상을 잘 보는 相師로 유명, 平原郡의 相士인 管輅(관로)와 함께 '朱,管' 으로 병칭.

불러 郎官에 임용했다. 조비가 五官中郎將일 때, 모임에 30여 명이 참석하였는데, 조비는 자신이 몇 살까지 살 수 있는가를 묻고 또 여러 손님의 관상을 보게 하였다.

주건평이 조비에게 말했다.

"將軍께서는 응당 80壽를 누릴 것이나, 40세에 작은 액운이 들었으니 조심하여 넘기시기 바랍니다."

그리고 夏侯威(하후위)[412]에게는 "君은 49세에 州牧(刺史)이 되나 액운이 있으니, 그 액운을 넘기면 70까지 살면서 재상의 지위에 오를 것입니다."라고 말했다. 또 應璩(응거)[413]에게는 "君은 62세에 侍中이 될 것이나 액운이 끼었으니, 그 일 년 전에 혼자 흰 개를 보지만 옆사람에게는 안 보일 것입니다."라고 말했다. 또 曹彪(조표)[414]에게는 "君께서는 藩國의 왕이지만 57세에 병란의 액운이 들었으니 잘 예방하셔야 합니다."라고 말했다.

그전에 潁川(영천) 사람 荀攸(순유)[415]와 鍾繇(종요)는 서로 친했다.

412 夏侯威(하후위) – 夏侯淵의 아들, 夏侯霸의 동생. 兗州(연주) 자사를 역임하였다.

413 應璩(응거) – 뒷날 散騎常侍 역임.

414 曹彪(조표, 195–251년, 字 朱虎) – 曹操와 孫姬의 아들. 太尉 王凌(왕릉)과 그의 생질인 兗州刺史 令狐愚(영호우, 영호는 복성)이 황제 曹芳을 폐위하고, 曹操의 子 楚王 曹彪(조표)를 옹립할 모의를 하였으나 누설되었고 사마의가 왕릉과 영호우의 삼족을 멸했다. 57세의 조표는 사약을 받고 죽었다.

415 荀攸(순유, 157–214)– 字 公達(공달). 순욱의 堂姪(당질). 曹操의 謀士. 曹操가 魏王일 때 尙書令 역임. 조조는 매번 순유를 칭송하였다. "公達(荀攸)은 겉으로는 어리석어 보이지만 마음은 지혜롭고, 겁이 많은 것 같지만 용감하며 약해 보이지만 강하다. 자신의 공적을 자랑하지 않고 수고를 말하지 않으니 그 지혜를 따라 배울 수 있지만 그 우직함은 따라갈 수 없다." 순유는 鍾繇(종요)와 가까웠는데 종요가 말했다. "나는 행동에 앞서 생각을 거듭하여 더 바꿀 것이 없다고 생각될 때 순유에게 물어보면 순유는 매번 내가 생각하지 못한 것을 말해 주었다." 순유는 전후 12번의 기이한 방책을 내었으니, 이

순유가 먼저 죽었고, 아들은 어렸다. 그래서 종요는 순유의 집 가사를 돌봐주었는데, 순유의 젊은 첩실을 출가시키려고 아는 사람에게 편지를 보냈다.

「나와 公達(荀攸, 순유)은 함께 朱建平에게 관상을 보게 했는데, 주건평은 '荀君이 비록 젊으나 사후의 뒷일을 鍾君(鍾繇)에게 부탁할 것이라.' 고 말했습니다. 나는 그 말을 비웃으면서 순유에게 '경의 첩실 阿騖(아무)는 내가 출가시켜 주겠소.' 라고 말했는데, 벗이 나보다 먼저 가고 농담이 사실이 될 줄을 어찌 알았겠습니까! 지금 阿騖(아무)를 출가시키려 하니 좋은 혼처가 나오길 바랍니다. 주건평의 신묘한 예언을 唐擧(당거)나 許負(허부)[416]가 어찌 능가할 수 있겠습니까!」

| 原文 |

文帝黃初七年, 年四十, 病困, 謂左右曰, "建平所言八十, 謂晝夜也, 吾其決矣." 頃之, 果崩.

夏侯威爲兗州刺史, 年四十九, 十二月上旬得疾, 念建平之

는 오직 종요만이 알 수 있었다. 종요는 이를 저술하지 못하고 죽어 세상에서 순유의 방책을 다 아는 사람이 없었다. 순유는 조조와 손권을 원정하러 가는 도중에 죽었다. 《魏書》 10권, 〈荀彧荀攸賈詡傳〉에 입전.

416 唐璩(당거)는 《莊子 非相》에 보이는 梁나라 사람. 許負(허부)는 前漢 초기에 관상을 잘 본 여인. 河內郡 溫縣 사람. 薄姬(박희)가 고조를 만나기 전에 박희에게 天子를 출산할 것이라고 예언했고, 박희는 나중에 高祖와 딱 하룻밤을 동침하여 代王(뒷날, 漢 文帝)을 출산했다.

言, 自分必死, 豫作遺令及送喪之備, 咸使素辦. 至下旬轉差, 垂以平復. 三十日日昃, 請紀綱大吏設酒, 曰, "吾所苦漸平, 明日雞鳴, 年便五十, 建平之戒, 眞必過矣."

威罷客之後, 合瞑疾動, 夜半遂卒.

璩六十一爲侍中, 直省內, 欻見白狗, 問之衆人, 悉無見者. 於是數聚會, 並急遊觀田里, 飮宴自娛, 過期一年, 六十三卒. 曹彪封楚王, 年五十七, 坐與王淩通謀, 賜死. 凡說此輩, 無不如言, 不能具詳, 故粗記數事.

惟相司空王昶,征北將軍程喜,中領軍王肅有蹉跌云. 肅年六十二, 疾篤, 衆醫並以爲不愈. 肅夫人問以遺言, 肅云, "建平相我踰七十, 位至三公, 今皆未也, 將何慮乎!" 而肅竟卒.

建平又善相馬. 文帝將出, 取馬外入, 建平道遇之, 語曰, "此馬之相, 今日死矣." 帝將乘馬, 馬惡衣香, 驚囓文帝膝, 帝大怒, 卽便殺之. 建平黃初中卒.

| 국역 |

文帝는 黃初 7년(서기 226)에 40세였는데, 병세가 위독하자 측근들에게 말했다.

"朱建平(주건평)이 말한 80세란 밤낮을 합한 숫자이니, 나는 이제 결별하겠다."

그리고는 그대로 붕어했다.

하후위가 兗州(연주) 자사가 될 때 나이 49였는데, 12월 상순에 병이 나자, 주건평의 말을 생각하여 틀림없이 죽을 것이라 생각하여 미리 부탁할 말을 남겼고 장례 준비를 하게 시켰다. 하순에 들어 병이 차도가 있으면서 거의 건강이 회복되었다. 그믐날 날이 저물자 紀綱大吏를 불러 술상을 준비시키며 말했다.

"내 병이 점점 나아지고 있으니, 내일 새벽닭이 울면 나이가 50이니 주건평의 예언이 정말 넘어가게 된다."

하후위는 손님들을 보낸 뒤에 잠이 들었지만 병이 재발하여 한밤에 그대로 죽었다.

應璩(응거)는 61세에 侍中이 되었는데, 궁중에서 당직하면서 홀연히 흰 개를 보았고, 그래서 다른 사람에게 물었지만 모두가 못 보았다고 하였다. 이에 응거는 자주 잔치를 하고 서둘러 고향의 마을을 둘러보거나 혼자 술을 마시면서 1년을 보내가다 63세에 죽었다.

曹彪(조표)는 楚王에 봉해졌는데, 57세에 王淩(왕릉)과 폐위를 공모했다 하여 자살하였다. 이상 말한 몇 가지는 주건평의 예언과 꼭 맞았는데, 그 외 상세한 것은 다 적을 수 없어 대략을 기록하였다.

그러나 司空인 王昶(왕창), 征北將軍인 程喜(정희), 中領軍인 王肅(왕숙)에 대한 예언은 맞지 않았다. 왕숙은 62세에 병이 위독하자, 여러 의원들이 모두 고칠 수 없다고 말하였다. 그래서 왕숙의 부인이 유언을 묻자, 왕숙이 말했다.

"주건평은 내가 70 넘게 살면서 삼공의 지위에 오른다고 하였는데, 지금 모두가 되지 않았으니 걱정한들 무엇하겠나!"

그리고 왕숙은 그냥 죽었다.

주건평은 또 말(馬)도 잘 알아보았다. 文帝가 출행하려고 밖에서 말을 끌고 들어올 때, 주건평이 길에서 말을 보고서는 말했다.

"이 말은 오늘 죽을 相이다."

문제가 말을 타려 하자 말은 옷에서 나는 향기를 맡고 놀라 문제의 무릎을 깨물었고, 문제는 대노하며 즉시 죽여버렸다. 주건평은 黃初 연간에 죽었다.

❹ 周宣

| 原文 |

周宣字孔和, 樂安人也. 爲郡吏. 太守楊沛夢人曰, "八月一日曹公當至, 必與君杖, 飮以藥酒." 使宣占之. 是時黃巾賊起, 宣對曰, "夫杖起弱者, 藥治人病, 八月一日, 賊必除滅." 至期, 賊果破.

後東平劉楨夢蛇生四足, 穴居門中, 使宣占之, 宣曰, "此爲國夢, 非君家之事也. 當殺女子而作賊者." 頃之, 女賊鄭,姜遂俱夷討, 以蛇女子之祥, 足非蛇之所宜故也.

文帝問宣曰, "吾夢殿屋兩瓦墮地, 化爲雙鴛鴦, 此何謂也?" 宣對曰, "後宮當有暴死者." 帝曰, "吾詐卿耳!" 宣對曰, "夫夢者意耳, 苟以形言, 便佔吉凶." 言未畢, 而黃門令奏宮人相殺.

無幾, 帝復問曰, "我昨夜夢青氣自地屬天." 宣對曰, "天下當有貴女子冤死." 是時, 帝已遣使賜甄后璽書, 聞宣言而悔之, 遣人追使者不及.

帝復問曰, "吾夢摩錢文, 欲令滅而更愈明, 此何謂邪?" 宣悵然不對. 帝重問之, 宣對曰, "此自陛下家事, 雖意欲爾而太后不聽, 是以文欲滅而明耳."

時帝欲治弟植之罪, 偪於太后, 但加貶爵. 以宣爲中郞, 屬太史.

| 국역 |

周宣(주선)[417]의 字는 孔和(공화)인데, 樂安郡 사람이다. 주선은 郡吏가 되었다. 太守인 楊沛(양패)의 꿈에 어떤 사람이 "8월 1일에 틀림없이 曹公이 도착하여 당신에게 지팡이를 주고 약주를 마시게 할 것이다."라고 말했다면서 주선에게 점을 치게 하였다. 그때 황건적이 봉기했었는데, 주선이 말했다.

"지팡이는 허약한 사람을 도와주고, 약은 사람의 병을 치료합니다. 8월 1일에 황건적이 소멸할 것입니다."

과연, 그날이 되자, 황건적은 郡에서 사라졌다.

뒷날 東平郡의 劉楨(유정)[418]은 다리가(足) 4개 달린 뱀이 집안 구덩이에 사는 꿈을 꾸고서 주선에게 점을 치게 하자, 주선이 말했다.

---

417 周宣(주선, 생졸년 미상, 字 孔和) – 樂安郡(今 山東省 博興縣) 출신. 曹魏의 術士, 善於圓夢. 明帝 말년 去世.

418 劉楨(유정, ?–217년, 字 公幹) – 建安七子의 한 사람. '文章之聖' 이라는 평가가 있음. 建安 22년(서기 217), 陳琳, 徐幹, 應瑒 등이 동시에 전염병으로 병사했다.

"이는 나라의 꿈이지 당신 집안 일이 아닙니다. 사람을 해친 여자가 피살될 것입니다."

얼마 후에 여인 도적인 鄭氏와 姜氏가 모두 주살되었는데, 뱀은 여인을 뜻했고, 뱀에게 다리는 필요 없는 물건이라고 풀이하였다.

文帝가 주선에게 물었다.

"내가 꿈에 전각 지붕의 기와 두 장이 땅에 떨어져서 한 쌍의 원앙으로 변했는데, 이는 무슨 꿈인가?"

이에 주선이 답변하였다.

"후궁 중에 갑자기 죽을 사람이 있을 것입니다."

그러자 문제가 말했다.

"내가 경에게 일부러 지어낸 말이다."

이에 주선은 "꿈이란 생각이고, 그 생각을 말로 표현하기에 길흉을 점칠 수 있습니다."라고 말했다. 그 말이 끝나기도 전에 黃門令이 들어와 宮人이 서로 죽였다고 보고하였다.

얼마 뒤에 문제가 다시 물었다.

"내가 엊저녁에 푸른 기운이 땅에서 나와 하늘로 올라가는 꿈을 꾸었다."

그러자 범선이 대답하였다.

"나라에 귀한 여인이 원한을 품고 죽을 것입니다."

그때 문제는 사람을 보내 甄皇后(견황후)[419]에게 국서를 내렸는데,

---

419 甄皇后(견황후, 183年 1月 26日－221) – 文昭甄皇后(문소견황후)는 中山國 無極縣(무극현) 사람. 袁紹(원소)가 둘째 아들 袁熙(원희)의 처로 견씨를 맞이했다. 袁熙가 幽州刺史가 나가 있을 때, 견씨는 남아서 시모를 모셨다. 冀州(기주)가 평정되면서, 曹조는 鄴縣에서 견씨를 아내를 맞이했고 총애하였다. 黃

주선의 말을 듣고 후회하며 사자를 불러오게 했으나 따라잡지 못했다.

문제가 다시 물었다.

"내가 꿈에 동전의 글자를 문질러(磨) 없애려고 하였지만, 문지를수록 더욱 선명해졌는데 이는 무슨 뜻인가?"

그러자 주선은 슬픈 기색으로 대답하지 않았다. 문제가 거듭 묻자, 주선이 대답하였다.

"이는 폐하의 家事이나 하려고 하는 일을 太后(卞太后)께서 따르지 않기에, 글자를 없애려 해도 더욱 선명해진 것입니다."

그때 문제는 동생 曹植의 죄를 벌하려 했지만, 태후의 핍박으로 작위만 폄하하였다. 문제는 주선을 中郞에 임명하여 太史令의 속관이 되었다.

| 原文 |

嘗有問宣曰, "吾昨夜夢見芻狗, 其占何也?" 宣答曰, "君欲得美食耳!" 有頃, 出行, 果遇豐膳. 後又問宣曰, "昨夜復夢見芻狗, 何也?" 宣曰, "君欲墮車折脚, 宜戒愼之." 頃之, 果如宣言. 後又問宣, "昨夜復夢見芻狗, 何也?" 宣曰, "君家

初 원년(서기 220) 10월, 曹조가 황제로 즉위했다. 文帝 즉위 후에 山陽公(漢獻帝)는 두 딸을 조비에게 시집보냈고, 郭后(文帝의 2번째 황후) 등이 文帝의 총애를 받자, 甄后(견후)는 실의에 빠지면서 원망을 많이 했다. 文帝는 大怒하였고, (黃初) 2년(서기 221) 6월에 사람을 보내 甄后에게 사약을 내렸고 鄴縣에 장례했다. 견씨는 明帝(曹叡)와 東鄕公主(동향공주)를 낳았다.

失火, 當善護之." 俄遂火起. 語宣曰, "前後三時, 皆不夢也. 聊試君耳, 何以皆驗邪?" 宣對曰, "此神靈動君使言, 故與眞夢無異也."

又問宣曰, "三夢芻狗而其占不同, 何也?" 宣曰, "芻狗者, 祭神之物. 故君始夢, 當得餘食也. 祭祀旣訖, 則芻狗爲車所轢, 故中夢當墮車折脚也. 芻狗旣車轢之後, 必載以爲樵, 故後夢憂失火也."

宣之敍夢, 凡此類也. 十中八九, 世以比建平之相矣. 其餘效故不次列. 明帝末卒.

| 국역 |

그전에 어떤 사람이 周宣(주선)에게 말했다.

"엊저녁 꿈에 芻狗(추구, 지푸라기를 묶어 만든 개, 제물)를 보았는데, 무슨 뜻입니까?"

이에 주선은 "당신은 오늘 좋은 음식이 생길 것입니다."라고 말했다.

그가 출행했는데 풍성한 음식을 먹었다. 그 사람이 다시 주선에게 물었다.

"엊저녁에도 다시 추구 꿈을 꾸었는데 어떨까요?"

이에 주선은 "당신은 수레에서 떨어져 다리를 다칠 것이니 조심해야 합니다."라고 말했다. 얼마 후 그 사람은 수레에서 떨어져 다리가 부러졌다. 그 뒤에 그가 또 물었다.

"엊저녁에 또 추구를 꿈에 보았습니다. 어떻겠습니까?"

주선은 "당신 집에 불이 날 것이니 응당 잘 지켜야 합니다."라고 말했다. 얼마 후 그 집에 불이 났다. 그 사람이 주선을 찾아와 말했다.

"사실은 전후 세 번 모두 꿈이 아니었습니다. 그냥 떠 본 말인데, 어찌 모두 그대로 맞을 수 있습니까?"

이에 주선은 "이는 神靈이 당신에게 말을 시킨 것이니 꿈을 꾼 것과 다르지 않습니다."라고 말했다. 그러자 또 물었다. "3번 똑같은 꿈이었지만 해몽은 왜 달랐습니까?"

이에 범선이 말했다.

"芻狗(추구)란 神께 제사하는 물건입니다. 그래서 첫 번째 꿈에는 제사를 지낸 좋은 음식을 먹었습니다. 제사를 마치면 추구는 버려지니 수레에 치게 됩니다. 그래서 수레에서 떨어져 다리가 부러진다고 했습니다. 그런 다음에 누군가가 추구를 주어다가 불에 태웁니다. 그래서 집에 불이 난다고 하였습니다."

주선의 해몽은 대개 이런 식이었다. 십중팔구 맞았기에 세상 사람들은 朱建平(주건평)의 관상과 함께 이야기하였다. 나머지는 다 열거하지 않았다. 주선은 明帝 말년에, 죽었다.

❺ 管輅

| 原文 |

管輅字公明, 平原人也. 容貌粗醜, 無威儀而嗜酒, 飮食言戲, 不擇非類, 故人多愛之而不敬也.

父爲利漕, 利漕民郭恩兄弟三人, 皆得躄疾, 使輅筮其所由. 輅曰, "卦中有君本墓, 墓中有女鬼, 非君伯母, 當叔母也. 昔飢荒之世, 當有利其數升米者, 排著井中, 嘖嘖有聲, 推一大石, 下破其頭, 孤魂冤痛, 自訴於天."

於是恩涕泣服罪.

| 국역 |

管輅(관로)[420]의 字는 公明으로, 平原郡 사람이다. 용모는 醜陋(추루)했고, 아무런 위엄이 없었고, 술을 좋아했으며, 먹고 마시며 우스갯소리도 잘했고, 사람을 가리지 않았기에 많은 사람들이 좋아했지만 공경하지는 않았다.

부친이 물자 운송을 담당하는 利漕(이조)의 관원이었는데, 利漕(이조)에 소속된 郭恩(곽은)의 형제 3인이 모두 앉은뱅이 병에 걸리자, 관로에게 까닭을 점을 쳐 달라고 하였다. 이에 관로가 말했다.

---

420 管輅(관로, 209－256년, 字 公明)－輅는 임금의 수레 노(로). 삼국시대 유명한 占卜師. 후세에 占卜하는 사람들은 관로를 管先師, 또는 觀相眞君이라 호칭. 朱建平과 함께 '朱,管'으로 병칭. 아주 어려서부터 천문을 보며 밤을 새웠다고 한다. 관로는 '집에 닭이나 들의 새도 때를 알거늘, 사람이 때를 몰라서야 되겠는가.'라고 말했다. 관로는 《易》에 정통했다. 많은 문학작품에 관로의 신기한 행적이 많이 수록되었다. 인물은 볼품없었지만 才華가 뛰어났고, 秀才로 천거되었으나 낮은 관직에 머물렀고, 占卜師로 명성을 날렸지만 공자의 '敬鬼神而遠之'라는 뜻에 의거 儒家에서는 평가가 낮았다. 《三國演義》에서는 '神卜管輅'로 조조에게 불려가 점을 치며 夏侯淵의 戰死나 魯肅의 病死, 許昌의 화재 등을 예언했고 그대로 맞았다.

"卦中에 당신 본가의 묘에 여자 귀신이 있는데, 당신의 큰어머니가 아닌 숙모입니다. 옛날 흉년이 들었던 때, 어떤 자가 그녀의 몇 되의 곡식이 탐이 나서 우물에 밀어 빠트렸는데, 살려달라고 외쳐대자 큰 돌을 던져 머리통을 부수었기에 고혼이 원통하여 하늘에 호소하였습니다."

결국 곽은은 울면서 죄를 자백하였다.

| 原文 |

廣平劉奉林婦病困, 已買棺器. 時正月也, 使輅佔, 曰, "命在八月辛卯日日中之時." 林謂必不然, 而婦漸差, 至秋發動, 一如輅言.

輅往見安平太守王基, 基令作卦, 輅曰, "當有賤婦人, 生一男兒, 墮地便走入竈中死. 又床上當有一大蛇銜筆, 小大共視, 須臾去之也. 又烏來入室中, 與燕共鬪, 燕死, 烏去. 有此三怪."

基大驚, 問其吉凶. 輅曰, "直客舍久遠, 魑魅魍魎爲怪耳. 兒生便走, 非能自走, 直宋無忌之妖將其入竈也. 大蛇銜筆, 直老書佐耳. 烏與燕鬥, 直老鈴下耳. 今卦中見象而不見其凶, 知非妖咎之徵, 自無所憂也."

後卒無患.

| 국역 |

(鉅鹿郡) 廣平縣[421]의 劉奉林(유봉림)이란 사람의 아내가 병이 위독하자, 장례에 필요한 관이나 기물을 사 놓았다. 그때는 정월이었는데 管輅(관로)를 시켜 점을 치기 하였더니, 관로는 "命줄은 8월 辛卯日일 한낮까지라." 고 말했다. 유봉림은 그렇지 않을 것이라 말했지만, 아내의 병은 점차 좋아지더니, 가을에 되자 다시 병이 나서 관로의 말과 같았다.

관로가 安平[422] 태수 王基(왕기)를 만났는데, 왕기가 점괘를 부탁하였다. 이에 관로가 말했다.

"어떤 천한 여인이 사내아이를 출산했는데, 낳자마자 아궁이로 기어들어가 죽었습니다. 또 침상에는 큰 뱀이 몸을 사리고 붓을 꽂고 있는데, 집안 어른 아이 모두가 다 보고 있자 어디론가 사라졌습니다. 그러자 까마귀가 집안으로 날아 들어와 제비와 싸웠는데, 제비가 죽자 까마귀는 날아가 버렸습니다. 이런 3가지 괴상한 일이 괘에 나타나 있습니다."

왕기가 놀라 그 길흉을 물었다. 관로가 대답했다.

"客舍(객사)가 지어진 지 오래라서 魑魅魍魎(이매망량)[423]이 모두 요괴가 되었습니다. 애가 태어나며 걸을 수 없는데, 이는 (火의 仙人인) 宋無忌(송무기)의 요괴가 부엌에 들어온다는 뜻입니다. 큰 뱀

---

421 廣平縣은, 今 河北省 남부 邯鄲市 관할 廣平縣.

422 安平郡 치소는 信都縣, 今 河北省 남부 衡水市 관할 冀州市.

423 魑魅魍魎(이매망량) – 잡귀들의 총칭. 魑는 도깨비 리(이), 산의 妖怪. 魅는 도깨비 매, 요괴. 魍은 도깨비 망, 山水나 목석의 정기가 모여서 생긴 요괴, 魎는 도깨비 량, 죽은 원혼이 사람을 괴롭히는 요괴,

이 똬리를 틀고 붓을 쥐고 있다는 것은 늙은 서리입니다. 까마귀와 제비가 싸우는 것은 늙어 죽은 혼령들의 요상한 짓입니다. 이런 잡상들이 보이나 흉한 징조가 안 보이므로 재앙의 징조라고는 볼 수 없습니다. 그러니 걱정 안 해도 될 것입니다."

그 후로 별다른 일이 없었다.

| 原文 |

時信都令家婦女驚恐, 更互疾病, 使輅筮之. 輅曰, "君北堂西頭, 有兩死男子, 一男持矛, 一男持弓箭, 頭在壁內, 脚在壁外. 持矛者主刺頭, 故頭重痛不得擧也. 持弓箭者主射胣腹, 故心中縣痛不得飮食也. 晝則浮游, 夜來病人, 故使驚恐也." 於是掘徙骸骨, 家中皆愈.

清河王經去官還家, 輅與相見. 經曰, "近有一怪, 大不喜之, 欲煩作卦." 卦成, 輅曰, "爻吉, 不爲怪也. 君夜在堂戶前, 有一流光如燕爵者, 入君懷中, 殷殷有聲, 內神不安, 解衣彷徉, 招呼婦人, 覓索餘光."

經大笑曰, "實如君言." 輅曰, "吉, 遷官之徵也, 其應行至." 頃之, 經爲江夏太守.

| 국역 |

그때 信都(신도) 縣令의 아내와 딸이 자주 놀라고 돌아가며 앓자,

관로를 불러 점을 치게 하였다. 이에 관로가 말했다.

"君의 北堂 서쪽 모퉁이 땅속에 두 남자의 시신이 있는데, 한 사람은 창을 쥐고 한 사람은 화살을 갖고 있는데, 머리는 벽 안에 다리는 벽 밖에 있습니다. 창을 쥔 남자 시신이 머리를 찌르고 있어 머리가 심하게 아프고 고개를 들 수가 없습니다. 화살을 쥔 자는 배를 찌르고 있어 심장이 아프고 음식을 먹을 수가 없습니다. 낮에는 떠돌다가 밤에는 환자에게 찾아오니, 그래서 놀라고 두려운 것입니다."

이에 땅을 파 시신을 옮겨 묻어주자 집안 모두가 편안했다.

清河郡의 王經(왕경)은 관직을 버리고 귀향하여 관로와 만났다. 이에 왕경이 말했다.

"요즈음 괴상한 일이 있어 크게 좋지 않으니 수고롭지만 점을 좀 부탁합니다."

점괘가 나오자, 관로가 말했다.

"점괘가 길하니 걱정 마십시오. 君께서 밤에 집 앞에 있는데 한 줄기 빛이 새처럼 날아와 품을 파고들며 은은한 소리가 나자, 마음이 불안하여 옷을 벗어 흔들며 부인을 불러 다른 빛을 찾아보게 하셨군요."

그러자 왕경은 크게 웃으며 "사실 말씀한 그대로입니다."라고 말했다. 관로는 "길조이니 승진할 징조이며, 그 효험이 곧 있을 것입니다."

얼마 후 왕경은 江夏 태수가 되었다.

| 原文 |

略又至郭恩家, 有飛鳩來在梁頭, 鳴甚悲. 略曰, "當有老公從東方來, 攜豚一頭, 酒一壺. 主人雖喜, 當有小故." 明日果有客, 如所占. 恩使客節酒,戒肉,愼火, 而射雞作食, 箭從樹間激中數歲女子手, 流血驚怖.

略至安德令劉長仁家, 有鳴鵲來在閤屋上, 其聲甚急.

略曰, "鵲言東北有婦昨殺夫, 牽引西家人夫離婁, 候不過日在虞淵之際, 告者至矣."

到時, 果有東北同伍民來告, 鄰婦手殺其夫, 詐言西家人與夫有嫌, 來殺我婿.

| 국역 |

管輅(관로)가 다시 郭恩(곽은)의 집을 찾아갔는데, 비둘기가 날아와 지붕 꼭대기에 앉았는데 그 울음이 몹시 슬펐다. 이에 관로가 말했다.

"틀림없이 동쪽에서 노인 한 분이 돼지머리 하나와 술 한 병을 들고 찾아올 것입니다. 주인이야 좀 기쁘겠지만 조그만한 사고가 있을 것입니다."

다음 날 과연 손님이 찾아왔으니 관로의 점과 같았다. 곽은은 손님에게 술을 절제하며 고기를 먹지 말고 불을 조심하라고 말했다. 곽은은 음식을 준비케 하려고 나무 사이에서 닭을 활로 쏘았는데, 어린 여자아이의 손에 맞아[424] 피가 흘러 놀라며 두려워했다.

관로가 (平原郡) 安德 현령 劉長仁(유장인)의 집에 갔을 때, 까치 한 마리가 지붕 위에서 매우 시끄럽게 울었다. 이에 관로가 말했다.[425]

"까치가 우는 것은 동북쪽에서 어떤 여인이 남편을 죽이고서 서쪽에 사는 離婁(이루)라는 남자를 끌어들였는데, 해가 넘어갈 때까지[426] 기다리면 고발하는 사람이 올 것 같습니다."

그때가 되자, 과연 동북쪽에서 사람이 와서 이웃 여인이 남편을 죽이고서 서쪽에 사는 사람과 남편이 틈이 벌어져서 내 남편을 죽였다고 거짓말을 한다고 고발하였다.

| 原文 |

輅至列人典農王弘直許, 有飄風高三尺餘, 從申上來, 在庭中幢幢迴轉, 息以復起, 良久乃止. 直以問輅, 輅曰, "東方當有馬吏至, 恐父哭子, 如何!"

明日膠東吏到, 直子果亡. 直問其故, 輅曰, "其日乙卯, 則長子之候也. 木落於申, 斗建申, 申破寅, 死喪之候也. 日加午而風發, 則馬之候也. 離爲文章, 則吏之候也. 申未爲虎, 虎爲大人, 則父之候也."

有雄雉飛來, 登直內鈴柱頭, 直大以不安, 令輅作卦, 輅曰,

424 원문 '箭從樹間激中數歲女子手～' – 생략과 축약이 심하여 내용 파악이 어려운 구절.

425 관로가 사람 말처럼 새의 울음을 알아들었다는 초능력을 설명하는 구절이다.

426 원문 '虞淵之際' 의 虞淵(우연)은 해가 지는 곳, 해질녘.

"到五月必遷." 時三月也, 至期, 直果爲勃海太守.

| 국역 |

管輅(관로)가 (鉅鹿郡) 列人縣의 典農인 王弘直(왕홍직)의 거처를 방문했는데, 3尺이 넘는 회오리바람이 서쪽에서(申上) 불어와 집뜰 안의 곳곳을 회전하다가 그쳤다가 다시 불어 와서 한참 있다가 그쳤다. 왕홍직이 관로에게 묻자, 관로가 말했다.

"동쪽에서 말을 탄 관리가 올 것인데, 아버지가 자식 때문에 울 것인데 어찌 하겠나!"

다음날 (北海郡) 膠東縣(교동현)의 관리가 왔는데 왕홍직의 아들이 죽었다고 하였다. 왕홍직이 어떻게 알았는가를 묻자, 관로가 말했다.

"그날이 乙卯日이니 長子를 의미합니다. 나뭇잎은 申(초가을) 에 떨어지고, 北斗의 자루가 申方(서남)을 가리키며, 申은 寅(인)으로 상징되는 봄을 몰아내니, 이는 죽음을 의미합니다. 그날 午時를 지나 바람이 불었으니 말이(馬) 온다는 뜻입니다. 회오리바람이 그쳤다가 다시 부는 것이 離(리, 南方)이고, 이는 文彩이니 관리를 상징합니다. 申未는 虎(서쪽)에 속하고 虎는 大人이니, 이는 父親을 뜻합니다."

또 어떤 장끼(雄雉)가 날아와서 왕홍직의 깃대 방울 꼭대기에 앉아 있자, 왕홍직은 마음속으로 몹시 불안해하면서 관로에게 점을 처 보라고 하였다. 관로는 "5월이면 틀림없이 승진할 것입니다."라고 말했다. 그때가 3월이었는데, 5월이 되자, 왕홍직은 정말로 勃海(발해) 태수가 되었다.

| 原文 |

館陶令諸葛原遷新興太守, 輅往祖餞之, 賓客並會. 原自起取燕卵,蜂窠,蜘蛛著器中, 使射覆. 卦成, 輅曰, "第一物, 含氣須變, 依乎宇堂, 雄雌以形, 翅翼舒張, 此燕卵也. 第二物, 家室倒縣, 門戶衆多, 藏精育毒, 得秋乃化, 此蜂窠也. 第三物, 觳觫長足, 吐絲成羅, 尋網求食, 利在昏夜, 此蜘蛛也."

擧坐驚喜.

| 국역 |

(魏郡) 館陶(관도)[427] 현령인 諸葛原(제갈원)이 新興[428] 太守로 승진했는데, 관로도 송별하는 祖道[429]에 참석했는데 손님이 많았다. 제갈원은 (餘興으로) 일어나서 燕卵(제비 알), 蜂窠(봉과, 나무에 매달린 작은 벌집), 거미〔蜘蛛(지주)〕를 그릇 속에 감추고 관로에게 무엇이 들었는지 맞춰 보라고 하였다.[430] 점괘가 나오자, 관로가 말했다.

"첫째 물건은, 氣를 품었지만 변하고 건물(집)에 의지했으며 자웅을 갖추었고 날개를 펴니, 이는 제비의 알입니다. 두 번째 물건은, 집이 거꾸로 매달렸고 출입 문호가 많으며, 좋은 것은 감춰놓고 독을 배양하며 가을이 되면 변화하니, 이는 벌집입니다. 세 번째 물건

427 (魏郡) 館陶縣은, 今 河北省 남부 邯鄲市 관할 館陶縣.

428 新興郡은 후한 建安 20년(서기 215)에 雲中, 定襄, 五原, 朔方郡을 합병하여 설치한 郡, 郡治 九原縣, 今 山西省 북부 忻州市. 九原, 定襄, 雲中, 廣牧, 平城, 馬邑, 慮虒 7縣을 관장.

429 祖道는 먼 길을 떠나는 사람의 무사여행을 빌며 路祭를 지낸 다음의 전별연.

430 원문의 使射覆의 射는 맞힐 석, 쏠 석.

은, 성기고 긴 발에 실을 뽑아 그물을 만들고, 그물망으로 먹을 것을 구하는데 어둠이 내릴 때가 유리하니, 이는 거미입니다."

자리에 참석한 모두가 놀라며 좋아하였다.

| 原文 |

輅族兄孝國, 居在斥丘, 輅往從之, 與二客會. 客去後, 輅謂孝國曰, "此二人天庭及口耳之間同有凶氣, 異變俱起, 雙魂無宅, 流魂於海, 骨歸於家, 少許時當並死也."

復數十日, 二人飮酒醉, 夜共載車, 牛驚下道入漳河中, 皆卽溺死也.

當此之時, 輅之鄰里, 外戶不閉, 無相偸竊者. 淸河太守華表, 召輅爲文學掾. 安平趙孔曜薦輅於冀州刺史裴徽曰,

「輅雅性寬大, 與世無忌, 仰觀天文則同妙甘公,石申, 俯覽《周易》則齊思季主. 今明使君方垂神幽藪, 留精九皐, 輅宜蒙陰和之應, 得及羽儀之時.」

徽於是闢爲文學從事, 引與相見, 大善友之. 徙部鉅鹿, 遷治中別駕.

初應州召, 與弟季儒共載, 至武城西, 自卦吉凶, 語儒云, "當在故城中見三貍, 爾者乃顯."

前到河西故城角, 正見三貍共踞城側, 兄弟並喜. 正始九年

擧秀才.

| 국역 |

管輅(관로)의 族兄인 管孝國(관효국)은 오랫동안 (魏郡) 斥丘縣(척구현)에 살았는데, 관로가 찾아가 머무는 동안 다른 손님 2인이 찾아왔다. 두 사람이 떠난 뒤에 관로가 관효국에게 말했다.

"그 두 사람의 이마와 입과 귀 사이에 모두 凶氣가 있으니, 異變을 같이 겪을 것이고 혼령이 머물 데가 없어 바다를 떠다니겠고 육신은 집에 돌아올 것이니, 얼마 있으면 모두 죽을 것 같습니다."

그 수십 일 뒤에 두 사람은 술에 취해 밤에 함께 수레를 타고 가다가 소가 놀라 길을 벗어나 그대로 漳河(장하)로 뛰어 들어가 두 사람 모두 익사하였다.

이 무렵에 관로의 향리에서는 바깥문을 닫지 않아도 도둑질을 하는 자가 없었다. 清河太守인 華表(화표)는, 관로를 초빙하여 文學掾에 임명하였다. 安平郡의 趙孔曜(조공요)는 관로를 冀州 刺史 裴徽(배휘)에게 천거하였다.

「관로의 정서는 高雅하고 寬容大度하여 世人 누구도 관로를 싫어하지 않는데, 관로가 천문을 관찰하면 甘公(감공), 石申(석신)[431]과 같은 신묘의 경지에 이르렀고, 《周易》을 열람하면 司馬季主(사마계주) 만큼이나 사려가 깊습니다. 지금 명철한 使君께서 초야에 은거한 인재에 관심을 갖고서 구석진 沼澤(소택)에 숨어사는 賢士를 유념하고 계시니, 관로야말로 온유 화순하신 혜택을 받아 뜻을 펼 수

431 甘公(감공), 石申(석신)은 두 사람 모두 전국시대의 유명한 占星家.

있고 만인의 의표가 될 때라고 생각합니다.」

이에 배휘는 관로를 文學從事로 초빙하였는데, 불러 만나서는 아주 칭찬하며 호의로 대우했다. 冀州 아문이 鉅鹿郡으로 이동할 때, 관로는 治中別駕로 승진했다.

관로가 처음으로 기주자사의 부름에 응할 때, 동생인 管季儒(관계유)와 함께 수레를 타고 갔는데, 武城縣 서쪽에 와서 길흉을 점쳐 보고서 동생에게 말했다.

"옛 성터에 너구리 3마리가 있으니, 아마 너도 곧 현달할 것이다."

둘이 황하의 서쪽 옛 성 모퉁이에 이르자, 마침 너구리 3마리가 성벽 곁에 함께 사는 것을 보고 형제가 함께 기뻐하였다. 동생 관계유는 正始 9년(서기 248)에 秀才로 천거되었다.

| 原文 |

十二月二十八日, 吏部尙書何晏請之, 鄧颺在晏許. 晏謂輅曰, "聞君著爻神妙, 試爲作一卦, 知位當至三公不?" 又問, "連夢見蠅蠅數十頭, 來在鼻上, 驅之不肯去, 有何意故?"

輅曰, "夫飛鴞, 天下賤鳥, 及其 '在林食椹, 則懷我好音', 況輅心非草木, 敢不盡忠? 昔元,凱之弼重華, 宣惠慈和, 周公之翼成王, 坐而待旦, 故能流光六合, 萬國咸寧. 此乃履道休應. 非卜筮之所明也. 今君侯位重山嶽, 勢若雷電, 而懷德者鮮, 畏威者衆, 殆非小心翼翼多福之仁. 又鼻者艮, 此天中之山, 高而不危, 所以長守貴也. 今青蠅臭惡, 而集之焉. 位峻者顚, 輕豪者亡, 不可不思害盈之數, 盛衰之期. 是故山在地中曰謙, 雷在天上曰壯. 謙則裒多益寡, 壯則非禮不履. 未有損己而不光大, 行非而不傷敗. 願君侯上追文王六爻之旨, 下思尼父彖象之義, 然後三公可決, 青蠅可驅也."

颺曰, "此老生之常譚." 輅答曰, "夫老生者見不生, 常譚者見不譚." 晏曰, "過歲更當相見."

輅還邑舍, 具以此言語舅氏, 舅氏責輅言太切至. 輅曰, "與死人語, 何所畏邪?" 舅大怒, 謂輅狂悖. 歲朝, 西北大風, 塵埃蔽天, 十餘日, 聞晏,颺皆誅, 然後舅氏乃服.

| 국역 |

(正始 9년, 서기 248년) 12월 28일, 吏部尙書인 何晏(하안)[432]이 관로를 불렀는데, 그 자리에 鄧颺(등양)도 같이 있었다.[433] 하안이 관로에게 말했다.

"그대의 점괘가 아주 신묘하다고 들었는데, 내가 三公의 지위에 오를 수 있는지 점을 한 번 쳐 주시오."

432 何晏(하안, 195?-249년, 字 平叔) - 南陽郡 宛縣(今 河南省 南陽市) 출신. 후한 말 大將軍 何進(하진)의 손자. 淸談 玄學家, 魏晉玄學의 대표자. 王弼(왕필)과 함께 '王何'로 병칭. 高平陵之變에서 曹爽(조상) 등과 함께 사마의에게 피살되었다. 하안의 모친 尹氏가 曹操의 첩이었기에 조조의 저택에서 성장하였다. 何晏은 살결이 몹시 흰 미남이었다.

433 원문의 '~鄧颺在晏許'의 許는 곳 허(處也), 일 허, 한편이 될 허 등 뜻이 다양하다.

그러면서 또 물었다.

"파리 수십 마리가 내 콧등에 앉아 있는데, 쫓아도 없어지지 않는 꿈을 연이어 꾸었는데 무슨 뜻인가요?"

이에 관로가 대답하였다.

"날아다니는 부엉이(鴞는 부엉이 효)는 세상에서 가장 천박한 새이지만, '뽕나무 오디(桑實)를 따 먹고는 내 호의를 생각한다.'[434]고 하였으니, 나의 마음이 초목과 같은 것은 아니지만, 어찌 성심을 다하지 않겠습니까? 옛날 八元(팔원), 八凱(팔개)의 인재는 重華(舜)를 보필하며 백성에게 많은 은혜와 인덕을 널리 베풀었으며, 周公은 成王을 보필하면서 밤을 새우면서 업무를 처리하였기에 그 福德과 혜택이 널리 작용하여 만국이 모두 평안하였습니다. 이는 正道를 지켜 아름다운 應報를 얻은 것입니다. 그러하니 三公의 자리란, 점을 쳐서 미리 예측하여 얻을 수 있는 자리가 아닙니다. 지금 당신의 吏部尙書 자리는 산악처럼 무겁고 중요하며, 그 聲勢는 천둥번개와 같으며, 당신의 은덕을 입은 자는 적고 두려워하는 사람들은 많으니, 조심하고 온화하며 많은 복을 받을 수 있는 사람은 아닌 것 같습니다. 또 코는 艮卦(간괘) 같고 天中의 山으로, (코는 얼굴에서) 높이 솟았지만 위태롭지 않기에 오래 누리는 (平生의) 부귀를 뜻합니다. 지금 파리란 썩은 냄새를 따라 모여듭니다. 지위 높은 자는 굴러 넘어지고 경박하게 힘쓰는 자는 멸망하나니, 오만으로 가득차면 재앙을 불러온다는 번성과 쇠망에 관한 定數를 생각 안 할 수가 없습니

434 《詩 魯頌 泮水》'食我桑黮, 懷我好音' 올빼미도 그러한데, 내가 은덕을 입었다면 충성을 다하지 않을 수 있겠는가?의 뜻.

다. 이 때문에 산이 땅 아래에 있는 것이 겸손이고(地山謙),[435] 하늘 위에서 치는 천둥을 大壯이라(雷天大壯) 하였습니다.[436] 겸양을 지키면 손실이 있어도 쉽게 보완할 수 있고, 당당하다면 禮가 아닌 것을 따르지 않습니다. 자신을 덜어내야 크게 빛이 날 수 있고, 禮에 어긋난 행실로 망하지 않는 경우가 없습니다. 君께서는 옛날 周 文王이 지으신 六爻(육효, 易의 64괘)의 大旨를 생각하시고, 아래로는 尼父(孔子)의 《易 十翼》 중 〈彖辭(단사)〉와 〈象辭(상사)〉의 대의를 생각하신 연후에 三公의 지위에 오를 수 있는가를 결정하시길 바라며, 그렇게 되면 파리떼를 쫓아버릴 수 있을 것입니다."

그러자 鄧颺(등양)은 옆에서 "이는 늙은 서생들이 늘 하는 이야기입니다."라고 말했다.

이에 관로가 말했다.

"늙은 서생은 이미 옛날에 죽었을 것이고, 늘 하는 이야기란(常譚) 말할 줄 모르는 것입니다."

그러자 하안은 "過歲한 다음에 다시 만납시다."라고 말했다. 관로가 향읍에 돌아와 이런 이야기를 외숙에게 말하자, 외숙은 관로가 너무 직설적으로 말했다며 관로를 질책하였다. 그러자 관로가 말했다.

"죽을 사람하고 이야기를 나눴는데, 무엇이 두렵겠습니까?"

그래도 외숙은 대노하면서 관로가 너무 지나치고 잘못했다고 말했다.

설날 아침 서북풍이 크게 불었고 흙먼지가 온 하늘을 덮었는데,

---

435 謙은 겸손이나, 관노는 《易》의 〈謙卦〉, 곧 地山謙(☷☶)의 뜻으로 설명하였다.

436 壯은 씩씩함이나, 관노는 《易》의 〈大壯卦〉, 곧 雷天大壯(☳☰)의 뜻으로 설명하였다.

10여 일 후에 하안과 등양이 모두 처형되자,[437] 외숙은 그제야 관로의 식견에 감복하였다.

| 原文 |

始輅過魏郡太守鍾毓, 共論《易》義, 輅因言 "卜可知君生死之日." 毓使筮其生日月, 如言無蹉跌. 毓大愕然, 曰, "君可畏也. 死以付天, 不以付君." 遂不復筮. 毓問輅, "天下當太平否?" 輅曰, "方今四九天飛, 利見大人, 神武升建, 王道文明, 何憂不平?"

毓未解輅言, 無幾, 曹爽等誅, 乃覺寤云.

| 국역 |

앞서 管輅(관로)는 魏郡 태수인 鍾毓(종육)[438]을 찾아가 함께 《易》

437 高平陵의 변 – 曹爽(조상)의 몰락과 司馬懿의 집권. 嘉平(가평) 원년(서기 249), 봄 정월 甲午日, 황제가(曹芳) (明帝의 능) 高平陵(고평릉)을 참배하였다. 太傅(태부)인 司馬懿가 大將軍 曹爽(조상)과 조상의 동생인 中領軍 曹羲(조희), 武衛將軍 曹訓(조훈), 散騎常侍인 曹彦(조언)의 관직을 파면하고 작위를 가지고 在家해야 한다고 상주하였다. 戊戌日에, 有司가 黃門인 張當(장당)을 체포하여 廷尉에 넘겨 사실을 조사케 하였는데, 曹爽(조상)과 반역을 모의했다고 상주하였다. 또 尙書인 丁謐(정밀), 鄧颺(등양), 何晏(하안), 司隸校尉인 畢軌(필궤), 荊州刺史인 李勝(이승), 大司農인 桓范(환범) 등이 모두 조상과 통모하였으니, 이들의 삼족을 멸해야 한다고 상주하였다. 이는 〈曹爽傳, 諸夏侯曹傳〉에 수록했다.

438 鍾毓(종육, 210?–263년, 字 稚叔) – 毓은 기를 육. 潁川 長社人. 曹魏 太傅 鍾繇(종요)의 아들, 蜀漢을 멸망시킨 鍾會(종회)의 兄. 《魏書》 13권, 〈鍾繇華歆王朗傳〉에 입전.

의 대의를 논하면서 관로가 말했다.

"점을 치면 당신의 생일과 죽을 날을 알 수 있습니다."

그러자 종육은 생일을 점치게 하였는데, 관로는 정확하게 생일을 말했다. 종육은 크게 놀라면서 말했다.

"당신의 점은 사람을 정말 두렵게 만듭니다. 내 죽음을 하늘에 맡겨야지, 당신에게 들을 수는 없습니다."

그러면서 죽는 날을 점치지 못하게 하였다. 종육이 관로에게 "천하가 태평할 것 같습니까?"라고 물었다. 이에 관로가 말했다.

"지금 時運이 四九에 일치하고 용이 하늘로 날아오르는데, 大人이 출현하여야 이롭고(利見大人), 神武가 날아올라 새 세력을 세워 王道가 文明할 것이니, 어찌 태평하지 못할까 걱정하겠습니까?"

그러나 종육은 관로의 말을 이해하지 못했다. 얼마 안 있어 曹爽(조상) 등이 주살되자, 종육은 그 뜻을 알았다고 한다.

| 原文 |

平原太守劉邠取印囊及山雞毛著器中, 使筮. 輅曰, "內方外圓, 五色成文, 含寶守信, 出則有章, 此印囊也. 高岳岩岩, 有鳥朱身, 羽翼玄黃, 鳴不失晨, 此山雞毛也."

邠曰, "此郡官舍, 連有變怪, 使人恐怖, 其理何由?" 輅曰, "或因漢末之亂, 兵馬擾攘, 軍屍流血, 汙染丘山, 故因昏夕, 多有怪形也. 明府道德高妙, 自天祐之, 願安百祿, 以光休寵."

| 국역 |

平原 태수인 劉邠(유빈, 字 令元)은 印囊(인낭)과 山雞(산 닭)의 깃털을 그릇 속에 넣어두고 관로에게 점(筮, 점대 서)을 치게 했다. 관로가 말했다.

"안은 네모지고 밖은 둥글고 오색 무늬가 있으며, 보물을 안고 신의를 지키며 꺼내면 글자가 있으니, 이는 인장주머니입니다. 높은 산 바위틈에 붉은 몸을 가진 새가 있으니, 날개는 검고도 황색이며 새벽을 놓치지 않고 울어대니(鳴), 이는 산 닭의 털입니다."

유빈이 물었다.

"郡의 관사에 괴변이 연달아 일어나 사람을 공포에 떨게 하니, 무슨 연고이겠습니까?"

이에 관로가 말했다.

"아마도 漢末의 난리 속에서 전쟁이 한창일 때 군사의 시신과 유혈로 산하가 오염되었기에 어두운 밤이며 괴상한 형체가 많이 나타납니다. 태수께서는 도덕이 높고 훌륭하시기에 하늘도 도울 것이니, 안심하시고 조정의 은총을 빛내주시기 바랍니다."

| 原文 |

清河令徐季龍使人行獵, 令輅筮其所得. 輅曰, "當獲小獸, 復非食禽, 雖有爪牙, 微而不强, 雖有文章, 蔚而不明, 非虎非雉, 其名曰狸."

獵人暮歸, 果如輅言. 季龍取十三種物, 著大篋中, 使輅射.

云, "器中藉藉有十三種物." 先說雞子, 後道蠶蛹, 遂一一名之, 惟以梳爲枇耳.

| 국역 |

淸河郡의 縣令인 徐季龍(서계룡, 字 開明)은 사람을 시켜 사냥을 보내면서 관로에게 사냥 노획물이 얼마나 될지 점을 치게 하였다. 그러자 관로가 말했다.

"작은 짐승을 잡을 것이며, 먹을 만한 짐승이나 새도 아니고, 발톱이 있지만 작고 연약하며, 무늬가 있지만 선명하지 않고, 호랑이도 꿩도 아닌 이름은 삵(狸)입니다."

사냥꾼들이 저녁에 돌아오는데, 관로의 말과 같았다. 서계룡은 큰 상자에 13가지 물건을 집어넣고 관로에게 맞히게 하였다. 관로는 "상자 속에 13가지 물건이 들어 있습니다."라고 말했다. 먼저 닭을 말하고, 다음에 누에 번데기 등 하나하나 말했는데, 다만 빗(梳, 빗 소)을 수저(枇, 수저 비)라고 말했다.

| 原文 |

輅隨軍西行, 過毌丘儉墓下, 倚樹哀吟, 精神不樂. 人問其故, 輅曰, "林木雖茂, 無形可久, 碑誄雖美, 無後可守. 玄武藏頭, 蒼龍無足, 白虎銜屍, 朱雀悲哭, 四危以備, 法當滅族. 不過二載, 其應至矣."

卒如其言. 後得休, 過清河倪太守. 時天旱, 倪問輅雨期, 輅曰, "今夕當雨." 是日暘燥, 晝無形似, 府丞及令在坐, 咸謂不然. 到鼓一中, 星月皆沒, 風雲並起, 竟成快雨. 於是倪盛脩主人禮, 共爲歡樂.

| 국역 |

管輅(관로)는 군사를 따로 서쪽으로 가면서 毌丘儉(관구검)[439] (父親의) 묘에 들러 나무에 기댄 채 슬피 읊으면서 마음이 유쾌하지 않았다. 다른 사람이 까닭을 묻자, 관로가 말했다.

"수풀이 무성하지만 오래갈 수가 없고, 碑文(비문)이 명문장이라도 지켜줄 후손이 없다. (北方) 玄武(현무)의 七宿(7수)[440]는 머리를 감추었고, (東方) 蒼龍(창룡)의 七宿(7수)는 다리를 볼 수 없으며, (西方) 白虎의 七宿(7수)는 屍身(시신)을 물고 있고(銜), (南方) 朱雀(주

439 毌丘儉(관구검, ?-255, 字는 仲恭) - 毌丘(관구)는 복성〔毌은 貫의 本字, 毋(말무, 금지사)〕가 아님. 正始 7년(서기 246) 玄菟郡(현도군)에서 출발하여 고구려를 원정했다. 관구검은 正元 2년(서기 255) 봄 정월 乙丑日, 鎭東將軍 毌丘儉(관구검)과 揚州刺史 文欽(문흠)이 반란을 일으켜 멸족되었다. 그러니 관구검의 묘에 비문이 세워질 수 없다. 毌丘儉(관구검)은 河東郡 聞喜縣 사람이다. 부친 毌丘興(관구흥)은 黃初 연간에, 武威郡 태수로 반역자를 토벌하고 백성을 위무하였고 황하 서쪽의 교통을 열어 그 명성이 높았다. 관구흥은 반적인 張進(장진)과 胡人 토벌에도 공을 세워 高陽鄕侯에 봉해졌고 조정에 들어가 將作大匠이 되었다. 《魏書》 28권, 〈王毌丘諸葛鄧鍾傳〉에 立傳.

440 中國에서 青龍, 白虎, 朱雀, 玄武의 四大 神獸(신수)는 동서남북의 4방을 주관하는 상징적 동물이다. 이를 4방 28宿(수)에 적용하여 四神, 또는 四聖이라고도 한다. 四象의 方位를 설명할 때는 左 青龍(東), 右 白虎(西), 前 朱雀(南), 後 玄武(北)으로 표시하는데, 이는 五行의 方位(東木, 西金, 北水, 南火, 中央土)와 상응한다.

작)의 七宿(7수)는 슬피 우는 형상이니,[441] 4종의 상서롭지 못한 이런 법으로 멸족당하는 모양이다. 앞으로 2년 이내에 그 징험이 나타날 것이다."

결국 관로의 말과 같았다. 그 뒤에 관로는 휴가를 얻어 淸河郡의 倪(예, 姓氏) 태수를 만났다. 그때 날이 크게 가물었기에 예태수가 관로에게 "언제 비가 올 것 같으냐?" 고 묻자, 관로는 "오늘 저녁에 틀림없이 비가 온다." 고 대답하였다.

그날은 햇볕이 많고 건조하여 전혀 비가 올 것 같지 않아 동석했던 府丞이나 현령 모두가 그럴 리 없다고 말했다. 밤에 시간을 알리는 첫 번째 북이 울리자, 별과 달이 하나도 보이지 않고 구름과 바람이 일어나더니 큰 비가 내리기 시작했다.

이에 예태수는 주인으로 한 턱을 크게 내면서 함께 즐겼다.

| 原文 |

正元二年, 弟辰謂輅曰, "大將軍待君意厚, 冀當富貴乎?" 輅長歎曰, "吾自知有分直耳, 然天與我才明, 不與我年壽, 恐四十七八間, 不見女嫁兒娶婦也. 若得免此, 欲作洛陽令, 可使路不拾遺, 枹鼓不鳴. 但恐至太山治鬼, 不得治生人, 如何!"

441 四神(四象) - 東西南北을 대표하는 青龍, 白虎, 朱雀, 玄武를 지칭하는데, 본래 이는《易》의 '太陽, 太陰, 少陽, 少陰' 을 상징하였다. 이 사신이 戰場에서는 보호 신으로 신앙되고 인격화되어 青龍은 '孟章神君', 白虎는 '監兵神君', 朱雀은 '陵光神君', 玄武는 '執明神君' 이라 불렀다.

辰問其故, 輅曰, "吾額上無生骨, 眼中無守精, 鼻無梁柱, 脚無天根, 背無三甲, 腹無三壬, 此皆不壽之驗. 又吾本命在寅, 加月食夜生. 天有常數, 不可得諱, 但人不知耳. 吾前後相當死者過百人, 略無錯也."

是歲八月, 爲少府丞. 明年二月卒, 年四十八.

| 국역 |

(高貴鄕公 曹髦) 正元 2년(서기 255), 동생인 管辰(관진)이 管輅(관로)에게 물었다. "大將軍(司馬師)께서 형님을 매우 후하게 대우하니, 부귀를 바랄 수 있지 않습니까?"

그러자 관로가 크게 탄식하며 말했다.

"나는 나에게 적당한 福分(복분)이 있다고 알고 있는데, 하늘은 나에게 재간과 총명을 주었지만 나에게 수명을 많이 주지 않았으니, 아마 47, 8세 정도로 네가 딸을 시집보내고 며느리를 얻는 것을 못 볼 것이다.[442] 만약 이 고비를 넘긴다면, 洛陽 현령으로 교화를 행해 길에 떨어진 물건을 줍지 않고 비상의 북을 치지 않게 만들고 싶다. 그러나 太山(泰山)[443]에서 鬼神을 통제할 수는 있어도 산 사람을 다스릴 수 없으니, 어찌 하겠느냐?"

관진이 그 까닭을 묻자, 관로가 대답하였다.

442 원문 '不見女嫁兒娶婦也' 의 女는 汝(너 여).

443 太山은 泰山. 古名은 岱山, 또는 岱宗. 泰山은, 今 山東省 泰安市 위치. 主峰인 玉皇峰은 해발 1532.7m. 五嶽 중 東嶽으로 泰山은 '呑西華, 壓南衡, 駕中嵩, 軼北恒' 하여 '天下名山第一' 이며, 五嶽之長이고 五嶽之首라 인정되었

"내 이마에 長壽의 生骨이 없고, 눈에는 凝精(응정)의 神彩(신채)가 없으며, 콧등이 우뚝하지 않고(無梁柱), 다리에는 後根이 없으며(無天根), 등(背)에는 (長壽할) 三甲이 없고, 배(腹)에는 (長壽할) 三壬의 징표가 없으니, 이 모두가 장수할 수 없다는 징험이다. 또 나의 타고난 명줄이(本命) 寅(인)에 있고, 거기다가 月食이 있던 밤에 태어났었다. 하늘에는 일정한 命數(常數)가 틀림없이 있으나 다만 사람이 알지 못할 뿐이다. 나는 그간 죽음을 맞이한 백여 명을 보았지만 거의 틀리지 않았다."

그해 8월, 관로는 少府丞(소부승, 少府의 차관)이 되었다. 그 다음 해(甘露 원년, 서기 256) 2월에 죽었는데, 48세였다.

| 原文 |

評曰, 華佗之醫診, 杜夔之聲樂, 朱建平之相術, 周宣之相夢, 管輅之術筮, 誠皆玄妙之殊巧, 非常之絶技矣. 昔史遷著扁鵲,倉公,日者之傳, 所以廣異聞而表奇事也. 故存錄云爾.

| 국역 |

陳壽의 評論 : 華佗(화타)의 의술과 치료, 杜夔(두기)의 聲樂, 朱建

....

다. 중국 역대 황제가 封禪禮(봉선례)을 거행하였고, 諸神이 머무는 곳(仙界天府)이라 생각했다. '登泰山而小天下' 는 공자의 명언이며, 杜甫의 〈望岳〉도 아주 널리 알려진 시이다. 유네스코 世界 文化 및 自然 유산으로 지정.

平(주건평)의 관상 보기, 周宣(주선)의 相夢(解夢), 管輅(관로)의 術筮(술서, 占卜)는 진정 모두 玄妙하고 특별히 정교하고 보통 사람의 능력을 초월하는 絶技(절기)이다.

옛날 史遷(太史令 司馬遷)은 扁鵲(편작),[444] 倉公(창공)의 열전,[445] 〈日者傳〉을 저술하여[446] 異聞을 널리 수집하고 기이한 행적을 기록하였다. 그래서 이를 기록하였다.[447]

444 扁鵲(편작, 前 401?-310년) – 姓秦, 名 越人(월인), 扁鵲은 綽號(작호). 黃帝 시대에 神醫를 扁鵲이라 했다. 戰國 시대의 醫師. 華佗, 張仲景, 李時珍과 함께 중국 四大名醫라 통칭.

445 淳于意(순우의, 前 205 – 150년) – 漢初 著名 醫師, 太倉令을 역임. 倉公(창공)이라 불렸다.

446 《史記》에는 〈扁鵲倉公列傳〉 (列傳 45권)과 〈日者列傳〉 (열전 67권), 〈龜策列傳〉 (열전 68권)이 있다.

447 班固의 《漢書》에는 여러 類傳이 있지만, 이런 기예에 관한 입전이 없다. 范曄(범엽)의 《後漢書》 68권, 〈郭符許列傳〉에 立傳한 郭太, 符融, 許劭(허소) 등은 인물 평가에 뛰어난 식견을 가지 사람들이었고, 81권, 〈獨行列傳〉, 83권, 〈逸民列傳〉에서는 자기 주관대로 한 세상을 살았던 개성이 강한 인물들의 행적을 기록했으며, 〈方術列傳〉 (上) (下)를 통하여 각 분야에 최고의 기량과 능력을 가진 인물들을 立傳하면서 華佗(화타)도 여기에 입전했다.

30권 〈烏丸鮮卑東夷傳〉(魏書 30)
(오환,선비,동이전)

|原文|

《書》載 '蠻夷猾夏.' 《詩》稱 '玁狁孔熾.' 久矣, 其爲中國患也. 秦,漢以來, 匈奴久爲邊害. 孝武雖外事四夷, 東平兩越,朝鮮, 西討貳師,大宛, 開邛苲,夜郎之道, 然皆在荒服之外, 不能爲中國輕重. 而匈奴最逼於諸夏, 胡騎南侵則三邊受敵, 是以屢遣衛,霍之將, 深入北伐, 窮追單于, 奪其饒衍之地. 後遂保塞稱藩, 世以衰弱.

建安中, 呼廚泉南單于入朝, 遂留內侍, 使右賢王撫其國, 而匈奴折節, 過於漢舊. 然烏丸,鮮卑稍更强盛, 亦因漢末之亂, 中國多事, 不遑外討, 故得擅漠南之地, 寇暴城邑, 殺略人民, 北邊仍受其困.

會袁紹兼河北, 乃撫有三郡烏丸, 寵其名王而收其精騎. 其後尙,熙又逃於蹋頓. 蹋頓又驍武, 邊長老皆比之冒頓, 恃其阻遠, 敢受亡命, 以雄百蠻.

太祖潛師北伐, 出其不意, 一戰而定之, 夷狄懾服, 威振朔土. 遂引烏丸之衆服從征討, 而邊民得用安息. 後鮮卑大人軻比能復制御群狄, 盡收匈奴故地, 自雲中,五原以東抵遼水, 皆爲鮮卑庭. 數犯塞寇邊, 幽,幷苦之.

田豫有馬城之圍, 畢軌有陘北之敗. 靑龍中, 帝乃聽王雄, 遣劍客刺之. 然後種落離散, 互相侵伐, 强者遠遁, 弱者請服. 由是邊陲差安, 漠南少事, 雖時頗鈔盜, 不能復相扇動矣. 烏丸,鮮卑卽古所謂東胡也. 其習俗,前事, 撰漢記者已錄而載之矣. 故但擧漢末魏初以來, 以備四夷之變云.

| 국역 |

《尙書》에도 '오랑캐가 중국을 어지럽혔다(蠻夷猾夏).'[448]라는 기록이 있고, 《詩》에서도 '玁狁(험윤)의 세력이 매우 성하니라.'[449]고 하였으니, 그들이 중국의 우환거리가 된 것은 매우 오래 되었다. 秦과 漢 이래로 흉노는 오랫동안 변방에 해악을 끼쳤다.

전한 武帝가 밖으로 四夷를 정벌하여 東으로는 兩越(양월, 東越·南越)과 朝鮮을 평정했고, 서쪽으로는 貳師城(이사성)과 大宛(대원)[450]

448 《尙書 虞書 舜典》'帝曰 皐陶여, 蠻夷猾夏하고 寇賊姦宄로다. ~'
449 《詩經 小雅 六月》의 구절.

을 토벌하였으며, 邛,莋(공,작)과 夜郎(야랑)으로 통하는 길을 열었다지만, 그 만이들은 모두 荒服(황복)의 바깥 먼 곳이라 中國과 같이 輕重을 따질 수가 없었다.

흉노는 諸夏(中國)에 가장 가까워 흉노의 기병이 남침하면 三邊(동, 서, 북)이 공격을 당했기에 衛青(위청)이나 霍去病(곽거병) 같은 장군을 여러 번 보내 흉노 땅 깊숙이 진격, 北伐(북벌)하며 흉노의 單于(선우)를 끝까지 추격하여 그들의 풍요로운 땅을 탈취하였다. 그 이후로는 (흉노가) 우리의 변경을 지켜주며 藩臣(번신)을 자청하는 등 점차 쇠약해졌다.

(獻帝) 建安 연간에 (서기 196 – 219), 흉노의 南單于(남선우)인 呼廚泉(호주천, 재위 195 – 216년)이 入朝하여 도성에 머물며 侍衛(시위)하면서 (그들 본거지에는) 右賢王을 남겨 흉노를 다스리게 하였으니, 흉노가 그들 자존심을 버린 정도는 전날의 漢보다 더 심하였다.

그러나 烏丸(오환)[451]과 鮮卑(선비)[452]가 차츰 강성해졌는데, 이들

450 貳師는 대원국의 성 이름. 李廣利(?–前 88)는 武帝 寵姬인 李夫人의 오빠로, 前 104년 貳師장군이 되어 大宛(대원) 원정에 처음에는 실패했고, 太初 3년에 재 원정하여 겨우 성공했다. 大宛(대원)의 宛은 나라 이름 원. 굽을 완. 영어로는 Ferghana. 國都는 貴山城. 汗血馬산지. 무제 때 복속, 宣帝 이후 서역도호부에 속했다. 今 중앙아시아의 키르키즈스탄에 해당.

451 烏丸(오환) – 북방 유목 민족의 하나. 본래 東胡族, 匈奴의 한 갈래. 古丸, 烏桓으로도 표기. 烏桓山(오환산, 今 內蒙古自治區 동부, 遼寧省 서남부와 접경한 赤峰市 관할 阿魯科爾沁旗 이북에 소재. 곧 興安嶺 산맥 중부를 지칭)에서 부족 이름이 유래. 漢代에는 漁陽郡, 右北平郡, 遼西郡의 3郡 북쪽이 주 활동 지역이었다. 이들을 통제 감시하는 교위로 護烏桓校尉를 설치했다. 질록은 比二千石. 《後漢書 烏桓鮮卑列傳》은 陳壽(진수)의 《三國志 魏書 烏丸鮮卑東夷傳》보다 1백 년 뒤에 이루어졌기에 《三國志》의 내용을 바탕으로 했지만 약간의 차이가 있다.

452 鮮卑族(선비족)은 東胡族의 한 갈래이다. 북방 유목 민족인 東胡族은 鮮卑(선

은 후한 말기의 혼란에, 中國이 내부의 사정으로 외적을 토벌할 겨를이 없는 틈을 이용하여, 사막 남쪽 지역을 차지하고서 우리 성읍을 노략질하고 백성을 죽이며 포로로 잡아가니 북쪽 영역이 그들 때문에 困乏(곤핍)해졌다.

그때 원소는 河北 일대를 겸병하고서 (북방) 3郡(漁陽郡, 右北平郡, 遼西郡)의 오환족을 회유하며 그들의 이름난 수령들을 우대하여 우수한 기병을 받아들였다. 그 뒤에 (원소 아들) 袁尙(원상)과 袁熙(원희)는 다시 蹋頓(답돈)[453]에게 도망가 의지했다. 답돈은 용맹하였기에 변방의 長老들은 모두 흉노의 冒頓(묵독)[454] 선우처럼 생각했는데, 답돈은 그들 지역이 멀고도 험준한 땅이기에 중국의 도망자들을 받아들이면서 여러 蠻夷(만이)들의 왕처럼 군림했다.

太祖(曹操)는 은밀히 군사를 거느리고 北伐(북벌)에 나서 그들이

비)와 烏桓(오환)으로 분리되었다. 선비족은 後漢 시대에는 흉노의 지배하에 있었다. 鮮卑의 명칭은 鮮卑山에서 유래. 지금의 內蒙古자치주 북쪽 지역과 몽고에서 주로 거주했다. 북흉노가 서쪽으로 빠져나간 자리를 선비족이 차지한 셈이다.

453 蹋頓(답돈, ?-207년) – 후한 말 遼西郡에 거주하던 烏丸族의 추장. 獻帝 初平 연간에 丘力居(구력거) 선우가 죽고, 아들 樓班(누반)은 나이가 어려 무예가 뛰어난 조카인 답돈이 계승하여 선우가 되어 右北平, 漁陽, 上谷 三郡의 烏丸 부락을 통솔 호령하였다. 袁紹와 公孫瓚이 세력을 다툴 때, 답돈은 원소에 협력하며 공손찬을 공격하였다. 원소는 조정의 명령을 사칭하여 蹋頓 및 難樓(난루), 蘇僕延(소복연), 烏延(오연) 등에게 선우의 호칭과 인수를 하사하였다. 뒷날 누반이 장성하자, 답돈은 누반에게 양위하였다.

454 冒頓(묵독, 묵돌. 묵특, ?-前 174) – 흉노 최고 통치자인 單于(선우)의 이름. 冒頓은 (mò dú 墨毒)이라는 音讀에 의거. 우리말은 '묵독' 으로 표기한다. 冒은 선우 이름 묵. 탐할 모. 頓은 흉노왕 이름 돌. 조아릴 돈. 漢 高祖를 白登에서 포위하여 곤경에 빠트렸던 인물. 惠帝 때 국서를 보내 呂后에게 결혼하자는 무례한 요구를 했어도 漢은 이들과 화친해야만 했다.

예상치 못하게 공격하여 한 번의 원정으로 답돈을 평정하자, 여러 夷狄(이적)은 두려워 굴복했으며 조조의 위명은 북방에 진동하였다. 마침내 답돈은 烏丸의 군졸을 거느리고 조조를 따라 원상 토벌에 협조하자, 변방 백성은 안정되었다. 그 뒤로 鮮卑(선비)의 大人인 軻比能(가비능)[455]이 다시 북방 만이들을 제압하고 흉노의 故地를 다 차지하였으며, 雲中, 五原郡의 동쪽에서 遼水(遼河)까지가 모두 鮮卑의 영역이(庭) 되었다. 선비는 자주 변경을 침범하여 幽州와 幷州(병주) 일대가 고통을 받았다.

(護烏丸校尉인) 田豫(전예)[456]는 (代郡) 馬城에서 (선비 가비능에게) 포위를 당했고, (幷州 자사인) 畢軌(필궤)[457]는 陘北(형북)에서 패전하였다. (明帝) 青龍 연간에, 황제는 王雄(왕웅)의 건의에 따라 검객을 보내 가비능을 척살했다. 그런 뒤에 그 종족 부락은 흩어졌고 서로 침탈하면서 强者는 멀리 도망쳤고 약자들은 투항하였다.

이리하여 변방은 차츰 안정되었고, 사막 남쪽은 조용해졌어도 자주 노략질을 당하였지만 다시는 그들이 우리 땅 침략을 선동하지는

455 軻比能(가비능, ?-235년) - 三國 시기 鮮卑의 수장. 용맹하고 재물을 탐하지 않아 大人(首領)이 되었다. 중국인 범법 도망자들을 받아들이며 선비족을 혁신하였다. 조조에 협조적이었고, 曹조는 附義王에 책봉하였다. 이후 가비능은 크게 강성했다. 나중에 幽州刺史 王雄(왕웅)이 보낸 刺客 韓龍이 軻比能을 죽이고 그 동생을 수령으로 세웠다.

456 田豫(전예, 171-252년, 字 國讓) - 오환과 선비족의 평정에 공을 세웠고, 그들의 존경을 받았으며, 청렴한 무신이었다. 전예가 선비족에게 포위당한 것은 明帝 太和 2년(서기 227)의 일이었다. 幽州 漁陽郡 雍奴縣 출신. (今 天津市 武清區 동북). 《魏書》 26권, 〈滿田牽郭傳〉에 입전.

457 畢軌(필궤) - 幷州刺史(병주자사). 뒷날 사예교위 역임. 齊王 曹芳이 재위 중 高平陵의 變 이후 曹爽(조상)과 함께 주살되었다.

못했다.

烏丸과 鮮卑는, 곧 옛날의 東胡族(동호족)이었다. 그들 습속이나 이전의 역사에 대해서는《漢書》를 엮은 班固(반고)가 기록하였다.[458] 그래서 다만 漢末과 魏初 이래의 일을 기록하여 四夷의 변화에 대비코자 한다.[459]

❶ 烏桓

| 原文 |

漢末, 遼西烏丸大人丘力居, 衆五千餘落, 上谷烏丸大人難樓, 衆九千餘落, 各稱王, 而遼東屬國烏丸大人蘇僕延, 衆千餘落, 自稱峭王, 右北平烏丸大人烏延, 衆八百餘落, 自稱汗魯王, 皆有計策勇健. 中山太守張純叛入丘力居衆中, 自號彌天安定王, 爲三郡烏丸元帥, 寇略青,徐,幽,冀四州, 殺略吏民.

458 孝武帝에 이르러 흉노를 치려고 王者의 군사를 동원하여 북방에서 흉노를 크게 소탕하였다. 宣帝는 그 뒤에 흉노에게 큰 덕을 베푸시니, 平帝까지 5대에 걸쳐 흉노는 漢에 臣服했다. 班固는 '왕망이 천명을 훔친 뒤로 이것이 무너졌으니, 바뀐 까닭을 상세히 알아 후세에 법식이 되어야 한다.' 고 생각하여《漢書》에서 〈匈奴傳〉을 지었다. 반고는 〈西南夷兩粵朝鮮傳〉 및 〈西域傳, 上 下〉도 서술하였다.

459 曹魏 시대에도 서역과 지속적인 왕래가 있었다. 그런데 西域의 확장은 司馬懿의 정적인 曹眞과 曹爽(조상)의 치적이라고 볼 수 있다. 사마의는 요동을 정벌했고 동쪽으로 세력을 확장했다. 이에 진수가《魏書》에서 서역을 立傳하지 않고 〈烏丸鮮卑東夷傳〉만 기록했다는 주장도 있다.

靈帝末, 以劉虞爲州牧, 募胡斬純首, 北州乃定. 後丘力居死, 子樓班年小, 從子蹋頓有武略, 代立, 總攝三王部, 衆皆從其教令. 袁紹與公孫瓚連戰不決, 蹋頓遣使詣紹求和親, 助紹擊瓚, 破之. 紹矯制賜蹋頓,峭王,汗魯王印綬, 皆以爲單于.

| 국역 |

後漢 말에 遼西郡(요서군)에 거주하는 烏丸大人인 丘力居(구력거)[460]는 5천여 개의 마을을 거느렸고, 上谷郡 烏丸 大人인 難樓(난루)는 9천 여 마을을 거느리며 각각 王을 자칭했고, 遼東屬國의 오환 大人인 蘇僕延(소복연)은 1천여 마을을 거느리고 峭王(초왕)이라 자칭했으며, 右北平의 오환 大人인 烏延(오연)은 무리 8백여 마을을 거느리고 汗魯王(한로왕)을 자칭하였는데, 모두 계략에 뛰어났고 용맹 건장하였다. 中山太守인 張純(장순)은 반역하고, 구력거의 지역에 들어가 彌天安定王(미천안정왕)을 자칭하며, 三郡 오환족의 元帥(원수)가 되어 青州, 徐州, 幽州, 冀州를 노략질하고 관리와 백성을 죽이거나 잡아갔다.

靈帝 말기에, 劉虞(유우)[461]를 幽州牧에 임명했는데, 유우가 胡人

460 丘力居(구력거, 생졸년 미상) – 후한 말 遼西郡 내 오환족의 首領, 5천여 부락을 장악, 彌天將軍, 安定王 등을 자칭하며 북방 3군 烏丸族을 통솔. 한때, 幽州, 冀州, 青州, 徐州 등을 횡행 유린했다.

461 劉虞(유우, ?–193년, 字 伯安) – 漢 종실의 일원이었고, 유능하고 인자한 지방관으로 이민족에게도 관대하였다. 靈帝 中平 초년(서기 184)에 黃巾賊이 반란하며 冀州의 여러 군을 공격 파괴하자, 유우는 甘陵國 相이 되었는데 난리를 겪은 백성을 위무하며 검소한 생활로 모범을 보였다. (初平) 2년, 冀州 자사인 韓馥(한복), 勃海(발해) 太守 袁紹(원소) 및 山東의 여러 장수들은 나이

을 시켜 장순을 죽이자 북방이 안정되었다. 뒤에 丘力居가 죽었는데, 아들 樓班(누반)이 연소하여, 조카인 蹋頓(답돈)은 무예와 책략이 있어 대신 자리에 올라 三王이 거느리는 오환족을 통합하자, 모두 답돈의 명을 따랐다. 원소와 공손찬이 계속 싸우면서 결판이 나지 않았는데, 답돈은 사람을 원소에게 보내 和親하면서 원소를 도와 공손찬을 격파하였다. 이에 원소는 制書를 위조하여 답돈과 峭王(초왕), 汗魯王(한로왕)에게 인수를 하사하며 그들을 單于(선우)에 봉했다.

| 原文 |

後樓班大, 峭王率其部衆奉樓班爲單于, 蹋頓爲王. 然蹋頓多畫計策. 廣陽閻柔, 少沒烏丸,鮮卑中, 爲其種所歸信. 柔乃因鮮卑衆, 殺烏丸校尉邢擧代之, 紹因寵慰以安北邊.

後袁尙敗奔蹋頓, 憑其勢, 復圖冀州. 會太祖平河北, 柔帥鮮卑,烏丸歸附, 遂因以柔爲校尉, 猶持漢使節, 治廣甯如舊.

建安十一年, 太祖自征蹋頓於柳城, 潛軍詭道, 未至百餘里, 虜乃覺. 尙與蹋頓將衆逆戰於凡城, 兵馬甚盛. 太祖登高望虜陳, 抑軍未進, 觀其小動, 乃擊破其衆, 臨陳斬蹋頓首, 死者被野. 速附丸,樓班,烏延等走遼東, 遼東悉斬, 傳送其首. 其餘遺

어린 황제가 동탁의 핍박을 받고 있는데도 멀리 떨어진 곳이고, 길도 막혀 황제의 안녕 여부도 알 수 없다면서, 유우가 종실의 어른이니 유우를 옹립해야 한다고 논의하였다. 그러나 유우는 받지 않았다. 유우는 나중에 공손찬에게 살해되었다. 《後漢書》 73권, 〈劉虞公孫瓚陶謙列傳〉 立傳.

迸皆降. 及幽州,幷州柔所統烏丸萬餘落, 悉徙其族居中國, 帥從其侯王大人種衆與征伐. 由是三郡烏丸爲天下名騎.

| 국역 |

그 뒤에 樓班(누반)이 장성하자, 峭王(초왕)은 그 무리를 이끌고서 누반을 선우로 받들었고, 답돈은 왕이 되었다. 그러나 답돈은 여전히 온갖 책략으로 중국을 노략질했다. 이때 廣陽郡[462] 사람 閻柔(염유)는 어렸을 적부터 오환, 선비족 지역에 살면서 그 종족의 신임을 받고 있었다. 이에 염유는 鮮卑(선비)의 무리를 모아 烏丸校尉 邢擧(형거)를 죽이고 자신이 대신하였는데, 원소는 염유를 신임하고 위무하여 북변을 안정시켰다.

그 뒤에 원상은 조조에게 패망하고 답돈에게 도망가서 답돈의 세력을 빌려 冀州를 다시 수복하려고 했었다. 당시 조조가 河北 일대를 평정하자, 염유는 선비와 오환의 무리를 거느리고 歸附(귀부)했는데, 조조는 염유를 오환교위에 임명하였고, 전처럼 漢의 부절을 가지고 (上谷郡) 廣甯縣(광녕현)[463] 일대를 다스리게 하였다.

건안 11년(서기 206), 조조는 답돈을 (遼西郡) 柳城(유성)[464]에서 직접 원정하면서 은밀히 군사를 샛길로 진격케 하였는데, 유성 1백리를 못가서 오환족이 알게 되었다. 원상과 답돈은 무리를 거느리

462 幽州 자사부 관할 廣陽郡, 治所는 薊縣(계현). 今 天津市 북부 薊縣(계현). 후한시대 幽州 자사부의 治所가 있었다.

463 廣甯縣(광녕현) – 今 河北省 북서부 張家口市.

464 柳城(유성)은 遼西郡의 城池, 今 遼寧省 중부 朝陽市 서남.

고 조조를 맞아 凡城(범성)이란 곳에서 싸웠는데, 兵馬가 매우 강성하였다. 조조는 높은 곳에 올라 적의 진지를 관망하면서 군사의 진격을 멈추게 한 뒤, 적의 움직임을 보아 적을 격파하여 답돈을 죽이자, 벌판에는 죽은 자가 가득했다. 速附丸(속부환), 樓班(누반), 烏延(오연) 등의 무리는 遼東(요동) 지역으로 도주했는데, 요동에서 이들을 죽여 그 수급을 보내왔다. 이에 오환족의 남은 무리는 달아나거나 투항하였다. 幽州와 并州(병주) 및 염유가 통솔하는 1만여 부락의 오환족을 모두 魏의 內地로 이사시켰고, 그들은 부족장이나 大人을 따라 군사로 동원하여 정벌에 참여케 하였다. 이에 북방 3군의 오환족은 천하에 소문난 기병이 되었다.

❷ 鮮卑

| 原文 |

鮮卑步度根既立, 衆稍衰弱, 中兄扶羅韓亦別擁衆數萬爲大人. 建安中, 太祖定幽州, 步度根與軻比能等因烏丸校尉閻柔上貢獻. 後代郡烏丸能臣氐等叛, 求屬扶羅韓, 扶羅韓將萬餘騎迎之. 到桑乾, 氐等議, 以爲扶羅韓部威禁寬緩, 恐不見濟, 更遣人呼軻比能. 比能即將萬餘騎到, 當共盟誓. 比能便於會上殺扶羅韓, 扶羅韓子泄歸泥及部衆悉屬比能. 比能自以殺歸泥父, 特又善遇之. 步度根由是怨比能.

文帝踐阼, 田豫爲烏丸校尉, 持節並護鮮卑, 屯昌平. 步度根遣使獻馬, 帝拜爲王. 後數與軻比能更相攻擊, 步度根部衆稍寡弱, 將其衆萬餘落保太原,雁門郡. 步度根乃使人招呼泄歸泥曰, "汝父爲比能所殺, 不念報仇, 反屬怨家. 今雖厚待汝, 是欲殺汝計也. 不如還我, 我與汝是骨肉至親, 豈與仇等?" 由是歸泥將其部落逃歸步度根, 比能追之弗及. 至黃初五年, 步度根詣闕貢獻, 厚加賞賜, 是後一心守邊, 不爲寇害, 而軻比能衆遂强盛.

明帝卽位, 務欲綏和戎狄, 以息征伐, 羈縻兩部而已. 至青龍元年, 比能誘步度根深結和親, 於是步度根將泄歸泥及部衆悉保比能, 寇鈔幷州, 殺略吏民. 帝遣驍騎將軍秦朗征之, 歸泥叛比能, 將其部衆降, 拜歸義王, 賜幢麾,曲蓋,鼓吹, 居幷州如故. 步度根爲比能所殺.

| 국역 |

鮮卑(선비)[465]의 步度根(보도근)[466]이 자립한 뒤에, 그 무리는 점차

465 鮮卑族 – 中國 北方 遊牧民族인 東胡의 한 갈래. 漢初에 그 부족이 匈奴의 東進에 밀려 冒頓單于(묵독선우)에게 격파된 뒤에 烏桓山과 鮮卑山에 각각 의거하였는데, 거기서 오환과 선비의 명칭이 유래되었다고 한다. 선비족의 주 활동 무대는, 今 내몽고의 동부 지역이었다. 鮮卑山의 위치는 미상이나 대체로 大興安嶺의 북쪽으로 추정하고 있다. '西伯利亞(시베리아)' 의 명칭도 '鮮卑利亞' 에서 유래되었다는 주장도 있다. 그 언어와 습속은 오환과 같다. 다만 혼인할 때는 먼저 머리를 깎고 季春月(三月)에 饒樂水(요락수)에서 잔치를 마친 뒤에 서로 짝을 지었다. 또 중국과 다른 짐승으로는 野馬와 原羊, 角

쇠약해졌는데, 그의 둘째 형인 扶羅韓(부라한) 역시 수만 군사를 거느리고 따로 나가 大人이 되었다.

(獻帝) 建安 연간에, 조조가 幽州 일대를 평정할 때, 보도근과 軻比能(가비능)은 烏丸校尉 閻柔(염유)를 통해 토산물을 헌상하였다. 그 뒤에 代郡의 오환족 能臣氐(능신저) 등이 반역하며 부라한에게 귀부하려 하자, 부라한은 1만여 기병을 거느리고 능신저를 영입하였다. 桑乾(상건)이란 곳에 왔을 때, 능신저 등은 서로 의논하여 扶羅韓의 부족 통제가 느슨하여 큰일을 감당할 수 없다고 말하며, 다시 사람을 보내 가비능을 초빙하였다. 가비능은 즉시 1만여 기병을 거느리고 당도하여 함께 맹서하였다. 가비능이 회식하는 기회를 이용하여 부라한을 죽이자, 부라한의 아들 泄歸泥(설귀니)와 그 군졸은 모두 가비능의 차지가 되었다. 가비능은 자신이 설귀니의 부친을 죽였기에 설귀니를 특별히 우대하였다.

보도근은 이 때문에 가비능에게 원한이 있었다. 文帝가 제위에 오른 뒤 田豫(전예)를 오환교위에 임명했고, 부절을 내려 선비족도 방어하면서 (廣陽郡) 昌平縣[467]에 에 주둔케 하였다. 이에 보도근은

端牛(각단우, 소의 일종)가 있는데, 그 뿔로 활을 만들면 보통 角端弓이라 하였다. 또 貂(담비 초), 豽(짐승 이름 눌, 원숭이 일종), 鼲子(혼자, 다람쥐의 일종)가 있는데, 그 모피는 부드럽고 연하여 天下에서 제일 좋은 갖옷(裘, 갖옷 구)이라고 한다. 선비족은 5호16국 시대부터 크게 융성하였는데, 慕容氏의 前燕, 後燕이 있고 拓拔氏(탁발씨)의 北魏가 모두 선비족이 세운 나라였다. 《後漢書》 90권, 〈烏桓鮮卑列傳〉 참고.

466 步度根(보도근) – 檀石槐(단석괴)의 손자. 後漢 末 三國 시대 鮮卑族의 首領. 전임 大人인 魁頭(괴두)의 아우. 보도근이 대인이 된 이후 선비족은 분열했다. 조조가 幽州 일대를 공략할 때 보도근은 토산물을 바치고 충성을 맹서하였다.

467 昌平縣 – 今 北京市 昌平區에 해당.

사자를 보내 말을 헌상하였고, 문제는 보도근을 王으로 인정하였다. 그 뒤에도 보도근과 가비능은 서로 공격하였고, 보도근의 군사는 점차 줄고 약해지자, 보도근은 그 무리 1만여 부락을 거느리고 太原郡과 雁門郡 일대에 살았다. 보도근은 이에 사람을 보내 설귀니를 불러서 말했다.

"너의 부친(보도근의 형)은 가비능에게 살해되었는데, 원수를 갚을 생각을 하지 않고 도리어 원수의 편이 되었다. 지금 가비능이 너를 후대하지만 너를 죽일 속셈이 있을 것이다. 차라리 나와 한 편이 된다면 나와 너는 骨肉之親인데, 어찌 원수와 한 편이 되는 것과 같겠느냐?"

이에 설귀니는 그 무리를 거느리고 도망하여 보도근에게 귀부했고, 가비능은 추격했으나 따라잡을 수가 없었다.

(文帝) 黃初 5년(서기 224)에, 보도근은 궁궐에 들어와 토산물을 헌상하였고 후한 상을 받았는데, 이후 一心으로 변방을 막아주면서 노략질을 하지 않았는데, 가비능의 군사는 여전히 강성하였다.

明帝가 즉위하고, 명제는 戎狄(융적)과 강화에 노력하면서 정벌을 그치는 대신 가비능과 보도근 두 세력을 적당히 통제하였다.[468] (明帝) 靑龍 원년(서기 233)에, 가비능은 보도근을 유인하여 화친하였는데, 이에 보도근은 부장인 설귀니 및 그 무리들을 거느리고 모두 가비능에게 귀부하였고, 이후 幷州 일대를 노략질하며 관리와 백성을 죽이거나 잡아갔다. 명제가 驍騎將軍인 秦朗(진랑)을 보내 정벌

468 원문의 '羈縻兩部而已' 의 羈縻(기미)는 짐승에게 굴레를 씌우거나 고삐를 매어 통제하다. 羈는 굴레 기. 縻는 고삐 미. 以夷制夷(이이제이) 정책을 폈다는 뜻.

하자, 설귀니는 가비능을 배반하고 그 무리들을 거느리고 투항했으며, 歸義王(귀의왕)에 책봉되었고 幢麾(당휘, 깃발), 曲蓋(곡개, 수레 덮개), 鼓吹(고취, 악대) 등을 하사받았으며, 幷州 일대에 전처럼 거주케 하였다. 보도근은 가비능에게 살해되었다.

|原文|

軻比能本小種鮮卑, 以勇健, 斷法平端, 不貪財物, 衆推以爲大人. 部落近塞, 自袁紹據河北, 中國人多亡叛歸之, 教作兵器鎧楯, 頗學文字. 故其勒御部衆, 擬則中國, 出入弋獵, 建立旌麾, 以鼓節爲進退.

建安中, 因閻柔上貢獻. 太祖西征關中, 田銀反河間, 比能將三千餘騎隨柔擊破銀. 後代郡烏丸反, 比能復助爲寇害, 太祖以鄢陵侯彰爲驍騎將軍, 北征, 大破之. 比能走出塞, 後復通貢獻.

延康初, 比能遣使獻馬, 文帝亦立比能爲附義王. 黃初二年, 比能出諸魏人在鮮卑者五百餘家, 還居代郡. 明年, 比能帥部落大人小子代郡烏丸修武盧等三千餘騎, 驅牛馬七萬餘口交市, 遣魏人千餘家居上谷. 後與東部鮮卑大人素利及步度根三部爭鬪, 更相攻擊. 田豫和合, 使不得相侵.

五年, 比能復擊素利, 豫帥輕騎徑進掎其後. 比能使別小帥瑣奴拒豫, 豫進討, 破走之, 由是懷貳. 乃與輔國將軍鮮于輔書曰,「夷狄不識文字, 故校尉閻柔保我於天子. 我與素利爲讎, 往年攻擊之, 而田校尉助素利. 我臨陳使瑣奴往, 聞使君來, 卽便引軍退. 步度根數數鈔盜, 又殺我弟, 而誣我以鈔盜. 我夷狄雖不知禮義, 兄弟子孫受天子印綬, 牛馬尙知美水草, 況我有人心邪! 將軍當保明我於天子.」

輔得書以聞, 帝復使豫招納安慰. 比能衆遂强盛, 控弦十餘萬騎. 每鈔略得財物, 均平分付, 一決目前, 終無所私, 故得衆死力, 餘部大人皆敬憚之, 然猶未能及檀石槐也.

| 국역 |

軻比能(가비능)은 본래 鮮卑(선비)의 작은 부족 출신인데, 용감 건장하고 법을 공평하게 집행하였으며, 재물을 탐하지 않아 무리들이 추대를 받아 大人(酋長, 추장)이 되었다. 그 살던 부락이 국경에 가까웠는데, 원소가 河北에 웅거할 때 많은 중국인들이 도망쳐 들어와 가비능에게 兵器와 갑옷이나 방패 제작을 가르쳐 주었고 문자도 많이 배워 알았다. 그래서 가비능은 그 무리를 이끌면서 중국의 제도를 채택했고, 출입이나 사냥에 깃발을 내세우고 북을 치며 공격하거나 퇴각하였다.

가비능은 建安 연간에, 閻柔(염유)를 통하여 토산물을 헌상하였다. 조조가 서쪽으로 關中에서 (馬超를) 원정하는 동안 田銀(전은)[469]

469 建安 17년(서기 212) – 농민인 蘇伯(소백)과 田銀(전은) 등이 반역했다. 河間郡은 治所는 樂成縣. 今 河北省 남동부의 滄州市 獻縣(헌현).

이란 자가 河間郡(하간군)에서 반기를 들었는데, 가비능은 3천여 기병을 거느리고 염유를 따라 전은을 격파하였다. 뒷날 代郡의 오환이 반기를 들자, 가비능은 그들을 도와 함께 노략질을 하였는데, 조조는 鄢陵侯(언릉후) 曹彰(조창)을 驍騎將軍에 임명하여 北征케 하여 대파하였다. 가비능은 국경 너머 도주하였다가 뒤에 다시 토산물을 바치고 왕래하였다.

延康(연강)[470] 초에(서기 220), 가비능은 말을 헌상하였고 文帝는 가비능을 附義王에 봉했다. 黃初 2년(서기 211), 가비능은 선비족 지역에 있는 魏人 5백여 호를 모두 代郡 지역으로 옮겨 살게 하였다. 그 다음 해에 가비능은 선비 부락의 대인의 막내아들들과 代郡의 烏丸 修武盧(수무로) 등 3천여 기병을 인솔하고 牛馬 7만여 마리를 몰고 가서 교역하였으며, (도망자) 魏人 1천여 호를 上谷郡으로 보내 살게 하였다. 뒷날 東部의 선비족 大人 素利(소리) 및 보도근과 3부족이 서로 공격하며 싸웠다. (護烏丸校尉인) 田豫(전예)는 이들을 화해시키며 서로 침탈하지 못하게 하였다.

(文帝 黃初) 5년(서기 224), 가비능은 다시 素利(소리)를 공격했고, 전예는 경비병을 거느리고 지름길로 진격하여 그 후방에서 가비능을 견제하였다. 가비능은 부장 瑣奴(쇄노)를 시켜 전예를 막게 하였는데, 전예가 공격하여 격파하였고 이에 가비능은 두 마음을 품었다. 이에 가비능은 輔國將軍인 鮮于輔(선우보)에게 서신을 보내 말했다.

470 延康(연강)은 漢과 獻帝의 마지막 연호, 서기 220년 3월. 이해에 조비가 제위에 오르면서(10월) 黃初로 개원하였다.

「夷狄(이적)이라서 문자를 잘 모르지만, 전임 교위였던 閻柔(염유)는 나를 天子에게 천거했었습니다. 나는 평소에 素利(소리)와 원수였고, 그래서 작년에 소리를 공격하였는데 田 校尉(田豫)는 소리를 도와주었습니다. 나는 맞아 싸우면서 쇄노를 출전케 했는데, 전교위가 공격한다는 사실을 알고 군사를 퇴각케 하였습니다. 보도근은 자주 노략질을 하였고, 또 나의 동생을 죽였으며 내가 노략질을 한다고 무고하였습니다. 내가 夷狄(이적)이라서 비록 예의를 모른다지만, 형제와 자손이 천자의 인수를 받았으며, 牛馬도 좋은 水草가 있는 곳을 알고, 하물며 나도 사람 마음을 갖고 있거늘, 더 말해 무엇하겠습니까? 장군께서는 응당 나를 보증하여 천자께 천거해야 합니다.」

선우보는 서신을 받고 이를 보고하였고, 문제는 다시 사자를 보내 전예에게 가비능을 회유하고 위무하라고 지시하였다. 가비능의 군사는 강성하여 활을 당길 수 있는 10만 기병을 보유하고 있었다. 노략질을 하여 재물을 얻을 때마다 여러 사람 보는 앞에서 공평하게 분배하였고, 자신은 끝내 私有하는 것이 없었기에 그 군사는 死力을 다해 싸웠고, 다른 부족의 大人들은 모두 가비능을 공경하며 두려워하였는데, 그렇지만 그는 檀石槐(단석괴)[471]만큼은 따라갈 수 없었다.

471 檀石槐(단석괴, 서기 136 – 181) – 鮮卑 首領의 한 사람. 단석괴가 14, 5세가 되었는데 용감하고 건장했으며 지략이 뛰어났다. 異部의 大人이 그 외가의 소와 양을 빼앗아가자 단석괴가 단기로 추격하니 대적할 자가 없었고, 잃은 것을 모두 찾아오자, 部落에서 두려워 복종하였다. 단석괴가 法禁을 시행하며 옳고 그름을 바르게 평결하니, 법을 어기는 자가 없어 결국 추대를 받아 大人이 되었다. 단석괴는 (代郡) 高柳縣에서 북쪽 3백여 리 떨어진 곳에 본거지를 두었는데, 兵馬가 아주 융성하여 동서의 大人이 모두 찾아와 귀의하였다. 단

| 原文 |

太和二年, 豫遣譯夏舍詣比能女婿鬱築鞬部, 舍爲鞬所殺. 其秋, 豫將西部鮮卑蒲頭,泄歸泥出塞討鬱築鞬, 大破之. 還至馬城, 比能自將三萬騎圍豫七日. 上谷太守閻志, 柔之弟也, 素爲鮮卑所信. 志往解喩, 卽解圍去.

後幽州刺史王雄並領校尉, 撫以恩信. 比能數款塞, 詣州奉貢獻. 至靑龍元年, 比能誘納步度根, 使叛幷州, 與結和親, 自勒萬騎迎其累重於陘北. 幷州刺史畢軌遣將軍蘇尙,董弼等擊之, 比能遣子將騎與尙等會戰於樓煩, 臨陳害尙,弼. 至三年中, 雄遣勇士韓龍刺殺比能, 更立其弟.

素利,彌加,厥機皆爲大人, 在遼西,右北平,漁陽塞外, 道遠初不爲邊患, 然其種衆多於比能. 建安中, 因閻柔上貢獻, 通市, 太祖皆表寵以爲王. 厥機死, 又立其子沙末汗爲親漢王. 延康初, 又各遣使獻馬. 文帝立素利,彌加爲歸義王. 素利與比能更相攻擊. 太和二年, 素利死. 子小, 以弟成律歸爲王, 代攝其衆.

석괴는 남으로는 漢의 변경을 노략질하고, 북으로는 (유목민족) 丁零(정령)에 항거하였으며, 동쪽으로는 夫餘(부여)를 물리쳤고, 서쪽으로는 烏孫을 공격하여 匈奴의 故地를 거의 다 차지하였는데, 이는 남북 7천 리에 걸쳐 모든 산천과 水澤과 鹽池를 포함하는 땅이었다. (靈帝) 光和 연간에(서기 178 - 183)에 단석괴가 죽었는데, 그때까지 후한은 선비족 단석괴에게 내내 당하기만 했다.

| 국역 |

(明帝) 太和 2년(서기 227), (護烏丸校尉인) 田豫(전예)는 통역관인 夏舍(하사)를 가비능의 사위인 鬱築鞬(울축건)의 부락에 보냈는데, 울축건이 하사를 죽였다. 그 가을에, 전예는 西部 선비의 蒲頭(포두)와 泄歸泥(설귀니)를 데리고 국경을 나가 울축건을 토벌하여 대파하였다. 귀환하면서 (代郡) 馬城縣(마성현)에 이르렀는데, 가비능이 3만 기병을 거느리고 전예를 7일간 포위하였다. 上谷 太守인 閻志(염지)는 閻柔(염유)의 동생인데, 평소에 선비족의 신임을 받고 있었다. 염지가 가서 포위를 풀 것을 설득하자, 가비능은 즉시 포위를 풀고 퇴각하였다.

그 후에 幽州刺史인 王雄(왕웅)은 오환교위를 겸임하면서 은덕과 신의로 회유하였다. 가비능은 자주 국경 관문이나 유주를 찾아가 토산물을 바쳤다.

(明帝) 靑龍 원년(서기 233), 가비능은 보도근을 회유하여 幷州(병주)에서 반란을 일으키게 하였고, 보도근과 화친하면서 직접 1만여 기병을 거느리고 陘北(형북)에 가서 보도근의 가족과 재산을 지켜주고 영접하였다. 幷州 자사인 畢軌(필궤)는 부장인 蘇尙(소상)과 董弼(동필) 등을 보내 선비족을 공격하였는데, 가비능은 아들을 보내 기병을 거느리고 소상 등과 樓煩(누번)에서 싸우게 했고, 가비능도 직접 전투에서 소상과 동필을 죽였다. (靑龍) 3년에, 왕운은 勇士 韓龍(한용)을 (몰래) 보내 가비능을 척살하고, 이어 그 동생을 세웠다.

(鮮卑의) 素利(소리), 彌加(미가), 厥機(궐기) 등은 모두 大人으로 遼西, 右北平, 漁陽郡의 국경 밖에 살았는데, 거리가 멀다 하여 처음

에는 변경에서 걱정거리가 되지 않았지만, 그 종족이 가비능보다 점차 많아졌다. (獻帝) 建安 연간에, 閻柔(염유)를 통하여 토산물을 헌상하고 국경에서 교역을 하자, 조조는 표문을 올려 모두 왕으로 책봉하였다. 궐기가 죽자, 다시 그 아들 沙末汗(사말한)을 親漢王으로 세웠다. 延康 초에(서기 220년), 또 각각 사자를 보내 말을 헌상하였다.

文帝는 소리와 미가를 歸義王에 책봉하였다. 소리와 가비능은 다시 서로를 공격하였다. (明帝) 太和 2년, 素利가 죽었다. 아들이 어려 소리의 동생 成律(성률)이 귀의왕이 되어 대대로 그 무리를 다스렸다.

❸ 東夷

| 原文 |

《書》稱 '東漸于海, 西被于流沙.' 其九服之制, 可得而言也. 然荒域之外, 重譯而至, 非足跡車軌所及, 未有知其國俗殊方者也. 自虞暨周, 西戎有白環之獻, 東夷有肅愼之貢, 皆曠世而至, 其遐遠也如此. 及漢氏遣張騫使西域, 窮河源, 經歷諸國, 遂置都護以總領之, 然後西域之事具存, 故史官得詳載焉. 魏興, 西域雖不能盡至, 其大國龜茲, 于寘, 康居, 烏孫, 疏勒, 月氏, 鄯善, 車師之屬, 無歲不奉朝貢, 略如漢氏故事. 而公孫淵仍父祖三世有遼東, 天子爲其絶域, 委以海外之事, 遂隔斷東夷, 不得通於諸夏.

景初中, 大興師旅, 誅淵, 又潛軍浮海, 收樂浪,帶方之郡, 而後海表謐然, 東夷屈服. 其後高句麗背叛, 又遣偏師致討, 窮追極遠, 逾烏丸,骨都, 過沃沮, 踐肅愼之庭, 東臨大海.

長老說有異面之人, 近日之所出, 遂周觀諸國, 采其法俗, 小大區別, 各有名號, 可得詳紀. 雖夷狄之邦, 而俎豆之象存. '中國失禮, 求之四夷.' 猶信. 故撰次其國, 列其同異, 以接前史之所未備焉.

| 국역 |

《尙書》[472]에 '동쪽으로는 바다에 다다르고(東漸于海), 서쪽으로는 流沙(유사, 사막)으로 덮여있다(西被于流沙).' 고 하였는데, 이 九服[473] 지역은 구분하여 설명할 수 있다. 그러나 荒域(荒服)의 밖에서는 2중 통역을 거쳐야만 중국에 통할 수 있으니, 중국 사람이 걸어가거나 수레로 갈 수 있는 곳이 아니며, 그들 지역의 특이한 풍습을 아는 자가 없었다.

472 《尙書 夏書 禹貢》의 구절. 〈禹貢〉에서 五服(甸服, 侯服, 綏服(수복), 要服, 荒服)을 설명한 다음 구절에 이어진다.

473 王畿(京都 四周의 둘레 1천 리)를 중심으로, 侯服(후복)은 王畿 外方 5백 리, 甸服(전복)은 후복 外方 5백 리, 男服(남복)은 전복 外方 5백 리, 采服(채복)은 남복 外方 5백 리, 衛服(위복)은 채복 外方 5백 리, 蠻服(만복)은 위복 外方 5백 리, 夷服(이복)은 만복 外方 5백 리, 鎭服(진복)은 이복 外方 5백 리, 藩服(번복)은 진복 外方 5백 리를 지칭한다. 이는《周禮 夏官 職方氏》에 있다.

舜(순)에서 周代에 이르는 기간에, 西戎(서융)은 白玉環(백옥 팔찌)을 헌상했고, 東夷 중에서는 肅愼(숙신)[474]이 공물을 보내왔는데, 이는 몇 代의 王朝를 사이에 두고 있었던 일이니 그 먼 거리를 이를 통해서도 알 수 있다.

漢代에 이르러 張騫(장건)을 서역에 보내어 黃河의 근원을 찾게 하여 여러 나라를 지나 귀국하였는데, 그 뒤로 西域都護를 설치하고 거느리면서 서역의 사적이 함께 알려졌고, 사관은 이를 상세히 기록하였다.

曹魏가 건국되고 서역의 모든 나라가 다 찾아오지는 않았지만, 서역의 큰 나라인 龜茲(구자), 于寘(우전), 康居(강거), 烏孫(오손), 疏勒(소륵), 月氏(월지), 鄯善(선선), 車師(거사) 같은 나라들이 조공을 보내오지 않는 해가 없으니, 대개 漢朝의 前例와 거의 같았다.

그러나 公孫淵(공손연)은 祖父부터 3세에 걸쳐 遼東郡을 차지하였고, 天子는 요동이 아주 외진 지역이라 하여 海外 여러 나라에 관한 업무를 위임하였기에, 東夷와 本朝는 단절되었고 中原과 왕래도 없었다.

(明帝) 景初 연간에(서기 237 – 239년), 군사를 대거 동원하여 공손연을 토벌 주살한 뒤에 군사를 보내 바다를 건너 樂浪郡과 帶方郡을 수복하였는데, 그 이후로 해외 지역이 평정되고 東夷가 굴복

474 肅愼(숙신) – 夏代와 商代에 黑水(今 黑龍江) 및 松花江 유역 일대에서 생활하던 부족. 肅愼, 濊貊(예맥), 東胡를 옛 東北 三大民族이라고 불렀다. 周 武王이 (殷) 紂王(주왕)을 멸망시키자 肅愼(숙신) 族이 찾아와 石砮(석노)와 楛矢(호시)를 바쳤다. 管叔(관숙)과 蔡叔(채숙)이 周 왕실에 반기를 들며 夷狄을 불러들였는데 周公(旦)이 그들을 정벌하자 東夷는 평정되었다. 숙신은 그 뒤에도 周에 입조했다. 周 康王때도 숙신이 입조했다.

하였다. 그 이후로 高句麗(고구려)가 배반하자, 다시 군사 일부를 보내 토벌에 나서 그 먼 곳까지 추격하였으니, 烏丸族과 骨都(골도, 丸都城) 지역을 넘어 沃沮(옥저)를 지났고, 肅愼(숙신)의 땅에 진입하고 동쪽의 大海에 이르렀다.

長老들은 그런 지역에는 얼굴 생김새가 다른 사람이 살며, 해가 뜨는 곳에서 가깝다고 하였다. 이에 여러 나라를 다 둘러보고 그 법속과 대소의 구별, 각각의 칭호 등을 채록하여 상세한 기록을 남기었다. 비록 夷狄(이적)의 거주지라지만 俎豆(조두)의 예를 보존하고 있었다. 그래서 '中國에서 사라진 禮를 四夷에서 구할 수 있다.'[475]는 말은 믿을 수 있었다. 그래서 그런 나라를 순차적으로 기록하고, 풍속의 同異를 열거하여 前史의 부족한 부분을 보충하였다.[476]

(1) 夫餘

| 原文 |

夫餘在長城之北, 去玄菟千里, 南與高句麗, 東與挹婁, 西

475 《左傳, 昭公》 17年, 「~天下失官 學在四夷」. 이 말을 통해서 중국인들의 동이에 대한 관념의 일단을 짐작할 수 있다. 《論語 子罕》 子欲居九夷. 或曰, "陋如之何? 子曰, "君子居之, 何陋之有?" 《論語 八佾》子曰, "夷狄之有君, 不如諸夏之亡也." 《論語 公冶長》 子曰, "道不行, 乘桴浮于海. 從我者其由與?" ~.

476 이 부분은 〈東夷列傳〉의 序文에 해당한다. 일반적으로 진수의 〈동이전〉은 魚豢(어환)의 《魏略》의 내용을 요약 정리하는 방식으로 편찬했다고 알려졌다. 四史의 東夷列傳으로 《史記》는 115권이 〈朝鮮列傳〉이고, 《漢書》는 95권이 〈西南夷兩越朝鮮傳〉이다. 《後漢書》의 〈東夷列傳〉은 먼저 이루어진 陳壽의 《三國志 魏志 烏丸鮮卑東夷傳》의 내용을 바탕으로 하였다.

與鮮卑接, 北有弱水, 方可二千里. 戶八萬, 其民土著, 有宮室,倉庫,牢獄. 多山陵,廣澤, 於東夷之域最平敞. 土地宜五穀, 不生五果.

其人麤大, 性强勇謹厚, 不寇鈔. 國有君王, 皆以六畜名官, 有馬加,牛加,豬加,狗加,大使,大使者,使者. 邑落有豪民, 名下戶皆爲奴僕. 諸加別主四出道, 大者主數千家, 小者數百家. 食飮皆用俎豆, 會同,拜爵,洗爵, 揖讓升降.

以殷正月祭天, 國中大會, 連日飮食歌舞, 名曰迎鼓, 於是時斷刑獄, 解囚徒. 在國衣尙白, 白布大袂, 袍,袴, 履革鞜. 出國則尙繒繡錦罽, 大人加狐狸,狖白,黑貂之裘, 以金銀飾帽. 譯人傳辭, 皆跪, 手據地竊語. 用刑嚴急, 殺人者死, 沒其家人爲奴婢. 竊盜一責十二. 男女淫, 婦人妒, 皆殺之. 尤憎妒, 已殺, 尸之國南山上, 至腐爛. 女家欲得, 輸牛馬乃與之. 兄死妻嫂, 與匈奴同俗.

其國善養牲, 出名馬,赤玉,貂狖,美珠. 珠大者如酸棗. 以弓矢刀矛爲兵, 家家自有鎧仗. 國之耆老自說古之亡人. 作城柵皆員, 有似牢獄. 行道晝夜無老幼皆歌, 通日聲不絶. 有軍事亦祭天, 殺牛觀蹄以占吉凶, 蹄解者爲凶, 合者爲吉. 有敵, 諸加自戰, 下戶俱擔糧飮食之. 其死, 夏月皆用冰. 殺人徇葬, 多者百數. 厚葬, 有槨無棺.

| 국역 |

夫餘(부여)는 長城의 북쪽으로, 玄菟郡(현도군)[477]에서 1천 리 떨어졌고, 남으로는 高句麗(고구려)와 접했으며, 東으로는 挹婁(읍루), 서쪽은 鮮卑(선비)와 연접했고, 북쪽에는 弱水(약수)[478]가 흐르는데, 부여국의 둘레가 2천여 리나 된다. 호구는 8만 호이며, 그 백성은 정착생활을 하는데 宮室, 倉庫, 牢獄(뇌옥)이 있었다. 구릉지가 많고 넓은 호수가 있어 東夷의 땅 중에서 가장 광활한 지역이었다. 땅은 오곡 농사에 적합하나, 五果는 없었다.

그 사람들은 몸집이 크며(麤大, 粗大), 힘이 세고 용감하며, 근엄 온후하여 도둑질을 하지 않았다. 나라에 군왕이 있었고 六畜의 이름으로 관직명을 정했는데, 馬加, 牛加, 豬加(저가), 狗加(구가), 大使, 大使者, 使者 등이다. 읍락에는 豪民(호민)이 있고, 下戶라고 불리는 자들은 모두 奴僕(노복, 노비)이었다. 諸加(제가)는 별도로 四出道를 주도하였는데, 강력한 제가는 수천 호, 작은 자는 수백 호였다. 食飮(식음)에 모두 식기〔俎豆(조두)〕를 사용했고, 會同하고 拜爵(배작), 洗爵(세작)하며, 揖讓(읍양)하고 오르내리는(升降) 禮를 행했다.

殷曆(은력) 正月에, 祭天(제천)하는 國中 大會에는 연일 마시고 먹으며, 노래하고 춤을 추었으며 이를 迎鼓(영고)라고 하였는데, 이때

477 玄菟(현도) - 武帝의 東方 四郡의 하나로 출발. 治所를 여러 번 옮겨 본래의 땅이 아니었다. 나중 치소는 高句麗縣, 今 遼寧省 중북부의 瀋陽市 동쪽. 고구려인의 저항으로 치소를 여러 번 옮겼고 영역도 축소되었다. 菟는 새삼 토(풀이름). 호랑이 도.

478 弱水(약수)는 黑龍江을 지칭한다. 崑崙山(곤륜산) 서쪽에도 약수가 있는데, 기러기 털도 가라앉는다고 하였다. 실제 그런 곳이 있다면 流砂 지역일 것이다.

에 죄인을 평결하고 죄수를 풀어주기도 했다. 나라 안에서는 흰옷 입기를 좋아했는데, 흰색 옷은 소매가 크고〔大袂(대메)〕, 웃옷(袍, 웃옷 포), 바지(袴, 바지 고)를 입고 가죽신〔革鞜(혁탑)〕을 신었다. 나라(마을) 밖으로 나갈 때는 수놓은 비단과 융단의 옷을 입고, 大人은 여우(狐狸), 흰 개(狖白, 狖는 원숭이 유), 검은담비(黑貂, 검은 족제비) 털로 만든 갖옷을(裘, 갖옷 구) 입고 금은으로 장식한 모자를 썼다. 譯人(역인, 심부름 온 사람)이 말을 전할 때는 꿇어 앉아 손으로 땅을 짚고 낮은 소리로〔竊語(절어)〕 말했다. 형벌은 엄격하였는데, 殺人한 자는 사형에 처하고 그 가족을 노비로 삼았다. 竊盜(절도)하면 그 12배를 변상했다. 남녀가 음란하거나 부인이 투기하면 모두 죽였다. 특히 투기를 증오하여, 시신을 마을의 남쪽 산 위에 방치하여 썩게 하였다. 여인 집에서 시신을 가져가려면 소나 말을 보내야 했다. 형이 죽으면 형수를 아내로 삼았는데〔兄死妻嫂(형사처수)〕,[479] 이는 흉노와 같은 풍속이었다.

부여인은 목축을 잘 했고, 名馬, 赤玉, 貂狖(초유, 짐승 가죽), 美珠가 산출되었다. 珠玉 중 큰 것은 대추만〔酸棗(산조)〕 했다. 또 활, 화살, 칼, 창(矛) 등의 병기를 사용했으며, 집집마다 갑옷과(鎧, 갑옷 개) 무기(仗)가 있었다. 마을의 노인들은(耆老) 자신을 옛날에 이주해 온 사람(亡人)이라고 말했다.[480] 둥근 모양으로 城柵(성책)을 만들었

479 兄死妻嫂 – 兄嫂(형수)의 경제 능력이 없기에 동생이 함께 살며 보살핀다는 뜻으로 생각해야 한다. 흉노족은 죽은 부친의 젊은 妾室도 아들이 아내로 삼았는데(王昭君이 그렇게 되었다), 이는 노동력과 생산능력을 버리지 않는다는 경제적 측면도 고려한 것이니, 꼭 음란한 풍속이라 할 수 없다. 妻는 아내로 삼다. 동사로 쓰였다.

480 원문 '~自說古之亡人' 의 亡人은 '秦末에 피난해 들어온 사람.'

는데 감옥과 비슷했다. 길을 가는 사람들은 밤낮이나 어른 아이 모두 노래를 불렀기에 종일 노랫소리가 그치지 않았다. 전쟁(軍事)이 있으면 祭天하고 소를 죽여 그 발굽으로 길흉을 점쳤는데, 발굽이 벌어지면(解) 흉하고 합하면 길하다고 생각하였다. 적이 침입하면 諸加들이 직접 싸웠고 下戶들은 군량을 나르고 음식을 공급하였다. 사람이 죽으면 여름에도 얼음을 사용하여 장례를 치렀다. 사람을 죽여 함께 파묻었는데 많을 경우 백여 명이나 되었다. 후장하면서 槨(곽, 덧널, 外棺)은 있지만 棺(관, 널)은 없었다.

| 原文 |

夫餘本屬玄菟. 漢末, 公孫度雄張海東, 威服外夷, 夫餘王尉仇台更屬遼東. 時句麗,鮮卑强, 度以夫餘在二虜之間, 妻以宗女. 尉仇台死, 簡位居立. 無適子, 有孽子麻余. 位居死, 諸加共立麻余. 牛加兄子名位居, 爲大使, 輕財善施, 國人附之, 歲歲遣使詣京都貢獻.

正始中, 幽州刺史毌丘儉討句麗, 遣玄菟太守王頎詣夫餘, 位居遣大加郊迎, 供軍糧. 季父牛加有二心, 位居殺季父父子, 籍沒財物, 遣使簿斂送官.

舊夫餘俗, 水旱不調, 五穀不熟, 輒歸咎於王, 或言當易, 或言當殺. 麻余死, 其子依慮年六歲, 立以爲王. 漢時, 夫餘王葬用玉匣, 常豫以付玄菟郡, 王死則迎取以葬. 公孫淵伏誅,玄菟庫猶有玉匣一具. 今夫餘庫有玉璧,珪,瓚數代之物, 傳世以爲寶, 耆老言先代之所賜也. 其印文言 '濊王之印'. 國有故城名濊城, 蓋本濊貊之地, 而夫餘王其中, 自謂 '亡人' 抑有以也.

| 국역 |

夫餘는 본래 玄菟郡(현도군)에 속했었다. 漢 말기에, 公孫度(공손도)[481]는 海東에서 세력을 크게 확장하고 위세로 外夷를 굴복시켰는데, 夫餘王인 尉仇台(위구태)는 다시 요동군에 복속했다. 그때는 고구려와 선비족이 강성하였는데, 공손도는 부여가 두 세력 간에 끼었다 하여 일족의 딸을 왕에게 시집보냈다. 위구태가 죽자, 簡位居(간위거)가 계승했다. 간위거는 適子〔嫡子(적자)〕가 없고 孽子(얼자)인 麻余(마여)가 있었다. 간위거가 죽자, 諸加들은 함께 마여를 옹립하였다. 牛加인 兄의 아들은 이름이 位居(위거)였는데, 大使(관직명)로 재물을 경시하고 널리 베풀어 나라 사람들이 따랐는데 해마다 사자를 도성에 보내 토산물을 바쳤다.

(曹芳의) 正始 연간에(서기 240 – 248), 幽州 자사인 毌丘儉(관구검)이 고구려를 원정하면서 玄菟(현도) 태수인 王頎(왕기)를 夫餘에 보냈는데, (부여왕) 位居(위거)는 大加를 보내 교외에서 영접케 하고 군량을 공급하였다. 季父(叔父)인 牛加(官職名)가 두 마음을 품자, 위거는 季父 부자를 죽여 그 재물을 몰수하였고, 사자를 보내 장부

481 公孫度(공손도, 字 升濟) – 尙書郞, 冀州刺史 역임. 遼東太守. 高句麗(故國川王 재위 중) 원정, 오환족. 공손도 사후에 公孫康이 계승(建安 9년, 서기 204).

를 만들어 국고로 환수했다.

옛 부여의 습속에 수해나 가뭄으로 오곡이 흉년이면 바로 허물을 왕에게 돌려 교체하가거나 또는 죽여야 한다고 말했다. 痲余(마여)가 죽자, 그 아들 依慮(의려)는 나이가 겨우 6세였지만 왕으로 옹립하였다.

漢 시기에, 夫餘王의 장례에 玉匣(옥갑, 옥으로 만든 수의)을 사용했는데, 평상시에 예상하여 현도군에 (제조를) 부탁했다가, 왕이 죽으면 가져다가 사용하였다. 公孫淵이 처형되었을 때, 현도군의 창고에는 옥갑 一具가 있었다. 지금 夫餘의 창고에는 玉璧(옥벽), 珪(규, 홀 규), 제기〔祭器, 瓚(찬)〕 등 여러 代의 물건이 남아있는데, 후대에 보물로 전해진 것이며, 노인들은 선대부터 내려온 물건이라고 말했다. 부여의 인장에 '濊王(예왕)之印' 이란 글자가 있는데, 나라 옛 성의 이름이 濊城(예성)이었다 하니, 아마 본래 濊貊(예맥)의 땅이었고, 그래서 부여왕은 그중 하나였고, 그렇기에 '亡人' 이었다고 하였을 것이다.

(2) 高句麗

‖原文‖

高句麗在遼東之東千里, 南與朝鮮,濊貊, 東與沃沮, 北與夫餘接. 都於丸都之下, 方可二千里, 戶三萬. 多大山深谷, 無原澤. 隨山谷以爲居, 食澗水. 無良田, 雖力佃作, 不足以實口腹. 其俗節食, 好治宮室, 於所居之左右立大屋, 祭鬼神, 又祀靈星,社稷. 其人性凶急, 善寇鈔.

其國有王, 其官有相加,對盧,沛者,古雛加,主簿,優台丞,使者,皁衣先人, 尊卑各有等級. 東夷舊語以爲夫餘別種, 言語諸事, 多與夫餘同, 其性氣衣服有異.

本有五族, 有涓奴部,絶奴部,順奴部,灌奴部,桂婁部. 本涓奴部爲王, 稍微弱, 今桂婁部代之. 漢時賜鼓吹技人, 常從玄菟郡受朝服衣幘, 高句麗令主其名籍. 後稍驕恣, 不復詣郡, 於東界築小城, 置朝服衣幘其中, 歲時來取之, 今胡猶名此城爲幘溝漊. 溝漊者, 句麗名城也.

其置官, 有對盧則不置沛者, 有沛者則不置對盧. 王之宗族, 其大加皆稱古雛加. 涓奴部本國主, 今雖不爲王, 適統大人, 得稱古雛加, 亦得立宗廟, 祠靈星,社稷. 絶奴部世與王婚, 加古雛之號. 諸大加亦自置使者,皁衣先人, 名皆達於王, 如卿大夫之家臣, 會同坐起, 不得與王家使者,皁衣先人同列. 其國中大家不佃作, 坐食者萬餘口, 下戶遠擔米糧魚鹽供給之.

| 국역 |

高句麗(고구려)는 遼東郡에서 동쪽 1천 리에 있는데, 남쪽으로는 朝鮮(辰)과 濊貊(예맥), 동쪽으로는 沃沮(옥저), 북쪽으로는 夫餘(부여)와 접했다. 도성은 丸都山(환도산) 아래에 있고, 나라 영역은 4방

둘레가 2천 리에 3만 호 정도였다. 큰 산과 깊은 골짜기가 많고 들이나 沼澤(소택)이 없었다. 山谷을 따라 거처하며 냇물을 마셨다. 좋은 땅이 없어 힘들여 농사지어도 배를 채우기에 부족하였다. 그 풍속에 음식을 절약하나 집을 크게 짓기를 좋아했고, 살림 집 좌우에 큰 집을 지어 鬼神을 제사했으며, 별(靈星)이나 社稷神(사직신)을 제사했다. 그들 성질은 사납고 조급했으며 노략질을 잘했다.

나라에 王이 있고, 관직으로는 相加, 對盧(대로), 沛者(패자), 古雛加(고추가), 主簿(주부), 優台丞(우태승), 使者(사자), 皁衣先人(조의선인, 皁는 검을 조, 皀는 俗字) 등이 있는데, 존비에 따라 각 등급이 있었다. 東夷族의 옛말에 (고구려는) 夫餘의 別種이라, 언어나 여러 國事는 부여와 많이 같았으나 그 성질이나 의복은 달랐다고 하였다.

고구려에는 본래 5부족 涓奴部(연노부, 消奴部), 絶奴部(절노부), 順奴部(순노부), 灌奴部(관노부), 桂婁部(계루부)가 있었다. 처음에는 연노부에서 王이 되었지만 차츰 약해져서 지금은 계루부에서 대신하고 있다. 漢나라 시기에 鼓吹(고취, 군악대)하는 技人(기인)을 보내주었고, 평상시에는 현도군에서 (王의) 朝服과 책(幘, 위가 평평한 巾)을 받아다 사용했으며, 高句麗令이 (고구려인의) 호적을 관리하였다. 뒤에 점차 교만 방자하여 다시는 현도군에 오지 않았으며, 국경에 작은 성을 쌓고 朝服이나 衣巾을 그곳에 보관하다가 필요한 때에 가져다가 사용하였는데, 지금 東夷들은 그 성을 幘溝漊(책구루)라고 불렀다. 溝漊(구루)란 고구려인이 城을 지칭하는 말이다.

설치한 관직에 對盧(대로)가 있으면 沛者(패자)를 두지 않았고, 沛者가 있으면 대로를 두지 않았다. 王의 宗族으로 그 大加를 모두 古

雛加(고추가)라고 하였다. 연노부에서 왕이 나올 때, 지금은 왕을 배출하지 않지만, 연노부의 適統大人을 고추가라고 호칭하였는데, 고추가는 宗廟(종묘)를 건립하고, 신령이나 별, 토지신과 곡물의 신을 제사하였다. 絶奴部는 대대로 왕과 혼인하였는데, 고추가의 칭호를 부여하였다. 여러 大加들도 使者나 皁衣先人(조의선인)의 관직을 거느릴 수 있었고 王이라는 호칭을 사용하였지만, 卿大夫의 家臣과 회동이나 모임에서는 王家의 使者나 조의선인과 같이 자리할 수 없었다.

고구려의 大家로 농사를 짓지 않는 坐食者가 1만여 명이나 되었고, 下戶가 멀리서 쌀이나 곡식, 魚鹽(어염)을 운반 공급하였다.

| 原文 |

其民喜歌舞, 國中邑落, 暮夜男女群聚, 相就歌戲. 無大倉庫, 家家自有小倉, 名之爲桴京. 其人絜淸自喜, 喜藏釀. 跪拜申一脚, 與夫餘異, 行步皆走.

以十月祭天, 國中大會, 名曰東盟. 其公會, 衣服皆錦繡金銀以自飾. 大加主簿頭著幘, 如幘而無餘, 其小加著折風, 形如弁. 其國東有大穴, 名隧穴, 十月國中大會, 迎隧神還於國東上祭之, 置木隧於神坐. 無牢獄, 有罪諸加評議, 便殺之, 沒入妻子爲奴婢.

其俗作婚姻, 言語已定, 女家作小屋於大屋後, 名婿屋, 婿暮至女家戶外, 自名跪拜, 乞得就女宿, 如是者再三, 女父母乃聽使就小屋中宿, 傍頓錢帛, 至生子已長大, 乃將婦歸家. 其俗淫. 男女已嫁娶, 便稍作送終之衣. 厚葬, 金銀財幣, 盡於送死, 積石爲封, 列種松柏. 其馬皆小, 便登山.

國人有氣力, 習戰鬪, 沃沮,東濊皆屬焉. 又有小水貊. 句麗作國, 依大水而居, 西安平縣北有小水, 南流入海, 句麗別種依小水作國, 因名之爲小水貊, 出好弓, 所謂貊弓是也.

| 국역 |

고구려 백성은 歌舞를 좋아하여, 나라의 마을마다 밤에 남녀가 무리 지어 함께 노래하며 놀았다. 나라에 큰 창고가 없는 대신 집집마다 작은 창고가 있어 이를 桴京(부경)이라고 하였다. 그 사람들은 청결을 좋아하였으며 술을 잘 담구었다. 꿇어 절하면서 한 발을 뻗었는데, 이는 부여와 달랐으며 걸을 때는 빠른 걸음으로(走) 걸었다.

10월에 祭天할 때 나라 사람이 모두 모이는데, 이를 東盟(동맹)이라 하였다. 公事로 모임이 있으면 모두 비단 옷을 입고 금은으로 치장하였다. 大加나 主簿는 머리에 건(幘, 건 책)을 착용했는데, 이는 (중국의) 幘(책)과 같으나 좁았으며, 그들 小加는 折風(절풍)을 착용했는데 그 형태는 (중국의) 弁(고깔 변)과 같았다.

그 나라의 동쪽에 큰 굴(大穴)이 있어 隧穴(수혈)이라 불렀는데, 10월 나라의 大會에 수혈의 神을 맞이하여 국도의 동쪽에 모시고 가서 제사하면서 木隧(목수, 나무로 만든 隧神)를 神坐에 모시었다.

나라에는 사람을 가두는 獄(옥)이 없었고 죄를 지은 자는 諸加에서 評議한 뒤에 곧 처형하였고, 그 처자는 노비로 만들었다.

그들 혼인 풍속에 약속이 정해지면, 女家에서 본가 뒤에 婿屋(서옥)이라는 작은 집을 짓고, 사위가 저녁에 女家의 대문 밖에 와서 이름을 말하고 꿇어 절하면서 딸을 얻어 자고 싶다고 3번 청하여 여자 부모가 허락하면 작은 서옥에서 살면서 돈이나 비단을 비축하고, 자식을 낳아 장성하면 아내를 데리고 본가로 돌아갔다. 그들 풍속은 대체로 사치하였다. 남녀가 결혼하면 곧 죽을 때 입을 수의를 짓기 시작하였다. 장례는 후장을 치렀는데, 금은이나 금전과 비단 등은 장례에 모두 사용하였으며, 돌을 쌓아(積石) 봉분을 만들고 松柏(송백)을 줄지어 심었다. 그들 말(馬)은 모두 작았지만 산을 잘 올라갔다.

고구려 사람들은 氣力이 좋고 전투에 능했는데, 沃沮(옥저)와 東濊(동예)가 모두 복속하였다. 또 小水貊(소수맥)이란 나라가 있었다. 고구려는 건국할 때 큰 강을 끼고 거처하였는데, (遼東郡의) 西安平縣(서안평현)[482]의 북쪽에 작은 강(小水)이 있어 남으로 흘러 바다에 들어가는데, 고구려의 별종이 그 小水에서 나라를 세웠기에 小水貊(소수맥)이라 하였으며, 좋은 활을 제조하였으니 바로 貊弓(맥궁)이 그것이다.

482 (遼東郡) 西安平縣은, 今 遼寧省(요령성) 동남부 丹東市. 鴨綠江과 서해가 합류하는 곳, 新義州 건너편.

| 原文 |

王莽初發高句麗兵以伐胡, 不欲行, 强迫遣之, 皆亡出塞爲寇盜. 遼西大尹田譚追擊之, 爲所殺. 州郡縣歸咎於句麗侯騶, 嚴尤奏言, "貊人犯法, 罪不起於騶, 且宜安慰. 今猥被之大罪, 恐其遂反." 莽不聽, 詔尤擊之. 尤誘期句麗侯騶至而斬之, 傳送其首詣長安. 莽大悅, 佈告天下, 更名高句麗爲下句麗. 當此時爲侯國, 漢光武帝八年, 高句麗王遣使朝貢, 始見稱王.

至殤,安之間, 句麗王宮數寇遼東, 更屬玄菟. 遼東太守蔡風,玄菟太守姚光以宮爲二郡害, 興師伐之. 宮詐降請和, 二郡不進. 宮密遣軍攻玄菟, 焚燒候城, 入遼隧, 殺吏民. 後宮復犯遼東, 蔡風輕將吏士追討之, 軍敗沒.

宮死, 子伯固立. 順,桓之間, 復犯遼東, 寇新安,居鄉, 又攻西安平, 於道上殺帶方令, 略得樂浪太守妻子. 靈帝建寧二年, 玄菟太守耿臨討之, 斬首虜數百級, 伯固降, 屬遼東. 熹平中, 伯固乞屬玄菟. 公孫度之雄海東也, 伯固遣大加優居, 主簿然人等助度擊富山賊, 破之.

| 국역 |

王莽(왕망) 초기에 高句麗의 군사를 동원하여 胡人(匈奴)을 공격케 하였으나,[483] 출전하려 하지 않아 강제로 출동시켰지만 국경을

483 《漢書 王莽傳》에는 왕망의 新朝, 始建國 4년(서기 12)의 일이었다.

나가자 모두 도망하여 도적이 되었다. 遼西郡의 大尹(太守)인 田譚(전담)이 그들을 추격하였지만 살해되었다. 州縣에서는 이를 句麗侯인 騊(도)[484]의 탓으로 돌렸는데, 嚴尤(엄우)[485]가 상주하였다.

"貊人(맥인, 貊은 북방 종족 맥, 맹수 이름 맥. 고구려인)이 犯法한 죄를 騊(도)의 탓으로 돌릴 수 없고, 우선은 도를 불러 위무해야 합니다. 지금 큰 죄를 그에게 덮어씌우면, 나중에 반역할 수도 있습니다."

그러나 왕망은 따르지 않았고 조서를 내려 엄우에게 騊(도)를 토벌케 하였다. 이에 엄우는 句麗侯 騊(도)를 유인하여 약속 날짜에 도착하자, 참수하고 그 수급을 長安으로 보냈다. 왕망은 크게 좋아하면서 高句麗를 '下句麗(하구려)'로 개명한다고 천하에 포고하였다.[486]

後漢 光武帝 (建武) 8년(서기 32), 高句麗王(大武神王)이 사신을 보내 朝貢(조공)하였고, 처음으로 王이라 호칭했다.

(後漢) 殤帝(상제, 재위 서기 106)와 安帝(재위, 서기 107 - 124년) 재위 중에, 고구려왕 宮(궁, 太祖王)[487]이 여러 차례 요동을 노략질하

484 《漢書 王莽傳》에는 句麗侯(王)인 騶(추)로 기록되었다.

485 嚴尤(엄우, 莊尤, ?-서기 23년, 字 伯石) - 新朝 武將, 《漢書》 및 《後漢書》에는 明帝(劉莊)을 피휘하여 嚴尤로 기록했다. 왕망이 30만 대군이 300일치 군량을 준비하여 흉노를 원정하려 할 때 엄우는 작전과 군수물자 공급이라는 측면에서 반대 상소를 올렸다.

486 「지난번에 여러 맹장을 파견하여 천벌을 삼가 집행하여 흉노 선우 知(지)를 주살하려고 12부로 나누어 출동했는데, (中略) 금년의 정벌은 東方에 있었는데 맥족의 무리를 먼저 추격하였다. 고구려의 왕 騶(추)를 잡아 참수하고 동쪽을 평정하였으니, 흉노 선우인 知(지)를 박멸할 일도 오래 걸리지 않을 것이다. (中略) 나는 이를 매우 기뻐하며 고구려의 나라 이름을 下句驪(하구려)로 바꿀 것을 천하에 포고하니 이를 모두가 알게 하라.」 그러나 고구려들은 더욱 자주 변경을 침공하였고, 동북과 西南夷들이 모두 반기를 들었다.

487 고구려 6대 太祖王이다. 재위 서기 53 - 146년. 宮은 태조왕의 이름. 건무 8

고 이어 현도군을 침략하였다. 遼東太守인 蔡風(채풍)과 현도군 태수 姚光(요광)은 고구려가 二郡을 침략한다고 군사를 동원하여 토벌하였다. 이에 宮(궁)은 거짓으로 강화를 요청에서 2郡의 군사가 공격하지 않았다. 宮(궁)은 몰래 군사를 보내 현도군을 공격했고 그들의 候城(후성)을 함락시켰으며, 遼隧縣(요수현)[488]을 노략질하며 관리와 백성을 죽였다. 뒷날 宮(궁)이 다시 요동군을 침범하자, 태수 채풍은 관리와 군사를 거느리고 고구려 군을 공격했지만 전멸 당했다.

宮(궁)이 죽자, 아들 伯固(백고)[489]가 즉위하였다. 順帝(재위, 서기 126 – 144년)와 桓帝 재위 연간(서기 147 – 167년)에, 고구려가 다시 요동군을 침범하며 新安縣, 居鄕縣을 노략질하고 다시 西安平縣을 공격하였으며, 그 과정에서 帶方 현령을 죽였으며, 樂浪 太守의 처자를 잡아가기도 하였다. 靈帝 建寧 2년(서기 169)에, 현도 태수인 耿臨(경림)이 토벌하면서 수백 명을 죽이거나 포로로 잡자, 고구려왕 伯固(백고)가 투항하여 (고구려는) 요동군에 소속되었다. (靈帝) 熹平(희평) 연간(서기 172 – 177)에, 伯固는 현도군에 소속되겠

....

년에 고구려에서 사신을 보내 조공했다면 외교문서의 특징상 왕의 존호나 성명을 기록했을 것인데, 이에 관한 기록도 없다. '句驪王宮' 이란 기록에서 宮은 이름인데 왕이 성씨를 아니 기록할 리 없고, 또 속명을 대외적으로 사용하지는 않았을 것이다. 고구려왕의 시호를 하나도 기록하지 않고 평민 이름을 쓰듯 속명을 기록하였는데, 이는 적대의식의 발로라 생각하면 된다.

488 遼隧縣(요수현)은 요동군의 현명, 《後漢書》에는 遼隊縣, 今 遼寧省 鞍山市 관할 海城市

489 《三國史記》 권 15, 〈高句麗本紀 第三〉에는 (6대) 太祖王(宮) – (弟) 7代 次大王(遂成, 재위 146 – 165년) – (弟) 8代 新大王(伯高, 재위 165 – 179)로 되어 있다, 《三國志》에는 宮 – 伯高 – 伊夷謨 – 位宮(山上王)으로 기록했다. 《後漢書》에는 宮 – 遂成(수성, 次大王) – 伯高(新大王)로 기록되었다.

다고 청원하였다. 公孫度(공손도)가 海東 지역을 장악했을 때, 伯固는 大加인 優居(우거)와 主簿인 然人(연인) 등을 보내어 공손도를 도와 富山(부산)의 산적을 격파하였다.

原文

伯固死, 有二子, 長子拔奇, 小子伊夷模. 拔奇不肖, 國人便共立伊夷模爲王. 自伯固時, 數寇遼東, 又受亡胡五百餘家. 建安中, 公孫康出軍擊之, 破其國, 焚燒邑落. 拔奇怨爲兄而不得立, 與涓奴加各將下戶三萬餘口詣康降, 還住沸流水. 降胡亦叛伊夷模, 伊夷模更作新國, 今日所在是也. 拔奇遂往遼東, 有子留句麗國, 今古雛加駮位居是也. 其後復擊玄菟, 玄菟與遼東合擊, 大破之.

伊夷模無子, 淫灌奴部, 生子名位宮. 伊夷模死, 立以爲王, 今句麗王宮是也. 其曾祖名宮, 生能開目視, 其國人惡之, 及長大, 果凶虐, 數寇鈔, 國見殘破. 今王生墮地, 亦能開目視人. 句麗呼相似爲位, 似其祖, 故名之爲位宮. 位宮有力勇, 便鞍馬, 善獵射.

景初二年, 太尉司馬王率衆討公孫淵, 宮遣主簿大加將數千人助軍. 正始三年, 宮寇西安平, 其五年, 爲幽州刺吏毌丘儉所破. 語在〈儉傳〉.

| 국역 |

伯固(백고)가 죽고 두 아들이 있었는데, 長子는 拔奇(발기), 小子는 伊夷模(이이모)[490]였다. 拔奇(발기)는 不肖(불초)하여 國人 모두가 바로 伊夷模(이이모)를 왕으로 옹립했다. 伯固가 재위할 때부터 자주 요동군을 침략하였고, 또 도망해 온 흉노(胡) 5백여 호를 받아들였다.

(獻帝) 建安 연간에, 公孫康(공손강)이 군사를 내어 고구려를 격파하고 그 성읍을 불태웠다. 발기는 형으로서 왕위에 오르지 못한 것에 원한을 품고 涓奴部(연노부, 消奴部) 大加와 함께 下戶 3만여 호를 이끌고 공손강을 찾아가 투항한 다음에 돌아와 沸流水(비류수)[491] 근처에 머물렀다. 투항해 왔던 흉노 역시 이이모에게 반기를 들자, 이이모는 이에 새 국도를 만들었는데, 지금 존재하는 고구려 도성이 그것이다. 발기는 遼東郡 내에 머물렀지만 아들을 고려국에 남겨두었는데, 지금 고추가인 駮位居(박위거)이다. 그 뒤에도 고구려는 다시 현도군을 공격하였는데, 현도군과 요동군이 합동으로 공격하여 대파하였다.

伊夷模(이이모)는 아들이 없었는데, 관노부의 여인과 사통하여 아들 位宮(위궁)[492]을 얻었다. 이이모가 죽자, 위궁이 즉위하니 지금 고구려왕 宮(궁, 山上王)이 바로 그 사람이다. 그 曾祖(祖父?)인 宮(太祖王)은 태어나면서 눈을 뜨고 볼 수 있어 그 國人이 미워하였는데, 장성하여 흉악하였고 자주 노략질을 하여 나라가 피폐해졌다. 지금

490 伊夷模(이이모, 南武) – 新大王의 아들. 고구려 9대 故國川王(재위 179–197년).

491 沸流水(비류수) – 吉林省과 遼寧省을 흘러 鴨綠江(압록강)에 합쳐지는 지류가 渾江(혼강)이고, 혼강의 지류 중 하나가 富爾江(沸流水)이다.

492 位宮(위궁) – 山上王(재위 서기 197–227년).

왕 또한 태어나자마자 눈을 뜨고 볼 수 있었다. 고구려 사람들은 서로 비슷한 것이(位) 증조부(宮)와 같다 하여 그 이름을 位宮(위궁)이라 하였다. 위궁은 힘과 용기가 뛰어났고 말을 잘 탔으며 사냥에도 능했다.

(明帝) 景初 2년(서기 237), 太尉인 司馬懿(사마의)가 군사를 거느리고 公孫淵(공손연)을 토벌하였는데, 位宮은 主簿와 大加에게 수천 군사를 거느리고 공손연을 돕게 하였다. (曹髦의) 正始 3년(서기 242), 위궁은 西安平을 공격하였고, 그 5년에는 幽州 자사 毌丘儉(관구검)에게 격파되었다.[493] 이는 〈毌丘儉傳/28권, 王毌丘諸葛鄧鍾傳〉에 수록했다.

(3) 東沃沮

| 原文 |

東沃沮在高句麗蓋馬大山之東, 濱大海而居. 其地形東北狹, 西南長, 可千里, 北與挹婁,夫餘, 南與濊貊接. 戶五千, 無大君王, 世世邑落, 各有長帥. 其言語與句麗大同, 時時小異.

漢初, 燕亡人衛滿王朝鮮, 時沃沮皆屬焉. 漢武帝元封二年, 伐朝鮮, 殺滿孫右渠, 分其地爲四郡, 以沃沮城爲玄菟郡. 後

493 관구검의 침략을 받아 옥저로 피난한(서기 245) 고구려 왕은 東川王(재위 227–248)이다. 여기서 宮은 位宮을 의미하니, 곧 山上王(재위 197–227)이나, 이 서술은 오류이다.

爲夷貊所侵, 徙郡句麗西北, 今所謂玄菟故府是也. 沃沮還屬樂浪. 漢以土地廣遠, 在單單大領之東, 分置東部都尉, 治不耐城, 別主領東七縣, 時沃沮亦皆爲縣. 漢建武六年, 省邊郡, 都尉由此罷. 其後皆以其縣中渠帥爲縣侯, 不耐,華麗,沃沮諸縣皆爲侯國. 夷狄更相攻伐, 唯不耐濊侯至今猶置功曹,主簿諸曹, 皆濊民作之. 沃沮諸邑落渠帥, 皆自稱三老, 則故縣國之制也. 國小, 迫於大國之間, 遂臣屬句麗. 句麗復置其中大人爲使者, 使相主領, 又使大加統責其租稅, 貊布,魚,鹽,海中食物, 千里擔負致之, 又送其美女以爲婢妾, 遇之如奴僕.

其土地肥美, 背山向海, 宜五穀, 善田種. 人性質直强勇, 少牛馬, 便持矛步戰. 食飮居處, 衣服禮節, 有似句麗. 其葬作大木槨, 長十餘丈, 開一頭作戶. 新死者皆假埋之, 才使覆形, 皮肉盡, 乃取骨置槨中. 擧家皆共一槨, 刻木如生形, 隨死者爲數. 又有瓦鑩, 置米其中, 編縣之於槨戶邊.

| 국역 |

東沃沮(동옥저)[494]는 高句麗 蓋馬大山(개마대산)[495]의 동쪽, 大海에 연접하였다. 그 지형은 동북은 좁고 서남은 길어 1천 리가 되는데,[496]

494 東沃沮 – 沃沮(옥저). 東은 衍文(연문). 옥저는 지리적으로 남, 북옥저의 구분이 있다.

495 蓋馬大山 – 蓋馬(개마)는 현도군의 縣名.

496 《後漢書 東夷列傳》의 '可折方千里(사방 둘레의 길이가 천리의 절반쯤' 이라는 표현이 사실에 근접하다고 볼 수 있다.

북으로는 挹婁(읍루), 夫餘(부여)와, 남으로는 濊貊(예맥)과 접하였다. 총 5천 호에 大君王은 없고 대대로 마을을 이뤄 살면서 각 수장이 있었다. 그 언어는 고구려와 거의 같으나 때때로 약간 틀렸다.

漢 초에, 燕의 亡人인 衛滿(위만)이 朝鮮의 왕이 되었을 때, 옥저는 위만조선에 속했었다. 漢 武帝 元封 2년(기원 前 109), 조선을 정벌했고 위만의 손자 右渠(우거)를 죽이고 그 땅을 四郡으로 나눌 때, 沃沮城은 玄菟郡(현도군)의 소속이었다. 뒷날 맥족의 침략에 의거, 현도군이 고구려 서북으로 옮겨갔는데, 지금의 현도군 옛 치소이다. 그리고 옥저는 樂浪郡 소속이 되었다. 漢은 낙랑군의 영역이 넓고 멀다 하여 單單大領(단단대령, 領은 嶺)의 동쪽에 樂浪 東部都尉를 설치하였는데, 치소는 不耐城(부내성)으로, 낙랑군 동부 7개 현을 다스리게 했고, 그때 옥저는 동부도위 소속이 되었다.

後漢 (光武帝) 建武 6년(서기 30), 변방의 군을 축소할 때 동부도위는 폐지되었다. 그 이후로 현의 우두머리들을 縣侯(현후)로 삼았는데, 不耐(부내), 華麗(화려), 沃沮(옥저) 등의 현은 모두 侯國이 되었다. 이적들이 서로 공격하였지만, 오직 부내성의 濊侯(예후)는 지금까지도 功曹나 主簿(주부) 등 여러 관리와 부서를 두고 동예의 백성으로 임명하고 있다. 동옥저 여러 읍락의 우두머리를 모두 三老라고 부르는데, 이는 옛 縣國의 제도이다.

옥저는 나라가 작고, 큰 나라 사이에 끼어 있어 결국 고구려에 복속하였다. 고구려는 그곳 中大人을 (고구려 관직의) 使者로 임명하여 자기 부락을 다스리게 하였다. 또 大使는 그 지역의 조세를 징수하고, 貊布(맥포)나, 생선, 소금 등 해산물을 거둬 천리에 수송했고,

또 미녀를 보내 고구려 지배층의 婢妾(비첩)으로 삼거나 (동옥저인을) 노비처럼 대우하였다.

동옥저의 토지는 비옥하고 背山에 臨海하여, 오곡 농사에 적합하고 또 농사를 잘 지었다. 人性은 질박하고 강직 용감하였으며, 牛馬는 많지 않고 창을 갖고 步戰에 능하였다. 음식이나 거처, 의복이나 예절은 고구려와 유사하였다.

그들 장례는 길이가 10여 丈(장)이나 되는 큰 木槨(목곽)을 만드는데 출입구는 하나이다. 새로 사람이 죽으면 가매장하여 시신을 겨우 덮어 살점이 다 썩으면 뼈만 골라 목곽 안에 보관하였다. 온 집안이 하나의 목곽을 사용하고 살아있을 때처럼 나무로 형상을 깎아 죽은 사람 수만큼 비치하였다. 또 진흙 솥 안에 쌀을 넣어 목곽 주변에 걸어두었다.[497]

|原文|

毌丘儉討句麗, 句麗王宮奔沃沮, 遂進師擊之. 沃沮邑落皆破之, 斬獲首虜三千餘級, 宮奔北沃沮. 北沃沮一名置溝婁, 去南沃沮八百餘里, 其俗南北皆同, 與挹婁接. 挹婁喜乘船寇鈔, 北沃沮畏之, 夏月恒在山岩深穴中爲守備, 冬月冰凍, 船

497 옥저의 결혼 풍습으로, 여자가 10살이 되면 결혼을 허락한 뒤에 남자 집에서 키워 며느리로 삼았다. 여자가 성인이 되면 여자 집에 돌려보냈다가 여자 집에서 요구하는 재물을 주고 데려와 살게 하였다. 이를 豫婦制라 하는데, 매매혼의 일종이다.

道不通, 乃下居村落.

王頎別遣追討宮, 盡其東界. 問其耆老 "海東復有人不?" 耆老言國人嘗乘船捕魚, 遭風見吹數十日, 東得一島, 上有人, 言語不相曉, 其俗常以七月取童女沈海. 又言有一國亦在海中, 純女無男. 又說得一布衣, 從海中浮出, 其身如中國人衣, 其兩袖長三丈. 又得一破船, 隨波出在海岸邊, 有一人項中復有面, 生得之, 與語不相通, 不食而死. 其域皆在沃沮東大海中.

| 국역 |

毌丘儉(관구검)이 고구려를 원정할 때(서기 244 - 245), 句麗王 宮(位宮, 東川王의 오류)은 옥저로 피난하였고, 관구검의 군사에게 격파당했다. 이때 沃沮의 邑落도 모두 파괴되었는데, (관구검은) 3천여 명을 죽이거나 포로로 잡았으며, 고구려왕은 北沃沮[498]로 도주하였다. 北沃沮는 일명 置溝婁(치구루)인데 남옥저에서 8백여 리 떨어진 곳으로 그 풍속은 남북이 모두 같았고, (북옥저는) 挹婁(읍루)에 연접했다.

읍루는 배를 타고 노략질을 잘하였는데, 북옥저는 읍루 사람을 두려워하여 여름철에는 늘 산속 암혈 사이에서 숨어 지내며 수비하다가 겨울에 얼음이 얼어 배가 불통하게 되면 하산하여 촌락에 거주하였다.

498 北沃沮(북옥저) - 지금의 함경북도 해안이나 연해주 남쪽으로 추정.

(현도군 태수) 王頎(왕기)는 별도로 군사를 보내 고구려왕을 추격하였는데, 그 동쪽 끝까지 진격하였다. 왕기가 노인들에게 "바다 동쪽에도 사는 사람이 있는가?" 라고 물었다.

노인들은 그전에 사람들이 배를 타고 고기를 잡으러 나갔는데, 수십일 간 계속 부는 바람을 만나 동쪽 어떤 섬에 도착하여, 그곳 사람과 말이 통하지는 않았지만 그 섬 풍속에 7월이면 童女를 골라 바다에 가라앉힌다고 하였다. 또 다른 나라가 바다 건너에 있는데, 모두 여자이고 남자는 없다고 하였다.[499] 또 바다에 떠들어온 옷을 하나 주었는데, 중국인의 옷과 비슷하지만 양쪽 팔의 길이가 3丈이나 된다고 하였다. 또 어떤 해변에 난파한 배가 있었는데, 그 사람의 목 뒤쪽으로 또 다른 얼굴이 있었고, 살아 있어도 말은 통하지 않았지만 그 사람이 음식을 먹지 않아 죽었다고 하였다. 그런 사람들의 땅이 모두 옥저의 큰 바다 저쪽에 있다고 하였다.

(4) 挹婁

| 原文 |

挹婁在夫餘東北千餘里, 濱大海, 南與北沃沮接, 未知其北所極. 其土地多山險. 其人形似夫餘, 言語不與夫餘,句麗同.

有五穀,牛,馬,麻布. 人多勇力. 無大君長, 邑落各有大人. 處山林之間, 常穴居, 大家深九梯, 以多爲好. 土氣寒, 劇於

499 여인국에 神井이 있는데, 그 샘을 여자가 바라보면 곧 자식을 낳는다고 하였다.

夫餘. 其俗好養豬, 食其肉, 衣其皮. 冬以豬膏塗身, 厚數分, 以禦風寒. 夏則裸袒, 以尺布隱其前後, 以蔽形體.

其人不絜, 作溷在中央, 人圍其表居. 其弓長四尺, 力如弩, 矢用楛, 長尺八寸, 靑石爲鏃, 古之肅愼氏之國也. 善射, 射人皆入目. 矢施毒, 人中皆死. 出赤玉, 好貂, 今所謂挹婁貂是也.

自漢已來, 臣屬夫餘, 夫餘責其租賦重, 以黃初中叛之. 夫餘數伐之, 其人衆雖少, 所在山險, 鄰國人畏其弓矢, 卒不能服也. 其國便乘船寇盜, 鄰國患之. 東夷飮食類皆用俎豆, 唯挹婁不, 法俗最無綱紀也.

| 국역 |

挹婁(읍루)[500]는 夫餘에서 동북으로 1천여 리, 큰 바다에 연접해 있는데, 남쪽으로는 北 沃沮와 연접했지만 북쪽으로는 그 끝을 알 수 없었다. 그들 땅은 험한 산이 많고, 생김새는 부여인과 비슷하나 언어는 부여, 고구려와 달랐다.

오곡과 소와 馬와 麻布가 생산되었다. 사람들은 용기와 힘이 세었다. 大君長은 없고 마을마다 大人이 있었다. 山林 사이, 구덩이를 파고 사는데, 큰 집은 사다리 아홉 개로 내려가야 하는데 사다리가 많아야 좋은 집으로 생각하였다. 그 땅은 날씨가 부여보다도 훨씬 더 추웠다. 그들 습속은 돼지를 잘 길렀고, 그 고기를 먹고 그 가죽

500 揖婁(읍루) – 肅愼(숙신)의 후예로, 지금의 러시아 연해주 일대에 거주. 말갈족으로 통칭. 우리와는 다른 민족. 竪穴(수혈)에 거주.

으로 옷을 만들었다. 겨울에는 돼지기름을 몸에 발랐는데 그 두께가 몇 푼(分)이나 되었다. 여름에는 웃통을 벗고 살면서 한 자 남짓한 천으로 앞뒤나 몸을 가리었다.

그 사람들은 불결하였고, 집 가운데에 변소를 만들고 그 가에서 살았다. 그들 활은 길이가 4척이지만 쇠뇌만큼 강력하였으며 싸리나무(楛, 싸리나무 호)로 1尺8寸의 화살을 만들고 靑石으로 활촉을 만들었는데, 옛 肅愼氏(숙신씨)의 나라였기에 가능했다. 활을 잘 쏘았고 사람의 눈을 맞추었다. 화살에 독을 발라 맞은 사람은 모두 죽었다. 赤玉과 좋은 貂皮(초피, 담비가죽)가 산출되었는데, 지금 사람들은 挹婁貂(읍루초)라고 부른다.

漢 건국 이후로 읍루는 夫餘에 臣屬하였는데 부여에서는 그 賦稅를 무겁게 징수하였다. (文帝) 黃初 연간(서기 220－226)에, 읍루가 배반하였다. 부여에서 자주 정벌에 나섰지만 그 백성이 많지는 않아도 사는 곳이 험한 산속이었고, 이웃 나라에서도 그들 활과 화살을 두려워했기에 끝내 굴복시킬 수 없었다. 그 나라 사람들은 배를 타고 노략질을 잘 했는데 이웃(북옥저)에서 두려워하였다. 동이족은 음식을 그릇에 담아먹었지만 읍루만은 그렇지 않았으니 그 법속에 전혀 기강이 없었다.

(5) 東濊

| 原文 |

濊南與辰韓, 北與高句麗,沃沮接, 東窮大海, 今朝鮮之東皆其地也. 戶二萬. 昔箕子旣適朝鮮, 作八條之敎以敎之, 無門戶之閉而民不爲盜.

其後四十餘世, 朝鮮侯準僭號稱王. 陳勝等起, 天下叛秦, 燕,齊,趙民避地朝鮮數萬口. 燕人衛滿, 魋結夷服, 復來王之. 漢武帝伐滅朝鮮, 分其地爲四郡.

自是之後, 胡,漢稍別. 無大君長, 自漢已來, 其官有侯邑君, 三老, 統主下戶. 其耆老舊自謂與句麗同種. 其人性愿慤, 少嗜欲, 有廉恥, 不請匃. 言語法俗大抵與句麗同, 衣服有異. 男女衣皆著曲領, 男子繫銀花廣數寸以爲飾. 自單單大山領以西屬樂浪, 自領以東七縣, 都尉主之, 皆以濊爲民. 後省都尉, 封其渠帥爲侯, 今不耐濊皆其種也. 漢末更屬句麗.

其俗重山川, 山川各有部分, 不得妄相涉入. 同姓不婚. 多忌諱, 疾病死亡輒損棄舊宅, 更作新居. 有麻布, 蠶桑作綿. 曉候星宿, 豫知年歲豐約. 不以珠玉爲寶. 常用十月節祭天, 晝夜飮酒歌舞, 名之爲舞天, 又祭虎以爲神. 其邑落相侵犯, 輒相罰責生口牛馬, 名之爲責禍. 殺人者償死. 少寇盜. 作矛長三丈, 或數人共持之, 能步戰. 樂浪檀弓出其地. 其海出班魚皮, 土地饒文豹, 又出果下馬, 漢桓時獻之.

正始六年, 樂浪太守劉茂,帶方太守弓遵以領東濊屬句麗, 興師伐之, 不耐侯等擧邑降. 其八年, 詣闕朝貢, 詔更拜不耐濊王. 居處雜在民間, 四時詣郡朝謁. 二郡有軍征賦調, 供給役使, 遇之如民.

| 국역 |

濊(예, 東濊)[501]는 남으로 辰韓(진한)과, 북쪽으로는 高句麗와 沃沮(옥저)에 연접했고, 동쪽으로는 大海에 닿았으니, 지금 朝鮮의 동쪽이 모두 그 땅이었다. 호구는 2만 호였다.

옛날 箕子(기자)가 朝鮮으로 이주하여 八條의 교훈[502]을 만들어 교화하였는데 대문을 닫지 않았어도 백성은 도적질을 하지 않았다. 그 뒤 40여 世代가(약 1,000여 년) 지나 朝鮮侯인 準(준)[503]이 왕을 참칭하였다. 陳勝(진승) 등이 起義한 뒤(前 208년) 천하가 秦에 반기를 들었고, 燕, 齊, 趙 지역의 백성들이 조선 지역으로 수만 호가 피난하였다. 燕人 衛滿(위만)은 상투를 틀고(魋結), 동이의 옷을 입고(夷服), 조선에 가서 王이 되었다. 漢 武帝가 (위만의 조선을) 멸망시킨 뒤 그 땅에 4개 郡을 설치하였다.

이후로 蠻夷(만이, 東夷)와 漢人은 차츰 구별이 되었다. 漢朝 이후로도 (東夷는) 大君長이 없었고, 侯나 邑君, 三老 같은 호칭을 가진 자들이 백성을 다스렸다. (동예의) 耆老(기로)들은 예로부터 자신들

---

501 濊는 흐릴 예, 더러울 예(穢와 通). 깊고 넓을 회. 종족 이름 겸 부족국가 이름. 國史에서는 東濊로 통칭.

502 箕子(기자, 子 姓) – 商朝 宗室, 紂王의 叔父, 箕(기, 今 山西省)에 봉해졌기에 기자라 통칭. 前 1126–1082 경에 생존. 八條之教 –《漢書 地理志》에 3개 조항이 전함. 相殺者는 當時에 償殺한다. 相傷하면 穀償한다. 相盜者 중 남자는 그 집 家奴로 몰입하고, 여자는 婢女로 삼는데 自贖하려는 者는 五十萬을 낸다.

503 至朝鮮侯準自稱王 – 조선의 마지막 왕 準(준).

은 高句麗와 同種이라고 말했다. 동예 사람들은 사람이 질박하고 성실하여 욕심이 없고 염치가 있었으며 남에게 구걸하지 않았다. 언어와 법속은 고구려와 대개 비슷하였고 의복은 약간 달랐다. 남녀 모두가 동근 목깃의(曲領) 옷을 입었는데, 남자는 은으로 만든 몇 寸이나 되는 넓이의 은꽃(銀花)로 머리를 장식하였다. 單單大山領(단단대산령, 領은 嶺)으로부터 그 서쪽은 樂浪郡에 속했지만 그 동쪽 7개 현은 都尉가 다스렸는데 모두가 동예의 백성이었다. 뒷날 도위가 폐지되면서 渠帥(거수)를 侯(후)로 임명하였는데, 지금 不耐濊侯(부내예후)의 백성은 모두 같은 종족이었다. 동예는 後漢 末, 다시 고구려에 속했다.

동예의 습속은 山川을 중시하였는데, 산천은 각각 소유 몫이 있어 함부로 다른 경계에 들어갈 수 없었다. 同姓은 不婚하였다. 忌諱(기휘)가 많았으니 질병으로 사람이 죽으면 옛집을 버리고 새 집을 지어 살았다. 삼베 옷감이 있고 누에를 길러 비단을 만들었다. 새벽에 별자리를 보아 그 해의 풍흉을 미리 알았다. 珠玉을 보배로 여기지 않았다.

늘 10월 절기가 되면 祭天하고 주야로 음주하고 가무하였는데, 이를 舞天(무천)이라 하였으며 호랑이를 받들고 신으로 여겼다. 남의 읍락을 침범하며 바로 生口(奴婢)나 牛馬로 변상하였는데, 이를 責禍(책화)라고 하였다. 殺人者는 범인을 죽여 보상했다. 도둑이 없었다. 길이가 3丈이나 되는 창을 만들었는데, 어떤 때는 여러 사람이 함께 들었으며 步戰에 능했다. 樂浪의 檀弓(단궁)이 동예의 땅에서 생산되었다. 동예의 바닷가에서는 班魚皮(반어피)가 나왔으며, 토지는 비옥했고 무늬 있는 표범이 있었다. 果下馬가 있었는데, 漢

桓帝 때 이를 헌상했었다.

(曹芳의) 正始 6년(서기 245), 樂浪 태수 劉茂(유무), 帶方 태수 弓遵(궁준)이 거느리던 東濊(동예)가 고구려에 예속되었다는 이유로 군사를 동원하여 토벌하였는데, 不耐侯(부내후) 등이 성읍을 들어 투항하였다. 그 8년에 부내후가 궁궐에 들어가 조공하자 조서를 내려 不耐濊王으로 다시 봉했다. 부내예왕은 백성과 함께 잡거하면서도 4계절에 맞춰 낙랑군 대방군에 들어가 알현하였다. 이 두 郡에서는 군사를 징발하고 조세를 부과하며 부역에 동원하는 등, 자기 군민과 똑같이 대우하였다.

(6) 馬韓

| 原文 |

韓在帶方之南, 東西以海爲限, 南與倭接, 方可四千里. 有三種, 一曰馬韓, 二曰辰韓, 三曰弁韓. 辰韓者, 古之辰國也. 馬韓在西. 其民土著, 種植, 知蠶桑, 作綿布. 各有長帥, 大者自名爲臣智, 其次爲邑借, 散在山海間, 無城郭.

有爰襄國,牟水國,桑外國,小石索國,大石索國,優休牟涿國,臣濆沽國,伯濟國,速盧不斯國,日華國,古誕者國,古離國,怒藍國,月支國,咨離牟盧國,素謂乾國,古爰國,莫盧國,卑離國,占離卑國,臣釁國,支侵國,狗盧國,卑彌國,監奚卑離國,古蒲國,致利鞠國,冉路國,兒林國,駟盧國,內卑離國,感奚國,萬盧國,辟卑離國,臼斯烏旦國,一離國,不彌國,支半國,狗素國,捷盧國,牟盧卑離國,臣蘇塗國,莫盧國,古臘國,臨素半國,臣雲新國,如來卑離國,楚山塗卑離國,一難國,狗奚國,不雲國,不斯濆邪國,爰池國,乾馬國,楚離國, 凡五十餘國.

大國萬餘家, 小國數千家, 總十餘萬戶. 辰王治月支國. 臣智或加優呼臣雲遣支報安邪踧支濆臣離兒不例拘邪秦支廉之號. 其官有魏率善,邑君,歸義侯,中郎將,都尉,伯長.

侯準既僭號稱王, 爲燕亡人衛滿所攻奪, 將其左右宮人走入海, 居韓地, 自號韓王. 其後絶滅, 今韓人猶有奉其祭祀者. 漢時屬樂浪郡, 四時朝謁.

| 국역 |

三韓(삼한)은 帶方郡[504]의 남쪽에 있었는데, 동쪽과 서쪽은 바다에 닿았으며, 남쪽으로는 倭(왜)와 접했으며 사방 4천 리 정도였다. 韓은 3개 지역이 있었는데, 하나는 馬韓, 둘은 辰韓(진한), 셋은 弁韓(변한)이었다. 진한은 옛날의 辰國이었다. 馬韓은 서쪽에 있는데, 그 백성은 정착생활에 농사를 짓고 누에를 칠 줄 알아 비단을 짰다. 각 나라에는 우두머리가 있었으니, 큰 나라는 臣智(신지)라고 불렀고 그 다음은 邑借(읍차)라 하였으며, 산과 바닷가에 산재하였는데 성곽은 없었다.

504 帶方郡의 치소는 帶方縣, 今 황해도 沙里院市. 帶方, 含資(함자), 海冥(해명), 列口, 長岑(장잠), 昭明, 提奚(제해) 등 7개 縣을 관장.

마한에는 爰襄國(원양국), 牟水國(모수국), 桑外國(상외국), 小石索國(소석색국), 大石索國(대석색국), 優休牟涿國(우휴모탁국), 臣濆沽國(신분고국), 伯濟國(백제국), 速盧不斯國(속로불사국), 日華國(일화국), 古誕者國(고탄자국), 古離國(고리국), 怒藍國(노람국), 月支國(월지국), 咨離牟盧國(자리모로국), 素謂乾國(소위건국), 古爰國(고원국), 莫盧國(막로국), 卑離國(비리국), 占離卑國(점리비국), 臣釁國(신흔국), 支侵國(지침국), 狗盧國(구로국), 卑彌國(비미국), 監奚卑離國(감해비리국), 古蒲國(고포국), 致利鞠國(치리국국), 冉路國(염로국), 兒林國(아림국), 駟盧國(사로국), 內卑離國(내비리국), 感奚國(감해국), 萬盧國(만로국), 辟卑離國(벽비리국), 臼斯烏旦國(구사오단국), 一離國(일리국), 不彌國(부미국), 支半國(지반국), 狗素國(구소국), 捷盧國(첩로국), 牟盧卑離國(모로비리국), 臣蘇塗國(신소도국), 莫盧國(막로국), 古臘國(고랍국), 臨素半國(임소반국), 臣雲新國(신운신국), 如來卑離國(여래비리국), 楚山塗卑離國(초산도비리국), 一難國(일난국), 狗奚國(구해국), 不雲國(불운국), 不斯濆邪國(불사분사국), 爰池國(원지국), 乾馬國(건마국), 楚離國(초리국) 등 총 50여 국이었다.[505]

큰 나라는 1만여 호, 작은 나라는 수천 호로 총 10여만 호가 있었다. 辰王은 月支國을 다스렸다. 臣智(신지) 혹은 높여서 臣雲遣支報

505 《후한서 동이열전》에는 '馬韓은 서쪽에 있는데 54국이 있고, 북쪽은 樂浪郡 남쪽은 (바다 건너) 倭와 이어졌다. 辰韓(진한)은 (마한의) 동쪽에 있는데, 12개 나라가 있다고 하였는데 여기에 적힌 마한의 국명은 55개 국이다. 小石索國(소석색국), 大石索國(대석색국)을 1국이냐 2국이냐에 따른 차이 같다. 일반적으로 마한의 맹주국인 목지국을 언급하는데 본 동이전은 目支國은 없고 月支國이 있다. 단순한 轉寫의 착오인지 未詳이다. 《後漢書 東夷列傳》에는 「馬韓最大, 共立其種爲辰王, 都目支國, 盡王三韓之地.」라고 기록했다.

安邪踧支濆臣離兒不例拘邪秦支廉(신운견지보안사축지분신리아불례구사진지렴)이라는 긴 존호로 불렸다. 그 관직으로는 魏率善(위솔선), 邑君(읍군), 歸義侯, 中郎將, 都尉, 伯長이 있었다.

제후 準(준)은 왕을 참칭하였고, 燕의 亡人인 衛滿(위만)에게 침탈당한 뒤에, 그 측근과 宮人을 거느리고 바닷길로 마한의 땅에 들어가서 韓王(한왕)을 자칭하였다. 韓王은 후손이 끊겼지만 지금도 韓人들은 여전히 그 제사를 받들고 있다. 漢이 성립된 뒤에 樂浪郡에 속하면서 四時에 맞춰 낙랑군에 입조하였다.

| 原文 |

桓,靈之末, 韓濊强盛, 郡縣不能制, 民多流入韓國. 建安中, 公孫康分屯有縣以南荒地爲帶方郡, 遣公孫模,張敞等收集遺民, 興兵伐韓濊, 舊民稍出, 是後倭韓遂屬帶方. 景初中, 明帝密遣帶方太守劉昕,樂浪太守鮮于嗣越海定二郡, 諸韓國臣智加賜邑君印綬, 其次與邑長.

其俗好衣幘, 下戶詣郡朝謁, 皆假衣幘, 自服印綬衣幘千有餘人. 部從事吳林以樂浪本統韓國, 分割辰韓八國以與樂浪, 吏譯轉有異同, 臣智激韓忿, 攻帶方郡崎離營. 時太守弓遵, 樂浪太守劉茂興兵伐之, 遵戰死, 二郡遂滅韓.

| 국역 |

(後漢) 桓帝와 靈帝의 말기에, 馬韓과 東濊가 강성하여 郡縣에서는 통제할 수가 없었고, 백성들은 馬韓 지역으로 흘러들어갔다. (獻帝) 建安 연간에, (요동태수) 公孫康(공손강)은 屯有縣(둔유현) 이남 지역을 분할하여 帶方郡을 설치하고 公孫模(공손모)와 張敞(장창) 등을 보내어 (漢의) 유민을 끌어 모으며 군사를 동원하여 마한, 동예 등을 정벌하자 流亡했던 백성들이 점차 돌아왔으며, 이후로 倭와 마한 지역 여러 나라는 帶方郡에 속하게 되었다.

(明帝) 景初 연간(서기 237-239)에, 明帝는 은밀히 帶方 태수 劉昕(유흔)과 樂浪 태수 鮮于嗣(선우사)를 보내 바다를 건너가 직접 낙랑과 대방 2郡을 평정케 하였고, 마한 지역 내의 臣智(신지)들에게는 邑君의 인수를 하사하고 아래 계급은 邑長의 인수를 하사하였다.

그들 풍속에 朝服과 冠幘 착용을 좋아하여 下戶일지라도 郡의 태수를 알현하려면 朝服이나 관모를 빌렸는데 인수를 차고 관복 관모를 착용한 사람이 1천여 명이나 되었다.

(幽州) 자사부의 從事인 吳林(오림)은 낙랑군이 본래 마한 여러 나라를 통제했다 하여 辰韓의 8국을 분할하여 樂浪郡이 관할토록 했다. 이에 통역하는 관리가 통역을 제멋대로 한다 하여 臣智(신지)가 마한의 족장들을 격분케 하여 帶方郡의 崎離營(기리영)을 공격하였다.[506] 그때 대방태수 弓遵(궁준)과 樂浪太守 劉茂(유무)는 군사를 동원하여 마한을 정벌하였는데, 궁준은 전사했지만 낙랑과 대방군은 마한의 나라를 없애버렸다.

506 국내 학자들의 연구에 의하면, 이 전투는 서기 246년에 있었다고 한다.

| 原文 |

其俗少綱紀, 國邑雖有主帥, 邑落雜居, 不能善相制御. 無跪拜之禮. 居處作草屋土室, 形如冢, 其戶在上, 擧家共在中, 無長幼男女之別. 其葬有槨無棺, 不知乘牛馬, 牛馬盡於送死. 以瓔珠爲財寶, 或以綴衣爲飾, 或以縣頸垂耳, 不以金銀錦繡爲珍. 其人性强勇, 魁頭露紒, 如炅兵, 衣布袍, 足履革蹻蹋.

其國中有所爲及官家使築城郭, 諸年少勇健者, 皆鑿脊皮, 以大繩貫之, 又以丈許木鍤之, 通日嚾呼作力, 不以爲痛, 旣以勸作, 且以爲健. 常以五月下種訖, 祭鬼神, 群聚歌舞, 飮酒晝夜無休. 其舞, 數十人俱起相隨, 踏地低昂, 手足相應, 節奏有似鐸舞. 十月農功畢, 亦復如之.

信鬼神, 國邑各立一人主祭天神, 名之天君. 又諸國各有別邑, 名之爲蘇塗. 立大木, 縣鈴鼓, 事鬼神. 諸亡逃至其中, 皆不還之, 好作賊. 其立蘇塗之義, 有似浮屠, 而所行善惡有異. 其北方近郡諸國差曉禮俗, 其遠處直如囚徒奴婢相聚. 無他珍寶. 禽獸草木略與中國同. 出大栗, 大如梨. 又出細尾雞, 其尾皆長五尺餘. 其男子時時有文身.

又有州胡在馬韓之西海中大島上, 其人差短小, 言語不與韓同, 皆髡頭如鮮卑, 但衣韋, 好養牛及豬. 其衣有上無下, 略如裸勢. 乘船往來, 市買韓中.

| 국역 |

(馬韓의) 습속에 법도나 기강이 느슨하여 나라에 우두머리가 있으나 읍락에서 평민과 혼거하였기에 제대로 통제할 수 없었다. 또 꿇어 엎드려 배례하지도 않았다. 백성들의 거처는 땅을 파내고 초가지붕을 덮어 마치 무덤과 같았고 출입구는 윗쪽으로 만들었는데, 그 안에서 온 가족이 함께 지내며 長幼(장유)나 남녀의 구별도 없었다.

그들 장례에 槨(곽, 덧 널)은 있지만 棺(관)은 쓰지 않았으며, 소나 말을 타고 다닐 줄 몰랐으며, 우마는 장례를 치룰 때만 사용하였다. 각종 구슬〔瓔珠(영주)〕을 재보로 여겼고, 옷에 장식으로 매달거나 목걸이나 귀고리로 패용하였으며, 금은이나 비단을 보물로 여기지 않았다. 그들 품성은 억세고 용감하였으며, 머리에 관을 착용하지 않고 상투를 드러내어(露紒, 紒는 상투 계) 무기가 번쩍거리는 것 같고 삼베로 만든 도포에 가죽 신발을 신었다.

나라에 큰 일이 있거나 축성에 동원되는 젊은이들은 잔등의 살갗에 구멍을 뚫고 거기에 밧줄을 매거나 한 길 정도되는 통나무를 끼워 넣은 뒤 종일 소리 지르며 힘써 일했는데, 아픈 줄도 모르고 그렇게 일하며 힘써야 건장한 사람이라고 여겼다.

늘 5월에 파종을 마치면 귀신에 제사하고 함께 모여 춤추고 노래하며 밤낮으로 쉬지 않고 술을 마셨다. 그들의 춤은 수십 명이 일어서서 함께 따라하며, 높게 낮게 발을 들어 땅을 밟고 수족을 함께 흔들며 방울로 장단을 맞추는 춤이었다. 10월에 농사가 끝나면 또 그렇게 놀았다.

鬼神을 믿어 國邑마다 天神에 대한 제사를 주관하는 사람이 있었는데, 그를 天君이라 하였다. 또 각 나라에는 別邑이 있어 이를 蘇塗(소도)라고 불렀다. 큰 나무를 세우고 거기에 방울이나 북을 매달아 놓고 귀신에게 제사를 올렸다. 외지에서 소도로 도망쳐 들어간 사람은 잡아 데려갈 수 없어 도적질을 할 수도 있었다. 소도를 건립한 본 뜻은 불탑〔浮屠(부도), 절〕을 세우는 것과 같았으나 그 선악에 대한 생각은 달랐다.

낙랑과 대방에 가까운 마한의 북쪽의 나라에서는 예의와 습속에 대하여 조금은 알았지만, 먼 곳에서는 마치 죄수나 노비끼리 모여 사는 것과 다름없었다. 그들에게는 보배로 여기는 것도 없었다. 禽獸(금수)나 草木은 중국과 거의 비슷하였다. 큰 밤〔大栗(대율)〕은 배(梨)만한 것도 있었다. 또 細尾雞(세미계)가 나왔는데, 그 꼬리 길이가 5척이 넘었다. 마한의 남자들은 가끔 문신을 하였다.

또 마한의 서쪽 바다 가운데 큰 섬에 州胡(주호, 제주도로 추정할 수 있음)라는 나라가 있는데, 그 사람들은 키가 매우 작았으며 언어도 마한 지역과 달랐으며, 선비족처럼 머리를 깎았으며 갈대 옷을 입고 소나 돼지를 잘 길렀다. 그들은 상의는 입었지만 하의가 없어 거의 나체와 같았다. 배를 타고 마한에 왕래하며 마한의 물건을 사갔다.

(7) 辰韓

| 原文 |

辰韓在馬韓之東, 其耆老傳世, 自言古之亡人避秦役來適韓國, 馬韓割其東界地與之. 有城柵. 其言語不與馬韓同, 名國爲邦, 弓爲弧, 賊爲寇, 行酒爲行觴. 相呼皆爲徒, 有似秦人, 非但燕,齊之名物也. 名樂浪人爲阿殘, 東方人名我爲阿, 謂樂浪人本其殘餘人. 今有名之爲秦韓者. 始有六國, 稍分爲十二國.

| 국역 |

辰韓(진한)은 馬韓의 동쪽에 있는데, 그곳 노인들에게 전해오는 바에 의하면, 옛날 秦의 전쟁을 피해 韓에 들어온 사람들인데 마한에서 그들 동쪽 땅을 갈라주었다고 하였다. 진한에는 城柵(성책)이 있었다. 진한 사람들의 언어는 마한과 같지 않았으니 '國'을 '邦'이 하였으며, '弓'을 '弧(호, 활 호)', '賊'을 '寇(구, 도둑)', '行酒(술을 돌리다)'를 '行觴(행상, 觴은 술잔 상)'이라 하였다. 서로를 '徒(무리 도)'라 한 것은 秦人과 같았으나 燕과 齊의 사람들이 사용하는 물건 명칭은 같지 않았다. 樂浪人을 부를 때는 阿殘(아잔)이라 하였고, 동방인을 부를 때는 我를 '阿'라 하였는데, 이는 樂浪人은 본래 그들 중 거기에 남은(잔류한) 사람이라는 뜻이었다. 지금은 그들을 秦韓(진한)이라고도 부른다. 처음에는 6국이었다가 차츰 분할하여 12국이 되었다.

(8) 弁韓

|原文|

弁辰亦十二國, 又有諸小別邑, 各有渠帥, 大者名臣智, 其次有險側, 次有樊濊, 次有殺奚, 次有邑借. 有已柢國,不斯國,弁辰彌離彌凍國,弁辰接塗國,勤耆國,難彌離彌凍國,弁辰古資彌凍國,弁辰古淳是國,冉奚國,弁辰半路國,弁辰樂奴國,軍彌國,弁辰彌烏邪馬國,如湛國,弁辰甘路國,戶路國,州鮮國,馬延國,弁辰狗邪國,弁辰走漕馬國,弁辰安邪國,弁辰瀆盧國,斯盧國,優由國. 弁,辰韓合二十四國, 大國四五千家, 小國六七百家, 總四五萬戶.

其十二國屬辰王. 辰王常用馬韓人作之, 世世相繼. 辰王不得自立爲王.

土地肥美, 宜種五穀及稻, 曉蠶桑, 作縑布, 乘駕牛馬. 嫁娶禮俗, 男女有別. 以大鳥羽送死, 其意欲使死者飛揚.

國出鐵, 韓,濊,倭皆從取之. 諸市買皆用鐵, 如中國用錢, 又以供給二郡. 俗喜歌舞飮酒. 有瑟, 其形似筑, 彈之亦有音曲. 兒生, 便以石厭其頭, 欲其褊. 今辰韓人皆褊頭. 男女近倭, 亦文身. 便步戰, 兵仗與馬韓同. 其俗, 行者相逢, 皆住讓路.

弁辰與辰韓雜居, 亦有城郭. 衣服居處與辰韓同. 言語法俗相似, 祠祭鬼神有異, 施灶皆在戶西. 其瀆盧國與倭接界. 十二國亦有王, 其人形皆大. 衣服絜淸, 長髮. 亦作廣幅細布. 法俗特嚴峻.

| 국역 |

弁韓(변한)과 辰韓(진한) 모두 12국이었는데, (그 12국 외에) 여러 작은 別邑이 있었고, 각각 渠帥(거수, 우두머리)가 있었는데 큰 나라는 臣智(신지)라고 불렀고, 그 다음은 險側(험측), 또 그 다음은 樊濊(번예), 그 다음은 殺奚(살해), 다음은 邑借(읍차)라고 불렀다.

진한에는 已柢國(이저국), 不斯國(불사국), 勤耆國(근기국), 難彌離彌凍國(난미리미동국), 冉奚國(염해국), 軍彌國(군미국), 如湛國(여담국), 戶路國(호로국), 州鮮國(주선국), 馬延國(마연국), 斯盧國(사로국), 優由國(우유국)이 있었다.

변한에는 弁辰彌離彌凍國(변진미리미동국), 弁辰接塗國(변진접도국), 弁辰古資彌凍國(변진고자미동국), 弁辰古淳是國(변진고순시국), 弁辰半路國(변진반로국), 弁辰樂奴國(변진악노국), 弁辰彌烏邪馬國(변진미오사마국), 弁辰甘路國(변진감로국), 弁辰狗邪國(변진구사국), 弁辰走漕馬國(변진주조마국), 弁辰安邪國(변진안사국), 弁辰瀆盧國(변진독로국)이 있었으니, 변한과 진한이 합하여 24국이었으며, 큰 나라는 4, 5천 호, 小國은 6, 7백 호로, 총 4, 5만 호였다. 변한 12국은 모두 辰王(진왕)에 소속되었다. 그런데 辰王은 늘 馬韓人이 차지하고 세습되었다. 진한 사람은 자립해서 왕이 될 수 없었다.

(변한의) 土地는 비옥하여 오곡 및 벼농사가 잘되었고 누에치기를 알아 비단〔縑布(겸포)〕을 생산하였으며, 우마를 타고 다녔다. 혼

례에 禮俗을 따랐고 남녀가 有別했다. 큰 새의 깃털로 장례를 치뤘는데, 죽은 자가 날아가라는 뜻이었다.

(변한에서는) 철이 생산되어서 韓(한), 東濊(동예), 倭(왜)가 와서 얻어 갔다. 여러 거래에 모두 철을 사용하였는데, 중국의 금전처럼 사용되었으며 낙랑과 대방군에도 공급하였다.

변한의 습속은 가무와 음주를 즐겼다. 琴瑟이 있었는데, 그 형태는 筑(축)과 비슷하였는데 연주를 하면 그 음곡이 들을 만했다. 아이가 태어나면 돌로 그 머리를 눌러 두상을 납작하게 만들었다. 지금도 辰韓人은 모두 頭狀(두상)이 납작하다. 왜인이 가까이 살아 남녀가 모두 문신을 하였다. 사람들은 步戰에 능했는데, 병장기는 마한과 비슷하였다. 그 풍습에 길을 가다가 사람을 만나면 모두 서서 길을 양보하였다.

변한 사람은 진한 사람과 서로 혼거하였으며, (진한처럼) 성곽이 있었고 의복과 거처는 진한과 같았다. 언어와 법속도 비슷하였지만 귀신을 섬기는 것은 서로 달랐고, 부엌은 모두 가옥의 서편에 있었다. 변한의 瀆盧國(독로국)은 왜와 접경하였다. 12국에 왕이 있었고 사람들의 체구가 컸다. 의복은 청결하였고 머리를 길렀다. 넓은 폭의 고운 옷감을 생산하였다. 법속은 특별히 엄격하였다.

(9) 倭

| 原文 |

倭人在帶方東南大海之中, 依山島爲國邑. 舊百餘國, 漢時有朝見者, 今使譯所通三十國. 從郡至倭, 循海岸水行, 曆韓國, 乍南乍東, 到其北岸狗邪韓國, 七千餘里.

始度一海, 千餘里至對馬國. 其大官曰卑狗, 副曰卑奴母離. 所居絶島, 方可四百餘里, 土地山險, 多深林, 道路如禽鹿徑. 有千餘戶, 無良田, 食海物自活, 乘船南北市糴.

又南渡一海千餘里, 名曰瀚海, 至一大國, 官亦曰卑狗, 副曰卑奴母離. 方可三百里, 多竹木叢林, 有三千許家, 差有田地, 耕田猶不足食, 亦南北市糴.

又渡一海, 千餘里至末盧國, 有四千餘戶, 濱山海居, 草木茂盛, 行不見前人. 好捕魚鰒, 水無深淺, 皆沈沒取之. 東南陸行五百里, 到伊都國, 官曰爾支, 副曰泄謨觚,柄渠觚. 有千餘戶, 世有王, 皆統屬女王國, 郡使往來常所駐.

東南至奴國百里, 官曰兕馬觚, 副曰卑奴母離, 有二萬餘戶. 東行至不彌國百里, 官曰多模, 副曰卑奴母離, 有千餘家. 南至投馬國, 水行二十日, 官曰彌彌, 副曰彌彌那利, 可五萬餘戶.

南至邪馬壹國, 女王之所都, 水行十日, 陸行一月. 官有伊支馬, 次曰彌馬升, 次曰彌馬獲支, 次曰奴佳鞮, 可七萬餘戶. 自女王國以北, 其戶數道里可得略載, 其餘旁國遠絶, 不可得詳.

次有斯馬國, 次有已百支國, 次有伊邪國, 次有都支國, 次有彌奴國, 次有好古都國, 次有不呼國, 次有姐奴國, 次有對蘇國, 次有蘇奴國, 次有呼邑國, 次有華奴蘇奴國, 次有鬼國, 次有爲吾國, 次有鬼奴國, 次有邪馬國, 次有躬臣國, 次有巴厘國, 次有支惟國, 次有烏奴國, 次有奴國, 此女王境界所盡. 其南有狗奴國, 男子爲王, 其官有狗古智卑狗, 不屬女王. 自郡至女王國萬二千餘里.

| 국역 |

倭人(왜인)은 帶方郡 동남의 大海 안에 있는데, 산과 섬에 따라 國邑이 형성되었다. 예전에는 1백여 나라가 있었는데, 漢나라 때에 입조한 나라와 지금 통역이 왕래할 수 있는 나라는 30개 국이다. 대방군에서 倭國까지는 해안을 따라 뱃길로 가야 하는데, 韓國(한국)을 거쳐 때때로 남쪽, 또는 동쪽으로 가면 倭의 북쪽 해안인 狗邪韓國(구야한국)[507]에 이르는데 7천여 리 길이다.

처음 바다를 한 번 건너면[508] 1천여 리 되는 곳에 對馬國(대마국)이 있다. 그곳의 大官을 卑狗(비구, 일종의 존칭)라 하고, 그 다음 사람을 卑奴母離(비노모리)라고 부른다. 거처하는 곳이 외딴 섬이지만 사방 4백 리 정도가 되며, 산이 많은 땅이라서 숲이 울창하고 새나 사슴이 다닐만한 길이 있다. 1천여 호가 살며 좋은 농토가 없어 해산물을 먹고 살며, 배로 남북에서 곡식을 사들인다.

507 狗邪韓國(구야한국) – 변한 12국의 하나인 加羅〔伽倻(가야)〕, 지금의 金海 지역. 이곳을 왜의 북쪽이라고 생각하였다.

508 始度一海 – 지금 우리나라와 對馬島 사이의 대한해협을 지칭.

다시 남쪽으로 1천여 리 瀚海(한해, 瀚은 넓고 큰 모양 한)라는 바다를 건너가면 大國(一支國, 壹岐 이키 섬)에 이르는데, 관리를 卑狗(비구), 副職을 卑奴母離(비노모리)라고 부른다. 사방 3백 리 정도이다. 대나무와 나무가 울창한 숲이 많고 3천여 호에 약간의 경작지가 있지만 농사를 지어도 식량이 부족하여 남북에서 식량을 사들인다.

또 바다를 하나 건너 1천여 리 되는 곳에 末盧國(미로국)이 있고, 4천여 호에 산과 바다에 의지해 사는데 초목이 무성하여 앞서 가는 사람을 볼 수가 없다. 물고기와 전복을 잘 잡는데 물이 깊든 얕든 물속에 들어가 잡아온다.

거기서 동남쪽으로 5백 리를 가면 伊都國(이도국)에 이르는데, 대관을 爾支(이지), 副官을 泄謨觚(설모고)나 柄渠觚(병고거)라고 부른다. 1천여 호에 대대로 王이 존재했는데, 모두 여왕국에 소속되어 郡使가 왕래하거나 상주한다. 그 동남쪽으로 1백 리에 奴國(노국)이 있는데, 大官을 兕馬觚(시마고), 副官를 비노모리라 부르는데 2만여 호가 있다. 동쪽으로 100리를 가면 不彌國(불미국)이 있는데, 대관을 多模(다모), 부관을 비노모리 라고 부르며 1천 호가 있다. 남쪽으로 물길로 20일을 가면 投馬國(투마국)이 있는데, 대관을 彌彌(미미), 부관을 彌彌那利(미미나리)라고 부르는데 5만여 호나 된다.

남쪽으로 물길로 10일을 가서 육지로 1달을 가면 女王의 도읍인 邪馬壹國(야마일국), 《後漢書》에는 邪馬臺國)이 있다. 관리로 伊支馬(이지마)가 있고, 그 다음은 彌馬獲支(미마획지), 다음은 奴佳鞮(노가제)라 하는데 7만여 호이다. 여왕국 이북은 그 戶口 數나 거리(道里)를 대략 기재할 수 있지만 그 외 주변의 나라는 멀고 격리되어 상세히 알 수가 없다.

그 외에 斯馬國(사마국), 다음으로 已百支國(이백지국), 다음으로 伊邪國(이야국), 다음으로 都支國(도지국), 다음으로 彌奴國(미노국), 다음으로 好古都國(호고도국), 다음으로 不呼國(불호국), 다음으로 姐奴國(저노국), 다음으로 對蘇國(대소국), 다음으로 蘇奴國(소노국), 다음으로 呼邑國(호읍국), 다음으로 華奴蘇奴國(화노소노국), 다음으로 鬼國(귀국), 다음으로 爲吾國(위오국), 다음으로 鬼奴國(귀노국), 다음으로 邪馬國(야마국), 다음으로 躬臣國(궁신국), 다음으로 巴厘國(파리국), 다음으로 支惟國(지유국), 다음으로 烏奴國(오노국), 다음으로 奴國(노국)이 있는데, 이로써 女王의 경계 안의 나라를 다 말했다. 그 남쪽으로 狗奴國(구노국)이 있고 男子가 왕인데, 그 관직으로는 狗古智卑狗(구고지비구)가 있는데 여왕국에 속하지 않는다. 대방군에서부터 여왕국까지는 1만 2천여 리이다.

| 原文 |

男子無大小皆黥面文身. 自古以來, 其使詣中國, 皆自稱大夫. 夏后少康之子封於會稽, 斷髮文身以避蛟龍之害. 今倭水人好沈沒捕魚蛤, 文身亦以厭大魚水禽, 後稍以爲飾. 諸國文身各異, 或左或右, 或大或小, 尊卑有差.

計其道里, 當在會稽東治之東. 其風俗不淫, 男子皆露紒, 以木綿招頭. 其衣橫幅, 但結束相連, 略無縫. 婦人被髮屈紒,作衣如單被, 穿其中央, 貫頭衣之. 種禾稻,紵麻, 蠶桑,緝績, 出細紵,縑綿. 其地無牛馬虎豹羊鵲. 兵用矛,楯,木弓. 木弓短下長上, 竹箭或鐵鏃或骨鏃, 所有無與儋耳,朱崖同.

倭地溫暖, 冬夏食生菜, 皆徒跣. 有屋室, 父母兄弟臥息異處, 以朱丹塗其身體, 如中國用粉也. 食飮用籩豆, 手食. 其死, 有棺無槨, 封土作冢. 始死停喪十餘日, 當時不食肉, 喪主哭泣, 他人就歌舞飮酒. 已葬, 擧家詣水中澡浴, 以如練沐. 其行來渡海詣中國, 恒使一人, 不梳頭, 不去蟣虱, 衣服垢汙, 不食肉, 不近婦人, 如喪人, 名之爲持衰. 若行者吉善, 共顧其生口財物. 若有疾病, 遭暴害, 便欲殺之, 謂其持衰不謹.

出眞珠,青玉. 其山有丹, 其木有柟,杼,豫樟,楺櫪,投橿,烏號,楓香, 其竹筱簳,桃支. 有薑,橘,椒,蘘荷, 不知以爲滋味. 有獮猴,黑雉. 其俗擧事行來, 有所云爲, 輒灼骨而卜, 以占吉凶, 先告所卜, 其辭如令龜法, 視火坼占兆.

其會同坐起, 父子男女無別, 人性嗜酒. 見大人所敬, 但搏手以當跪拜. 其人壽考, 或百年, 或八九十年. 其俗, 國大人皆四五婦, 下戶或二三婦. 婦人不淫, 不妒忌. 不盜竊, 少諍訟.

其犯法, 輕者沒其妻子, 重者滅其門戶. 及宗族尊卑, 各有差序, 足相臣服. 收租賦. 有邸閣. 國國有市, 交易有無, 使大倭監之. 自女王國以北, 特置一大率, 檢察諸國, 諸國畏憚之. 常治伊都國, 於國中有如刺史. 王遣使詣京都,帶方郡,諸韓國, 及郡使倭國, 皆臨津搜露, 傳送文書賜遺之物詣女王, 不得差錯. 下戶與大人相逢道路, 逡巡入草. 傳辭說事, 或蹲或跪, 兩手據地, 爲之恭敬. 對應聲曰噫, 比如然諾.

| 국역 |

男子는 어른 아이 할 것 없이 모두 얼굴과 몸뚱이에 文身을 한다. 예로부터, 왜의 사자가 중국에 와서는 모두 大夫라고 자칭하였다. 夏朝의 왕 少康(소강)의 아들이 會稽(회계) 땅에 봉해지자, 머리를 자르고 문신을 하여 蛟龍(교룡)의 피해에서 벗어나려 했었다. 지금 倭의 水人(漁夫)은 물에 들어가 물고기나 조개를 잘 잡아 올리는데, 그들의 문신도 大魚나 水禽(수금, 물짐승)을 피하려는 뜻이었지만, 점차 장식처럼 변했다. 각 나라의 문신도 제각각이니, 혹은 좌측이나 우측, 크거나 작게 하는 등 존비에 따라 차이가 있었다.

그 거리를 따져보면, (倭는) 會稽郡 東冶縣의 동쪽이다. 그 풍속은 음람하지 않고, 남자는 모두 冠帽(관모)가 없이 맨 상투를 틀었고, 무명천(수건)으로 머리를 싸맨다. 그들 옷은 가로의 큰 천을 매어서 연결하니 거의 꿰매지 않는다. 여인들은 머리를 산발하거나 말아서 올려 묶었으며, 홑이불 같은 천의 가운데에 구멍을 뚫고 머리를 집어넣어 입는다.

벼농사를 짓고 모시를 심고, 누에치며 길쌈을 하는데 가는 모시와 좋은 비단이 생산된다. 그 땅에는 牛馬와 호랑이 표범, 양과 까치가 없다. 병기로는 창과 방패와 木弓이 있다. 木弓은 아래는 짧고 위는 길며, 대나무 화살에 쇠 촉이나 骨鏃(골촉)을 쓰는데, 많은 것이 儋耳郡(담이군)과 朱崖郡(주애군)[509]과 비슷하다.

倭地는 온난하여 겨울에도 날 채소를 먹을 수 있고 모두 맨발로 다닌다. 집안에서는 부모형제가 서로 다른 곳에서 누워 자며, 붉은 顔料(안료)를 몸에 칠하는데 중국에서 사용하는 粉(분)과 같았다. 음식은 籩豆(변두, 그릇)에 담아 손으로 먹는다.

사람이 죽으면 棺을 쓰나 槨(곽, 덧널)은 없고 봉토하여 큰 봉분을 만든다. 사람이 죽어 처음 열흘 안에는 장례를 치르지 않는데, 그 기간에 고기를 먹지 않고 상주는 곡을 하지만 다른 사람들은 음주하며 가무를 할 수 있다. 장례를 마치면 온 가족이 물에 들어가 목욕을 하는데, (중국의) 練沐(연목, 명주옷을 입은 채 하는 목욕)과 같다.

그들이 뱃길로 중국에 올 때는 늘 한 사람을 선택하여 머리를 감거나 빗질도 하지 않고 蟣虱(기슬, 서캐나 이)을 잡거나 의복을 빨지도 않으며, 육식을 하거나 부인과 가까이도 못하게 하여 마치 상을 치르는 사람처럼 지내는데, 이를 持衰(지최, 衰는 상복 최)라고 하였다. 여행이 무사히 끝나면 모두가 그에게 노비나 재물을 보내준다. 그러나 만약 질병이 생기거나 폭풍을 만난다면 그가 지최를 잘못했기 때문이라면서 죽이려 달려든다고 하였다.

그 땅에서는 眞珠(진주)와 靑玉이 나온다. 그 땅의 산에서는 丹土(붉은 흙)가가 나오고, 나무로는 매화(枏, 녹나무 남), 杼(저), 豫樟(예장, 녹나무), 楺櫪(유력, 모과, 상수리), 投橿(투강, 감귤 종류), 烏號(오호, 박태기나무), 楓香(풍향, 단풍나무)가 있고, 대나무 계통으로는 篠簳

509 儋耳郡(담이군)과 朱崖郡(주애군) – 지금 중국 海南省 지역에 설치했던 漢代의 郡名.

(소간, 가는 대나무), 桃支(도지)가 있다. 또 薑(생강), 橘(귤), 椒(산초), 蘘荷(양하) 등이 있는데, 이를 조미료로 쓸 줄은 모른다. 또 獮猴(선후, 원숭이 한 종류), 黑雉(흑치, 꿩)가 있다.

그들 풍속에 큰 일을 치르거나 여행을 해야 하면 늘 뼈를 구워 길흉을 점치는데, 먼저 점치는 내용을 말하는데 그 말은 거북점(龜占) 卜辭(복사)와 같은 것이며, 불에 구워 갈라지는 모양으로 길흉을 판단하였다.

그들이 會同하거나 일상생활에서 부자와 남녀 간의 차별이 없으며 술을 즐겼다. (길에서) 받들어야 할 大人을 만나면, 손을 맞잡고 땅에 꿇어 절을 올려야 했다. 그 사람들은 장수하는데 백 살, 또는 8, 90살도 많았다. 그들 습속에 나라의 大人은 4, 5명의 부인을 두었고 평민이라도 2, 3명의 부인을 둘 수 있었다. 부인은 음란하지도 투기하지도 않았다. 도둑질도 없고 소송도 적었다.

그들이 犯法하면 가벼운 죄는 그 처자를 몰수하고, 중죄인은 그 일족을 없앴다. 宗族의 尊卑(존비)에 따라 각각 차등과 차례가 있으며 등급에 잘 복종하였다. 조세와 부역을 징발했다. 식량 비축 창고도 있었다. 나라마다 시장이 있어 유무를 서로 교역하였는데, 大倭(대왜)가 시장을 감독하였다. 女王國 이북에는 특별히 大率(대솔) 한 사람을 두어 여러 나라 교역을 감독케 하였는데, 모든 나라에서 겁을 내고 무서워하였다. 대솔은 평상시에 伊都國(이도국)을 다스렸는데 마치 중국의 刺史(자사)와 같았다. 왕이 사자를 보내 京都(洛陽)이나 帶方郡, 또는 여러 韓國에 들어가면 郡에서는 왜국의 사자로 하여금 나루에서 물건을 찾아가게 하였기에 보내는 문서나 물건이 여왕에게 전달되는데 착오가 없었다.

평민이 길에서 대인을 만나면 뒤로 물러나 풀 속에 숨었다. 어떤 말을 전달하고나 보고할 때는 웅크리거나 꿇어 앉아 양손으로 땅을 짚어 공경하였다. 응대할 때는 '噫(희, 탄식할 희, 하이!)' 라 하였는데 '예!' 와 같았다

❙原文❙

其國本亦以男子爲王, 住七八十年, 倭國亂, 相攻伐歷年, 乃共立一女子爲王, 名曰卑彌呼, 事鬼道, 能惑衆, 年已長大, 無夫婿, 有男弟佐治國. 自爲王以來, 少有見者. 以婢千人自侍, 唯有男子一人給飮食, 傳辭出入. 居處宮室樓觀, 城栅嚴設, 常有人持兵守衛.

女王國東渡海千餘里, 復有國, 皆倭種, 又有侏儒國在其南, 人長三四尺, 去女王四千餘里, 又有裸國, 黑齒國復在其東南, 船行一年可至. 參問倭地, 絶在海中洲島之上, 或絶或連, 周旋可五千餘里.

❙국역❙

왜국에서는 본래 남자를 왕으로 삼았으나, 7, 80년이 지나자, 왜국에서 혼란이 일어나 여러 해에 걸쳐 서로 공격하다가, 함께한 여자를 왕으로 옹립하였는데, 그 이름이 卑彌呼(비미호, 일본어 히미꼬)

이었다. 비미호는 귀신을 섬기며 대중을 설득할 수 있었고 나이도 많았으며, 남편은 없이 다만 남동생이 치국을 보좌하였다. 비미호가 여왕이 된 이후, 그녀를 본 사람이 거의 없었다. 1천여 婢女(비녀)의 시중을 받았는데, 오직 남자 한 사람만이 그녀에게 음식을 공급하며 명령을 전달하거나 받아들였다. 宮室과 樓觀(누관)에 거처하였는데, 城柵(성책)을 엄밀하게 설치하고 병기를 가진 군사가 지키게 하였다.

女王國에서 동쪽으로 1천여 리를 건너가면 다시 나라가 있는데, 모두 왜인 종족이었고 그 남쪽에는 侏儒國(주유국, 난쟁이 나라) 이 있는데 사람들의 키가 3, 4尺이었다. 여왕국에서 4천 리를 가면 裸國(나국, 나체족의 나라)이 있고, 黑齒國(흑치국)은 다시 동남쪽으로 1년 정도 배를 타고 가면 도착한다고 하였다. 왜인의 땅을 헤아려 본다면 절해 가운데 海島에 있기에, 혹은 단절되어나 연결이 되지만 그 주변은 대략 5천 리 정도였다.

| 原文 |

景初二年六月, 倭女王遣大夫難升米等詣郡, 求詣天子朝獻, 太守劉夏遣吏將送詣京都. 其年十二月, 詔書報倭女王曰, 「制詔親魏倭王卑彌呼, 帶方太守劉夏遣使送汝大夫難升米,次使都市牛利奉汝所獻男生口四人, 女生口六人,班布二匹二丈, 以到. 汝所在逾遠, 乃遣使貢獻, 是汝之忠孝, 我甚哀汝. 今以汝爲親魏倭王, 假金印紫綬, 裝封付帶方太守假授

汝. 其綏撫種人, 勉爲孝順. 汝來使難升米,牛利涉遠, 道路勤勞, 今以難升米爲率善中郎將, 牛利爲率善校尉, 假銀印靑綬, 引見勞賜遣還. 今以絳地交龍錦五匹, 絳地縐粟罽十張, 蒨絳五十匹,紺靑五十匹, 答汝所獻貢直. 又特賜汝紺地句文錦三匹,細班華罽五張,白絹五十匹,金八兩,五尺刀二口,銅鏡百枚,眞珠,鉛丹各五十斤, 皆裝封付難升米,牛利還到錄受. 悉可以示汝國中人,使知國家哀汝,故鄭重賜汝好物也.」

| 국역 |

(明帝) 景初 2년(서기238) 6월, 倭의 女王은 大夫 難升米(난승미) 등을 대방군에 보내 천자에게 공물을 헌상하겠다고 말하자, 대방태수 劉夏(유하)는 관리와 함께 난승미 일행을 낙양으로 호송하였다. 그해 12월, 倭 여왕에게 회신하는 조서를 내렸다.

「親魏倭王 卑彌呼(비미호)에게 내리노라. 대방 태수 유하가 네가 보낸 대부 난승미와 次使인 都市牛利(도시우리)를 호송했고, 네가 헌상한 남자 노예 4명, 여자 노예 6명, 班布(반포) 2匹2丈이 도착하였노라. 네가 있는 곳이 너무 먼 곳이나 사자를 보내 공물을 헌상하니, 이는 너의 충효이며 나는 너를 매우 애틋하게 여기노라. 이제 너를 親魏倭王(친위왜왕)으로 삼고 金印紫綬(금인자수)를 내렸으니, 이를 대방태수가 잘 포장하여 너에게 전달케 하겠노라. 너는 너의 종족을 편안케 위무하고 힘써 孝順의 도리를 실행하기 바라노라. 네가 보낸 사자 난승미와 도시우리는 먼 길을 오면서 길에서 고생하였나니, 이제 난승미를 率善中郞將에, 도시우리를 率善校尉에 임명하며, 銀印靑綬(은인청수)를 하사하였고, 그들을 불러 만나 위로하고 하사품을 주어 돌려보내노라. 이제 絳地交龍錦(강지교룡금, 비단 이름) 5필, 絳地縐粟罽(강지추속계, 비단 이름) 10장, 蒨絳(천강, 비단의 종류) 50필, 紺靑(감청, 감색 비단) 50필을 네가 헌상한 공물에 대한 답례로 보낸다. 또 특별히 너에게 紺地句文錦(감지구문금, 비단) 3필, 細班華罽(세반화계, 가는 무늬 융단) 5張, 白絹(백견) 50필, 황금 8냥, 五尺刀 2자루, 銅鏡 1백 개, 진주와 鉛丹(연단) 각 50근을 하사하니, 모두 잘 포장하여 난승미와 도시우리에게 적어 보내니 받도록 하라. 이 모두를 너희 나라 사람들에게 보여주기 바라며, 國家(魏國, 또는 明帝)가 너를 어여삐 여겨 너에게 정중히 좋은 물건을 하사하노라」

| 原文 |

正始元年, 太守弓遵遣建中校尉梯儁等奉詔書印綬詣倭國, 拜假倭王, 並齎詔賜金,帛,錦罽,刀,鏡,采物, 倭王因使上表答謝恩詔.

其四年, 倭王復遣使大夫伊聲耆,掖邪狗等八人, 上獻生口, 倭錦,絳靑縑,緜衣,帛布,丹木,𤝔,短弓矢. 掖邪狗等壹拜率善中郞將印綬. 其六年, 詔賜倭難升米黃幢, 付郡假授. 其八年, 太守王頎到官. 倭女王卑彌呼與狗奴國男王卑彌弓呼素不和, 遣倭載斯,烏越等詣郡說相攻擊狀. 遣塞曹掾史張政等因齎詔書,黃幢, 拜假難升米爲檄告喩之.

卑彌呼以死, 大作塚, 徑百餘步, 徇葬者奴婢百餘人. 更立男王, 國中不服, 更相誅殺, 當時殺千餘人. 復立卑彌呼宗女壹與, 年十三爲王, 國中遂定. 政等以檄告喩壹與, 壹與遣倭大夫率善中郎將掖邪狗等二十人送政等還, 因詣臺, 獻上男女生口三十人, 貢白珠五千, 孔青大句珠二枚, 異文雜錦二十匹.

| 국역 |

(齊王 曹芳의) 正始 원년(서기 240), (帶方) 태수 弓遵(궁준)은 建中校尉 梯儁(제준) 등을 보내 詔書와 印綬를 받들고 倭國에 가서 왜왕에게 수여하였고, 아울러 조서와 함께 金과 비단, 錦罽(금계, 비단과 융단), 刀, 鏡, 采物(채물, 기타 여러 가지)를 왜왕에게 전달하자, 왜왕은 사신을 보내 성은의 조서에 감사하는 表文을 올렸다.

(正始) 4년(서기 243), 왜왕은 다시 大夫인 伊聲耆(이성기)와 掖邪狗(액사구) 등 8인을 파견하여 生口(奴婢), 倭錦(왜금, 비단), 絳青縑(강청겸, 비단), 綿衣, 帛布(백포), 丹木, 㺃(활 손잡이 부), 短弓矢(짧은 활과 화살) 등을 헌상하였다.

액사구 등은 率善中郎將의 인수를 전과 같이 받았다. (正始) 6년(서기 245), 조서로 倭의 難升米(난승미)에게 黃幢(황당, 깃발의 종류)을 하사하였고, 대방군에서 대신 전달하였다.

正始 8년(서기 247), 태수 王頎(왕기)가 (대방군 태수로) 부임하였다. 倭 여왕 卑彌呼(비미호)와 狗奴國(구노국) 男王인 卑彌弓呼(비미궁호)는 평소에 불화하였는데, (비미호는) 왜인 載斯(대사)와 烏越(오월) 등을 대방군에 보내 서로 공격한 상황을 보고하였다. (왕기는) 塞曹(새조)의 속관인 張政(장정) 등을 보내 (황제의) 詔書와 黃幢(황당)을 보내고, 난승미를 (황제의 특사로) 임명하여 격문을 보내 알려주게 하였다.

비미호가 죽어 큰 무덤을 만들었는데, 지름이 1백여 보나 되었고 순장한 노비가 1백여 명이나 되었다. 다시 남자 왕을 옹립하였는데, 나라 안에서 불복하며 서로 죽이고 싸워 죽은 사람이 1천여 명이나 되었다.

결국 다시 비미호의 宗女인 13살의 壹與(일여)가 왕이 되자 나라가 안정되었다. 張政(장정) 등은 격문을 지어 壹與(일여)를 깨우쳤고 일여는 왜인 大夫 率善中郎將인 掖邪狗(액사구) 등 20인을 시켜 장정 등을 호송하여 돌려보냈으며, 액사구 등은 대방군에 男女 生口 30명을 헌상하고, 또 白珠 5천 개, 孔青大句珠(공청대구주, 曲玉의 일종) 2매, 異文雜錦(이문잡금, 비단) 20필을 공물로 헌상했다.

| 原文 |

評曰, 《史》,《漢》著朝鮮,兩越, 東京撰錄西羌. 魏世匈奴遂衰, 更有烏丸,鮮卑, 爰及東夷, 使譯時通, 記述隨事, 豈常也哉!

| 국역 |

陳壽의 評論 : 《史記》, 《漢書》에서는 朝鮮과 兩越(양월)을 立傳하

였는데, 東京(後漢)에서는 西羌(서강)의 역사를 기록하였다. 曹魏 代에 匈奴는 쇠약했고, 이어 烏丸(오환)과 鮮卑(선비)가 등장하여 東夷까지 통역을 거쳐 중원과 교류하였으니, 그런 事實의 기록이 어찌 같을 수 있겠나!

原文譯註

正史 三國志(三) [魏書 3]
정사 삼국지

초판 인쇄 2019년 8월 13일
초판 발행 2019년 8월 23일

역 주 | 진기환
발행자 | 김동구
디자인 | 이명숙·양철민
발행처 | 명문당(1923. 10. 1 창립)
주 소 | 서울시 종로구 윤보선길 61(안국동)
우체국 010579-01-000682
전 화 | 02)733-3039, 734-4798(영), 733-4748(편)
팩 스 | 02)734-9209
Homepage | www.myungmundang.net
E-mail | mmdbook1@hanmail.net
등 록 | 1977. 11. 19. 제1~148호

ISBN 979-11-90155-12-0 (04900)
ISBN 979-11-90155-09-0 (세트)
30,000원